에로스의 두 얼굴

– 프로이트와 라캉의 성과 사랑 이론

양석원

양석원(1961~)은 연세대학교 영어영문학과에서 학사, 석사과정을 졸업하고 뉴욕주립대학교(SUNY Buffalo) 영문학과에서 허먼 멜빌(Herman Melville)에 대한 연구로 박사학위를 받았다. 1997년부터 연세대학교 영어영문학과 교수로 미국문학과 비평이론 및 정신분석학을 강의하고 있다. 풀브라이트 방문교수로 2003년에 캘리포니아 대학교(UC Irvine)와 2011~2012년에 메릴랜드대학교(University of Maryland, College Park)에서 연구했고, 2018~2019년에는 캘리포니아 대학교(UC Berkeley)에서 방문교수로 연구했다. 저서로 『욕망의 윤리: 라캉 정신분석과 예술, 정치, 철학』(한길사, 2018), 『미메시스, 시뮬레이션, 상상력』(공저, 연세대학교 출판부, 2017), 『탈식민주의: 이론과 쟁점』(공저, 문학과 지성사, 2003) 등이 있고, 역서로는 『영향에 대한 불안』(문학과 지성사, 2012), 『주홍글자』(을유문화사, 2011), 『성화』(공역, 인간사랑, 2016), 『사랑의 대상으로서의 시선과 목소리』(공역, 인간사랑, 2010)가 있으며, 정신분석과 미국문학에 대한 다수의 논문을 발표했다.

서강학술총서
118

에로스의 두 얼굴

- 프로이트와 라캉의 성과 사랑 이론

양석원 지음

서강대학교출판부

서강학술총서 118
에로스의 두 얼굴:
프로이트와 라캉의 성과 사랑 이론

초판 1쇄 발행 | 2019년 11월 20일

지 은 이 | 양석원
발 행 인 | 박종구
편 집 인 | 이인석
발 행 처 | 서강대학교출판부
등록 번호 | 제2002-000170호

주 소 | 서울특별시 마포구 백범로 35(신수동)
전 화 | (02) 705-8212
팩 스 | (02) 705-8612

ISBN 978-89-7273-357-7 (94080)
ISBN 978-89-7273-139-9 (세트)

값 36,000원

* '서강학술총서'는 SK SUPEX 기금의 후원으로 제작됩니다.

영신 프리스카에게

책머리에

인간은 성장하면서 누구나 정체성의 문제에 눈을 뜬다. 인간의 정체성은 성, 인종, 민족, 계급, 문화, 종교 등 다양한 요인으로 구성되며, 이런 요인들이 복잡하게 얽혀있는 사회적 관계에서 자신이 누구인가에 대한 질문은 명확한 대답을 허락하지 않는다. 그래서 인간은 정체성에 눈을 뜨는 것이 아니라 정체성의 문제에 눈을 뜬다. 정체성은 찾는 것이 아니라 의문을 품고 끊임없이 재구성하는 과정이다. 이 과정은 고통스럽고 혼란스럽다. 정체성의 문제와 대면하는 청소년들이 고뇌하고 방황하는 것은 우연이 아니다.

그들의 고뇌에는 항상 타자가 개입한다. '나'의 정체성은 이미 항상 타인과의 관계에서 출현하기 때문이다. 내가 누구인가에 대한 의문은 항상 타자가 나를 어떻게 인식하는가에 대한 의문과 직결된다. 그 타인이 성적 타자일 때 정체성의 문제는 성 정체성에 대한 의문으로 다가온다. 이때 비로소 나는 상상적 시나리오 속에서 그 또는 그녀의 눈에 비친 나의 모습과 대면한다. 소년과 소녀는 무의식적으로 묻는다. 나는 남자다운가? 나는 여성스러운가? 남자가 된다는 것은 무엇이고 여자가 된다는 것은 무엇인가? 거울 앞에 선 나를 바라볼 때 나는 내가 좋아하는 그 또는 그녀가 바라볼 나의 모습을 상상한다.

문학을 읽거나 영화를 볼 때 나는 멋지거나 아름다운 주인공을 모방하고 주인공이 사랑하는 대상을 동경한다. 이런 경험은 청소년기에 거의 보편적이다. 감수성이 예민한 청소년들은 문학과 영화 속 주인공들과 동일시하게 되고 그들의 고뇌와 방황을 마치 자신의 것처럼 경험한다. 청소년들이 등장인물과 거리를 두고 그들의 심리를 이해하거나 비판할 수도 있다. 그러나 거리두기와 비판은 동일시의 경험에 기초한다. 물론 이런 구분은 분명한 선을 그을 수 있을 정도로 확연하지 않다. 우리는 이런 과정을 통해 이미 일상생활에서 무의식적으로 정신분석을 경험한다. 누구나 자신의 과거를 회상하며 젊은 분석가의 초상을 그려볼 수 있다.

정신분석에 대한 나의 관심은 내성적이었던 내가 정체성의 문제로 고민하던 청소년 시절부터 학창시절 문학도로 작품을 읽는 과정에서 무의식적으로 싹텄을 것이다. 인물들의 생각과 행동을 다양한 각도에서 분석하는 비평에 대한 전문적인 지식을 얻기 전에 막연히 느꼈던 인간 심리에 관한 관심은 유학 시절 정신분석학 과목의 수강으로 이어졌고 이후 정신분석은 내 학문적 지평의 중요한 부분을 차지하게 되었다. 정신분석은 매력적이고 흥미로웠지만, 인간행동의 근원적 동기에 대한 정신분석이론은 결코 쉽지도 명쾌하지도 않았다. 나는 꽤 오랫동안 정신분석을 가르치고 연구한 후에야 지그문트 프로이트(Sigmund Freud)와 자크 라캉(Jacques Lacan)이 제시하는 욕망의 복잡한 메커니즘의 윤곽을 그릴 수 있었다. 그 결과는 얼마 전 『욕망의 윤리: 라캉 정신분석과 예술, 정치, 철학』이라는 제목의 책으로 세상의 빛을 보았다.

내가 욕망에 이어 성과 사랑을 두 번째 책의 주제로 삼은 것은 필연적이다. 성과 사랑은 욕망에서 분리될 수 없기 때문이다. 나는 욕망을 논한 후에 성과 사랑을 따로 다룬다기보다 약간의 시차를 두고 이들을 함께 이야기하는 것이다. 내가 『욕망의 윤리』에서 본격적으로 다루지 못한 프로이트와 라캉의 성과 사랑 이론은 그들의 욕망이론 일부라고 해도 과언이 아니다. 그러나 성과 사랑은 욕망과 밀접한 관계를 지니지만 욕망 자체와는 다르다. 사랑이론은 욕망이론에 기초하면서 동시에 욕망이론을 넘어선다. 그(녀)를 욕망하는 것과 사랑하는 것은 같고도 다르다. 에로스의 두 얼굴인 사랑과 욕망의 관계를 규명하는 것이 이 책의 주제다.

내 학문적 관심이 욕망이라는 주제로 수렴되기 훨씬 전에 사랑은 이미 내 삶의 가장 중요한 관심사였다. 나는 내 학문의 주제를 어렴풋이 자아라고 생각했고 이 관심은 욕망과 타자에 대한 탐구로 발전했다. 그러나 사랑은 삶의 일부로 여겨졌지 학문적으로 해부할 개념이나 탐구의 대상으로 느껴지지 않았다. 이는 아마도 종교적인 사랑의 계명을 제외하고 내가 당시에 사랑에 대해 가졌던 관심이 감상적이고 로맨틱한 사랑의 범주를 넘지 못했기 때문일 것이다. 에리히 프롬(Erich Fromm)이 『사랑의 기술』(*The Art of Loving*)에서 사랑을 우연히 빠지는 요행의 경험이나 즐거운 감정이 아니라 지식과 노력을 요구하는 기술이라고 정의한 것이 당시 신선하게 다가왔을 만큼 나에게 사랑은 로맨스와 분리될 수 없었다.

나에게 사랑은 남녀의 아름다운 만남과 이별의 이야기였고, 그다지 문학 소년이 아니었던 나도 청소년기에 문학과 영화 속 사랑에 적지 않게 감동했다. 표도르 도스토옙스키(Fyodor Dostoyevsky)의 『죄와 벌』(*Crime and Punishment*)을 읽으면서도 나는 라스콜리니코프(Raskolnikov)의 고뇌에 찬 모습만큼 소냐(Sonya)의 헌신적이고 아름다운 사랑에 감복했다. 중학교 시절 주말의 명화 시간에 본 흑백영화 「로마의 휴일」("Roman Holiday")의 공주와 기자의 사랑 이야기는 당시 누구에게도 그랬듯이 감수성 예민했던 어린 가슴을 파고들었고 이후 뇌리에서 쉽게 지워지지 않았다. 고등학교 2학년 때 친구와 같이 관람한 「닥터 지바고」("Doctor Zhivago")는 노벨상을 수상한 원작 소설을 읽지 않았지만 모리스 자르(Maurice Jarre)의 아름다운 라라의 테마 선율과 함께 오랫동안 감상적이었던 사춘기 소년의 폐부를 온통 뒤흔들어놓았다. 대학교 1학년 때 지정 영어교양도서로 읽은 존 골즈워디(John Galsworthy)의 단편소설 「사과나무」("The Apple Tree")의 애틋한 사랑 이야기도 내 감수성을 자극했다. 나는 아주 나중에 프로이트의 『문명과 그 불만』(*Civilization and Its Discontents*)을 읽었을 때 그가 이 작품을 문명이 가한 억압의 예로 제시했다는 사실을 알게 되었다. 마찬가지로 대학교 1학년에 지정 영어교양도서로 읽은 에릭 시걸(Eric Segal)의 소설 『러브스토리』(*Love Story*) 그리고 원작을 각색해 프랑시스 레이(Francis Lai)의 주제곡으로 수놓은 동명의 영화는 또 어떠했던가? 중년이 되어 방문한 로마와 하버드 대학에 귀속된 래드클리프 여대의 도서관은 청소년 시절 동경했던 사랑의 로케이션이라 분명 더 아름다워 보였다.

청소년기의 로맨틱한 사랑에 대한 동경은 쉽게 사라지지 않았다. 내가 '미국문학과 여성'이라는 제목의 대학원 세미나에서 '여성과 사회'라는 무거운 주제를 다룰 때도 억압받는 여주인공들에 대한 나의 애정은 떠나지 않았다. 내가 읽고 가르치며 사랑했던 미국소설의 여주인공들—『주홍글자』(*The Scarlet Letter*)의 헤스터(Hester), 『블라이스데일 로맨스』(*The Blithedale Romance*)의 지노비아(Zenobia), 『여인의 초상』(*The Portrait of a Lady*)의 이저벨(Isabel), 『각성』(*The Awakening*)의 에드나(Edna), 『순수의 시대』(*The Age of Innocence*)의 엘렌(Ellen) 등—은 학문적으로 분석의 대상이지만 사적으로는 비평의 잣대를 들이대고 싶지 않은 여성들이다. 아마도 나는 아름다운 사랑 이야기를 비평적으로 해부하는 것이 내가 품었던 로맨틱한 사랑의 환상을 해칠 수 있다고 무의식적으로 우려하며 전문비평에서 한걸음 물러서는 것일 수도 있다. 내가 여주인공들에게 느끼는 애정의 정체에 대해서도 알고 싶지 않은지도 모른다. 내 마음 깊숙한 곳에서 나는 정말 『블라이스데일 로맨스』의 여주인공 지노비아를 좋아하는 것일까? 혹시 이 소설의 결말에서 도전적이고 아름다운 여성운동가 지노비아가 아니라 가냘프고 창백하며 순종적인 동생 프리실라(Priscilla)를 좋아했다고 밝히는 내레이터 커버데일(Coverdale)의 고백에 나도 무의식적으로 공감하는 것은 아닐까?

이런 맥락에서 남녀의 성과 사랑에 대한 정신분석이론을 다루는 이 책은 로맨틱한 사랑에 대한 나의 이별의 선언이자 동시에 탐구의 시작이다. 사랑은 감상의 대상일 뿐 아니라 논쟁과 해석의 대상이다. 에로스를 찬양하는 플라톤(Plato)의 『향연』(*The Symposium*)이 예증하듯이 사랑은 처음부터 철학의 주제가 아니었던가? 그러나 사랑은 전적으로 고상하거나 저속하지 않다. 사랑은 전문가와 대중, 고급비평과 대중문화의 경계를 허문다. 사랑을 진리의 한 형태로 보는 알랭 바디우(Alain Badiou)를 인용하지 않더라도 사랑은 보편적이다. 인류문화의 위대한 유산으로 평가되는 고전에서부터 통속소설과 대중영화 및 안방극장을 장식하는 통속드라마까지 두루 관통하는 유일한 주제가 사랑이 아닐까?

프로이트와 라캉의 성과 사랑 이론은 불후의 명작뿐 아니라 통속적인 불륜 드라마도 이해할 수 있는 통찰력을 준다. 그러나 이들 사상의 무게가 가볍지 않기에 그만큼 이해도 쉽지 않다. 특히 라캉의 글은 난해하고 모호하기로 유명하다. 그의 강연과 글이 어려운 이유 중 하나는 그가 논하는 사상의 영역이 광범위하기 때문이다. 그가 언급하는 사상에 대한 선지식 없이 그의 글을 완전히 해독하는 것은 불가능하다. 하지만 그런 선지식을 다 갖추지 못하더라도 정신분석뿐 아니라 철학, 수학, 문학 등 그가 중요하게 다루는 글을 함께 읽는다면 그의 이론에 대한 의문점들이 다소간 해소되는 것을 경험할 수 있다.

그러나 남녀의 사랑은 사랑의 주제가 갖는 무게를 결코 다 짊어질 수 없다. 사랑은 이미 고대 그리스 시대부터 남녀관계로 한정되지 않았고 지난 수십 년간 성과 성적 사랑의 정의 자체도 크게 변했다. 그리고 세속적이고 성적인 사랑의 범위를 수정하고 넓힌다 해도 그것은 사랑 범주의 한 칸을 차지할 뿐이다. 프로이트의 말대로 에로스가 문명의 기초라면, 성적인 사랑을 넘어섰을 때 이웃과 국가 그리고 인류와 모든 피조물에 대한 사랑을 논할 수 있고, 그런 다음에 어떤 수식어로도 형언하기 어려운 신의 사랑을 상상해 볼 수 있을 것이다. 언젠가 사랑의 무게를 더 감당할 수 있을 때 사랑에 대한 더 깊은 이야기를 나눌 수 있으리라는 희망을 가져본다.

내가 책과 지식을 사랑할 수 있게 가르쳐주신 연세대학교와 뉴욕주립대학교 스승님들께 깊이 감사드린다. 라캉을 같이 읽어온 선생님들,

철학 용어에 도움을 주신 모교 철학과 교수님들, 각주 정리와 자료 검색 및 도식 작성을 도와준 대학원 제자들에게도 고마운 마음을 전한다. 그리고 졸저를 서강학술총서로 출판하도록 허락한 서강학술총서 편집부에 감사의 뜻을 표한다. 외국에서 연구할 시간을 배려한 학교와 이곳에서 가족이 함께할 수 있게 인도하신 주님의 사랑에 감사한다. 사랑하는 딸들과 나누는 대화와 문자와 사진이 즐겁고 정겹다. 무엇보다도 늘 곁에서 밝고 따듯한 삶의 공간을 만들어주는 아내가 고맙다. 사랑하는 아내에게 이 책을 바친다.

2019년 5월 산 호세에서

양 석 원

목 차

일러두기

프로이트와 라캉 저작 출처

본문에 사용한 프로이트 전집과 라캉의 주요 저작의 출처는 다음과 같으며, 약어와 (권 호 및) 쪽수를 괄호 안에 표기했다. 라캉의 세미나 중 코맥 갤러거(Cormac Gallagher)의 비공식 번역은 강연연월일의 쪽수를 표기했다.

프로이트의 저작 출처

CL: Jeffrey Moussaieff Masson 옮김, *The Complete Letters of Sigmund Freud to Wilhelm Fliess 1887-1904*, Cambridge: Harvard UP, 1985.

*SE*I~XXIV: James Strachey 옮김, *The Standard Edition of the Complete Psychological Works of Sigmund Freud*, London: Hogarth, 1953~1974.

라캉의 저작 출처

E: Bruce Fink 옮김, *Écrits*, New York: Norton, 2006.

FS. Jacqueline Rose 옮김, Juliet Mitchell & Jacqueline Rose 공편, *Feminine Sexuality: Jacques Lacan and the école freudienne,* New York:

Norton, 1985.

SI: Jacques-Alain Miller 엮음, John Forrester 옮김, *The Seminar of Jacques Lacan Book I: Freud's Papers on Technique 1953-1954*, New York: Norton, 1988.

SII: Jacques-Alain Miller 엮음, Sylvana Tomaselli 옮김, *The Seminar of Jacques Lacan Book II: The Ego in Freud's Theory and in the Technique of Psychoanalysis 1954~1955*, New York: Norton, 1991.

SIII: Jacques-Alain Miller 엮음, Russell Grigg 옮김, *The Seminar of Jacques Lacan Book III: The Psychoses 1955-1956*, New York: Norton, 1993.

SV: Jacques-Alain Miller 엮음, Russell Grigg 옮김, *The Seminar of Jacques Lacan Book V: Formations of the Unconscious 1957-1958*, Cambridge: Polity Press, 2017.

SVII: Jacques-Alain Miller 엮음, Dennis Porter 옮김, *The Seminar of Jacques Lacan Book VII: The Ethics of Psychoanalysis 1959-1960*, New York: Norton, 1992.

SVIII: Jacques-Alain Miller 엮음, Bruce Fink 옮김, *The Seminar of Jacques Lacan Book VIII: Transference 1960-1961*, Cambridge: Polity Press, 2015.

SX: Jacques-Alain Miller 엮음, A. R. Price 옮김, *The Seminar of Jacques Lacan Book X: Anxiety 1962-1963*, Cambridge: Polity Press, 2014.

SXI: Jacques-Alain Miller 엮음, Alan Sheridan 옮김, *The Seminar of Jacques Lacan Book XI: The Four Fundamental Concepts of Psychoanalysis 1963-1964*, New York: Norton, 1981.

SXVII: Jacques-Alain Miller 엮음, Russell Grigg 옮김, *The Seminar of Jacques Lacan Book XVII: The Other Side of Psychoanalysis 1969-1970*, New York: Norton, 2007.

SXVIII: Cormac Gallagher 옮김, *The Seminar of Jacques Lacan Book XVIII: On a Discourse that might not be a Semblance 1970-1971*, www.lacaninireland.com.

SXIX: Jacques-Alain Miller 엮음, A. R. Price 옮김, *The Seminar of Jacques Lacan Book XIX: . . . or Worse 1971-1972*, Cambridge: Polity Press, 2018.

*S*XX: Jacques-Alain Miller 엮음, Bruce Fink 옮김, *The Seminar of Jacques Lacan Book XX: Encore: On Feminine Sexuality, The Limits of Love and Knowledge 1972-1973*, Norton: New York, 1998.

*S*XXIII: Jacques-Alain Miller 엮음, A. R. Price 옮김, *The Seminar of Jacques Lacan Book XXIII: The Sinthome 1975-1976*, Cambridge: Polity Press, 2016.

T: Joan Copjec 엮음, Denis Hollier, Rosalind Krauss & Annette Michelson 공역, *Television and A Challenge to the Psychoanalytic Establishment*, New York: Norton, 1990.

"Aimée": "The Case of Aimée, or Self-Punitive Paranoia," John Cutting & Michael Shepherd 공편, *The Clinical Roots of the Schizophrenia Concept: Translations of Seminal European Contributions on Schizophrenia,* Cambridge: Cambridge UP, 1987, 213~226쪽.

"Italian": Cormac Gallagher 옮김, "Italian Note," *Filozofski Vestinik*, 31.1 (2010), 31~35쪽.

"Hysteria": Natalie Wülfing 옮김, "On Hysteria," *Psychoanalytical Notebooks*, 21 (2010), 9~14쪽.

"Proposition": Russell Grigg 옮김, "Proposition of 9 October 1967 on the Psychoanalyst of the School," *Analysis*, 6 (1995), 1~13쪽.

"Report": A. R. Price 옮김, "Report on Seminar XIX," *S*XIX, 215~220쪽.

도식 출처

본문에 인용된 도식의 출처는 다음과 같다.

44쪽 (에마의 트라우마): Serge André, *What Does a Woman Want?* 83쪽; Sigmund Freud, *SE*I, 354쪽.

52쪽 각주 16번 (프로이트 정신기구): Sigmund Freud, *SE*V, 541쪽.

105쪽 (도라의 L도식): Jean-Michel Rabaté, "Dora's Gift," 91쪽; Véronique Voruz, "A Lacanian Reading of Dora," *The Later Lacan: An Introduction*, 162쪽.

105쪽 각주 9번 (L도식): Jacques Lacan, *É*, 40쪽.

108쪽 (완성된 욕망의 그래프): Jacques Lacan, *S*V, 321쪽.

122쪽 (환유와 은유 공식): Jacques Lacan, *É*, 428~429쪽.

128쪽 (라캉의 담론공식, 히스테리 (환자) 담론): Jacques Lacan, *S*XVII, 169, 94쪽.

129쪽 각주 37번 (주인 담론): Jacques Lacan, *S*XVII, 169쪽; *S*XX, 16~17쪽.

186쪽 (성별화 공식): Jacques Lacan, *S*XX, 78쪽.

193쪽 (주체와 신체의 교집합): Serge André, *What Does a Woman Want?*, 261쪽.

204쪽 (남성 집합): Bruce Fink, *The Lacanian Subject*, 109쪽.

221쪽 (성별화 공식 명제와 대당 사각형): Jacques Lacan, *S*XIX, 186쪽.

227쪽 각주 131번 (보로메오 매듭): Jacques Lacan, *S*XXIII, 43쪽.

260쪽 (다섯 원소의 부분집합): *S*XIX, 139쪽.

261쪽 (파스칼의 삼각형): *S*XIX, 126쪽.

265쪽 (일자와 존재 벤도식): Mladen Dolar, "*In Parmenidem Parvi Comentarii*," 78, 86쪽.

269쪽 (라캉의 담론공식, 주인 담론, 분석가 담론): Jacques Lacan, *S*XX, 16~17쪽.

350쪽 (여성의 사랑): Geneviève Morel, "Feminine Conditions of Jouissance," 80쪽.

374쪽 (거울모델): Jacques Lacan, *E*, 564~565쪽.

451쪽 각주 28번 (주이상스, 불안, 욕망): *S*X, 174쪽.

502쪽 (분리): Bruce Fink, *The Lacanian Subject*, 61쪽.

502쪽 각주 41번 (주체와 대타자의 교집합): Slavoj Žižek, *The Metastases of Enjoyment*, 178쪽; *Enjoy Your Symptom! Jacques Lacan in Hollywood and out*, 76쪽.

509쪽 (결여의 결여): Roberto Harari, *Lacan's Seminar On "Anxiety": An Introduction*, 73쪽.

서론:
남녀는 사랑할 수 있는가?

서론
남녀는 사랑할 수 있는가?

포스트섹스(post-sex)와 LGBTQ 시대에 사랑을 남녀관계로 논하는 것은 어떤 의의를 지닐 수 있을까? 성을 생물학적 구분과 정상/비정상의 이분법적 고정관념에서 해방시켜 역사적, 정치적 그리고 사회문화적으로 새롭게 접근하려는 시도가 활발한 시대에 성과 사랑의 논의를 남녀관계로 한정시키는 것은 일견 편협하고 시대착오적으로 들릴지 모른다. 이 시대에 성과 사랑의 논의는 주디스 버틀러(Judith Butler)의 책 제목 『젠더 트러블』(*Gender Trouble*)에 나타나는 성의 사회적이고 문제적인 성격에 대한 논쟁을 피하기 어려워 보인다.

'남성'과 '여성'을 전-사회적이고 전-담론적으로 규정하는 "실체의 형이상학"을 (재)생산하는 이성애적 문화의 사회정치적 권력관계와 기호체계를 분석하며 성을 정의하려는 규범적이고 목적론적인 기획에서 탈피하여 성 정체성을 임의성과 유동성에 영구히 노출된 "열린 집합체"

로 보려는 버틀러의 잰더이론은 성에 대한 문제의식을 고취시키는 데 적지 않게 공헌했다.[1] 그러나 (여)성의 해방을 위한 페미니즘의 도전과 논쟁 및 성의 (재)생산에 관한 미셸 푸코(Michel Foucault)의 사유를 거쳐 버틀러와 이브 세지윅(Eve Kosofsky Sedgwick)의 퀴어이론으로 진화한 현대 서구 성 담론의 역사도 퀴어 이론의 종말이 선언되는 지금 이미 과거시제로 기록될 형국에 처해 있다.[2]

'After Sex'라는 책 제목이 보여주듯이 그리고 LGBT(Lesbian, Gay, Bisexual, Transgender)에 퀴어(queer)주체 또는 자신의 성 정체성에 의문을 품는(questioning) 주체를 나타내는 Q와 양성을 지닌 Intersex 및 성 자체를 부정하는 Asexual이 추가되어 LGBTQIA로 신화하듯이 성의 경계를 가로지르는 문제는 성(개념) 소멸의 문제와 맞물린다. 슬라보예 지젝(Slavoj Žižek)의 주장대로 "포스트젠더주의는 트랜스젠더주의의 진리다. 성 정체성의 보편적 유동화는 불가피하게 성 자체의 말소에서 절정에 달한다."[3] 그러므로 Asexual이 추가된 것은 우연이 아니다. "성을 해

1 Judith Butler, *Gender Trouble: Feminism and the Subversion of Identity* (New York: Routledge, 1990), 27, 22쪽.

2 퀴어이론이 확장되고 보편화 되고 있는지 아니면 이론적 동력을 상실하고 있는지는 쟁점의 대상이다. 사우스 애틀랜틱 쿼털리(*South Atlantic Quarterly*) 2007년 여름 특집호와 이 특집호를 동명으로 확대 출판한 단행본 Janet Halley & Andrew Parker 공편, *After Sex: On Writing Since Queer Theory* (Durham, Duke UP, 2011)를 참조할 것. 이 책의 서론에서 재닛 핼리(Janet Halley)와 앤드루 파커(Andrew Parker)가 지적하듯이 버틀러와 세지윅을 비롯한 퀴어이론가들의 관심은 최근에 다른 방향으로 이동했다. 퀴어이론의 반사회적 전회를 비판하고 퀴어이론이 정치적 윤리적인 행동의 방향으로 확장될 필요성을 강조한 책으로 Eveline Kilan Yekani, Elahe Haschemi & Beatrice Michaelis 공편, *Queer Futures: Reconsidering Ethics, Activism and the Political* (Burlington: Ashgate, 2013), 특히 편집자들이 공동 집필한 서론 "Introducing Queer Futures"를 참조할 것.

3 Slavoj Žižek, "The Sexual is Political," *The Philosophical Salon* (August 2016), 159쪽.

방시키려는 시도가 과격해질수록 그 시도들은 [……] 성으로부터 해방되려는 시도가 된다."[4]

이렇게 진화하는 성 담론의 역사적 맥락에서 볼 때 반세기에서 1세기 전에 성과 사랑을 논한 프로이트와 라캉의 정신분석이론은 현시대의 성과 사랑의 스펙트럼을 조명하기에는 낡은 도구로 보일 수 있다. 프로이트에게 동성애는 정상궤도를 일탈한 것이고 라캉의 성별화 공식도 이분법적 남녀 구분에 기초한 구시대적 도식으로 보일 수 있기 때문이다.[5] 그러나 프로이트와 라캉이 성을 생물학적 차원이나 담론의 차원 어느 쪽으로도 환원하지 않았다는 사실은 이들의 정신분석이론이 현시대 성 담론이 주목하는 성의 근본적으로 복합적이고 문제적인 성격을 직시했음을 반증한다. 이들의 이론은 성을 전적으로 주어지거나 구성된 것으로 여기지 않는다는 점에서 성의 본질주의나 구성주의에 대한 비판적 관점을 제공한다.

프로이트와 라캉의 성과 사랑 이론이 여전히 중요한 이유는 이들이 성과 사랑의 문제적 성격에 철저하게 천착했기 때문이다. 알렌카 주

LGBT에 속하지 않으면서 LGBT에 공조적인 협력자들(Allies) 및 상대방의 성에 무관하게 성적 매력을 느끼는 범성애자(Pansexual)가 추가되어 LGBTQIAAP라는 용어도 사용된다. 지젝은 성의 다양성을 무한히 확대하려는 이런 경향은 성의 이분법에서 탈피하면 자신의 성(적 입장)을 찾을 수 있다는 가정에 기초하며 이런 점에서 성 자체에 내재한 불가피한 문제성에 존재론적 일관성을 부여하려는 것이라고 비판한다.

4 Slavoj Žižek, "A Reply to My Critics," *The Philosophical Salon* (August 2016), 173쪽.

5 프로이트가 정상과 비정상의 경계를 구분할 수 없고 인간은 모두 양성적이라고 주장한 것은 익히 알려진 사실이다. 프로이트가 동성애를 정상의 범주에서 벗어난 것으로 보았어도 치유해야 할 병리적인 현상으로 치부하지 않았다는 주장에 관해서는 Paul Robinson, "Freud and Homosexuality," Tim Dean & Christopher Lane 공편, *Homosexuality and Psychoanalysis* (Chicago: U of Chicago P, 2001), 91~97쪽을 참조할 것.

판치치(Alenka Zupančič)가 최근의 저서 『성이란 무엇인가?』(*What is Sex?*)에서 강조하듯이 "프로이트에게 성(sexuality)은 [……] 정체성을 구성하는 것이라기보다 본질적으로 문제적이고 파열적인 어떤 것이다."[6] 이들의 성과 사랑 이론은 당대의 사회적 관념을 문제시하는 데에서 출발했다. 그들은 사회적 통념뿐 아니라 스스로 세운 이론적 가설에도 얽매이지 않았다. 바디우가 지난 세기 프로이트 성 이론의 의의를 논하면서 "프로이트가 위대한 이유 중 일부는 자신에게 반대했다는 것"이며 "프로이트의 용기가 오늘날 우리에게 무용한지는 전혀 확실치 않다"라고 말하는 것은 선입견보다 자신의 발견에 충실했던 프로이트에 대한 정당한 평가다.[7] 그래서 성(정체성)과 사랑에 대한 이들의 사유는 역동적으로 변화하며 일목요연하게 정리하기 어렵다. 이들에게 성과 사랑은 영원히 '포스트'라는 수식어가 적용될 수 없는 근원적인 문제였다. 성적 주체들의 사랑에 대해서도 마찬가지다. 이들은 사랑의 문제적 성격을 철저히 해부했다. 프로이트와 라캉이 오랜 기간 남녀의 사랑을 이론화하는 과정을 살펴보면 성과 사랑의 근원적 문제에 대한 통찰력을 엿볼 수 있고 그들의 혜안은 여전히 현재성을 지닌다.

6 Alenka Zupančič, *What is Sex?* (Cambridge: MIT P, 2017), 6쪽. 섹슈얼리티로 옮기기도 하는 성(sexuality)은 좁게는 성적 지향(sexual orientation)의 의미로도 사용되며 이론이나 비평가에 따라 조금씩 다른 의미를 지닌다. 정신분석학적 관점에서 이 단어는 생물학적 성(sex)과 달리 정신적 함의가 짙은 용어다. 앞으로 '성'은 sexuality의 번역어로 주로 사용하고 구분이 필요할 때는 영어 sex와 sexuality를 괄호 안에 병기한다. 같은 맥락에서 육체적인 sex 차원의 관계를 '성관계'로 표현하고, 라캉의 명제에 나타나듯이 정신적인 sexuality 차원의 관계를 '성적 관계'로 표현한다.

7 Alain Badiou, Alberto Toscano 옮김, *The Century* (Cambridge: Polity Press, 2007), 70, 74쪽.

사랑의 문제적 성격에 주목하는 프로이트와 라캉은 사랑의 미학을 부정하고 아름다운 사랑 이야기를 해체하는 것처럼 보일 수 있다. 그렇다면 이들의 정신분석이론은 아름다운 사랑 이야기를 탈신비화하는 것에 불과한 것일까? 그들은 인류 역사에서 아름답고 고귀한 것으로 회자되는 사랑 이야기의 본질이 단순히 허구적이라고 말하는 것일까? 아니면 그들은 사랑의 본질을 드러내면서 사랑의 미적 차원을 여전히 향유할 수 있게 하는 것일까?

문학은 시공간을 넘어 하나가 되는 남녀의 사랑을 수없이 찬미해왔다. 윌리엄 셰익스피어(William Shakespeare)는 "사랑에서 숫자는 살해되었네. [……] [그들 사이에] 거리와 공간은 보이지 않네"라고 노래하고, 존 돈(John Donne)은 "사랑은 계절도 기후도, 시간, 날, 달도 모르네"라고 선언한다.[8] 그리고 줄리아 크리스테바(Julia Kristeva)는 『사랑 이야기』(*Tales of Love*)에서 "사랑과 사랑받는 자는 시간의 계산을 지운다"라고 말한다.[9] 이렇듯 사랑은 둘을 하나가 되게 만들고 시공간의 제약을 받지 않는다. 시공간을 초월한 불멸의 사랑은 역사와 문화의 경계를 넘어 보편적인 호소력을 지닌다.

그러나 사랑 이야기에 대한 우리의 태도는 이중적이다. 우리는 아름다운 사랑에서 공감과 위안을 찾지만, 그것은 어디까지나 현실이 아

---

8 각각 셰익스피어의 소넷 「불사조와 비둘기」("The Phoenix and the Turtle")와 돈의 「일출」("The Sun Rising")의 일절이다. William Shakespeare, Alfred Harbage 엮음, *William Shakespeare: The Complete Works* (New York: Viking, 1979), 1439쪽과 John Donne, A. J. Smith 엮음, *The Complete English Poems* (New York: Penguin, 1977), 80쪽을 볼 것.

9 Julia Kristeva, Leon S. Roudiez 옮김, *Tales of Love* (New York: Columbia UP, 1987), 5쪽.

니라 허구라는 냉철하고 때로 냉소적인 시각으로 바라보기도 한다. 우리는 해피엔딩을 우화적이고 신화적인 세계에 대한 동경과 소망을 투사한 상상의 산물로 여기며 오히려 사랑과 증오, 희생과 복수로 얼룩진 이야기를 더 그럴듯하다고 생각한다. 그러므로 우리가 정말 공감하는 사랑 이야기는 행복하게 끝나는 이야기가 아니라 실패로 점철된 불행한 이야기인지도 모른다. 위대한 문학에서부터 상업영화에 이르기까지 가장 큰 공명을 불러일으키는 주제가 이루어질 수 없는 사랑이라는 점은 이런 사실을 증명한다. 로미오(Romeo)와 줄리엣(Juliet), 베르테르(Werher)와 샤를로테(Charlotte), 테스(Tess)와 에인절(Angel), 트리스탄(Tristan)과 이졸데(Isolde), 그리고 헤스터와 딤즈데일(Dimmesdale) 및 엘렌과 뉴랜드(Newland)에 이르기까지 명작의 주인공들뿐 아니라, 대중영화 「로마의 휴일」의 조(Joe)와 안나(Anna), 「러브스토리」의 올리버(Oliver)와 제니(Jenny), 심지어 「타이타닉」("Titanic")의 잭(Jack)과 로즈(Rose)는 모두 사랑을 이루지 못하거나 사랑의 대가로 희생되고 죽음을 맞는다.

실패와 고통과 좌절로 얼룩진 사랑이 아름다운 건 사랑이 결과가 아닌 과정의 미학이기 때문이다. 그래서 사랑은 현실적으로 실패로 귀결돼도 항상 실패가 아니었다는 여운을 남긴다. 이 여운은 운명의 요소를 포함한다. 사랑은 사회문화적, 역사적, 경제적, 인종적, 종교적, 의학적 제약과 장벽들로 인한 좌절과 실패를 동반하지만, 거기에는 항상 우연 또는 정반대로 필연의 원인이 공존한다. 다시 말해서 이 사랑 이야기들이 실패와 좌절을 동반하는 원인을 다양한 요인들로 추적한 후에도 설명되지 않는 잉여의 요인에 우리는 우연과 필연의 운명이라는 이름을 부여한다. 이들의 사랑이 분석과 설명을 거부하는 불가해한 원인에 의해 결정된다는 느낌을 주기 때문에 역설적으로 위대하고 아름다운 운명적 사랑으로 인구에 회자되는 것이 아닐까?

이렇듯 사랑은 설명하기 어려운 다양하고 복합적인 요인들로 구성되며, 사랑에 대한 우리의 태도와 생각도 복잡하고 때로 모순적이다. 그 이유는 무엇일까? 사랑은 정말 셰익스피어의 말대로 숫자를 살해하는 것일까? 혹시 하나가 아닌 둘의 셈법이 사랑을 정의하는 것이 아닐까? 우리는 무의식적으로 뇌리를 스치는 이런 질문들에 대한 답을 추구하는 대신 끊임없이 사랑 이야기를 즐긴다. 이런 문제에 대한 해답을 추구하는 것은 사랑 이야기를 즐기고 감상하는 것과 다르다. 감상은 사랑에 대한 피상적인 속설의 외피에 가려진 사랑의 실체를 외면하는 것일 수도 있기 때문이다.

프로이트가 세 편의 "사랑의 심리학을 위한 기고문"(Contributions to the Psychology of Love) 중 첫째 글인 「남자의 특수한 대상선택 유형」("A Special Type of Choice of Object Made by Men")을 시작하면서 제시하는 작가와 과학자의 차이는 사랑에 대한 정신분석의 접근법을 잘 보여준다. 프로이트에 따르면 작가는 인간의 무의식에 존재하는 숨겨진 충동들을 간파해서 드러내는 재능을 지니지만, 감정적 효과와 미학적 즐거움을 제공해야 하기 때문에 사랑에 동반되는 불편한 감정들을 순화하고 부족한 것들을 메우는 시적 특권을 갖는다. 작가가 독자들에게 즐거움을 주기 위해 미화하는 사랑의 정신적 기원과 발달에 무관심한 반면, 정신분석가는 독자의 쾌락원칙을 만족시켜야 할 의무에서 해방되어 그런 기원과 발달을 과학적으로 규명한다.(*SE* XI: 165)

정신분석가는 작가가 가공작업을 통해 제시하는 아름다운 사랑 이야기의 근원에 존재하는 불쾌하거나 충격적일 수 있는 기원을 가감 없이 과학적으로 탐구한다. 그래서 프로이트와 라캉을 읽으면 사랑의 민낯을 대하는 것 같아 때로 당혹스러울 때도 있다. 정신분석은 사랑에 대해 거짓되지 않고 중립적이다. 미국의 문필가 헨리 소로(Henry David Thoreau)가 삶이 고상한 것인지 저급한 것인지, 살만한 가치가 있는 것인지 아닌지에 대한 선입견을 버리고 오로지 삶의 헐벗은 진리와 마주하기 위해 월든(Walden) 호숫가에 갔던 것처럼, 정신분석은 사랑이 아름다운 것인지 추악한 이면을 갖는 것인지에 대한 선입견을 제쳐두고 오로지 사랑의 진리가 무엇인가만을 탐구한다.

이런 탐구는 사랑의 본질에 접근하기 위해 불가피하다. 작가들이 쾌락원칙을 위해 순화한 사랑의 진리가 낯설고 불편할 수 있는 이유는 그것이 성(sexuality)과 밀접히 관계되기 때문이다. 정신분석이 사랑(의 실패)의 근원적인 모델로 오이디푸스(Oedipus)를 제시하는 것은 그리 놀랍지 않다. 왜냐하면 프로이트의 위대한 발견은 이 비극적 주인공 이름의 세례를 받았기 때문이다. 그러나 그가 아버지를 살해하고 어머니를 사랑했다는 충격적인 사실을 견디지 못하고 스스로 눈을 찔러 실명하는 이야기는 인간 사랑의 근원에 장밋빛 로맨스가 아니라 비극적인 차원이 존재한다는 것을 암시한다. 우리가 오이디푸스의 비극을 현실에서 불가능한 허구적 신화로 치부하는 것은 사랑의 한복판에 (근친상간적) 욕망이 도사리고 있다는 감당할 수 없고 불가능한 진리를 외면하려는 시도일지 모른다. 프로이트의 용어로 환언하면 그것은 진리를 억압하려는 방어기제의 일환이다.

성이 제기하는 문제는 근친상간적 욕망에 그치지 않는다. 오이디푸스가 남성 사랑의 근원에 존재하는 위험과 불가능성을 보여준다면, 히스테리 환자 도라(Dora)는 여성의 사랑이 봉착하는 어려움과 성 정체성의 문제를 보여준다. 프로이트는 도라 사례연구에서 아버지에 대한 사랑을 발견한다. 그러나 도라는 오이디푸스의 현대수정판 딸이다. 오이디푸스가 근친상간을 통해 낳은 딸 안티고네(Antigone)가 죽은 오빠 폴리네이케스(Polynices)를 매장하기 위해 죽음을 감수하는 것은 오빠에 대한 금기적 사랑을 수행하면서 부모의 근친상간적 위반을 반복하는 것으로 볼 수 있다. 이와 반대로 도라는 아버지에 대한 오이디푸스적 사랑을 다른 남자에게 투사하지만, 아버지와 그 남자 그리고 그 남자의 부인도 사랑하지 못한다. 그녀는 자신이 누구이며 무엇을 원하는가에 대한 질문을 던지지만 해답을 얻지 못하는 히스테리 주체다. 오이디푸스적 욕망과 히스테리적 욕망이 사랑을 좌절과 실패로 물들게 한다.

오이디푸스와 도라를 통해 근본적으로 만족될 수 없고 결여된 채로 남을 수밖에 없는 욕망의 본성이 드러난다. 『향연』에서 소크라테스(Socrates)는 아가톤(Agathon)에게 에로스의 근원이 욕망과 결핍이라고 가르친다. 그래서 에로스는 본질적으로 사랑과 욕망의 두 얼굴을 지닌다. 프로이트는 에로스를 리비도로 정의할 때 리비도가 성적 긴장과 만족, 욕망과 쾌락을 동시에 의미하는 모호성을 지닌다고 지적한다. 신화에서 에로스는 풍요의 신과 가난의 여신 사이에서 태어난다. 이렇듯 에로스는 그 자체로 모순적이고 이중적이다. 욕망이 있기에 사랑이 존재하지만 동시에 만족될 수 없는 욕망 때문에 사랑은 좌절된다. 그렇다면 사랑은 욕망처럼 근본적으로 만족될 수 없는 속성을 지니는 것일까? 아니면 사랑은 욕망에서 출발하지만 욕망의 회로에서 벗어나 만족을 찾을 수 있는 것일까?

사랑과 욕망의 변증법적 갈등에 대한 프로이트와 라캉의 이론은 정교하고 복잡하며 난해하고 모호하다. 그러나 미로처럼 이어지는 이들 이론의 논리적 전개를 따라가면 사랑이 욕망을 넘어서 끊임없이 파트너에게 다가가려는 시도라는 점이 어렴풋이 드러난다. 성과 사랑에 대한 이들의 이론적 탐색에 동참하다 보면 사랑의 주인공들이 무의식적으로 무엇을 고민하고 두려워하며 무엇에 좌절하고 희열하는지를 인식하게 되고, 왜 그들이 실패와 좌절을 무릅쓰고 사랑을 포기하지 못하는지를 이해하게 된다. 그리고 때로 그들이 병적이고 광적으로 보이더라도 그들이 사랑과 증오, 질투와 희생 속에서 경험하는 고통의 에로틱스에 공감할 수 있게 된다. 사랑에 관한 정신분석적 탐구의 끝에서 에로스는 욕망과 결핍뿐 아니라 욕동(drive)의 만족 그리고 쾌락과 고통이 교차하는 주이상스(*jouissance*)라는 또 다른 얼굴들을 드러낸다.[10] 그래서 '에로스의 두 얼굴'은 두 가지 속성을 넘어 사랑의 모호성과 패러독스를 나타내는 비유적 표현이다.

프로이트와 라캉의 복잡한 사상을 경유해 다시 읽는 사랑 이야기

10 흔히 '본능'으로 번역되어온 프로이트의 독일어 용어 *trieb*은 욕동(drive)으로 옮기는 것이 옳다. 이 용어에 관해서는 1장 「프로이트와 히스테리」 각주 2번을 볼 것. 프랑스어 *jouissance*는 쾌락원칙을 넘어서 고통이 동반되는 극단의 즐거움을 뜻한다. 영어로는 enjoyment로 번역하고 한글로는 주로 '향락'이나 '향유'로 옮기지만 이 원어의 의미를 보존하기 위해 대체로 프랑스어를 유지한다. 앞으로 인용문에서 원어가 *jouissance*일 경우는 '주이상스'로, enjoyment일 경우에는 '향락'으로 옮기고 본문에서는 문맥에 따라 혼용하며, 동사일 경우에는 '향유하다' 또는 '즐기다'를 사용한다. 욕동과 주이상스에 대한 상세한 논의는 10장 「참사랑은 존재하는가?」 셋째 단원 "욕동과 주이상스"를 볼 것.

는 내가 몰랐던 또는 모르고 싶었던 사랑의 윤곽을 드러낸다. 그러나 이들의 이론적 탐구는 순수한 사랑의 감정을 해부하여 복잡한 이론으로 환원하거나 그 아름다움을 해체하지 않는다. 그들의 이론적 프리즘을 투과한 사랑 이야기는 추상적 개념으로 탈색되지 않는다. 다시 소로우의 표현을 빌리면 정신분석이 사랑을 구석으로 몰아넣고 진리를 말하라고 채근한다고 해서 사랑이 주는 아름다움과 감동은 결코 감소하지 않는다. 오히려 정신분석의 시선으로 바라본 사랑 이야기는 사랑에 필연적으로 동반되는 증오와 좌절, 고뇌와 용기에 대한 인식을 통해 더 깊은 공감을 불러일으킨다. 정신분석은 사랑을 당연한 것으로 여기지 않고 남녀의 성 정체성의 문제와 더불어 인간의 근원적인 존재 조건이 무엇이고 왜 애초에 남녀는 사랑해야 하는가라는 근본적인 문제를 성찰할 수 있게 해주기 때문이다.

이 책 1부 '히스테리와 성'은 정신분석학의 출발점인 프로이트의 히스테리 연구에서부터 그의 여성성이론까지, 그리고 라캉의 초기 거울단계이론과 히스테리 분석에서부터 후기의 성별화 공식과 여성적 주이상스 이론 및 일자(一者, One)와 대타자의 문제까지, 성과 욕망에 대한 정신분석이론이 발달하고 변화하는 과정을 체계적으로 다룬다. 2부 '사랑의 정신분석'은 프로이트의 리비도이론과 라캉의 남근이론 및 성차이론을 중심으로 남녀의 사랑에 동반되는 (불)만족과 좌절, 나르시시즘과 동일시 및 용기와 인식 등의 다양한 문제들에 대한 정신분석이론의 논리적 전개와 변화를 면밀히 검토한다.

1부는 기본적으로 "여자는 무엇을 원하는가?"라는 프로이트의 질문에 대한 프로이트와 라캉의 대답을 살펴보는 형식을 취한다. 또한

"여성은 존재하지 않는다," "여성은 남성의 증상이다" 그리고 "일자가 있다" 및 "성적 관계는 없다"라는 라캉 명제들의 의미를 추적한다. 2부는 "사랑은 나르시스적이다," "사랑은 하나를 지향한다," "사랑은 갖고 있지 않은 것을 주는 것이다," "사랑은 타자의 존재를 향한다" 그리고 "사랑은 욕망과 주이상스를 매개한다"라는 정의와 명제들의 의미를 규명한다. 이 과정에서 남녀가 사랑하는 방식의 차이, 사랑과 욕망의 경계, 사랑의 가능성과 불가능성 및 사랑의 종류에 대한 의문점들을 풀어가며 사랑의 주제에 접근한다. 이런 접근은 궁극적으로 "남녀는 사랑할 수 있는가?"에 대해 정신분석이 제시하는 결론을 찾는 과정으로 수렴된다. 본론에서 해부하는 프로이트와 라캉의 성과 사랑 이론을 요약하는 것은 복잡한 내용을 단순화할 위험이 있다. 그러나 이론적 여정의 길잡이가 되길 바라며 아래에 각 장의 윤곽을 그려본다.

1장은 프로이트와 요제프 브로이어(Josef Breuer)의 공저 『히스테리 연구』(*Studies on Hysteria*)를 중심으로 프로이트가 히스테리 분석에서 출발해 성적 욕망을 발견하는 정신분석의 원초적 장면을 다룬다. 그리고 그의 히스테리 연구가 외상(外傷, trauma)이론, 유혹이론, 환상이론 및 성적 욕동 이론으로 발전하는 과정을 검토한다. 두 의식의 수평적 분열로 히스테리를 설명하는 브로이어와 달리 프로이트는 무의식으로 억압된 성적 욕망을 히스테리의 병인으로 발견하고 환자들의 과거 속으로 성적 욕망의 억압을 일으킨 외상을 추적한다. 프로이트는 강박신경증을 성적 능동성과 히스테리를 성적 수동성과 연결하며, 남성=쾌락=능동성, 여성=불쾌=수동성이라는 등식을 제시한다. 강박신경증도 히스테리에 기초하며 억압되는 여성/불쾌/수동성이 더 근원적인 것이다.

정신에 균열을 낳는 외상적 사건은 수동적이고 여성적이며 불쾌한 성적 경험이다. 따라서 원초적으로 억압되는 것은 여성의 성적 수동성 또는 여성성이다.

수동적인 외상의 경험과 억압에는 주체와 타자의 관계가 존재한다. 프로이트는 이를 토대로 외상의 배후에 타자가 주체를 유혹하는 유혹이론을 제시한다. 그러나 그는 외상적 사건에서 보호하기 위해 사실적 재료들을 승화하고 가공하는 환상의 기능을 발견하면서 외상이론과 유혹이론을 수정/폐기한다. 환상이론은 프로이트가 『성이론에 관한 세 편의 에세이』(*Three Essays on the Theory of Sexuality*)에서 유아의 성을 발견하면서 다시 수정된다. 신체적 · 정신적으로 미숙한 유아가 통제할 수 없는 다형적이고 과도한 성적 충동 자체가 외상적이다. 히스테리의 근원을 찾으려는 탐색의 길에 올랐던 프로이트는 애초에 존재하는 것이 외상도 환상도 아닌 성적 욕동임을 발견한다. 이를 통해 인간은 근본적으로 욕망과 욕동의 주체임이 드러난다. 그러나 환상이론은 히스테리 환자가 실존하지 않았던 타자를 만들어 낼만큼 히스테리 메커니즘에서 타자가 중요하다는 점을 보여준다.

2장은 프로이트의 대표적인 히스테리 환자인 도라 사례연구를 중심으로 히스테리이론이 여성성이론으로 발전하는 과정을 검토한다. 히스테리 욕망의 근원에 존재하는 주체와 타자의 관계는 프로이트가 히스테리를 자기성애에서 타인성애로 발전하는 과정에서 사랑하는 사람과 동일시하는 것으로 정의하는 데서 나타난다. 여기에서 여성 히스테리 환자의 정체성 문제가 제기된다. 여성 히스테리 환자가 환상에서 아버지/남자와 동일시하는 것은 여성성을 억압하고 남성성을 취하는 것이며, 이 동일시를 억압하는 것은 여성 히스테리 환자의 남성성을 억압하는 것이다. 도라의 무의식 가장 깊은 곳에 K 부인에 대한 동성애적 사랑이 있다는 사실은 남성과 동일시하는 그녀의 남성성을 보여준다.

그러나 도라의 남성성과 동성애적 성향이 억압되는 과정에 대한 프로이트의 탐구는 미완으로 남는다. 프로이트는 성발달이론에서 구강기, 항문기와 같은 전-성기기와 성기기 사이에 남근기를 추가한다. 남근기는 여성과 남성의 대칭적 구분이 있기 전에 남근의 존재 유무 즉 거세로 남녀가 구분되는 비대칭적 성차를 보여준다. 그의 후기 논문들은 여성의 성감대가 음핵에서 질로 이동하고 사랑의 대상이 어머니에서 아버지로 바뀌는 과정을 설명하면서 여아가 어머니와 동일시하여 여성성을 획득하는 과정을 보여준다. 남성/능동성/쾌락, 여성/수동성/불쾌라는 등식에 비추어 볼 때 여성이 남성적이고 능동적인 쾌락을 포기하는 것은 여성에게 쾌락이 불가능해진다는 의미를 지닌다. 이는 여성 불감증에 대한 논의를 낳는다. 프로이트는 1937년 「끝낼 수 있는 분석과 끝낼 수 없는 분석」("Analysis Terminable and Interminable")에서 여성의 무의식적 음경선망을 발견하고 여자를 음경선망에 사로잡혀 여성성을 포기하는 수수께끼 같은 존재로 인식한다. "여자는 무엇을 원하는가?"라는 질문을 던진 프로이트는 여자는 음경/남근을 원한다는 대답을 제시한다. 그러나 그의 남근 중심적 이론에서 여성성의 신비는 밝혀지지 않고 수수께끼로 남는다.

3장은 라캉의 히스테리 연구를 다룬다. 라캉은 프로이트가 히스테리 연구에서 미완의 탐구로 남긴 양성성 문제를 해석하며, 도라가 K 부인과의 관계에서 여성성을 찾으면서 겪는 딜레마를 탐색한다. 도라는 남성(아버지와 K 씨)과 동일시하여 그들에게 K 부인이 어떤 존재인가라는 문제 즉 여성성에 대한 해답을 줄 수 있다고 생각하기 때문에 그들과 동일시한다. 그러나 여성은 남성 욕망의 대상으로 나타나기 때문에 남성과의 동일시를 통해 여성성에 접근하려는 도라는 자신의 성 정체성에 대한 혼란에 직면한다. 도라가 K 부인을 욕망하기 위해서는 K 부인을 욕망하는 남성 K 씨와의 동일시가 필요하다. 『꿈의 해석』(*The Interpretation of Dreams*)에 등장하는 정육점 주인의 부인은 남편의 시선을 빼앗는 친구의 자리를 차지하고 싶어 친구와 동일시하지만, 남편의 눈에 비친 친구의 여성성을 알기 위해 남편과도 동일시한다. 나아가 그녀는 그의 욕망을 불러일으키는 대상이 되고 그의 욕망이 충족되지 않기를 원한다. 대타자의 결여/욕망에서 자신의 존재를 찾으려는 히스테리 환자는 대타자의 욕망을 유지하려 한다. 그래서 욕망은 근본적으로 욕망에 대한 욕망이다.

라캉은 세미나 XVII 『정신분석의 이면』(*The Other Side of Psychoanalysis*)에서 히스테리 환자는 남성/대타자를 욕망하는 주체로 유지하면서 잉여주이상스를 취한다고 말한다. 그러나 라캉은 여성성을 히스테리로 환원하지 않는다. 히스테리 환자가 결여/욕망에서 얻는 잉여주이상스는 신체적 향락이 결핍된 창백한 주이상스다. 이와 달리, 여성은 남성과의 사랑을 향유하면서 동시에 남성(남근)을 넘어선 여성적 주이상스를 추구한다. 라캉은 "여자는 무엇을 원하는가?"라는 질문에 대해 주이상스라는 답을 제시한다. 라캉의 히스테리 탐구는 여성적 주이상스로 향한다.

4장은 프로이트의 성(차)이론을 논의의 출발점으로 삼아 라캉의 성이론을 버틀러가 대표하는 젠더이론과 비교하며 논한 후 라캉의 성별화 공식에 나타난 주이상스와 성차이론을 다룬다. 프로이트에게 '남성' '여성' 개념은 정확한 정의가 불가능한 인식론적 한계이며 성차는 생물학적인 것도 문화적인 것도 아니다. 라캉은 프로이트 성이론을 발달시켜 생물학적 성차가 정신에 표상될 수 없는 이유를 실재와 불가능성의 관점에서 탐구한다. 젠더이론은 성차가 남성중심적 이성애적 담론에 의해 문화적으로 구성된 것이므로 재구성되고 해체될 수 있다고 주장하면서도 성차를 궁극적으로 해결될 수 없는 문제로 인식하는 한계에 봉착한다. 정신분석이 성차를 이분법적으로 정의한다는 젠더이론의 주장과 달리 라캉 이론에서 성차는 상징계 안의 대립이 아니라 상징계/언어가 실패하는 실재에 속한다. 성차가 실재에 속하고 남녀관계가 성립할 수 없는 것은 인간의 근원적 결여 때문이다. 남녀가 이 결여를 메우는 방식의 차이는 남녀가 주이상스를 경험하는 차이를 낳는다. 남성은 대타자 여성과 직접 관계하지 못하고 그녀를 자신이 상실한 대상 *a*로 즉 자신 영혼으로 삼는 영혼사랑(soulove)을 통해 남근적 주이상스를 향유한다. 남근적 주이상스는 나르시스적이며 거세를 나타내는 남근함수에 종속된 상징적 주이상스다.

성차는 남성 집합과 여성 집합의 차이로 나타난다. 남성의 경우 모든 여성을 향유할 수 있는 적어도 하나의 예외적 존재가 있기 때문에 남근함수에 종속되어 여성을 향유할 수 없는 그 밖의 모든 남자들로 구성된 유한집합이 성립한다. 이와 달리 여성은 거세될 수 없기에 남근함수에 종속되지 않은 적어도 하나의 예외적 존재가 없다. 따라서 여성은 모두 남근함수에 예외 없이 종속되지만 결코 전부 종속되지 않는 '비-

전체'(not-all)의 특징을 지닌 무한집합에 속한다. 여성 역시 상징적 남근(Φ)과 관계하면서 남근적 주이상스를 향유하지만 남근함수에 전적으로 종속되지 않으므로 여성적 주이상스도 향유한다. 성녀 테레사의 고통과 환희가 예증하듯이 여성은 남성과 다른 파트너를 통해 절대적이고 무한한 주이상스를 경험할 수 있다. 이 주이상스는 결여와 무(無)의 주체가 존재의 심연에서 홀로 경험하는 고독하고 절대적인 것이다.

5장은 라캉이 세미나 XIX에서 제기한 "일자가 있다"라는 모호한 명제의 의미를 규명한 뒤 이 명제가 "성적 관계는 없다"라는 명제와 어떻게 관계되며 남녀관계는 왜 일자와 대타자의 관계로 나타나는지를 살펴본다. 플라톤의 『파르메니데스』(*Parmenides*)에서 파르메니데스는 "일자가 있다"와 "일자가 없다"라는 두 가설에 기초해서 가설마다 네 개의 논증을 펼친다. "일자가 있다"라는 명제의 일자는 첫째 가설에 기초해서 논하는 제1 논증 및 제2 논증에서 각각 상반된 의미를 지니는 일자와 관련된다. 제1 논증의 일자는 존재와 전혀 무관한 전적으로 혼자인 파르메니데스적 일자이고, 제2 논증의 일자는 소크라테스의 형상론에 따라 존재에 참여하는 일자다. 라캉의 일자는 상징계의 의미사슬(S2)과 관계를 맺는 주인기표(S1)라는 점에서 존재에 참여하는 제2 논증의 일자와 같지만 동시에 절대적으로 혼자인 제1 논증의 일자라는 모순된 성격을 지닌다.

제2 논증에서 일자가 존재로 출현하는 '순간'이 시간 속에 없는 비존재라는 점이 예시하듯이 일자는 비존재적 존재라는 역설적 성격을 지닌다. 라캉은 공집합을 유일한 원소로 가진 집합이 가능하다는 사실 즉 집합의 1은 원소의 1과 달리 0에서 출현한다는 집합론을 일자의 비존재적 존재의 역설에 대한 수학적 근거로 제시한다. 이런 역설로 점철된 "일자가 있다"라는 명제는 정태적이 아닌 역동적인 관점에서 이해해야 한다. 일자가 주인기표 S1이라는 해석과 달리 대상 *a*라는 해석이 가능한 이유는 일자가 원초적으로 결여된 일자로 출현하며 이 과정에서 잘려나간 *a*가 생성되기 때문이다. "일자가 있다"라는 명제는 빼기와 더하기가 복합적으로 동시에 작용하는 역동적 순간의 표현이다. 주인기표인 일자를 중심으로 상징계의 대타자가 출현할 때 근원적 대타자의 성인 여성(기표)은 근본적으로 억압되고 사라진다. 여성기표의 근원적인 결여(빼기)로 인해 대타자의 성은 사라지고 근원적인 보충(더하기)를 통해 생산된 대상 *a*는 남녀관계의 벽으로 작용한다. 따라서 "성적 관계는 없다"라는 명제는 "일자가 있다"라는 명제의 필연적 결과다.

사랑을 다루는 2부의 시작인 6장은 에로스를 리비도로 정의한 프로이트의 사랑이론을 논한다. 사랑은 리비도가 자아와 대상 사이를 오가는 리비도의 왕복운동에서 발생한다. 프로이트는 리비도의 적절한 분배가 성취되기 어렵고 남녀가 사랑에 실패하고 좌절하는 것에 주목한다. 남아에게 수유하고 사랑도 주는 어머니는 자기보존욕동의 대상이자 성적 욕동의 대상이다. 따라서 남자가 선택하는 여자의 모습에는 항상 원초적 사랑의 대상인 어머니의 이미지가 존재한다. 그러나 오이디푸스 콤플렉스를 통과한 남자에게 근친상간적 욕망의 대상인 어머니는 금기의 대상으로 억압되기 때문에 남자의 파트너는 애정과 성적 욕망의 대상으로 분열된다. 이 분열이 통합되지 못할 경우 남자는 사랑하는 여자와 성관계를 맺지 못하고 성관계를 맺는 여자를 사랑하지 못하는 정신적 성불구를 겪는다. 여자도 아버지를 사랑하기 때문에 다른 남자를 사랑하지 못하며 불감증을 경험한다. 그러나 여성 불감증의 더 중요한 원인은 오이디푸스적 욕망이 아니라 음경선망이다. 남자 이전에 남근을 사랑하는 여자에게 남근을 가진 남자는 시기와 적대감의 대상이다.

프로이트는 또한 성적 욕망 자체가 만족될 수 없는 속성을 지닌다고 의심하고, 성적 목적과 대상이 정상을 벗어나는 리비도의 도착적 성격과 인간의 양성성에 주목하면서, 인간이 상실한 반쪽을 찾는다는 신화의 허구성을 지적한다. 이는 아리스토파네스(Aristophanes)의 신화를 해체하고 성적 관계의 불가능성을 주장하는 라캉 이론을 예기한다. 프로이트의 리비도이론에서 사랑이 대상을 향한 것인지 자신을 향한 것인지는 불투명하다. 또한 전-성기기에서 사랑과 증오가 구분되지 않는 모호성이 이후에도 계속 남아있기 때문에 사랑에는 증오의 요소가 내재한다. 프로이트에게 사랑은 리비도가 투자되거나 회수된 정태적 상태가 아니라 리비도 왕복운동의 역동적 과정에서 발생하고, 나와 너, 자아욕동과 성적 욕동의 경계선에 위치하며, 증오가 동반되는 역설적인 현상이다.

7장은 남근을 성기관이 아닌 기표로 정의한 라캉의 주장을 출발점으로 삼아 라캉의 초기 사랑이론에서 남근을 중심으로 전개되는 남녀관계를 분석한다. 남녀의 사랑은 사실상 2자 관계가 아니라 남과 여 그리고 남근의 삼각관계다. 남녀의 성적 관계와 성차는 남근 되기와 남근 갖기를 중심으로 구조화된다. 남아는 어머니의 욕망이 남근을 향하는 것을 깨닫고 남근이 되려 하며, 오이디푸스 콤플렉스가 해소되는 과정에서 아버지가 소유한 남근을 미래에 '가질' 수 있으리라는 희망으로 아버지와 동일시한다. 이와 달리 여아는 남근을 가질 수 없기 때문에 남근이 '되려는' 욕망을 유지한다. 남녀 모두 이성 앞에서 위장의 탈을 쓴다. 남자는 여자에게 남근을 가진 자로 보이길 원하고, 여자는 자신이 남근을 결여했다는 사실을 은폐하는 위장의 가면을 쓴다. 여자는 남성적인 남근의 탈을 쓴 위장의 존재가 되는 과정에서 여성의 속성을 상실한다.

남자의 무의식에는 사랑을 요구하는 대상인 여자와 별개로 어머니의 욕망을 나타내는 남근에 대한 욕망이 존재한다. 그래서 남자는 남근을 가진 여성 즉 "남근-소녀"를 끊임없이 추구한다. 남자에게 요구와 욕망의 대상이 분리되는 것과 달리 여자의 사랑과 욕망의 대상은 한 남자로 수렴한다. 그러나 여자는 동일한 남자의 베일 뒤에 있는 남근을 가진 이상적 파트너와 관계한다는 점에서 이중적이다. 여성 불감증은 여성이 상징계에서 불가피하게 남근과 맺는 관계에서 발생한다. 불감증은 주이상스에 대한 방어이고 주이상스의 경험은 남근을 넘어선 곳에서 가능하다. 남녀의 사랑은 자신의 결여를 메워줄 남근을 찾고, 자신이 갖고 있지 않은 남근을 주고, 남근의 결핍을 위장하는 등 남근을 둘러싼 다양한 각본으로 펼쳐진다. 이런 각본들은 남녀가 하나가 될 수 없고 성적 관계가 불가능하다는 진실을 은폐하는 연극에 불과하다. 남근 중심의 사랑은 "성적 관계는 없다"라는 명제로 귀결된다.

8장은 라캉이 거울도식으로 설명한 두 가지 나르시시즘을 통해 사랑의 상상계적 · 상징계적 국면을 살펴본다. 라캉이 일관되게 주장하는 나르시스적 사랑 개념은 사랑과 증오의 대상이 동일하다는 인식에서 출발한다. 제대로 몸을 가누지 못하는 유아가 거울 속에서 발견한 자신의 통일된 모습에 매료되는 동시에 그 완벽한 이미지를 증오하는 것처럼, 라캉이 분석하는 에메(Aimée)는 대상을 열정적으로 사랑하는 동시에 시기하고 증오하는 나르시스적 주체다. 라캉은 자신의 상상계 이론의 토대를 프로이트의 나르시시즘 이론에서 찾는다. 자기성애적 욕동에 "새로운 정신적 활동"이 보태져야 자아와 나르시시즘이 발생한다는 프로이트의 주장에 대해 라캉은 거울이미지와의 나르시스적 동일시가 바로 그런 활동이라고 해석한다.

라캉은 1차적 나르시시즘과 2차적 나르시시즘의 차이로 이상자아(ideal ego)와 자아이상(ego ideal)의 차이 그리고 상상계와 상징계의 차이를 설명한다. 라캉은 오목거울만 있는 전통적 거울모델에 평면거울을 추가한 수정된 거울모델로 상상적 동일시와 상징적 동일시를 설명한다. 하나의 거울 앞에 선 내가 완벽한 나의 이미지를 사랑한다면, 오목거울에 비친 대상이 다시 평면거울에 반사되는 모습과의 동일시는 대타자가 보는 나의 모습을 사랑하는 것이다. 그러나 거울모델은 주체의 사랑을 상상계와 상징계의 차원에서 설명할 뿐, 상상적 동일시와 상징적 동일시를 넘어선 실재의 차원에 있는 주체의 결여를 체현하는 대상 *a*를 보여주지 못한다. 거울도식 너머에 동일시로 환원될 수 없는 주체의 잉여가 있다.

9장은 라캉이 세미나 VIII 『전이』(*Transference*)에서 플라톤의 『향연』을 해석하면서 거울관계를 넘어선 사랑의 차원을 규명하고 "사랑은 갖고 있지 않은 것을 주는 것"이라는 명제를 도출하는 과정을 다룬다. 라캉은 에라스테스(사랑하는 자)의 사랑에 대한 응답으로 에로메노스(사랑받는 자)가 에라스테스로 바뀌는 치환과 은유의 관계로 사랑을 설명한다. 그러나 사랑의 은유는 사랑을 2자 관계로 파악하는 문제점을 지닌다. 반으로 쪼개진 남녀가 합일하려한다는 아리스토파네스의 신화는 사랑이 둘의 조화라는 2자적 사랑개념을 대표한다. 사랑의 근원이 욕망과 결핍이라고 주장하는 소크라테스는 총체성 신화의 허구성을 폭로한다. 가난의 여신 페니아(Penia)가 풍요의 신 포로스(Poros)에게 자신이 가지지 못한 것을 준 사랑의 결과 에로스를 잉태한 신화는 "사랑은 갖고 있지 않은 것을 주는 것"이라는 명제를 예증한다. 알키비아데스(Alcibiades)가 자신이 사랑하는 소크라테스 안에서 발견하는 아갈마(*agalma*)는 거울이 비추지 못하는 실재의 조각이고 대상 *a*의 전신이며 결여를 체현한다. 자신에게서 아갈마를 찾는 알키비아데스에게 "나는 아무것도 가진 것이 없다"라고 말하는 소크라테스 역시 "사랑은 갖고 있지 않은 것을 주는 것"이라는 명제를 증언한다.

알키비아데스에게 "그대의 욕망을 대하라"고 말하며 공백과 결핍을 대면할 것을 가르치는 소크라테스는 정신분석가의 선구자다. 소크라테스가 "갖고 있지 않은 것을 주는" 거세된 존재이므로 알키비아데스의 사랑은 거세에 기초한다. 라캉은 사랑이 거세에 기초한다는 사실의 예증으로 르네상스 화가 야코포 주키(Jacopo Zucchi)의 「푸쉬케가 아모레를 놀라게 하다」("Psiche sorprende Amore")를 제시한다. 푸쉬케(Psyche)가 한 손에 램프를 다른 손에 칼을 들고 잠든 큐피드를 내려다보는 순간을 포착한 이 그림에서 라캉은 꽃으로 가려진 큐피드(에로스)의 음경이 이미 거세되어 있다고 해석한다. 이 명화는 사랑의 근원이 거세와 욕망임을 생생히 보여준다. 그림의 소재가 된 루키우스 아풀레이우스(Lucius Apuleius)의 『황금 당나귀』(*The Golden Ass*)에서 큐피드는 놀라서 잠에서 깨어나 날아간다. 날아올라 간 큐피드/에로스를 영혼/푸쉬케가 찾아 헤매는 이야기는 상실을 메우기 위해 방랑하는 욕망의 주체의 근원적 결핍과 사랑의 불가능성을 극화한다.

10장은 거세와 결여로 인해 불가능한 성적 관계를 가능하게 만드는 사랑의 기적을 다룬다. 라캉은 나르시스적 상상계나 거세에 기초한 상징계의 사랑을 넘어서는 실재의 '참사랑'을 탐색한다. 그가 세미나 VII 『정신분석의 윤리』(*The Ethics of Psychoanalysis*)에서 논한 궁정풍 사랑은 이런 사랑의 기적에 대한 탐구다. 성적 관계를 불가능하게 만드는 실재의 공백은 메울 수 없다. 그러나 궁정풍 사랑은 물(物, *das Ding*)을 체현하는 귀부인을 얻지 못하지만 귀부인에게 접근했다 돌아오는 또는 귀부인에 끊임없이 접근하는 운동 자체에 의해 욕동의 만족을 얻는다. 여성을 물로 승화시키는 사랑은 실재의 물과 대상의 차이를 지우지 않으면서 대상을 통해 물에 접근하는 행위다. 평범한 대상과 숭고한 대상을 동일한 차원에서 인식하면서도 이 두 대상 간의 최소한의 차이 즉 동일성 속의 차이를 견지하는 것에서 사랑이 기적이 발생한다.

사랑의 기적은 또한 둘이 만나는 순간 둘의 둘됨을 인식하고 서로를 놓치는 과정에서 가능한 역설적인 것이다. 사랑과 증오의 불가분한 관계 역시 역설적이다. 주체가 타자의 존재에 접근할 때 대상 *a*가 이 접근을 가로막는 벽을 세우기 때문에 사랑은 증오로 변모한다. 사랑을 벽에 머리를 부딪치는 것으로 묘사하는 라캉의 비유는 성적 관계의 불가능이라는 벽에 부딪힌 사랑의 광적인 몸부림을 표현한다. 그러나 라캉에게 궁극적으로 사랑은 병적인 것이 아니다. 사랑은 "두 무의식적 지식"의 공명을 통해 두 주체가 무의식적으로 교감하는 인식의 사건이고, 사랑하는 대상의 결여를 인식하면서도 그것을 무릅쓰는 용감한 행위다. 참사랑은 기적의 우연을 필연으로 바꾸고 하나를 지향하면서 둘을 증명하며 무의식적 인식과 용기에 기초해서 성적 관계의 불가능에 도전하는 역설의 행위다.

이 책의 결론을 대신하는 3부 실제비평의 11장은 본론에서 살펴본 남녀의 사랑과 환상 및 주이상스 이론을 통해 알프레드 히치콕(Alfred Hitchcock)의 영화 「현기증」("Vertigo")을 분석한다. 이 영화는 라캉의 성별화 공식에서 남성이 여성을 대상 *a*로 삼는 환상과 영혼사랑을 상연한다. 주인공 스카티(Scottie)는 자신의 아내 매들린(Madleine)을 감시해달라는 친구의 부탁을 받고 샌프란시스코의 거리를 맴돌며 그녀를 쫓는 과정에서 환상의 세계로 빠져든다. 그는 환상 속에서 매들린에 매료되고, 매들린의 죽음으로 인해 깨진 환상의 세계를 주디(Judy)를 통해 필사적으로 복원하려 한다. 주디가 곧 매들린이라는 사실을 깨달은 스카티는 환상을 가로질러 매들린/주디가 가리고 있었던 실재의 심연을 대면하고 '주체적 궁핍' 즉 주체의 근원적 결핍을 경험한다. 그러나 매들린/주디는 허공을 바라보고 무와 죽음을 사색하는 장면에서 이미 주체적 궁핍을 경험한다.

스카티와 매들린/주디의 관계는 라캉의 성별화 공식을 예증한다. 스카티의 환상 속에서 주디가 그의 욕망을 불러일으키는 것은 공식의 남성 쪽에 있는 분열된 주체가 여성 쪽의 대상 *a*로 향하는 관계($\$ \rightarrow a$)를 예시한다. 그녀가 스카티를 사랑하는 것은 여성 쪽에서 남성 쪽으로 향한 관계(Woman→Φ)를 예시한다. 그녀가 자연을 바라보고 허공과 무를 사색하는 장면은 여성이 결여된 대타자의 기표와 관계하는 방식

[~~Woman~~→S(Ⱥ)]을 보여준다. 스카티와 매들린/주디 사이에는 무의식적 교감이 발생하지 않고 그들의 관계는 궁극적으로 서로를 인식하지 못하는 어긋난 만남으로 귀결된다. 「현기증」은 남녀관계에서 인간존재의 근원적 결핍과 성적 관계를 가로막는 사랑의 장벽을 극화한다.

1부

히스테리와 성

1장

프로이트와 히스테리: 무의식, 외상, 그리고 환상

1. 히스테리와 외상이론

"내가 여성의 영혼을 30년 동안 연구했지만 아직까지 답하지 않은 그리고 답할 수 없었던 큰 문제는 '여자는 무엇을 원하는가?'다." 어니스트 존스(Ernest Jones)는 『지그문트 프로이트의 생애와 작품』(*The Life and Work of Sigmund Freud*)에서 프로이트가 마리 보나파르트(Marie Bonaparte)에게 이렇게 고백했다고 기록했다.[1] 정신분석 창시자의 이 유명한 고백은 여성의 욕망이 프로이트에게 끝까지 해결하기 어려운 문제였다는 사실을 증언한다. 프로이트가 여성 히스테리 환자의 성적 욕망을 발견함으로써 정신분석을 시작했으므로, 여성의 욕망이라는 문

1 Ernest Jones, *The Life and Work of Sigmund Freud Vol. 2. Years of Maturity 1901-1919* (New York: Basic Books, 1955), 421쪽.

제는 프로이트 정신분석의 출발점이자 종점이었다고 해도 과언이 아니다. 여성성에 대한 그의 후기 논문에 이르기까지 여성의 욕망에 대한 프로이트의 이론은 변화를 거듭한다. 프로이트의 히스테리 연구는 1909년의 「히스테리 발작에 대한 일반적 논평」("Some General Remarks on Hysterical Attacks")에서 끝나지만, 도라의 사례연구를 포함한 초기 히스테리이론은 여성성에 대한 그의 후기 이론을 이해하는 데 필수적이다. 그러나 히스테리 연구의 중요성은 비단 그의 여성성이론에 한정되지 않는다. 히스테리를 연구하는 과정에서 그는 오이디푸스 콤플렉스에 못지않게 중요한 무의식, 외상 그리고 환상 등 정신분석의 핵심 개념들을 발견했기 때문이다.

프로이트의 히스테리 연구의 출발점은 1895년에 브로이어와 공동 집필한 『히스테리 연구』다. 히스테리의 기본이론을 설명하는 이 책의 시론 「예비적 보고서」("Preliminary Communication")에서 그들은 히스테리 증상의 원인을 외상에서 찾는 소위 외상이론을 제시한다. 히스테리 증상은 외상의 정동(affect)이 다른 경험과의 관계나 망각을 통해서 약해지거나 사라지는 과정을 거치지 못해 해소되지 않았기 때문에 발생한다.[2] 정신적 외상이 해소되지 못하는 것은 사랑하는 사람의 죽음처

2 프로이트는 후에 초심리학 논문들—「욕동과 그 변화」("Instincts and their Vicissitudes")와 「억압」("Repression") 및 「무의식」("The Unconscious") 등—에서 표상(idea)과 정동을 욕동의 대표자로 설명한다. 욕동(*trieb*, drive)은 "정신적인 것과 신체적인 것 사이의 경계에 있는 개념"이고, "유기체 내부에서 발생해서 마음에 도달하는 자극의 정신적 대표자"다.(*SE*XIV: 121~122) 욕동은 "그 자체로 의식의 대상이 될 수 없고," 무의식에서도 "표상에 붙거나 정동적 상태로 표현되지 않으면 우리는 그것에 대해 아무것도 알 수 없다."(*SE*XIV: 177) 그러므로 욕동은 표상—프로이트의 용어로 '표상적 대표자'(*Vorstellungsrepräsentanz*, ideational representative), 라캉의 번역어로 '표상의 대표자'(representative of representation)—

럼 환자가 잊고 싶은 내용을 의식에서 억압하는 경우와 외상이 발생했을 때의 특수한 정신적 상황—예를 들어 공포—에 기인하는 경우로 분류된다. 이 둘의 공통점은 이런 외상적 표상들이 의식의 다른 표상들과 연상(association)을 맺지 못하고 분리(dissociation)되는 것이다. 히스테리 메커니즘은 외상에 대한 기억의 표상들이 의식에서 분리되어 "의식의 분열"이 발생한 결과 "비정상적 의식의 상태"가 발생한 것이다.(*SE*II: 12) "제2의 의식상태"(*condition seconde*)라 불리는 이런 상태에서만 외상적 기억이 활성화되므로, 분석가가 최면상태에서 인위적으로 비정상적

과 양적인 요소인 정동의 양(quota of affect)에 의해 대표되며, 정동의 양이 표상과 분리되어 표현될 때 정동으로 경험된다.(*SE*XIV: 152) 다시 말해서 정동(의 양)이 욕동의 감정적 측면을 대표한다면, 표상(적 대표자)은 욕동의 관념적 내용을 대표한다. 표상은 정신적 에너지가 카섹트되는 것이고, 정동은 정신적 에너지가 방출되는 것이다. "표상들은—기본적으로 기억흔적들의—카섹시스인 반면, 정동과 감정은 방출의 과정으로서 그것의 최종적 형태가 느낌(feeling)으로 경험된다."(*SE*XIV: 178) 프로이트에 따르면 정동과 표상 중에서 표상만이 무의식으로 억압될 수 있다. 따라서 욕동의 "정동적 또는 감정적 충동"에 상응하는 표상이 억압되면, 그 충동은 다른 표상과 (잘못) 연결되어 "의식에 의해 그 표상의 발현으로 간주된다."(*SE*XIV: 177~178) 그러나 프로이트가 "억압은 욕동적 충동이 정동의 발현으로 바뀌는 것을 억제하는 데 성공할 수 있다"고 말하므로,(*SE*XIV: 178~179) 정동의 억압은 욕동의 양적인 요소가 방출된 결과 정동이나 불안으로 경험되는 것을 방지한다는 뜻이다. 프로이트의 억압이론에 따르면 외상의 정동이 해소되지 못한 상태는 1) 그것이 원래 속한 표상이 억압되어 다른 표상과 관계된 상태로, 2) 그것의 양이 방출되지 못하고 억압되어 감정적으로 경험되지 못하는 상태로 볼 수 있다. 라캉이 여러 곳에서 지적하듯이,(*E*, 680, *S*XVII, 16) 제임스 스트레이치(James strachey)가 프로이트 전집 영역본에서 본능(insticnt)으로 번역한 독일어 *trieb*는 욕동(drive)으로 번역해야 한다. 앞으로 이 용어는 모두 욕동으로 번역한다. 카섹트(cathect)는 '카섹시스'(cathexis)의 동사로서 정신적 에너지가 표상이나 신체 또는 대상에 달라붙는 것을 뜻한다. Jean Laplanche & Jean-Betrand Pontalis, Donald Nicholson-Smith 옮김, *The Language of Psycho-Analysis* (New York: Norton, 1973) 62~65쪽과 국역본 임진수 옮김, 『정신분석 사전』(열린책들, 2005), 490~494쪽을 참조할 것. 카섹시스의 독일어는 *Besetzung*이고 프랑스어는 *investissement*이며 (리비도) 집중, 점유, 투여, 투자 등으로 번역된다. 앞으로 명사는 '카섹시스,' 동사는 '카섹트'로 통일하되 문맥에 따라 '투자'를 혼용한다.

상태를 유발하여 환자가 외상적 기억을 말하게 하여 해소하는 것이 초기 브로이어와 프로이트가 시도한 정화(catharsis) 방법이다.(*SE*II: 15)

정상적 의식에서 분리된 제2의 의식에 존재하는 표상들이 자기들끼리 연상의 고리를 만든 것이 무의식을 형성한다.[3] 프로이트와 브로이어는 히스테리 증상의 배후에 반드시 외상적 사건의 기억이 존재하며, 순전히 신체적인 증상으로 보이는 히스테리 발작의 원인도 하나 또는 여러 외상에 대한 기억이 무의식에 억압되었다가 정상적 의식을 다시 침범하는 것으로 본다. 히스테리 증상은 이런 무의식적 외상의 표상들이 정상적 의식의 연상 사슬에서 분리되어 신체적 신경감응(somatic innervation)으로 나타난 것이다. 이렇게 정신적 표상이 신체 증상으로 나타나는 것이 전환(conversion)이다. 정신분석 치료는 환자가 최면상태에서 떠오른 외상적 사건의 기억을 말하게 하여 억압된 표상의 정동을 해소하고 그 표상을 정상의식의 연상과 관계를 맺게 하는 "연상적 정정"(associative correction)을 통해 이루어진다.(*SE*II: 17)

안나 O(Anna O)를 비롯한 다섯 명의 히스테리 사례연구 뒤에 이어지는 이론적 해설은 브로이어의 「이론적 고찰」("Theoretical")과 프로이트의 「히스테리의 정신치료」("The Psychotherapy of Hysteria")로 나뉜다. 브로이어에 따르면 정신적 외상의 기억이 히스테리 증상을 유발함에도 환자가 이를 기억하지 못한다는 사실은 "무의식적 표상들이 존재하고 작동하고 있다"라는 것과 "정신활동의 분열이 존재한다"라는 것을 증명한다.(*SE*II: 221) 외상적 기억이 의식에 떠오르지 않는 이유는 피에르

---

3 브로이어가 안나 O의 사례연구에서 이 제2의 의식을 "무의식"이라고 말할 때 "무의식"이란 용어가 최초로 사용된다. *SE*II: 45쪽.

자네(Pierre Janet)가 주장한 것처럼 환자의 심리상태가 본래 약해서가 아니라 그 기억이 무의식에 있기 때문이다. 히스테리 환자가 심리적으로 약한 것도 환자의 의식이 무의식에 의해 지배되어 에너지를 빼앗기기 때문이다. 환자가 최면상태에서 의식에 떠오르는 무의식적 표상들을 말로 표현하는 것은 무의식적 표상들이 의식의 정상궤도에 진입하는 것이다. 최면을 통해 무의식적 표상들을 말로 해소하는 것은 안나 O의 표현대로 "말(하는) 치료"(talking cure)다.(*SE*II: 30)[4]

브로이어가 분석한 안나 O의 사례연구는 이를 잘 보여준다. 안나 O의 증상은 언어장애, 시각장애, 몽유병, 기침 등 다양하다. 그녀는 그 중 가장 중요한 증상인 환각적 의식부재(*absences*)로 인해 경험한 것을

4 talking cure는 독일어 원문에서도 영어로 되어 있고 괄호 안에 말(speech)을 뜻하는 독일어 Redecur가 표기된다. 이 용어는 주로 '대화 치료'로 번역된다. 프로이트는 정신분석에서 말의 중요성을 강조했다. 그는 『정신분석 강의』(*Introductory Lectures on Psychoanalysis*)에서 "정신분석 치료에서는 환자와 분석가 사이의 말의 교환 이외에 아무것도 발생하지 않는다"라고 말한다.(*SE*XV: 17) 이런 일반적 문맥에서 대화 치료는 적절한 번역이다. 그러나 이 용어에서 '말'은 무엇보다도 환자의 말을 의미하며 브로이어가 묘사하는 장면은 대화보다 환자의 말이 치료의 관건임을 보여준다. 브로이어는 최면을 통해 안나 O(본명 베어타 파펜하임, Bertha Pappenheim)가 말하게 하고, 그녀가 말하기를 거부하면 심지어 약물을 투여해 말하게 한다. 안나 O가 기분이 좋지 않을 때는 "최면에서조차 그녀가 말하게 하는 것은 쉽지 않았다. 그녀는 이 절차를 아주 진지하게 '말(하는) 치료'라고 묘사했고, 농담으로 '굴뚝 청소'라고 부르기도 했다. 그녀는 환각에 대해 전부 말한 후에는 고집과 에너지를 다 잃어버릴 것이라는 걸 알았다."(*SE*II: 30) '굴뚝 청소'같은 비유가 보여주듯이 이런 묘사는 피분석가가 억압된 무의식의 내용을 말하기 위해 저항을 극복한 결과 정체된 정동이 해소되는 과정을 암시한다. 라캉도 『정신분석에서 말과 언어의 기능과 영역』("The Function and Field of Speech and Language in Psychoanalysis")에서 환자의 말이 치료의 유일한 수단임을 강조한다. "정신분석이 치료와 훈련의 도구가 되길 바라든 또는 심층 탐색의 도구가 되길 바라든 간에 정신분석은 환자의 말이라는 하나의 수단만을 갖는다."(*E*, 206) 분석가와 환자의 대화에서 환자가 무의식을 말로 표현하는 행위가 치료의 핵심이라는 점을 강조하기 위해 이 용어를 '말(하는) 치료'로 직역한다.

기억하지 못하는 의식의 균열을 겪는다. 그녀는 낮에 의식의 부재상태에서 말을 중얼거리고 주위 인물들이 그녀의 말을 반복하면 자신도 이야기를 하게 된다. 그녀의 이야기는 주로 병자를 간호하는 소녀에 관한 것이며, 이는 아버지를 좋아했고 아버지가 병들자 병간호에 전념했던 안나 O의 경험에서 비롯된 것이다. 안나 O는 저녁에 자발적 최면상태에서 낮에 발생한 환각에 대해 말한 후 맑고 깨끗한 정신 상태로 깨어난다. 브로이어는 저녁에 안나 O를 방문해 최면상태에서 그녀의 이야기를 듣거나 다음 날 아침 최면을 걸어 그녀가 증상과 관련해 기억해 낼 수 있는 사건을 낱낱이 이야기하게 한다. 이 과정에서 그는 안나 O가 분리된 두 의식상태를 교대로 경험하고 있으며 최면상태에서 증상과 관련된 사건을 기억하여 말할 때 분리된 의식이 연결되어 치유된다는 사실을 발견한다.

2. 히스테리와 성적 욕망

그렇다면 외상적 기억의 내용은 무엇인가? 히스테리 환자의 무의식적 표상들은 어떤 표상들인가? 브로이어는 히스테리를 유발하는 원인으로 선천적 기질과 비정신적인 신체적 반사동작 등을 거론하면서도 "성(sexuality)을 히스테리의 주요 구성요소 중 하나"로 꼽는다.(*SE*II: 244) 인간의 정신에는 **"뇌 내부의 자극을 항상적으로 유지하려는 경향"** 즉 자극의 축적을 해소하려는 경향이 존재한다.(*SE*II: 197) 프로이트는 후에 『쾌락원칙을 넘어서』(*Beyond the Pleasure Principle*)에서 이를 "항상성의 원칙"이라 부른다.(*SE*XVIII: 9) 브로이어에 따르면 모든 표상이 자극적이지는 않다. 비자극적인 표상은 해소되어야 할 정동을 지니지 않는다. 인간 정신에 자극을 가하는 가장 중요한 요소는 바로 성적 욕동(sexual drive)이다. 성적 사랑의 대상을 보게 되면 그 대상에 대한 "표상은 성적 욕동에 의해 해방된 자극의 양 전체를 받는다. 그것은 '정동적 표상'이 된다."(*SE*II: 200) 성적 자극(sexual excitation)은 "성적 정동"(sexual affect)을 지닌 표상을 만들고, 이 표상의 정동이 해소되지 않으면 히스테리 증상으로 나타난다.

인간이 성적으로 성숙하는 사춘기에는 성적 자극이 증가해 건강했던 청소년들도 히스테리 증상을 보일 수 있고, 특히 여성은 이 시기에 성적 요인에 민감한 반응을 보인다. 정상적 남성에게 성적 흥분은 "순수 공격욕동"이지만, 혼전의 젊은 여성들은 성적인 것에 두려워하거나 불안을 느껴 그것을 억압한다.(*SE*II: 246) "소녀는 에로스에서 자신의 운명을 관장하고 결정하는 무서운 힘을 느끼고 공포에 사로잡힌다. 그래서 그녀가 자신을 두렵게 하는 것을 외면하고 의식에서 억압하는 경향은 그만큼 더 크다."(*SE*II: 246) 공포나 불안, 분노와 같은 비성적인 정동들도 히스테리의 원인이 될 수 있지만, "성적 요인이 지금까지 병리적 결과의 가장 중요하고도 가장 생산적인 요인"이다.(*SE*II: 246~247) 히스테리(hysteria)의 어원이 그리스어로 자궁(uterus)을 뜻한다는 사실도 여성과 히스테리의 밀접한 연관성을 보여준다.(*SE*II: 247) 그러나 브로이어는 정작 안나 O의 사례연구에서 외상의 원인을 성이 아닌 아버지의 죽음에서 찾고, 그녀가 아버지를 간호할 때 발생한 일들에 주목할 뿐 그녀의 성에 무관심하다. 오히려 그는 "그녀에게 성적 요인은 놀랄 만큼 미숙했다. 환자는 [……] 사랑에 빠진 적이 없다"라고 말한다.(*SE*II: 21~22)[5]

에미(Frau Emmy von N.), 루시(Miss Lucy R.), 카타리나(Katharina), 엘리자베스(Fräulein Elisabeth von R.) 네 명의 히스테리 환자에 대한 프로이트의 사례연구 역시 최면요법이나 집중(concentration)요법[6]을 통해서 환자들이 증상의 원인인 외상적 사건들을 기억하게 만들어 치유하는 과정을 보여준다. 예컨대 에미의 사례연구에서 프로이트는 최면과 암시를 통해 그녀에게 가장 외상적인 사건이 남편의 죽음이라는 사실을 밝혀낸다. 그리고 그녀가 다리 통증, 안면경련, 월경불순, 공포증, 말더듬, 식욕부진 등 다양한 증상들 각각에 상응하는 외상적 사건들을 기억하게 하여 치료한다. 그는 또한 각 사건들이 유발한 흥분의 합이 해소되지 못해서 신체 증상으로 전환되는 히스테리 메커니즘과, 흥분의 합이 신체 증상으로 전환되지 않을 경우 불안, 공포증, 의지상실(abulia) 등으로 나타나는 과정도 밝혀낸다.

5 존스에 따르면 브로이어는 아내 마타(Martha)에게 안나 O에 대해 계속 이야기했기 때문에 아내가 침울해한다. 그는 안나 O가 자신을 사랑하고 있음을 깨닫고 사랑과 죄의식이 뒤얽힌 감정으로 급히 치료를 끝내고 안나 O에게 치료의 종료를 알린다. 이때 "비성적인(asexual) 존재로 보였던 그리고 치료 내내 금지된 주제를 한 번도 언급하지 않았던" 안나 O는 자신이 임신했다는 "히스테리적 분만(상상임신)"의 증상을 보인다. 이에 경악한 브로이어는 최면으로 안나 O를 진정시킨 후 도망가고 다음 날 아내와 함께 빈으로 떠난다. Ernest Jones, *The Life and Work of Sigmund Freud Vol. 1. The Formative Years and the Great Discoveries 1856-1900* (New York: Basic Books, 1953), 224~225쪽. 이 사실은 안나 O의 히스테리 사례가 성적 요인을 포함하고 있을 뿐 아니라 분석가를 사랑의 대상으로 삼는 전이와 그 반대인 역전이가 발생했음을 보여준다.

6 예를 들어 프로이트는 환자의 이마에 손가락을 대어 환자가 최면상태와 유사한 상태에 빠지게 해서 외상적 사건을 기억할 수 있도록 집중하게 하는 방법을 사용한다.

그러나 브로이어와 달리 프로이트는 외상적 사건들과 성적 요인의 관계를 밝혀낸다. 그는 최면요법과 암시를 통해 외상적 사건의 기억을 다 찾아낼 수 없고 그 결과 에미의 증상 전부를 해소할 수 없음을 발견한다. 외상의 기억을 찾을 수 없는 이유는 환자가 그 기억에 포함된 성적인 요소에 저항하기 때문이다. 예를 들어 프로이트가 그녀의 말더듬이 시작된 경위를 묻자, 그녀는 어두운 호텔 방에서 숨어 있던 웨이터를 외투가 걸려있는 것으로 착각했을 때 웨이터가 뛰쳐나온 사건을 이야기한다. 그러나 에미는 프로이트에게 이 사건을 정확히 보고하지 않고 두 번째 최면에서야 비로소 호텔에서 하녀의 방이 열려있어 들어갔다가 벽에 기대어 있던 검은 물체가 남자라는 것을 알게 된 사건을 이야기한다. "그녀가 이 작은 사건에 대해 진실한 설명을 하지 않은 것은 이 사건에 담긴 성애적 요소 때문"이며,(*SE*II: 79) 그녀의 말더듬은 성적 요인의 억압 때문에 발생한 것이다.

에미의 여러 공포증도 여러 외상적 사건들로 설명할 수 있지만, 공포증이 지속되는 것은 "환자가 오랫동안 성적 금욕의 상태에 있었다는 사실"에 기인한다.(*SE*II: 88) 그녀의 증상들은 여러 사건들을 통해 축적된 "**많은 양의 흥분의 정체**" 때문에 발생하고, 이런 흥분의 정체를 유발한 것은 성적 요소다.(*SE*II: 102) 에미가 제공한 정보에서 "다른 것보다 더 외상의 기회를 제공하기 쉬운 [……] 성적 요인이 완전히 부재하는 것"은 오히려 그녀가 "성적 욕구"를 억압한 결과다.(*SE*II: 103) 프로이트는 "그녀가 모든 욕동 중 가장 강력한 이 욕동을 억압하려 했기 때문에 심각한 정신적 탈진상태에 이르렀다"라고 지적한다.(*SE*II: 103) 브로이어는 안나 O를 사랑해 본 적이 없는 성적 미숙아로 여기고 그녀의 히스테리의 원인에서 성적 요인을 배제한다. 이와 달리 프로이트는 표면적인 성적 요인의 부재가 오히려 성적 억압의 결과이며 이 억압이 히스테리의 궁극적인 원인임을 발견한다.

가정교사인 루시의 사례연구도 성적 요인에 대한 프로이트의 통찰력을 보여준다. 루시의 증상은 푸딩이 타는 냄새를 맡는 것이다. 이와 관련된 사건의 기억에서 루시는 생일 이틀 전에 자신이 보살피는 두 여아와 놀아주고 있을 때 어머니에게서 편지가 온 사건을 기억한다. 아이들이 루시에게 편지가 생일을 위한 것이니 나중에 개봉하라고 말하면서 편지를 빼앗는 동안 아이들이 만들던 푸딩이 타서 냄새가 난다. 이 사건은 표면적으로는 푸딩냄새를 맡는 증상의 원인을 설명해주지만 심층적으로는 루시의 성적 요인과 관계된다. 그녀는 프랑스어 가정교사, 요리사, 가정부 등과 불화를 겪어 어머니의 편지를 받을 무렵 그 집을 떠나려고 했다. 그녀는 아이들의 어머니가 죽을 때 아이들을 보살펴달라고 부탁했기 때문에 아이들을 계속 돌봐야 한다고 생각한다. 하지만 그녀가 아이들을 떠나고 싶지 않은 더 심층적인 이유는 아이들의 아버지를 사랑하기 때문이다.

프로이트는 이론적 논문 「히스테리의 정신치료」에서 히스테리의 성적 원인을 더 분명히 밝힌다. 공포증과 같은 불안신경증의 원인이 불안이라면, 히스테리와 강박증과 같은 정신신경증의 원인은 성적 요인이고, 어떤 성적 요인인가에 따라 신경증의 종류가 달라진다.(*SE*II: 257) 프로이트는 안나 O의 사례가 "히스테리에 대한 우리의 지식을 풍성하게 해주었지만 관찰자는 성적 신경증의 관점에서 고려하지 못했다"라고 지적하며 브로이어가 성적 요인을 간과한 것을 비판한다.(*SE*II: 259)

그는 자신도 에미의 히스테리가 성적 금욕에 기인한 불안신경증이라는 점을 충분히 인식하지 못했고 엘리자베스의 사례도 성적 신경증으로 연구하지 못했다고 인정한다. 그리고 루시의 히스테리도 "명백한 성적 병인"을 지니고 있고 카타리나는 처녀 히스테리의 표본을 보여준다고 고백한다.(*SE*II: 260)

3. 성적 외상과 억압의 메커니즘

프로이트의 사례연구는 히스테리와 성적 요인의 관계를 보여줄 뿐 아니라 성적 요인이 억압되는 메커니즘을 보여준다. 이런 점에서 「히스테리의 정신치료」는 프로이트의 정신분석이론의 맹아가 될 여러 사상의 단초를 제공하며 브로이어의 이론과 분명한 차이를 보인다. 브로이어는 무의식을 언급하지만 의식이 분열되어 있다는 사실과 최면치료를 통해 분열된 의식이 소통할 수 있다는 사실을 강조한다. 따라서 그는 무의식 개념에 필수적인 억압을 신경증의 메커니즘으로 보지 않는다. 그는 고통스런 표상을 의식에서 의도적으로 배제하는 방어도 의식을 분열시킬 수 있다는 프로이트의 의견을 소개하지만, 의식의 분열과 히스테리 증상형성의 근본적 원인이 최면상태임을 강조한다.(*SE*II: 219, 235~236)

이와 달리 프로이트는 신경증의 메커니즘을 억압 또는 방어 메커니즘으로 파악한다.[7] 그는 히스테리를 방어 히스테리 (defense hysteria), 최면 히스테리(hypnoid hysteria), 정체 히스테리(retention hysteria)로 구분하면서 이 세 가지 유형 모두에서 정상 의식과 "양립 불가능한 표상"에 대한 방어와 저항이 작동한다고 지적한다.[8] 의식의 분열이 아니라 억압된 무의식적 표상에 대한 의식의 방어와 저항을 강조하는 것이 프로이트와 브로이어의 결정적 차이다. 이 차이는 프로이트가 최면요법을 의문시하고 결국 포기하는 것에서 나타난다. 그는 집중요법과 최면요법을 시행해도 환자의 저항이 감소하지 않음을 지적한다.(*SE*II: 284) 브로이어의 이론은 단순히 최면요법으로 환자가 말하게 해서 최면상태의 표상들을 정상적 의식의 연상으로 복구시키는 것에 한정된다. 그러나 프로이트는 최면상태에 있는 즉 억압된 무의식의 표상들이 어떻게 조직되어있는가를 탐구하여 이 표상들을 밝혀내는 방법을 모색한다. 외

7 프로이트는 후에 『억제, 증상, 불안』(*Inhibitions, Symptoms and Anxiety*)에서 방어를 "신경증을 유도할 수 있는 갈등 속에서 자아가 사용하는 모든 테크닉에 대한 일반적 지칭"으로, 억압을 "특수한 방어 수단"을 지칭하는 용어로 구분한다.(*SE*XX: 163)

8 프로이트는 이 세 종류의 히스테리를 1894년에 발표한 「방어 신경정신병」("The Neuro-psychoses of Defense")에서 처음 구분했다. *SE*III: 46~47쪽을 참조할 것. 그는 최면 히스테리에서 분리된 정신적 표상의 집단이 애초부터 자아-의식에 존재하지 않았을 수 있다고 지적한다. 그렇다면 이 경우에는 방어나 억압이 발생하지 않았을 수 있다. 그러나 프로이트는 순수 최면 히스테리가 존재하지 않으며 최면상태가 이미 이전에 방어에 의해 일군의 표상들이 하나의 정신적 집단을 구성한 것이라고 주장한다. 정체 히스테리는 외적 상황으로 인해 정동이 해소되지 않아 정체되어있는 히스테리를 뜻한다. 프로이트는 저항이 없다고 알려진 정체 히스테리에도 방어와 저항이 존재한다고 말한다. *SE*II: 285~286쪽. 임진수는 retention hysteria를 '정체 히스테리'로 번역하고, 김미리혜는 *Studies on Hysteria* 국역본에서 정동을 보유하고 있다는 의미에서 '보유 히스테리'로 번역한다. 각각, 장 라플랑슈 · 장 베르트랑 퐁탈리스, 임진수 옮김, 『정신분석 사전』(열린책들, 2005)과 지그문트 프로이트, 김미리혜 옮김, 『히스테리 연구』(열린책들, 1997)를 볼 것.

상의 기억은 억압되어있고 억압된 기억에 도달하는 것은 최면 같은 간단한 방법이 아니라 억압의 메커니즘을 파악해야 가능하다.

프로이트의 사례연구는 억압의 메커니즘이 다층적 구조를 지니고 있음을 보여준다. 히스테리의 원인이 된 성적 외상의 사건은 시간적으로 다른 여러 사건들과 연결되어 있어 최면요법으로 쉽게 밝혀질 수 없다. 루시의 사례연구에서 편지를 받은 가장 최근의 장면 이전에 집을 방문했던 회계사가 아이들에게 키스하려는 것에 대해 아이들의 아버지가 불쾌해했던 사건이 있었다. 그보다 더 전에는 여자 손님이 집을 방문했다가 떠나면서 아이들의 입에 키스한 것에 대해 아버지가 루시에게 책임을 물으며 분노한 사건이 있었고, 당시에 그를 사랑했던 루시는 크게 상처를 받았다. 회계사 사건 때 루시에게 떠오른 것은 바로 이 사건이다. 그러므로 시간적으로 앞선 이 최초의 사건이 근본적인 외상적 사건이다.

호흡곤란의 증상을 겪는 카타리나의 사례연구에서도 프로이트는 먼저 카타리나가 16세 때 자신의 숙부와 사촌 프란지스카(Franziska)의 성관계를 목격하는 장면을 밝혀낸다. 그리고 카타리나가 14세 때 잠든 사이 숙부가 신체접촉을 시도했던 사건과 가족이 여관에서 묵었을 때 밤에 깨어나 숙부가 방문을 열던 것을 발견하자 숙부가 변명하며 나가던 사건을 밝혀낸다. 이 사례에서도 카타리나가 겪는 호흡곤란과 메스꺼움을 유발한 궁극적인 외상은 프란지스카와 숙부의 성관계를 목격한 16세 때의 사건이 아니라 그 이전에 카타리나가 성적 지식이 없었을 때 숙부가 시도한 신체접촉이다.[9] 카타리나는 "성의 세계와 처음 대면할 때 처녀의 마음이 겪는 공포의 결과"인 불안 즉 처녀 불안(virginal anxiety)을 경험한 것이다.(*SE*II: 127)

오랫동안 아버지를 간호했던 엘리자베스의 사례연구에서 프로이트는 다리 통증과 보행 장애의 원인이 된 사건들을 찾아낸다. 다리 통증은 병든 아버지를 부축할 때 부어오른 아버지의 다리가 엘리자베스의 다리와 접촉했던 사건과 관련되고, 보행 장애는 긴 도보여행으로 인해 다리통증을 겪었던 사실과 관련된다. 그러나 그녀가 겪는 증상의 근본적 원인은 역시 성적 요인이다. 그녀는 독립적이고 지적인 여성으로서 학업과 음악훈련을 방해할 것이라는 이유로 결혼에 대해 혐오감을 지니고 있었지만, 집안과 가까운 한 청년과 교류하면서 지적 생활을 희생하지 않고서도 결혼할 수 있다고 생각하게 된다. 그녀는 아버지 병간호를 하던 중 그 청년과 무도회를 갔다가 늦게 돌아오는데 그때 아버지의 병세가 악화된 것에 큰 자책감을 갖게 되고 그 이후로 아버지 병상을 떠나지 않는다. 프로이트는 그녀가 청년에 대한 사랑과 아버지 간병의무라는 두 양립할 수 없는 표상의 갈등으로 인해 "성애적 표상이 연상에서 억압되었고, 그 표상에 붙어있던 정동이 동시에 또는 그 이전에 존재했던 신체적 통증을 강화하거나 재생시켰다"라고 해석한다.(*SE*II: 146~147)

또 다른 중요한 사건은 결혼한 여동생이 병상에 누워있는 동안 제부를 설득해 어머니와 함께 셋이 도보여행을 떠났다가 여동생이 아프

9 프로이트는 1924년 추가한 각주에서 카타리나의 숙부가 사실은 아버지였다고 밝힌다.

다는 소식을 듣고 급히 돌아와 보니 동생이 죽어있던 사건이다. 이때 동생이 죽을 때 돌봐주지 못했다는 죄책감과 동생이 죽어서 제부와 결혼할 수 있다는 생각이 갈등을 일으켜 엘리자베스는 제부에 대한 사랑을 억압한다. 다리 통증은 이때 억압된 "성애적 감정의 표상적 콤플렉스"에 속한 "정동의 양"이 증상으로 전환되어 나타난 것이다.(*SE*II: 166) 이렇게 의식과 양립 불가능한 성애적 표상이 무의식으로 억압되는 순간이 외상적 순간이고, 그 결과 히스테리 증상이 발생하는 것이 방어 히스테리의 메커니즘이다.

엘리자베스의 경우에도 억압과 증상은 다층적이다. 그녀가 아버지를 간호한 것과 그 직후에 발생한 사건들이 증상을 만들어낸 것이 아니라 후에 그 사건들을 기억했을 때 증상이 형성된다. 엘리자베스의 사례 연구에서 간단히 소개하는 로잘리아(Fräulein Rosalia H.)의 경우도 이런 시간적 지연을 보여준다. 그녀는 손가락 끝에 찌르는 통증을 느끼는 증상을 보이는데 이는 전날 숙부가 피아노를 쳐달라고 한 사건 후에 발생한다. 프로이트는 이 증상의 원인을 과거에 숙부가 로잘리아에게 등 마사지를 해달라고 부탁하면서 그녀에게 갑자기 달려들었던 사건에서 찾는다. 이 경우에도 증상은 최근의 사건이 아니라 그 사건이 과거에 발생했던 사건에 대한 억압된 무의식적 기억을 활성화시켜 형성된 것이다. 최초 외상의 시기에 증상이 없다가 후에 발생한 제2의 외상이 증상을 형성하게 되는 경우는 빈번하다. 그렇지만 증상형성의 궁극적 원인은 최초의 외상이다.

프로이트가 이 무렵 썼다가 폐기한 『과학적 심리학 초고』(*Project for a Scientific Psychology*)에서 소개하는 히스테리 환자 에마(Emma)의 사례는 증상이 지연되는 대표적인 예다.[10] 에마는 열두 살 때 상점에 들어갔다가 점원들이 자신을 보고 웃는 것에 공포를 느끼고 도망친다. 그녀는 점원 한 명이 자신의 옷을 보고 웃었고 다른 한 명은 성적으로 자신을 즐겁게 했다고 기억한다. 프로이트는 에마가 여덟 살 때 사탕을 사러 상점에 갔을 때 상점 주인이 옷 위로 그녀의 성기를 만진 외상적 사건의 기억을 찾아낸다. 에마에게 이 사건이 외상이 되는 이유는 당시에 상점 주인의 행위가 이해할 수 없는 것이었기 때문이다. 에마는 그 상점에 한 번 더 가는데 에마의 죄의식은 이 두 번째 방문에 기인한다. 에마는 열두 살 때 상점 점원이 자신의 옷에 대해 웃었을 때 여덟 살 때 상점 주인이 웃었던 것이 연상되어 그가 자신의 성기를 만진 외상적 사건을 기억한다. 여덟 살 때 불가능했던 성적 흥분은 이제 사춘기 소녀가 된 에마에게 가능해져 성적 방출이 발생한다. 이 성적 방출이 성적으로 공격당할 것에 대한 불안으로 바뀐다.

프로이트는 외상적 사건과 증상발현을 도표로 설명한다. 프로이트의 도표는 최초의 외상적 사건이 사후에 성적인 것으로 이해되는 과정을 보여준다는 점에서 히스테리의 병인뿐 아니라 후에 라캉의 히스테리이론이 주이상스이론으로 발전하는 맥락을 제공한다. 에마는 열두 살 때 상점에서 점원 한 명이 자신을 즐겁게 했다고 느낀다. 이 성적 즐거움의 원인은 여덟 살 때 경험한 성적인 외상적 사건이다. 라캉은 에마가 이해할 수 없는 상점 주인의 행위를 이해할 수 없는 타자의 욕망

10 프로이트의 독일어 초고의 원제목은 없으므로 영역본 제목에 대체로 부합하는 두 국역본 제목을 따른다. 지그문트 프로이트, 이재원 옮김,『과학적 심리학 초고』(사랑의 학교, 1999); 지그문트 프로이트, 임진수 옮김,『정신분석의 탄생』(열린책들, 2005), 195~331쪽.

과 실재로 설명한다. 그는 이 사례에서 에마가 처음에 경험했으나 이해할 수 없었던 외상적 사건—상점 주인이 그녀의 성기를 만진 사건—에 대한 기억이 "타자에게서 경험된 성적 매력의 표상을 반향"하며 이 경험이 "주체와 물(物, *das Ding*)의 관계가 나쁜 것으로 표식되는" 예로 설명한다.(*S*VII, 74) 리처드 부스비(Richard Boothby)는 다음과 같이 라캉의 관점을 훌륭하게 설명한다.

> 에마가 겪은 외상의 핵은 늙은 상점 주인이 더듬는 행위의 동기를 이해할 수 없는 것이었다. 그가 무엇을 추구했지? 그가 원하는 것이 무엇이었지? 외상의 핵심은 상점 주인의 욕망에 관계된 질문이었다. 이런 의미에서 원래의 대면에서 알려지지 않고 알 수 없는 무엇인가가 있었다. 그것은 실재와의 만남이었다.[11]

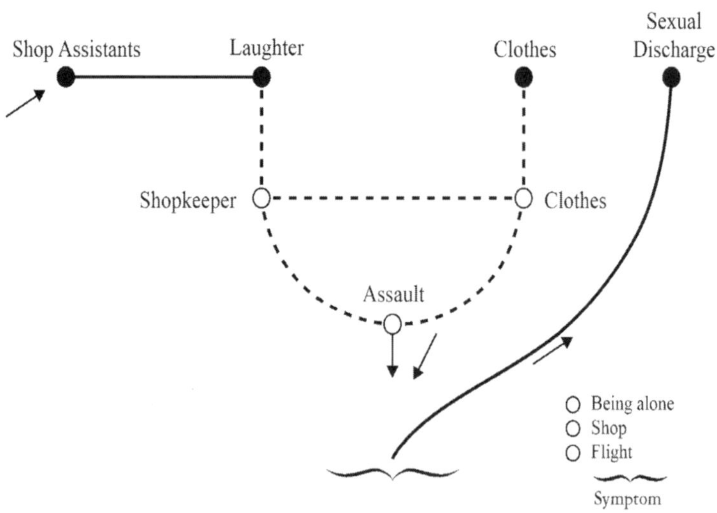

11 Richard Boothby, *Freud as Philosopher: Metapsychology After Lacan* (New York: Routledge, 2001), 204쪽.

세르주 앙드레(Serge André) 역시 두 사건 사이에 점원, 옷, 웃음이라는 요소가 공통으로 존재하고 두 번째 장면이 이 요소들의 의미화 반복(signifying repetition)을 통해 최초의 장면에서 표상이 불가능했던 성적인 것을 표상하게 만들었다고 지적한다. 이는 실재가 상징화/기표화에 의해 사후적으로 구성된다는 점을 예시한다. 앞의 그림 하단의 화살표가 가리키는 지점에 위치한 공백은 상징화에 의해 비로소 성적인 의미를 획득한다. "원래의 장면에는 [……] 기표로 통합될 수 없던 실재, 주이상스를 포함한 실재가 있었다. [……] 의미화 반복은 문자 그대로 원인으로 기능하는 실재를 생산한다. [……] 이중 화살표는 억압의 효과가 반복과 억압된 것의 귀환을 통해서 주체에 의해 원래 성화되지 못한 것이 성화되는 것을 보여준다."[12] 그러므로 이 사례는 실재와 주이상스가 상징화에 의해 사후적으로 구성되는 것을 보여준다.

이런 의미에서 프로이트의 히스테리 사례연구는 단순히 히스테리의 병인이 외상이라는 것을 규명하는 것을 넘어서 이 외상이 라캉 이론에서 기표화/상징화될 수 없는 실재와 관계된다는 점을 보여준다. 라캉 이론에서 상징화를 거부하는 실재는 프로이트 이론에서 무의식의 핵에 상응한다. 위 도표에서 이중 화살표가 지시하는 공백은 무의식적 기표로 표상될 수 없다. 「히스테리의 정신치료」는 프로이트가 무의식의 핵에 도달하는 것을 보여준다. 그가 이 글에서 히스테리의 원인인 외상에 접근하기 위해 여러 층위로 구성된 기억을 분석하는 방법론은 『꿈의 해석』에서 시도할 무의식적 꿈-사고(dream-thoughts)의 핵에 접근하는

12 Serge André, *What Does a Woman Want?* (New York: Other Press, 1999), 82~84쪽.

방법론을 이미 예기한다. 프로이트는 엘리자베스의 사례연구가 "내가 시도한 최초의 본격적인 히스테리 분석"이라고 밝히며, 후에 정립한 방법론 즉 "매몰된 도시를 발굴하는 기술"에 비교할 수 있는 "병인적 정신 자료를 한 층 한 층 제거하는" 과정으로 이루어진 방법이라고 말한다.(*SE*II: 139)

그러나 무의식적 표상들은 시간적 다층구조로만 구성되지 않는다. 히스테리의 원인이 되는 무의식적 기억들은 세 가지 형태로 조직된다. 첫째는 "직선적 연대기적 순서"의 형태다.(*SE*II: 288) 여기에서 사건들은 최근의 사건이 제일 먼저 기억되는 시간 역순의 순서를 따른다. 둘째는 이 기억들이 여러 주제로 구성되며 이 주제들은 병인적 핵을 중심으로 동심원적 계층구조를 이루는 것이다. 이 두 가지 형태가 시공간적 조직화라면 셋째 조직화 방식은 역동적인 논리적 구조다. 여기에서 기억의 사고내용은 논리적 연관성을 통해서 "불규칙적이고 뒤틀린 통로"를 통과한다.(*SE*II: 289) "논리적 사슬의 경로는 가장 우회적인 통로를 따라 표면에서 가장 심층적인 층위로 갔다가 되돌아오는 점선으로 지시되지만 일반적으로 주변에서 중심의 핵으로 나아간다."(*SE*II: 289) 프로이트에게 이 셋째 조직화가 가장 중요하다.

> 논리적 사슬은 지그재그 형태의 뒤틀린 선이라기보다 여러 선들이 갈라지고 특히 갈라진 선들이 수렴되는 것에 상응한다. 그것은 두 개 또는 그 이상의 실들이 만나서 하나로 진행하는 결절점들(nodal points)을 포함하며 일반적으로 독립적으로 움직이거나 샛길을 통해 다양한 지점들에서 연결되는 몇 개의 실들이 핵으로 진출한다. 달리 말하자면 하나의 증상이 자주 여러 방식으로 결정되는 즉 "중층

결정"되는 것은 매우 놀라운 일이다. (*SE*II: 290)

히스테리의 병인인 성적 외상은 병인적 요인의 복잡한 조직화의 통로를 거쳐 표면에서 핵으로 탐구해 들어가는 경로를 통해 밝혀질 수 있다. 히스테리의 병인적 요인들을 복잡하고 다층적이며 논리적인 구조로 이루어진 체계로 파악하는 프로이트의 방법은 그가 최면요법을 포기하고 『꿈의 해석』에서 무의식에 접근하는 과정을 여실히 보여준다. 위 인용문에는 『꿈의 해석』에서 잠재적 무의식적 꿈-사고가 외현적 꿈-내용(dream-content)으로 나타나는 꿈-작업(dream-work)을 설명할 때 사용되는 중층결정(overdetermination), 결절점, 무의식적 사고의 핵 등의 개념들이 이미 등장한다. 이런 의미에서 히스테리의 병인은 프로이트가 『꿈의 해석』에서 "소망적 충동으로 이루어진 우리 존재의 핵(*Kern Unseres Wesens,* the core of our being)"이라고 명명한 욕망의 근원이다.(*SE*V: 603) 프로이트가 히스테리의 병인을 추적한 결과 도달한 곳은 표상 불가능한 공백이고 인간 존재의 무의식적 핵이다.

4. 여성의 성의 억압

프로이트는 다른 곳에서 남성 히스테리 환자를 언급하기도 하지만 『히스테리 연구』의 사례연구는 모두 여성 히스테리 환자를 대상으로 삼는다. 그러므로 여기에서 억압되는 성적 요소는 모두 여성의 성이다.[13]

13 프로이트는 1886년에 「히스테리 남성의 중증 반신마비에 관한 고찰」("Observation

그렇다면 히스테리와 여성의 성은 어떤 관계를 갖는 것일까? 프로이트가 방어 신경정신병에서 히스테리와 강박신경증을 구분하는 데서 이 의문에 대한 해답의 실마리를 찾을 수 있다. 그는 「초안 K」(Draft K)에서 "억압신경증"의 과정을 첫째, 최초의 외상적 성경험, 둘째, 이후 외상에 관한 기억의 출현과 그 기억의 억압 및 최초의 증상형성, 셋째, 방어의 성공, 넷째, 억압된 표상의 귀환이라는 네 단계로 정리하고, 히스테리와 강박신경증 그리고 편집증의 차이를 설명한다.(*SE*I: 220~229) 「방어 신경정신병」("The Neuro-Psychoses of Defense")에서는 히스테리, 강박신경증, 공포증, 정신병의 메커니즘의 차이를 좀 더 소상히 설명한다. 히스테리에서 양립 불가능한 성적 표상의 정동은 신체 증상으로 전환된다. 강박신경증의 경우 양립 불가능한 성적 표상의 정동은 신체 증상으로 전환되지 않고 정신적 영역에 남아 양립할 수 있는 다른 표상으로 옮겨지는 "오류연관"(false connection)이 발생한다.(*SE*III: 52) 이 표상이 강박표상이 된다.

프로이트는 「방어 신경정신병에 대한 추가 논평」("Further Remarks on the Neuro-psychoses of Defence")에서 성과 관련해서 히스테리와 강박신경증의 중요한 차이를 지적한다. 이 무렵 프로이트는 빌헬름 플리스(Wilhelm Fliess)에게 보낸 편지에서 히스테리, 강박신경증, 편집증의 원인이 되는 외상의 경험이 발생하는 시기를 각각 4세 이전, 4~8세,

---

of a Severe Case of Hemi-Anaesthesia in a Hysterical Male")을 발표했으나 이 글은 주로 신체 증상의 관찰에 국한되어 있다. *SE*I: 23~31쪽. 그는 「히스테리 현상의 정신적 메커니즘에 관하여」("On the Psychical Mechanism of Hysterical Phenomena")에서도 남성 히스테리 환자의 예를 제시한다. *SE*III: 33쪽. 남성 히스테리 사례는 히스테리가 생물학적 성과 절대적인 관계를 지니지 않는다는 것을 암시하며 후에 프로이트의 여성성이론에 중요한 단서를 제공한다.

8~14세로 구분하고, 각각의 경우 억압의 시기를 다르게 설정한 내용을 도표로 제시한 바 있다.(*SE*I: 229~230) 그러나 프로이트는 이 글에서는 시기적 구분보다 성적 외상의 경험이 능동적인가 수동적인가를 중요한 차이로 제시한다.

> 히스테리의 원인이 되기 위해서는 수체의 생애 어느 시기에 그의 성적 존재와 관련된 사건이 발생해서 고통스런 정동의 발산과 억제를 통해 병인적이 되는 것만으로는 충분하지 않다. 반대로 **이 성적 외상들은 유년기 초기(사춘기 이전)에 반드시 발생하고 그 내용은 성기의 자극(성관계와 닮은 과정)으로 구성되어야 한다.** 나는 (두 남성 사례를 포함한) 내가 분석한 모든 히스테리 사례에서 이 특수한 히스테리의 결정인자—**전-성기**(pre-sexual period)**의 성적 수동성**—을 발견했다. [……] 왜 히스테리가 여성들에게서 훨씬 더 빈번한가를 이해할 수 있는 길이 열린다. 왜냐하면 유년기에서조차 여성들이 성적 공격을 더 유발하기 쉽기 때문이다. (*SE*III: 163)

강박신경증의 병인인 유년기의 성적 경험은 "성적 **수동성**이 아니라 쾌락을 동반해 수행된 공격 행위와 쾌락적으로 동참한 성적 행위, 즉 성적 **능동성**의 문제다."(*SE*III: 168) 이는 왜 남성에게 강박신경증이 더 빈번한가를 설명해준다. 그런데 능동적 성행위는 근원적인 것이 아니며 항상 그에 앞서 수동적 성행위가 존재한다. 프로이트는 모든 강박신경증 사례에서 "쾌락 행위에 앞선 성적 수동성의 장면으로 추적할 수 있는 **히스테리 증상들의 토대**를 발견했다"라고 말한다.(*SE*III: 168~169) 이 수동적 경험은 다름 아닌 성적 유혹이다.

근원적인 성적 외상이 성적으로 유혹되는 수동적 경험이라는 사실은 이 외상이 능동적 타자와의 관계에서 이루어진다는 점을 보여준다.

프로이트는 「유전과 신경증의 병인학」("Heredity and the Aetiology of the Neurosis")에서 히스테리 환자가 무의식에서 기억하는 사건은 "**타자가 범한 성적 학대에서 비롯된 성기의 실제 자극이 동반된 성관계의 조숙한 경험**"이라고 주장한다.(*SE*III: 152) 그리고 히스테리의 병인은 "**사춘기 이전의 수동적 성적 경험**"이라고 단정한다.(*SE*III: 152) 「히스테리의 병인학」("The Aetiology of Hysteria")에서는 이를 더 상세히 설명한다. 유아의 수동적 성경험은 낯선 성인과의 관계에서 이루어질 수도 있지만, 유모나 가정교사 또는 가까운 친척과의 성관계나 사랑 관계 그리고 이성의 유아들 사이에서도 발생할 수 있다. 그런데 여아를 성적으로 학대하는 남아는 과거에 성인 여자에게 수동적으로 받은 경험을 여아에게 능동적으로 반복하는 것이다.(*SE*III: 208) 근원적인 성경험이 수동적인 것이고 강박신경증에서도 히스테리 증상의 토대인 수동적 성경험이 존재한다면, 신경증의 본질은 히스테리다.[14]

이런 설명에는 쾌락=능동성, 불쾌=수동성의 등식이 존재한다. 프로이트는 「초안 K」에서 강박신경증의 메커니즘을 불쾌→쾌락→억압의 과정으로 설명했다. 최초의 성적 수동성 경험은 불쾌를 동반하고 이후의 능동적 성행위는 쾌락을 동반한다. 히스테리 환자의 수동적 성경험이 "무관심 또는 경도의 성가심과 공포를 동반한 경험"이라면, "강박신경증에서 그것은 쾌락을 준 사건, (남아의 경우) 욕망에서 비롯된 공격 행위, (여아의 경우) 향락을 동반한 성관계에 참여하는 문제다."(*SE*III:

14 앙드레가 지적하듯이 라캉이 세미나 XVII 『정신분석의 이면』에서 펼치는 담론이론에서 강박신경증 담론이 아니라 히스테리 담론만 존재하는 것은 모든 신경증의 근원이 히스테리라는 프로이트의 사유를 반영한다. Serge André, *What does a Woman Want?*, 88쪽.

155) 프로이트의 논의에는 남성=쾌락=능동성, 여성=불쾌=수동성이라는 등식이 성립한다. 강박신경증이 히스테리적 토대를 지니고 있다는 사실은 여성/불쾌/수동성이 더 근원적인 것임을 암시한다. 「초안 K」에서 프로이트는 이렇게 말한다.

> 히스테리는 반드시 불쾌—즉 수동적 성격—의 원초적인 경험을 전제한다. 여성의 타고난 성적 수동성은 여성의 히스테리 경향이 더 크다는 것을 설명해준다. [……] 히스테리는 자아가 압도되는 것으로 시작한다. [……] 불쾌의 원초적 경험에서 긴장이 너무 고조되어 자아는 이에 저항하지 못하고 어떤 정신적 증상도 형성하지 못하며 방출의 표현—주로 극단적인 흥분의 표현—을 허락하게 된다. 히스테리의 이 첫 단계는 '공포 히스테리'로 묘사할 수 있다. 그것의 원초적 증상은 정신 속 **균열**이 동반된 **공포의 표현**이다.
>
> [……] 억압과 방어적 증상형성은 기억과 연관해서 그 후에야 발생한다. [……] 억압은 극도로 강한 대립적 표상의 구축이 아니라 경계표상(boundary idea)의 강화에 의해 발생한다. 그 이후부터 이 경계표상은 사고의 흐름에서 억압된 기억을 대표한다. (*SE*1: 228~229)

수동적 성적 경험이라는 외상적 사건은 자아를 압도한 나머지 자아가 아무런 저항을 하지 못하고 공포를 표현하고 마는데 이 때 정신에 '균열'이 발생한다. 이 원초적인 수동적 성적 외상에 대한 저항은 이후에 사건을 기억할 때 비로소 그 기억을 억압하면서 이루어진다. 이때 억압은 경계표상의 형성이라는 증상으로 나타난다.

정신 속 '균열' 즉 구멍이나 공백—라캉의 실재—은 앙드레의 표현대로 "표상의 부재"이기 때문에 언어로 표현할 수 없다.[15] 프로이트는 플리스에게 보낸 편지에서 "히스테리의 장면들은 최초의 유아기(4세까지)에 발생하며 여기에서 기억의 잔재들은 언어적 이미지로 번역되지 않는다"라고 말한다.(*SE*I: 230) 그는 또 다른 편지에서 기억-흔적은 한 번만 존재하는 것이 아니라 새로운 상황에 따라 여러 번 "재정열"(*re-arrangement*) 또는 "재기입"(*re-transcription*)되며, 시간적으로 연속된 두 시기 사이에 기억흔적은 번역된다고 설명한다.(*SE*I: 233) 여기에서 "번역의 실패"가 억압이고 억압의 동기는 "번역에 의해 생산될 불쾌의 방출"이다.(*SE*I: 235) 불쾌를 방지하기 위해 어떤 기억흔적은 번역되지 않는다. 프로이트는 후에 『꿈의 해석』에서 기억흔적이 새겨지는 무의식이 지각과 의식 사이에 있다고 설명한다. 기억흔적은 다른 기억흔적으로 번역되는 과정을 통해 의식에 접근한다. 따라서 번역의 실패는 무의식적 표상이 의식에 진입하지 못하고 억압되는 것을 의미한다.[16] 즉 "병리적 방어는 아직 번역되지 않은 앞선 시기의 기억흔적을 막기 위해서만

---

15 Serge André, *What does a Woman Want?*, 62쪽.

16 프로이트는 『꿈의 해석』에서 지각(Pcpt)이 받아들인 기억 이미지들(Mnemic images) 즉 기억흔적들이 무의식(Ucs)에 새겨지는 것을 아래와 같은 그림으로 표시한다.(*SE*V: 541) 이 그림에서 무의식은 지각과 운동(M)을 관장하는 의식 또는 전의식(Pcs) 사이에 위치한다. 그는 「무의식」에서 무의식이 사물표상(thing-presentation)들로 이루어져 있고 여기에 언어표상(word-presentation)이 보태지면 전의식(Pcs)에 들어갈 수 있다고 설명한다. (*SE*XIV: 201~202)

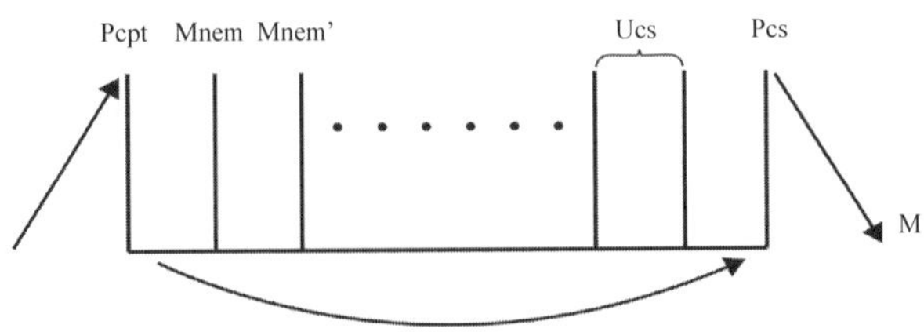

발생한다."(*SE*I: 235)

앙드레가 지적하듯이 균열과 공백 자체는 억압될 수 없으며 오직 기표만 억압될 수 있다.[17] 언어로 번역이 불가능한 외상적 사건의 억압은 경계표상이라는 대체물을 형성하는 것으로 이루어진다. 경계표상은 자아와 억압된 외상적 기억의 경계, 둘 사이의 "타협의 결과"다.(*SE*I: 229) 그러므로 경계표상은 균열을 둘러싸서 그 균열을 봉쇄하려 할 뿐 아니라 그 균열을 드러내는 이중 작업을 수행한다. 라캉식으로 표현하면 이는 외상적 실재를 기표로 상징화하는 작업에 해당한다. 파울 베르하허(Paul Verhaeghe)는 경계표상의 형성이 프로이트의 원억압이고, 경계표상의 억압이 원억압 후에 발생하는 후압박(after-pressure) 즉 억압에 해당한다고 해석한다.[18] 정신에 균열을 낳는 외상적 사건은 수동적이고 여성적이며 불쾌한 성적 경험이다. 따라서 원초적으로 억압되는 것은 "여성의 타고난 성적 수동성" 또는 여성성 자체라고 볼 수 있다. "히스테리의 토대에 있는 외상, 수동적이고 불쾌한 '장면' 즉 여성성은 모든 형태의 정신적 작업 밖 또는 너머에 위치한다."[19] 프로이트는 「초안 M」(Draft M)에서 히스테리의 억압과정을 설명하면서 "본질적으로 억압되는 요소는 항상 여성적인 것이라는 의문이 든다"라고 말한다.(*SE*I: 251) 그는 후에 플리스에게 보낸 편지에서 "리비도를 남성적인 요소로, 억압을 여성적인 요소로 설명하는 생각을 이미 포기했다"라고

17 Serge André, *What does a Woman Want?*, 88쪽.

18 Paul Verhaeghe, Marc du Ry 옮김, *Does the Woman Exist? From Freud's Hysteric to Lacan's Feminine* (New York: Other Press, 1997), 39~40쪽.

19 Paul Verhaeghe, *Does the Woman Exist?*, 40쪽.

말한다.(*SEI*: 271) 그러나 지금까지 히스테리의 병인에 관한 프로이트의 사유를 종합하면 정신의 균열을 초래하는 수동적 성적 경험인 외상은 근본적으로 여성적인 것이라는 결론에 도달할 수 있다. 베르하허처럼 이를 라캉의 용어로 표현하면 "상징계에서 기표를 찾을 수 없는 외상적 실재는 여성성"이고 "대문자 여성을 위한 기표는 존재하지 않는다."[20]

5. 환상이론과 유아의 성

히스테리의 병인이 되는 수동적인 성적 경험인 성적 유혹에는 타자가 개입된다. 프로이트가 이 타자를 특히 아버지라고 생각한 것이 유혹이론이다. 1896년 12월 6일 플리스에게 보낸 편지에서 프로이트는 "점점 더 히스테리의 핵심은 그것이 유혹자의 **도착증**의 결과로 보이며, 유전은 아버지의 유혹이라는 점이 **점점** 더 명확해 보인다"라고 술회한다.(*SEI*: 238~239) 히스테리 및 강박신경증과 반대로 도착증은 성적 경험이 유발하는 쾌락에 대한 방어가 존재하지 않아서 그 쾌락이 "억제할 수 없는 쾌락" 즉 강박적 쾌락이 되는 경우다.(*SEI*: 236) 이 편지에서 프로이트는 모든 인간이 양성적(bisexual) 존재라는 점을 밝히면서도 8세와 14~15세에 "순수 남성에게는 남성적 발산의 잉여가 있어서 [……] 쾌락이 생산되고 도착증이 생기며, 순수 여성적 존재에게는 이 시기에

20 Paul Verhaeghe, *Does the Woman Exist?*, 39쪽. 그러므로 상징계의 기표를 결여한 실재(여성성)를 재현하는 경계표상은 후기 라캉 이론에서 결여된 대타자를 표시하는 기표 즉 S(Ⱥ)에 해당한다.

불쾌 물질의 잉여가 존재한다"라고 설명한다.(*SEI*: 238) 성적 유혹 장면은 순수 여성인 히스테리 환자와 순수 남성의 화신인 아버지가 대면하여 순수 불쾌와 순수 쾌락의 경험이 발생하는 장면이라고 볼 수 있다.

프로이트는 환상의 기능을 발견하면서 아버지의 유혹에 의한 최초의 수동적인 성적 외상이 히스테리의 병인이라는 외상이론과 유혹이론을 수정한다. 그는 1897년 4월 6일 플리스에게 보낸 편지에서 "히스테리적 환상"을 히스테리의 새로운 원천으로 발견했다고 말한다.(*SEI*: 244) 며칠 후 1897년 5월 2일 편지에서 그는 다음과 같이 말한다.

> 나는 히스테리의 구조에 대한 확실한 개념을 얻었네. 모든 것은 장면들의 재생산으로 거슬러 올라가네. 이 장면들 가운데 일부는 직접 도달할 수 있지만 나머지는 항상 그 장면들 앞에 세워진 환상을 경유해서만 도달할 수 있네. 환상들은 **들었으나 후에** 이해된 것들에서 유래하고 그 재료들은 물론 사실이네. 환상들은 보호적 구조들이고 사실들의 승화이며 사실들의 장식이고 동시에 자기면죄에 봉사한다네. (*SEI*: 247)

히스테리는 원초적 장면을 기억한 것이 아니라 실제로 발생한 외상적 사건에서 보호하기 위해 사실적 재료들을 승화하고 가공하여 만든 허구적 장면이다. 이 편지에 동봉된 「초안 L」(Draft L)에서도 프로이트는 "환상은 이 [원초적 장면의] 기억으로 통하는 길을 막기 위해 구축된 정신적 외관이다. 환상은 동시에 그 기억들을 세련되게 하고 승화하는 경향에 봉사한다"라고 말한다.(*SEI*: 248) 라캉의 용어로 환언하면 경계표상이 실재의 외상을 상징화하려는 기표의 작용이라면, 환상은 "히스테리 환자가 상상계에서 외상적 실재를 다루려는 것"이다.[21] 이는 히스테리 환자가 히스테리적 환각 같은 "시각적 재현을 선호하는 것"을 설명해준다.[22]

환상이 성적 유혹의 외상적 사건을 가리고 있다는 생각은 외상적 사건이 실제로 존재하지 않았을 수도 있다는 생각으로 발전한다. 1897년 9월 21일 편지에서 프로이트는 신경증의 병인이 유아기에 존재한다는 주장을 철회하고 "환상을 촉진시키는 것은 오직 후기의 경험뿐이며 환상은 그 이후에 유년기를 환기한다"라고 말한다.(*SEI*: 260) 이런 변화는 "무의식에서는 현실에 대한 지시가 존재하지 않으므로 정동으로 카섹트된 허구를 진실과 구분할 수 없다"는 발견과 관련된다.(*SEI*: 260) 정동으로 카섹트된 허구를 현실과 구분하지 못하는 무의식에서는 주체가 만들어낸 환상을 유년기에 실제로 발생한 외상적 사건으로 착각할 수 있다. 이 편지에서 프로이트는 히스테리 환자를 유혹하는 아버지가 모두 도착적이라는 가설에 개연성이 부족하다고 지적하고 유혹이론도 포기한다.

프로이트는 1899년 1월 3~4일 편지에서 "환상이 후기의 산물이며 그 당시 현재로부터 최초의 유년기로 투사된다"라고 보다 분명히 선언한다.(*SEI*: 276) 그러나 이 편지에서 더 중요한 점은 그가 "최초의 유년기에 무엇이 발생했는가?"라는 질문을 던지고 "대답은 아무것도 없다는 것이다. 그러나 성적 충동의 싹이 존재했다"라고 말한다는 점이다.(*SEI*: 276) 원초적 장면에는 외상적 사건 대신 단지 성적 충동만이

21 Paul Verhaeghe, *Does the Woman Exist?*, 42쪽.

22 Paul Verhaeghe, *Does the Woman Exist?*, 42쪽.

존재한다. 이런 변화는 프로이트가 유아의 성을 발견하는 과정에서 발생한다. 그는 1896년 12월 6일 편지에서 유아기에 존재했으나 포기된 "성감대"를 언급하며 "유년기에는 성적 방출을 아주 많은 신체 부위에서 얻을 수 있는 것으로 보인다"라고 말한다.(*SE*I: 239) 1897년 11월 14일 편지에서는 "유아기에 성의 방출은 나중처럼 국부화되어 있지 않아서, 나중에 포기되는 지대 (그리고 아마도 신체의 표면 전체) 역시 나중에 성이 방출되는 것과 유사한 것을 자극한다"라고 말한다.(*SE*I: 269) 다시 말해서 유아기에는 성적 자극이 성감대에 국한되지 않고 신체 표면 전체에서 발생할 수 있다.

프로이트는 1905년의 『성이론에 관한 세 편의 에세이』에서 성감대 개념을 구체화한다. 성적 충동이 집중된 신체 부위 즉 "일정한 종류의 자극이 특수한 질의 쾌락감정을 일으키는 피부나 점막의 일부"가 "성감대"다.(*SE*VII: 183) 여기에서 "성적 부분욕동"(sexual component instinct)이 발생한다.(*SE*VII: 168) 성욕이 성기에 집중되기 전 전-성기적(구강기와 항문기) 단계에서 성감대는 성기를 대신하는 역할을 수행한다. 특히 히스테리에서 구강과 항문 같은 성감대는 "정상적인 성적 과정의 자극에서 실제 성기가 작용하는 것과 같은 방식으로 새로운 감각과 신경감응 변화의 장소가 된다."(*SE*VII: 169)

그러나 성적 욕망은 성감대에 국한되지 않는다. 왜냐하면 "피부나 점막의 어떤 다른 부위라도 성감대의 기능을 떠맡을 수 있기 때문이다."(*SE*VII: 183) 요컨대 환상이 투사되는 유년기에는 성감대뿐 아니라 신체 전체에서 발생하는 성적 욕망이 존재한다. 유아기의 성은 유아의 성적 발달을 잊게 만드는 "유아적 기억상실"(infantile amnesia)때문에 간과되어왔다.(*SE*VII: 174) "히스테리적 기억상실"도 유아의 기억상실로 인해 억압된 유아기 성적 충동의 기억흔적을 가정하지 않고서는 존재할 수 없다.(*SE*VII: 175) 그러므로 어른이 성적 만족을 취하는 법을 가르쳐준다는 유혹이론은 과장된 것일뿐더러 오히려 혼란을 야기한다. "아이의 성적 삶을 일깨우기 위해 유혹은 필요하지 않다. 이는 내적인 원인에서 자발적으로 생겨날 수 있다."(*SE*VII: 190~191) 아이들이 유혹에 의해 갖게 되는 변칙적인 성적 기질은 이미 "그들의 기질에 생득적으로 존재한다. [……] 모든 종류의 도착성의 기질은 일반적이고 근본적인 인간의 특성이다."(*SE*VII: 191) 외상이 아니라 신체적으로 정신적으로 미숙한 유아가 통제할 수 없는 다형적이고 과도한 성적 충동 자체가 외상적이다. "유아의 성은 그 과도한 활동성 때문에 외상적이고 병인적이다."[23]

유아의 성을 발견한 프로이트는 「신경증의 병인학에서 성이 담당하는 역할에 대한 의견」("My Views on the Part Played by Sexuality in the Aetiology of the Neurosis")에서 유혹이론과 외상이론을 환상이론으로 대체한 경위를 이렇게 설명한다.

> 당시에 나는 히스테리 환자가 유년기를 기억할 때 만들어낸 위조와 실제 사건의 흔적을 확실히 구분할 수 없었다. 그 이후에 나는 많은 유혹환상을 주체가 자신의 성행위(유아의 수음행위)에 대한 기억을 물리치려는 시도로 설명하는 것을 배우게 되었다. 이 점이 분명해지자 유년기의 성적 경험에서 '외상적' 요소는 그 중요성을 상실

23 Juan-David Nasio, Susan Fairfield 옮김, *Hysteria from Freud to Lacan: The Splendid Child of Psychoanalysis* (New York: Other Press, 1998), 29쪽.

했다. [……] 그것들[히스테리 증상들]은 이제 더 이상 유년기 경험의 억압된 기억의 직접적 파생물로 간주되지 않았다. 증상과 유년기 인상 사이에는 주로 사춘기 때 생산된 환자의 **환상**(또는 상상적 기억)이 삽입되었다. (*SE*VII: 274)

외상적 유혹 사건이 아니라 유아의 성적 욕망이 주체를 압도한다. 유아의 성적 목적은 이런 성감대에서 발생하는 "불쾌의 특성을 지닌 독특한 긴장의 감정"을 "만족감을 만들어 그 감각을 제거하는 외적 자극"으로 대체하여 해소하는 것이다.(*SE*VII: 184) 이는 수음행위 같이 자기성애적인 성적 만족을 유발한다. 환상은 이렇게 과도한 성적 욕망이 유발한 자기성애적 행위에 대한 기억으로부터 주체를 보호하기 위해서 만들어진다. 즉 "욕망이라 불리는 성의 과도한 급증은 [……] 너무 강해서 허구 즉 보호적 시나리오와 환상을 무의식적으로 만들어내어 완화되어야 한다."[24]

여기에서 환상이 무의식적이라는 것은 환상 역시 억압된다는 것을 의미한다. 프로이트는 1897년 「초안 M」에서 "방어에 종속되지 않은 무의식적 허구들이 존재한다. 만일 그런 환상의 강도가 의식을 침범할 정도로 커지면 그것은 억압된다"라고 말한다.(*SE*I: 252) 같은 해 작성된 「초안 N」(Draft N)에서도 "불안의 발생은 이 억압된 환상들과 관련되므로, 우리는 리비도가 불안으로 바뀌는 것이 자아와 무의식 사이의 방어를 통해서가 아니라 무의식 자체 내에서 발생한다고 결론지어야 한다"라고 말한다.(*SE*I: 257) 후안다비드 나지오(Juan-David Nasio)가 설명하듯이 성적 욕망이 일으키는 긴장은 "환상에 의해 완화되어도 여전히 견

24 Juan-David Nasio, *Hysteria from Freud to Lacan*, 30쪽.

될 수 없는 것으로 남으며 [……] 그것이 우리가 환상적 불안이라 부르는 것이다. [……] 프로이트의 두 번째 이론에서 히스테리의 기원은 환상이므로, 분석가들은 증상 배후에 시일을 추정할 수 있는 실제 외상 사건을 찾을 필요가 없다. 대신 우리가 찾는 것은 불안 환상의 '외상'이다."[25]

환상이 무의식적이고 불안을 동반한다는 사실만큼 중요한 것은 환상의 내용이다. 환상은 신체 표면에서 통제할 수 없는 성적 욕망이 발생하는 유아기에 만들어진 것이 아니라 후에 사춘기에 만들어져 유아기로 투사된 것이다. 즉 환상은 성 발달과정에서 자기성애적인 단계가 아니라 대상을 사랑하는 시기에 만들어져 자기성애적 단계로 투사된다. 위 인용문에서 수음 같은 자기성애적 행위의 기억을 물리치려고 타자가 개입되는 유혹환상이 도입된다는 점은 이런 투사과정을 분명히 보여준다. "환상들은 자기성애에서 이성성애(hetero-erotic)로 진행되는 연속에 위치한다."[26] 프로이트는 "정동으로 카섹트된 허구를 진실과 구분하지 못하는" 무의식의 특성을 발견하고 유혹이론을 환상이론으로 대체하면서 "성적 환상이 변함없이 부모의 주제를 취할 가능성"을 언급한다.(*SE*I: 260) 이는 환상이 대상애적 시기에 발생한다는 것을 보여준다.

그러므로 환상이론의 중요성은 단순히 유혹 사건이 존재하지 않았다는 것을 증명하는 데 있지 않다. 테레사 브레넌(Teresa Brennan)이 지적하듯이, 프로이트는 성적 유혹 사건의 부재를 강조한다기보다 외적

25 Juan-David Nasio, *Hysteria from Freud to Lacan*, 30쪽.

26 Paul Verhaeghe, *Does the Woman Exist?*, 45쪽.

현실만큼 정신적 현실이 유효하다는 사실 즉 "유혹환상이 실제 사건과 유사한 효과를 갖는다"는 사실을 강조한 것이다.[27] 히스테리적 환상에 등장하는 주체와 타자, 여성과 아버지의 관계는 실제 발생 여부와 관계없이 여전히 중요하다. 오히려 환상이론은 히스테리 환자가 실존하지 않았던 타자를 만들어 낼만큼 히스테리 메커니즘에서 타자가 중요하다는 점을 보여준다. 유혹, 외상 그리고 환상을 통해 분석한 히스테리적 욕망의 근원에는 주체와 타자의 관계가 존재한다. 이 관계는 도라의 사례연구뿐 아니라 라캉의 히스테리 이론에서도 필수적이다.

27 Teresa Brennan, *The Interpretation of the Flesh: Freud and Femininity* (London: Routledge, 1992), 29쪽.

2장
프로이트와 여성: 히스테리에서 여성성까지

1. 히스테리와 환상

프로이트가 여성 환자를 치료하면서 시작한 히스테리 연구는 1920~1930년대 소위 '대논쟁'을 불러일으킨 성차와 여성성 연구의 토대가 된다. 그러나 프로이트의 히스테리 연구와 여성성 연구 사이에는 시간적 균열이 존재한다. 그는 1909년 「히스테리 발작에 대한 일반적 논평」 이후부터 1925년 「해부학적 성차의 정신적 결과」("Some Psychical Consequences of the Anatomical Distinction between the Sexes")를 발표하기까지 히스테리와 여성성을 본격적으로 연구하지 않았다. 이 기간 동안 그의 이론을 지배한 개념은 오이디푸스 콤플렉스다. 그는 『꿈의 해석』에서 이 개념으로 『오이디푸스 왕』(*Oedipus the King*)과 『햄릿』(*Hamlet*)을 분석한다. 그는 1909년 꼬마 한스(little Hans)의 공포증 연구에서 아버지에 대한 아들의 양가감정을 파헤치고, 『토템과 터부』(*Totem and Taboo*)에서는 이 개념을 "신경증의 핵심 콤플렉스"로 정의한다.(*SE*XIII: 129) 그리고 1923년 『자아와 이드』(*The Ego and the Id*)에서 이 개념을 이론적으로 정립한 후, 1924년 「오이디푸스 콤플렉스의 해소」("The Dissolution of the Oedipus Complex")에서 이 개념의 결론에 도달한다.

프로이트가 「오이디푸스 콤플렉스의 해소」를 발표한 이듬해 성차에 관한 글을 발표한 것은 그가 여전히 오이디푸스 콤플렉스 관점에서 성차와 여성성 문제를 다루었다고 짐작할 수 있게 한다. 오이디푸스 콤플렉스 이론은 근본적으로 남아의 경험에 기초하기 때문에 여아와 부모의 관계에 대한 프로이트의 설명은 많은 문제를 야기한다.[1] 그렇다면 그가 끝까지 여자가 무엇을 원하는지 알 수 없었던 이유는 오이디푸스 콤플렉스 이론으로 여성성 문제를 해결하려 했기 때문이 아닐까? 여성성 문제에 대한 해답의 실마리는 오이디푸스 콤플렉스가 프로이트의 이론을 지배하기 이전의 히스테리 연구에서 찾을 수 있지 않을까?

앞 장에서 보았듯이 프로이트의 히스테리이론은 외상이론과 유혹이론을 거쳐 환상이론으로 바뀌고 궁극적으로 유아의 성에 대한 발견으로 이어진다. 이 과정에서 일관성 있게 핵심적인 역할을 담당하는 것은 주체와 타자의 관계다. 프로이트는 1899년 12월 9일 플리스에게 보낸 편지에서 히스테리, 강박신경증, 편집증을 외상이 발생하는 시기로

1 베르하허에 따르면 이 기간 동안 프로이트는 정신분석가로서 주인의 위치에 집착한 결과 히스테리 연구에서 보여준 탐구심을 상실했다가 1925년 여성에 대한 연구를 재개하면서 다시 탐구자로 돌아왔으며 프로이트의 연구에서 히스테리 환자는 여성으로 재등장한다. Paul Verhaeghe, *Does the Woman Exist?*, 69~71쪽. 베르하허가 말하는 주인의 위치에 대한 프로이트의 집착은 오이디푸스 콤플렉스에 대한 집착과 관련된다고 볼 수 있다.

분류하는 대신 성 발달이론과 관련해서 분류하는 방법을 발견했다고 말한다. 신체적 자기만족을 취하는 자기성애(auto-erotism)에서 대상을 사랑하는 타인성애(allo-erotism)로 발전하는 과정에서, "히스테리(그리고 그 변종인 강박신경증)는 타인성애적이고 그 주요 경로는 사랑하는 사람과의 동일시"다.(*SE*I: 280) 편집증은 이런 동일시를 다시 분해하고 동일시로 인해 형성된 자아를 "외적 인물들"로 분해하며 자기성애적 시기로 되돌아가는 것이다.(*SE*I: 280)

히스테리의 대상사랑과 동일시는 히스테리 환자와 아버지의 관계에 기초한다. 1897년 1월 24일 편지에서 프로이트는 "나는 히스테리 환자들이 갖고 있는 사랑의 높은 기준, 연인에 대한 겸손, 이상이 충족되지 못해 결혼하지 못하는 경향 배후에서 그들의 아버지를 인식한다. 이것의 토대는 물론 아버지가 아이를 내려다보는 높은 위치다"라고 말한다.(*SE*I: 244) 또 다른 편지에서 그는 60세 노신사와 밀애를 하면서 성적 쾌락을 경험하는 히스테리 환자의 예를 제시한다. "그 노신사는, 분명 유년기에 막강했던 아버지와 동일시될 가능성을 통해서, 그녀의 환상에 밀착되어 있던 리비도를 해방시킬 수 있는 효력을 지녔다."(*SE*I: 278) 히스테리 환자는 유년기에 사랑했던 아버지와 동일시하여 아버지의 관점에서 성적 대상을 판단한다. 아버지와 동일시되는 인물은 환자의 환상 속에서 아버지에게 카섹트되어 있던 리비도를 방출시킬 수 있기 때문에 환자에게 성적 쾌락을 줄 수 있다.

환상에서 히스테리 환자가 아버지와 동일시한다는 사실에서 프로이트의 히스테리이론은 성 정체성의 문제에 도달하다. 앞 장에서 언급했듯이 상징적 기표를 찾을 수 없는 여성의 성이라는 외상적 실재를 경계표상으로 방어하려는 것을 원억압으로 볼 수 있다. 이는 "실재계와 상징계의 대립"을 보여준다.[2] 원억압이 상징계와 실재계 사이의 첫째 모순을 보여준다면, 환상은 실재를 상상계적 시나리오로 방어하려는 시도로서 **"상상계의 방어적 노력의 종점이 남성과의 동일시"**라는 모순, 즉 "히스테리 환자는 여성이면서 남성과 동일시하는 둘째 모순"을 보여준다.[3] 따라서 베르하허는 히스테리 환자가 아버지와 동일시하는 환상에 대한 방어를 (원억압 이후의 2차적) 억압으로 해석한다. 아버지와의 동일시를 억압하는 것은 남성성의 억압을 의미한다.[4] 원억압이 여성성의 억압이라면 2차적 억압은 남성성의 억압이다.

2. 도라의 성적 욕망

그렇다면 여성 히스테리 환자가 억압해야 할 남성성은 어디에서 유래하는 것일까? 자신이 사랑하는 남성 타자와 동일시하는 여성 히스테리 환자가 자신의 남성성을 억압하는 이유는 무엇일까? 도라의 사례 연구는 이런 의문들에 대한 탐구다. 이 연구에서 프로이트의 관심은 도라와 타자 특히 아버지와의 관계에 집중된다. 부모와 오빠로 구성된 도라의 가족관계에서 가장 중요한 인물은 아버지다. 아버지는 "지성과 성격 때문에 [……] 지배적인 인물"이었다.(*SE*VII: 18) 도라가 "그에게 매

2 Paul Verhaeghe, *Does the Woman Exist?*, 45쪽.

3 Paul Verhaeghe, *Does the Woman Exist?*, 45쪽.

4 Paul Verhaeghe, *Does the Woman Exist?*, 45~46쪽.

우 다정한 애착을 지니고 있었기 때문에 일찍 발달한 그녀의 비판력은 그의 행위와 습성에 대해 더 크게 분노했다."(*SE*VII: 18) 도라는 또한 "어머니를 경멸하고 가차 없이 비판하곤 했으며 어머니의 영향에서 완전히 벗어나 있었다."(*SE*VII: 20) 도라의 오빠는 "그녀의 야망이 따르려고 애썼던 모델"이었지만 최근 둘의 관계는 소원해졌다.(*SE*VII: 21) 집안에 분규가 있을 때마다 아들은 어머니 편을 딸은 아버지 편을 드는 형국이어서 "정상적인 성적 매력으로 인해 아버지와 딸이 한편에, 어머니와 아들이 다른 한편에 뭉치게 되었다."(*SE*VII: 21) 여기에서 프로이트가 오이디푸스 콤플렉스 개념으로 아버지에 대한 도라의 애착을 설명하는 것을 알 수 있다.

그러나 도라와 아버지의 관계는 애착과 비판의 양면성을 지닌다. 도라의 첫 번째 히스테리 발작은 자살을 암시하는 편지를 써서 가족을 놀라게 한 지 얼마 후 아버지와 가벼운 말다툼을 한 다음 발생한다. 이 사례연구에서 가장 중요한 사건은 K 씨와의 관계에서 나타난다. 결핵을 앓고 있던 도라의 아버지는 요양을 위해 공장 근처 B 도시로 이사하고 그곳에서 K 부부를 만나며 K 부인은 오랫동안 아버지를 간호해준다. K 씨는 어느 날 호숫가에서 도라에게 구애했다가 그녀에게 뺨을 맞는다. 아버지와 숙부는 K 씨에게 경위를 물어보지만, K 씨는 그런 사실을 부인한다. 그는 오히려 도라가 성 문제에 사로잡혀 있었고 호숫가에 있는 자신의 집에서 파올로 만테가자(Paolo Mantegazza)의 『사랑의 생리학』(*The Physiology of Love*)같은 책에 탐닉했다는 말을 아내에게서 들었다고 말한다. 도라의 아버지는 프로이트에게 도라가 자신에게 K 부인과 결별하라고 말했고, 도라가 K 씨를 비난하는 것이 환상 때문이라고 생각하며 K 부인과 우정을 유지하고 싶다고 말한다. 그러므로 이 사례 연구에는 도라의 아버지와 K 부인, 도라와 K 씨라는 두 쌍의 남녀관계가 존재한다.

도라는 호숫가 사건을 환상으로 치부하는 아버지에 대해 크게 분노한다. 프로이트는 도라가 K 부인과의 밀애의 대가로 자신을 K 씨에게 희생시키려 한다고 아버지를 비난하지만 이런 비난은 자책감을 위장하고 있을 뿐이라고 분석한다. 도라는 K 씨를 사랑하고 있었기 때문에 아버지가 K 부인과 밀애를 나누는 것을 오히려 눈감아주었고, 아버지가 가정의 의무를 다하지 않는다고 비난하는 것은 사실상 자신이 K 씨를 사랑하고 있다는 자책감의 표현에 불과하다는 것이다. 그러나 프로이트는 아버지에 대한 비난 배후에 아버지에 대한 사랑도 존재하는 것을 밝혀낸다. 아버지를 용서할 수 없다는 의식적 표상은 아버지에 대한 사랑이라는 무의식적 표상을 억압하고 있다. 이 무의식적 표상의 강도가 크기 때문에 이를 억압하는 의식적 표상의 강도도 큰 것이다. 아버지에 대한 도라의 강박적 비난은 아버지에 대한 사랑이 강하다는 사실을 반증한다. K 씨에 대한 사랑과 아버지에 대한 사랑의 관계는 인과관계로 설명된다. 도라가 아버지를 비난하는 것은 유아기에 억압된 아버지에 대한 사랑이 일깨워져 이 무의식적 표상에 대한 "반동사고"(reactive thought)로 생겨난 것이다.(*SE*VII: 55) 이 억압된 사랑이 되돌아온 것은 현재 K 씨에 대한 사랑을 억압하기 위한 "반동 증상"이다.(*SE*VII: 58)

도라의 두 가지 꿈의 해석은 그녀가 K 씨를 사랑하고 있었다는 사실을 증명한다. 첫째 꿈은 집에서 불이 나 도라의 침대 곁에 서 있는 아버지가 보석상자를 구하려는 어머니를 비난하고 도라가 마침내 집 밖으로 나오는 내용이다. 프로이트는 이 꿈에서 보석상자—독일어 *Schumuckkästchen*—가 여성의 성기를 의미하며, K 씨에게서 보석상자를 선물 받은 적이 있는 도라가 보석상자를 선물하려는 욕망 즉 성적인 사랑으로 보답하려는 욕망을 갖고 있었다고 해석한다. K 씨는 호숫가에서 도라에게 구애할 때 "나는 내 아내에게서 아무것도 얻지 못해요"라고 말한다. 따라서 도라는 K 부인이 남편에게 주지 못한 보석상자 즉 성적 사랑을 주고 싶은 욕망을 갖고 있었다는 것이다. 꿈속에서 K 부인은 어머니로 전치되고 보석상자를 주려는 욕망은 반대로 보석상자를 보호하려는 욕망으로 나타나며 K 씨는 아버지로 전치되어 나타난다. 또한 불은 물과 반대되는 것으로서 성적 흥분으로 인해 습해진 성기가 반대로 나타난 것이다. 프로이트는 이 꿈의 표면에는 자신의 성기를 위협하는 K 씨로부터 도피하려는 의식적 의도가 있고, 그 배후에는 K 씨의 성적인 유혹에 굴복하고 싶은 무의식적 욕망이 있다고 해석한다. 그러나 꿈이 형성되기 위해서는 아버지에 대한 유아기의 무의식적 사랑이라는 더 근원적인 요소가 필요하다. 이것이 꿈에서 아버지가 (불 즉 K 씨의 성적 위협으로부터) 그녀를 구원해주는 인물로 등장하는 이유다.

둘째 꿈은 도라가 거리를 방황하다가 다시 집을 찾는 이야기다. 도라는 낯선 거리에서 방황하다가 집을 찾아 들어가고, 자신이 부모가 모르게 가출했었으며 아버지가 죽었으니 집으로 돌아오라는 어머니의 편지를 발견한다. 그녀는 정거장으로 가려다가 숲으로 들어가는데, 숲속에서 한 남자를 만나 정거장까지 얼마나 걸리는지 묻는다. 그 남자는 두 시간 반이 걸린다고 대답하고 같이 가주겠다고 하지만 도라는 거절한다. 그녀는 곧 정거장을 눈앞에서 보지만 몸을 움직이지 못하는 마비를 겪는다. 집에 도착하자 하녀는 어머니와 나머지 식구들이 이미 죽어 묘지에 묻혔다고 말한다. 프로이트는 이 꿈에서 두 가지 환상을 발견한다. 첫째 환상은 K 부인을 사랑하는 아버지에 대한 복수로서, 가출하여 아버지를 슬프게 하고 딸을 그리워하게 만들려는 것이다. 이 꿈에 등장하는 숲은 B 도시의 호숫가에 있는 숲과 연관되므로 K 씨와의 사랑과도 관계된다. 프로이트는 도라가 꿈꾸기 전날 전시회에서 그림을 보았고 그 그림의 배경에 님프(nymph)가 있었다는 것을 알게 된다. 이 꿈에 등장하는 정거장—독일어 *Bahnhof*—과 묘지—*Friedhof*—는 여성의 성기를 의미하고 숲속의 님프는 요정뿐 아니라 여성 성기의 소음순도 의미한다. 따라서 숲속에 남자가 있는 것은 남성이 여성의 성기에 침입하는 처녀성 상실을 뜻한다. 이것이 둘째 환상의 의미다. 꿈속에서 도라가 꼼짝 못하는 마비 증세는 처녀성 상실에 대한 불안을 보여준다.

프로이트는 도라가 처음에 기억하지 못한 두 가지 꿈의 파편을 찾아낸다. 첫째 파편은 도라가 집에 들어갔을 때 책상에 놓여있는 큰 책을 읽기 시작하는 것이다. 이는 유아기에 아이들이 백과사전에서 성과 성기에 대한 설명을 읽고 싶어 하는 것과 연관된다. 아버지의 죽음은 아버지의 제재 없이 이 책을 읽고 싶었던 유아기의 욕망을 반영한다. 둘째 파편은 도라가 집에 들어갔을 때 특히 2층으로 올라가는 것이 힘든 장면을 목격하는 것이다. 프로이트는 도라가 과거에 백과사전에서 본 맹장염과 유사한 증상을 겪었고 그 후 잘 걷지 못했으며 지금도 다리를 끄는 경향이 있다는 사실을 밝혀낸다. 이를 바탕으로 그는 꿈속에 등장하는 보행 장애를 해석한다. 그는 도라의 사촌이 맹장염에 걸렸을 때 백과사전에서 맹장염을 찾아보다가 성에 대한 항목도 읽었을 것이라고 추측한다. 따라서 맹장염 증상은 백과사전에서 성적 지식을 얻은 사실에 대한 처벌의 의미를 지닌다. 백과사전에 등장하는 성적 지식이 맹장염으로 전치된 것이다. 그러나 더 중요한 것은 맹장염 증세를 겪은 시점이 호숫가 사건 후 9개월 후라는 사실이다. 도라가 백과사전에서 임신과 출산에 대한 항목을 읽었으므로, 꿈속의 보행 장애는 도라가 호숫가에서 K 씨를 거부한 것을 후회하고 무의식적으로 이 사건을 수정하여 K 씨에게 처녀성을 상실하고 그의 아기를 임신하고 출산하는 환상을 보여준다. 꿈속의 보행 장애뿐 아니라 도라가 현실에서도 다리를 끄는 것은 호숫가 환상에서 K 씨와 사랑을 나눈 실책 즉 헛디딤을 의미한다.

여기에서 프로이트는 "도라가 K 씨를 사랑했다면, 그녀가 호숫가 장면에서 그를 거부한 이유는 무엇이었을까?"라는 의문을 제기한다.(*SE*VII: 38) 이 의문은 K 씨가 호숫가에서 도라에게 그런 것처럼 젊은 가정교사에게 "나는 내 아내에게서 아무것도 얻지 못해요"라고 말한 것을 도라가 알게 되었다는 사실을 발견하면서 해결된다. 도라가 거절하는 것은 K 씨가 가정교사와 같은 하녀로 자신을 취급하는 것에 대한 "복수와 질투" 때문이다.(*SE*VII: 106) "나는 내 아내에게서 아무것도 얻지 못해요"는 도라의 아버지가 프로이트에게 고백하는 말이기도 하다. 프로이트는 아버지가 이렇게 말하는 것을 도라가 들었을 수 있고 이 말의 의미를 잘 이해하고 있었다고 지적한다.(*SE*VII: 106) 둘째 꿈에서 도라가 남자의 동행 제의를 거절하고 숲속으로 혼자 가는 것은 K 씨에게 "당신이 나를 하녀 취급했으니 나는 당신에게 더 이상 관심이 없

고 나 자신의 길을 갈 것이며 결혼하지 않을거예요"라고 말하는 것이다.(*SE*VII: 110)

3. 도라의 동성애와 남성성

프로이트는 아버지와 K 씨에 대한 도라의 이성애를 추적하는 과정에서 그녀가 어머니, K 부인, 가정교사와 동일시하는 것을 발견한다. 도라는 아버지에게 자살을 암시하는 편지를 남기고 K 부인과 절교할 것을 강요한다. 이 행위는 "그녀 아니면 나" 중에서 선택하라는 어머니의 입장과 동일시한 결과다.(*SE*VII: 56) 그녀의 신경증적 기침(*tussis nervosa*) 역시 유아기에 손가락을 빠는 행위를 통해 구강적 성적 쾌락을 알고 있었던 도라가 K 부인이 아버지와 구강성교를 즐기는 장면을 상상하면서 K 부인과 동일시했다는 것을 보여준다. 도라가 호숫가에서 K 씨를 거부하는 것은 그녀가 가정교사와 동일시 한 것을 보여준다. 가정교사는 K 씨에게 성관계를 허용한 후 K 씨가 곧 무관심해지자 부모에게 알린다. 부모는 당장 가정교사를 그만두라고 하지만 그녀는 K 씨가 다시 사랑할 것이라고 기대하며 더 기다렸다 떠난다. 마찬가지로 도라가 호숫가 사건을 2주 후에야 어머니에게 말한 것은 가정교사와 동일시하여 K 씨가 다시 구애할 것을 기다렸기 때문이다. 더구나 K 씨가 이혼을 언급한 적이 있고 도라도 K 씨가 이혼할 것을 기대했기 때문에 도라는 자신이 구애를 받아들일 때까지 K 씨가 떠나지 않고 구애할 것이라는 환상을 갖고 있었다는 것이다.

도라 사례연구는 도라의 동성애를 발견하면서 중요한 전환점을 맞는다. 프로이트는 도라가 아버지에 대한 비난에 집착하는 새로운 동기를 K 부인에 대한 동성애적 사랑에서 찾는다. 도라가 K 부인을 사랑하는 아버지를 비난하는 것 배후에는 "그 부인을 대상으로 삼는 질투 감정—즉 도라가 동성에 대해서 갖는 애정에만 기초한 감정이 숨어 있었다."(*SE*VII: 60) 프로이트는 "히스테리 주체나 소녀에게서 남성에게 향했던 성적 리비도가 강력히 억제되면 여성에게 향했던 리비도가 대신 강화된다"라고 말한다.(*SE*VII: 60) 도라는 K 부인에게 원래 동성애적 사랑을 느꼈고 K 부인과 같은 침실을 사용하며 K 부인이 남편에 대한 사적인 일들을 말할 만큼 둘은 가까운 사이였다. 그리고 K 부인이 자신이 아니라 아버지를 사랑한다는 사실을 깨닫고 그녀와 멀어진 것이다. 호숫가 사건 후 K 씨는 도라가 성 관련 서적을 읽었다는 말을 아내에게서 들었다고 말한다. 도라는 여기에서 K 부인이 자신을 배신했다고 느낀다. 그러므로 아버지가 K 부인과의 관계를 위해서 자신과 K 씨의 사랑을 묵인했다는 비난은 "한때 의식적이었던 K 씨에 대한 사랑을 억제할 목적을 위해서 뿐 아니라 더 심층적인 의미에서 무의식적이었던 K 부인에 대한 사랑을 은폐하기 위해" 생겨난 것이다.(*SE*VII: 62) 이런 동성애적 감정은 도라에게 특수한 것이 아니다. "이 남성적인, 좀 더 적절한 용어로 말하면, 여성애적(*gynaecophilic*) 감정의 기류는 히스테리 소녀들의 무의식적 성애적 삶에 전형적인 것으로 여겨야 한다."(*SE*VII: 63)

프로이트는 둘째 꿈의 구조를 설명하면서 아버지에 대한 복수의 환상, K 씨에 대한 복수의 환상, 그리고 K 씨에 대한 사랑에 기초한 환상보다 더 심층적인 사고를 발견한다. 즉 그는 "처녀성 상실의 환상이 남성적 관점(자신을 흠모한 외국 거주인[5]과의 동일시)에서 재현되고 있다는 사실에서 넷째의 가장 깊이 묻힌 사고의 집단—K 부인에 대한 그녀의 사랑과 관련된 사고"를 찾아낸다.(*SE*VII: 111) 이는 도라의 남성성이 가장 억압된 무의식적 사고임을 보여준다. K 부인에 대한 사랑은 남성과의 동일시 즉 도라의 남성성을 보여준다. 여기에서 주목할 것은 이 남성성이 그녀의 무의식 가장 깊은 곳에 존재한다는 점이다. 프로이트는 이 사례연구의 후기에서 도라가 갑자기 분석을 그만 둔 이유가 치료 중에 K 씨와 아버지에 대한 복수의 환상을 재생하는 대신 프로이트 자신에게 전이해 '행동화'(acting-out)했기 때문이라고 설명한다.[6] 그리고 이런 사실을 도라에게 말해주었다면 그녀의 무의식에 더 근접할 수 있었을 것이라 말하며 도라에게 그녀의 동성애에 대해서 충분히 알려주지 않은 것을 분석 실패의 요인으로 꼽는다. 그는 "K 부인에 대한 그녀의 동성애적(여성애적) 사랑이 그녀의 정신적 삶에서 가장 강한 무의식적 기류였다는 점을 제때 발견해서 환자에게 알려주는 데 실패했다"라고 고백한다.(*SE*VII: 120)

도라 사례연구의 영문 제목 『히스테리 사례분석의 파편』(*Fragment of an Analysis of a Case of Hysteria*)은 도라가 분석을 중도에 포기하여 충분한 분석이 이루어지지 않은 파편에 지나지 않음을 암시한다. 페미니스트들에게 도라 분석은 남성 분석가가 여성 히스테리 환자의 욕망을 이해하지 못한 대표적 사례다. 엘렌 식수(Hélène Cixous)와 카트린 클레망

5 도라가 잠시 알게 된 청년은 독일에서 직장을 얻어 독일의 휴양지 사진을 보내주었으며 도라에게 청혼할 의향을 갖고 있었다.

6 '행동화'에 대해서는 3장 「라캉과 히스테리」를 볼 것.

(Catherine Clément)은 도라가 "내 아내는 내게 아무것도 아니야"라는 아버지와 K 씨 발언의 의미를 이해하고 있었다는 점에 주목한다. 이들에게 "도라 사례의 핵심은 도라가 하녀가 되는 것을 두려워했고 다른 한편으로 자신의 어머니처럼 '무'(無, nothing)가 되는 것을 두려워했다는 점"이다.[7] 프로이트가 도라의 어머니에 관심을 기울이지 않은 것은 그가 가부장적 이데올로기에서 여성이 무가 되는 점을 충분히 인식하지 못했기 때문이다. 또한 라캉이 지적하듯이 이 분석이 실패한 원인은 프로이트가 도라의 전이를 설명하지 않았기 때문만이 아니라 프로이트 자신이 역전이로 인해 K 씨에 대한 도라의 사랑을 과대평가했기 때문이다.(*E*, 182) 프로이트는 K 씨와 동일시하여 K 씨가 도라에게 불러일으킨 사랑에 초점을 맞춘 나머지 도라의 반박을 K 씨에 대한 고백으로 해석했다는 것이다.[8]

프로이트가 도라의 남성성을 인식했으나 충분히 탐구하지 못한 것

7 Hélène Cixous & Catherine Clément, Betsy Wing 옮김, *The Newly Born Woman* (Minneapolis: U of Minnesota P, 1986), 152쪽.

8 라캉은 프로이트가 K 씨와 동일시해서 도라의 이성애에 집착하고 동성애를 충분히 분석하지 못했다고 비판하지만, 전이/역전이를 분석의 변증법적 과정으로 본다. 분석가는 (역)전이의 오류에도 불구하고 "순수한 변증법자"로서 "분석적 중립성"의 역할을 수행한다.(*E*, 184) 수잰 기어하트(Suzanne Gearhart)는 라캉의 해석을 비판적으로 검토하면서 프로이트의 역전이가 K 씨뿐 아니라 도라의 아버지와의 동일시도 포함한다고 주장한다. 라캉이 프로이트의 역전이를 설명하며 도라의 아버지와 동일시한 것을 간과하는 것은 상징적 아버지로서의 분석가를 도라의 나르시즘과 공격성의 대상인 상상적 아버지로부터 구분하고 싶었기 때문이다. 라캉의 주장과 달리 프로이트의 역전이는 분석가가 중립성을 잃게 만들고 끊임없는 동일시에 빠지게 한다. Suzanne Gearhart, "The Scene of Psychoanalysis: The Unanswered Questions of Dora," Charles Bernheimer & Claire Kahane 공편, *In Dora's Case: Freud, Hysteria, Feminism* (New York: Columbia UP, 1985), 118~125쪽을 볼 것. 클레어 케이헌(Claire Kahane) 역시 프로이트가 K 씨와 상상적 동일시에 빠져서 도라를 긍정적 전이로 인도할 수 없었다고 지적한다. Claire Kahane, "Introduction: Part Two," Charles Bernheimer 외 공편, *In Dora's Case*, 29쪽.

은 자신의 여성성을 인정하지 않았기 때문일 수도 있다. 리사 애피그내니시(Lisa Appignanesi)와 존 포리스터(John Forrester)에 따르면 프로이트 역시 여성과 동일시하는 입장에 처한다. 도라는 자신을 하녀로 취급한 K 씨를 거부한 것처럼 프로이트와 분석을 자의적으로 끝내면서 프로이트를 하녀로 취급한다. 도라에게 성적 지식을 준 K 부인은 남편에게 이 사실을 말해서 도라를 배신한다. 프로이트도 도라의 사례연구를 발표해서 도라를 배신했다는 점에서 K 부인과 동일시한 측면이 있다. 그러나 프로이트는 자신이 처한 K 부인과 하녀의 입장을 거부했고, K 부인과 도라처럼 성적 지식을 교환하고 쾌락을 공유하는 여성들의 성 지식과 달리 자신의 연구가 과학적이고 객관적인 지식이라고 믿었다.[9]

프로이트가 도라의 동성애와 남성성을 상당 부분 각주에서 다루고 있는 것은 이 문제를 부차적인 것으로 여겼다는 사실을 반증한다. 이런 점에서 그가 도라의 첫째 꿈을 분석하면서 각주에서 그녀의 성 발달단계를 논하는 부분은 주목을 요한다. 도라는 한 살 반 연상인 오빠만큼 공부를 잘했지만 천식을 앓은 후 공부에 뒤처졌다고 기억한다. 프로이트는 이 기억이 소년처럼 활동적으로 행동하다가 천식을 앓은 후 조용해지고 소녀다워진 것을 위장하는 은폐 기억(screen memory)이라고 해석한다. 즉 "이 질병은 남성적 성격의 첫째 단계와 여성적 성격의 둘째 단계로 구성된 그녀의 성적 삶에서 두 단계 사이의 경계를 형성했다." (*SE*VII: 82) 이런 분석은 도라의 히스테리가 남성성이 억압되는 과정과 맞물려 있음을 암시하며 『히스테리 연구』의 사례연구에서 히스테리를

9 Lisa Appignanesi & John Forrester, *Freud's Women* (New York: Other Press, 1992), 157~164쪽.

남성에 대한 여성의 성적 욕망이 억압된 결과로 해석한 것에서 발전한 것이다. 즉 양성성의 발견은 히스테리 병인의 해석에 큰 변화를 가져온다. 그러나 이 연구에서 도라가 원초적으로 갖고 있던 남성성과 동성애적 성향이 억압되는 과정에 대한 탐구는 미완으로 남는다.

4. 히스테리와 양성성

앞서 논했듯이 프로이트는 『히스테리 연구』에서 최초의 성적 외상이 아니라 두 번째 외상적 사건에서 히스테리 증상이 형성되는 예를 제시한다. 그는 1897년 11월 14일 플리스에게 보낸 편지에서 "누군가에 의해 아이의 성기가 자극을 받으면 수년 후에 이 기억이 지연된 행동에 의해 당시보다 더 강한 성을 방출할 수 있는데, 이는 그 동안 결정적인 신체기관과 분비물의 양이 증가했기 때문"이라고 설명한다.(*SEI*: 269) 지연된 행동은 "**포기된** 성감대의 자극에 대한 기억"으로 인해서도 발생하며, 그 "결과는 리비도의 방출이 아니라 불쾌의 방출"이고, 의식이 이 기억을 피하는 것이 억압이다.(*SEI*: 269) 불쾌의 억압은 "도덕성과 수치심 같은 지적 발달과정"을 위한 것으로서 정상적인 성 발달과정의 일부다.(*SEI*: 269) 이 편지에서 중요한 것은 이 발달이 "소멸된 (잠재적) 성을 대가로" 이루어진다는 사실이다.(*SEI*: 269~270) 사춘기에 "소녀들은 비신경증적인 **성적** 혐오에 사로잡히고 남자들은 리비도에 사로잡힌다."(*SEI*: 270) 이는 여자들의 경우 유년기에 여성의 "남성적인 성기적 지대" 즉 성적 흥분이 집중되었던 음핵(clitoris)이 사춘기에 포기되

어 수치심이 생겨나기 때문이다.(*SE*I: 270)

성 발달과정에서 여성의 음핵이 포기되는 것은 여성의 양성성 및 여성이 남성성을 포기하게 되는 과정을 보여준다. 프로이트는 양성성 개념을 플리스에게서 빌려왔다. 그는 1899년 8월 1일 편지에서 양성성에 대한 플리스의 의견에 동의하면서 "모든 성적 행위를 네 명의 인물이 개입된 과정으로 간주하는 데 익숙해져 간다"라고 말한다.(*CL*: 364) 1901년 1월 30일 편지에서 그는 자신이 다룰 히스테리 환자(도라) 사례를 언급하면서 이 환자의 "갈등적 사고과정에서 주요 문제는 남성적 경향과 여성적 경향 사이의 대조"라고 말한다.(*CL*: 434) 같은 해 8월 1일 편지에서 그는 문제의 해결이 성에 있다고 본 자신과 달리 양성성이 관건이라고 생각한 플리스가 옳았다고 인정하며, "인간의 양성성"이란 제목의 책을 공동 집필할 것을 제안하면서 "내 핵심문제인 억압이 두 성적 기류 사이의 반작용을 통해서만 가능하다는 생각"에 착안하고 있다고 말한다.(*CL*: 448) 여성이 사춘기에 포기한 성감대(음핵)에 대해 혐오감과 수치심을 겪는 성 발달과정은 남성성과 여성성이 상호 반작용한 결과이다.

그는 『성이론에 관한 세 편의 에세이』에서 양성성을 "결정적인 요인"으로 간주하게 되었고 "양성성을 고려하지 않고서는 남성과 여성에게서 실제로 관찰되는 성적 발현의 이해에 도달할 수 없다고 생각한다"라고 말한다.(*SE*VII: 220) 사춘기에 여성이 남성의 음경에 해당하는 음핵을 성감대로 포기하는 것은 여성성이 출현하는 신호다.

소녀의 경우 사춘기는 새로운 **억압**의 물결로 특징지어지고 이 억압에서 영향을 받는 것은 정확히 음핵의 성이다. 억압에 의해 압도되는 것은 남성적 성의 일부다. [……] 성감대의 자극감응력이 여성에 의해 음핵에서 질구(vaginal orifice)로 성공적으로 이행되면, 그것은 여성이 후기의 성행위 목적을 위한 새로운 주요 성감대를 취했다는 것을 함축한다.

[……] 여성이 이런 식으로 주요 성감대를 바꾼다는 사실은, 사춘기에 말하자면 유아적 남성성을 제거하는 억압의 물결과 더불어, 여성이 신경증 특히 히스테리에 더 걸리기 쉬운 주요 결정인자들이다. 그러므로 이 결정인자들은 여성성의 본질과 밀접히 연관된다. (*SE*VII: 220~221)

사춘기에 성감대가 음핵에서 질(vagina)로 이동하고 남성적 성이 억압되는 것이 여성 히스테리와 여성성의 원인이다.

히스테리 환상은 성 발달과정에서 드러나는 인간의 근원적인 양성성을 입증한다. 프로이트는 1908년 「히스테리 환상과 양성성과의 관계」("Hysterical Phantasies and their Relation to Bisexuality")에서 히스테리 환자의 무의식적 환상이 원초적인 성적 만족을 성취하는 것이고 양성적 성격을 지닌다고 말한다. "히스테리 증상은 한편으로는 남성적인 무의식적 성적 환상과 다른 한편으로는 여성적인 환상의 표현"이다.(*SE*IX: 165) 그는 "히스테리 증상의 양성적 성격이 [……] 인간의 선천적인 양성적 기질로 가정된 존재가 정신신경증 분석에서 특히 명료하게 드러난다는 [내] 견해를 흥미롭게 확인해 준다"라고 말한다.(*SE*IX: 165) 1909년 「히스테리 발작에 대한 일반적 논평」에서는 "히스테리 발작이 이전에 행했지만 이후 포기된 **자기성애적** 만족을 대신하도록 고안된 것"이라고 말하며 여성의 남성성(의 억압)과 히스테리 발작의 관계를 설

명한다.(*SE*IX: 232)

> 히스테리 일반과 마찬가지로 히스테리 발작은 여성의 유아기에 존재했었고 당시에 본질적으로 남성적 성격을 드러냈던 성적 행위의 일부를 회생시킨다. 사춘기 전까지 소년다운 성격과 경향을 보여준 소녀들이 사춘기부터 히스테리적이 되는 바로 그런 소녀들이라는 것을 자주 관찰할 수 있다. 많은 사례에서 히스테리 신경증은 남성적 성을 제거함으로써 여성이 출현하는 것을 허용하는 전형적인 억압의 물결이 극도로 강조된 것을 나타낼 뿐이다. (*SE*IX: 234)

히스테리는 여성에 본질적으로 내재된 양성성이 갈등하는 과정에서 발생한다. 유아기에 존재했던 남성성이 사춘기에 다시 나타날 때 이 남성성을 억압하는 과정이 히스테리 발작을 유발한다.

프로이트가 1919년 「아이가 매 맞고 있다」("A Child is being Beaten")에서 분석한 여아의 환상은 이런 갈등을 잘 보여준다. 매 맞는 아이를 목격하는 여아의 환상은 세 단계로 구분된다. 첫째 단계는 "**내 아버지가 아이를 매질하고 있다**"이고 이는 "내 아버지가 **내가 미워하는** 아이를 매질하고 있다"라는 것을 뜻한다.(*SE*XVII: 185) 이때 매 맞는 아이는 아버지의 사랑을 빼앗을지 모르는 여아의 형제자매를 지시한다. 이 단계는 "내 아버지가 이 다른 아이를 사랑하지 않는다. **그는 나만을 사랑한다**"라는 여아의 욕망을 보여준다.(*SE*XVII: 187) 환상의 둘째 단계는 "**내가 아버지에게 매맞고 있다**"이다.(*SE*XVII: 185) 이는 여아가 아버지를 사랑하는 근친상간적 욕망에 대해 갖는 죄의식을 표현한다. 여기에서 가학증은 피학증으로 변해서 "아니야, 아버지는 너를 매질하고 있으므로 너를 사랑하지 않아"라는 생각으로 바뀌어 자신이 매맞는 환상을 낳

는다.(*SE*XVII: 189)

셋째 단계에서 가해자는 아버지가 아니라 선생님과 같이 아버지를 대신하는 자로 바뀌고 환상의 주체는 여러 남아가 매 맞는 것을 구경한다. 이 단계는 "아버지가 아이를 매질하고 있고 나만 사랑해"라는 원래의 환상에서 "나만 사랑해"라는 뒷부분이 생략된 것이다. 그러나 앞부분의 내용은 가학적이 아니라 피학적이다. 매 맞는 남아들은 사실 환상의 주체인 여아를 대신하고 있기 때문이다. 이 단계에서 여아가 남아와 동일시하는 이유는 여아가 아버지에 대한 근친상간적 사랑을 포기할 때 "여성적 역할"도 포기하고 "'남성성 콤플렉스'를 활성화해 그 이후로 소년이 되고 싶어 하기" 때문이다.(*SE*XVII: 191) 첫 두 단계는 아버지에 대한 오이디푸스적 욕망을 보여주고 마지막 단계는 여아가 이 욕망을 포기할 때 남아와 동일시하는 것을 보여준다.

이런 갈등은 1920년 논문 「여성 동성애 사례의 정신발생학」("The Psychogenesis of a Case of Homosexuality in a Woman")에서도 나타난다. 프로이트는 귀부인을 사랑하는 18세 소녀의 동성애 원인을 오이디푸스 상황에서 찾는다. 오이디푸스 상황에서 아버지와 닮은 아기를 낳고 싶어 하는 소녀는 경쟁상대인 어머니가 아버지의 아기를 낳는다는 사실에 분노한다. "그녀는 분노하고 격분해서 아버지와 남자 모두에게 등을 돌린다. 이 최초의 큰 반전 이후에 그녀는 여성성(womanhood)을 포기하고 자신의 리비도를 위한 다른 목표를 추구"한다.(*SE*XVIII: 157) 소녀는 "아기에 대한 소망, 남성에 대한 사랑 그리고 여성적 역할 일반"을 포기하고 "남성으로 바뀌어 아버지대신 어머니를 사랑의 대상으로 삼는다."(*SE*XVIII: 158) 하지만 매 맞는 환상의 분석과 달리 여기에서 프로이트는 여성의 남성성을 전-오이디푸적 단계로 추적한다. 어머니를 사랑의 대상으로 삼는 것은 "애초부터 양가적이었던" 어머니에 대한 사랑이 재생된 것이고, 이 사랑이 불가능해서 대신 다른 여자를 사랑한 것이기 때문이다.(*SE*XVIII: 158) 프로이트는 동성애적 소녀가 어머니에게 가졌던 고착을 다음과 같이 설명한다.

> 아주 초기부터 그녀의 리비도는 두 경향을 지녔는데 그 중 표면적인 것은 주저하지 않고 동성애적인 것으로 불러도 된다. 이 동성애적 경향은 아마도 어머니에 대한 유아적 고착이 변하지 않고 직접 연장된 것이다.
>
> [……] 이 소녀는 유아기부터 아주 강한 '남성성 콤플렉스'를 갖고 있었다. 항상 뛰놀고 싸울 자세가 되어있던 활발한 소녀였던 그녀는 좀 더 연상인 오빠에게 결코 지려 하지 않았고 오빠의 성기를 본 후 뚜렷한 음경선망을 갖기 시작했다. (*SE*XVIII: 168~169)

여성 동성애의 원인은 유아기에 어머니에 대한 고착, 음경선망 및 남성성 콤플렉스다. 히스테리가 유아기에 남성성이 억압되는 과정에서 나타난다면 동성애는 반대로 남성성이 억압되지 않아서 발생한다.

프로이트는 1915년 「편집증에 대한 정신분석이론에 반하는 편집증 사례」("A Case of Paranoia Running Counter to the Psycho-analytic Theory of the Disease")에서도 어머니에 대한 전-오이디푸스적 고착과 동성애의 관계를 분석한다. 환자는 남성 직장 동료와 밀애를 나누다가 어떤 소리를 듣고 나중에 밖에서 두 남자를 만난다. 이후 밀애를 나누던 남성이 이들을 시켜 몰래 정사 장면의 사진을 찍게 해서 자신을 괴롭히려 했다는 망상에 시달린다. 이 사례는 편집증이 나르시시즘 단계로 퇴행한 동성애에 대한 방어이고 박해자가 동성이라는 기존 이론과 모순되는 예로 보인다.[10] 그러나 프로이트는 이 사건 이전에 환자가 좋아하던 나이든 여성 직장상사와 그 남성이 몰래 속삭이는 것을 보고 둘의 밀애를 의심한 적이 있다는 사실을 찾아낸다. 그리고 여성 직장상사가 어머니를, 남성이 아버지를 전치한 것이라고 해석한다. 이 환자는 유아기에 어머니를 사랑하는 "어머니 콤플렉스"를 겪었고 형제자매가 없으며 아버지는 죽었고, 서른 살이 될 때까지 남성을 사랑하지 못한다. 환자가 어머니에 대한 동성애적 애착에서 벗어나 남자를 사랑하려 할 때 어머니는 적대적인 박해자가 된다. 그러므로 원래 어머니가 박해자이고 직장 동료 남성과 (어머니가 전치된) 여성 직장상사가 속삭이는 공모관계를 통해서 직장 동료 남성이 박해자가 된 것이다. 즉 "그 연인은 직접 박해자가 된 것이 아니라 어머니를 통해서 어머니와의 관계 덕분에" 박해자가 된 것이다.(*SE*XIV: 268)

이것이 첫째 망상이라면 그 남성이 사진을 찍어서 자신을 박해하려는 것은 후에 발생하는 둘째 망상이다. 이 망상은 아이가 부모의 성행위를 목격하는 "원초적 환상"을 보여준다.(*SE*XIV: 269) 여기에서 남성은 아버지를 전치한 것이므로 환자 자신은 어머니가 된 것이다. 이를 목격하는 아이의 역할은 제3 자인 사진을 찍는 남자들이 담당한다. "우

10 자기성애, 나르시시즘, 동성애적 대상선택 그리고 이성애적 대상선택으로 진행되는 성 발달단계 중 앞 세 단계에서 고착이 발생하면 후에 강해진 리비도가 이 단계로 퇴행해 분출되어 동성애적 성향이 나타날 수 있다. 편집증은 이런 기질에 대한 방어이므로 동성애를 부정하는 내용을 지닌다. 예를 들어 남성 박해편집증(persecution paranoia)은 "나는 그를 사랑하지 않아"에서 "나는 그를 증오해"로 바뀐다. 그리고 내적 지각이 외적 지각으로 바뀌는 편집증적 증상형성 메커니즘에 의해 "나는 그를 증오해"가 외부로 투사되어 "그가 나를 증오(박해)해"로 바뀐다. *SE*XII: 59~65쪽.

리는 이 소녀가 어떻게 어머니에 대한 동성애적 의존에서 해방될 수 있었는지 알 수 있다. 그것은 조금의 퇴행에 의한 것이다. 어머니를 사랑의 대상으로 선택하는 대신 그녀는 어머니와 동일시해서 어머니가 된 것이다."(*SE*XIV: 269) 우울증은 사랑했던 대상을 포기하지 못해 동일시하고 내입한다.[11] 이와 유사하게 소녀는 외적 대상을 내입하고 동일시하여 나르시스적 구강기적 단계로 퇴행한 것이다.

여성성과 관련해서 중요한 것은 동성애적 대상 사랑이 동일시에 의해 극복된다는 점이다. 프로이트가 여성성을 설명하는 과정도 퇴행을 제외하면 이와 동일하다. 즉 전-오이디푸스 시기에 발생한 어머니에 대한 고착은 어머니와의 동일시로 극복할 수 있다. 이 환자의 첫째 망상이 동성애적이라면 둘째 망상은 이성애적이고, 여기에서 사랑의 대상은 여성에서 남성으로 바뀐다. 프로이트는 어머니에 대한 고착이 신경증의 원인이라고 밝힌다. "만일 자신을 해방시키려는 시도에서 그녀[딸]가 신경증에 걸린다면, 그것은 일반적으로 과도하게 강하고 확실히 극복되지 않은 어머니 콤플렉스의 존재를 암시한다."(*SE*XIV: 267) 이 사례연구처럼 성차와 여성성에 관한 프로이트의 후기 논문들은 어머니에 대한 사랑이 어머니와의 동일시로 변화하는 과정을 탐구한다. 그러나 이 과정을 병리적 현상에 대한 사례연구가 아니라 정상적인 여성성 획득의 과정으로 설명한다는 점에서 다르다.

11 프로이트는 「애도와 우울증」("Mourning and Melancholia")에서 애도와 우울증을 구분한다. 애도는 상실한 대상에 대한 애착(리비도 카섹시스)을 포기하고 다른 대상으로 전치하는 것이다. 이와 반대로 우울증은 상실한 대상에 대한 리비도 카섹시스를 포기할 수 없기 때문에 그 대상과 동일시하고 내입하여 자아의 일부로 삼고 자신의 일부가 된 대상을 가학적으로 비판한다. *SE*XIV: 243~258쪽을 참조할 것.

5. 남근과 여성성

이상에서처럼 프로이트는 남성성 콤플렉스와 어머니에 대한 동성애적 고착 그리고 음경선망을 신경증의 원인으로 발견한다. 이는 모두 여성이 지닌 남성성의 표현이므로 여성성의 정상적 발현은 남성성의 억압으로 가능하다. 프로이트는 『성이론에 관한 세 편의 에세이』에서 여성의 음핵이 억압되고 성감대가 음핵에서 질로 바뀐다고 설명한다. 그의 여성성이론은 이 과정을 더 자세히 설명하는 것이다.

여기에서 관건은 남근의 존재 여부다. 프로이트는 『성이론에 관한 세 편의 에세이』에서 유아의 성 발달단계를 전-성기기(pregenital phase)와 성기기(genital phase)로 구분한다. 전-성기적인 구강기(oral phase)와 가학성-항문기(sadistic-anal phase)에서 성적 부분욕동들은 통합되지 못하고 자신의 신체 부위로 향한다. 성기기에서는 부분욕동들이 통합되어 성기에 집중되고 생식을 목적으로 외적인 성적 대상으로 향한다. 프로이트는 1923년 「유아의 성기적 조직화」("The Infantile Genital Organization")에서 이 두 시기 사이에 남근기(phallic phase)를 추가한다. "거세 콤플렉스의 기원이 남근이 우선되는 시기에 있다는 것을 고려하지 않으면 이 콤플렉스의 중요성을 올바로 이해할 수 없다."(*SE*XIX: 144) 이 시기에 남녀는 모두 남성의 음경만을 성기로 인식한다. 남아는 모든 인간이 음경을 지니고 있다고 믿기 때문에 여성의 성기를 보면 거세되었다고 생각하고 거세 콤플렉스를 겪는다. 전-성기적 가학성 항문기에서는 남성/여성의 구분이 아니라 능동/수동의 구분만 존재한다. 성기적 조직화의 단계에서는 "남성 성기를 가진 것과 거세된 것 사이의 대조"만이 있기 때문에 "남성성은 존재하지만 여성성은 존재하지 않는다."(*SE*XIX: 145) 사춘기에야 비로소 남성과 여성이라는 "성적 양극성"이 발달하고 질이 여성의 성기로 인식된다.(*SE*XIX: 145) 이때 "남성성은 주체, 능동성, 음경 소유(의 요인들)를 결합하고 여성성은 대상과 수동성(의 요인들)을 결합한다."(*SE*XIX: 145)

프로이트는 「여성 동성애 사례의 정신발생학」에서 "정신분석은 (동물에서처럼) 인간에게 원초적인 양성성을 가정한다는 점에서 생물학과 공통적인 기반을 지니지만" '남성적' '여성적'이라는 생물학적 용어의 본성을 설명하지 못한다고 말한다.(*SE*XVIII: 171) 이 개념들을 좀 더 환원하면 "남성성은 능동성으로 여성성은 수동성으로 사라지는 것을 발견하는데 이는 충분한 설명이 되지 않는다."(*SE*XVIII: 171) 여기에서 프로이트가 남근기에 대한 설명을 통해 남성성/능동, 여성성/수동이라는 기존의 논리에 남성/주체, 여성/대상 그리고 음경의 소유와 거세를 성차의 특징으로 추가했음을 알 수 있다. 남근기에서는 음경의 부재(거세)로 인해 여성성이 존재하지 않는다. 여기에서 중요한 점은 성기기에서 성차가 대칭적인 것과 달리 남근기에서 성차는 남근의 존재 여부로만 판단되는 비대칭적이라는 사실이다. 이는 인식의 차원에서도 존재한다. 프로이트는 남아처럼 성차를 인식한 여아의 예를 제시한다. 그러나 그가 "어린 여아에게 상응하는 과정들은 우리에게 알려지지 않았다"라고 말하는 데서 알 수 있듯이 성차에 대한 여아의 인식은 불명확하다.(*SE*XIX: 142) 「오이디푸스 콤플렉스의 해소」에서 프로이트는 남아와 달리 여아는 자신이 이미 거세된 것에 대한 보상으로 (아버지의) 아이를 원하지만, 이 욕망이 실현될 수 없으므로 오이디푸스 콤플렉스가 서서히 해소된다고 설명한다. 그러나 "여아의 이런 발달과정에 대한 우리의 통찰은 불만족스럽고, 불완전하며 모호하다"라고 고백한다.(*SE*XIX: 179)

「해부학적 성차의 정신적 결과」에서 프로이트는 남아와 여아가 거세를 인식한 결과를 논한다.[12] 여성의 성기를 목격한 남아는 처음에는 자신이 목격한 것을 부정하다가 거세공포를 느끼고 여성에 대해 공포나 경멸감을 갖는다. 남아와 달리 남녀 성기의 차이를 즉각 인식하는 여아에게는 세 가지 결과가 발생할 수 있다. 첫째는 자신도 나중에 음경을 가질 수 있다고 생각하거나 거세를 부인하고 남성처럼 행동하는 남성성 콤플렉스를 갖는 것이다. 둘째는 거세를 받아들이고 남아처럼 거세된 여성을 경멸하여 스스로 열등감을 갖는 것이다. 셋째는 거세의 책임을 어머니에게 돌려서 어머니에 대한 사랑을 포기하고 여성성을 획득하는 정상적 경우다. 이 경우 여성은 남성적 행위인 수음을 포기한다. 이는 프로이트가 『성이론에 관한 세 편의 에세이』에서 말한 음핵 억압에 관한 논의를 발전시킨 것이다. 수음 행위를 포기하는 것은 사춘기에 음핵이 억압되는 것의 전조다. 이는 음경을 지닌 남아와 경쟁할 수 없다는 성차 인식 때문에 발생하며 여아가 여성성을 갖게 만든다. 이때 음경선망은 "음경-아이"에 대한 소망으로 바뀌고, 여아가 아버지를 사랑의 대상으로 삼고 어머니에게 질투를 느끼는 오이디푸스 콤플렉스가

12 앙드레는 프로이트가 1908년 논문 「유아의 성이론」("On the Sexual Theories of Children")에서는 남아 여아 모두 음경만 존재한다고 믿는다고 주장하지만, 이 글에서는 유아들이 음경의 존재뿐 아니라 부재(즉 거세)를 인식한다는 점을 추가했다고 지적한다. 성기는 오직 음경 하나뿐이고 이 음경은 존재와 부재 두 형태로 나타나며, 음경의 부재를 나타내는 거세 개념은 여성 성기의 존재 자체를 은폐한다. Serge André, *What Does a Woman Want?*, 5~6쪽. 앞서 보았듯이 프로이트는 1923년 「유아의 성기적 조직화」에서 이미 남아가 거세를 인식한다고 말하므로 논하므로 앙드레의 지적은 여아의 경우에만 타당하다.

시작된다.(*SE*XIX: 256)

여성의 성기를 본 남아는 거세위협을 느끼고 어머니에 대한 오이디푸스적 욕망을 포기한다. 프로이트의 표현대로 거세 콤플렉스는 오이디푸스 콤플렉스를 "문자 그대로 산산 조각낸다."(*SE*XIX: 257) 이 과정에서 아버지와 동일시하고 아버지를 내입한 결과 초자아가 형성된다. 따라서 초자아는 "오이디푸스 콤플렉스의 상속자다."(*SE*XIX: 257) 여아의 경우 거세 콤플렉스와 오이디푸스 콤플렉스의 발달순서는 역전된다. 여아는 자신이 거세되었다는 것을 인식하기 때문에 아버지를 사랑하는 오이디푸스 콤플렉스를 갖게 되기 때문이다. 여아의 초자아가 남아의 초자아만큼 가혹하지 않은 것은 이런 차이 때문이다.(*SE*XIX: 257)

1931년의 논문「여성의 성」("Female Sexuality")에서 프로이트는 여아가 사랑의 대상을 어머니에게서 아버지로 바꾸는 여러 이유를 제시한다. 첫째, 여아는 형제자매에 대해 질투심을 느끼고 자신의 요구를 만족시키지 못하는 어머니에게 실망한다. 둘째, 여아는 양육과정에서 어머니가 몸을 씻겨주는 행위 등에서 음핵의 흥분을 느끼고 후에 음핵의 수음을 금지하는 어머니에게 반항한다. 셋째, 여아는 모든 여자가 음경을 소유하지 못한다는 사실을 알게 된다. 그 결과 "여성성(femaleness)—그리고 물론 이와 더불어 어머니—은 그녀의 눈에 크게 평가 절하된다."(*SE*XXI: 233) 넷째, 전-오이디푸스적 단계가 끝날 무렵 여아는 자신을 여아로 낳고 충분히 젖을 주지 않은 어머니를 책망한다. 다섯째, 열정적 사랑이 소멸하는 것이 자연스런 과정이듯이 여아가 어머니에게 가졌던 최초의 강렬한 애착이 소멸하는 것도 자연스런 것이다. 마지막으로 어머니에 대한 애착이 사라지는 또 다른 이유는 유아기의 특징인 양가감정(사랑과 증오의 공존) 때문이다.

이 다양한 원인들의 저변에는 전-오이디푸스적 단계에서 여아가 어머니에게 느끼는 적대감이 존재한다. 여아가 "어머니에게 갖는 애착의 단계는 특히 히스테리의 병인학과 밀접히 관련되어 있다. 이는 이 단계와 신경증이 여자의 특성이라는 점 그리고 여자가 나중에 겪을 편집증의 싹이 어머니에 대한 의존에 있다는 점을 생각하면 놀랍지 않다. 이 싹은 어머니에게 죽임을 당할 (잡아먹힐) 것에 대한 놀랍고도 규칙적인 두려움인 것처럼 보이기 때문이다."(*SE*XXI: 227) 이 공포는 후에 구속을 가하는 "어머니에게 아이가 느끼는 적대감에 상응한다."(*SE*XXI: 227) 어머니에 대한 애착은 공포와 증오를 낳는 역설을 보여준다. 프로이트가 사례연구에서 증명한 것처럼 이 애착은 신경증과 편집증의 원인이기도 하므로 그 자체로 병적이다.

여기에서 프로이트의 논의가 능동성/수동성에 관한 논의로 이어지는 것은 흥미롭다. 어머니에 대한 병적인 애착과 그 결과인 적대감이 여자가 여성성을 얻기 위해서 포기해야 하는 능동성의 표현이기 때문이다. 어머니에게 수동적이었던 여아가 인형놀이에서 어머니 역할을 하는 것은 "여성성의 **능동적** 면"이 표출된 것이다.(*SE*XXI: 237) 이 능동성은 공격성에서 나타난다. 예컨대 여아는 구강기에 어머니에게 죽임을 당할 것에 대한 공포 때문에 어머니에 대한 공격성을 느끼고, 어머니에게 관장을 당하는 항문기의 수동적 경험도 불안과 공격성을 유발한다. 남근기에 어머니가 여아를 씻길 때 음핵이 자극되는 것에서 유래한 음핵 수음행위도 어머니에게 아기(동생)를 낳아주고 싶은 "어머니를 향한 강렬한 **능동적** 소망 충동"이다.(*SE*XXI: 239) 이런 능동성의 표출은 물론 성적 영역에서 나타나는 "남성성과 여성성의 상대적 강도"에 따라 달라진다.(*SE*XXI: 236)

그러므로 여아가 사랑의 대상인 어머니를 포기하는 것은 "단순히 대상을 교체하는 것을 넘어서" 능동적 남성성을 포기하고 수동적 여성성을 획득하는 과정이다.(*SE*XXI: 239) 이 시기에 "능동적인 성적 충동의 주목할 만한 경감과 수동적 충동의 상승"이 발생한다.(*SE*XXI: 239) 음핵 수음이 중단되면서 남성성이 억압될 뿐 아니라 "성적 성향 일반의 상당 부분이 영구히 훼손되며" 여아는 훼손된 성적 성향에서 잔존하는 "수동적 성향"을 통해 아버지를 사랑의 대상으로 삼게 된다.(*SE*XXI: 239) 이 설명에 따르면 여아는 신경증과 편집증의 원인이 되는 어머니에 대한 전-오이디푸스적 애착을 극복하고 능동성/남성성을 억압해야 여성성을 얻을 수 있다. 앞 장에서 논했듯이 남성/능동성/쾌락, 여성/수동성/불쾌라는 등식이 성립한다면 여자가 남성적이고 능동적인 쾌락을 포기하는 것은 여성에게 쾌락이 영원히 불가능해진다는 것을 의미하는 것이 아닐까?[13] 남성성이 억압되는 과정에서 여성의 성적 능력 자체가 저하된다는 프로이트의 발언은 이런 의문과 부합하며 여성 불감증에 대한 논의를 낳는다.

13 이 논리적 모순에 대해서는 Paul Verhaeghe, *Does The Woman Exist?*, 49쪽을 참조할 것.

6. 음경선망과 여성의 수수께끼

그렇다면 여자가 정상적인 발달단계를 거쳐 여성성을 획득하는 과정에서 남성성은 완전히 억압되는 것일까? 양성성의 중요성을 깨달은 프로이트의 대답은 물론 부정적이다. 여자가 남성성을 완전히 포기할 수 없다면 여자는 신경증에 영구히 노출되는 병적인 존재라는 함의가 존재한다. 프로이트는 이런 함의를 무릅쓰고도 여성 음경선망의 중요성을 강조한다. 이런 점에서 프로이트가 「여성의 성」 결론에서 여성 정신분석가에 대한 반론을 펴는 것은 주목할 만하다. 그는 오이디푸스 콤플렉스가 생후 2년부터 관찰될 수 있다는 멜라니 클라인(Melanie Klein)의 주장이 전-오이디푸스적 단계에서 아이와 어머니의 관계가 지배한다는 자신의 주장과 상충한다고 지적한다.[14] 그러나 그의 비판은 음경선망을 부차적인 것으로 파악한 카렌 호나이(Karen Horney)에게 집중된다.

호나이에게 여자의 원초적 욕망은 남자와의 성적 결합이며 음경선망은 이 욕망이 낳는 불안과 죄의식으로부터 도피하기 위해 형성된 이차적인 것에 불과하다. 그녀는 「여성성으로부터의 도피」("The Flight from Womanhood")에서 음경에 대한 욕망에는 자신의 음경을 소유하려는 욕망과 음경을 지닌 남자/아버지를 소유하려는 욕망이 혼재해 있다고 주장한다. 여자는 아버지에 대한 근친상간적 욕망에 동반되는 불안과 죄의식으로 점철된 여성의 역할에서 도피하기 위해 환상 속에서

14 클라인의 주장에 대해서는 Melanie Klein, Juliet Mitchell 엮음, *The Selected Melanie Klein* (New York: Free Press, 1986), 59~63쪽을 참조할 것.

남자의 역할로 도피한다. "이성의 상호 매력"은 "원초적이고 생물학적인 원칙"이며 "아주 초기부터 작동하는 이성에 대한 매료 때문에 여아는 음경에 리비도적 관심을 갖게 된다."[15] 음경선망은 남녀 간의 욕망에서 유래한 것이고 아버지에 대한 "참된 대상사랑의 준비단계"에 불과하다.[16] 여성의 거세 콤플렉스도 음경에 의해 자신의 질이 상처받을 것에 대한 두려움이 거세환상으로 바뀐 것이고 오이디푸스적 욕망의 "이차적 형성물"일 뿐이다.[17]

음핵의 우선성을 주장한 프로이트와 달리 호나이는 여아의 이런 두려움이 오이디푸스 환상에 공존하기 때문에 여성의 초기 성기적 조직화에서 음핵뿐 아니라 질도 중요한 역할을 한다고 주장한다.[18] 프로이트는 호나이이 해석에 반론을 제기한다. 호나이에게 음경선망은 선행하는 "여성적 충동" 즉 "아버지에 대한 여성적 애착"에 대한 방어다.(*SE*XXI: 243) 그러나 여성성으로부터 자신을 방어하려는 힘이 강하다면 그 방어력은 음경선망에서 표출되는 남성성에서 유래하는 것이며 인간의 양성성을 간과하지 않아야 한다.(*SE*XXI: 243) 여자는 음핵과 질을 갖고 있기 때문에 남자보다 더 양성성이 두드러진다.(*SE*XXI: 228)

15 Karen Horney, Harold Kelman 엮음, *Feminine Psychology* (New York: Norton, 1967), 68쪽.

16 Karen Horney, *Feminine Psychology*, 68쪽

17 Karen Horney, *Feminine Psychology*, 69쪽.

18 Karen Horney, *Feminine Psychology*, 65쪽. 존스도 호나이에 동의한다. "근친상간적 소망의 억압은 이 소망에 대한 방어인 전-오이디푸스적 또는 자기성애적 음경선망으로 퇴행하는 결과를 낳는다. 임상에서 만나는 음경선망은 주로 타인성애적 차원의 이런 반작용과 본질적으로 여성성의 거부를 나타내는 아버지와의 동일시에서 유래한다. 프로이트가 말한 여아의 '남근기'는 실제 발달단계라기보다 이차적이고 방어적인 구성물이다." Ernest Jones, *Papers on Psychoanalysis* (Boston: Beacon, 1961), 450~451쪽.

여자는 전-오이디푸스 단계에 존재하는 남성성을 포기해야 하나 쉽게 포기하지 못한다.

호나이에 대한 반론이 보여주듯이 프로이트는 여성성의 원초적 속성을 부정하고 여성성이 남성성/음경/능동성의 포기를 통해서 이차적으로만 확립되는 것이라는 결론에 도달한다. 프로이트는 『새로운 정신분석강의』(*New Introductory Lectures on Psycho-Analysis*) 33강 「여성성」("Femininity")에서 이 점을 강조한다. "정신분석은 여성이 무엇인가를 기술하는 것이 아니라 [……] 어떻게 여성이 존재하게 되는가, 양성적 기질을 지닌 아이에게서 어떻게 여성이 발달하는가를 탐구하는 것이다."(*SE*XXII: 116) 여성성은 자연적으로 주어진 것이 아니라 생성된다. 그렇다면 여성이 "수동적 행동과 수동적 목적"을 선호하는 것은 "여성을 수동적 상황으로 강요하는 사회적 관습의 영향"과 무관하지 않다.(*SE*XXII: 115~116) 이는 인류 문명 자체가 남성중심적이므로 여성의 심리와 속성이 남성의 기준으로 형성되었다는 호나이의 의견과 일견 일치하는 듯 보인다.[19] 그러나 프로이트에게 여성성의 형성은 여전히 사회제도의 영향이 아니라 성감대가 음핵에서 질로 바뀌고 사랑의 대상이 어머니에게서 아버지로 바뀌는 데 있다.

프로이트는 "우리가 여성이 어머니에게 애착을 갖는 전-오이디푸스적 단계를 이해하지 못하면 여성을 이해할 수 없다"라고 말한다.(*SE*XXII: 119) 그리고 여아가 사랑의 대상을 바꾸는 원인이 이 단계에서 어머니에 대해 느끼는 공포와 적대감, 거세 콤플렉스, 음경선망

19 Karen Horney, *Feminine Psychology*, 54~59쪽을 참조할 것.

이라는 논의를 반복한다. 이 설명에서 여아가 사랑하는 어머니의 중요한 특성을 발견할 수 있다. 여아가 전-오이디푸스적 단계에서 사랑했던 어머니는 음경을 소유했다고 믿은 **"남근적** 어머니"(*phallic* mother)다.(*SE*XXII: 126) 어머니가 거세된 존재라는 사실을 알게 되면 어머니는 더 이상 사랑의 대상이 되지 못한다. 여기에서 주목할 것은 여아에게 중요한 것이 아버지가 아니라 음경이라는 사실이다. 사랑의 대상이 어머니에서 아버지로 바뀌는 것은 어머니가 자신에게 주지 못한 음경을 아버지가 가졌기 때문이다. 아버지는 음경의 대체물일 뿐이다. 그래서 "여성적 상황이 정립되는 것은 음경선망이 아기에 대한 소망으로 대치될 때에만 즉 아기가 음경을 대신할 때에만" 가능하다.(*SE*XXII: 128)

인형놀이에서 여아가 인형에 대해 어머니의 능동적 역할을 했던 것과 달리, 아기에 대한 소망은 아기에게 능동적으로 대하는 것이 아니라 음경을 대신하는 아기를 아버지에게서 얻으려는 수동적이고 여성적인 입장을 취하는 것이다. 더구나 여성이 아들을 낳게 되면 음경선망을 성취하는 것이므로 기쁨은 배가된다. "이런 식으로 음경소유에 대한 오래된 남성적 소망은 이제 성취된 여성성을 통해 여전히 희미하게 보인다. 그러나 아마도 우리는 이 음경선망을 **최고의** 여성적 소망으로 인정해야 한다."(*SE*XXII: 128~129) 이 시점에서 프로이트의 여성성 탐구는 역설적인 결론에 도달한다. 음경을 소유하려는 남성적인 소망이 가장 여성적인 소망이 되기 때문이다. 음경선망이 아기에 대한 소망으로 대체되고 순화되지 않을 경우 남성성 콤플렉스를 낳고 극단적 남성성 콤플렉스는 동성애를 유발한다. 프로이트는 전-오이디푸스적 단계에서 여아의 남성성에 주목한 여성 분석가들을 거론한다. 그리고 "여성성 발달은 초기 남성적 시기가 잔존하는 현상에 의한 혼란에 노출되며" 남성들이 "여성의 수수께끼"라 부르는 것은 "아마도 여성의 삶에서 표현된 양성성에서 유래할 것"이라고 말한다.(*SE*XXII: 131) "여자는 무엇을 원하는가?"에 대한 프로이트의 대답은 다름 아닌 음경이다. 여성의 수수께끼는 여자가 여성이 되는 과정에서 순화되지 못하고 잔존한 남성성으로 인해 발생한다.

프로이트는 여성의 여러 특징을 논하면서 여성의 수수께끼를 잔존하는 전-오이디푸스적 남성성과 음경선망으로 풀이한다. 예컨대 여성이 남성보다 더 나르시스적으로 즉 자신과 닮은 대상을 선택하고 자신의 외모를 더 중요시하는 것은 음경을 갖지 못한 것에 대한 보상이다. 여성의 수치심도 음경의 부재를 은폐하기 위한 것이다. 여성은 오이디푸스 콤플렉스 영향으로 아버지와 닮은 남편을 선택할 때에도 전-오이디푸스적 단계에서 어머니에게 가졌던 적대감을 남편에게 전이한다. 여성은 또한 과거에 남성성 콤플렉스에서 취했던 만족을 아들에게서 대신 얻고 심지어는 남편마저 아들로 여기며 어머니의 태도를 보이기도 한다.(*SE*XXII: 132~133)

이렇게 프로이트는 여성의 수수께끼 같은 특성을 설명하는 과정에서 여성성을 모성성으로 환원하는 경향을 보인다. 이는 여성이 어머니와 동일시하는 것을 전-오이디푸스적 단계와 오이디푸스 단계로 나누어 설명하는 것에서 나타난다. 전-오이디푸스적 단계에서 여아는 어머니에게 애정을 갖고 어머니를 모델로 삼는다. 오이디푸스 단계에서는 어머니를 경쟁대상으로 삼아 제거하고 대신하려 한다. 여기에서 여성이 미래에 수행할 성적 기능과 사회적 역할을 결정하는 것은 오이디푸스 단계가 아니라 전-오이디푸스적 단계에서 여아가 어머니에 대해 갖는 애정과 동일시다. 여성이 남성에게 매력적인 것은 이 단계에서 어머니를 사랑하고 어머니를 닮으려는 동일시에 기인한다. 어머니와 동일시한 여성이 남성에게 매력적인 이유는 남성의 오이디푸스 콤플렉스 즉 어머니에 대한 욕망을 자극하기 때문이다. 그런데 여성은 남편이 바라는 애정을 남편이 아닌 아들에게 주는 경우가 흔하다. 이 해석에 따르면 남녀의 사랑은 이루어지지 않으며 여성은 아내이기보다 어머니다. 앙드레가 말하듯이 프로이트는 "여성성을 모성에 대한 욕망으로 환원한다. 여성이 되는 것과 어머니가 되는 것은 혼동된다."[20]

프로이트가 이 글의 결론에서 묘사하는 여성은 "정의감"과 "사회적 관심" 및 "욕동의 승화능력"이 부족하고 "정신적 경직성과 불변성"을 지닌다.(*SE*XXII: 134~135) 여성은 "마치 여성성으로 발전하는 어려운 과정이 관련된 인간의 가능성을 소진한 것처럼" 피폐화된 존재다.(*SE*XXII: 135) 아기에게서 대리만족을 찾고 영원히 음경선망에 시달리는 여성의 모습은 프로이트가 초기에 발견한 신체 증상을 호소하는 히스테리 환자의 모습과 크게 다르지 않다. 프로이트는 이 강연의 시작에서 여성 청중에게 "여러분 스스로가 문제"라고 말한다.(*SE*XXII: 113) 프로이트에게 여성은 문제요 수수께끼일 뿐 아니라 병적인 존재다.

프로이트는 1937년 「끝낼 수 있는 분석과 끝낼 수 없는 분석」의 결

20 Serge André, *What Does a Woman Want?*, 215쪽. 앙드레는 헬렌 도이치(Helene Deutsch)가 이런 논의를 발전시켜 모성성을 여성성의 성취로, 출산을 여성적 주이상스의 모델로 본다고 지적한다. 220쪽을 참조할 것. 도이치의 글은 "The Psychology of Woman in Relation to the Functions of Reproduction," Robert Fliess 엮음, *The Psycho-Anaytic Reader: An Anthology of Essential Papers with Critical Introductions* (New York: International Universities Press, 1948), 165~179쪽을 볼 것.

론에서 여성 환자의 무의식에서 끊임없이 음경선망을 발견한다고 말하며 "우리는 음경 소망과 남성적 저항과 더불어 모든 심리적 층위를 꿰뚫고 기반에 도달했다"라고 고백한다.(*SE*XXIII: 252) 그가 여성의 수수께끼를 음경선망의 관점에서 해석하면서도 여성이 무엇을 원하는지 모르겠다고 고백한 것은 "기반"(bedrock)이라는 표현이 암시하듯 그가 여성성을 음경선망이라는 어떤 본질로 해석하려 했기 때문이 아닐까?[21] 프로이트는 이 기반을 생물학적인 것으로 파악한다. 그에게 "여성성의 거부는 생물학적 사실, 성의 큰 수수께끼의 일부"이기 때문이다.(*SE*XXIII: 252) 정신적 영역에서 여성성을 찾으려는 프로이트의 탐구는 여성이 음경선망을 포기하지 못하는 생물학적 토대에 부딪혀 좌초한다. 그 결과 여자는 음경선망에 사로잡혀 여성성을 포기하는 수수께끼 같은 존재로 인식된다.

프로이트 이론에서 여자는 성감대와 사랑의 대상을 바꾸고 마침내 여성성을 얻어 아버지를 사랑하는 오이디푸스 콤플렉스에 도달한다. 여성성의 획득은 음경의 대체물인 아버지를 사랑하는 오이디푸스 콤플렉스에서 완성된다. 프로이트의 결론은 결국 아버지에 대한 오이디푸스적 사랑의 배후에서 음경선망을 찾는 것이다. 히스테리 연구에서 벗어나 오이디푸스 콤플렉스와 음경/아버지의 문제에 천착했던 프로이트

21 프로이트의 이 유명한 발언 때문에 그는 여성성을 생물학적 필연성으로 파악한 본질주의에서 벗어나지 못했다는 비판을 받는다. 세라 코프만(Sarah Kofman)은 프로이트의 여성성이론이 생물학적 사실에 토대를 둔 것이라기보다 자신이 가졌던 "여성성의 이상"에 대한 고정관념에서 비롯된 것이라고 비판한다. "그는 자신의 고정관념에 빠져 여성을 고정시키고 강철 멍에를 씌우듯 여성을 '본성' 안에 감금한다." Sarah Kofman, Catherine Porter 옮김, *The Enigma of Woman: Woman in Freud's Writings* (Ithaca: Cornell UP, 1985), 222쪽.

는 다시 여성성의 문제를 탐구하기 시작했을 때 불가피하게 오이디푸스이론의 영향을 받는다. 프로이트는 이 기간 동안 히스테리 환자에게서 발견한 양성성을 오이디푸스이론과 접목시킨다. 그는 1923년 『자아와 이드』에서 양성성의 관점에서 오이디푸스 콤플렉스를 긍정적/부정적 오이디푸스 콤플렉스, 단순/완성 오이디푸스 콤플렉스로 분류하여 분석한다. 심지어 부모에 대한 양가감정이 "경쟁의식의 결과 발생한 동일시에서 유래한 것이 아니라 [……] 전적으로 양성성 때문일 수도 있다."(*SE*XIX: 33) 그러나 이 과정에서 여성 히스테리 환자가 제기한 여성성의 문제는 오이디푸스의 미로에서 미결로 남는다.

"프로이트로 돌아가자"라고 주장한 라캉의 프로이드 해석은 여성성의 문제에서 가장 반역적이다. 그는 프로이트가 여성성의 근원적 문제로 파악한 음경선망을 정면으로 거부하기 때문이다. 프로이트는 여성을 음경을 결여하고 욕망하는 존재로 간주한다. 이와 달리 라캉은 세미나 X 『불안』(*Anxiety*)에서 "여성은 아무것도 결여하지 않는다. 음경선망을 궁극적 용어로 삼는 것은 매우 잘못된 것이다. [……] 음핵/음경 비유는 근거가 충분하지 못하다"라고 선언한다.(*S*X, 181) 라캉에게 프로이트의 여성관은 음경선망 뿐 아니라 오이디푸스의 미로에 갇혀있다. 프로이트가 히스테리 여성의 욕망을 정확히 진단하지 못한 이유도 여기에 있다. 라캉은 세미나 XVII 『정신분석의 이면』에서 "왜 그[프로이트]는 안나, 에마, 도라의 귀중한 입에서 모은 이 모든 지식을 이 오이디푸스 콤플렉스라는 신화로 대체했을까?"라고 의아해한다.(*S*VII, 99) 라캉의 질문은 오이디푸스이론을 넘어선 지점에서 히스테리와 여성성의 문제를 재검토할 필요성을 제기한다.

3장
라캉과 히스테리: 욕망에서 주이상스로*

1. 히스테리와 동일시

라캉은 1977년 2월 브뤼셀 강연에서 프로이트 정신분석이 여성 히스테리 연구에서 출발한 것처럼 자신의 연구에서도 히스테리 환자가 길잡이 역할을 했다고 말한다.("Hysteria" 9~11) 프로이트의 히스테리이론은 후에 그의 여성성이론의 토대가 된다. 히스테리에 대한 라캉의 지속적인 관심과 탐구 역시 여성적 주이상스와 실재에 대한 그의 후기 이론에 큰 영향을 미친다. 라캉의 히스테리 연구는 프로이트의 히스테리 이론을 해석하는 것에서 출발한다. 라캉에 따르면 프로이트 이론의 본

* 이 장의 일부(98~107, 111~136쪽)는 동명의 제목으로 『비평과 이론』[2014년 19권 1호, 85~116쪽]에 게재된 글을 수정했다. 다른 일부(137~149쪽)은 「여성과 남근: 여성의 사랑에 관한 라깡이론」의 일부[『현대정신분석』 2017년 19권 1호, 30~38쪽]로 게재된 것을 수정했다.

질은 언어와 성(sexuality) 사이에 "가장 큰 관계가 존재한다"고 주장하는 데 있다.("Hysteria" 12) "성은 전적으로 말에 포획된다. 이것이 그가 이룬 핵심 성과다."("Hysteria" 12) 이는 프로이트가 『히스테리 연구』에서 히스테리 환자의 무의식 속에 억압되어있던 성적 욕망이 말로 표현된다고 주장한 것을 가리킨다.

라캉이 도라 사례연구를 다루는 「전이에 대한 발표문」("Presentation on Transference")은 무의식의 언어를 통해 히스테리 환자의 성적 욕망을 밝히려는 프로이트의 작업을 계승한 것으로 볼 수 있다. 라캉이 이 사례연구의 말미에서 프로이트가 논하는 전이에 초점을 맞추는 것도 무의식의 언어를 읽어내는 분석 장면을 중요하게 보기 때문이다. 이 발표문은 정신분석이 주체(환자)와 분석가의 대화로 이루어진 "변증법적 경험"이라는 점을 도라 사례연구를 통해 입증해 보이려는 시도다.(*E*, 177) 라캉은 프로이트가 도라의 전이를 분석하면서 도라에 대한 자신의 역전이를 파악하지 못했다고 지적한다. 이런 지적의 심층에는 프로이트가 히스테리 주체의 성 정체성에 대한 욕망과 여성성을 이해하지 못했다는 비판이 존재한다. 도라 사례연구는 "주체를 위해 진실이 변형되는 구조, 사물에 대한 그녀의 이해뿐 아니라 주체로서의 그녀의 입장 자체 [……] 에도 영향을 미치는 구조"를 포함한다.(*E*, 178) 요컨대 라캉은 환자와 분석가의 변증법적 관계를 구조로 파악할 뿐 아니라 히스테리 환자의 주체 입장 즉 도라의 정체성에 주목한다.

딜런 에번스(Dylan Evans)는 프로이트가 히스테리를 증상으로 파악했다면 라캉은 구조로 파악했다고 지적한다.[1] 그러나 라캉의 구조적 관점은 앞 장에서 논한 히스테리 환자의 사랑하는 사람과의 동일시에 관한 프로이트의 통찰력에 빚지고 있다. 라캉이 세미나 XVII 『정신분석의 이면』에서 정식화한 히스테리 담론의 구조에서 히스테리는 여성 히스테리 환자와 남성 타자(아버지)—그리고 히스테리 환자가 그 타자에 대한 감정을 전이하는 분석가—의 관계로 이루어진다. 도라 사례에서 라캉의 관심은 남성 타자와의 사랑과 동일시에서 발생하는 여성 히스테리 환자의 주체성 또는 성 정체성이다.

라캉은 도라 사례를 세 가지 진리와 그에 상응하는 변증법적 역전으로 설명한다. 첫째 진리는 아버지가 K 부인과의 사랑을 위해서 자신을 K 씨에게 교환의 대상으로 내주었다는 사실에 도라가 분개하는 것이다. 프로이트는 도라 역시 K 씨를 사랑하고 있었기 때문에 아버지와 K 부인과의 관계를 묵인했다고 지적한다. 아버지에게 분노하는 도라에게 프로이트가 "당신이 불평하는 그 난잡한 상태에 당신도 개입되어 있다는 것을 보라"고 말하는 것이 첫째 변증법적 역전이다.(*E*, 179)

둘째 진리는 도라가 아버지와 K 부인의 관계에 대해 침묵했을 뿐 아니라 이 관계에 공모했기 때문에 이 관계가 지속될 수 있었다는 사실이다. 이 공모관계의 배후에는 도라와 아버지의 동일시가 존재한다. 프로이트의 분석대로 도라가 아버지를 비난하는 것이 사실상 자기비난이라면, 아버지에 대한 도라의 오이디푸스적 사랑은 아버지와의 동일시에 기초한다. 라캉은 여기에서 왜 도라가 갑자기 아버지의 밀애에 대

1 Dylan Evans, *An Introductory Dictionary of Lacanian Psychoanalysis* (London: Routledge, 1996), 78쪽.

해 질투심을 느꼈는가의 질문을 제기한다. 이 질문은 둘째 변증법적 역전을 가져온다. 왜냐하면 "질투의 대상이 그녀의 참된 동기를 제공하는 것이 아니라 경쟁 주체에 대한 관심을 은폐하고 있다"라고 프로이트가 설명하기 때문이다.(*E*, 179) 도라가 아버지를 사랑할 때 그녀의 경쟁 주체는 물론 K 부인이다.

셋째 진리는 도라가 K 부인에게 성적으로 매료되었다는 사실이다. 라캉은 도라가 K 부인의 "감탄할만한 하얀 몸"에 매료되었음을 지적한다.(*E*, 180) K 부인이 남편과의 성관계를 도라에게 이야기했다는 사실은 도라와 K 부인이 성적 지식을 교환했음을 보여준다. 셋째 변증법적 역전은 "K 부인이 도라에게 대상으로서의 참된 가치를 드러내는 것이다."(*E*, 180) K 부인의 참된 가치는 그저 한 개인이 아닌 "도라 자신의 여성성의 신비"를 나타내는 데 있다.(*E*, 180) 라캉은 이 여성성이 "신체적 여성성"(bodily femininity)이라고 말하는데 이는 K 부인의 "감탄할만한 하얀 몸"과 관련된다.(*E*, 180)

여기에서 중요한 것은 도라가 이 여성성에 직접 접근할 수 없다는 점이다. "자신의 여성성에 대한 이런 인식에 접근하기 위해서 그녀는 자신의 신체를 취해야 한다."(*E*, 180~181) 그러나 도라는 그렇게 하지 못한다. 도라가 이 여성적 "대상에 접근할 수 있는 유일한 길은 남성 파트너"를 경유하는 것 즉 남성과의 동일시를 통한 것이다.(*E*, 181) 이 동일시는 도라가 유년 시절 오빠와 상상적으로 동일시한 것을 반복하는 것이다.[2] 도라는 K 씨와 그리고 나중에는 프로이트와 동일시한다. 이때

2 앞 장에서 논했듯이 프로이트는 도라가 유년시절에 한 살 반 연상인 오빠를 모델로 삼았다고 말한다. *SEV*: 21쪽을 참조할 것.

그녀가 보이는 공격성은 "나르시스적 소외의 특징"을 지닌 "공격성"이다.(*E*, 181) 다시 말해서 그녀는 거울이미지에 대한 상상적 동일시에 동반되는 공격성을 이들에게 가한다.

남성과의 동일시는 여성의 주체성에 딜레마를 유발한다. 라캉은 도라가 왼손 엄지손가락을 입으로 빨면서 오른손으로 오빠의 귓불을 잡아당기는 일화를 언급한다. 이 장면에는 도라의 성 정체성 문제가 존재한다. 앙드레가 지적하듯이 이 장면은 도라가 엄지를 빠는 구강적 쾌락을 즐기며 옆에 있는 오빠의 욕망을 자극하는 소녀인가 아니면 오빠와 동일시해서 구강적 대상인 소녀와의 관계를 궁금해하는 소년의 입장인가의 문제를 제기한다. 오빠와 동일시할 때 도라는 남녀 관계가 남자와 어머니 젖의 관계로 환원될 경우 여성에게 발생하는 문제와 당면한다.[3] 라캉이 말하듯 "여성은 원시적인 구강적 욕망과 분리될 수 없는 대상" 즉 젖을 지닌 원초적 대상이다.(*E*, 180) 오빠와 동일시한 도라는 자신이 빠는 엄지를 지닌 또 다른 자신을 어머니의 젖과 같은 대상으로 바라본다. 이는 여성이 남성 욕망의 대상으로 환원되는 결과를 가져온다.

마찬가지로 도라는 남자와 동일시해서 K 부인이 남자에게 어떤 존재인지를 알고자 할 때 성 정체성의 혼란에 직면한다. "도라는 남자가 여자에게 갖는 욕망을 측정하고 여자가 이 욕망에서 받는 가치를 알기 위해서 먼저 남성(오빠 또는 아버지)의 입장을 취해야 하기 때문에 K 부인의 수수께끼와 대면하게 된다."[4] 도라가 동일시하는 남자는 물론 아

3 Serge André, *What Does a Woman Want?*, 159~160쪽.

4 Serge André, *What Does a Woman Want?*, 162쪽.

버지와 K 씨다. 도라가 이들과 동일시하는 것은 그들에게 K 부인이 어떤 존재인가를 알아서 여성성에 대한 해답을 얻을 수 있다고 생각하기 때문이다. 이때 여성성은 남성 욕망의 대상으로 나타난다.

> 그러나 이런 [K 부인에 대한] 경외심은 그녀가 자신을 욕망의 대상으로 받아들일 수 있을 때만 즉 오로지 그녀가 K 부인에게서 자신이 찾고 있던 것의 의미를 소진한 다음에만 욕망의 표현으로 받아들여질 수 있었다.
>
> 모든 여성에게 그렇듯이 그리고 가장 기본적인 사회적 교환(도라가 자신의 반항의 근거로 제시하는 교환)의 정점에 존재하는 이유 때문에 그녀가 처한 상황의 문제는 자신을 남성 욕망의 대상으로서 받아들이는 문제다. 이것이 도라가 K 부인을 우상화하는 동기가 되는 불가사의다. 그녀가 성모 앞에서 오랫동안 사색하는 과정에서 [……] 이 불가사의는 기독교가 여성을 신성한 욕망의 대상 또는 이와 궁극적으로 동일한 초월적 욕망의 대상으로 만들어 이 주체적 곤경(subjective impasse)에 제공했던 해결책으로 그녀를 몰고 갔다. (*E*, 181)

앙드레는 라캉이 "여성의 운명이 자신을 남성 욕망의 대상으로 받아들이는 것 이외에 다른 길이 없다고 선언한다는 점에서 프로이트에게서 거의 진보하지 못했다"라고 주장한다.[5] 라캉은 물론 도라가 성모 그림을 보며 오랫동안 사색했던 사건[6]에서 거룩한 성모라는 초월적 대상 즉

---

5 Serge André, *What Does a Woman Want?*, 160쪽. 페미니즘 관점에서 라캉이 도라를 해석할 때 여성성을 남성 욕망의 대상으로 환원했다고 비판한 국내연구로 신명아, 「자끄 라캉의 정신분석적 여성관과 페미니즘의 상관관계를 통한 남근이성주의적 여성관의 해체」, 『영미문학 페미니즘』, 1996년 3호, 103~140쪽; 정문영, 「정신분석과 페미니즘: 라캉과 여성의 성욕」, 『인문학 연구』 1998년 5호, 71~92쪽을 볼 것.

6 프로이트는 도라의 둘째 꿈을 해석하는 과정에서 도라가 과거에 드레스덴

신성한 어머니의 역할로 환원된 여성의 모습에 도취된 것에 주목한다. 그러나 그는 여기에서 욕망의 대상으로서의 여성성을 강조했다기보다 이런 상황에서 도라가 겪는 정체성의 위기에 관심을 기울인다. 장미셸 라바테(Jean-Michel Rabaté)가 지적하듯이 라캉은 "(K 부인을 간신히 은폐하는) 마돈나에 대한 도라의 황홀경을 '기독교가 부여한' [……] 전통적인 해결책으로 치부했고 [……] 이 해결책은 사실 도라에게 '수녀원으로 가라'는 함의를 지닌다."[7] 도라가 남성 욕망의 대상으로서의 여성성을 받아들이는 것은 "K 부인에게서 그녀가 찾고 있던 것의 의미를 소진한" 후 다시 말해서 그녀의 여성성 탐구가 끝난 후에야 가능하다. 도라에게 이 의미가 소진되는 것일까? 오히려 도라가 여성이 남성 욕망의 대상이라는 결론을 거부하기 때문에 그녀의 여성성 탐구가 미완의 문제로 남는 것이 아닐까?

호숫가 장면은 도라가 남성 욕망의 대상으로 환원되는 것에 강하게 반발하는 것을 보여준다. 이 장면에 대한 라캉의 관심도 도라가 K 씨의 구애를 거부하는 것에 집중된다. 도라는 호숫가에서 "내 아내는 내게 아무것도 아니야(nothing)"라는 K 씨의 말에 화를 내고 그의 뺨을 때린다. 이 행위는 "그녀가 당신에게 아무것도 아니라면, 당신은 내게 뭐지요?"라는 함의를 지닌다.(*E*, 183) K 부인이 아무것도 아니라고 말하는 K 씨는 "그녀가 오랫동안 영향을 받으며 살아온 [K 부인의] 매력을 깬" 장본인이다.(*E*, 183) 베르하허에 따르면 K 씨의 발언에서 도라는

(Dresden) 미술박물관에서 라파엘의 성모 그림을 두 시간 동안 감탄에 젖어 보고 있었다는 기억을 찾아낸다.(*SE*VII: 96)

7 Jean-Michel Rabaté, "Dora's Gift; Or, Lacan's Homage to Dora," *Psychoanalytic Inquiry*, 25.1 (2008), 91쪽.

남성 욕망의 대상으로 환원되기 때문에 그의 뺨을 때린다. 여성이 무엇인가에 대한 해답을 찾고 있었던 도라는 여성이 무엇이 아닌가에 대한 확신에 도달할 뿐이다. 도라의 결론은 "여성은 남성 욕망의 단순한 대상으로 환원되어서는 안된다"라는 것이다.[8]

2. 히스테리 주체의 욕망

라캉은 세미나 IV 『대상 관계』(*Object Relations*)에서 여성의 성 정체성에 대한 도라의 위기를 동일시의 구조적 관점으로 더 깊이 탐구한다. 그는 다음과 같은 L 도식으로 인물들의 관계를 설명한다.

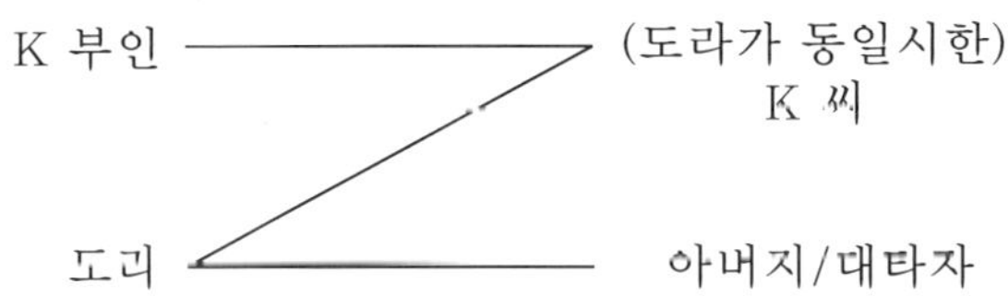

이 L 도식에서 자아의 위치에 있는 도라는 거울이미지/소타자의 위치에 있는 K 씨와 상상적 동일시의 관계를 갖는다.[9] 라캉은 이미 세미나

8 Paul Verhaeghe, *Does the Woman Exist?*, 64쪽.

9 라캉의 L도식은 다음과 같다.

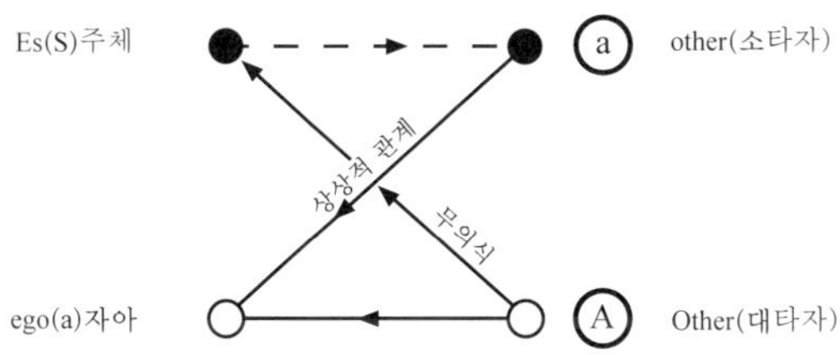

라바테는 라캉이 「전이에 대한 발표문」에서와 달리 세미나 IV에서는 "교환에

III 『정신병』(*The Psychosis*)에서 "도라에게 상상적 동일시의 외적인 지점은 K 씨에 있다"라고 말한 바 있다.(*S*III, 175) 그러나 이 도식에서 주목할 점은 무의식적 주체의 위치에 K 부인이 있고 대타자의 위치에 아버지가 존재한다는 점이다. 도라에게 여성성의 문제를 체현하는 K 부인은 도라의 여성 주체성을 의미한다. 그리고 여성성에 대한 도라의 무의식은 대타자 아버지와의 상징적 관계를 통해서만 접근할 수 있다. 요컨대 이 도식에는 두 가지 동일시가 존재한다. K 씨는 도라의 상상적 동일시의 대상이고 K 부인은 도라의 여성적 주체성을 체현하는 인물로서 그녀가 궁극적으로 동일시하는 대상이다. 그러므로 K 씨가 K 부인이 아무것도 아니라고 말할 때 도라가 보이는 공격성은 그녀의 주체성의 위기와 관련된다. 그의 발언은 도라의 여성 주체성이 아무것도 아닌 것으로 사라지게 만들기 때문이다. 베로니크 보러즈(Véronique Voruz)의 표현대로 "도라는 아버지와 K 씨가 욕망하는 대상인 K 부인과의 동일시를 통해서만 자신을 주체로 유지할 수 있기 때문에 이 여성이 비견할 수 없는 위치에서 강등되는 것을 견디지 못한다."[10]

도라에게 K 부인이 신비로운 여성성을 체현할 수 있는 것은 아버지가 도라 자신을 넘어서 사랑하는 존재이기 때문이다. "아버지가 사랑하는 대상으로서 K 부인은 도라를 넘어서 사랑받는 것이고 그렇기 때

대한 보다 체계적인 관점"에서 구조주의적으로 도라를 분석했다고 지적한다. Jean-Michel Rabaté, "Dora's Gift," 91쪽. 도라의 L 도식에 관해서는 라바테의 글 89~91쪽과 Véronique Voruz, "A Lacanian Reading of Dora," Véronique Voruz & Bogdan Wolf 공편, *The Later Lacan: An Introduction* (Albany: SUNY P, 2007), 162~163쪽을 볼 것. 이 도식에 대한 국내의 논의는 홍준기, 『오이디푸스 콤플렉스, 남자의 성, 여자의 성』(아난케, 2005), 173~180쪽을 참조할 것.

10 Véronique Voruz, "A Lacanian Reading of Dora," 164쪽.

문에 도라는 그녀에게 매료된다."[11] 역으로 도라가 아버지/K 부인, K 씨/도라 자신의 4자 관계를 용인할 수 있는 것은 자신이 K 씨가 K 부인을 넘어서 사랑하는 존재이기 때문이다. 앙드레는 여성이 남성 욕망의 환상적 대상을 넘어서는 보충적 차원 (남근적 주이상스를 넘어서는 여성의 보충적 주이상스)에 대한 후기 라캉 이론에 비추어 도라 사례를 분석한다. 이 분석에 따르면 도라에게 K 부인은 아버지가 자신을 넘어서서 사랑하는 것 즉 자신이 결여하고 있다고 느끼는 보충적 여성성을 지니는 존재이어야 한다. 마찬가지로 K 씨와 사랑 관계를 유지할 수 있기 위해서 도라는 K 씨가 아내를 넘어서 사랑하는 보충적 여성성을 갖고 있어야 한다.[12]

그러므로 이 4자 구조에서 K 씨는 "도라가 아닌 그의 아내를 성적 욕망의 대상으로 삼아야 했다."[13] 그러나 K 씨의 발언은 "자신이 그가 사랑하기로 되어있는 아내를 넘어서 목표로 삼는 대상이었다고 생각한" 도라의 욕망의 구조를 와해시킨다.[14] 그가 도라를 성적 욕망 즉 주이상스의 대상으로 삼고 싶은 것은 그녀가 욕망의 대상을 넘어선 차원을 상실한다는 것을 의미하기 때문이다. 라바테가 지적하듯이 K 씨—K 부인—도라의 관계에서 자신의 아내가 아무것도 아니라는 K 씨의 발언은 역으로 아버지—도라—K 부인의 관계에서는 도라가 아버지에게 아무것도 아니라는 함의를 지닌다. 도라가 아버지에게 사랑을 요구하는

11 Jean-Michel Rabaté, "Dora's Gift," 89쪽.

12 Serge André, *What Does a Woman Want?*, 162~163쪽.

13 Jean-Michel Rabaté, "Dora's Gift," 89쪽.

14 Jean-Michel Rabaté, "Dora's Gift," 90쪽.

것은 이 때문이다. 아버지에게 사랑을 요구하는 도라는 아버지가 자신을 "순수한 대상" 또는 "교환대상"으로 삼는 것을 거부하는 것이다.[15]

라캉은 세미나 V 『무의식의 형성』(*Formations of the Unconscious*)에서 완성된 욕망의 그래프를 통해 도라가 K 씨 및 K 부인과 맺는 관계를 상세히 설명한다. 여기에서 욕망의 구조가 와해되면 주체는 요구로 회귀한다는 점이 가시적으로 드러난다.

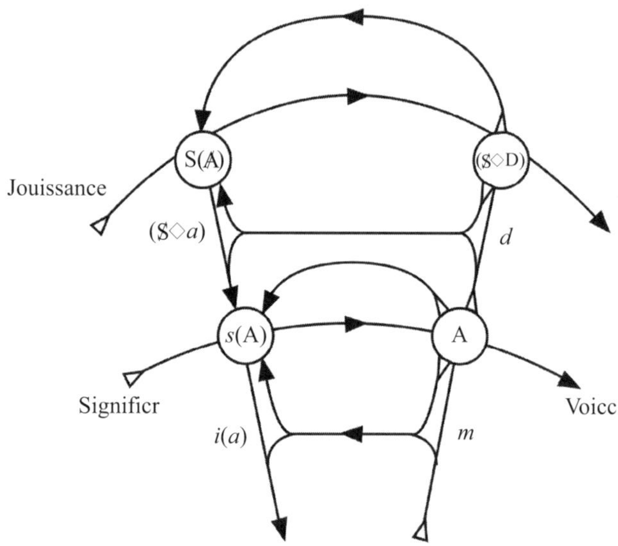

앞서 보았듯이 라캉은 세미나 III과 세미나 IV에서 (L 도식을 통해) 도라와 K 씨의 관계를 자아와 (거울이미지인) 소타자 사이의 상상적 관계로 설명한다. 그러나 세미나 V에서는 이들의 관계를 그래프 하단의 자아(*moi*)와 상상적 소타자 *i*(*a*)의 관계가 아니라 그래프 상단의 분열된 주체와 (대상) *a*의 관계($◇*a*)로 설명한다.[16] 라캉이 여기에서 강조하는 것은

15 Jean-Michel Rabaté, "Dora's Gift," 90쪽.

16 라캉은 이 시점에서 대상 *a* 개념을 상상적 소타자와 완전히 분리하지 않았으며,

도라가 요구와 욕망 사이에서 분열된 주체($)라는 점이다. 요구와 욕망의 분리는 그래프의 하단과 상단으로 구분되어 나타난다.

라캉이 후에 세미나 XI 『정신분석의 네 가지 근본개념』(*The Four Fundamental Concepts of Psychoanalysis*)에서 말하듯이 $◇*a*는 환상공식이고 "환상은 욕망의 지지자"다.(*S*XI, 185) 그러므로 환상공식은 분열된 주체인 도라가 대상 *a*와 동일시함으로써 그녀의 욕망이 지탱되는 것을 보여준다. 도라가 욕망하는 대상은 K 부인이고 도라가 동일시하는 소타자 *a*는 K 씨다. 도라와 K 씨의 관계는 요구의 대상인 대타자를 넘어서 도라의 욕망을 지지하는 것을 보여준다.

> 히스테리 환자의 동일시는 여기 [$◇*a*]에서 현실화됩니다. 이 동일시는[……] 아버지와의 동일시의 문제가 아닙니다. 이제 그것을 넘어선 것이 있다는 것을 잊지 맙시다. [……] 그 동일시는 그녀의 욕망을 만족시키는 위치에 있는 작은 소타자와의 동일시입니다. 이는 K 부인, 너무도 유혹적이고 매력적이며 찬란한 도라의 실재 대상인 K 부인의 남편인 K 씨입니다.
>
> [……] 그녀는 히스테리 환자이기 때문에 자신이 무엇을 요구하는지 모릅니다. 그러나 그녀에게는 단순히 이 욕망이 그곳 너머에 어딘가에 있을 필요가 있습니다. 그러나 그녀가 이 욕망에 의존할 수 있기 위해서, 그것으로 자신을 완성하고 그 안에서 그녀의 동일시, 그녀의 이상을 발견할 수 있기 위해서는 적어도 이 요구-너머(beyond-demand)에서 그녀가 [……] 의존할 수 있는 만남이 있어야 합니다. 이것이 K 씨가 관여하는 곳 그녀가 작은 *a*의 의미에서의 그녀의 타자, 그녀가 자신을 인식하는 타자를 발견하는 곳입니

이 개념은 세미나 X 『불안』에서 비로소 정립된다. 이에 대한 상세한 논의는 졸저 『욕망의 윤리: 라캉 정신분석과 예술, 정치, 철학』(한길사, 2018), 178~182쪽을 참조할 것.

다. [……] 그녀는 그를 사랑하지 않지만 그는 그녀에게 필수적이며 그녀가 K 부인을 욕망하는데 더욱더 필수적입니다. (*SV*, 347~348)

도라가 남성인 K 씨와 동일시하는 이유는 자신이 궁극적으로 동일시하려는 이상적 대상인 K 부인에 대한 욕망을 유지하기 위해서다. 다시 말해서 도라가 K 부인을 욕망하기 위해서는 K 부인을 욕망하는 남성 K 씨와의 동일시가 필요하다. 소타자 *a*인 K 씨와 동일시하는 환상을 통해 K 부인에 대한 도라의 욕망은 유지된다.

그러나 K 씨가 호숫가에서 도라에게 자신의 아내가 아무것도 아니라고 즉 K 부인이 그에게 성적 욕망의 대상이 아니라고 말할 때 그와 동일시해서 K 부인에 대한 욕망을 유지하는 도라의 환상은 붕괴된다. K 씨가 고백하는 "그 순간에 마스크와의, 대타자의 표지들(insignias)과의—다시 말해서 그녀의 아버지가 아니라 K 씨가 그녀에게 제공하는 풍부한 남성적 표지들과의—동일시라는 그녀의 아름다운 히스테리적 구조물은 붕괴된다."(*SV*, 348) 도라가 K 씨의 뺨을 때리는 것은 자신의 히스테리적 구조물 또는 히스테리적 환상을 와해시킨 K 씨에 대한 "공격적 분노"의 표시다.(*SV*, 348) 그 결과 도라는 그래프 상단인 욕망의 차원에서 그래프 하단인 요구의 차원으로 떨어진다. "그녀는 단순히 요구로, 아버지에 대한 사랑의 요구로 다시 떨어진다. [……] 그녀는 아버지가 그녀를 돌봐주고 그녀에게 사랑을 줄 것을, 우리의 정의에 따르면, 그가 갖고 있지 않은 모든 것을 그녀에게 줄 것을 단순히 요구한다."(*SV*, 348~349) [17]

17 라캉이 언급하는 "정의"(定義)는 "사랑은 갖고 있지 않은 것을 주는 것"이라는 사랑의 정의를 의미한다. 이 점에 관한 상세한 논의는 9장 「에로스의 두 얼굴」을

라캉은 세미나 X 『불안』에서는 '행동화'와 '행위로의 이동'(*passage à l'acte*)을 구별하면서 호숫가 장면에서 도라의 행위로의 이동이 발생한다고 설명한다. 행동화는 주체가 상징계에서 대타자에게 연출하는 공연이다. 도라가 K 부부와의 관계에서 행하는 모든 행위 즉 "K 집안에서 그녀의 역설적 행동"은 행동화다.(*S*X, 123) 반대로 행위로의 이동은 주체가 자신이 상연하는 무대에서 떨어지는 것 즉 상징계에서 실재계로 탈락하는 것이다. "**행위로의 이동**의 순간은 주체가 [……] 가장 크게 당황하는 순간이다. 그 순간에 그는 자신이 있던 곳—즉 그가 [……] 주체의 상태로 자신을 유지할 수 있는 유일한 무대의 장소—에서 돌진해 무대 밖으로 떨어져 장면에서 사라진다."(*S*X, 115) 그것은 "주체가 모든 곳에서 거절되고 거부된 무엇인가를 찾기 위해 출발하는 순수한 세계로의 유랑이고 무대 탈출"이다.(*S*X, 116) 이런 점에서 도라는 K 씨의 말에 의해 주체가 아닌 대상으로 환원되어 상징계에서 퇴출되는 것에 대한 반응으로 K 씨의 뺨을 때린다. 엘리 래글랜드(Ellie Ragland)가 지적하듯이 K 씨는 도라가 동일시하는 K 부인을 아무것도 아닌 것으로 만들기 때문에 "그녀의 이상자아를 건드렸고 그녀를 주체의 위치에서 대상 쪽으로 밀어낸다."[18] 도라는 이에 대해 생각할 여유를 갖고 반응할 수 없었기 때문에 "폭력적 행위로의 이동을 하여 그의 뺨을 때리는 것이다."[19]

볼 것.

18 Ellie Ragland, "The Hysteric's Truth," Justin Clemens & Russell Grigg 공편, *Jacques Lacan and the Other Side of Psycho-analysis* (Durham: Duke UP, 2006)

19 Ellie Ragland, "The Hysteric's Truth," 74쪽.

도라가 K 씨의 뺨을 때리는 행위는 히스테리 주체가 주이상스의 대상으로 환원되는 것에 대한 저항을 보여준다. 라캉은 세미나 X『불안』에서 사마귀의 우화를 통해 "불안과 대타자의 욕망 사이에 존재하는 본질적 관계"를 설명한다.(*SX*, 5) 라캉은 자신이 세 형제의 동굴(the Cave of the Three Brothers)로 알려진 이탈리아의 원시시대 동굴벽화에서 마법사가 쓰고 있는 동물의 마스크를 쓰고 사람만큼 큰 사마귀와 마주치는 장면을 상상한다. 라캉은 사마귀의 눈에 자신이 어떻게 나타나는지 알 수 없고 사마귀는 라캉의 정체성에 대해 오판할 수 있다. "나는 그 곤충의 안구가 형성하는 수수께끼 같은 거울에 나타난 나의 이미지를 볼 수 없다."(*SX*, 6) 이 우화는 "대타자의 욕망과의 관계"를 보여준다.(*SX*, 22) 대타자에게 자신이 어떤 존재인지 모르는 불확실성 즉 대타자 욕망의 수수께끼는 불안을 낳는다. 콜레트 솔레(Colette Soler)는 이 우화가 불안과 욕망의 관계뿐 아니라 불안과 주이상스와 관계도 보여준다고 해석한다.

> x(알려지지 않은 것)로서의 욕망은 불안을 낳는다. 그러나 동시에 욕망은 주이상스의 확실성에 대한 방어라고 말할 수 있다. 라캉의 우화에는 두 단계의 불안이 있다고 말할 수 있다. 자신이 어떤 마스크를 쓰고 있는지 모르는 상태에서 사마귀와 대면한다면 자신이 누구인지 모르기 때문에 불안을 느낄 수 있다. 이는 당신이 어떤 대상인지 모르는 불확실성과 관계된 첫째 단계의 불안이다. 그러나 암컷 사마귀 앞에서 자신이 수컷 마스크를 쓰고 있다는 것을 안다면 불안의 확실성은 더 클 것이고 또 정당화될 것이다. 내가 어떤 대상인지 모르는 불확실성이 내가 어떤 대상인지 아는 확실성보다 오히려

낫다.[20]

사마귀에 대한 라캉의 우화는 대타자의 욕망의 대상이 되는 불확실성과 주이상스의 대상이 되는 확실성의 차이를 보여준다. 욕망의 대상이 되는 것보다 주이상스의 대상이 되는 것이 더 큰 불안을 일으킨다.

호숫가 상면에서 아내가 아무것도 아니라는 K 씨의 발언을 들은 도라는 K 씨를 성적으로 만족시키는 대상이 되는 것에 불안을 느낀다. 라캉이 말하듯 "행동은 불안에서 확실성을 빼앗는 것이다."(*SX*, 77) 따라서 이 장면에서 도라는 "대타자[K 씨]를 만족시키는 대상이 되는 확실성"이 유발하는 불안을 피하기위해서 그를 때리는 "행위의 확실성을 통해 불안을 달래고 [……] 주체로서 자신을 재구성한다."[21] 대상으로 환원되기를 거부하고 주체성을 확보하려는 도라의 행위는 히스테리 주체가 주이상스의 대상이 아닌 욕망의 주체로 자신을 유지하려는 것을 입증한다. 이 문제는 그녀의 성 정체성에 관한 의문과도 연관된다. K 씨의 뺨을 때리는 행위는 "그녀가 K 씨를 사랑하는가 아니면 K 부인을 사랑하는가에 대한 완전한 모호성을 표현할 뿐"이다.(*SX*, 115) 다시 말해서 도라는 "내가 남성인가 여성인가"라는 히스테리 환자의 성 정체성에 대한 근본적 질문에 봉착한다. 도라는 주체와 대상, 남성과 여성 사이에서 분열된다.

20 Colette Soler, "Hysteria and Obsession," Richard Feldstein, Bruce Fink & Maire Jaanus 공편, *Reading Seminars I and II: Lacan's Return to Freud* (Albany: SUNY P, 1996), 268~269쪽.

21 Véronique Voruz, "A Lacanian Reading of Dora," 172쪽.

3. 히스테리성 질문: 여성 기표의 부재

도라 사례연구에 대한 라캉의 논의는 히스테리 환자가 "여성은 무엇인가?"라는 질문에 대한 해답을 남성(대타자)에게서 찾는다는 논리로 향한다. 세미나 XVII 『정신분석의 이면』에서 히스테리 담론은 이 점을 잘 보여준다. 그러나 라캉은 세미나 III 『정신병』에서 이미 L 도식을 통해 이 문제를 설명하면서 왜 히스테리 주체의 근본적 질문이 성 정체성에 관한 것인가를 분석한다. L 도식에서 주체(환자)와 분석가의 관계는 도라와 남성의 관계와 같다. 이 도식에서 주체가 자신의 거울이미지인 소타자(a)와 상상적 관계에 놓이면 스스로에게 말하는 상상적 담론 속에 갇힌다. 대타자(A)의 위치에 있는 분석가와의 대화를 통해서만 주체는 자신의 무의식적 진리를 전달할 수 있다. 정신병 환자는 "전적으로 상상적인 세계" 속에 갇혀 산다.(*S*III, 162) 그 이유는 "정신병에서, 존재가 말의 표명을 통해 실현되는, 대타자가 배제"되기 때문이다.(*S*III, 162) 이런 특징은 신경증과 달리 정신병에서는 외적 세계와 단절이 이루어진다는 프로이트의 설명에 해당한다.[22] 라캉은 프로이트가 정신병의 구조와 신경증의 구조를 엄밀히 구분했다는 점을 강조한다. 정신병과 반대로 신경증은 주체와 대타자의 관계에 기초한다. 도라가 "여성은 무엇인가?"라는 질문을 던지는 상대는 물론 대타자다. 분석가는 주체의 상상적 소타자가 아닌 대타자의 위치를 점해야 한다. 따라서 도라와 프로이트의 관계는 히스테리 환자가 대타자에게서 여성은 무엇인가에

22 이 점에 대해서는 프로이트의 "Neurosis and Psychosis," *SE*XIX: 147~153쪽을 볼 것.

대한 해답을 구하는 구조다.

대타자는 라캉의 표현대로 "존재가 말의 표명을 통해 실현되는" 장소다. 라캉에 따르면 언어 이전의 현상은 정신분석과 무관하며 프로이트는 정신분석과 언어의 상관관계를 명백하게 밝혔다. 에른스트 크리스(Ernst Kris)는 전의식적 정신과정을 강조하며 상상계에서 무의식에 접근할 수 있다고 주장한다. 이와 달리 라캉에게 무의식은 상상계가 아니라 기표의 차이로 이루어진 상징계에서만 접근할 수 있다. 무의식은 "언어와 같이 구조화되어 있기" 때문이다.(*SIII*, 167) 신경증의 원인은 구강적, 항문적, 성기적 단계 같은 성 발달과정에 있지 않다. 신경증은 "주체가 자신을 인식하고 또 인식되는 장소로서의 말의 대타자(The Other of speech)"인 상징계에 의해 결정된다.(*SIII*, 168) 주체는 대타자의 장소에서 남성이나 여성으로 인식된다. 대타자에게 인정받는 주체가 성별적 존재라는 사실은 중요하다. 라캉이 소개하는 외상 히스테리 환자의 사례는 이 문제를 잘 예시해준다.

라캉은 심리학자 미샤일 아이슬러(Michael Josef Eisler)가 분석한 30세 헝가리 남성 환자의 예를 소개한다. 이 남성은 전차에서 내리다가 넘어져 끌려가지만 병원에서 머리 부분에 몇 바늘 꿰맨 것 이외에 심각한 부상은 발견되지 않는다. 그러나 얼마 후 이 남성은 갈비뼈 부위에서 나오는 방사통을 호소했고 검사 결과 이상이 없어 아이슬러에게 정신과 치료를 받는다. 아이슬러는 이 신경증 환자에게서 동성애적 성향과 항문기적 성격을 발견하지만 신경증의 원인을 밝히지는 못한다. 라캉은 이 환자가 겪은 위기가 '임신 환상'(fantasy of pregnancy)과 명백한 관련이 있다는 점을 발견한다. 이 환자는 과거에 이웃집 여자가 분만하는 것을 우연히 보게 되었고 임신과 생식 문제에 관심을 기울여왔다. 임신 환상의 관점에서 보면 그가 전차에서 떨어진 것도 자기 분만으로 해석될 수 있다. 아이슬러는 이 남성을 진찰한 의사가 그에게 무엇이 문제인지 알지 못했고 그가 여자였다면 더 잘 이해할 수 있었을 거라고 고백했다고 말한다. 즉 이 남성은 "**내가 누구인가? 남자인가 여자인가? 내가 출산 능력이 있는가?**"라는 질문에 봉착한다.(*S*III, 171) 그의 언행은 "근본적으로 상징적인 관계 즉 **내가 남자인가 여자인가**"라는 질문에 대한 응답의 형식을 취한다.(*S*III, 171)[23]

라캉은 이 질문이 "여성이라는 것은 무엇인가?"(What is to be a woman?)라는 도라의 질문과 비교될 수 있다고 말한다. "남성 주체가 여성이라는 것이 무엇인가에 대해 의문을 갖듯이 여성도 여성이라는 것이 무엇인가에 대해 의문을 갖는다."(*S*III, 172) 그래서 "신경증의 구조는 본질적으로 하나의 질문"이다.(*S*III, 174) 라캉은 이 질문이 상징계 차원에 존재한다는 사실을 강조한다. 아이슬러의 남성 환자와 도라는 상징계에서 같은 성적 입장에 위치해서 같은 질문을 한 것이다. "히스테리 환자는 남성이건 여성이건 자신에게 같은 질문을 던진다. 남성 히스테리 환자 역시 여성적 입장에 관여한다."(*S*III, 178)

23 이 문제는 도라가 남성과 동일시하며 여성성을 탐구하는 역설과 관계된다. 프로이트는 정육점주인의 부인이 꾼 꿈을 분석하면서 그녀가 남편의 사랑을 차지하는 친구와 동일시하는 것을 히스테리성 동일시라 부른다. 후에 논하겠지만 라캉은 그 부인이 친구가 남편 욕망의 대상으로 어떻게 나타나는가를 탐구하기 위해 남편과도 동일시한다는 것을 밝혀낸다. 브루스 핑크(Bruce Fink)는 따라서 남성과 여성 모두와 동일시하는 이 여자가 "내가 남자인가 아니면 여자인가? 라는 히스테리 환자의 질문"을 잘 예시한다고 지적한다. Bruce Fink, *A Clinical Introduction to Lacanian Psychoanalysis: Theory and Technique* (Cambridge: Harvard UP, 1997), 126쪽.

이 질문이 남성이 아닌 여성의 존재에 관한 이유는 무엇일까? 그 이유는 이 질문이 상징계의 차원에 있다는 것과 어떤 관련이 있을까? 여기에서 남녀의 오이디푸스 콤플렉스 과정이 대칭적이지 않다는 프로이트의 주장은 매우 중요하다. 프로이트는 카를 융(Carl Gustav Jung)이 사용한 "두 성의 태도에 존재하는 유사성을 강조하는 엘렉트라 콤플렉스(Electra complex)라는 용어를 거부하는 것이 옳다"라고 지적한다.(*SE*XXI: 229)[24] 앞 장에서 보았듯이 남근기에서는 오로지 음경의 존재와 부재 여부로 성차가 인식되고 여아도 전-오이디푸스 단계에서는 남아처럼 어머니를 사랑의 대상으로 삼는다. 이 사실은 남녀가 오이디푸스 콤플렉스 및 거세 콤플렉스와 관계하는 방식이 비대칭적이라는 사실 즉 성차의 비대칭을 증명한다. 남근을 근본적으로 음경이 아닌 기표로 해석하는 라캉 이론에서 이 비대칭은 더욱 분명히 드러난다. 라캉에 따르면 프로이트에게 "이 비대칭의 이유는 본질적으로 상징적 차원에 놓여있다."(*S*III, 175~176) 그것은 "기표 때문"이고 더 정확히 말해서 "여성의 성 그 자체에 대한 상징화가 없기" 때문이다.(*S*III, 176)

24 그리스 신화에서 엘렉트라는 남동생 오레스테스(Orestes)와 함께 아버지 아가멤논(Agamemnon)을 죽인 어머니 클리템네스트라(Clytemnestra)에 대한 복수를 공모한다. 융은 남아가 어머니를 사랑하고 아버지를 증오하는 오이디푸스 콤플렉스와 반대로 여아가 아버지를 사랑하고 어머니를 증오하는 것을 엘렉트라 콤플렉스라 부르며 남녀 사이에 대칭적인 관계를 설정한다. "남아의 경우 이 갈등[오이디푸스 콤플렉스]은 더 남성적이고 전형적인 형태로 발전한다. 반면에 여아에게서는 아버지에 대한 전형적인 애정이 그에 상응하는 어머니에 대한 질투심과 함께 발전한다. 우리는 이를 엘렉트라 콤플렉스라 부른다. 잘 알려져 있듯이 엘렉트라는 남편을 죽인 어머니에게 복수하는데 그 이유는 어머니가 자신에게서 아버지를 빼앗았기 때문이다." Carl Gustav Jung, *The Theory of Psychoanlaysis* (New York: The Journal of Nervous and Mental Disease Publishing, 1915), 69쪽.

> 오이디푸스 콤플렉스가 발생하는 과정에서 여자가 아버지와 동일시를 통해 우회하여 잠시 남아와 같은 경로를 밟게 만드는 것은 남근적 형태(phallic *Gestalt*)의 지배력 때문입니다. 여자가 오이디푸스 콤플렉스에 접근하는 것 즉 여자의 상상적 동일시는 남근의 상상적 형태의 지배력 때문에 남아의 경우와 똑같이 아버지를 통해서 이루어집니다. 그러나 이 형태 자체가 오이디푸스 콤플렉스에 핵심적인 상징적 요소로 여겨지는 한에서 그렇습니다. (*S*III, 176)

라캉은 상상계와 상징계의 차이 및 이 두 차원의 불가피한 혼합을 명확히 설명한다. 상징계는 사물에 대한 지식, 말, 이름과 관계된다. 이름이 없으면 사물도 없다. 반대로 "상상적 관계는 [……] 동물행동학, 동물심리학과 연관된다. 성적 관계는 타자의 이미지에 의한 포획을 함축한다."(*S*III, 177) 상징계는 지식의 영역이고 상상계는 인간이 성애화된 대상인 타자와 동일시하는 "대상 성애화의 영역"이다.(*S*III, 177) 라캉이 거울단계 논문에서 언급하는 "동형적 동일시"는 이를 잘 예증한다.(*E*, 77) 예컨대 "비둘기가 성과 무관하게 같은 종의 다른 멤버를 보는 것은 암컷 비둘기 생식선의 성숙에 필요한 조건이다."(*E*, 77) 그러나 "인간의 성적 입장이 발생하는 것은 [……] 근본적으로 상징화된 관계인 오이디푸스 콤플렉스의 관계를 가로지르는 시련과 관계된다. [……] 남녀의 기능이 상징화되어야 즉 상상계의 영역에서 문자 그대로 뿌리째 뽑혀 상징계의 영역에 놓여야 정상적이고 완성된 성적 입장이 실현된다."(*S*III, 177) 남녀의 성별화가 이루어지는 것은 상징계의 영역이다. 그러나 성별화는 상상적 동일시의 수단을 통해서 이루어지는 모순이 존재한다.

여성이 아버지와 동일시하는 것은 상상적 동일시다. 여아가 남성

(아버지)과 동일시하는 것은 남근이라는 형태 즉 상상적 남근의 지배력 때문이다. 문제는 이 상상적 남근이 상징적 요소로 여겨진다는 점이다. 다시 말해서 여자도 처음에는 남아처럼 아버지와 상상적 동일시를 통해 상징적 동일시를 하게 된다.[25] 그 이유는 무엇일까? 그것은 상징계에는 남성이 동일시하는 남근기표처럼 여성이 동일시할 수 있는 여성기표가 부재하기 때문이다. "그것은 기표 비대칭의 문제다."(*S*III, 176) 비대칭은 상징계에서만 발생한다. 상상계에서는 남녀가 각각 성적 입장을 취하는 대칭적인 관계가 가능하다. 그러나 상징계적 경험인 "오이디푸스의 경험은 주체적 실현으로 통하는 방식에서 기표의 지배를 증명한다. 왜냐하면 여아가 자신의 상황을 취하는 것이 상상계에서는 생각할 수 없는 것이 아니기 때문이다."(*S*III, 176) 남녀가 각각 남자와 여자의 입장을 취하는 성별화는 기표로 이루어진 상징계의 영역에서만 발생할 수 있다. 상징계에서 "하나의 성은 다른 성의 이미지를 동일시의 근거로 삼도록 요구된다."(*S*III, 176)

> 상징적 질료가 없으면 주체의 성(sexuality)이 실현되는 데 필수적인 동일시의 과정에 장애나 결함이 존재합니다. 이 결함은 어느 시점에서 상징계가 질료를 결여한다는 사실에서 유래합니다. 왜냐하면 상징계는 질료를 요구하기 때문입니다. (*S*III, 176)

라캉이 말하는 "상징적 질료"는 (라캉이 형태라고 부른) 이미지를 의미한

---

25 라캉에 따르면 남아와 여아 모두 처음에는 남근이 되려는(to be the phallus) 욕망을 갖지만 남자가 '남근 되기'에서 '남근 갖기'로 이동하는 반면 여자는 계속 '남근 되기'에 머문다. 이에 대한 상세한 논의는 7장 「남근의 추구와 위장」의 둘째 단원 "남근과 욕망: 남근 되기와 남근 갖기"를 볼 것.

다. 남근기표는 음경이라는 이미지를 질료로 삼을 수 있기 때문에 가능하다. 여성에게는 이런 질료가 없기 때문에 여성은 자신을 나타내는 상징적 기표를 지니지 못한다. 그래서 여성은 남성처럼 "남근적 형태"를 상징적 요소로 삼아 남근과의 상상적 동일시를 매개로 자신의 성적 입장을 취하는 상징적 동일시를 이룬다.

4. 히스테리성 동일시: 욕망에 대한 욕망

이렇게 히스테리 환자가 남근과 동일시하는 것이 히스테리성 동일시의 핵심이다. 히스테리성 동일시에 관해서 도라 사례연구만큼 중요한 것은 프로이트가 『꿈의 해석』에서 분석한 정육점주인 부인의 사례다. 훈제연어 꿈으로 알려진 이 꿈은 히스테리성 동일시를 예시하는 대표적인 사례다. 라캉은 「치유의 방향과 치유력의 원리」("The Direction of the Treatment and the Principles of Its Power")의 다섯째 단원 "욕망은 문자 그대로 여겨져야 한다"에서 이 사례를 집중 분석한다. 프로이트는 꿈이 소망성취라는 자신의 주장을 반박하기 위해 이 환자가 제시한 소망(욕망)이 이루어지지 않는 꿈을 소개한다.[26] 꿈에서 환자는 만찬을 열기 위해 시장에서 훈제연어를 사려하지만 상점이 닫혀서 사지 못하고, 물건을 배달시키려고 전화하려하지만 전화기도 고장이 나 결국 만찬을

26 소망으로 국역되는 독어 *wunsch*는 wish로 영역된다. 라캉은 *wunsch*/wish에 해당하는 불어가 *voeu*라고 밝히지만 프로이트가 『꿈의 해석』에서 욕망을 발견한다고 말한다. *E*, 518쪽.

포기한다. 프로이트는 이 꿈에서 두 가지 욕망을 분석한다. 첫째 욕망은 남편이 칭찬하는 친구에 대한 질투와 관계된다. 그녀가 훈제연어를 좋아하는 친구를 초대해 그 친구가 살찐다면, 풍만한 여성을 좋아하는 남편이 그 친구를 더 좋아하게 될 것이다. 환자는 이를 바라지 않기 때문에 만찬을 열지 못하는 꿈을 꾼다.

그러나 프로이트는 꿈속에서 훈제연어를 먹고 싶어 하는 친구의 욕망이 아니라 환자 자신이 만찬을 열려는 욕망이 이루어지지 않는다는 점에서 그녀가 친구와 동일시하고 있다는 것을 밝혀낸다. 이는 환자가 상어알 샌드위치를 포기하는 것에서도 확인된다. 환자는 상어알 샌드위치를 먹고 싶지만 오히려 남편에게 상어알을 사주지 말라고 부탁한다. 이렇게 그녀가 현실에서 성취되지 못한 소망을 만들어내는 이유는 그 친구가 좋아하는 연어에 선뜻 지출하지 않고 먹고 싶은 욕망을 포기하기 때문이다. 연어를 포기하는 친구와 동일시하기 때문에 자신도 현실에서 상어알 샌드위치에 대한 욕망을 포기한다. 환자가 자신의 욕망이 성취되지 못하는 꿈을 꾸었다면 이는 그녀가 (욕망을 성취하지 못한) 그녀의 친구와 동일시하기 때문이다. 이것이 히스테리성 동일시의 과정이다.(*SE*IV: 146~151)

라캉은 이 꿈을 "히스테리 환자의 꿈"으로 정의하며 환자의 "만족되지 않은 욕망을 가지려는 욕망"에 주목한다.(*E*, 518) 환자가 상어알에 대한 욕망을 만족시키지 않으려는 것은 욕망을 유지하려는 "욕망에 대한 욕망"이다.(*E*, 518) 이 "욕망에 대한 욕망"은 상어알에 대한 욕망이라는 기표로 나타난다. 그리고 "상어알에 대한 환자 자신의 욕망은 꿈속에서 환자 친구의 특징인 훈제연어에 대한 욕망으로 대치된다."(*E*,

518~519) 라캉은 「무의식 속 글자의 심급 또는 프로이트 이후의 이성」("The Instance of the Letter in the Unconscious or Reason Since Freud")에서 프로이트가 꿈-작업의 핵심 요소로 설명하는 압축(condensation)과 전치(displacement)를 각각 은유과 환유로 해석한다. 아래 두 공식이 보여주듯이 은유에서 기표는 기표(S)와 기의(s)를 구분하는 가로선을 수직으로 가로질러 기의에 도달해 의미가 발생한다.[S (+) s] 이와 달리 환유에서 기표는 가로선을 가로지르지 못하고 다른 기표로 전치된다.[S (—) s] (*E*, 412–441)

$$f(S\cdots S')S \cong S(-)s \qquad\qquad f\left(\frac{S'}{S}\right)S \cong S(+)s$$

환유　　　　　　　　　　은유

그는 이 꿈을 이 두 언어 작용으로 해석한다. 훈제연어가 상어알을 대신하는 것은 "은유효과를 낳기 위해 하나의 용어가 다른 용어를 대치하는" 은유공식을 따르므로 이 꿈은 "욕망의 은유"를 보여준다.(*E*, 519) 은유에서 하나의 기표는 분모의 위치에, 다른 기표는 분자의 위치에 놓여 기표/기의 관계를 형성한다.

$$\frac{\text{S: 꿈속 훈제연어(에 대한욕망)}}{\text{s: 현실속 상어알(에 대한욕망)}}$$

반면 상어알에 대한 욕망이 상어알에 대한 만족되지 않은 욕망을 의미하는 것은 상어알에 대한 욕망이 만족되지 않은 욕망이라는 기의를 나타내는 기표라는 것을 뜻한다. 이런 점에서 상어알에 대한 욕망과 만족되지 않은 욕망은 은유관계를 갖는 것처럼 보인다. 그러나 "이 욕망이 [……] 상어알로 미끄러지자마자 상어알에 대한 욕망은 이 [만족되지 않는] 욕망의 환유가 된다. 이 환유는 욕망이 스스로를 지탱하는 존

재-결여(욕망)(want-to-be)로 인해 의해 필연적이 된다."(*E*, 520)[27]

상어알에 대한 욕망(S)—상어알에 대한 만족되지 않은 욕망(S)

여기에서 기표가 다른 기표를 지시하는 것에 의해 발생하는 환유의 효과를 라캉은 "빈약한 의미"(scant meaning)라 부른다.(*E*, 520) 만족되지 않은 욕망의 근저에는 빈약한 의미가 존재한다. 은유에서와 달리 환유에서는 의미가 발생하지 않아 의미효과는 빈약하다. 이는 "욕망이 존재-결여(욕망)의 환유라는 것"을 보여준다.(*E*, 520)

이 두 욕망의 관계는 왜 환유적일까? 상어알(에 대한 욕망)을 훈제연어(에 대한 욕망)가 대치한 것은 은유다. 솔레가 지적하듯이 이와 달리 상어알에 대한 욕망은 (상어알에 대한) 만족되지 않은 욕망을 대치한 것이 아니라 의미사슬에서 지시할 뿐이다. 주목할 것은 이 환유관계를 필연적인 것으로 만드는 것이 "존재-결여"라는 라캉의 발언이다. 라캉 이론에서 의미효과는 오로지 은유에 의해서만 발생한다. 훈제연어가 상어알을 대신하는 은유 관계에서 훈제연어의 실제 의미는 상어알이라는 의미효과가 발생한다. 그러나 상어알에 대한 욕망이 상어알에 대한 만족되지 않은 욕망을 지시하는 환유에서는 어떤 의미효과도 발생하지 않는다. 오히려 이 관계에서 "전이되는 것은 결여에 대한 지시에 불과하며 이는 모든 욕망에 내재하고 지속한다."[28] 이 두 욕망에서 공통적

27 솔레가 지적하듯 to be 부정사는 욕망이 문법적으로 표현되는 형식이다. Colette Soler, "Hysteria and Obsession," 260쪽. 존재-결여의 원어인 *manque-à-être*의 영역인 want-to-be에서 want는 '원하다'와 '결핍하다' 즉 욕망과 결여의 이중의미를 지닌다.

28 Colette Soler, John Holland 옮김, *What Lacan Said about Women: A Psychoanalytic*

으로 지속되는 것은 결여/욕망이다. 이 때문에 "빈약한 의미"만 발생한다. 욕망의 환유에서 중요한 것은 의미효과가 아니라 욕망/결여의 지속이다.

욕망의 지속과 히스테리는 어떤 관계를 가지는 것일까? 욕망의 지속은 만족되지 않은 상태에서만 가능하다. 프로이트는 "히스테리가 제기하는 수수께끼 같은 모순"을 "히스테리의 특징인 한 쌍의 반대항 즉 과장된 성적 갈망과 성에 대한 과도한 혐오감"으로 설명한 바 있다.(*SE*VII: 165) 이런 갈등 때문에 히스테리 환자는 성에 과도하게 집착하지만 정작 성행위에서 고통과 불만족을 느끼고 심지어 이 불만족 자체를 욕망하는 상태를 추구한다.[29] 라캉은 프로이트가 이 꿈을 해석하면서 만족되지 않은 욕망이 "히스테리성 동일시의 [……] 요체"임을 보여주었다고 말한다.(*E*, 522) 다시 말해서 프로이트는 정육점주인 부인의 사례에서 "히스테리에 [……] 욕망의 조건인 박탈에 대한 욕망이 있

Study, (New York: Other Press, 2006), 53쪽. 솔레는 "전이"를 프로이트가 『꿈의 해석』에서 사용한 의미로 사용한다. 즉 여기에서 "전이"는 분석상황에서 환자가 과거에 사랑했던 대상에게 투자했던 리비도를 분석가에게 투자하는 의미의 전이가 아니다. 그것은 의식의 검열을 피하기 어려운 무의식적 꿈-사고에서 검열을 피하기 쉬운 다른 꿈-사고로 정신적 강도가 옮겨지는 "전치"와 동의어다. 프로이트는 이를 "정신적 강도의 전이와 전치"라고 표현한다.(*SE*IV: 30) 프로이트 이론에서 심리적 강도가 전이/전치되는 것은 라캉 이론에서 욕망이 지속되는 것에 상응한다고 볼 수 있다. 프로이트는 『꿈의 해석』에서 우리가 기억하는 꿈(외현적 꿈-내용)은 무의식적 꿈-사고가 의식의 검열을 피하기 위해 왜곡되고 위장된 형태로 나타나기 때문에 불합리하게 보인다고 말한다. 의식의 검열을 피해 꿈-사고를 위장하는 (무의식적) 과정이 꿈-작업이다. 꿈-작업은 1) 전치(심리적으로 중요하지 않으나 검열을 피할 수 있는 요소가 심리적으로 중요하나 검열을 통과할 수 없는 요소를 대신하는 것), 2) 압축(하나의 요소가 여러 요소를 대신하는 것), 3) 재현가능성의 고려(추상적 내용을 꿈에서 재현하기 쉬운 시각적 이미지로 바꾸는 것), 4) 이차 수정(꿈에 나타난 이질적 내용들 사이의 균열을 메우고 연결해서 그럴듯한 이야기로 만드는 것)으로 구성된다.

29 Juan-David Nasio, *Hysteria from Freud to Lacan*, 35~37쪽을 참조할 것.

다는 사실을 발견했다."[30] 정육점주인 부인이 친구와 동일시하는 것은 친구가 연어를 포기하여 욕망을 만족시키지 않기 때문이다. "우리 환자가 친구와 동일시한다면 이는 친구가 뛰어날 정도로 연어에 대한 욕망을 만족시키지 않기 때문이다."(*E*, 522) 그러나 그녀의 히스테리성 동일시에는 남편의 사랑을 얻으려는 욕망이 존재하므로 친구와의 관계뿐 아니라 제3 자인 남편과의 관계가 전제된다. 프로이트에 따르면 히스테리성 동일시에서 환자는 자신이 모방하는 다른 히스테리 환자와 "공통적인 성적 요소"를 공유한다.(*SE*IV: 150) 정육점주인 부인과 친구의 공통요소는 남편의 사랑이다. 이 환자가 "꿈속에서 친구의 위치를 차지한 것은 [……] 그녀가 남편의 높은 평가를 받는 친구의 위치를 차지하고 싶었기 때문이다."(*SE*IV: 150~151)

라캉은 정육점주인 부인이 친구뿐 아니라 남편과도 동일시한다는 것을 밝혀낸다. 바로 이 지점에서 라캉의 해석은 프로이트의 해석을 넘어선다. 프로이트의 해석은 히스테리성 동일시에서 제3 자인 남편에 대한 사랑이 공통요소로 존재한다는 것을 설명하는 데 그친다. 라캉은 정육점주인 부인이 남편 사랑의 대상이 되려는 욕망을 넘어서 남편과 동일시한다는 점에 주목한다. 부인은 남편에 대해 "그의 모든 것이 만족된 때에도 그가 여전히 뒤틀려 있는 욕망을 갖고 있는 것은 아닐까?"라고 묻는다.(*E*, 523) 그녀는 자신이 남편의 성적 욕망을 만족시킨 후에도 남편이 잉여의 욕망을 갖지는 않을까 의문시한다. 이 질문은 자신이 남편을 만족시키지 못한 것이 아닌가의 질문으로 이어진다.

---

30 Colette Soler, "Hysteria and Obsession," 258쪽.

> 그러나 어떻게 그녀와 만족할 수 없는 남자에 의해 [……] 다른 여자가 사랑받을 수 있는 것일까? 이것이 일반적으로 말해서 히스테리성 동일시에 관련된 질문의 정확한 공식이다.
>
> 주체는 여기에서 이 질문이 된다. 이런 점에서 그 여자는 남자와 동일시하고 훈제연어 조각은 대타자의 욕망의 장소를 차지하게 된다. [……]
>
> 비록 약간 날씬한(skinny) 남근일지라도, 남근이 되는 것. 이것이 욕망의 기표와의 최종적인 동일시가 아닌가? (*E*, 523)

부인이 남편과 동일시하는 목적은 친구에 대한 남편의 욕망을 가늠하기 위해서다. 그녀는 남편의 관점에서 친구의 어떤 점이 남편을 매료시키는가라는 질문을 던진다. 라캉이 말하듯 여기에서 히스테리 주체는 대타자(남편)의 욕망에 대한 질문 자체가 된다. "그녀는 아갈마(*agalma*), 친구의 매력, 그녀의 유혹적인 날씬함의 미스터리를 남자의 관점에서 묻는다. 주체는 [……] 따라서 자신이 주체로서 동일시한 대타자—여기서는 남자—의 질문이 된다."[31]

환자가 친구와 동일시하는 것이 상상적 동일시라면 남편인 대타자와 동일시하는 것은 상징적 동일시다. 그러나 남편과의 동일시는 그녀를 남성적으로 만들지 않는다. 오히려 그녀가 남편이 상어알을 사주지 못하게 만드는 것 즉 "환자가 상어알과 게임하는 것은 여성적 가장(feminine masquerade)의 일부다."[32] 환자는 남편이 아닌 남편(대타자)의 욕망의 기표인 남근과 동일시한다. 여기에서 남편의 욕망이 날씬한 친

31 Colette Soler, *What Lacan Said about Women*, 57쪽. 아갈마에 대해서는 9장 「에로스의 두 얼굴」을 볼 것.

32 Colette Soler, *What Lacan Said about Women*, 58쪽.

구를 향해있기 때문에 이 남근은 "약간 날씬한 남근"이다. 환자는 대타자 욕망의 기표인 남근(Φ)이 되려고 하며 "대타자의 결여에서 자신의 존재를 발견한다."[33] 히스테리 환자의 궁극적 목적은 자신을 욕망하는 주체로 유지하는 것이다. 정육점주인 부인은 상어알을 스스로 금지함으로써 결여/욕망의 주체가 되려 한다. 주체의 욕망이 대타자의 욕망을 매개로 출현하는 욕망의 변증법에 따라 그녀는 남편의 욕망을 탐구하는 경로를 통해 스스로 욕망의 주체가 된다.[34] 그러므로 이 여자는 "어떻게 히스테리 환자가 '거의 전적으로 타자의 욕망에서 자신을 구성하는지'"를 보여준다.[35] 대타자의 결여/욕망에서 자신의 존재를 찾으려는 히스테리 환자는 대타자의 욕망을 유지하려 한다. 대타자가 결여/욕망해야만 자신의 존재가 유지되기 때문이다.

5. 히스테리 (환자) 담론

라캉의 히스테리 연구는 히스테리 환자가 남근과 동일시하는 것으로 귀결된다. 세미나 XX 『앙코르』(*Encore*)에서 라캉이 남근을 넘어선 것으로 정의하는 여성적 주이상스는 히스테리와 어떤 관계가 있을까? 서

---

33 Colette Soler, "Hysteria and Obsession," 260쪽.

34 주체(아이)가 대타자(어머니)의 욕망의 수수께끼를 탐구하는 과정 즉 대타자가 무엇을 원하는가를 알려는 과정에서 욕망의 주체로 태어나는 욕망의 변증법적 관계에 대한 상세한 설명은 졸저 『욕망의 윤리』 3장 「욕망의 변증법」을 참조할 것.

35 Maeve Nolan, "Beauty and the Butcher–The Desire of the Hysteric and Its Interpretation," *The Letter: Irish Journal for Lacanian Psychoanalysis*, 3 (1994), 27쪽.

두에 언급한 라캉의 히스테리 강연은 단편적이고 불분명하게나마 히스테리 문제를 여성적 주이상스 및 실재와 연결시킨다. 이 연관성에 대한 단서는 구조에 대한 라캉의 언급에서 찾을 수 있다. 라캉은 이 강연 중간에 구조와 실재의 관계에 대해 짧게 언급한다. "나는 실재에 도달하려는 희망으로 [……] 수학에서 변함없이 가장 명백한 부분을 차지하는 구조 개념을 꺼낸다."("Hysteria" 12) 라캉은 구조와 형식을 구분하고 형식 또는 형태(Gestalt)가 물거품과 같은 것이라고 말한다. 거울단계이론에 비추어볼 때 라캉은 여기에서 상상계적인 형태/형식과 실재계에 속한 구조를 구분한다고 볼 수 있다. 구조 개념은 히스테리와 실재 및 여성적 주이상스를 매개하는 필수 불가결한 개념이다. 라캉은 히스테리를 주체와 대타자의 변증법적 관계의 구조로 파악했다.

세미나 XVII『정신분석의 이면』에 등장하는 히스테리 담론은 히스테리를 구조의 관점에서 더 발전시킨 것이다. 앞서 살펴보았듯이 정육점주인 부인은 남편/대타자의 욕망을 가늠하기 위해 대타자의 욕망의 기표인 남근이 되고, 자신의 욕망을 유지하기 위해 남편/대타자의 욕망을 유지하려고 즉 만족시키지 않으려고 한다. 세미나 XVII에서 주체, 대타자, 남근의 관계는 히스테리 담론의 구조로 재해석된다. 라캉은 담론구조에서 네 항목의 관계를 아래 왼쪽과 같이 설명하고 히스테리 담론을 오른쪽과 같이 제시한다.

$$\frac{\text{행위자}}{\text{진리}} \longrightarrow \frac{\text{타자}}{\text{생산물}} \qquad \frac{\$}{a} \longrightarrow \frac{\text{S1}}{\text{S2}}$$

라캉은 "진리 없이" "생경한 실재"를 포착하는 것은 불가능하다고 말한다. 왜냐하면 "우리와 실재 사이에 진리가 있기" 때문이다.(*S*XVII, 174) 실재에 접근하는 것이 진리다. 히스테리 담론의 구조에서 "실재의 진리는 대상 *a*에 존재한다."[36] 히스테리 환자의 담론에서 행위자의 위치에 분열된 주체($\$$)가 있고 진리의 위치에 대상 *a*가 있다. 대타자와 생산물의 위치에 각각 주인기표(S1)와 기표의 사슬로 이루어진 지식(S2)이 있다. 도표상으로는 가로선 위에 $\$ \rightarrow$ S1가, 가로선 아래에 *a*와 S2가 있다. "첫째 줄은 화살표로 표시된 하나의 관계를 구성하는데, 이것은 항상 불가능한 것으로 정의된다."(*S*XVII, 174) 그러므로 행위자와 타자의 관계는 "불가능"의 관계이다. 라캉은 주인 담론의 예를 들면서 행위자의 위치에 있는 주인이 타자의 위치에 있는 노예니 세계가 기능하게 만드는 것은 불가능하다고 말한다.[37] "예를 들어 주인 담론에서 모든 세계가 기능하게 만드는 주인은 실제로 불가능하다."(*S*XVII, 174) "그러나 둘째 줄의 차원에는 화살표가 제시되지 않는다. 소통이 없을 뿐 아니라 단절의 역할을 하는 무엇인가가 있다."(*S*XVII, 174) 생산물과 진리의 관계는 완전히 단절된다. 그러므로 "어떤 상황에서도 생산물은 진리와 무관하다."(*S*XVII, 174) 라캉은 진리에 도달하지 못하게 하는 것 즉 진리를 보호하는 것을 "무능"(impotence)이라 부른다.[38] 행위자와 타자의 관계는 불가능의 관계이고, 생산물과 진리의 관계는 무능과 단절의 관

36 Ellie Ragland, "The Hysteric's Truth," 75쪽.

37 주인 담론의 공식은 다음과 같다.

$$\frac{S_1}{\$} \rightarrow \frac{S_2}{a}$$

38 히스테리 담론에서 대상 *a*에 대한 해답을 주지 못하는 주인/아버지의 무능은 거세와 성불능의 의미도 포함한다고 볼 수 있다.

계다.

행위자의 위치에 있는 히스테리 환자는 상징계에서 기표로 인해 원초적인 상실을 겪고 분열된 주체($)이며 상실한 자신의 존재를 회복하려는 만족될 수 없는 결핍과 욕망의 소유자다. 히스테리 담론 왼쪽 아래에서 위로 향한 대상 *a*와 분열된 주체의 관계(*a* → $)는 대상 *a*가 욕망의 원인으로 작용해 히스테리 환자가 욕망하게 되는 것을 보여준다. 이 욕망은 히스테리 환자가 자신의 정체성에 대한 해답을 대타자인 주인에게서 찾게 만든다. 이는 행위자의 위치에 있는 히스테리 환자에서 주인기표로 향하는 화살표 관계($ → S1)로 나타난다. 주인은 이에 대한 응답으로 그녀에게 지식을 만들어내어 제시한다. 담론공식 오른쪽 가로선 위 타자의 위치에서 아래 생산물의 위치로 향하는 관계(S1 → S2)는 이런 과정을 보여준다. 그러나 생산물과 진리 사이에는 무능과 단절이 가로막고 있으므로, 이런 지식은 그녀의 진리인 대상 *a*에 대해 아무런 해답을 제공하지 못한다.[39] 히스테리 환자가 대타자인 주인에게 자신의 욕망을 설명하려 해도 기표의 개입으로 그 설명이 "불가능"하다면, 주인이 제시하는 지식은 그녀의 진리인 대상 *a*에 대해 대답하지 못하는 "무능"을 보여준다.

히스테리 환자가 자신의 정체성에 대한 해답을 구하는 대타자는 결여되지 않은 완전한 대타자다. 그녀는 여성의 욕망과 주이상스에 대한 완벽한 지식을 갖춘 "원초적인 아버지를 만들어서 실재의 아버지

39 이상과 같은 히스테리 담론의 공식에 대한 설명은 Paul Verhaeghe, *Beyond Gender: From Subject to Drive* (New York: Other Press, 2001), 28~29쪽을 참조할 것.

와 상징적인 아버지 사이의 균열을 메우려 한다."[40] 이렇게 히스테리 환자는 대타자의 결여를 메워서 여성 정체성의 해답을 줄 수 있는 완전한 대타자를 만들려는 히스테리적 환상을 갖게 된다. 그러나 이 환상에서 히스테리 주체는 "주체로서 사라지고 [……] 단순한 대상으로 환원된다."[41] 그녀는 환상에서 대타자의 욕망을 불러일으켜 대타자를 결여된 욕망의 주체로 만드는 대상 *a*의 위치를 점하기 때문이다. 히스테리 환자의 "진리는 그녀가 욕망되기 위해서 대상 *a*가 되어야 한다는 것이다."(*S*XVII, 176) 그러므로 핑크가 제시하듯이 히스테리 주체의 근본환상 공식은 $a \diamond Ⱥ$로 표기될 수 있다.[42]

히스테리 환자는 한편으로 완벽한 대타자에 대한 환상을 품지만, 다른 한편으로는 이 대타자가 결여된 대타자라는 사실을 폭로한다. 히스테리 담론의 특징은 히스테리 환자가 주인의 권위에 도전한다는 것이다. 히스테리 환자는 "자신의 방식대로 일종의 파업을 한다. 그녀는 자신의 지식을 포기하지 않는다. 그러나 그녀는 주인 기능의 가면을 벗긴다."(*S*XVII, 94) 히스테리 환자는 분석가에게 끊임없이 지식을 요구하지만, "이 지식은 피분석가에게 잠시만 만족스러울 뿐이다. 그 지식은 분석가의 지식에서 결여를 추구하는 히스테리 환자에 의해 거의 즉각적으로 의문시, 검토, 조사, 평가된다."[43] 히스테리 환자는 대타자에게 끊임없이 해답을 요구하면서도 그가 제시하는 모든 지식을 부정함

40 Paul Verhaeghe, *Does the Woman Exist?*, 171쪽.

41 Paul Verhaeghe, *Does the Woman Exist?*, 176쪽.

42 Bruce Fink, *A Clinical Introduction to Lacanian Psychoanalysis*, 121쪽.

43 Bruce Fink, *A Clinical Introduction to Lacanian Psychoanalysis*, 132쪽.

으로써 그의 권위에 도전하고 그를 무능의 존재로 만든다.

라캉은 히스테리 환자가 대타자의 권위에 도전하는 예를 도라 사례에서 찾는다. 도라의 아버지는 "창조의 관점에서 볼 때 여성과의 관계에서 자신의 위치를 유지하는" 아버지, 즉 여성과의 성적인 능력을 지닌 것으로 간주된 "이상화된 아버지"로 여겨진다.(*S*XVII, 95) 이상화된 아버지는『토템과 터부』의 원초적 아버지이고 라캉의 성별화 공식에서 거세를 나타내는 남근함수에 종속되지 않은 예외적 존재다. 결여/욕망에서 자유로운 아버지는 죽은 아버지로서 실제로 존재하지 않고 외존(ex-sist)한다. 라캉은 도라의 둘째 꿈에서 어머니가 편지에서 도라에게 아버지가 죽었고 묻혔다고 하면서 집에 오라고 말한다는 사실을 지적한다.(*S*XVII, 97) 그러나 이상적 아버지의 실제 모습 즉 그의 진리는 거세다. 도라의 아버지는 "그의 성적 능력에 관한 한 거세된 남자"일 뿐이다.(*S*XVII, 95)

K 씨가 호숫가에서 자신에게 아내가 아무것도 아니라고 도라에게 말하는 장면 역시 대타자의 거세를 드러낸다. 이 장면에서 "대타자[K 씨]의 주이상스가 그녀에게 제공되는데, 그녀는 그것[주이상스]과 아무런 관계도 갖길 원하지 않는다."(*S*XVII, 97) K 씨가 아내에게서 성적 만족을 얻지 못한다고 말하며 구애하는 것은 자신의 여성 정체성에 대한 도라의 의문에 대해 그의 주이상스의 대상이라는 대답을 제시하는 것이다. K 씨가 도라가 요구하는 "지식을 주이상스로 제시하는 순간 그녀는 그가 거세되었다는 것을 그에게 지적하는 행위로의 이동을 하게 된다."[44] 도라가 K 씨의 뺨을 때리는 것은 그에게 주이상스의 대상이 되

44 Ellie Ragland, "The Hysteric's Truth," 83쪽.

는 것을 거부하면서 그의 욕망을 좌절시키고 그가 거세된/욕망하는 대타자(Ⱥ)임을 지적하는 행위다.

히스테리 담론에서 "주인기표의 효과를 따를 때 히스테리 환자는 노예가 아니다."(*S*XVII, 94) 그녀는 주인기표의 노예가 아니므로 "자신의 신체를 성적 신체로 주기를 거부한다."[45] 라캉에게 히스테리 담론은 "어떻게 히스테리 환자가 최초의 불만족을 상징하는가"를 이해할 수 있게 해준다.(*S*XVII, 74) 히스테리 환자는 대타자의 성적 욕망의 대상으로 환원되기를 원하지 않는다. 라캉에 따르면 정육점주인 부인은 자신의 친구가 남편의 성적 욕망을 만족시켜주기를 자신이 원한다는 사실을 모른다. "정육점주인 부인은 도라처럼 자신이 궁극적으로 기쁘게 이 대상을 다른 여자에게 맡기리라는 것을 알지 못한다."(*S*XVII, 74) 반대로 도라는 이 사실을 알고 있다. 도라와 정육점주인 부인 모두 대타자의 주이상스의 대상이 되려 하지 않지만 도라만이 이 사실을 안다. "히스테리 한자는 남성 파트너를 성적으로 만족시키는 원인이 되기를 거부하고 그의 욕망을 만족시키지 않은 채로 유지하고 싶어 하며 자신이 아닌 다른 여자가 침대에 있다고 상상한다."[46]

그렇다면 히스테리 환자는 다른 여자가 대타자(남성)를 성적으로 만족시키게 하면서 무엇을 얻는가? "그녀의 남편에게 필수적인 것을 다른 여자에게 맡기면서 그녀[정육점주인 부인]는 잉여 **주이상스**(surplus *jouissance*)를 얻으려 한다."(*S*XVII, 74) 잉여 주이상스는 다름 아닌 대상 *a*다. "대상 *a*로서 그녀[히스테리 환자]는 추락(fall) 즉 담론의

45 Ellie Ragland, "The Hysteric's Truth," 82쪽.

46 Bruce Fink, *A Clinical Introduction to Lacanian Psychoanalysis*, 127쪽.

효과로 추락한 대상"이다.(*S*XVII, 34) 히스테리 환자에게 "중요한 것은 이 담론의 문맥에서 그녀가 얼마나 소중한 대상이 되는지를 남성이라는 타자가 아는 것"이다.(*S*XVII, 34) "소중한 대상"은 물론 욕망을 불러일으키는 대상 *a*를 뜻한다. 히스테리 환자는 남성 주이상스의 대상이 아니라 욕망의 원인인 대상 *a*가 되기를 원하기 때문에 "주인이 자신의 신체를 즐기도록 허락하지 않는다. [……] 그녀는 자신을 욕망의 기표인 남근으로 설정하여 '그가 욕망하게 만들려고' 애쓴다."[47]

히스테리 환자는 성적 만족/주이상스의 대상이 아니라 욕망을 불러일으키는 대상이 되어 대타자를 욕망하는 주체로 유지하면서 잉여 주이상스를 취한다. 히스테리 환자는 자신의 신체를 허락하지 않으므로 남근적 주이상스를 상실하고 그 대신 잉여 주이상스를 얻는다. 라캉은 "남근적 **주이상스**의 금지에 대한 대체물로 무엇인가가 도입되는데 그 기원을 우리는 [……] 잉여 **주이상스**의 기능으로 정의했다"라고 말한다.(*S*XVII, 74) 히스테리 환자는 대타자(남성)의 남근적 주이상스 대상이 되는 것을 좌절시켜서 대타자의 욕망을 유지한다. 히스테리 환자의 환상공식($a \diamond \cancel{A}$)에서 대타자가 완전한 대타자(A)가 아니라 사선 그어진 결여된 대타자($\cancel{A}$)인 것은 대타자가 욕망하고 있다는 것 즉 거세되었다는 것을 의미한다. 거세된 대타자는 히스테리 환자가 자신의 (여성적) 정체성에 대해 던지는 질문에 답을 제시할 수 없는 무능한 존재다.

도라는 대타자(아버지, K 씨)에게서 자신의 정체성에 대한 해답을 얻지 못한다. 주인기표/대타자는 여성의 정체성에 답할 능력이 없다.

47 Dominique Laurent, "What is Called Sex…." *Psychoanalytical Notebooks*, 22 (2011), 32쪽.

히스테리 주체는 여성의 성 정체성의 딜레마에 봉착하지만 이에 대한 해답을 주지 않는 아버지/대타자의 무능도 대면해야 한다. 도라는 "내가 아버지의 기침, 그의 궐련과 동일시한 아버지의 딸인지, 아니면 K 부인과 같은 아름다운 성적 여성 또는 마돈나와 같은 동정녀 어머니인지에 대한 정체성의 분열로 고통받을 뿐 아니라 아버지의 거세와 대면해야 하는 고통도 겪는다."[48]

라캉은 아버지와 K 씨뿐 아니라 프로이트도 도라에게 해답을 주지 못했다고 지적한다. 프로이트는 도라가 K 씨와 임신한 것을 상상하면서 남근을 대변하는 아기를 욕망하는 음경선망을 가졌다고 해석한다.[49] 이런 해석은 프로이트가 히스테리 환자의 근본적인 욕망을 파악하지 못했음을 보여준다. 프로이트는 "히스테리 환자들에게 **음경선망**이라 확정하는 것밖에 해줄 수 있는게 없다는 사실"에 스스로 좌절했다.(*S*XVII, 99) 앞 장에서 언급했듯이 라캉은 왜 프로이트가 히스테리 환자들이 제시하는 소중한 지식을 오이디푸스 콤플렉스 신화로 대치했는지 의아해한다.

대타자가 히스테리 환자에게 대답할 수 없는 무능의 근본 원인은 히스테리 환자가 원하는 여성 정체성을 나타내는 대문자 여성(The Woman)의 기표가 없어서 여성의 정체성이 남근기표에 의존할 수밖에 없기 때문이다. 거세된 대타자는 여성 정체성의 기표를 제공하지 못하므로 여성이 실재의 심연과 대면하게 만든다. 도라가 K 씨의 뺨을 때리는 행위로의 이동은 실재와의 외상적 만남이자 동시에 이 만남이 유

48 Ellie Ragland, "The Hysteric's Truth," 83쪽.

49 도라의 임신과 출산 환상에 대해서는 2장 「프로이트와 여성」을 볼 것.

발하는 불안에 대한 방어가 아닐까?[50] 라캉이 히스테리 담론 구조의 관점에서 히스테리 문제를 탐구한 결과는 남근과의 동일시가 아닌 주인/대타자의 근원적 결여와 무능이다. 이런 점에서 대타자의 무능과 여성 기표의 근원적 결여를 제시하는 히스테리 담론은 상징계의 한복판에 존재하는 실재의 불가능성을 드러낸다. 라캉이 세미나 XX 『앙코르』에서 제시하는 성별화 공식에서 남성 쪽 요소들은 상징계와 관련되고 여성 쪽 요소들은 실재와 관련된다.[51] 이 공식에서 여성주체가 상징적 남근(Φ)과 맺는 관계는 상징계에 속하고, 대타자의 결여의 기표 S(Ⱥ)와의 관계에서 가능한 여성적 주이상스는 실재와의 조우를 의미한다. 대타자의 결여를 나타내는 기표 S(Ⱥ)는 "어떤 실재(실재의 상실 또는 배제)가 기표를 찾는 것"이며 실재의 사물과의 "우연적인 만남(τυκή)"을 의미한다.[52]

---

50 앞서 논했듯이 '행동화'의 무대는 상징계이고 '행위로의 이동'은 실재계로의 탈출이다. "이 두 등록소 사이의 본질적 구분" 즉 "한편으로는 실재가 엄습하는 장소인 세계이고 다른 한편으로는 주체로서 인간이 구성되는, 말하는 자로서 자신의 위치를 차지하는 대타자의 무대"가 존재한다.(*SX*, 116) 로베르토 하라리(Roberto Harari)에 따르면 행동화와 행위로의 이동은 모두 "불안에 대한 방어이며 불안을 피하려는 시도"다. "행동화는 대상이 나타날 무대를 창조함으로써 대상이 존재하게 만들고 대상을 효과적으로 자리매김하는 것이다. 그 또는 그녀의 행동으로 주체는 동시에 대상 *a*로부터 거리를 유지하려 한다." 반면 행위로의 이동은 "대상 *a*와의 거의 전적인 동일시"를 통해 불안을 방어한다. 도라가 K 씨의 뺨을 때리는 것은 "*a* 와의 준-직접적인(quasi-direct) 관계의 차원에서 적어도 일시적으로 불안을 피하는 것을 가능하게" 한다. Roberto Harari, Jane C. Lamb-Ruiz 옮김, *Lacan's Seminar On "Anxiety" An Introduction* (New York: Other Press, 2001), 78~79, 83~84쪽.

51 Bruce Fink, *The Lacanian Subject: Between Language and Jouissance* (Princeton: Princeton UP, 1995), 114쪽을 참조할 것.

52 Bruce Fink, *The Lacanian Subject*, 115쪽. 라캉은 투케(tuché, τυκή)를 "실재와의 만남"으로 번역한다.(*SXI*, 53) 핑크는 실재가 기표를 찾는 것을 욕동의 만족과 승화라고 해석한다. 욕동이 기표에 의해 잘려나가 부분적으로만 만족되는 남

6. 히스테리와 여성 사이

주체와 대타자의 욕망에 기초한 히스테리이론은 여성적 주이상스에 기초한 여성성이론으로 탈바꿈한다. 라캉은 히스테리 환자가 제기하는 여성성의 문제에 대한 대답을 여성적 주이상스로 제시하는 것이다. 이런 점에서 "히스테리 담론은 라캉이 성별화 도표에서 남성성과 여성성의 논리를 제시하는 세미나 XX으로 그를 인도한다."[53] 그렇다면 라캉이 세미나 XX에서 남근적 주이상스와 여성적 주이상스를 명확히 구분한 것은 히스테리 주체가 남성 주이상스의 대상이 되기를 거부하면서 자신의 주이상스를 찾는 가능성을 탐색한 결과가 아닐까? 피에르 나보(Pierre Naveau)에 따르면 라캉의 세미나 XVI부터 XVIII에서 히스테리 환자는 "절대적인 주이상스"를 원하기 때문에 남성에게 신체를 허락하지 않으며 "유한한 주이상스에서 벗어나 무한한 주이상스인 이 신비로운 주이상스로 향하는 경향을 지닌다."[54]

그러나 히스테리 주체의 욕망과 여성적 주이상스 사이에는 연속성뿐 아니라 단절도 존재한다. 히스테리 주체와 여성은 궁극적으로 같지 않기 때문이다. 히스테리 주체는 남근적 주이상스(의 대상이 되기)를 거부함으로써 잉여 주이상스를 얻는다. 히스테리 환자가 결여에서

근적 주이상스와 달리, 여성적 "대타자의 주이상스는 욕동의 완전한 만족을 제공하는 사랑을 통한 승화의 형태를 포함한다." Bruce Fink, *The Lacanian Subject*, 120쪽.

53 Ellie Ragland, "The Hysteric's Truth," 85쪽.

54 Pierre Naveau, Philip Dravers 옮김, "The Hysteric's Refusal & The Two Jouissances," *Psychoanalytical Notebooks*, 21 (2010), 48쪽.

얻는 잉여 주이상스는 신체적 향락이 결핍된 창백한 주이상스다. 그러나 "결여에서 만족을 얻는 것과 살에서 만족을 얻는 것은 매우 다르다."[55] 히스테리 주체가 욕망의 주체로 남기 원하는 반면, 여성은 주이상스를 향유하며 살기 원한다. 솔레가 지적하듯이 "여자는 무엇을 원하는가"라는 프로이트의 질문에 대한 라캉의 대답은 주이상스다.[56] 더 정확히 말하면 여성은 남근적 주이상스 이외에 남근기표에서 해방된 여성적 주이상스를 원한다. 에릭 로랑(Éric Laurent)의 말처럼 "주체가 남근적 측정을 넘어선 주이상스의 장소가 되는 것에 아무런 걸림돌이 없어야한다."[57] 라캉이 대타자의 여성적 주이상스를 "'남근을 넘어선' 신체의 주이상스"로 명명하며 신체의 향락을 강조하는 것은 결코 우연이 아니다.(*SXX*, 74) 라캉은 세미나 XX 『앙코르』에서 히스테리 주체가 남자처럼 파트너를 대상 *a*로 여기는 영혼사랑(soulove)을—불어로 동성(*homo*)과 남성(*homme*)을 합친 신조어—'남/동-성적(*hommosexuelle, hommosexual*)'인 사랑이라 부른다. 이런 관점에서 남/동-성적인 히스테리와 '여성적' 주이상스의 관계는 연속성이 아닌 단절 또는 전환의 성격을 지닌다.[58]

이런 (비)연속성/전환의 정확한 계기는 라캉이 성별화 공식을 모색하기 시작한 세미나 XVIII 『유사물이 아닐 담론에 관하여』(*On a Discourse*

---

55 Colette Soler, *What Lacan Said about Women*, 61쪽.

56 Colette Soler, *What Lacan Said about Women*, 61쪽.

57 Éric Laurent, "Womanly Position of Being," *Hurly-Burly* 3 (2010), 97쪽. 로랑에 따르면 남근과의 동일시는 결여/거세된 주체와 대상 *a*의 관계를 보여주는 라캉의 공식 $\$ \varphi \diamond a$ 으로 나타난다.

58 영혼사랑에 대해서는 4장 「성(차), 성별화, 주이상스」를 볼 것.

that Might Not Be A Semblance)에서 찾을 수 있다. 히스테리 주체는 "완전한 남성(whole man, *touthomme*)을 구성하는 데 있어서 자신이 모든 남성(every man, *tout homme*)만큼 능력을 지니고 있다"라고 믿기 때문에 이—거세된—모든 남성이 필요하지 않다.(*S*XVIII, 1971.5.19., 18)[59] 그러나 만일 히스테리 주체가 "자신을 거세되었다고 보고" (자신이 결여한) 남근에 관심을 갖는다면, "오로지 남자와의 관계를 통해서 남근에 관심을 갖게 되기 때문에, 남자가 남근을 가졌다는 것이 확실하지 않은 한 그녀의 정책은 내가 그들 중 적어도 하나(at least one)라고 부른 자에게로 향할 것이다."(*S*XVIII, 1971.5.19., 19) 앞서 언급했듯이 히스테리 환자는 거세되지 않고 완벽한 대타자에게서 해답을 구하는 환상을 갖는다. 라캉은 히스테리 주체가 남근을 가졌다고 여기는 적어도 하나의 예외적 남성을—남자를 뜻하는 *homme*와 "적어도 하나"를 뜻하는 *au moins un*을 합친 신조어—옴므무앵쟁(*hommoinzin*)이라 부른다.

히스테리 주체는 남근을 체현한다고 여기는 옴므무앵쟁과의 관계에서 주이상스를 얻고자 한다. 그러나 거세에서 자유로운 상징적 남근

59 여기에서 모든 남성이 남성의 집합이라면 완전한 남성은 이 집합을 가능하게 하는 집합 밖의 존재다. 라캉이 *touthomme*를 『토템과 터부』에 등장하는 원초적 아버지와 연결시킨다는 점에서 이 개념은 모든 남성이 아닌 완전한 남성으로 보는 것이 적합하다. "분석 경험의 관점에서 보았을 때 이렇게 추정된 남성, 『토템과 터부』의 신화적 아버지 즉 모든 여성의 향락을 만족시킬 수 있는 자로 이 완전한 남성을 인위적이고 신화적으로 구성하는 것이 아니라면 남성의 위상에 대해 어떤 것도 토대를 제공할 수 없다."(*S*XVIII, 1971.5.19., 18) 갤러거는 *touthomme*와 *tout homme*를 구별하지 않고 모두 every man으로 번역한다. 이 부분 구별은 로렌초 키에사(Lorenzo Chiesa)의 영문번역을 따른다. Lorenzo Chiesa, *The Not-Two: Logic and God in Lacan* (Cambridge: MIT P, 2016), 123쪽. 이 두 개념의 설명에 대해서는 같은 책, 108~109쪽을 볼 것. 성별화 공식에서 남성의 집합과 원초적 아버지의 관계에 대해서는 4장 「성(차), 성별화, 주이상스」를 볼 것.

을 체현하는 예외적 존재인 옴므무앵쟁은 존재하지 않기 때문에 그녀의 기획은 실패로 귀결된다. 라캉은 히스테리 주체가 항상 진리를 말한다는 점을 강조한다. 그 이유는 히스테리 주체가 옴므무앵쟁의 존재를 스스로도 믿지 않는다는 사실을 알고 있기 때문이다. 남근을 체현하는 옴므무앵쟁은 유사물이다. 라캉은 자신이 「프로이트적 (사)물 또는 정신분석에서 프로이트로의 회귀의 의미」("The Freudian Thing, or the Meaning of the Return to Freud in Psychoanalysis")에서 "향락과 유사물 사이의 치유 불가능한 분리"를 언급했고 "진리는 유사물인 것을 즐기는 것"이라고 말한다.(*S*XVIII, 1971.6.9., 8) 그러므로 히스테리 주체는 자신이 예외적 남성인 옴므무앵쟁으로 여기는 남성 파트너가 유사물에 불과하다는 사실을 알고 즐기는 셈이다.[60] 그럼에도 그녀는 적어도 하나 존재하는 예외적 남성에서 얻을 수 있는 주이상스를 포기할 수 없기 때문에 자신의 거세된 파트너가 실제로 불가능한 예외적 존재라고 믿는 모순을 지속한다.

> 히스테리 주체는 [……] 자신이 즐기는 향락의 진리를 그 향락의 원인이 되는 대타자가 남근 다시 말해서 유사물이라는 엄연한 지식과 접합합니다. [……] 자신의 문제를 해결하는 것이 불가능한 가운데 히스테리 주체는 가장 정확한 방식으로 그 원인을 측정함으로써

60 유사물(semblant, semblance)은 원초적 대상의 상실에 의해 발생한 공백을 메우는 대상이다. 러셀 그릭(Russell Grigg)에 따르면 유사물은 그것이 모방하는 실재와 유사하다는 점에서 기만적이며 위장적이지만 그것이 단지 유사할 뿐이라는 점을 완전히 은폐하지 않고 오히려 공포와 불안을 야기하는 실재의 물을 대신함으로써 만족을 준다. 이런 점에서 유사물은 현실(reality)과 대립되는 개념인 외관(appearance)과 구분된다. Russell Grigg, "Semblant, Phallus and Object in Lacan's Teaching," *UMBR(a)*, (2007), 131~137쪽을 참조할 것.

> [……] 그녀가 이 유사물의 소지자인 척 여기는—내가 옴므무앵쟁이라 쓴—이 적어도 하나인 자에 대해서, 그녀의 향락이 그녀가 그것[향락]에 고뇌하도록 요구한다는 그 문제에 따라, 동의하게 됩니다. (*S*XVIII, 1971.6.9., 10)

히스테리 주체가 당면하는 이 해결 불가능한 문제는 여성이 남근(함수)에 만족할 수 없다는 사실이다. 라캉은 남근이라는 제3 항이 남녀관계를 매개하지 않는다는 점을 분명히 밝힌다. 남근이라는 "제3 항은 중간항이 아니다. [……] 그것을 두 항 중 하나, 예컨대 남자라는 항에 연결시키면 그것은 다른 항과 소통하지 않을 것이고 그 역도 마찬가지다."(*S*XVIII, 1971.5.19., 17) 히스테리 주체가 말하는 진리는 여성이 거세되지 않은 남근의 체현자인 예외적 남성을 만날 수 없다는 사실 즉 그녀를 만족시킬 수 있는 남근이 없다는 사실이다. 이 사실은 성적 관계가 존재하지 않는다는 결과를 낳는다. 키에사가 지적하듯이 "대문자 아버지(Father)의 거세되지 않은 파트너가 되는, 즉 그와 합일하는 불가능성은 그녀를 '성적 관계는 없다'의 불가능성에 단단히 정박시킨다. 이 불가능성은 남근함수를 통해 남녀에 의해서 부분적으로 지양된다. 그것은 마치 히스테리 주체가 남근을 갖지 못한 것과 동일시하는 것 그리고 이에 동반되는 [……] 남근이 되려는—또는 가지려는—것과 동일시하는 것 사이에서 비변증법적으로 파열된 채로 남는 것과 같다."[61]

키에사는 히스테리 주체가 남자와 맺는 관계를 유혹과 거부의 과정으로 설명한다. 그녀는 거세된 모든 남성을 남근의 소유자와 혼동해 그를 유혹하지만, 그가 남근을 갖지 못했다는 점을 알기에 그를 거부한

61 Lorenzo Chiesa, *The Not-Two*, 123쪽.

다. 히스테리 주체는 거세되지 않은 아버지/남근과의 동일시나 합일을 통해 스스로 대문자 여성이 되고자 하지만 이것이 불가능하므로 아예 남근과의 관계를 거부한다. 그 결과 히스테리 주체는 성적 관계에서 아예 존재하지 않게(not-at-all) 된다. 이와 달리 여성은 남근함수에 전적으로 종속되지 않는다(not-all phallic). 바로 이 지점에서 히스테리 주체와 여성이 분리된다. 좀 더 정확히 말하면 히스테리 주체가 남근의 소유자로 혼동한 남성을 거부하는 과정에서 남근함수에 전적으로 종속되지 않은 여성이 출현한다.[62]

여성은 히스테리 주체와 달리 남근의 체현자에 집착하지 않는다. 이 차이는 히스테리 주체가 적어도 하나의 예외적 남성을 추구하는 반면 여성은 남성을 하나 이상이 아닌(no more than one) 존재로 여기는 것으로 나타난다. 라캉은 아리스토텔레스가 '모든 여성'(every woman, *toute femme*)이라는 표현을 사용하지 않았다는 점을 언급하며, '모든 남성'이라는 범주가 허용되는 것과 달리 여성에게는 '모든 여성'이라는 범주가 성립하지 않는다고 말한다. '모든 남성'의 범주는 남성을 하나의 집합으로 설명한 것에 해당한다. 앞서 언급했듯이 이 범주는 범주 밖의 예외적인 존재, 라캉이 『토템과 터부』에서 모든 여성을 향유할 수 있는 원초적 아버지가 예증한다고 말했던 존재를 가정한다. 성별화 공식에서 이는 각각 남근함수에 종속되지 않는 가상적 남성($\exists x\ \overline{\Phi x}$)과 남근함수에 종속되는 모든 남성($\forall x\ \Phi x$)의 모순 관계로 나타난다.[63]

62 이 문단의 내용은 Lorenzo Chiesa, *The Not-Two*, 117~129쪽, 특히 121~122쪽을 볼 것.

63 라캉의 성별화 공식, 집합 및 함수이론에 대한 상세한 논의는 4장 「성(차), 성별화, 주이상스」 볼 것.

여성에게는 이런 집합을 성립시키는 대문자 여성(기표)이 존재하지 않으므로 집합으로 묶을 수 있는 '모든 여성'은 존재하지 않는다. 그러나 히스테리 주체는 적어도 하나의 예외적 남성인 옴므무앵쟁과 합일하려는 대문자 여성 그리고 대문자 여성에 의해 가능한 모든 여성의 존재를 믿는다.

> x가 존재로의 통과, 아리스토텔레스처럼 예민한 자가 결코 실제로 쓴 적이 없는 모든 여성으로의 통과를 요구한다는 것은 정확히 다음과 같이 제시하는 것을 허용합니다. '모든 여성'은 히스테리 환자가 주체로서 결정되는 진술입니다. 이 때문에 여성(a woman)은 그녀가 페아노가 모델로 제시한 후자(successor)의 논리에 그녀를 적절히 위치시키는 '하나 이상이 아닌 자'(no more than one, *pas-plus-d'un* 또는 *papludun*)와 연대합니다. 히스테리 주체는 여성(a woman)이 아닙니다.
>
> [……] 히스테리 주체는 하나 이상이 아닌 자를 소개하는 상황에 처합니다. 이 하나 이상이 아닌 자에 의해서 개별 여성은 '모든 여성에 대해 여성이 남근함수라고 말할 수 있는 것은 아니다'의 경로를 따라 확립됩니다. [……] 그 결과 여성이 생겨나지만, 이 여성은 히스테리 주체일 수 없습니다. (*S*XVIII, 1971.6.9., 12~15)

집합의 변수 x는 모든 여성이라는 불가능한 여성 집합(그리고 그것을 가능하게 하는 대문자 여성)을 믿는 히스테리 주체의 존재와 관계된다. 이와 달리 임의의 수 n에 1을 더한 수가 n과 같은 자연수의 속성을 지닌다는 사실을 n+1(하나의 수와 그 후자)의 명제로 정립한 이탈리아 수학자 주세페 페아노(Giuseppe Peano)의 공리에서처럼 여성은 하나씩 무한히 셀 수 있을 뿐이다.[64] 히스테리 주체는 적어도 하나의 예외적 남성과의 관계를 욕망한다. 이와 달리 하나씩 셀 수 있는 여성은 '하나 이상이 아닌 자'와 관계를 갖는다. 히스테리 주체와 달리 여성은 "그녀의 남자가 대문자 그(Him)가 아니라는 사실과 더불어 완전한 남성이 하나 이상이 아니라는 사실을 인정한다."[65]

히스테리 주체는 적어도 하나의 완전한 남성을 욕망하기 때문에 남근의 체현자가 아닌 모든 남성은 그녀의 욕망을 만족시키지 못한다. 히스테리 주체가 상징적 남근(을 체현하는 남성)과 관계를 맺으려 한다는 사실은 성별화 공식에서 여성과 남근의 관계(~~Woman~~ → Φ)를 준비한다. 그러나 상징적 남근을 체현하는 남성이 존재한다고 믿기 때문에 결국 남근을 체현하지 못하는 거세된 모든 남성과 관계를 맺지 못하고 성적으로 무관한 존재로 남는다는 점에서 히스테리 주체는 여성과 다르다.[66] 그러나 히스테리 주체의 이런 불만족으로 인해 남근함수에 전적으로 종속되지 않는 여성이 출현한다. 위 인용문에서 '모든 여성에 대해 여성이 남근함수라고 말할 수 있는 것은 아니다'라는 명제는 성별화 공식에서 비-전체를 표시하는 전칭부정명제 $\overline{\forall x}\ \Phi x$에 해당한다.[67]

---

64 페아노가 정리한 5개의 공리에 관해서는 임정대, 『수학기초론의 이해』(청문각, 1995), 99~102쪽을 볼 것.

65 Lorenzo Chiesa, *The Not-Two*, 122쪽.

66 Lorenzo Chiesa, *The Not-Two*, 175쪽.

67 물론 라캉의 성별화 공식 발전과정에서 모든 여성(every woman)이 여성의 모든 것(not-all of woman)으로 바뀐다는 점을 염두에 두어야한다. 여성의 성을 나타내는 비-전체(*pas-tout*)가 'not every'가 아닌 'not all'로 영역되어야 하는 이유에 대해서는 4장 「성(차), 성별화, 주이상스」를 볼 것. 여기에서 히스테리 주체와 여성의 관계가 연속성 및 전환과 단절의 복잡한 관계임을 알 수 있다. "여성은 비-전체(not-all)이든 아니면 히스테리적으로 전적으로 아니다(not-at-all)"라는 키에

모든 남성을 남근의 체현자가 아니라는 이유로 거부하고 욕망이 만족되지 않는 히스테리 주체는 남근함수에 부분적으로 종속되면서 다시 말해서 모든 남성에 완전히 만족하지 않으면서 동시에 남성과의 관계를 완전히 거부하지 않는 여성을 출현하게 하는 것이다.

적어도 하나의 완전한 남성에 대한 히스테리 주체의 만족되지 않은 욕망은 여성 속에서 억압된 형태로 지속된다고 볼 수 있다.[68] 라캉이 『텔레비지옹』(*Television*)에서 말하듯 여성들도 대문자 남성을 꿈꾸며 "대문자 남성(Man)에 대한 내적인 환상이 진리의 시간을 맞이할까 혹시나 하여 준비"하지만, 그 진리의 순간은 도래하지 않으며 "여성은 정신병에서나 대문자 남성을 만날 뿐이다."(*T*, 40) 그러나 적어도 하나의 예외적 남성에 대한 히스테리 주체의 욕망이 억압되기 때문에 여성의 남근적 주이상스가 가능해진다. 히스테리 주체는 "여성을 도입하는" 역할을 하고 이렇게 출현한 여성은 히스테리 주체와 달리 남성과 관계할 수 있다.(*S*XVIII, 1971.6.9., 14)

적어도 하나의 예외적 남근을 체현하는 자에 대한 히스테리 주체

사의 설명은 단절을 강조한다. Lorenzo Chiesa, *The Not-Two*, 128쪽. 라캉이 히스테리 주체를 남/동-성적으로 파악한 것도 히스테리 주체와 여성성의 차이를 강조한 것이다. 그렇다면 히스테리 주체가 여성이 될 수 있을까의 문제가 제기된다. 라캉의 논리를 따르면 히스테리 주체는 거세된 모든 남성을 사랑할 수 있을 때 여성이 될 수 있다. 라캉과 바디우의 사랑이론을 토대로 히스테리 주체가 여성이 되는 길을 임상적 관점에서 탐구한 연구로서 이수진, 『히스테리자의 여성성의 길에 대한 임상 가능성 탐색: 히스테리 문법 너머 사랑으로』, 『현대정신분석』, 2015년 17권 2호, 37~41쪽을 볼 것. 히스테리 주체의 가면쓰기에서 남근적 주이상스와 여성적 주이상스가 공존한다는 주장에 대해서는 박선영, 『여자는 어떻게 존재하는가?: 라캉에서의 다른 향유와 사랑』, 『현대정신분석』, 2008년 10권 1호, 111~116쪽을 볼 것.

68 Lorenzo Chiesa, *The Not-Two*, 124쪽을 참조할 것.

의 욕망이 만족되지 않고 억압되기 때문에 여성은 남근함수에 종속된 모든 남자와 성관계를 맺을 수 있다. '성적 관계는 없다'라는 명제는 남녀의 성관계가 없다는 의미가 아니다. 남녀 사이에는 "침대에서의 이해를 포함한 이런 일들이 부족하지 않다."(*S*XVIII, 1971.6.9., 1) 성별화 공식에서 ~~Woman~~ → Φ가 보여주듯이 여성은 남성과 성관계를 통해 남근적 주이상스를 향유한다. 여성들은 "비-전체이고, 다시 말해서 전체에 대해 전적으로 미치지 않는다. 오히려 한(a) 남성을 위해 자신의 신체, 영혼, 재산을 무한히 양보하는 것을 수용한다."(*T*, 40) 앞서 인용했듯이 "히스테리 주체는 하나 이상이 아닌 자를 소개하는" 역할을 수행한다. 히스테리 주체가 여성으로 바뀌면서 '적어도 하나'의 예외적 남성은 '하나 이상이 아닌 자'로 "지양되어 실제로 존재하는 남자들과 연결됨과 동시에 분리된다."[69]

히스테리 주체와 여성의 차이는 라캉이 구분하는 남근함수의 두 가지 부정으로 요약될 수 있다. 첫째 부정은 전적인 부정이다. 그것은 "함수는 쓰이지 않을 것이다. 나는 그것에 대해 아무것도 알고 싶지 않다"라는 의미를 지니는 배제적(forclusive)인 부정이다.(*S*XVIII, 1971.5.19., 16) 다른 하나는 "부조화적(discordant)" 부정이다. 그것은 "내가 x의 Φ라고 쓰거나 쓸 수 없는 것은 모든 x가 있는 한이 아니다. 내가 x의 Φ라고 쓰거나 쓸 수 없는 것은 하나의 x가 존재하는 한이 아니다"라는 의미다.(*S*XVIII, 1971.5.19., 16)

'배제적'과 '부조화적'은 자크 다무레트(Jacques Damourette)와 에

69 Lorenzo Chiesa, *The Not-Two*, 124쪽.

두아르 피숑(Edouard Pichon)에게서 빌려온 용어다. 이들은 "문장의 주된 사실과 종속절에 표현된 사실 간에 존재하는 편차를 고려하여 부정의 제1요소인 *ne*를 부조화(discordance)라는 개념에서 파생되는 '*discordential*'이라는 용어로 설명하고, 언술을 떠나 한 요소를 배제한다는 배제(forclusion)의 개념에서 부정의 제2요소인 *pas, personne, jamais, rien* 등에 '*forclusif*'라는 용어를 부여"한다.[70] 따라서 그들은 "현대 불어의 경우 무조건적 부정은 존재하지 않는다고 본다."[71] *ne*가 *pas* 없이 단독으로 사용될 경우 "망설임, 모호성, 불확실성"이 도입되며 주체가 원하면서 동시에 원하지 않는다는 인상을 준다.[72] 여기에서 관건이 되는 주체는 진술(발화내용)의 주체가 아닌 화행(발화행위)의 주체다. 라캉은 세미나 VII 『정신분석의 윤리』에서 "'그가 올까 두렵다'를 *Je crains qu'il ne vienne*(I am afraid he may [not] come)이라고 표현할 때 허사인 "'*ne*'가

---

70 서덕렬,「불어의 부정에 관한 통시적 연구: *ne*와 *pas*를 중심으로」,『불어불문학연구』, 32.2 (1996), 692쪽 각주 4번.

71 서덕렬,「불어의 부정에 관한 통시적 연구」, 692쪽 각주 4번.

72 Bruce Fink, *The Lacanian Subject*, 39쪽. 그릭은 라캉의 폐제(forclosure)개념이 다무레트와 피숑에게서 유래했으나 라캉이 이 개념을 다른 의미로 사용한다는 점을 강조한다. 다루레트와 피숑에게 이 개념은 어떤 사건의 발생 가능성을 배제하는 명제를 지칭한다. 예컨대 "Mr. Brook is not the sort of person who would ever complain(*M. Brooke n'est pas de ceux qui se plaignent jamais*)"이라는 문장에서 'ever'(불어 문장에서 *pas*와 *jamais*)는 불평할 가능성을 배제한다. 그러나 라캉이 정신병을 폐제로 설명할 때 폐제/배제되는 것은 사건의 가능성이 아니라 불가능한 것의 표현을 애초에 가능하게 만드는 기표의 폐제/배제를 의미한다. 그러므로 폐제는 "화자가 어떤 것을 불가능하다고 선언하는 진술을 한다는 사실이 아니라 화자가 진술하는 것을 가능하게 하는 수단 자체를 결여한다는 사실을 지시한다." 다시 말해서 그 기표는 상징계에 애초에 기록되지 않는다. Russell Grigg, "From the Mechanism of Psychosis to the Universal Condition of the Symptom: On Foreclosure," Dany Nobus 엮음, *Key Concepts of Lacanian Psychoanalysis* (New York: Other Press, 1999), 49쪽.

삽입되는데 이는 화행의 차원과 진술의 차원 사이의 불일치를 지시한다. 부정 불변화사 '*ne*'는, 내가 무의식의 차원에 있다면, 내가 말해지는 순간이 아니라 내가 실제로 말하는 순간에서만 출현한다"라고 말한다.(*S*VII, 64) 라캉은 세미나 X『불안』에서 이 부조화의 성격을 더 정확히 설명한다.

> 이 *ne*를 부조화적인 것이라고 하는 것으로는 충분하지 않습니다. 왜냐하면 그것은 그가 올 것을 두려워하고 또한 그가 오지 않기를 바라므로 두려움과 희망 사이에 놓인 부조화를 표시하기 때문입니다. 나는 그것을 내가 진술의 주체와 구별된 화행의 주체라 부른 것의 의미화 흔적과 다르지 않은 것으로 봅니다. (*S*X, 171)

제네비에브 모렐(Geneviève Morel)에 따르면 라캉은 부조화적 부정이 "진술의 주체와 부조화적인 화행의 주체를 의미하고, 동요, 모호하고 긴장되는 이중입장을 도입"한다고 보고 이를 비-전체를 묘사하기 위해 사용한다.[73] 배제적 부정은 성별화 공식 여성 쪽에서 보편(전칭)양화사 '모든'을 부정하는 $\overline{\forall x}\ \Phi x$ 에 해당하고 부조화적 부정은 존재양화사를 부정하는 $\overline{\exists x}\ \overline{\Phi x}$ 에 해당한다. 키에사가 지적하듯이 비-전체를 나타내는 부조화적 부정의 특징은 남근함수를 부정하지 않고 보편양화사를 부정한다는 것이다.[74] 그러므로 남근함수에 전적으로 종속되지 않는 비-전체로서의 여성은 한편으로 남근적 주이상스를, 다른 한편으로

73 Geneviève Morel, Linsay Watson 옮김, *Sexual Ambiguities* (London: Karnac, 2011), 152~153쪽.

74 Lorenzo Chiesa, *The Not-Two*, 102쪽을 참조할 것.

결여된 대타자의 기표 S(Ⱥ)와 여성적 주이상스를 향유할 수 있다.[75]

앞장에서 보았듯이 히스테리 연구에서 출발한 프로이트는 여성이 음경선망에 사로잡혀 여성성을 거부하는 수수께끼에 봉착한다. 프로이트에게 여성은 남성성을 포기하고 여성성을 획득하는 과정을 극복하지 못한 히스테리적 주체로 남는 셈이다. 이와 달리 라캉은 남근을 체현하는 불가능한 예외적 남성에 대한 만족시킬 수 없는 욕망을 지닌 히스테리 주체로부터 여성을 구별한다. 라캉에게 여성은 남자와의 관계에서 남근적 주이상스를 향유하는 동시에 여성적 주이상스도 향유할 수 있는 존재다. 세미나 XX에서 완성된 성별화 공식은 여성이 어떻게 주이상스를 향유하는가에 대한 탐구의 결과다.

---

75 모렐은 '부조화적' 부정의 비-전체가 두 주이상스에서 동요하는 긴장의 상태를 의미하며, 남성파트너는 여성에게서 이런 동요를 대면하고 그녀가 자신을 위해 전적으로 존재하지 않는다는 질투를 느낄 수 있다고 주장한다. Geneviève Morel, *Sexual Ambiguities*, 155쪽.

4장

성(차), 성별화, 주이상스

1. 성이란 무엇인가?

프로이트는 성(sexuality)의 정신적 성격을 거듭 강조했다.[1] 성차(sexual difference) 역시 정신적인 의미가 중요하다. 「해부학적 성차의 정신적 결과」의 제목이 암시하듯이 프로이트에게 중요한 것은 해부학적 차이가 아니라 그것의 정신적 결과다. 프로이트는 이 글에서 남녀의 해부학적 성차 때문에 남녀에게 거세 콤플렉스와 오이디푸스 콤플렉스의 순서가 역전되는 결과가 발생한다고 설명한다. 그러나 성과 성차는 이런 결과보다 훨씬 더 근본적인 문제다. 2장에서 보았듯이 프로이트에게 '남성적' '여성적'이라는 용어의 의미는 정확히 설명할 수 없다. 따라

1 6장에서 상세히 논하겠지만 예컨대 그는 성적인 에너지인 리비도와 (성적) 욕동을 신체적인 자극이 아니라 정신적인 것으로 정의한다.

서 성과 성차가 정확히 무엇인지 규정하는 것은 불가능하다. 이것이 성차를 단순히 남녀의 구별이라고 말할 수 없는 이유다.

프로이트는 『새로운 정신분석강의』 33강 「여성성」에서 인간이 양성적이지만 예외적인 경우를 제외하고는 생물학적으로 인간에게 정자나 난자 하나만 있으므로 해부학적 차이가 인간의 (정신적) 성차를 설명할 수 없다고 말한다.

> 남성성과 여성성을 구성하는 것은 해부학이 파악할 수 없는, 알려지지 않은 특성입니다.
>
> [……] 우리는 '남성적' '여성적'이라는 말을 정신적 특성으로도 사용하는 데 익숙하며, 마찬가지로 양성성 개념도 정신적 삶에 이전시켜 적용합니다. 그래서 우리는 남자건 여자건 어떤 사람에 대해 어떤 경우에는 남성적으로 행동한다고 말하고 다른 경우에는 여성적으로 행동한다고 말합니다. 그러나 여러분은 이것이 해부학이나 관례에 굴복하는 것임을 곧 알게 될 것입니다. 여러분은 '남성적' '여성적'이라는 개념에 어떤 새로운 의미도 부여할 수 없습니다. 이런 구분은 정신적인 것이 아닙니다. (*SE*XXII: 114)

예컨대 남성이 능동적이고 여성이 수동적이라는 관례적인 생각은 남성과 여성의 차이를 설명하지 못한다. 여성이 능동적이고 심지어 공격적인 경우도 흔하기 때문이다. 여기에서 중요한 것은 '해부학'이나 '관례'가 성차를 설명하지 못한다는 점 즉 성차는 생물학적인 것도 문화적인 것도 아니라는 점이다. 생물학적 차이와 문화적인 구별은 성차의 의미를 제공하지 못한다. 프로이트는 『문명과 그 불만』에서도 이 점을 반복한다. "성(sex)은 정신적 삶에 매우 중요하지만 정신적으로 파악하는 것이 어려운 생물학적 사실이다. 해부학이 남성과 여성의 특성을 지적할 수 있더라도 심리학은 그렇게 할 수 없다."(*SE*XXI: 106) 성 또는 성차를 알 수 없다는 프로이트의 발언은 성이 인식론적 한계라는 의미다. 주판치치가 말하듯 "성이 존재한다는 데에는 의심의 여지가 없다. [……] 빠진 것은—플라톤의 용어로 말하면—성의 이데아, 그것의 본질이다. '이것이 성이다'라고 말할 때 우리는 정확히 무엇을 인식하는가? [……] 우리는 그것이 무엇인지조차 알지 못한다."[2] 해부학적 성차와 정신 사이에는 동질적 연속성이 아니라 이질적 단절이 존재한다.

성과 성차에 대한 라캉의 사유도 프로이트의 이론을 계승한다. 라캉은 생식기능이 생물학적 차원에서 존재하는 것을 부정할 수 없지만 "내가 프로이트를 따라 말하는 것은 이[생식] 기능이 정신에서 표상될 수 없다는 것이다. 정신에는 주체가 자신을 남성이나 여성으로 자리매김할 수단이 없다"라고 말한다.(*S*XI, 204) 생물학적 성과 정신적인 성의 표상은 서로 조응하지 않는다. "성의 생식기능과 관련된 성의 생물학적 측면과 이 생식기능이 표상되지 않는 무의식 사이에 결렬이 존재한다."[3] 성의 해부학적 차이와 정신적 표상 사이에 근원적인 결렬이 존재한다는 사실, 생물학적 성차가 정신에 기록될 방법이 없다는 사실이 성차의 근본적인 문제다.

성의 표상이 불가능하다는 것은 성에 부여된 어떤 의미도 실패한다는 것을 뜻한다. "인간행동에 관한 분석은 모두 의미가 성적인 것을 반영하는 것이 아니라 보충한다는 것을 암시한다"라는 라캉의 발언은 언어가 성의 표상에 부단히 실패하는 것, "성이 의미의 소실점"이라는

---

2 Alenka Zupančič, *What is Sex?*, 22쪽.

3 Dylan Evans, *An Introductory Dictionary of Lacanian Psychoanalysis*, 179쪽.

것을 뜻한다.[4] 그러나 이는 성이 "언어를 넘어서는 어떤 것, 언어가 영원히 포착하는 데 실패하는 어떤 것" 즉 "전-담론적 대상"이라는 의미가 아니다.[5] 조운 콥젝(Joan Copjec)은 성과 언어가 단절된 결과를 명쾌히 설명한다.

> 성이 기표로부터 **탈구될** 때 그것은 스스로를 전달하지 못하는 것, 주체를 알 수 없는 것으로 표시하는 것이 된다. 주체가 유성적(sexed)이라고 말하는 것은 주체가 **그** 또는 **그녀**에 대한 지식을 갖는 것이 더 이상 가능하지 않다고 말하는 것이다. [……] 이것이 결국 '성적 관계는 없다'라는 라캉의 유명한 선언의 의미다. 성은 의미에 반대되면서 또한 정의상 관계와 소통에 반대된다.
>
> [……] 담론이 아닌 담론의 실패로 정의되는 성차는 인종적, 계급적, 민족적 차이와 같지 않다. 이런 차이들이 상징계에 새겨지는 반면 성차는 새겨지지 않고 오로지 성차가 새겨지지 못하는 실패만이 상징계에 표시된다. 다시 말해서 성차는 실재의 차이이지 상징적 차이가 아니다.[6]

인종, 계급, 민족의 차이는 다른 인종, 계급, 민족과의 관계에서 발생하는 상징계적인 차이이다. 그러나 실재의 차이인 성차는 상징계에 새겨질 수 없다. 성(차)과 언어의 단절은 실재계와 상징계의 근본적 배타성에 기인한다. 상징계의 실패가 실재인 것처럼, 언어의 실패가 곧 성(차)이다.

---

4 Jacqueline Rose, "Introduction—II," Juliet Mitchell & Jacqueline Rose 공편, Jacqueline Rose 옮김, *Feminine Sexuality: Jacques Lacan and the école freudienne* (New York: Norton, 1985), 47쪽. 라캉 발언의 출처는 세미나 XXI이며 재클린 로즈의 글에서 재인용한 것임.

5 Joan Copjec, *Read My Desire: Lacan Against the Historicism* (Cambridge: MIT P, 1994), 206쪽.

6 Joan Copjec, *Read My Desire*, 207쪽.

성차는 상징계의 근원적인 모순의 표현이다. 이 근원적인 모순은 무엇일까? 그것은 상징질서가 결여된 질서 즉 근원적 균열을 지닌 질서—S(Ⱥ)—임을 의미한다. 그러나 이 결여에서 (잉여) 주이상스가 출현한다. "기표는 다른 기표에게 주체를 대표한다"라는 라캉의 유명한 명제처럼 결여된 대타자는 주체를 대표하는 기표를 제공하지 못한다. 후에 상술하겠지만 결여된—따라서 주이상스를 상실한—주체에게는 잉여 주이상스(*a*)가 허락된다. 라캉의 세미나 XX의 제목처럼 결여를 메워 만족을 추구하려는 시도가 실패하기 때문에 (잉여) 주이상스의 추구는 '다시' 즉 '앙코르'를 반복한다. 라캉은 기표가 주이상스를 멈추게 하지만 동시에 주이상스의 원인이라는 역설을 제시한다.

> 기표는 주이상스의 원인입니다. 기표가 없다면 어떻게 신체의 그 부분에 접근할 수 있겠습니까? 기표가 없다면 어떻게 주이상스의 질료인(質料因, material cause)인 그 무엇에 집중할 수 있겠습니까? [……]
>
> 이제 목적인(目的因, final cause)에 대해 바로 말하자면 [……] 기표는 주이상스를 멈추게 하는 것입니다.
>
> [……] 기표의 다른 극, 즉 그것의 멈추게 하는 행동은 명령의 직접적 지시로서 그곳 기원에 있습니다.
>
> 아리스토텔레스가 셋째 형식의 원인으로 제시하는 동력인(動力因, efficient cause)은 결국 다름 아니라 주이상스를 제한하는 기획입니다. (*SXX*, 24)

라캉은 아리스토텔레스의 네 가지 원인으로 기표와 주이상스의 관계를 설명하며 기표가 주이상스를 발생시키는 원인이면서 동시에 주이상스를 멈추게 하는 원인이라고 말한다.[7] 기표는 주이상스를 멈추게 하는 동시에 (잉여) 주이상스를 발생시킨다. 지젝이 말하듯 "주이상스는 정의상 불가능한('원초적으로 억압된') 것이 얻는 유일하게 적극적인 형태다. [……] 향락은 (외상적으로 개입하는 외적 실체로서) 기표들의 결을 차단하는 것이 아니다. 향락은 차단 자체에 의해 생성된다."[8] 주이상스를 발생시키는 원인으로 작용하는 기표는 역설적으로 주이상스에 한계를 가하는 힘이다.

대타자의 장소에서 기표는 "너무 적고 너무 많은 것, 향락의 결여와 잉여 향락을 동시에 생산한다."[9] 성은 바로 이런 빼기(근원적 균열, 주이상스의 상실)와 더하기(잉여 주이상스의 발생)의 역설적 교차점이다.

> 의미화 질서는 이미 하나의 기표가 빠진 채로 출현한다. 말하자면 (존재한다면 "이항기표"가 될) 하나의 기표의 결여가 "내재한" 채로 출현한다. 정확히 이런 의미에서 의미화 질서는 일자(One)가 (다자도) 아니라 "마이너스 일"(minus one)로 시작한다. [……] 이 균열 또는 부정성 대신에 잉여-향락이 나타나 의미화 구조를 얼룩지게 한다.

7 라캉은 형상인에 대해서는 다음과 같이 말한다. "주이상스가 마지막 원인인 형상인(形相因, formal cause)을 발견하는 그 포옹은 그것을 명령하는 문법과 같은 것이 아닐까요?"(*SXX*, 24~25)

8 Slavoj Žižek, *Incontinence of the Void: Economico-Philosophical Spandrels* (Cambridge: MIT P, 2017), 74쪽. 콥젝의 발언도 같은 맥락에서 이해할 수 있다. "성적 향락—주이상스—은 불가능한 것과의 만남에서 출현한다. 그것은 한계에 의존한다." Joan Copjec, "The Sexual Compact," *Angelaki: Journal of the Theoretical Humanties*, 17:2 (2012), 44쪽. 콥젝은 "리비도를 증가시키기 위해서는 장애가 요구된다"라는 프로이트의 발언을 근거로 제시한다.(*SEXI*: 187)

9 Samo Tomšič, "Toward a Materialist Ontology," *Continental Thought & Theory: A Journal of Intellectual Freedom*, 2.2 (2018), 102쪽.

[……] 이 부정성이 (빠진) 기표와 향락의 접점인 실재이고, 정신분석에서 이런 구성에 대한 개념적 이름이 성(sexuality) 또는 성적인 것(the sexual)이다.[10]

더하기와 빼기는 서로 상쇄하지 않는다. 성은 항상 부족하거나 남는 것, 결여와 주이상스로 점철된다. 성은 결여된 채로 즐기는 것 또는 결여를 즐기는 모순이다. 후에 상술하겠지만 남녀가 이 결여를 즐기는 또는 결여에 대처하는 방식은 다르다. "주체는 결코 무성이 아니다. 성[sex(uality)]이 다름 아닌 의미화 마이너스와 잉여-향락의 조정이기 때문에 주체는 유성적이다."[11] 성차는 유성적 주체가 결여와 (잉여) 주이상스를 셈하는 방식의 차이다.

2. 성차, 젠더, 실재

성차가 "담론이 아닌 담론의 실패로 정의된다"라는 콥젝의 발언은 성과 성차가 상징계가 실패하는 지점인 실재에 속한다는 점을 명확히 표현한다. 이런 점에서 라캉의 성(차)이론은 성 문제를 사회정치적으로 구성되는 젠더 문제로 대체하고 성/젠더의 다중성을 옹호하는 젠더이론과 다르다. 예컨대 테레사 드 로레티스(Teresa de Lauretis)는 『젠더의 테크놀로지』(*Technologies of Gender*)에서 "성차로서의 젠더 개념"이 페미니즘을 궁극적으로 남녀 구분에 기초한 가부장적 질서에 종속시킨다

10 Alenka Zupančič, *What is Sex?*, 42쪽.

11 Alenka Zupančič, *What is Sex?*, 62쪽.

고 주장하며 "'성차'의 한계를 넘어서는 젠더를 이론화할 방법"을 모색한다.[12] 드 로레티스는 루이 알튀세르(Louis Althusser)의 이데올로기론과 푸코의 성(담론) 생산이론을 페미니즘 관점에서 비판적으로 전유하면서 젠더는 구성되고 재생산될 뿐 아니라 해체되고 재구성될 수 있음을 강조한다. 남성중심적 (이성애적) 젠더를 재생산하는 헤게모니 담론의 주변과 균열 속에서 새로운 페미니즘적 젠더를 재구성하는 것은 "성차의 경계—와 한계—를 왕복하여 가로지르는" 운동으로 가능하다.[13] 드 로레티스가 모색하는 페미니즘적 젠더 주체는 성차로만 규정되지 않고 "다중적 담론, 입장, 의미를 가로질러 구성되는" 주체, 즉 "성적 관계뿐 아니라 인종과 계급을 경험하는 가운데 생-성되는(en-gender) 주체, 따라서 통일되지 않고 다중적이며, 분열되기보다 모순된 주체"다.[14]

버틀러는 젠더가 (재)구성되는 표상이라는 드 로레티스의 페미니즘적 젠더이론을 규범적 권력을 비판하고 해체하는 퀴어이론의 관점에서 더 급진적으로 발전시킨다. 버틀러에 따르면 자연적인 성(sex)과 문화적인 젠더의 이분법 자체가 주어진 것이 아니라 구성된 것이다. "성이 자연에, 젠더가 문화에 속한다고 할 수 없다. 젠더는 '성적인 자연' 또는 '자연적 성'을 문화에 앞선 '전-담론적인' 것으로 생산하고 수립하는 담론적/문화적 수단이기도 하다."[15] 자연적, 생물학적, 그리고 신체적인 것으로 여겨지는 성(sex) 자체가 담론적 구성물이다. "'성'(sex)은 시간을

12 Teresa de Lauretis, *Technologies of Gender* (Bloomington: Indiana UP, 1987), 1, ix쪽.
13 Teresa de Lauretis, *Technologies of Gender*, 25쪽.
14 Teresa de Lauretis, *Technologies of Gender*, x, 2쪽.
15 Judith Butler, *Gender Trouble*, 11쪽.

통해 강제적으로 체화된 이상적 구성물"이며 항상 "규제적 규범"의 권력이 작용한 결과다.[16]

담론에서 벗어난 있는 그대로의 신체나 성은 없고 항상 규범적이고 배제적인 권력이 정의한 성/젠더만 존재한다. 이성애적 동일시를 강요하는 배제적인 성 담론의 권력은 "주체에 대한 구성적 외부, 비체화(卑体化, abjected)된 외부"를 생산하며 이 외부는 동일시를 강요당한 주체의 "내부"에 억압되어 존재한다.[17] 따라서 규범적 성 담론의 헤게모니에 의해 배제되고 비체화된 구성적 외부는 결국 이 주체들이 규범적 동일시에 실패하게 만든다. 그리고 이들이 동일시에 실패하는 지점은 저항의 지점이 될 수 있다. 젠더 정체성은 존재하는 것이 아니라 "수행적으로 구성된" 것이며, 규범적 성 담론이 헤게모니를 유지하기 위해 자신의 논리를 반복하는 과정에서 성 담론과 그 담론이 구성한 젠더 정체성이 전복될 가능성이 발생한다.[18]

성 담론의 획일적 헤게모니는 반복과 재생산의 과정에서 젠더의 다중성에 노출된다. "성과 젠더의 규제적 허구들이 그 자체로 의미의 다중적 투쟁의 장이라면, 그 허구들이 구성되는 다중성 자체는 그들의 단일한 입장을 교란할 가능성을 보인다."[19] 이처럼 버틀러도 드 로레티스와 마찬가지로 성차의 이원성을 비판하고 주체(-입장)의 다중성을 강

16 Judith Butler, *Bodies That Matter: On the Discursive Limits of "Sex"* (New York: Routledge, 1993), 1~2쪽.

17 Judith Butler, *Bodies That Matter*, 3쪽.

18 Judith Butler, *Gender Trouble*, 33쪽.

19 Judith Butler, *Gender Trouble*, 43쪽.

조한다.[20] 주체-입장들의 다중성은 어떤 형태의 배제적인 규범으로도 규제하지 않아야 하며 모든 주체 입장들은 민주적으로 평등해야 한다. 그래서 버틀러는 다양한 "입장들이 민주적인 경쟁에 종속되게 하여 그 입장들을 생산하는 배제적인 조건들을 더 복합적이고 연합적인 체계의 방향으로 영구히 재편하는 방법"을 모색한다.[21] 성적 입장들이 다중화되는 것만큼 중요한 것은 다양한 성적 입장들이 지배와 배제의 권력 관계에 종속되지 않고 민주적으로 타협하고 연합하는 체제의 구축이다.

이런 주장은 지배 담론의 헤게모니에 의해 배제되는 주체-입장들이 없도록 끊임없이 포괄성을 확대할 필요성을 강조한다. 그러나 어떤 헤게모니도 배제적 성격에서 자유롭지 않기 때문에 즉 지배담론의 구성은 항상 필연적으로 구성적 외부를 낳기 때문에 포괄성의 확대 과정은 영구적일 수밖에 없다. 정체성을 포용하는 "무한의 의미화 과정"은 항상 "목록의 끝에 '기타 등등'으로 끝나는" 미완의 과정이다.[22] 이 무한한 과정이 발생하는 장소는 라캉의 용어로 말하면 상징계다. 즉 "정체성의 전복은 반복적인 의미화 실천 내부에서만 가능하다."[23] 바로 이 지점에서 버틀러는 지젝이 주장하는 상징계와 배타적인 불가능 또는 적대로서의 실재 개념에 반대한다. 왜냐하면 버틀러에게 민주적이고 포

20 드 로레티스의 페미니즘과 세지윅, 버틀러의 퀴어이론을 비교 분석하며 버틀러의 이론이 여성 주체성을 해체할 수 있다는 점에서 페미니즘의 해방적 기획과 모순된다는 점을 지적하고 드 로레티스의 페미니즘을 긍정적으로 평가한 연구로 윤조원, 「페미니즘과 퀴어이론, 차이와 공존: 테레사 드로레티스, 이브 세지윅, 주디스 버틀러를 중심으로」, 『영미문학 페미니즘』 2009년 17권 1호, 131~154쪽을 참조할 것.

21 Judith Butler, *Bodies That Matter*, 115쪽.

22 Judith Butler, *Gender Trouble*, 182쪽.

23 Judith Butler, *Gender Trouble*, 185쪽.

용적으로 지배 담론의 '구성적 외부'를 끊임없이 '내부'로 편입시키는 과정은 오로지 역사적으로 구체적인 사회관계의 장소로 이해된 상징계에서만 이루어지기 때문이다. 버틀러의 지젝 비판은 상징계와 실재계의 배타성을 부정하는 작업이다.

> 항상 "외부" 그리고 "구성적 적대"가 있다는 것은 옳은 것으로 보인다. 그러나 상징계적 인식 가능성의 "내부"와 "외부"의 경계를 확보하는 법에 성격과 내용을 부여하는 것은 요구되는 특수한 사회적 역사적 분석을 미리 막는 것이다.
>
> [……] 이는 실재가 기표화될 수 없다고 즉 모든 상징화의 핵에서 저항으로 작용한다고 주장하는 것이다. 그러나 이런 주장은 "상징화"와 "실재" 사이의 근원적 상호배타적 관계를 단언하는 것이다. [……] 실재가 상징화에 저항한다고 주장하는 것은 여전히 실재를 일종의 저항으로 상징화하는 것이다. (실재가 상징화에 저항한다는) 앞의 주장은 ("실재가 상징화에 저항한다"라는 말이 상징화라는) 뒤의 주장이 참일 때만 참이다. 그러나 둘째 주장이 참이라면 첫째 주장은 필연적으로 거짓이다. 실재를 저항의 양태로 가정하는 것은 여전히 어떤 식으로든 실재를 주장하는 것이고, 정확히 말해서 실재에 그렇게 할 수 있는, 공언된 언어적 능력과 별개의, 현실을 부여하는 것이다.[24]

지배 담론이 항상 불가피하게 구성적 적대를 생산한다는 점은 옳지만, 이 구성적 적대를 초역사적인 실재나 불가능성으로 이해하는 것은 구체적인 역사적 분석과 정치적 실천을 방해한다. 상징계는 '인식할 수 있는'(intelligible) 주체뿐 아니라 '인식할 수 없는' 즉 상징계의 인식 지평에서 배제된 주체를 상징계의 구성적 외부로서 생산한다. 인식할 수 없

24 Judith Butler, *Bodies That Matter*, 206~207쪽.

는 주체를 인식 가능성 안으로 포용하는 행위는 구체적인 사회역사의 장(상징계)에서 이루어지는 정치적 실천이다. 버틀러에 따르면 "실재가 상징화에 저항한다"라는 주장 자체가 이미 "상징화"이기 때문에 "실재가 상징화에 저항한다"라고 주장하는 "언어적 능력"과 별개의 현실을 실재의 속성으로 이해하는 것은 실재에 "초상징화적 지위"를 부여하는 것이다.[25] 요컨대 버틀러에게 외부와 내부의 경계를 낳는 법에 어떤 '불가능성'이나 '적대' 또는 '실재'와 같은 "성격과 내용을 부여하는 것"은 오류다. 버틀러에게 초상징화적 지위는 존재하지 않는다.

따라서 버틀러는 구성적 외부를 내부로 포용하는 과정이 영구히 미완성이라는 점을 강조한다. "정체성 기표의 미래는 오로지 충실하게 반복하는 데 실패하는 반복을 통해서만 즉 정체성에 대한 불충(disloyalty)을 범하는 기표의 반복을 통해서만 확보될 수 있다."[26] 정체성의 반복과정에서 정체성의 기표가 동일하게 반복되지 않고 항상 저항과 변화가 동반되는 이유는 라캉 정신분석에서 강조하는 주체의 "결여"나 "공백" 때문이 아니라 기표가 사회적 관계 모두를 포용할 수 없는 불가피한 배제적 성격 때문이다.

> 기표가 그것이 명명하는 것처럼 보이는 통일성을 생산하는 데 실패하는 것은 존재적 공백의 결과가 아니라 그것이 임의적인 배제를

25 Judith Butler, *Bodies That Matter*, 207쪽. 지젝은 버틀러가 주장하는 수행적 재구성을 통한 저항이 헤게모니적 상징질서 내에서 이루어지는 반면 라캉의 실재에 기초한 행위(act)는 수행적 재구성의 장소인 헤게모니적 상징질서 자체를 변화시키는 더 근원적인 변화이며 버틀러는 이 둘을 혼동한다고 비판한다. Slavoj Žižek, *The Ticklish Subject: The Absent Centre of Political Ontology* (London: Verso, 1999), 260~264쪽을 볼 것.

26 Judith Butler, *Bodies That Matter*, 220쪽.

> 통해 일시적으로 안정시키려는 사회적 관계들을 포용할 수 없기 때문이다. [……] 최종적이거나 완전한 포용성이 있을 수 없다는 것은 어떤 주어진 묘사도 결코 요약할 수 없고 [……] 요약해서도 안되는 사회적 장의 복잡성과 역사성의 기능이다. [……] 그런 포용적 묘사는 의도하지 않게 새로운 경쟁의 장과 많은 저항을 낳는다.
>
> 비-지시적 용어로서 "여성들"과 "퀴어"는 임의적 정체성과 불가피하게 임의적인 일련의 배제를 만든다. [……] "여성들"을 영원한 경쟁의 장이나 페미니즘적 투쟁의 장으로 이해하는 것은 그 범주에 종결이 있을 수 없다는 것 [……] 있어서도 안된다는 것을 가정한다. [……] 여기에서 "여성들"이 "여성들"의 이름으로 제공된 묘사를 받아들이기를 거부하는 많은 사례는 편파적 개념이 강요하는 특수한 폭력을 증언할 뿐 아니라 공정하고 포괄적인 개념이나 범주의 구성적 불가능성도 증언하다.[27]

주체-입장의 다중성과 민주성 및 포용 과정의 영구성을 강조하는 버틀러가 성차에 대해서도 유사한 견해를 보이는 것은 당연하다. 버틀러가 『젠더 허물기』(*Undoing Gender*)에서 던지는 "왜 성차의 체계가 이항성을 넘어 다중성으로 이동할 수 없는가?"라는 질문은 이런 입장을 표현한다.[28] 성차의 다중성은 곧 성(차) 해체의 논리로 발전한다. 버틀러의 이론적 편력은 성을 담론적 구성의 차원으로 규정하고 성의 이원성을 다중화하며 이분법적 경계를 가로지르려는 시도가 성구분과 성 개념 자체를 해체하는 결과를 낳을 수 있다는 점을 잘 보여준다.

예컨대 버틀러는 『의미를 체현하는 육체』(*Bodies That Matter*)에서 프

---

27 Judith Butler, *Bodies That Matter*, 220~221쪽.

28 Judith Butler, *Undoing Gender* (New York: Routledge, 2004), 197쪽. 이 책의 한글 제목은 국역본 주디스 버틀러, 조현준 옮김, 『젠더 허물기』(문학과 지성사, 2015)를 따랐다.

로이트 이론에서 성감대가 음경에서 신체의 다른 부위로 전치될 수 있을 뿐 아니라 음경 자체도 처음에는 불안신경증에서 논의되는 신체 부위의 예로 제시되었다가 성감대의 원천 또는 기원으로 이상화된다는 점을 지적하며 다른 신체 부위가 음경을 대신할 수 있다고 주장한다. 버틀러가 사용하는 레즈비언 남근(lesbian phallus)이라는 용어는 음경을 여성(의 신체)과 직접 연결함으로써 남녀의 신체적 경계를 해체하려는 시도를 단적으로 보여준다.[29] 『젠더 허물기』에서는 젠더 개념을 구성하는 규범적 권력뿐 아니라 남녀의 성차 자체를 허물려는 의도를 엿볼 수 있다.

이 지점에서 성차를 옹호하는 이성애적 담론권력을 강하게 비판하는 버틀러의 시도가 의문으로 귀결되는 것은 주목할 만하다. 왜냐하면 「성차의 종말?」이라는 의문문형태의 장 제목이 보여주듯이 버틀러는 성차를 없애려는 시도 대신 성차를 해결되지 않은 열린 문제로 제시하기 때문이다. 버틀러는 "성차의 종말을 호소하기 위해 성차의 종말에 대한 질문을 던진 것이 아니"라고 말하며 "성차가 무엇인지 결정을 내리지 말고 이 질문을 열린, 문제적인, 해결되지 않은, 상서로운 것으로 남겨두자"고 제안한다.[30] 버틀러는 뤼스 이리가레(Luce Irigaray)를 따라 성차가 문제이지 본질이나 라캉의 실재가 아니라고 주장한다. "성차는 사실이나 어떤 종류의 기반이 아니며, 라캉의 용어로 완강한 '실재'도 아니다. [……] 그것은 하나의 질문으로서 해결되지 않은 채 남아있는,

29 Judith Butler, *Bodies That Matter*, 3장 "The Lesbian Phallus and the Morphological Imaginary"(57~91쪽)을 참조할 것. 이 책의 한글 제목은 국역본 주디스 버틀러, 김윤상 옮김, 『의미를 체현하는 육체』(인간사랑, 2002)를 따랐다.

30 Judith Butler, *Undoing Gender* (New York: Routledge, 2004), 176, 192쪽.

아직 또는 영원히 어떤 단언으로 공식화될 수 없다."[31]

버틀러는 성차가 실재가 아니라고 말하지만 어떤 언어로도 영원히 단언할 수 없는 문제로서의 성차는 앞서 논한 인식론적 언어적 한계로서의 실재의 성(차) 개념을 상기시키지 않는가? 버틀러가 의도하지 않은 채 스스로 성차의 실재적 성격을 표현하고 있는 것은 아닐까? 실재가 상징계 바깥의 어떤 본질이나 실체가 아니라 상징계 자체의 근원적 불가능성을 의미한다는 점에서 버틀러가 언급하는 "공정하고 포괄적인 개념이나 범주의 구성적 불가능성"은 실재와 유사하지 않은가?[32] 버틀러는 이 구성적 불가능성을 담론/상징계와 동일한 차원으로 설명함으로써 이 불가능성을 원인으로 인식하지 않는다. 콥젝은 버틀러가 담론의 반복과 실패의 효과를 설명할 뿐 반복의 원인을 제공하지 않으며 이 과정에서 성(sex)을 제거한다고 비판한다. 반복과 실패의 원인은 상징계의 즉 "언어의 자기모순적 교착상태" 또는 "담론의 근원적 교착상태"이고 이것이 바로 불가능성으로서의 실재다.[33] 버틀러는 "구성적 불가능성"을 실재라고 명명하기를 거부한다. 그러나 성차를 영원히 해결 불가능한 문제로 인식한다는 점에서 성차는 성이 사회문화적으로 구성되

31 Judith Butler, *Undoing Gender*, 177쪽.

32 주판치치는 성을 젠더로 파악하는 젠더이론이 성차로서의 실재의 문제를 간과한다고 비판한다. *Alenka Zupančič, What is Sex?*, 44쪽.

33 Joan Copjec, *Read My Desire*, 211쪽. 콥젝이 지적하듯이 젠더이론은 1920년대 프로이트에 대한 비판과 정반대의 관점에서 정신분석을 비판한다. 거세(콤플렉스)를 주체의 생성에 결정적인 것으로 파악하고 리비도를 남성적인 것으로 정의한 프로이트에 대한 초기 비판은 성차를 남녀 성기의 차이라는 생물학적 차이로 환원했다. 이와 달리 1980년대 젠더이론은 성을 문화적으로 구성되는 것으로 본 나머지 "신체 없는 주체 또는 더 정확히 성기 없는 주체" 개념을 만들었다. Joan Copjec, "The Sexual Compact," 38쪽.

고 해체될 수 있다고 본 버틀러의 잰더이론이 봉착한 난제라고 해도 과언이 아니다.

서론에서 언급했듯이 버틀러가 주장하는 (성적) 주체(-입장)의 민주성과 다중성은 LGBT에 여러 성적 입장들을 계속 추가하여 어떤 주체도 배제하지 않으려는 경향을 낳는다. 지젝이 지적하듯이 "이 시리즈에는 명백히 시리즈에 속하지 않고 따라서 +를 체화하는 예외적 요소가 항상 존재한다."[34] 이렇게 성 정체성의 민주적 평등성을 확보하기 위해 항상 집합에 속하지 않는 또 다른 정체성이 추가되어야 한다는 사실은 상징계가 성적 입장의 총체를 제공하는 데 실패한다는 사실 즉 성차는 상징계의 실패를 지시한다는 점을 드러낸다.

라캉 정신분석의 관점에서 이런 분류가 궁극적으로 실패할 수 밖에 없는 이유는 "분류를 거부하는 정체성들이 경험적으로 풍부해서가 이니라 빈대로 실재로서, (모든 범주화를 거부하는) '불가능'하고 동시에 불가피한 것으로서의 성차의 지속" 때문이다.[35] 라캉은 세미나 XIX에서 성차를 없애려는 경향에 대해 다음과 같이 말한다.

> 사람들은 어리둥절해서 성적 분할, 차이를 너무 급히 부정합니다. 나는 그것이 연산할 수 있으므로 **분할**(나누기, *division*)이라고 말했고, 그것이 정확히 말해서 여성 = 남성이라는 등식에서 등호의 사용이 지우려는 것이므로 **차이**(difference)라고 말했습니다.
>
> [……] 놀라운 것은 이 모든 어리석음이 아니라 이 어리석음이 **위반한다고** 주장하는 장애입니다.

---

34 Slavoj Žižek, *Incontinence of the Void*, 135쪽.

35 Slavoj Žižek, *Incontinence of the Void*, 137쪽.

> [……] 담론을 표현하는 진보를 통해서 유지되는 것의 한계를 구성한다는 의미에서 존재하는 것이 있다는 사실이 알려졌습니다. 이것이 실재입니다. [……] 이 불가능은 위반할 수 없습니다. (*S*XIX, 102~103)

성차는 위반할 수 없는 장애이고 불가능으로서의 실재다. 성차를 남녀의 등식으로 없애려는 모든 시도는 따라서 불가능한 작업이다.

실재로서의 성차는 페르디낭 드 소쉬르(Ferdinand de Saussure)가 말하는 공시적 언어체계의 차이가 아니다. "언어에는 차이밖에 없다"라는 소쉬르의 유명한 명제가 예증하듯이 기표의 정체성은 기표가 갖는 기의에 의해 발생하지 않고 오로지 기표들의 관계에 의해 발생한다.[36] 남성/여성, 능동/수동, 남근(또는 음경)의 존재/부재의 대립은 이런 소쉬르적인 구조적 의미화 차이(signifying difference)다.[37] 드 로레티스는 정신분석이 정의하는 성차를 이런 대립의 차이로 파악한다. "정신분석은 동일한 준거틀 속에서 그리고 남성의 정신사회적 발달을 설명하기 위해 세공된 분석범주로서의 여성을 남성**과의 관계**에서 정의한다."[38]

그러나 성차는 이런 이항대립의 차이가 아니다. 다음 장에서 상세히 논하겠지만 성차는 일자(一者, the One)와 근원적 대타자로서의 여

---

36 Ferdinand de Saussure, *Course in General Linguistics*, Roy Harris 옮김 (Chicago: Open Court, 1983), 118쪽. 소쉬르는 기표들의 관계나 기의들의 관계를 순전히 부정적인 관계 (즉 A는 B, C, D 등이 아니기 때문에 A다)로 설명하는 것과 달리 기표/기의의 결합인 기호들의 대립 관계는 완전히 부정/소극적인(negative) 것이 아니라 적극적인(positive) 것이므로 순수 차이라기보다는 구분(distinction)이라고 말한다. 그러나 기호 역시 혼자서 의미를 지닐 수 없고 다른 항과의 대립에서만 의미를 지닐 수 있으므로 구조적 차이의 논리를 따른다.

37 Mladen Dolar, "One Divides into Two," *e-flux* 33(March 2012), 9쪽을 참조할 것.

38 Teresa de Lauretis, *Technologies of Gender*, 20쪽. 원문 강조.

성의 (비)관계이기 때문이다. 젠더이론의 주장과 달리 프로이트와 라캉 이론에서 성차는 남녀의 이분법적이고 이성애적인 구분으로 환원할 수 없다. 젠더이론이 비판하는 성의 이항성은 소쉬르적 이항대립에서 둘의 관계다. 라캉에게 성은 둘이라는 숫자와 분리할 수 없다. 라캉은 "성이 실재라는 것은 조금도 의심할 여지가 없다. 그것의 구조는 둘(*dual*), 숫자 이(*duo*)다. 어떻게 생각하더라도 남자, 여자 둘이 있다. [……] 성이 관계될 때 문제는 동성을 선호할 때조차 타자, 다른 성이다."(*S*XIX, 134) 그러나 라캉 이론에서 "둘은 첫째에 더해진 둘째가 아니다. 1+1이 성의 둘을 만든다고 생각하는 것은 오류다."[39] 여기에서 둘이라는 숫자는 하나에 다른 하나를 더한 결과가 아니라 1+1로 셈할 수 없는 둘 즉 일자와 대타자와의 비대칭적 둘—라캉의 셈법으로 1+0=2—이다.

젠더이론이 주장하는 성적 입장의 다중화도 일자와 대타자의 근원적인 불일치에 기인한다. 어떤 젠더도 이 근원적인 성차를 제거할 수 없다.

> 성차는 이항대립으로 환원될 수 없고 둘이라는 숫자로 설명될 수 없으므로 둘이라는 문제를 제기한다. 그것은 구조의 요소들을 정의하는 의미화 차이로 환원될 수 없다. [……] 우리가 추구하는 둘은 동등하거나 다른 일자들의 이항적 둘, 동일한 질서의 연장들이 아니라 일자와 대타자의 둘이다. 성차는 둘이라는 수로 셈할 수 없고

39 Joan Copjec, "The Sexual Compact," 34쪽. 성차와 수의 관계에 대한 페미니즘, 정신분석, 철학의 다양한 해석을 개괄적으로 논한 글로서 Arun Saldanha, "One, Two, Many: What is Sexual Difference Now?" *Angelaki: Journal of the Theoretical Humanities*, 17.2 (2012), 1~29쪽을 참조할 것.

이항대립 안으로 넣을 수도 없기 때문에 둘을 수립한다. 만일 성적 입장이 놀라울 정도로 다양하다면, 그것은 이런 셈과 타협하는 것이 불가능하기에 환원 불가능한 둘임(two-ness) 때문이다.

[……] 모든 것이 설명될 수 있고 젠더의 주형에 넣어질 수 있지만, 모델의 기능을 하는 성차는 그렇게 할 수 없다. 모든 것의 모델이 되는 차이는 그 자체로는 하나의 차이로 포착할 수 없는 실재로 지속한다.[40]

일자와 대타자의 성차는 상징계 안에 있는 두 항의 대립 관계가 아니다. 지젝이 거듭 강조하듯 오히려 성차는 음/양, 능동/수동 같은 대립으로 상징화할 수 없는 실재의 차이다. "성차가 실재인/불가능한 한, 그것은 정확히 말해서 '이항적'이 아니라 그것 때문에 모든 '이항적' 해석(성차를 상징적 이원성—이성 대 감성, 능동 대 수동 등—으로 번역하는 모든 것)이 항상 실패하는 것이다."[41] 남녀 관계에 대한 모든 상징적 설명은 성차라는 실재계의 외상을 순화하려는 헛된 시도다.

성차가 남녀의 차이가 아니라면 남녀 관계는 무엇이란 말인가? 이에 대한 라캉의 대답이 "성적 관계는 없다"라는 명제다. 앞으로 살펴볼 성별화 공식에서 남녀는 직접 관계하지 않는다. 남성은 여성 쪽에 있는 대상 *a*와 관계할 뿐이고, 여성은 남성 쪽에 있는 남근기표와 관계하거나 결여된 대타자의 기표 S(Ⱥ)와 관계할 뿐이다. 그러므로 남녀가 어떻게 관계하는가에 대한 라캉의 대답은 "무관" 즉 아무런 관계가 없다

---

40 Mladen Dolar, "One Divides into Two," 7~8쪽.

41 Slavoj Žižek, *Less than Nothing: Hegel and the Shadow of Dialectical Materialism* (London: Verso, 2012), 748쪽.

는 것이다.[42] 이것이 남녀 사이에 성적 관계는 없고 단지 "성적 관계에 실패하는 남성적 방법이 있고, 또 다른 [여성적] 방법이 있을" 뿐이라고 라캉이 말하는 이유다.(*S*XX, 58)

3. 성과 결여

성적 관계가 실패하는 원인 그리고 성차가 다른 차이와 달리 실재의 차이인 근본적인 이유는 유성적 주체의 근원적 결여와 상실이다. 잘 알려져 있듯이 주체의 결여와 분열은 주체가 상징계에서 출현한 결과다. 상징계에서 주체는 자신을 대표하지 못하는 기표로 대치되고 존재를 상실한다. 라캉은 "오로지 주체의 분열, 주체들 **사이의** (관계와 반대되는) 분열"의 관점에서 성을 설명한다.[43] 인간의 성은 주체의 근본적인 분열과 결여의 결과다.

> 성(sexuality)은 성이 아닌 어떤 것에서 유래한 주체의 관계에 의해 정신에서 표상됩니다. 성은 주체의 영역에서 결여의 방식에 의해 수립됩니다. 여기에서 두 결여가 포개집니다.
>
> 첫째 결여는 주체가 대타자와의 관계에서—주체가 기표에 의존한다는 사실, 기표는 무엇보다도 대타자의 영역에 있다는 사실에 의해—자신의 존재로 출현하는 변증법의 중심인 핵심 결함에서 발생합니다. 이 결여는 살아있는 존재가 출현하는 순간 다시 말해서 유성생식의 순간에 위치한 다른 결여, 그 이전의 실재적 결여를 이

42 Slavoj Žižek, *Less than Nothing*, 760쪽을 참조할 것.

43 Jacqueline Rose, "Introduction – II," 47쪽.

어받습니다. 실재적 결여는 살아있는 존재가 성(sex)을 통해 자신을 재생산함으로써 상실하는 것 즉 살아있는 존재로서의 자신의 일부입니다. 이 결여가 실재적인 이유는 실재의 어떤 것과 관계되기 때문입니다. 다시 말해서 살아있는 존재가 성(sex)에 종속됨으로써 개체의 죽음이라는 타격을 받기 때문입니다. (*S*XI, 204~205)

성의 정신적 표상에는 "성이 아닌 어떤 것" 즉 기표와 성의 이질적 관계가 개입한다. 이 이질성으로 인해 성의 표상은 제한적이고 불완전하다. 그러나 그 이전부터 원초적인 결여가 존재한다. 라캉은 두 가지 결여를 설명한다. 첫째 결여는 주체가 상징계의 대타자에서 주체로 출현하면서 기표에 의해 존재를 상실하는 것이다. 그러나 이 상징계 차원의 결여는 그 이전의 더 근원적인 실재적 결여와 포개진다. 실재적 결여는 인간이 유성생식에 종속되기 때문에 발생한다. "이 결여는 정의상 성적이다. 그것은 생리학적으로 남성이면서 동시에 여성이 되는 것이 불가능한 것과 관계된다. 라캉은 이 결여를 '실재적인' 것으로 부르면서 이 용어로 그것이 의미화 밖에서 발생한다는 것을 가리킨다."[44] 실재적 결여는 인간이 유성생식으로 인해 "유성적인 살아있는 존재"로 태어나면서 자신의 일부를 영원히 상실한 결과 "더 이상 불멸이 아니라는 사실"을 의미한다.(*S*XI, 205)

그러므로 성과 죽음은 필연적인 관계를 지닌다. "유성생식과 더불어 죽음이 생명에 내재하게 된다. 죽음은 단순히 ('무생물로의 귀환'에서처럼) 생명의 목적이나 최종 목표가 아니라 삶의 내재적 부정성이고 내

44 Kaja Silverman, *The Subject of Semiotics* (Oxford: Oxford UP, 1983), 152쪽. 카자 실버만(Kaja Silverman)에 따르면 라캉은 성차를 자궁 안에서부터 시작해서 출생에서 실현되는 것으로 해석하며 이런 의미에서 성차는 실재적이다.

적 전제다."[45] 그러므로 주체에게 모든 욕동은 근본적으로 죽음욕동이다. "욕동, 부분욕동은 심오하게 죽음욕동이며 그 자체로 유성적인 살아있는 존재 속의 죽음의 부분을 표상한다."(*S*XI, 205) 라캉은 유성생식에 의해 성별화된 존재로 태어나 사멸성에 종속되는 주체의 실재적 결여와 주체가 상징계에서 기표로 대치되어 존재를 상실하는 상징적 차원의 결여 사이에 연속성을 설정한다. 상징계적 차원에서의 존재의 상실은 더 근원적인 실재의 결여—불멸성의 상실—과 포개진다.

인간이 유성생식에 종속되면서 상실하는 것 즉 실재적으로 결여하는 것이 박막(薄膜, lamella) 또는 리비도다. "그것은 순수 생명욕동으로서의 리비도, 다시 말해서 불멸의 생명 또는 억압할 수 없는 생명, 기관이 필요 없는 생명, 단순화되고 파괴될 수 없는 생명이다. 그것은 살아있는 존재가 유성생식의 순환에 종속되었다는 사실 때문에 살아있는 존재에서 빠져나간 것이다."(*S*XI, 198) 라캉은 반으로 분열된 인간이 다른 반쪽을 찾아 통일체를 회복하려는 아리스토파네스의 신화를 "박막의 신화"로 대체한다.(*S*XI, 205) 박막의 신화는 "상실한 부분을 체현하

45 Alenka Zupančič, *What is Sex?*, 101쪽. 주판치치는 부정성과 결여의 관점에서 라캉의 존재론을 해석하며 욕동을 궁극적으로 만족이 아닌 부정성의 반복으로 해석한다. 프로이트 이론과 달리 죽음욕동은 생명체를 죽음(무생물의 상태)을 향하게 만드는 동력이 아니라 이 과정에서 우연히 발생하는 만족을 반복하는 힘이며 따라서 유기체에 내재한 죽음을 향한 길과 다른 길을 만들어내는 동력이다. 만족은 부정성을 반복하려는 목적을 위한 수단에 불과하다. "욕동들이 반복에서 목표하는 것은 단순히 (잉여) 만족이 아니라 잉여 만족을 반복함으로써만 반복될 수 있는 이 부정성/중단이다." Alenka Zupančič, *What is Sex?*, 103쪽. 공백/부정성을 체현하는 것이 대상 *a*이고 부분욕동은 대상 *a*를 순환하여 돌아오는 과정에서 만족을 얻는다. 그러므로 공백/부정성을 맴도는 부분욕동들은 궁극적으로 죽음욕동이다. 욕동에 대한 주판치치의 상세한 논의는 같은 책 94~106쪽, 110~128쪽을 참조할 것.

도록 의도된 신화"이며 주체가 상실한 리비도를 되찾으려는 불가능한 시도를 보여준다.(*SXI*, 205) 박막의 신화는 "역설적으로 성이 불멸의 죽음이고 반면에 죽음이 불멸의 생명에 대한 욕망이 되는 것"을 보여준다.[46] 주체는 유성적 존재로 태어나 생식의 순환에 종속되면서 리비도를 상실한다. 따라서 역설적으로 죽음을 통해서 상실한 리비도를 회복하도록 추동하는 힘이 죽음욕동이다.

실재의 결여와 상실 때문에 인간이 상징계에서 성 정체성을 갖는 것은 근본적으로 불완전하다. 인간이 성적 주체가 되는 성별화 자체가 거세/상실이라는 외상적 실재에 대처하는 불완전하고 불가능한 과정이다. "성차는 외부에서 주체에게 부과된 어떤 것이 아니라 주체의 구조에 내재한 상실의 의미로 이해되어야 한다. 그렇다면 완전하게 자신의 성이 되는 것을 [……] 방해하는 것이 주체성 자체를 구성하는 상실의 본성이다."[47] 상실은 "내재적"이고 회복 불가능한 형태로 주체성에 새겨져 있으므로 성 주체성은 근본적으로 불안정하다.

이 근원적 상실의 의미는 버틀러의 이론에서 성 주체화의 과정에 동반되는 구성적 상실(constitutive loss)과 비교할 때 더 분명히 드러난다. 버틀러는 프로이트의 우울증 이론을 비판적으로 차용해서 성 주체성 또는 정체성의 문제적 성격을 예리하게 파헤친다. 버틀러에 따르면 주체가 상실한 대상에 대한 애착을 버리지 못해서 그 대상과 동일시하

46 Maire Jaanus, "The Démontage of the Drive," Richard Feldstein, Bruce Fink & Marie Jaanus 공편, *Reading Seminar XI: Lacan's Four Fundamental Concepts of Psychoanalysis* (Albany: SUNY P, 1995), 131쪽.

47 Suzanne Barnard, "Introduction," Suzanne Barnard & Bruce Fink 공편, *Reading Seminar XX: Lacan's Major Work on Love, Knowledge, and Feminine Sexuality* (Albany: SUNY P, 2002), 11쪽.

고 그 대상을 자아의 일부로 내입해 비판하는 우울증의 메커니즘은 성 정체성 형성에도 적용될 수 있다. 이 메커니즘에 따르면 이성애적 성 정체성(의 구성)은 그 이전에 동성애적 사랑의 대상[에 대한 욕망]을 포기/거부한 결과이며 그 대상의 내입을 통해 포기된 대상에 대한 욕망은 정체성 내에 보존된다. 그 결과 "거부되어 상실된 것이 거부된 정체성으로 보존되기 때문에 이[거부된] 욕망은 결코 완전할 수 없는 정체성을 극복하려 시도할 것이다."[48] 이성애적 문화는 동성애적 욕망을 거부하는 이성애적 주체를 만들지만, 우울증 메커니즘으로 인해 거부되고 보존된 동성애적 욕망은 성 정체성 안에 전복적인 힘으로 존재하므로 성 정체성은 불완전할 수밖에 없다. 그래서 "우리가 단지 그리고 항상 다른[타자의] 성을 상실한다고 처음부터 전제한다면 우리는 상실과 상실의 형성적 효과를 이해하는 필수적인 용어를 잃게 될 것이다. 왜냐하면 우리는 역설적으로 우리 자신의 성이 되기 위해서 우리 자신의 성을 상실했어야 하는 우울증적 곤경에 자주 처하기 때문이다."[49] 상실한 것은 단순히 타자의 성이 아니라 자신의 성이고 자기 자신의 성 정체성은 상실/거부, 동일시/내입, 전복 가능성으로 점철된 불완전한 것이다.

지젝은 성적 주체화에서 상실되는 것은 단순히 다른/타자의 성이 아니며 성 정체성은 근원적으로 불완전하다는 버틀러의 주장에 동의하지만 라캉 이론의 관점에서 상실을 더 근원적인 것으로 이해해야 할 필요성을 제기한다. 그는 "만일 인간의 성을 규제하는 상징계의 법에 진

---

48 Judith Butler, *The Psychic Power of Life* (Stanford: Stanfrod UP, 1997), 137쪽. 우울증적 주체에 관한 버틀러 이론은 같은 책, 132~150쪽과 Judith Butler, *Gender Trouble*, 84~91쪽을 볼 것.

49 Judith Butler, *The Psychic Power of Life*, 166쪽.

입하기 위해 근원적 포기라는 대가를 치러야 한다면, 이 포기는 정말 동성에 대한 애착의 포기일까?"라고 묻는다.[50] 앞서 논했듯이 성별화의 과정에서 상실되는 것은 리비도이고 박막이며 이 상실은 회복 불가능하고 근원적인 것이다. 이 "상징화되지 않은 리비도"인 박막은 남성적인 것도 여성적인 것도 아닌 "비성적인" 것으로서 "상징적 성별화에 들어설 때 두 성 모두 상실하는 것"이다.[51] 상실되는 것은 다른/타자의 성이 아니라 비성적인 리비도이고 대상 *a*는 상실된 리비도를 대표한다. 만일 이 근원적 상실이 없이 남녀가 상징계에서 대립한다면 성적 관계는 성립할 수 있고 남자는 온전히 남자로 여자는 온전히 여자로 서로와 관계할 수 있고 이 관계는 상보적이 될 것이다. 그러나 상실은 근원적이며 이 관계를 불가능하게 만든다. 왜냐하면 상실된 리비도를 대표하는 대상 *a*가 항상 성적 관계를 불가능하게 만드는 벽으로 작용하기 때문이다. 이런 점에서 성적 주체화는 그 자체로 불완전한 과정이다. 성차는 "여자가 결코 완전히 여자가 되지 못하고 남자가 결코 완전히 남자가 되지 못하게 하는 공통적 (대문자) 상실(Loss)이며, '남성적' 입장과 '여성적' 입장은 단순히 이 내재적인 장애/상실에 대처하는 두 방식일

50 Slavoj Žižek, *The Ticklish Subject*, 275쪽.

51 Slavoj Žižek, *The Ticklish Subject*, 276쪽. 버틀러는 푸코가 『감시와 처벌』(*Discipline and Punish*)에서 신체의 종속 심지어 파괴를 통해서 주체가 출현한다고 주장한 것을 정신분석학적으로 주체가 신체를 승화한 것으로 해석할 수 있으며 이 과정에서 승화되지 않은 신체의 파편이 존재한다고 주장한다. "승화에서 보존되지 않은 신체의 부분, 승화되지 않은 신체의 부분이 있는가? 주체에게 이렇게 남은 신체는 일종의 구성적 상실에서, 항상 그렇지는 않더라도, 이미 파괴된 형태로 생존한다고 나는 주장하고 싶다. 신체는 구성이 발생하는 장소가 아니라 주체의 형성을 가능하게 하는 파괴다." Judith Butler, *The Psychic Life of Power*, 92쪽. 지젝은 버틀러가 여기에서 언급하는 승화되지 않은 신체적 잔해가 라캉의 박막과 유사하다고 지적한다. Slavoj Žižek, *The Ticklish Subject*, 275쪽.

뿐이다.[52]

주체의 상실과 결여는 주체의 성적 불구성 또는 성적 만족의 불가능성을 초래한다. 라캉이 성차와 관련해서 제시하는 주체의 결여는 회복 불가능한 절대적인 것이다. 그가 남녀의 합일을 가정하는 아리스토파네스의 신화를 박막의 신화로 대체하는 것은 주체의 성에서 근원적이고 비가역적인 결여를 발견하기 때문이다. "대상 *a*는 그것[리비도]의 대표자"다.(*S*XI, 198) 박막의 신화는 유성적 주체가 대상 *a*를 통해서 상실한 리비도를 회복하려는 불가능한 시도를 체현한다. 리비도를 회복하려는 주체의 욕동이 항상 기표에 의해 절단된 부분욕동일 수밖에 없기 때문에 이 시도는 불가능하다. 라캉은 욕동이 대상 *a*를 얻지 못하고 단지 그 주위를 돌아오는 경로를 설명한다.

그러므로 박막의 신화는 주이상스의 불가능성도 예시한다. 주이상스는 쾌락원칙을 위반함으로써 가능하나. "욕동의 경로는 쾌락원칙과의 관계에서 주체에게 허락된 유일한 형태의 위반"이다.(*S*XI, 183) "주체는 자신의 욕망이 [……] 타자의 **주이상스**를 포착하려는 목적을 가지고 헛되이 우회하는 것에 있다는 것, 쾌락원칙 너머에 **주이상스**가 있다는 것을 깨달을 것이다."(*S*XI, 183~184) 쾌락원칙의 위반에서 발생하는 주이상스는 욕동에 의해서만 가능하다. 그러나 욕동은 부분욕동이므로 주이상스는 결코 주체에게 허락되지 않는다. 기표의 상징계와 주이상스는 배타적이고, 대상 *a*와의 관계에서 부분욕동에게 허락된 주이상스는 파편적일 뿐이다. 그렇다면 남녀가 상실한 자신의 일부인 대상 *a*를

52 Slavoj Žižek, *The Ticklish Subject*, 272쪽.

되찾으려는 방식의 차이는 무엇일까? 대상 *a*와 남근은 어떤 관계를 지니는 것일까? 상징적 거세를 당한 결여의 주체에게 주이상스는 영원히 불가능한 것일까? 라캉이 이런 질문들에 대한 해답을 추구하며 도달한 결론이 세미나 XX 『앙코르』의 성별화 공식이다.[53]

4. 주이상스의 분열

근원적으로 결여된 주체에게 주이상스가 허락되지 않는다면 과연 성과 남녀 관계에는 아무런 만족이나 즐거움도 없는 것일까? 상징적으로 거세된 욕망/결여의 주체도 최소한의 주이상스가 허락되는 것은 아닐까? 그렇다면 남녀가 즐기는 방식과 차원은 어떻게 같고 다른가? 라캉은 결여와 주이상스의 관계를 더 정교하게 탐구하며 이와 같은 의문

53 'sexuation'은 성구분, 성화로도 번역된다. 라캉의 성(별)화 공식에 남성과 여성이 구분되므로 '성구분'은 성차를 강조한다. '성화'는 인간이 애초에 유성적(有性的) 존재로 출현하는 과정을 더 강조한다. 인간은 무성일 수 없으며 인간이 존재하는 것 자체가 남성이나 여성이라는 유성적 존재가 된다는 것을 뜻한다. 콥젝이 지적하듯이 철학과 달리 "정신분석의 주체는 정의상 항상 유성적이다." Joan Copjec, *Read My Desire*, 212쪽. '성구분'이 정태적인 의미를 함축하는 반면 '성별화'는 성차뿐 아니라 유성적 존재가 되는 동적인 과정도 표현할 수 있다. 또한 sex가 'sexed being'에서처럼 동사로 사용되는 것과 마찬가지로 sexuation 역시 'sexuated subject'와 같은 표현에서 동사로도 사용된다. 이 표현도 '성구분된 주체'보다 '성별화된 주체'로 옮기는 것이 더 수월하다. 물론 여기에서 '성별'은 생물학적 의미로 한정된 일반적 개념과는 구분되어야 한다. 모렐은 성별화를 세 가지 계기로 설명한다. 첫째는 자연적인 해부학적 차원이다. 둘째는 남근함수를 수용하느냐 거절하느냐(그 결과 정신병적이 되느냐)라는 담론적 차원이다. 셋째는 남근함수에 전적으로 종속된 남성이 되느냐 아니면 남근함수에 전적으로 종속되지 않는 여성이 되느냐는 성적 선택의 차원이다. 협의의 의미에서 성별화는 셋째 차원을 의미한다. Geneviève Morel, *Sexual Ambiguities*, 129~162쪽을 볼 것.

들에 답한다. 성별화 공식은 이런 탐구의 결과 라캉이 도달한 성(차)이론을 도식적으로 보여준다. 1971년 세미나 XVIII에서부터 시도해 세미나 XX 『앙코르』에서 완성한 성별화 공식에서 라캉은 히스테리 연구에서 탐구하기 시작한 여성성 문제에 대한 해답을 제시한다. 라캉이 여기에서 여성성을 새롭게 정의할 수 있었던 것은 그의 이론적 중심이 상징계에서 실재(계)로, 기표에서 대상 *a*로, 욕망/결여에서 욕동(의 만족)과 주이상스로 이동하면서 이 두 차원의 관계를 더 깊이 탐구했다는 사실과 밀접히 연관된다. 이 과정에서 주이상스 개념에 큰 변화가 발생한다.

자크알랭 밀레(Jacques-Alain Miller)는 기표와 주이상스의 관계 변화의 관점에서 라캉의 주이상스 개념을 시기별로 여섯 패러다임으로 분류한다.[54] 첫째 "주이상스의 상상화" 패러다임에서 주이상스는 증상의 해석 후에 남는 상상적 만족이며 여기에서 기표와 주이상스는 분리된다. 둘째 "주이상스의 의미화(signifiantisation)" 패러다임에서 상상적 주이상스는 기표화되고 남근은 상상적 남근에서 상징적 남근기표로 바뀐다. 이 주이상스는 기표에 의해 제한된 리비도의 만족으로서의 주이상스이므로 기표와 주이상스는 결합한다. 셋째 "불가능한 주이상스" 패러다임은 세미나 VII 『정신분석의 윤리』에서 안티고네가 예증하는 실재의 불가능한 물(物, *das Ding*, Thing)의 영역에 속하는 주이상스다. 여기에서 주이상스는 상징계 밖의 실재에 속하므로 주이상스와 기표의 괴리는 극에 달한다.

밀레에 따르면 주이상스를 상징계 밖에 위치시키면서 딜레마에 빠

54 Jacques-Alain Miller, "Paradigms of Jouissance," *Lacanian Ink*, 17 (2000), 10~47쪽.

진 라캉은 이후 기표와 주이상스의 관계를 다시 모색하며 주이상스를 대상 *a*로 출현하게 만든다. 이것이 세미나 XI 『정신분석의 네 가지 근본개념』에 나타나는 넷째 "정상적 주이상스"의 패러다임이다. 셋째 패러다임에서 주이상스가 위반을 요구한다면 이 패러다임에서 주이상스는 위반이 아니라 욕동이 대상 *a*를 순환하는 정상적 운동에 의해 경험된다. 이 단계에서 "상징계와 주이상스 사이의 새로운 계약"이 만들어져 기표와 주이상스는 다시 수렴한다. 주체가 상징계에서 출현하면서 상실한 리비도는 대상 *a*로 복구되고 "주이상스는 대상 *a*의 모습으로 분배된다."[55] 대상 *a*는 한편으로는 물(*das Ding*)을 체현하고 다른 한편으로는 기표의 대타자가 물에 가한 구속력 때문에 출현하므로 대타자와 물을 중개하는 모호성을 지닌다. 그러나 대상 *a*는 기표가 아니다. "대상 *a*는 주이상스의 의미화를 수행하지만 기표로서 그렇게 하는 것이 아니다. 라캉은 주이상스의 기표라는 개념을 포기한다."[56]

세미나 XVII 『정신분석의 이면』에서 나타나는 다섯째 "담론적 주이상스" 패러다임에서 기표와 주이상스는 반복의 패턴 속에서 다시 수렴한다. "기표는 주체를 위해 다른 기표를 대표한다"라는 명제는 기표가 주체를 대표하는 데 실패하므로 기표가 반복되는 것을 표현한다. 이와 유사하게 기표가 주이상스를 표상하는 데 반복적으로 실패하는 과정에서 역설적으로 주이상스가 출현한다. 앞서 논했듯이 주이상스의 상실이 역설적으로 잉여 주이상스를 낳는다. 라캉은 기표에 의해 주이상스가 소진되는 엔트로피의 과정 자체에서 잉여 주이상스가 출현한다고

55 Jacques-Alain Miller, "Paradigms of Jouissance," 23, 27쪽.

56 Jacques-Alain Miller, "Paradigms of Jouissance," 27쪽.

말한다.

> 주이상스가 하나의 상태를 획득하고 자신을 드러내는 것은 이 엔트로피의 효과, 이 소진을 통해서 뿐입니다. [……] 이 무엇인가가 [……] 주이상스, 반복되는 주이상스를 창조한 것은 정확히 말해서 상실의 차원에서 지각되는 것을 통해서입니다. 무엇인가가 보상을 필요하게 만듭니다. 엔트로피의 차원만이 그곳에서 회복할 잉여 주이상스가 있다는 사실을 체현합니다. (*S*XVII, 50)

밀레의 다섯째 패러다임에서 상실을 회복하려는 시도의 실패가 반복적으로 다시 한번 즉 앙코르를 낳는다. "의미화 반복은 주이상스의 반복을 설명하는 것이다. [……] φ와 대상 *a*사이, 결여와 보충 사이의 차이가 반복을 조건지우고 촉구한다. 그것은 기표의 본질적 형태인 앙코르, 반복의 기초다."[57]

마지막 여섯째 "비-관계"의 패러다임은 앞의 패러다임과 달리 주이상스와 대타자, 그리고 남과 여 사이의 비관계에 기초한다. 이 패러다임에서 주이상스는 반복이라기보다 신체에 속한다. 세미나 XX의 제목인 '앙코르'의 동음이의어는 '*en-corps*'(in-body)를 뜻한다. 이 신체의 주이상스는 대타자(여성)에서 유리된 주이상스 일자(Jouissance One)다. 밀레는 이 주이상스가 신체의 주이상스, "남근적 주이상스," "말(word)의 주이상스," 그리고 "승화적 주이상스"의 네 가지 측면을 지닌다고 해석한다.[58] 이 모두에서 대타자(의 성)은 배제된다. 일자와 대타자는

57 Jacques-Alain Miller, "Paradigms of Jouissance," 35쪽.

58 Jacques-Alain Miller, "Paradigms of Jouissance," 43~44쪽. 밀레는 신체로서의 일자가 대타자(의 성)과 유리되어 외롭게 즐기는 주이상스가 비성적인(asexual) 주이상스이고 실재에 속하며 대타자(여성)의 신체의 주이상스는 성적 주이상스라

'비관계'를 맺는다.

밀레의 해석에서 주목할 점은 라캉이 오랜 세월에 걸쳐 주이상스와 기표/대타자의 관계를 끊임없이 모색했다는 사실이다. 이런 모색은 특히 라캉이 세미나 VII에서 주이상스를 불가능한 실재의 영역에 설정하면서 봉착한 딜레마를 해결하기 위해 구체적으로 이루어진다. 그 결과 주이상스는 단일 개념으로 유지되지 않고 세분된다. 이런 세분화는 밀레의 분류에서 대략 네 번째 패러다임부터 시작된다. 라캉은 1960년 「주체의 전복과 프로이트적 무의식에서의 욕망의 변증법」("The Subversion of the Subject and the Dialectic of Desire in the Freudian Unconscious")에서 주이상스를 기표의 상징계와 배타적인 것으로 보았다. 상징계에서 "주이상스는 말하는 자 모두에게 그 자체로 금지된다."(*E*, 696) 상징계에서 주체가 존재를 상실하고 주이상스가 금지되는 것이 상징적 거세다. "거세는 주이상스가, 욕망의 법에 반비례해서 얻을 수 있도록, 거부되어야 하는 것을 의미한다."(*E*, 700) 그런데 역설적이게도 남근은 바로 이 주이상스의 상징이 된다.

> [거세 콤플렉스]는 무한의 주이상스를 지시하는 유일한 것이고, 그것은 주이상스의 금지의 표식을 가져오며 이 표식을 구성하기 위해 희생을 요구한다. 이 희생은 그것[주이상스]의 상징 즉 남근을 선택하는 행위와 같은 행위에 함축되어있다.
>
> 이 선택이 허용되는 것은 남근—즉 음경의 이미지—이 거울이미지에 위치하는 곳에서 음수(陰数)화되기(negativized) 때문이다. 이 때문에 욕망의 변증법에서 남근은 주이상스를 체현할 운명을 지

고 주장한다. 앞으로 살펴보겠지만 이는 라캉의 설명 그리고 다른 평자들의 해석과 일치하지 않는다.

니게 된다.

[……] 그것은 형태상 "끝부분"에 위치하기 때문에 그것이 떨어져 나가는 환상을 갖게 한다. [……]

따라서 발기될 수 있는 기관은 [……] 주이상스의 장소를 상징하게 된다.

[……] 상상계와 상징계의 등식에서 한쪽에서 다른 쪽으로 남근 이미지인 소문자 파이(−φ)가 이동하는 것은, 그것이 결여를 메우는 것이라 할지라도, 그 파이를 양수(陽数, positive)로 만든다. 그것은 (−1)을 지탱하지만, 그곳에서 Φ (대문자 파이) 즉 음수화될 수 없는 상징적 남근, 주이상스의 기표가 된다. (*E*, 696~697)

무한의 주이상스가 기표의 상징계에서 금지되는 상징적 거세는 상징계가 남근의 희생을 요구한다는 의미다. 여기에서 희생되는 남근은 상상적 남근인 음경이다. 거세 콤플렉스에서 발기될 수 있는 기관인 상상적 남근은 떨어져 나가는 환상을 낳는다. 그래서 상상적 남근의 거세는 음수로 나타내어진다. 상상적 남근의 상실은 주체가 상징계에서 출현하는 것을 의미한다. 이는 프로이트 이론에서 오이디푸스 콤플렉스를 극복하고 초자아를 갖게 되는 과정이다. 이 과정에서 남아는 거세 콤플렉스로 인해 상상계에서 벗어나 상징계에서 대타자가 원하는 것 즉 대타자의 욕망을 나타내는 기표인 상징적 남근을 갖게 된다. 그러므로 거세된 상상적 남근/음경인 마이너스 소문자 파이(−φ)는 상징계에서 상징적 남근인 양수화된 남근기표(대문자 파이Φ)로 바뀐다. 남근은 대상의 부재를 기표의 존재로 만드는(양수화하는) 과정을 나타내는 기표다.[59]

59 이 점에 대한 상세한 해석은 Bruce Fink, *Lacan to the Letter: Reading Écrits Closely* (Minneapolis: U of Minnesota P, 2004), 129~140쪽을 볼 것.

그런데 상상적 남근을 희생한 대가로 얻은 상징적 남근(남근기표)이 왜 주이상스의 기표인가? 기표와 법의 상징계에서 주이상스는 원초적으로 상실되고 금지되는 것이 아닌가? 이율배반적으로 보이는 이 이 문제는 라캉의 주이상스 개념에 중요한 변화가 발생하고 있음을 암시한다. 핑크는 남아가 상상적 남근(음경)이 주는 주이상스를 포기하고 상징적 남근을 획득하는 과정에서 얻는 주이상스는 상징적 동일시가 주는 주이상스라고 해석한다. 상징적 남근이 나타내는 주이상스는 아이가 대타자와 동일시해서 대타자가 욕망하는 것을 추구하면서 얻는 주이상스다. 이 주이상스는 "대타자가 중요하게 여기는 것을 추구하면서 얻을 수 있는 주이상스다. 남근은 아이의 신체적 속성을 넘어서 대타자가 욕망하는 것을 표상하게 된다. [……] 그것은 대타자의 욕망과 잠재적인 만족을 결정하는 장소를 차지하고, 아이 자신의 욕망과 잠재적인 만족을 결정하는 것이 된다."[60] 상징적 남근이 나타내는 주이상스는 상징계에서 절대적으로 금지되고 상실된 "무한의 주이상스"가 아니라, 라캉이 『앙코르』에서 언급하는 남근적 주이상스로 볼 수 있다.

앙드레가 말하듯이 "남근기표는 따라서 **주이상스**의 분열을 가져온다. 이 과정에서 그것은 두 가지 기능을 수행한다. 한편으로 그것은 주이상스를 금지하고 다른 한편으로 허용한다."[61] 상상적 남근의 포기와 상징적 남근의 획득은 주체가 상징계에서 거세되어 존재를 상실하는 과정에서 무한의 주이상스가 상실/금지되고 남근적 주이상스를 얻는 것을 의미한다. "남근기표는 여기에서 존재의 **주이상스**(또는 라캉이 이

---

60 Bruce Fink, *Lacan to the Letter*, 137쪽.

61 Serge André, *What Does a Woman Want?*, 234쪽.

후로 명명하듯이 대타자의 주이상스)의 **최종** 원인과 성적 또는 남근적 주이상스의 **최초** 원인이라는 두 가지 가치로 다시 나타난다."[62] 라캉의 주이상스이론에서 획기적인 변화는 상징계가 주이상스와 절대적으로 배타적인 것이 아니라, 무한의 **주이상스** (존재의 주이상스, 대타자의 주이상스)가 상실되는 순간 남근적 성적 주이상스가 시작된다는 점이다. 베르하허의 표현대로 "[남근적 쾌락]의 가능성을 창조하는 것은 상징적 거세다."[63]

주이상스의 분열은 여기에서 그치지 않는다. 존 멀러(John Muller)와 윌리엄 리처드슨(William Richardson)은 앞 인용문에서 음수화 되는 마이너스 파이(−φ)로 표상되는 남근의 분리가능성이 음경의 팽창과 수축과 관계된다고 지적한다.[64] 이는 라캉의 세미나 X『불안』에서 확인된다. 라캉은 이 세미나에서 거세 콤플렉스를 실제 거세가 아닌 음경 수축의 관점에서 재조명한다. 동물의 영역에서 "주이상스는 [음경의] 수축과 일치한다. [……] 인간의 성교에서 남근은 욕망의 도구로뿐 아니라 욕망의 부정으로도 기능하기 때문에 마이너스 부호를 가진 *a* 기능에서 자신을 제시한다."(*SX*, 176) 성교의 절정에서 주이상스를 경험하는 순간 음경은 수축하므로 남근은 욕망이 아닌 욕망의 부정을 의미하고 대상 −*a*로 표시된다.

밀레는 이 세미나에서 라캉 이론이 상징계의 기표에서 (기표로 환원

62 Serge André, *What Does a Woman Want?*, 236쪽.

63 Paul Verhaeghe, "Lacan's Answer to the Classical Mind/Body Deadlock," Suzanne Barnard 외 공편, *Reading Seminar XX*, 111쪽.

64 John Muller & William Richardson, *Lacan and Language: A Reader's Guide to Écrits* (International Universities Publishers, 1994), 373쪽.

되지 않는) 실재의 대상 a로 이동하고 그 결과 $-\varphi$의 의미도 변한다고 설명한다. 「주체의 전복과 프로이트적 무의식에서의 욕망의 변증법」에서 상상적 남근의 거세를 의미했던 마이너스 파이는 이제 "탈기표화되고 비상상화된 남근" 또는 라캉이 이전에 "실재의 남근"이라 불렀던, "남근-기표와 반대되는 남근-기관"을 뜻하게 된다.[65] 그것은 실재가 상징계의 기표로 변증법적으로 지양되는 과정에서 지양되지 않고 남은 "기관-잔존물" 또는 "주이상스-잔존물"이다.[66] 남근기표(Φ)가 남근적 주이상스를 나타낸다면, 여전히 기표로 지양되지 않고 남는 주이상스의 잉여는 마이너스 파이($-\varphi$)로 표시된다.

> 「주체의 전복과 프로이트적 무의식에서의 욕망의 변증법」에서 상상적인 것인 거세의 마이너스 파이는 음수화 할 수 없는 주이상스의 대문자 파이를 생산하도록 조종된다. [……] 그러나 불안에 대한 세미나에서 주이상스의 양수성이 작은 a로 표현될 때 그것은 기표를 박탈당한다. 『불안』에서 여러분이 아는 마이너스 파이는 전혀 같은 것이 아니다. 그것은 상상적-상징적 거세의 $-\varphi$가 아니라 기관의 $-\varphi$다. [……] 사실 이 $-\varphi$는 더 이상 거세의 상징이 아니다. 오히려 힘으로 상상화 되는 것과 완전히 반대되는 남성기관의 해부학적 특성을 표식한다. 왜냐하면 그것은 그것이 주이상스를 향유하는 순간에 이 기관을 가격하는 수축의 문제이기 때문이다.[67]

65 Jacques-Alain Miller, Barbara P. Fulks 옮김, "Introduction to Reading Jacques Lacan's Seminar on *Anxiety*," *Lacanian Ink*, 26 (2005), 37쪽.

66 Jacques-Alain Miller, "Introduction to Reading Jacques Lacan's Seminar on *Anxiety*," 39쪽.

67 Jacques-Alain Miller, "Introduction to Reading Jacques Lacan's Seminar on *Anxiety*," 40쪽.

마이너스 파이는 주이상스의 순간에 수축하는 "해부학적 특성"을 지닌 기관-대상으로서의 *a*를 뜻한다. 이제 거세가 아니라 기관-음경의 수축이 주체의 근원적인 상실과 결여를 의미한다. "인간 존재에서 성교의 생리학적 기능을 표시하는 음수는 자신이 환원 불가능한 결여의 형태로 주체의 차원으로 고양되는 것을 발견한다."(*SX*, 176)

이렇게 대상 *a*는 근원적으로 결여된 주체에게 허락된 주이상스를 의미하게 된다. 라캉은 세미나 XVII 『정신분석의 이면』에서 이를 잉여 주이상스라 명명한다. 주체는 상징계에서 태어나면서 절대적 주이상스를 상실함과 동시에 남근적 주이상스와 함께 잉여 주이상스를 갖게 된다. 지젝의 표현대로 "주이상스의 포기 자체가 주이상스의 잔여/잉여를 가져온다."[68] 이제 주이상스는 남근적 주이상스, 잉여 주이상스, 그리고 존재의(무한한, 대타자의, 여성적) 주이상스로 삼분된다.

---

68 Slavoj Žižek, *The Indivisible Remainder: On Schelling and Related Matters* (London: Verso, 1996), 93쪽. 그러나 솔레가 말하듯이 세미나 XX 『앙코르』에서 대상 *a*는 "거세의 결과 생겨난 남근적 결여를 보상하려는 보완물로 개입하기 때문에 남근적 문제틀에서 독립된 것이 아니다." Colette Soler, "What does the Unconscious Know about Women?" Suzanne Barnard 외 공편, *Reading Seminar XX*, 106쪽. 이런 점에서 잉여 주이상스는 남근적 주이상스 편에 있다고 말할 수 있다.

5. 남근적 주이상스

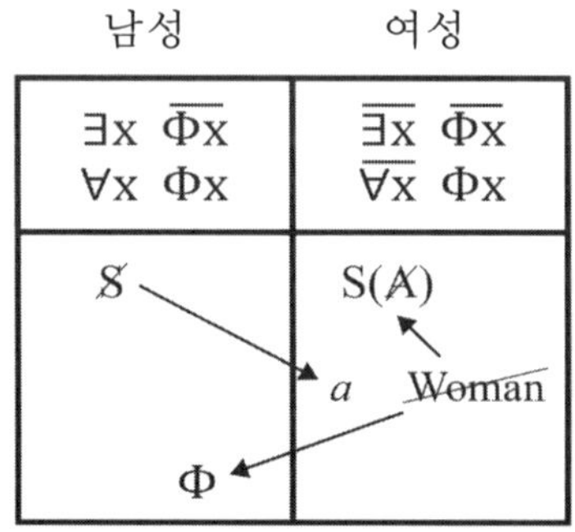

세미나 XX 『앙코르』의 성별화 공식은 "성적 관계는 존재하지 않는다"라는 라캉의 명제와 실재의 성차 그리고 남근적 주이상스, 잉여 주이상스, 여성적 주이상스라는 세 가지 주이상스의 차이를 도식적으로 설명한다. 이 공식에서 대문자 파이(Φ)는 남근함수 또는 상징적 남근을, 변수 x는 개체를 뜻한다. ∃는 존재양화사(existential quantifier), ∀는 보편양화사(universal quantifier), S($\not{A}$)는 결여된 대타자의 기표를 뜻한다.[69] 공식의 윗부분은 라캉이 세미나 XVIII에서 시작해 세미나 XIX를 거쳐 세미나 XX에서 완성한 명제들로 이루어진다.[70]

이 명제들은 현대 명제함수론을 정립한 고틀로프 프레게(Gottlob Frege)의 이론을 비판적으로 활용한 결과다. 프레게는 『개념표기법』(*Begriffsschrift, Conceptual Notation*)에서 일상어가 아닌 기호로 개념적 내

69 보편(universal)과 존재(existential), 전칭(全称, universal)과 특칭(特称, particular)이 각각 대립항이다. 앞으로 전칭과 특칭을 주로 사용하되 문맥에 따라 보편/존재, 보편/특수도 겸용한다.

70 성별화 공식의 발전과 변화과정을 상세히 추적한 최근 연구로 Lorenzo Chiesa, *The Not-Two*, 특히 105~159쪽을 볼 것.

용을 논리적으로 표기하는 방법을 고안한다. 예컨대 "수소는 이산화탄소보다 가볍다"라는 명제에서 수소 대신 산소나 질소를 넣어 문장을 완성할 수 있다. 이때 " [……](x)는 이산화탄소보다 가볍다"라는 고정된 요소가 함수(function)이고 채워질 공백([……])이 정의역(domain)이며 정의역에 들어설 임의의 항목을 표기한 x가 변항(variable)이다. 여기에 삽입되어 참/거짓의 의미를 발생시키는 가변적인 요소(수소, 산소, 질소)가 논항(argument)이다.[71] 프레게는 함수와 논항에 대해 이렇게 말한다.

> 한 표현에서 단순 기호나 복합 기호가 하나 또는 그 이상의 자리에 나타나고, 이 자리들 일부나 전부에서 그 기호가 다른 기호로 대체될 수 있다고 우리가 상상한다면, 우리는 불변하는 표현의 부분을 함수라 부르고, 대체될 수 있는 부분을 그 함수의 논항이라 부른다.[72]

주어와 술어로 구성된 아리스토텔레스적 전통 논리학과 달리 불변의 함수와 정의역(변항 x를 정의하는 구역)에 논항이 채워져 명제를 형성하는 프레게의 표기법은 명제의 논리적 관계를 더 정확히 표기할 수 있다.[73]

---

71 "우리가 x라 부를 정의역의 논항, 명제에서 공백으로 남는 자리에 위치한 정의역의 논항은 충분할 것이다. 즉 그것에 진리값을 줄 것이다. [……] 명제에 무엇이 있건 중요하지 않다. 함수는 정의역에 있는 어떤 x에 대해서도 진리값을 가질 것이다."(*S*XIX, 32)

72 Gottlob Frege, Terrell Ward Bynum 옮김, *Conceptual Notation and Related Articles* (Oxford: Clarendon, 1972), 127쪽. 인용문의 번역은 안토니 케니, 최원배 옮김, 『프레게: 현대 분석철학의 창시자에 대한 소개』(서울: 서광사, 1977), 35쪽에서 인용 · 해석된 것을 참고했다.

73 예컨대 전통 논리학의 삼단논법에서 '모든[전부],' '어느,' '어떤[일부]' 등의 양화사가 주어 자리가 아니라 술어의 일부로 나올 때 추리가 어렵다. 전통 논리학에 대한 프레게 논리학의 장점에 대해서는 안토니 케니, 『프레게』, 37~43쪽을 참

라캉은 세미나 XVIII에서 아리스토텔레스의 논리학과 프레게의 명제함수론에서 성별화 공식에 사용할 기본 개념들을 도입한다. 그는 먼저 아리스토텔레스의 삼단논법에서 보편과 존재 개념을 이끌어 낸다. "모든 인간은 좋다"(대전제), "어떤 동물들은 인간이다"(소전제), "따라서 어떤 동물들은 좋다"(결론)로 이루어진 삼단논법을 가정해보자. 여기에서 대전제의 '인간'은 보편주어이고 소전제의 '인간'은 속성을 지닌 존재로서 서로 다르다. 대전제의 보편주어인 '인간'은 소전제의 '인간'의 존재를 필요로 하지 않는다. 논리학에서 '모든' 같은 '용어'를 '글자'(letter)로 대신한 것이 양화사(quantifier)다. 그래서 '모든'이라는 보편양화사는 ∀로, 존재한다는 존재양화사는 ∃로 표기된다. 이 양화사들의 부정은 양화사 위에 가로선을 넣어 표기한다($\overline{\forall}$, $\overline{\exists}$). 함수f(x)에서 x는 알려지지 않은 것(an unknown)으로서 변항을 뜻한다.(*S*XVIII, 1971.5.19., 9~14)

라캉은 세미나 XIX『[……] 또는 더 나쁜』(. . . *or Worse*)에서 프레게의 명제함수에서 성별화 공식의 네 가지 명제가 등장하는 것을 다음과 같이 설명한다.

> 논리학은 프로스디오리스모이(prosdiorismoi)라 불리는 것—**하나, 어떤, 모든**과 그 명제들의 부정—의 기능을 언어 속에서 분리해낼 수 있을 때 비로소 시작되었습니다.
>
> 아리스토텔레스는 그것들을 대립시키기 위해서 보편과 특수를

조할 것. 아리스토텔레스 논리학에서 '모든,' '어느,' '어떤' 등을 지칭하는 용어 'prosdiorism'은 [양적] '특수화'(specification)의 의미를 지니며 현대논리학의 양화사에 해당한다. 그러나 prosdiorism은 양화사의 부정을 포함한 더 광의의 용어다. Geneviève Morel, *Sexual Ambiguities*, 160쪽 미주 44번을 참조할 것. 프로스디오리즘은 양뿐 아니라 질적인 (~종류의 x) 한정도 포함하므로 '한정사'가 더 적합할 수 있다.

> 정의했고, 보편과 특수 각각에서 긍정과 부정을 정의했습니다. 나는 이런 프로스디오리스모이의 용법과—논리적 요구를 위해 즉 다름 아닌 수(number)라 불리는 실재였던 접근을 위해—완전히 달랐던 어떤 것 사이의 차이를 강조합니다.
>
> 명제함수의 논리적 분석은 명제 안에서 무엇인가를 분리하면서, 또는 더 정확히 말해서 논항으로 기능해야 하는 것 안에서 만들어진 결여, 공백, 구멍을 통해 표현됩니다. [……]
>
> 프로스디오리스모이가 가진 것은 논항으로 기능하기 전에 아무런 의미도 갖지 않습니다. 그것은 함수에 기입되면서 의미를 지니게 됩니다. [……]
>
> 각각의 x가 가치를 갖는 정의역은 오로지 양화사 기호들 아래에서 네 가지 논항함수 연언문(conjunction)이 표현됨으로써 정의될 수 있습니다. (*S*XIX, 32~33)

아리스토텔레스의 논리학과 달리 명제함수는 논항이 삽입되어 명제의 의미가 발생할 변항의 자리인 정의역이 공백을 만들어내면서 수를 표기할 수 있다. 성별화 공식의 명제는 이런 명제함수로 이루어진다. 라캉은 말줄임표(……)로 시작하는 세미나 XIX 『[……] 또는 더 나쁜』의 제목이 "공백의 중요성을 강조하며 이것이 언어의 도움으로 무엇인가를 말할 수 있는 유일한 방법임을 증명한다"라고 말한다.(*S*XIX, 3) 라캉이 명제함수를 도입하는 것은 궁극적으로 수와 같은 실재 즉 성적 관계의 불가능성이라는 실재를 표기하기 위한 것이다.[74]

---

74 남근은 어떤 속성을 지닌 것이 아니라 주이상스의 기표다. 모렐은 라캉이 "주이상스와 언어가 결합된 남근함수"를 통해 성적 관계의 불가능성이라는 실재를 쓴다고 지적한다. 그리고 라캉이 프레게의 명제함수를 도입하여 남근을 함수로 제시하는 이유를 세 가지로 정리한다. 1) 남근은 속성이 아니므로 주어, 계사(연결동사), 술어(속성)로 이루어진 아리스토텔레스 논리학으로 설명할 수 없다. 2) 남근함수가 거세 콤플렉스와 관계된 주이상스의 두 가지 기능—부정적인 금지/

공식 윗부분의 네 가지 논항함수 연언문은 보편명제와 존재명제로 구성되고 변항 x는 말하는 존재 즉 언어의 상징계에 들어선 주체를 의미한다. x는 남녀의 성을 지닌 특수한 존재가 아니라 말하는 모든 주체를 의미한다. x가 양쪽 편에 있는 것은 라캉 이론에서 존재가 언어의 상징계에서 성차를 지니기 전에 어떤 생물학적 구분도 없다는 것을 의미한다. 라캉은 "프로이트가 지적했는데도 사람들은 성(sex)의 기능과 생식의 기능을 너무 자주 혼동"한다고 말한다.(*S*XIX, 31) 오로지 상징계의 언어적 존재만이 남녀로 구분된다. "남자와 여자는 [……] 기표에 불과하다. 그들은 성(sex)을 구별하며 체화하는 말하기(speaking, *dire*)에서 기능을 취한다."(*S*XX, 39) "변항 x는 공식 양쪽에 나타난다. 이는 말하는 주체가 한 가지 범주만 있다는 것 또는 말하는 주체가 한쪽이나 다른 쪽의 입장을 점할 수 있다는 것"을 뜻한다.[75] 상징적 거세에 종속된 말하는 주체 x가 양쪽에 모두 나타나는 것은 거세되는 방식이 다르다는 것을 뜻한다. "남성성과 여성성은 상징질서와 맺는 다른 종류의 관계, 언어에 의해 분열되는 다른 방식에 의해 정의된다."[76] 후에 논하겠지만 라캉에게 남근기표는 거세의 기표다. 남근기표(Φ)가 성별화 공식 상단 남녀의 명제 모두에게 나타난다는 것은 실재의 결여를 대처하는 방식이 다르다는 사실 즉 실재로서의 성차를 가시적으로 보여준다.

상징적 남근(Φ)은 남성 쪽에 있지만, 여성 쪽에서 남근으로 향하는

거세와 긍정적인 (남근적) 주이상스—을 나타내준다. 3) 공백을 지닌 문장인 명제가 상징적 거세에 종속된 라캉의 결여된 공백의 주체 위치를 제공하는 데 적합하다. Geneviève Morel, *Sexual Ambiguities*, 103~106쪽.

75 Elizabeth Wright, *Lacan and Postfeminism* (Cambridge: Icon, 2000), 27쪽.

76 Bruce Fink, *The Lacanian Subject*, 106쪽.

화살표가 보여주듯이 여성도 남근과 관계한다. 라캉이 프레게의 이론에서 변하는 논항과 달리 불변하는 함수개념을 남근에 적용했다는 사실은 남근함수(Φx)가 남녀 모두에 해당하는 보편성을 지닌다는 것을 의미한다. "남근함수가 두 파트너를 동등하게 지배하기 때문에 남근함수는 그들을 다르게 만들지 않는다. [……] 차이는 다른 곳에서 찾아야 한다."(*S*XIX, 85) 이 보편성은 상징적 거세라는 부정의 보편성이자 남근적 주이상스의 향유라는 긍정의 보편성이기도 하다.[77] 그러므로 남근함수가 공식의 양쪽에서 작용하는 것은 여성도 언어의 상징계에서 거세되고 남성과 똑같이 남근적 주이상스를 향유한다는 것을 보여준다. 라캉이 1975년 세미나 XXII 『*R. S. I.*』에서 말하듯 "남근적 주이상스는 여성의 문제이기도 하다. 여성도 남성과 똑같이 거세를 겪어야 한다."(*FS*, 168) 라캉은 「남근의 의미작용」("The Signification of the Phallus")에서 남녀의 성차를 남근 갖기(having)와 남근 되기(being)로 분류했다. 그러나 지젝이 말하듯 성별화 공식에서 라캉은 이런 입장을 넘어선다.

> 이제 남근기표는 그 존재와 부재 여부로 남자와 여자를 구분하는 특징이 아니다. 성별화 공식에서 그것은 남성과 여성 양쪽에서 다 작용한다. 남근기표는 양쪽 모두에서 S와 J 사이, 말하는 주체와 주이상스 사이의 불가능한 관계(무관계)의 연산자(演算子)로 작용한다. 남근기표는 상징적 질서에 편입된, 말하는 주체에게 허락된 주이상스를 나타낸다.[78]

공식에서 남성 쪽 상단에 있는 첫째 전칭명제(∀x Φx)는 모든 존재

77 Geneviève Morel, *Sexual Ambiguities*, 106~109쪽을 참조할 것.

78 Slavoj Žižek, *Less than Nothing*, 769쪽.

가 "남근함수" 또는 "아버지의 함수"에 종속된다는 의미다.(*S*XX, 79) 남근함수는 거세를 의미한다. 이 전칭긍정명제는 "**모든 남자들은 거세의 힘에 지배된다**"라는 뜻이다.(*S*XIX, 185) 거세를 의미하는 남근함수에 종속된 모든 남자에게 성적 관계는 불가능하다. "모든 남자는 남근함수에 의해 정의된다는 진리함수를 제시하는 것이 가능한데 여기에서 남근함수는 특히 성적 관계를 방해하는 것"이다.(*S*XIX, 33) 남근함수는 상징계가 수행하는 거세를 의미하므로 남성 쪽에 위치한 모든 주체에게 존재의 주이상스는 금지된다. 남성 쪽에 위치하는 것은 생물학적 남성이 아니다. "여자들도 자유롭게 그곳에 위치할 수 있다."(*S*XX, 71) 남성에게 존재의 주이상스가 금지된다는 것은 "남자가 여자의 신체의 주이상스를 가질, 달리 말하면 거세 없이 즉 남근함수에 '아니오'라고 말하지 않고 사랑할 가능성이 없다"라는 뜻이다.(*S*XX, 71~72) 남성에게는 "남근적 주이상스 이외에 어떤 다른 길"도 허락되지 않는다.(*S*XX, 8)

남근적 주이상스는 성기관의 만족에 관계하는 성적 주이상스다. 성적인 남근적 주이상스가 (대타자의) 신체의 주이상스와 반대되므로, 역설적으로 성기관의 만족은 여성의 신체를 즐길 수 없음을 의미한다. "정확히 말해서 그가 즐기는 것은 기관의 주이상스이기 때문에, 남근적 주이상스는 남성이 [성적] 절정에 도달하지 못하게, 다시 말해서 여성의 신체를 즐기지 못하게 만드는 장애물이다."(*S*XX, 7) 남근적 주이상스는 기표의 상징계에서 발생하므로 "상징적 주이상스"나 "기호적 주이상스"라고도 부를 수 있고 기표가 지시한 신체기관에만 관련되며 이

기관은 기표의 연장(延長) 또는 도구로 기능할 뿐이다.[79] 기표로 제한된 "성적 **주이상스**는 불가피하게 불만족의 색채를 띤다."[80] 상징계에서 언어는 실재의 신체와 주체 사이에 개입한다. "언어는 주체와 신체 사이에 개입하여 [……] 신체가 상징화되는 한 신체에 접근하는 수단이지만, 신체가 실재인 한에서는 신체를 가로막는 장애물이 된다."[81] 이를 교집합으로 나타내면 다음과 같다. 남성 주체는 결코 신체 전체를 향유할 수 없다.

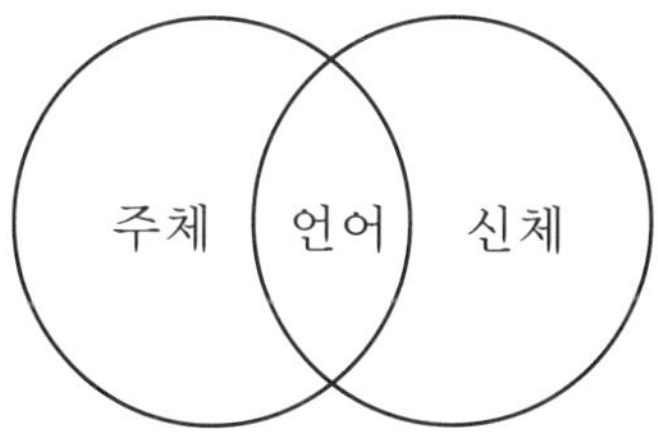

남성은 여성의 신체를 즐길 수 없고 대타자의 무한한 주이상스에 영원히 노날할 수 없다. "성적인 것으로서 주이상스는 남근적이다. 다시 말해서 그것은 대타자 자체와 관계하지 않는다."(SXX, 9)

여기에서 대타자는 대타자의 성인 여성을 의미한다. 라캉이 남근적 주이상스와 구별되는 대타자의(또는 다른) 주이상스를 존재의 주이상스, 신체의 주이상스, 여성적 주이상스와 동일시할 때 대타자는 기존 라캉 이론에 등장한 기표의 대타자가 아니다. 라캉의 표현을 빌리면 "대타자는 완전한 의미 즉 그것의 완전한 공명을 취하기 위해서 새로

---

79 Bruce Fink, *The Lacanian Subject*, 106~107쪽; Bruce Fink, "Knowledge and Jouissance," Suzanne Barnard 외 공편, *Reading Seminar XX*, 38쪽.

80 Serge André, *What Does a Woman Want?*, 267쪽.

81 Serge André, *What Does a Woman Want?*, 267쪽.

펴서 만들거나 고쳐야 한다."(SXX, 38) 새롭게 정의된 대타자의 의미는 성적 타자다. "내[라캉의] 용어집에서 대타자는 오로지 대타자의(다른) 성일 뿐이다."(SXX, 39)

남성이 여성의 신체를 즐길 수 없고 여성/대타자와 관계할 수 없으므로 남근적 주이상스에서는 남성 자신의 성기와 관계되는 "수음의 중요성"이 부각된다.(SXX, 81) 그래서 "성적 관계를 성립시키는 것은 불가능하다" 또는 "성적 관계라는 것은 없다"라는 라캉의 유명한 공식이 등장한다.(SXX, 9, 12) 남성 주체가 여성/대타자의 신체를 완전히 즐길 수 없는 것은 제논의 역설과 같다. 아킬레스가 거북이에 접근하는 동안 거북이는 아주 조금이라도 멀어질 것이므로 거북이를 결코 "따라잡을 수 없고 [……] 무한에서만 따라잡을 수 있다."(SXX, 8) 남성에게 여성은 "'비-전체'이고 즉 전부 그의 것일 수 없으며" 항상 "무엇이 남는다." (SXX, 8)

공식에서 $\$$는 상징적 거세를 당한 분열된 주체다. 상징적 남근(Φ)은 "남성을 기표로서 지탱하는 것이고 S1에 의해 체화된다. S1은 모든 기표들 가운데 기의 없는 기표 따라서 의미에 관한 한 실패를 상징하는 기표"인 남근기표다.(SXX, 80) 남근기표는 "남성의 경우에 남근적 주이상스에 기초한 기표"다.(SXX, 81) 남근기표가 의미의 실패를 상징하는 것은 기표와 기의 사이를 가로막는 가로선과 같다는 의미다. 그래서 "가로선 기능은 남근과 무관하지 않다."(SXX, 39) 가로선은 주체가 말로 표현할 때 항상 의도한 바를 표현하지 못하고 실패하는 것을 의미한다. 주체가 욕망을 표현하는 기표는 항상 실패하므로 욕망과 만족 사이에 늘 차이가 발생하고 무엇인가 더 욕망할 것이 남는다. 핑크의 표현

대로 "남근에서 실패를 빼낼 수 없다."[82]

6. 환상과 영혼사랑

남성이 여성/대타자를 만나지 못해서 성적 관계가 불가능하므로 이 불가능성을 메우기 위한 시도가 필요하다. 남성이 만나지 못하고 "놓친 파트너"인 여성/대타자 대신 만나는 대상이 대상 *a*이고 대상 *a*와의 관계가 환상이다. "우리가 익히 실재의 장소에서 출현하는 것을 목격하는 것 즉 환상이 구성되는 것은 대상 *a*가 놓친 파트너의 자리를 내신하는 역할을 [……] 하기 때문이다."(*SXX*, 63) 남성은 여성/대타자를 만나는 데 실패하고 대상 *a*와 대면하므로 라캉이 말하듯 "대상의 본질은 실패다."(*SXX*, 58) "성적 관계는 없다"라는 명제는 이렇게 주이상스가 대타자의 주이상스와 잉여 주이상스인 *a*로 분열된 결과다.

이런 분열의 필연적 결과인 성적 관계의 불가능성에는, 일자, 대타자, 그리고 대상 *a*의 세 요소가 결부된다. 여기에서 일자 즉 주체는 대타자와 만나지 않고 오로지 대상 *a*와 관계한다. "다시 말해서, 셋이 있지만, 실제로는 둘 더하기 *a*가 있는 것이다. *a*의 관점에서 볼 때 이 둘 더하기 *a*는 두 타자들로 환원될 수 없고 하나의 일자 더하기 *a*로 환원될 수 있다."(*SXX*, 49) "일자와 대타자 관계의 부적합성" 때문에 둘은 결코 직접 관계하지 못한다.(*SXX*, 49) 그 둘 사이에는 *a*가 필연적으로

82 Bruce Fink, "Knowledge and Jouissance," 37~38쪽을 참조할 것.

개입한다. 일자, 대타자, *a* 세 요소의 관계는 항상 일자와 대타자의 관계가 아니라 일자와 대상 *a*의 관계이다. 즉 "각자는 타자들의 응시 속의 대상 *a*로서 이 삼자 관계에 개입한다."(*S*XX, 49) 이것이 주체와 대타자 사이에 성적 관계가 존재하지 않는 이유다. 후에 논하겠지만 따라서 욕망의 원인인 대상 *a*는 남녀관계의 벽으로 기능한다.

남성은 여성에 접근한다고 믿지만 실제로 "그가 접근하는 것은 대상 *a*라고 내가 지명했던 욕망의 원인이다. 그것은 사랑의 행위다."(*S*XX, 72)[83] 남자가 여자와 맺는 관계는 남성 쪽에 있는 분열된 주체($)가 여성 쪽에 있는 *a*를 향하는 것(→)으로 나타난다. "이 $는 세로선의 다른 쪽에 새겨진 대상 *a*이외의 어떤 것도 파트너로 대면하지 않는다. 그는, 파트너가 욕망의 원인이 아니고서는, 대타자인 성적 파트너를 얻을 수 없다. [……] 이는 다름 아닌 환상이다."(*S*XX, 80) 남성 주체는 상징계에서 소외되면서 상실한 근원적 결여를 여성과의 환상을 통해서 추구한다. 여성은 남성에게 자신의 결여와 상실을 메우려는 욕망을 불러일으키는 대상으로서만 남성의 정신세계에 들어설 수 있다. 이런 의미에서 여성은 남성의 증상이다.[84]

여성이 남성에게 대상 *a*에 불과한 것은 남성이 대타자의 주이상스를 향유하지 못하기 때문이다. 여성이 남성의 증상인 것은 남성이 대타

---

83 라캉은 "말하는 존재의 경우에 사랑의 행위는 남성의 다형적 도착성(polymorphous perversion)이다. 프로이트의 담론에 관한 한 이보다 더 확실하고 일관성 있고 엄밀한 것은 없다"라고 말한다.(*S*XX, 72) 이는 남성의 사랑 행위가 타자를 향하지 않고 신체의 여러 부분에서 발생할 수 있는 유아적 형태의 성적 쾌감으로 이루어지므로 근본적으로 자기성애적이라는 것을 암시한다. "다형적 도착증"에 대한 프로이트의 견해는 *SE*VII: 191쪽을 참조할 것.

84 Dylan Evans, *An Introductory Dictionary of Lacanian Psychoanalysis*, 221쪽을 참조할 것.

자/여성을 향유할 수 없는 구조의 필연적 결과다. 라캉은 세미나 XXII 『*R. S. I.*』에서 이렇게 말한다. "여자는 증상이다. 여자가 증상이라는 사실은 내가 설명하는 구조 즉 대타자의 **주이상스** 자체, 대타자의 신체의 **주이상스**에서 만날 것에 대한 보장, 대타자를 향유하는 것이 존재한다는 것에 대한 보장이 없다는 구조에서 볼 수 있다."(*FS*, 168) 요컨대 증상으로서의 여성은 성적 관계의 불가능성을 반증한다. 지젝이 명쾌하게 설명하듯이 "'상징계에서 폐제된 것은 증상의 실재에서 귀환한다.': 여성은 존재하지 않으며 그녀의 기표는 근원적으로 폐제된다. 이것이 여성이 남성의 증상으로 귀환하는 이유다."[85]

남근적 주이상스가 수음적인 것과 마찬가지로 여성을 자신의 대상 *a*로 환원해서 잉여 주이상스를 얻는 것은 여성/대타자와 무관하기 때문에 나르시스적이다. "남자는 파트너에게서 그가 자신을 지탱하는 것, 그가 나르시스적으로 지탱되는 것을 본다."(*SXX*, 87) 남성/주체는 대타자(여성)가 아닌 욕망의 원인인 대상 *a*와 성적 관계를 갖는다. "주체인 '나'의 파트너는 [……] 대타자가 아니라 욕망의 원인이라는 형태로 대타자를 대신하는 것"이다.(*SXX*, 126)

라캉은 세미나 X 『불안』에서 남성이 여성을 대상 *a*로 만드는 것이 여성에게 불안을 일으킨다고 설명한다. 그는 남녀 관계에서 *a*의 개입을 이렇게 표현한다.

> 여자를 만나는 이 기획의 통로에서—내가 남성 중심적 관점을 취했기 때문에—*a*가 요구된다는 것은 대타자의 불안을 유발할 뿐입니다.

85 Slavoj Žižek, *The Sublime Object of Ideology* (London: Verso, 1989), 73쪽.

> 이는 정확히 말해서 내가 대타자를 *a* 이상의 어떤 것으로 만들지 않고, 내 욕망이 말하자면 대타자를 *a*로 삼기(ays) 때문입니다. 정확히 말해서 이것이 승화—사랑이 주이상스로 하여금 자신을 욕망으로 낮추는 것을 허락하는 이유입니다.(*S*X, 180)[86]

대타자/여자를 *a*로 만드는 것이 남성적 사랑의 방식이다. 따라서 "대상 *a*는 그 이름이 지시하듯이 *a*—성적(*a*—sexual)이다. 대타자는 주체에게 단지 *a*—성적인 형태로 자신을 제시한다."(*S*XX, 127) 대타자가 *a*—성적이므로 성적 관계는 존재하지 않는다. '*a*—sexual'과 '비성적'(asexual)이란 의미의 중첩이 암시하듯이 대상 *a*가 개입되었을 때 성적 관계는 없다.[87] "대타자 자체가 프로이트 이론에 등장하는 문제—프로이트가 반복한 '여자는 무엇을 원하는가?'라는 질문으로 표현된 문제—로 남는 것은 이런 의미에서다."(*S*XX, 127) 라캉이 말하듯 "여성은 진리와 동등하다."(*S*XX, 127) 대상 *a*와만 관계하는 남성 주체는 여성/대타자를 알 수도 향유할 수도 없으므로 남성에게 여성의 진리는 수수께끼로 남는다.

여성을 대상 *a*로 환원하는 환상은 성적 관계를 보충하려는 남성적 시도다. 과학담론 이전의 서구사상에서 "성적 연결을 새기는 환상에 참여하지 않은 지식"은 없었다.(*S*XX, 82) 능동/수동, 형상/질료 등에 관한 플라톤과 아리스토텔레스의 담론은 "결코 말해질 수 없는 것 즉 성적 관계를 메우려고 시도한 환상에만 기초했다."(*S*XX, 82) 형상이 질료

86 "사랑만이 주이상스가 욕망으로 자신을 낮추는 것을 허용한다"라는 명제에 대해서는 10장 「참사랑은 존재하는가?」를 볼 것.

87 지젝이 지적하듯이 라캉의 중의적 말놀이는 대상 *a* 형태로 성적인 것은 비성적이라는 함의를 지니며 이 부정성은 "성을 구성하는 부정성(대체로 성적 관계의 비존재)"을 지시한다. Slavoj Žižek, *Incontinence of the Void*, 61쪽.

에 생기를 불어넣는다는 개념 즉 질료가 수동적이고 형상이 능동적이라는 생각에는 대상을 자신의 영혼으로 여기는 경향이 존재한다.

> 질료를 수동적이고 형상을 질료에 생기를 넣는 행위자로 만드는 이 조야한 양극성에서 [……] 생기를 넣는 행위자는 *a*를 수단으로 생기를 넣습니다. 그런데 무엇에 생기를 넣는다는 말인가요? 그는 아무것에도 생기를 넣지 않습니다—그는 타자를 자신의 영혼으로 삼습니다. (*SXX*, 82)

여기에서 마지막 문장은 "그가 타자를 자신의 영혼으로 (잘못) 여길 수 있다"라는 의미도 포함한다.[88]

아리스토텔레스는 『영혼론』(*De Anima, On the Soul*)에서 사물의 본질 즉 사물을 사물답게 만드는 것은 질료가 아니라 그것의 형상인 영혼이라고 말한다. 예컨대 도끼를 도끼로 만드는 것은 무엇을 자르는 속성이지 도끼의 질료가 아니며 눈을 눈답게 만드는 것은 시력이지 눈이라는 기관을 구성하는 질료가 아니다. 이런 의미에서 영혼은 사물의 생명이다. 자연적 신체는 스스로 영양분을 취하고 성장하며 쇠퇴할 수 있다는 의미에서 생명을 지닌다. 그러나 신체는 생명을 오로지 가능태로 지니는 질료이고 영혼은 이 질료의 생명을 현실태로 만드는 형상이다. "질료는 가능태이고 형상은 현실태다. [……] 영혼은 생명을 가능태로[잠

---

88 *SXX*, 82쪽 역주 13번. '다른'(대타자의) 성을 자신 영혼의 투사로 보는 영혼사랑은 남녀 관계에만 국한되지 않고 인간이 자연에 대해서 생각한 것과 자연 자체가 상응한다고 가정하는 애니미즘(animism)에도 해당한다. 라캉이 아리스토텔레스와 다윈주의(Darwinism) 같은 생물학에서 이런 애니미즘을 비판한 것에 대한 논의는 Lorenzo Chiesa, *The Not-Two*, 29~40쪽을 볼 것.

재적으로] 지니는 자연적 신체의 형상으로서의 실체다."[89] 요컨대 아리스토텔레스에게 영혼은 신체를 정말로 살아 있게 만든다. 그러므로 영혼의 그리스 원어 푸쉬케(psyche)는 데카르트적 이원론의 정신이 아니라 신체 속에 존재하는 잠재적 생명을 실현하는 즉 진정으로 살아있게 만드는 힘을 의미한다. 이런 점에서 휴 로슨탠크레드(Hugh Lawson-Tancred)가 주장하듯 아리스토텔레스의 푸쉬케는 정확히 "생명원칙"(principle of life)이나 "생기원칙"(principle of animation)으로 번역할 수 있다.[90]

형상이 질료에 생기를 불어넣는 것처럼 남성은 여성/대타자에게 생기를 준다고 생각하지만 사실은 자신의 영혼과 관계할 뿐이다. 라캉은 이런 관계를 영혼과 사랑을 혼합한 신조어 영혼사랑(soulove)이라 부른다.[91] 아리스토텔레스의 영혼론에 비추어 볼 때 남성이 여성에게 "*a*를 수단으로" 생명을 불어넣는다는 것은 *a*가 다름 아닌 영혼이라는 의미다. 라캉은 세미나 XIX에서 대상 *a*를 "다름 아닌 **영혼**이라 불리는 것"이라고 말한다.(*S*XIX, 148) 이런 관점에서 "영혼사랑은 대타자가 아니라 대상 *a*를 사랑하는 것이다."[92]

그런데 『영혼론』에서 영혼과 신체의 관계는 복잡하다. 한편으로

---

89 Aristotle, Hugh Lawson-Tancred 옮김, *De Anima* (London: Penguin, 1986), 17쪽(412a). 괄호 안은 아우구스트 이마누엘 베커(August Immanuell Bekker, 1785~1871)의 1831년 독일어 판본의 쪽수임.

90 Hugh Lawson-Tancred, "Introduction," Aristotle, *De Anima*, 12쪽.

91 프랑스어로 "사랑한다"의 의미를 지닌 *aimer*와 "영혼"을 의미하는 *âme*의 합성어다. *S*XX, 84쪽 역주 17번.

92 Bruce Fink, *Lacan to the Letter*, 166쪽.

"영혼은 그것의 신체와 분리할 수 없다."[93] 영혼은 신체 밖에서 신체에 작용하는 것이 아니라 신체 안에서 잠재적 생명을 현실태로 전환하는 힘이기 때문이다. 그러나 영혼에는 신체와 분리된 지성(*nous*, intellect)도 있다. 인식하고 이해하는 사유능력인 지성은 모든 대상을 생각할 수 있으며, 대상은 아니면서 사고 속에서 대상과 같아질 수 있다. 생각하는 대상을 정확히 인식하기 위해서 "지성에는 불순물이 없어야 한다."[94] 지각능력이 지각하는 대상을 갖듯이 지성은 생각하는 대상을 갖는다. 그러나 지성은 지각능력에 속한 감각 같은 내적인 특성, "대상의 사유에 대한 수용성을 감소시킬 어떤 내적 특성"도 지니지 않는다.[95] 그러므로 "지성이라 불리는 영혼의 일부는 [……] 생각하기 이전에는 존재하는 어떤 사물도 아니다. 이런 이유로 그것은 신체와 섞인 것이라고 합당하게 여겨질 수 없다."[96] 만일 그렇다면 정신은 감각적 속성을 지니거나 "지각능력 같은 기관"을 가질 수도 있을 것이다.[97]

영혼의 일부인 지성은 신체와 무관하지만, 영혼은 신체 안에서 신체의 잠재적 생명을 현실화하는 능력이다. 이런 점에서 영혼은 정신(지성)과 신체를 매개한다. 라캉은 영혼 개념을 아리스토텔레스 철학에서 비판적으로 차용한다. 영혼이 정신과 신체를 매개한다는 점은 영혼사랑의 이해에 중요하다.[98] 라캉은 영혼이 낯선 대상에 대한 지식을 얻는

---

93 Aristotle, *De Anima*, 158쪽(413a).

94 Aristotle, *De Anima*, 202쪽(429a).

95 Aristotle, *De Anima*, 246쪽 미주 105번.

96 Aristotle, *De Anima*, 202쪽(429a).

97 Aristotle, *De Anima*, 202쪽(429a).

98 이 점을 비롯해 라캉의 영혼사랑 개념과 아리스토텔레스 영혼론의 관계를 다룬

방식이라고 말한다. "중력의 효과를 설명하기 위해서 돌이 어디에 떨어질지 안다고 가정할 필요는 없다. 동물에 영혼을 부여하는 것은 앎을 다름 아닌 신체의 행위로 만드는 것이다. [……] 이 신체의 엔텔레케이아(*entelechia*, 완성태)가 그[아리스토텔레스]가 영혼이라 부르는 실체에 기초한다는 사실을 제외한다면 그렇다."(*S*XX, 88) 엔텔레케이아는 잠재적 생명의 현실화(완성태)를 의미한다. 요컨대 신체적 행위를 이해하는 방식은 그것에 영혼이 있다고 가정하는 것이다. 그러므로 영혼은 대상을 그것에 대한 우리의 생각으로 만드는 매개적 수단이다. "영혼은 이 신체가 사람들이 그것을 설명하기 위해 생각하는 모든 것과 같다고 가정하는 것" 즉 "영혼은 우리가 신체에 관해 생각하는 것"이다.(*S*XX, 111) 영혼은 정신에 낯선 신체를 사유의 지평으로 끌어들이는 수단이라는 의미에서 정신과 신체를 매개한다. 영혼은 신체를 신체에 관한 정신의 사고 또는 판단과 일치시켜 신체의 타자성을 순화한다고 볼 수 있다.

그렇다면 영혼과 신체의 관계는 남녀 관계와 어떻게 연관되는 것일까? 남성이 영혼(대상 *a*)을 수단으로 여성에게 생기를 불어넣으려 하는 것은 영혼이 정신과 신체를 매개하는 것과 같다. 루스 로넨(Ruth Ronen)이 주장하듯 영혼이 정신에 이질적인, 즉 정신의 타자인 신체를 매개하는 것처럼 남성은 영혼을 매개로 (대)타자인 여성과 관계한다.

> 단순히 아리스토텔레스적 영혼의 장소가 환상적이라는 것이 아니다. 환상을 통해서 영혼은 사고와 신체의 관계, 지식과 완전한 타자

글로 Ruth Ronen, Michael Sapir 옮김, *Lacan with the Philosophers* (Toronto: U of Toronto P, 2018), 52~82쪽을 참조할 것.

> 성의 관계를 매개한다. 마찬가지로 여성을 성적 파트너로서 그리고 욕망을 추동하는 대상으로 생각하는 것은—남근함수에 종속된—주체와 그 주체와 완전히 다른 여성의 관계를 환상적으로 매개하는 것이다.[99]

영혼을 매개로 대타자인 여성을 성적 파트너로 만드는 영혼사랑은 여성을 대상 *a*로 여기는 결과를 초래한다. 영혼/대상 *a*는 대타자인 여성에 접근할 수 있게 하지만 그 결과 여성은 남성 욕망의 대상이 된다. 여성은 "남/동–성적(*hommo*–sexual) 경제의 일부, 남성(*homme*) 욕망이 결정하는 경제의 일부가 된다."[100] 영혼사랑은 대타자와 직접 관계하지 않고 대타자를 자신의 영혼으로 삼는다. 그래서 대타자 여성을 영혼/대상 *a*로 환원시키는 영혼사랑은 성을 넘어선 또는 성 바깥의 사랑이다. "영혼이 영혼을 영혼사랑하는 한 성(sex)은 포함되지 않는다. 여기에서 성은 셈해지지 않는다."(*SXX*, 84)

특칭명제인 둘째 명제($\exists x\ \overline{\Phi x}$)의 술부 상단에 있는 가로선은 '부정'(negativity)을 나타낸다. 따라서 이 명제는 남근함수를 부정하는 즉 남근함수에 종속되지 않은 존재가 적어도 하나 있다는 것을 말한다. 남근함수의 부정 명제($\overline{\Phi x}$)는 "거세로 성적 관계를—이 관계가 결코 새겨질 수 없는 한—보상하는 것에 대한 연산성의 기초가 된다."(*SXX*, 79) 이 존재는 거세에 종속된 자가 아니라 거세를 행하는 자이고 성적 관계가 가능한 유일한 존재다. "Φx 함수를 부정하는 이 x의 존재" 이 예외적 존재는 남성을 전체로 즉 하나의 집합으로 말할 수 있게 하는 토

99 Ruth Ronen, *Lacan with the Philosophers*, 79쪽.

100 Ruth Ronen, *Lacan with the Philosophers*, 80쪽.

대다.(*SXX*, 79) "그러므로 여기에서 전체는 끝점(end-point)으로 가정된 예외 즉 Φx를 전적으로 부정하는 것에 기초한다."(*SXX*, 79~80) 끝점은 수학 용어로서 하나의 선 끝에 있는 점을 말한다. 하나의 선에는 두 개의 끝점이 있지만 집합론에서 하나의 집합을 표시하는 원을 그릴 때 하나의 끝점만이 존재한다. 이 끝점은 원으로 표시되는 집합의 경계를 형성하는 점이다. 핑크의 그림을 인용하면 아래와 같다.[101]

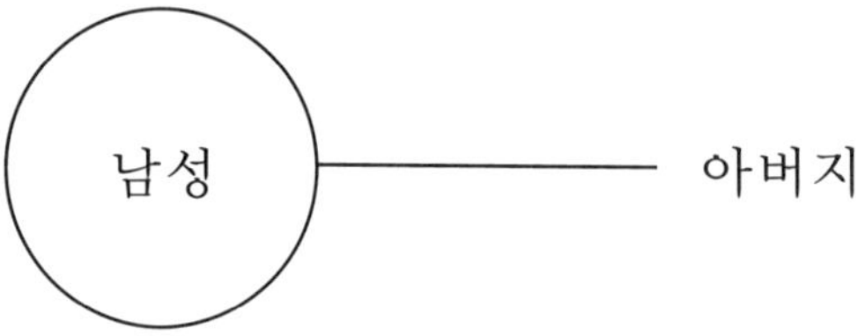

이 존재는 정의(定議)를 내리는 자는 정의에 속하지 않는다는 즉 집합을 명명하는 자는 집합 바깥에 존재한다는 버트런드 러셀(Bertrand Russell)의 수학적 역설을 의미한다.[102] 3장에서 논했듯이 라캉이 세미나 XVIII에서 '완전한 남자'의 예로 제시한 『토템과 터부』의 원초적 아버지가 이런 예외적 존재다. 이 존재는 "정확히 말해서 [……] 여성 전체는 없으므로 가능하지 않기 때문에 존재하지 않는 것 즉 모든 여성을 향유한다고 여겨지는 기원적 인간"이다.(*SXIX*, 34) 이와 달리 원초적 아버

---

101 Bruce Fink, *The Lacanian Subject*, 109쪽.

102 Elizabeth Wright, *Lacan and Postfeminism*, 28쪽. 집합은 원소로 구성된다. 즉 원소는 집합에 '속한다'(∈). 게오르크 칸토어(Georg Cantor)는 집합을 원소로 갖는 더 큰 집합의 연속을 가정했다. 그러나 집합에 속하지 않는 원소를 가진 집합의 경우에 모순이 발생한다. 집합 $\{x \mid C(x)\}$에서 원소 C(x)가 $x \notin x$일 때 $\{x \mid x \notin x\}$라는 집합이 생긴다. 이 집합을 R이라고 할 때 $R \in R$ 이면 R에 있는 C(x)의 성질에 의해 $R \notin R$이고 반대로 $R \notin R$이면 C(x)의 성질에 의해 $R \in R$ 이 되기 때문이다. 임정대, 『수학기초론의 이해』, 64~65쪽을 볼 것.

지의 살해에 "뒤따르는 부분은 정확히 말해서 모든 남자들, $\forall x$, 남자들의 보편이 거세에 종속된다는 것이다."(*SXIX*, 180) 즉 원초적 아버지를 살해한 아들들은 법을 제정해 스스로 금기의 법에 종속된다. 원초적 아버지와 같은 예외적 존재는 사실상 존재하지 않고 외존하며 라캉이 "안에서 배제된 것"으로 정의한 '외밀한'(extimate) 존재다.[103] 여성을 모두 향유할 수 있는 예외적 존재에게는 라캉이 불가능한 것으로 언급한 "여성 전체"라는 하나의 집합이 존재한다. 그러나 상징적 거세에 종속된 다른 모든 남성에게 여성은 취할 수 있는 여성과 그렇지 않은 여성으로 분류된다. 이 예외적 존재만이 여성을 직접 즐길 수 있으므로 그에게만 성적 관계가 존재한다. 남성 쪽에 이런 예외적 존재가 있다는 것은 남성에게 상징적 거세에 종속되지 않은 즉 근친상간적인 소망이 무의식적으로 존재한다는 함의를 지닌다.[104] 즉 남성은 언젠가 금지된 주이상스가 회복될 수 있다고 착각한다.[105]

공식의 여성 쪽 첫째 명제함수($\overline{\exists x}\ \overline{\Phi x}$)는 남근함수에 종속되지 않은 여성은 존재하지 않는다는 것을 의미한다. 모든 여성은 남성처럼 상징적 거세를 통과하므로 필연적으로 금기와 법에 종속된다. 여성이 남근함수에 종속되는 한 여성에게도 남근적 주이상스가 허락된다. 남성이 여성과 직접 관계하지 못하고 대상 *a*와 관계하는 것처럼 여성도 남

103 Bruce Fink, *The Lacanian Subject*, 110쪽.

104 Bruce Fink, *The Lacanian Subject*, 111쪽. 그러나 키에사가 지적하듯이 모든 남자가 거세되지 않은 예외적인 존재에 대한 무의식적 소망을 가진다는 것을 남근에 전적으로 종속되지 않는 여성적 비-전체와 혼동하지 않아야 한다. 여자와 달리 남자는 대문자 아버지라는 예외적 존재에 의해 구성되는 모든 남자의 집합에 속한다. Lorenzo Chiesa, *The Not-Two*, 110쪽.

105 Elizabeth Wright, *Lacan and Postfeminism*, 28쪽.

성 쪽의 분열된 주체 $\$$와 관계하지 못하고 남근(Φ)과 관계한다. "여성에게 남성은 오로지 상징적 남근 Φ 즉 '남근함수'를 지시하는 기표를 통해서만 남성이다."[106] 이 관계(~~Woman~~ → Φ)는 여성이 남성을 (성적) 대상으로 삼는 것을 의미한다. 이때 여성도 남성처럼 남근적 주이상스를 향유한다.

여성이 남근과 관계할 때 여성은 결여된 대타자의 기표와 관계하지 않는다. 여성이 남근 입장에서 사랑할 때 여성은 남/동-성애적으로 사랑한다. 이렇게 "자신을 남근의 관점에서 즉 남성과의 관계에서 정의된 입장에서 바라볼 때, 그렇게 정의된 것으로 보이지 않는 다른 여성들은 대타자의 역할을 수행한다. [……] [S(Ⱥ)와의] 관계가 실현되지 않을 때 여성은 남/동-성애자로 남는다. 그녀는 남자처럼 사랑하고 그녀의 욕망은 환상에서 남자의 욕망처럼 구조화된다."[107] 남성처럼 사랑하는 것은 영혼사랑이므로 "여성들 역시 영혼사랑에 빠진다. 다시 말해서 그들은 영혼을 영혼사랑한다."(*SXX*, 85) 여성이 남성처럼 영혼사랑할 때 그들이 영혼사랑하는 파트너는 "완전히 동성(homo)"이다.(*SXX*, 85)

---

106 Lorenzo Chiesa, *The Not-Two*, 14~15쪽.

107 Bruce Fink, *The Lacanian Subject*, 119쪽. 반대로 "S(Ⱥ)와의 관계가 생길 때, 여성은 자신에게 대타자가 아니다." 그러나 지젝에 따르면 여성의 타자성은 선택의 문제가 아니라 근원적인 것이다. "남성은 '그 자체로(즉자적으로)' 일자이고, 여성은 '그 자체로' (즉 그것의 대타자에게뿐 아니라 스스로에게도) '다른 성'이다." Slavoj Žižek, *Less than Nothing*, 784쪽. 모렐은 라캉이 여성이 남성 파트너에게 대타자가 된다는 사실과 여성이 대타자와 특권적 관계를 갖는다는 사실을 연결시킨다고 본다. "그녀가 다른 사람에게 대타자이므로 자신을 대타자로 경험하며, 대타자와 특권적 관계를 갖는다." Geneviève Morel, *Sexual Ambiguities*, 152쪽. 어떤 해석에서도 여성은 대타자(의 성)가 되거나 대타자와 특권적 관계를 갖는 존재다. 여성에게는 Φ와 관계에서 얻는 남근적 주이상스 이외에 S(Ⱥ)와의 관계에서 여성적 주이상스가 가능하다. (핑크처럼) 이 두 관계를 배타적으로 보면 여성이 두 가지 주이상스를 동시에 얻을 수는 없다.

여성이 다른 여성을 영혼사랑할 때 여성은 다른 여성을 자신과 같은 존재로 사랑한다.[108] 여성의 영혼사랑은 "히스테리, 즉 남성의 역할을 하는 것"이고 "스스로 남/동-성적이 되거나 성을 넘어선다."(*SXX*, 85) 히스테리는 여성이 남성의 역할을 수행하며 남성과 같은 방식으로 동성을 영혼사랑하는 것이다. 파트너를 대상 *a*로 환원시키는 방식으로 즐기는 것은 "남성**처럼** 즐기는 것"이며 이런 의미에서 '남/동-성적'이다.[109]

여성이 남성처럼 사랑하는 남/동-성적 영혼사랑에서 벗어나기 위해서는 영혼에서 분리되어야 한다. "영혼이 존재할 수 있도록 여성은 처음부터 영혼으로부터 구별된다. 여성은 여성이라 불리고(*on la dit-femme*) 훼손된다(*diffâme*, defamed)."(*SXX*, 85) 여기에서 프랑스어 *dit-femme*와 *diffâme*는 동음이의어이며 *diffâme*에는 영혼을 뜻하는 *âme*가 포함된다.[110] 그래서 훼손된다는 의미보다 영혼에서 분리된다는 의미가

108 이 부분과 관련된 라캉의 프랑스어 표현에 대해 핑크는 여성들이 스스로를 사랑한다고 볼 수도 있고 서로를 사랑한다고 볼 수도 있다고 해석한다. *SXX*, 85쪽 역주를 참조할 것. 즉 여성이 영혼사랑에서 다른 여성을 사랑하는 것은 스스로를 사랑하는 것과 같다. 엄밀히 말해서 성별화 공식에서 여성과 대상 *a*의 관계(~~Woman~~ → *a*)는 없다. 여성과 대상 *a*의 관계는 어머니와 아이의 관계에서 성립할 수 있다. 라캉은 "여성은 그녀의 아이가 구성하는 *a*에서 [……] 비-전체라는 [사실에 기초해서] 이 주이상스를 위한 코르크 마개를 찾는다"라고 말한다.(*SXX*, 35) 키에사는 이에 대해 어머니인 여성이 성적 관계의 부재를 대상 *a*인 아이로 메운다고 해석한다. Lorenzo Chiesa, *The Not-Two*, 12쪽을 볼 것. 여성이 남성을 대상 *a*로 여기는 영혼사랑을 할 때 여성은 남/동-성적인 히스테리적 주체이므로 공식의 남성 쪽에 위치한다고 볼 수 있다. 이런 관점에서 여성의 남/동성적 영혼사랑과 여성의 남근 사랑(~~Woman~~ → Φ)은 구별된다.

109 Bruce Fink, "Knowledge and Jouissance," 37쪽을 참조할 것. 일반 여성이 아니라 대문자 여성(Woman)을 사랑하는 남자를 남/동-성애(hommosexuality)의 관점으로 해석한 연구로는 Ellie Ragland, "Lacan and the Hommosexuelle: 'A Love Letter,'" Tim Dean 외 공편, *Homosexuality and Psychoanalysis*, 98~119쪽을 볼 것.

110 *SXX*, 85쪽 역주 24번.

더 중요하다. 로넨이 말하듯 "여자가 여자라 불리고 여자로 즉 타자로 위치하게 되는 것은 [……] 영혼 즉 남/동-성(*hommo*-sexuality)으로부터 자신을 구별할 때다."[111] 여자가 대타자인 여성이 되기 위해서는 영혼/대상 *a*로부터 자신을 분리해야 한다.

7. 비-전체와 비대칭적 성차

여성도 남성처럼 대상 *a*를 수단으로 영혼사랑을 하지만 남성과 달리 대상 *a*에 크게 의존하지 않는다. 여성이 대상 *a*와 관계하는 방식은 남성과 다르기 때문이다. 여성에게 남성적 주이상스 이외에 여성적 주이상스가 허락되는 것은 이 차이에서 비롯된다. 2장에서 언급했듯이 라캉은 세미나 X『불안』에서 프로이트의 음경선망을 강하게 비판하며 여성은 아무것도 결여하지 않는다고 주장한다.

> [여성은] 아무것도 결여하지 않습니다. [……]
> 주이상스로 향하는 길에서 아무것도 결여하지 않는다는 사실은, 정확히 말해서 *a*의 기능이 우리에게처럼 그녀에게도 완전한 역할을 하는 한, 그녀에게 욕망의 문제를 조금도 해결하지 못합니다. 그렇지만 이 사실은 [……] 그녀에게 욕망의 문제를 매우 단순하게 만듭니다. 그러나 결국 우리 욕망의 대상으로서 대상에 관심을 갖는 것은 여성들에게는 훨씬 적은 복잡한 문제를 지닙니다. [……]
> 여성은 욕망의 매듭과의 유대가 훨씬 느슨하기 때문에 주이상

111 Ruth Ronen, *Lacan with the Philosophers*, 80~81쪽.

> 스의 영역에서 우월해집니다. 결여, 즉 남성에게 남근함수를 표시하고 남성과 대상과의 관계가 남근의 음수화와 거세 콤플렉스를 통과해야 한다는 것을 의미하는 마이너스 기호, 남성 욕망의 한복판에 있는 $(-\Phi)$의 상태, 이 모든 것은 여성과 필연적 매듭을 형성하지 않습니다.
>
> [……] 남근적 대상은 여성에게 부차적 위치를 차지할 뿐입니다. (*S*X, 181~183)

여성 역시 대상 *a*와의 관계에서 완전히 자유롭지 못하다. 그러나 상상적 남근의 포기$(-\Phi)$를 통과해야 하는 남성이 상실한 대상 *a*와의 관계에 절대적으로 의존하는 것과 달리, 여성은 대상 *a*와의 관계에서 남성보다 상대적으로 더 자유로울 수 있다. 여성은 대상 *a*와의 관계에서 상대적으로 자유롭고 주이상스의 영역에서 남성보다 우월하다. 이런 주장은 세미나 XX 『앙코르』에서 여성에게 남근적 주이상스와 다른 주이상스가 허락된다는 논의로 발전한다.

남성에게는 대상 *a*와 관계하는 남근적 주이상스만 허락된다. 그러나 "빗금 그어진 여성에게는 존재하지 않는 성적 관계를 보충하는 것에서 대상 *a*와 다른 어떤 것이 걸려있다."(*S*XX, 63) 전칭부정명제 $\overline{\forall x}\,\Phi x$는 여성이 전적으로 남근함수에 종속되지 않는다는 의미를 지닌다. 여기에서 $\overline{\forall x}$로 표기되는 프랑스어 *pas-tout*는 not-all이나 not-whole로 영역된다. "말하는 존재가 '여성'의 입장에 위치할 때, 그것은 [……] 남근함수에 자신을 위치시키는 데 있어서 전적이지 않은(not-whole) 것으로 자신의 기초를 세운다."(SXX, 72) 여성의 모든 것을 말할 수 없으므로 대문자 여성(*La femme*, Woman)에는 사선이 그어진다. "여성이라는 것, 보편을 표시하는 대문자 Woman을 가진 여성은 존재하지 않는다. 여성이라는 것은 존재하지 않는다. 이는 [……] 그녀가 본질적으로 비-전체(not-whole)이기 때문이다."(*SXX*, 72~73)

여성적 입장의 특징은 "남근적 주이상스에 관해서 비-전체"라는 것이다.(*SXX*, 7) 모든 남성의 집합을 만들어내는 예외적 존재가 있는 남성의 경우와 달리 그런 대문자 여성이 존재하지 않기 때문에 '모든 여성'의 집합은 성립하지 않고 여성은 '비-전체'다. 집합에 속한 '모든 남성'이 예외 없이 남근함수에 종속되는 것과 달리 비-전체인 여성은 전적으로 남근함수에 종속되지 않는다. 비-전체는 남근함수에 종속된 예외적 여성의 존재를 의미하지 않기 때문에 아리스토텔레스의 논리학으로 이해될 수 없다. 라캉은 세미나 XIX에서 비-전체를 다음과 같이 설명한다.

> 이 **비-전체**는 무엇입니까? 정확히 말해서 그것은 구조로서 검토될 가치가 있는 것입니다. 실제로 그렇지 않은 **어떤 것[일부]**가 있다는 특칭 부정함수와 반대로, 비-전체에서 이런 긍정을 연역하는 것은 불가능합니다. 이 **비-전체**에 대해서는 여자가 어떤 곳에서 남근함수와 관계를 가지며 그 이상은 아니라고 지적할 수 있습니다.(*SXIX*, 34)

바디우의 말대로 남성이 모든 곳에서 남근함수에 종속되는 반면, 여성이 남근함수에 종속되는 것은 "어떤 곳에서이지 모든 곳에서가 아니다."[112] "모든 x가 남근함수에 종속된 것이 아니다"라는 명제에서 "모

112 Alain Badiou, *Conditions*, Steven Corcoran 옮김 (London: Continuum International Publishing Group, 2008), 215쪽. 이 책 국역본은 알랭 바디우, 이종영 옮김, 『조건들』(새물결, 2006)을 참조할 것.

든"은 "모든 개체들"의 뜻이 아니라 "개체의 모든 것"이라는 의미다. 라캉의 명제는 "어떤 여성도 완전히 남근함수에 종속된 것은 아니다"를 뜻한다.[113] 그러므로 *pas-tout*는 not-every로 영역될 수 없다. 이런 해석은 비-전체가 아리스토텔레스의 논리학에서 모순명제의 논리를 따르지 않는다는 것을 의미한다.[114]

---

113 Russell Grigg, *Lacan, Language, and Philosophy* (Albany: SUNY P, 2008), 86쪽. 국역본은 『라캉과 언어와 철학』(김종주 · 김아영 공역, 인간사랑, 2010)을 참조할 것. 라캉이 아리스토텔레스 논리학을 극복한 것으로 평가하는 프레게의 명제함수를 비판하는 이유는 비-전체를 명제함수로 표기하기 어렵기 때문이다. 명제함수론에서 정의역 x 자체를 부정할 수 없으므로 전칭부정은 함수의 부정만 가능하다.($\forall x\ \overline{Fx}$) 라캉은 세미나 XVIII에서 "부조화적" 부정으로 정의한 비-전체 공식을 논하면서 "위에 가로선이 있는 함수는 내가 효과적으로 말해야 했던 것과 관련해서 완전히 부적절한 어떤 것을 상징했다"라고 말한다.(*S*XVIII, 1971.5.19., 15~16) 이에 대한 상세한 논의는 Lorenzo Chiesa, *The Not-Two*, 93~103쪽을 볼 것.

114 아리스토텔레스는 『해석론』(*On Interpretation*) 4장에서 명제를 '참이나 거짓인 의미를 지닌 문장'으로 정의한 뒤 5장~8장에서 긍정/부정, 보편/특수, 반대(contrary)/모순(contradictory) 명제를 논한다. 먼저 명제의 주어가 보편적인 것과 명제 자체가 보편적인 성격을 가진 것은 다르다. "인간은 하얗지 않다"와 "어느 인간도 하얗지 않다"는 일상적으로 동치((同値, equivalent))인 것 같지만 사실 다르며 반드시 동시에 참이나 거짓도 아니다. 반대는 명제가 특수한 주어(예를 들어, 칼리아스)가 아니라 보편적 주어(예를 들어, 인간)를 가졌다 하더라도 성격상 보편적(예컨대 '모든')이 아니면 성립하지 않는다. 그래서 "인간은 하얗다"와 "인간은 하얗지 않다"는 반대명제가 아니며, "모든 인간은 하얗다"와 "어느 인간도 하얗지 않다"가 반대명제다. 모순명제는 보편긍정과 특수부정("모든 인간은 하얗다"와 "모든 인간이 하얗지는 않다") 또는 그 역인 특수긍정과 보편부정("어떤 인간은 하얗다"와 "어느 인간도 하얗지 않다"의 관계를 의미한다. Aristotle, H. P. Cooke & Hugh Tredennick 공역, *Categories, On Interpretation, Prior Analytics* (Cambridge: Harvard UP, 1938), 121~129쪽. 지젝은 반대, 모순, 내포, 외연에서 참/거짓의 관계를 설명한다. 대당사각형에서 반대 관계는 두 명제가 동시에 참일 수 없으나 동시에 거짓일 수 있는 관계이다. 예를 들어 "모든 x는 Fx다"와 "모든 x는 Fx가 아니다"는 동시에 참일 수 없지만 "어떤 x는 Fx다"일 경우 둘 다 거짓이다. 모순 관계는 두 명제가 참일 수 없을 때 한 명제가 참이면 다른 명제는 거짓인 경우에만 성립한다. 전칭긍정명제와 특칭부정명제는 모순 관계다. 예를 들어 "모든 x는 Fx다"라는 전칭긍정명제와 "어떤 x는 Fx가 아니다"라는 특칭부정명제, 그리고 "모든 x는 Fx가 아니다"라는 전칭부정명제와 "어떤 x는 Fx다"

그렇다면 보편과 상반되는 비-전체가 있을 때 그 결과 보편에 모순되는 특수로 표현되는 어떤 것이 생길 수 있느냐의 문제가 발생합니다. [……]

[아리스토텔레스] 논리학에서 '모든 x가 남근함수에 속하지 않는다(not-every x is inscribed in Φx)'라고 쓸 수 있다는 사실에 기초해서 내포를 통해 그것에 모순되는 x가 하나 있다고 연역할 수 있습니다. 그러나 이는 오로지 문제가 되는 전체 또는 비-전체에서 우리가 유한을 다루고 있다는 조건에서만 참입니다. 유한한 것에 관해서라면 단순한 내포가 아니라 엄밀한 동치가 있습니다.[115] 보편공식을 폐기하고 특수로 변형시키기 위해서는 보편공식과 모순되는 것이 있는 것으로 충분합니다. 비-전체는 아리스토텔레스 논리학에서 특수에 기초해서 표현되는 것과 동치가 됩니다. 그러나 반대로 우리는 무한을 다룰 수 있습니다. 그렇다면 우리는 더 이상 외연의 관점에서 비-전체를 취급할 수 없습니다. 여자(woman)가 비-전체이고 그래서 여성(Woman)이라고 말할 수 없다고 말할 때, 그것은 내가 Φx 함수에서 사용될(포함될) 수 있는 모든 것과 관련해서 무한의 영역에 있는 주이상스의 문제를 제기하기 때문입니다.

이제 무한집합을 다루는 순간 비-전체가 부정이나 모순에 기초해서 생산된 것의 존재를 내포한다고 상정할 수 없습니다. 꼭 필요하다면 그것을 비결정적 존재로 상정할 수 있습니다. 그러나 수학적 논리, 직관주의적 특성을 갖는 수학적 논리의 외연에서 알 수 있듯이, 하나의 "존재한다"를 상정하기 위해서는 그것을 구성할 수 있어야 합니다. 즉 그 존재가 어디에 있는지 어떻게 발견하는지 알 수

라는 특칭긍정명제는 하나가 참일 때 다른 하나는 거짓이다. 내포 관계는 한 명제가 참일 때 다른 명제도 참일 경우다. 이는 전칭긍정명제와 특칭긍정명제 그리고 전칭부정명제와 특칭부정명제의 관계에 해당한다. 즉 "모든 x는 Fx다"가 참이면 "어떤 x는 Fx다"도 참이다. 또한 "모든 x는 Fx가 아니다"가 참이면 "어떤 x는 Fx가 아니다"도 참이다. Slavoj Žižek, *Less than Nothing*, 759~760쪽.

115 논리학 부호로 이는 $\sim\forall x\Phi x = \exists x\sim\Phi x$로 표기된다. *SXX*, 103쪽 역주 37번을 참조할 것.

있어야 합니다.(*SXX*, 102~103)

아리스토텔레스 논리학에서 전칭명제의 부정과 특칭명제의 긍정은 동치다. '모든 남성은 남근함수에 종속된다'라는 남근함수의 보편성을 부정하면 남근함수를 부정하는 특수한 예외적 존재의 긍정이 발생한다.($\overline{\forall x}\ \Phi x = \exists x\ \overline{\Phi x}$) 그러나 이는 남성처럼 특수한 예외적 존재로 인해 '모든 남성'의 유한집합이 있을 때만 성립한다. 여성의 경우에는 무한집합이므로 유한집합이 전제하는 예외적 존재로서의 대문자 여성은 존재하지 않는다. 따라서 비-전체는 '외연'의 관점에서 이해되지 않아야 한다. 외연적 해석은 남근함수에 종속되지 않은 예외적 여성의 긍정을 의미하기 때문이다. 바디우가 지적하듯이 "라캉은 실제로 이 공식이 외연으로 여겨지지 않아야 한다고, 즉 남근함수의 행동에서 제외된 누군가가 존재한다는 의미로 여겨지지 않아야 한다고 설명했다. [……] 그 결과 '모두가 Φ(x)는 아니다'라는 부정적 또는 감산적 공식으로부터 'Φ(x)가 아닌 그런 x가 존재한다'라는 유형의 존재 긍정을 추출할 수 없다."[116]

---

116 Alain Badiou, *Conditions*, 214쪽. 바디우는 라캉이 '비-전체 = 남근함수에서 벗어난 여성의 존재'라는 등식을 거부하기 위해서 양립 불가능한 두 가지 노선을 취했다고 비판한다. 바디우에 따르면 '전칭부정 = 특칭긍정'을 부정하는 라캉은 1) 어떤 명제가 참이면 그 부정은 거짓, 2) 이중 부정은 긍정, 3) 보편의 부정은 부정존재의 긍정이라는 세 가지 등식을 거부하는 직관주의를 따른다. 그러나 다른 한편으로 그는 직관주의가 거부하는 실무한(actual infinity)을 적어도 표면적으로 환기시킨다. 예컨대 위 라캉의 인용문 첫 문단에서 라캉은 여성적 주이상스의 무한을 환기하지만 두 번째 문단에서는 모든 존재가 구성되어야 한다고 주장한다는 점에서 실무한의 존재를 배제하는 직관주의에 부합한다. 여성의 주이상스와 관련된 라캉의 무한 개념은 '접근불가능'(inaccessible)하고 비결정적인 것으로서 실무한이 아니며 라캉은 전-칸토어주의자(pre-Cantorian)이고 직관주의자다. Alain Badiou, *Conditions*, 214~219쪽. 데리언 리더(Darien Leader)는 이런 모

라캉은 세미나 XIX에서 자크 브륀쉬빅(Jacques Brunshwig)이 아리스토텔레스 논리학에서 특수/특칭의 문제점을 명확히 지적했다고 말한다.(*S*XIX, 90) 밀레에 따르면 라캉의 비-전체는 브륀쉬빅의 최대특칭(maximal particular) 개념에서 비롯되었다. 아리스토텔레스는 항상 최소특칭부정만 허용한다. ('모든 A는 B다'의 부정은 '적어도 어떤 A는 B가 아니다'이다.) 최소특칭은 "A와 B 사이의 보편관계의 가능성(어느 A도 B가 아니다)을 배제하지 않는" 반면, 최대특칭은 이 가능성을 배제한다.[117] 그 결과 "'모든 A'[가 B다]도 '어느 A'[도 B가 아니다]도 말할 수 없다. A에

순을 지적하면서도 "라캉이 여성적 주이상스가 무한하다고 말하는 것이 아니라 남근함수와의 관계에서 무한하다고 말한다"라고 주장한다. Darien Leader, "The Not-All," *Lacanian Ink*, 8 (1994), 45~46쪽. 그릭은 라캉이 '전칭부정 = 특칭긍정'을 거부한다는 점에서 직관주의자이지만 나머지 논리에서는 직관주의자가 아니라고 주장하며 반직관주의자인 바디우가 라캉을 직관주의자로 오판한다고 비판한다. Russell Grigg, *Lacan, Language, and Philosophy*, 85~89쪽을 볼 것. 직관주의는 수학의 근거가 논리법칙이 아닌 수학적 직관이라고 본다. 예컨대 직관주의자 라위트전 브라우어르(Luitzen Brouwer)는 자연수의 무한한 계열(1, 2, 3 …)을 생각할 때 (…)에 해당하는 무한한 1 더하기는 수학적 직관에 의한 인식이다. 그래서 자연수 전체는 완성된 것이 아니라 생성되어가는 것이고 자연수 집합은 허구에 불과하다. 그러나 집합론의 선구자인 칸토어는 아리스토텔레스 이후에 존재하지 않는다고 믿었던 무한의 크기가 존재한다는 실무한 개념을 도입한다. 예컨대 한 선분위의 점이 무한히 많고 길이가 절반인 다른 선분 위의 점도 무한히 많다. 이 경우 전체가 부분보다 크다는 유클리드 기하학의 입장에서 길이가 두 배인 선분의 점이 더 많다고 보겠지만 두 무한집합의 원소의 수를 비교하는 칸토어의 1 대 1 대응 개념에 따르면 두 선분 위의 점은 같다고 볼 수 있다. 칸토어는 따라서 '무한의 크기'가 존재함을 보여주었다. 이상의 내용은 임정대, 『수학기초론의 이해』, 37~49쪽, 66~69쪽을 볼 것. 무한집합의 크기를 비교할 수 있다는 사실은 어느 집합의 멱집합(집합의 모든 부분집합을 모은 집합)은 그 집합보다 크다는 칸토어의 정리로 증명된다. 이 정리에 따르면 집합이 무한집합일 때 그 집합의 멱집합은 그 집합보다 크므로 그 무한집합보다 더 큰 무한집합이 가능하다. 칸토어의 정리 증명에 대해서는 Paul R. Halmos, *Naive Set Theory* (New York: Springer, 1974), 93쪽을 볼 것.

117 Jacques-Alain Miller, "A Note Threaded Stitch by Stitch," Jacques Lacan, Jacques-Alain Miller 엮음, A. R. Price 옮김, *The Seminar of Jacques Lacan XXIII: The Sinthome 1975-1976* (Cambridge: Polity Press, 2016), 184쪽.

대한 보편적 진리는 없다. 아리스토텔레스와 반대로 라캉은 특칭부정의 최대 의미를 취하여 그것으로 비-전체를 장착한다."[118] 라캉이 『텔레비지옹』에서 말하듯 "여자들은 아리스토텔레스가 보편에 적용될 것이라는 이유로 폐기한 부정의 종류를 피할 수 없다. 다시 말해서 그들은 비-전체다."(*T*, 40)

여성의 경우 남근함수의 부정이 예외적 존재의 긍정으로 귀결되지 않는다. 남근함수를 부정하는 여성은 "$\exists x$와 $\overline{\exists x}$ 사이" 즉 존재와 비존재 사이의 "비결정적 존재"일 뿐이다.(*SXX*, 103) 그릭의 표현대로 라캉의 무한은 실무한이 아니라 "비결정적이고 미완의" 무한이므로 하나의

---

118 Jacques-Alain Miller, "A Note Threaded Stitch by Stitch," 184쪽. 그릭은 더 상세히 설명한다. 아리스토텔레스 논리학에서 특칭명제는 세 가지 공리를 가진다. (1) 첫째는 특칭명제가 전칭명제를 부정하는 경우다.(모든 A는 B다 ↔ 어떤 A는 B가 아니다.) (2) 둘째는 특칭명제가 전칭명제에 의해 내포되는 경우다.(모든 A는 B다. → 어떤 A는 B다.) (3) 셋째는 두 특칭명제가 서로를 내포하는 경우다.(어떤 A는 B다. ↔ 어떤 A는 B가 아니다.) 이 세 가지 관계는 서로 일치하지 않는다. 왜냐하면 '모든 A는 B다'가 참일 경우 (1)에 따르면 '어떤 A는 B가 아니다'는 거짓이 된다. 그러나 (2)와 (3)을 차례로 따르면 '어떤 A는 B다'를 거쳐 '어떤 A는 B가 아니다'가 도출되기 때문이다. 최소특칭(minimal particular)은 공리 (3)을 빼고 (1)과 (2)에서 도출되는 것이며 '적어도 어떤 A는 B가 아니다'이다. 최대특칭은 공리 (2)를 빼고 (1)과 (3)을 유지할 때 발생한다. (3)에서 특칭긍정명제와 특칭부정명제가 서로 내포하므로, 모순명제들('어떤 A는 B가 아니다' 그리고 '어느 A도 B가 아니다' ↔ '어떤 A는 B다')을 유지한다면, 특칭명제는 역설적으로 보편긍정명제와도 보편부정명제와도 모순관계를 갖게 된다. (예를 들어 '어떤 A는 B다'는 어떤 A는 B가 아니다'를 내포하므로 '모든 A는 B다'와 '어느 A도 B가 아니다' 둘 다와 모순된다.) 그 결과 '적어도 그리고 기껏해야 어떤 A는 B가 아니다'라는 최대특칭이 발생한다. 만일 특칭부정명제 '모든 A가 B는 아니다'가 참이면, '어느 A도 B가 아니다'와 '모든 A는 B가 아니다'라는 두 전칭명제 모두 거짓이다. 여기에서 '모든 A가 B는 아니다'라는 특칭명제를 최대특칭명제라 부른다. 그러므로 $\overline{\forall x}\ \Phi x$가 최대특칭이라면 $\forall x\ \Phi x$(모든 여성이 남근함수에 종속된다)뿐 아니라 $\forall x\ \overline{\Phi x}$ (모든 여성이 남근함수에 종속되지 않는다)라는 두 전칭명제는 모두 거짓이다. 따라서 유일하게 가능한 의미는 "여성의 전부가 남근함수에 속하는 것은 아니다"(Not all of x is Φ)이다. Russell Grigg, *Lacan, Language, and Philosophy*, 89~93쪽을 볼 것.

집합으로 표기될 수 없다.[119] 라캉의 "여성 공식은 여성을 총체화하는 것의 비결정성과 불가능성"을 보여준다.[120] "성적 주이상스의 공간"에서 "하나하나씩" 셀 수 있는 개별 여성만 존재하며 대문자 여성과 '모든 여성'이라는 집합은 존재하지 않는다.(*SXX*, 10) "돈 후안의 여성적 신화의 본질은 그가 여성을 하나하나씩 취한다"라는 것이다.(*SXX*, 10) 그러나 개별 존재인 여성을 덧셈하는 것은 "보편적 결합의 일자와는 전적으로 다른 것이다."(*SXX*, 10)

남자가 여자를 자신의 결여를 메울 대상 *a*로 여기는 것처럼 돈 후안은 여성의 결여를 메워줄 환상적 존재다. "돈 후안은 여성의 꿈이다. [……] 돈 후안은 아무것도 결여하지 않은 남자다."(*SX*, 192) 그러나 돈 후안은 결코 여성 전체를 향유하는 원초적 아버지와 달리 사기꾼에 불과하다. "돈 후안이 거세되지 않은 아버지의 이미지와 맺는 관계는 순수한 여성적 이미지"이며 그의 "특권은 이[근원적] 사기를 수용하는 것과 연결된다."(*SX*, 192) 그는 여성의 환상 속에서 "$-\varphi$의 발생을 거부하고 대타자의 주이상스의 영원한 도구로 제시되는 근원적 사기의 표식을 지닌 거짓 남자, 사기꾼이다."[121] '모든 여성'의 집합을 취할 수 있는 원초적 아버지와 달리 돈 후안은 개별 여성을 무한히 계속 취할 수밖에 없다. 비-전체, 비결정적 존재인 여성에게만 허락되는 무한의 주이상스는 비-전체가 무한집합이기 때문에 가능하다. "대타자의 주이상스,

---

119 Russell Grigg, *Lacan, Language, and Philosophy*, 85쪽

120 Elizabeth Wright, *Lacan and Postfeminism*, 28쪽.

121 Jacques-Alain Miller, "Introduction to Reading Jacques Lacan's Seminar on *Anxiety*," 45쪽. 키에사의 표현을 빌리면 그는 "모든 여성을 한꺼번에 향유할 수 없는 원초적 아버지다." Lorenzo Chiesa, *The Not-Two*, 187쪽 미주 25번.

대타자의 신체의 주이상스는 무한에 기초해서만 촉진된다."(*S*XX, 7~8)

그렇다면 여성은 왜 남근함수에 전적으로 종속되지 않는 것일까? 라캉이 세미나 XIX에서 말하듯이 그것은 여성이 거세될 수 없다는 실재의 원인과 관계된다.

> **여자들 모두**가 남근함수와 관계해야 하는 것이 아니라면 거세와 관계하는 여자들이 있다는 것을 의미하는 것일까요? 이것이 정확히 남자가 여자에 접근하는 지점입니다.
>
> [……] 여성의 본질은 거세가 아닙니다.
>
> [……] 실재에 기초해서 볼 때 여자들은 단지 사소한 무(mere insignificant nothing)를 제외하고는 남근을 갖고 있지 않기 때문에 거세될 수 없습니다. (*S*XIX, 35)

여자가 남근함수에 전적으로 종속되지 않는 이유는 애초에 여자는 남근이 없어서 거세할 수 없다는 실재의 원인 때문이다. 여자는 "단지 사소한 무"의 정도로 거세될 수 있으므로 그 정도만 남근함수에 종속된다. 여자가 남근함수에 종속되는 이 사소한 정도가 남자가 여자에 접근할 수 있는 지점이다. "대문자 여성이 존재하지 않으므로 남자는 한 여자에만 또는 한 여자를 그 자체로 전적으로 남근적이지 않게 만드는 '아주 사소한 무'에만 접근한다."[122]

남근함수에 전적으로 종속된 남성의 관점에서 여성이 남근함수에 종속되는 정도는 거의 무에 가깝다. 그러나 이 무에 가까운 사소한 거세 가능성 때문에 남성은 여성에 접근할 수 있고 여성은 남녀관계에서 남근적 주이상스를 향유할 수 있다. 대문자 여성의 부재는 남녀가 성

122 Lorenzo Chiesa, *The Not-Two*, 164쪽.

행위를 하지 않는다는 것을 의미하는 것이 아니다. 라캉이 말하듯 "[대문자] 여성(Woman, *La femme*)은 외존(ex-sist)하지 않는다. 그러나 그녀가 외존하지 않는다는 사실 때문에 그녀를 욕망의 대상으로 삼지 못하지는 않는다. 그 반대다. [……] 그 대신 [대문자] 남자(Man, *L'homme*)는 한(a) 여자를 만나고 그녀와 모든 일이, 요컨대 성공적인 성행위로 구성되는 일상적인 불발이 발생한다."(*T*, 38)

남녀는 성행위로 남근적 주이상스를 향유한다. 3장에서 논했듯이 원초적 아버지/예외적 남성에 절대적으로 집착하여 성관계 자체를 포기하는 히스테리 주체와 달리 여성은 남자와 성적인 향락을 즐긴다. 여성들도 대문자 남성에 대한 환상을 갖지만 그런 환상은 정신병에서만 가능하다. 그러나 동시에 여성이 남근함수에 종속되는 것은 무에 가까울 정도로 아주 사소하기 때문에 이 관계는 여성적 주이상스의 특권을 박탈하지 않는다. 그 결과 "여성이 외존하는, 남근을 넘어선 **비성적인 주이상스**[Woman → S(A̸)] **그리고** 동시에 여성이 내존(in-exist)하는 남근적 **주이상스**와의 **능동적인** 성적 연루[Woman → Φ]"가 가능하다.[123] 라캉이 말하듯 "여성이 **비-전체**라면 그것은 여성의 주이상스가 이중적이기 때문이다."(*SXIX*, 88) 여성은 남근적 주이상스와 여성적 주이상스를 이중으로 향유할 수 있다.

남성의 주이상스와 여성의 주이상스는 부정의 관계가 아니라 비대칭의 관계다. 여성 역시 예외 없이 남근함수에 종속되어 남근적 주이상스를 향유하지만 여성적 주이상스는 여성에게만 허락된다. 바디우가

123 Lorenzo Chiesa, *The Not-Two*, 122쪽.

말하듯이 "무한은 여기에서 비대칭의 힘이다. 남성 전체(for-all)와 여성적 비-전체의 불가능한 관계는 향락의 분리에 새겨진다. 어느 것도 다른 것의 부정으로 실현되지 않는다. 실제로 무한은 결코 유한의 부정이 아니기 때문이다. 그것은 접근 불가능한 비결정이다."[124] 성별화 공식의 양쪽은 이런 비대칭을 잘 보여준다.

남성공식은 가능과 필연의 대립 관계다. 집합에 속한 모든 남자는 가능의 차원이다. "**모두[전부]**의 상태 즉 보편은 가능의 차원에만 존재한다."(*S*XIX, 33) 남근함수에 종속되지 않은 예외적 남자는 이 보편을 부정하는 특칭부정명제($\exists x\ \overline{\Phi x}$)를 만든다. "**적어도 하나[인 자]**의 차원에서 남근함수의 지배가 전복될 수 있다."(*S*XIX, 34) 모든 여성을 향유하는 적어도 하나의 예외적인 남자의 존재는 집합에 속한 보통 남자들이 제한적인 성적 주이상스를 향유하는 것을 가능하게 하기 위해 필연적이다. 적어도 하나[인 자]가 존재한다는 사실은 "성적 주이상스가 가능하지만 제한적일 것을 의미한다. 그것은 개별 남자가 여자와의 관계에서 적어도 이런 주이상스를 어느 정도 가진다는 것을 전제한다."(*S*XIX, 34) 남성 공식의 "왼쪽 위에 있는 $\exists x\ \overline{\Phi x}$, 즉 문제의 **적어도 하나[인 자]**는 필연에 기인한다. [……] 이 필연이 남자의 존재를 성적 가치로 가능하게 만드는 것이다. [……] 아리스토텔레스가 제시한 것과 반대로, 가능은 필연의 반대다. 가능의 원천은 $\forall x$에 반대되는 $\exists x$에 있다."(*S*XIX, 34~35) 요컨대 가능은 $\forall x\ \Phi x$에, 필연은 $\exists x\ \overline{\Phi x}$에 해당한다.

124 Alain Badiou, *Conditions*, 218쪽.

남성공식에서 가능과 필연이 대립된다면 여성공식에서는 불가능과 우연이 대립된다.

> 불가능은 여성이 실재로부터 거세와 관계를 갖는 것입니다. 이것이 $\overline{\forall x}$, 즉 **비–전체**의 의미를 줍니다. [……] **비–전체는 불가능하지 않다**는 것을 의미합니다. 여성이 남근함수를 아는 것은 **불가능하지 않습니다.**
>
> 이 **불가능하지 않은 것은** 무엇입니까? [……] 필연이 가능에 반대되는 것처럼 불가능에는 우연이 반대됩니다. 여성이 우연 속에 논항의 형태로 남근함수에 자신을 제시하는 한에서 **여성**이라는 성적 가치에 포함된 것이 표현될 수 있습니다. (*S*XIX, 35~36)

여성이 실재에서(실제로) 거세되는 것을 의미하는 불가능은 여성 공식의 이중 부정($\overline{\exists x}\ \overline{\Phi x}$)으로 표기된다. 즉 여성이 거세되는 것은 남근함수에 종속되지 않은 예외적 여성이 없다는 것을 의미한다. 비–전체는 이 불가능의 부정으로서 "여성이 남근함수를 아는 것은 불가능하지 않다"라는 의미이며 이것이 불가능과 반대되는 우연이다. 이 명제는 남근함수에 종속되지 않은 여성은 없다는 불가능의 명제의 동어반복처럼 보인다. 그러나 키에사가 지적하듯이 여기에서 불가능에 대립되는 우연의 비–전체는 완전히 그렇지는 않다는 "불완전의 논리 또는 논리의 불완전"의 관점에서 이해해야 한다.[125] 따라서 비–전체 명제($\overline{\forall x}\ \Phi x$)는 "우연히도 여성이 남근함수를 아는 것은 **전적으로** 불가능하지 않다. 또는 우연은 여성을 남근함수에 비–전체로 새겨넣음으로써 성적 관계의

125 Lorenzo Chiesa, *The Not-Two*, 135쪽.

순전한 불가능성을 멈춘다"라는 의미를 지닌다.[126] 라캉은 세미나 XIX에서 대당 사각형으로 이 관계들을 설명한다.

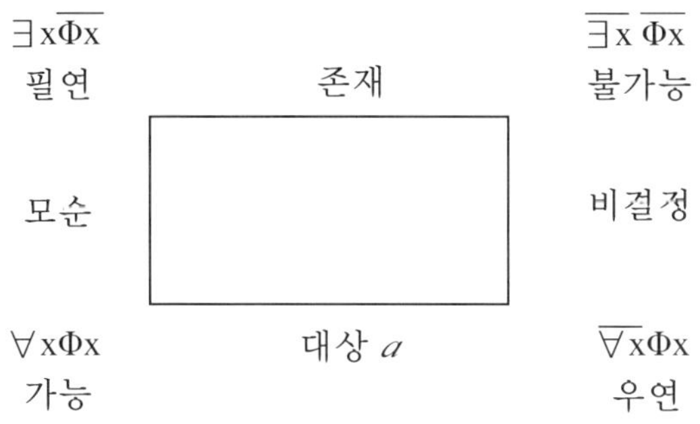

앞서 논했듯이 여성이 남근함수에 아주 사소할 정도로 종속되는 지점에서 개별 여성은 남성에게 성적 가치를 지녀서 남녀는 제한적인 성적(남근적) 주이상스를 향유할 수 있다. 그러나 여성은 남근함수에 전적으로 종속되지 않기 때문에 남근적 주이상스 이외에 여성적 주이상스를 향유할 수 있다.

> 그녀는 비-전체이므로 남근함수가 주이상스의 방식으로 지시하는 것과 비교해서 보충적 주이상스를 갖습니다.
>
> 여러분은 내가 "보충적"이라고 말한 것을 알아차릴 것입니다. 만일 내가 "상보적"이라고 말했다면 얼마나 큰 혼란에 빠졌겠습니까! 우리는 전체로 다시 떨어질 것입니다. [……] 그녀가 남근함수 속에 전혀 있지 않은 것은 남근함수에 전적으로 있지 않기 때문이 아닙니다. 그녀는 그곳에 전혀 있지 않은 것이 **아닙니다**(*not* not at all there). 그녀는 그곳에 완전히 있습니다. 그러나 무엇인가가 더 있습니다.
>
> [……] "남근을 넘어선" 신체의 주이상스가 존재합니다. [……]

126 Lorenzo Chiesa, *The Not-Two*, 135쪽.

존재하지 않고 아무것도 의미하지 않는 그녀(she, *elle*)에 속한, 그녀의 것인 주이상스가 있습니다. 그녀가 경험한다는 것을 제외하고 아무것도 알지 못하는 그녀의 것인 주이상스가 있습니다. 그녀는 그것을 경험한다는 것을 압니다. 그녀는 물론 그것이 다가올 때 그것을 압니다. 그들 모두에게 그것이 발생하는 것은 아닙니다. (*S*XX, 73~74)

라캉은 여성도 상징적으로 거세된 남근함수에 "완전히" 종속된다고 말한다. 여성 쪽에서 남근기표(Φ)로 향한 화살표는 여성이 남근적 주이상스를 향유하는 것을 보여준다. 남근적 주이상스를 보완하여 전체를 이루지 않는 "여성의 주이상스는 이 비-전체의 보충에 기초한다."(*S*XX, 35)[127]

8. 여성적 주이상스와 고독

라캉은 대타자의 주이상스를 "대타자의 신체의 주이상스"와 동일시한다.(*S*XX, 4) 모든 신체는 유성적이지만 이 성적 요소는 부차적인 것에 불과하며 대타자의 신체는 성적인 것이 아니다.

신체의 존재는 물론 유성적(sexed)이지만 그것은 부차적입니다. 경험이 보여주듯이 신체가 대타자를 상징하는 한 신체의 주이상스는

127 "보충적"(supplementary)은 다른 것과 합쳐서 하나의 전체를 완성한다는 의미의 "상보적"(complementary)과 다르다. 라캉은 여성의 보충적 주이상스가 "여분"(extra, *en plus*)의 의미를 지닌다고 말하므로, 여분의 주이상스라고도 번역할 수도 있지만, 대상 *a*를 뜻하는 잉여 주이상스(surplus jouissance)와 구별되어야 한다.

그 흔적들에 의존하지 않습니다.

[……] 부차적인 것에 불과한 성적 특성이라는 수수께끼 같은 형태로 신체에 나타나는 것은 물론 유성적 존재를 만듭니다. 그러나 존재는 신체 그 자체 즉 비성적인(asexual) 신체의 주이상스입니다. 왜냐하면 성적인 주이상스로 알려진 것은 [……] "성적 관계"라는 관계의 일자를 성립시키는 불가능성에 의해 표식되고 지배되기 때문입니다. (*S*XX, 5~7)

남근적 주이상스는 성적이고 기표의 대타자에 의존한다. 이 주이상스에는 불가피하게 성적 관계의 불가능성이 새겨져 있다. 이와 반대로 무한의 주이상스는 기표의 지배를 받지 않는 "비성적인 신체의 주이상스"다. 라캉이 말하듯 여기에서 "문제의 대타자는 성적 커플의 대타자"이고 "우리는 그것으로부터 성적으로 주이상스를 얻는 것이 아니다. [……] 우리는 대타자로부터 정신적으로 주이상스를 얻는다." (*S*XIX, 96) 베르하어가 시적하듯이 "이 맥락에서 비성적이라는 것은 비남근적인, 따라서 상징계에 의해 의미화되지 않은 것을 의미한다."[128] 여성이 비-전체이고 근원적인 대타자라는 것 자체가 상징계의 기표로 표기될 수 없다는 뜻이다. 그래서 "여자를 여성(Woman, *la femme*)으로 부르는 것은 적절치 않다. 왜냐하면 [……] 여성이 비-전체의 방식으로 발화되는 순간 대문자 W는 쓰일 수 없기 때문이다. 오로지 빗금 그어진 여성만이 존재할 뿐이다."(*S*XX, 80)

남성적 주이상스와 여성적 주이상스의 대립은 우연/필연, 실패/무실패의 대립으로도 나타난다. "분석경험은 그것[남근]을 쓰지 않기를

128 Paul Verhaeghe, "Lacan's Answer to the Classical Mind/Body Deadlock," 112쪽.

멈춘다. 내가 우연이라 부른 것의 정점은 바로 이 '쓰이지 않기를 멈추는 것'에 있다. [……] 남근함수가 쓰이지 않기를 멈추는 것은 우연의 양태로서다."(*S*XX, 94) 라캉은 쓰이지 않기를 멈추는 것과 관계된 주이상스의 기표를 "바보의 주이상스의 기표"라 명하며 S1 즉 남근기표로 표기한다.(*S*XX, 94) 앞서 언급했듯이 남근기표는 의미에 관해 실패를 상징하는 기표이므로 남근과 실패는 분리할 수 없다. 이와 달리 쓰이지 않는 것을 멈추지 않는 즉 기표화에 절대적으로 저항하는 대타자의 무한한 주이상스는 기표로 제한되거나 정의되지 않고 실패할 수 없으며 필연적이다. "필연은 불가능과 연결되며 '쓰이지 않기를 멈추지 않는 것'으로 표현된다. 여기에서 발생하는 것은 실패하지 않아야 하고 실패할 수 없는 주이상스다. [……] 주이상스와의 관계에서 실패할 수 없는 것을 다음같이 표현하는 것 말고 어떤 방법이 있는가? 남근적 주이상스가 아닌 또 다른 주이상스가 있다면, 그 주이상스가 바로 그런 것이 아닐 수 없다."(SXX, 59) 대타자의(다른) 주이상스는 실패할 수 없다.

여성적 무한의 주이상스는 경험하지만 알 수도 기표화 할 수도 없기에 오로지 "논리적 통로"를 통해서만 접근할 수 있다.(*S*XX, 75) 라캉은 여성이 이 주이상스를 알지 못하지만 경험하기 때문에 여성의 불감증을 의문시한다. 스스로 불감증을 지녔다고 여기는 여성도 자신도 모르게 주이상스를 경험할 수 있기 때문이다. 키에사가 주장하듯이 여성의 불감증은 "이 느낌을 파악할 수 없는 남성의 무능 즉 성적이지 않은 주이상스를 단순히 주이상스의 부재로 환원하는 것"을 의미할 수도 있다.[129] 인식을 거부하나 향유되는 이 주이상스는 상징계 안이 아닌 '외존'의 경험이다. 라캉은 여성이 "경험하지만 그것에 대해 아무것도 알 수 없는 이 주이상스가 우리를 외존의 길에 들어서게 하지 않는가?"라고 묻는다.(*SXX*, 77) 외존의 경험인 여성적 주이상스는 상징계가 아닌 상징계의 균열에 존재한다. 지젝의 표현대로 "[여성적] 주이상스는 상징적 네트워크에 포획된 실증적 실체가 아니라 상징질서의 균열과 구멍을 통해서만 빛나는 어떤 것이다."[130]

외존의 경험은 공식의 여성 쪽에서 ~~Woman~~ → S(Ⱥ)로 나타난다. 여성이 남근함수와의 관계에서 비-전체라는 사실은 남성과 달리 여성에게는 이 다른 관계가 가능함을 의미한다.

> 빗금 그어진 대문자 여성(~~Woman~~)은 대타자(A)의 기표가 빗금 그어진 한에서 이 기표와 관계합니다.
>
> [……] 성적 관계에서 [……] 가장 근원적인 의미로 대타자인 여성은 그 대타자와 관계를 맺습니다. [……]
>
> 여성은 대타자의 기표와 관계를 갖는데 그 대타자가, 대타자로서, 영원히 대타자로 남는 한에서 그렇습니다. [……] 대타자의 대타자는 없습니다. 대타자 즉 기표를 토대로 표현될 수 있는 모든 것이 새겨지는 장소는 근본적으로 가장 근원적인 의미의 대타자입니다. 이것이 그 기표가 열린 괄호와 함께 대타자를 빗금 그어진 것—S(Ⱥ)—으로 표기하는 이유입니다.
>
> [……] 여성은 S(Ⱥ)와 관계를 맺고 이미 이런 관점에서 이중적이고 비-전체입니다. 왜냐하면 여성은 Φ와도 관계할 수 있기 때문입니다. (*SXX*, 81)

---

129 Lorenzo Chiesa, *The Not-Two*, 11쪽.

130 Slavoj Žižek, *Less than Nothing*, 783쪽.

라캉의 발언에서 세 가지 의미의 대타자를 구분할 수 있다. 1) 첫째는 기표가 새겨지는 장소인 상징계의 대타자다. 이 대타자는 빗금 그어지지 않은 A로 표기할 수 있다. 2) 그러나 대타자의 대타자는 없으므로 이 대타자는 근원적인 의미에서 결핍된 대타자다. 따라서 이런 의미에서 대타자는 빗금 그어진 대타자의 기표—S(Ⱥ)—로 표기된다. 3) 여성은 성적 관계에서 즉 남성에게 근원적인 의미의 대타자다. 주판치치가 지적하듯이 "여성이 남성의 대타자라면 남성은 여성의 대타자가 아니다. 대타자의 대타자는 없다. 대타자는 대타자 안에 (대타자의/다른 성으로) 포함된다."[131]

여성이 결핍된 근원적 대타자 또는 대타자의 결여와 맺는 관계가 여성적 주이상스다. 라캉은 "나는 S(Ⱥ)로 다름 아닌 여성의 주이상스를 지시한다"라고 말한다.(*SXX*, 84) 여성 역시 남근함수에 예외 없이 종속

131 Alenka Zupančič, *What is Sex?*, 53쪽. "큰 대문자 타자(the big Other)는 모호하다. 한편으로 근원적 대타자, 궁극적 수신인, '언어의 벽'을 넘어선 다른 주체로서의 대타자가 있고, 또 다른 한편으로 사이 자체, 주체와 타자 사이의 상호작용의 매개체가 있다." Slavoj Žižek, *Less than Nothing*, 774쪽 각주 57번. 그러므로 'jouissance of the Other'나 'the Other Jouissance'의 번역어 '대타자의 주이상스'는 칸트와 사드를 논할 때 사용되는 대타자의 주이상스와 구별해야 한다. 이 용어는 근원적으로 다른 여성/대타자를 전제로 성립하며 '다른 주이상스'로 옮길 수도 있다. 여성을 뜻하는 'the Other sex' 역시 '대타자의 성' 또는 '다른 성'으로 옮길 수 있다. 대타자가 상징계의 대타자를 의미하는 한 '대타자의 주이상스'라는 표현은 오해를 낳을 수 있다. 키에사가 지적하듯이 대타자를 상징계의 대타자로 이해할 때 대타자의 주이상스는 오히려 기표에 지배되는 남근적 주이상스와 동격이다. 그러나 라캉은『앙코르』에서 이 용어를 남근적 주이상스와 전적으로 '다른' (상징계가 아닌 실재와 관련된) 주이상스의 의미로 사용한다. 그리고 세미나 XXII『*R. S. I.*』의 보로메오 매듭에서 상징계의 고리에서 벗어나고 상상계와 실재계의 고리가 겹치는 곳을 JA로 표기했다. 그러나 "대타자의 대타자는 없다"라는 명제가 보여주듯이 상징계와 절대적으로 배타적인 근원적 대타자의 주이상스는 문제적 개념이다. 키에사에 따르면 라캉은 이런 모호성을 피하기 위해 세미나 XXIII『증환』에서 아래와 같이 JA를 JȺ로 수정했다.(*SXXIII*, 43) Lorenzo Chiesa, *Subjectivity and Otherness*, 186~187쪽과 *The Not-Two*, 6쪽, 187~188쪽을 참조할 것.

되며 Φ와의 관계에서 남근적 주이상스를 향유한다. 그러나 역설적이게도 "여성 주체는 상징계의 한계와 다른 관계를 맺는 방식으로 상징계에서 (전적으로) 소외되어 있다. 상징계에 '예외 없이' 있기 때문에 여성 주체는 또 다른 '무제한적' 형태의 주이상스를 생산하는, 대타자와의 관계를 갖는다."[132] S(Ⱥ)는 상징적 대타자의 근원적 결여 즉 실재를 나타내는 기표다. 이 불가능한 기표를 "찾는 것은 따라서 어떤 의미에서 우연적인 만남(투케, *τυχή*, tuché)으로 이해해야 한다."[133]

여성적 주이상스는 어떤 말로도 표현할 수 없다. 라캉은 여성 정신분석가에게 이 주이상스에 대해 말해달라고 간청해도 아무것도 알아내지 못했다고 말한다. 그러나 여성적 주이상스와 언어의 관계는 역설적이다. 한편으로 "사람들은 그것을 말하는 것이 적절하지 않기 때문에 이 언급된 주이상스를 억압한다."(*S*XX, 61) 그러나 다른 한편으로 "성적 관계가 존재하지 않는 것은 정확히 말해서 이 언급된 주이상스가

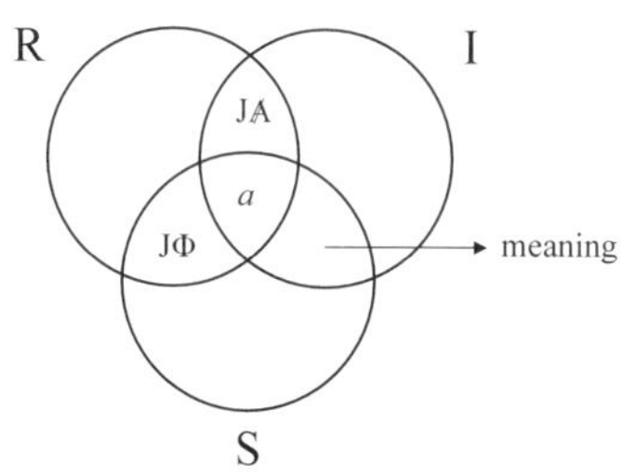

라캉은 "빗금 그어진 대타자의 주이상스" JȺ에서 "빗금 그어진 A는 대타자의 대타자는 없다는 것, 즉 대타자 자체의 장소인 상징계에 반대되는 것은 없다는 것을 의미한다. 대타자의 대타자는 없으므로 대타자의 주이상스는 없다"라고 말한다.(*S*XXIII, 43) 이 매듭에서 "남근의 주이상스"(JΦ)는 상징계와 실재계의 접점에, 의미는 상징계와 상상계가 포개지는 곳에 존재한다.(*S*XXIII, 43)

132 Suzanne Barnard, "Tongs of Angels: Feminine Structure and Other Jouissance," Suzanne Barnard 외 공편, *Reading Seminar XX*, 178쪽.

133 Bruce Fink, *The Lacanian Subject*, 115쪽.

말하기 때문"이다.(*SXX*, 61) 언어와 배타적인 여성적 주이상스가 어떻게 말한단 말인가? 이에 대해서는 두 가지 해석이 가능하다. 첫째로 주이상스가 말하는 것은 신체일 수 있다. "말하는 존재에게서 신체의 말하는 차원(dit-mension)인 주이상스의 상태에 새겨진 균열은 [……] 말(speech)의 존재로 구성된 시험을 통해서 프로이트와 함께 재출현하는 것이다. 그것이 말할 때 그것은 즐긴다."(*SXX*, 114~115) 말하자면 여성적 주이상스는 신체를 통해 말하고 즐긴다.

둘째로 여성적 주이상스와 말 사이에 더 직접적이고 긴밀한 관계를 설정하는 해석이 가능하다. 라캉은 "무의식의 차원에서 만족된다"라고 설명한 "다른 만족"(other satisfaction)과 관련해서 "그 다른 만족이 의존하는 주이상스, 언어에 기초한 주이상스"를 언급한다.(*SXX*, 51)[134] 여기에서 "언어에 기초한 주이상스"가 남근적 주이상스를 의미하는지 여성적(대타자의) 주이상스를 의미하는지는 모호하다. 라캉은 "말(speech)의 만족"인 '또 다른 만족'을 "남근적 주이상스에 응답하는 만족"이라고 말한다.(*SXX*, 64) 핑크에 따르면 여기에서 '응답한다'(*répond à*)는 '응답한다' '상응한다' 또는 '말대꾸한다' 등의 다양한 의미를 지닌다. 따라서 '다른 만족'의 의미에 대한 평자들의 해석은 엇갈린다.[135] 그러나

---

134 핑크가 역주에서 설명하듯이 "언어에 기초한 만족인 다른 만족이 의존하는 주이상스"로 번역될 수도 있다. *SXX*, 51쪽 역주 3번을 참조할 것.

135 핑크가 라캉이 여성적 주이상스를 말과 관계된 다른 만족과 연관시키는 것을 모순으로 여기는 것은 응답의 의미를 남근적 주이상스에 대립적인 것으로 파악했기 때문으로 보인다. Bruce Fink, "Knowledge and Jouisssance," 39~40쪽을 볼 것. 이와 달리 키에사는 '다른 만족'이 남녀가 즐기는 남근적 주이상스이며 다른(대타자의) 주이상스와 다르므로 라캉에게는 아무런 모순이 없다고 주장한다. Lorenzo Chiesa, *The Not-Two*, 6쪽, 188쪽 미주 36번. 그러므로 키에사는 남근적 주이상스에 대한 다른 만족의 응답을 '상응하다'의 의미로 파악했다고 볼 수 있

라캉이 "언어 이외의 다른 장치는 없다. 그것이 주이상스가 말하는 존재에게서 장비를 갖추는 방법이다"라고 말하는 것은 여성적 주이상스가 말과 무관하지 않다는 해석을 가능하게 한다.(*S*XX, 55) 지젝은 여성적 주이상스가 "상징계에서 배제된, 말을 넘어선 신비적 행복감"이라는 전통적 해석을 비판하고 오히려 여성은 "아무런 **예외없이** 말의 질서에 몰입해있다"라고 주장한다.[136] 남근적 주이상스가 "욕동의 대상인 대상 *a*를 도착적으로 맴도는 바보 같고 수음적(자기성애적)인 행위"에서 찾는 만족이라면, 대타자의 주이상스는 "말 자체가 제공하는 만족"이다.[137]

그렇다면 여성적 주이상스에서 여성이 경험하는 실재와의 우연한 만남은 무엇이고 이 만남의 결과는 무엇인가? 라캉은 로마의 산타 마리아 델라 비토리아 성당에 있는 잔 베르니니(Gian Lorenzo Bernini)의 성녀 테레사(St. Teresa of Avila) 조각상을 여성적 주이상스의 예로 제시한다. "로마에 가서 베르니니의 조각상을 보면 그녀가 절정을 경험한다는 것은 즉각 알게 된다. 이에 대해서는 의문의 여지가 없다. 그녀는 무엇에 절정을 느끼는가? 신비가들의 핵심 증언은 그들이 그것을 경험하지만 그것에 대해 아무것도 알지 못한다고 말하는 데 있다는 것이 명백

다. 솔레는 라캉이 후기에 "기표와 주이상스의 융합"을 설정하면서 "말에서 획득하는 만족이 존재하고 이러저러한 말의 만족이 남근적 **주이상스**에 응답하는 것이라고 제시할 수 있었다"라고 주장한다. 솔레에 따르면 "만족과 불만족은 주체 쪽이 아니라 주이상스 쪽에서 발생하는 것이 주체에 일으킨 반향을 정의한다." Colette Soler, Esther Faye & Susan Schwartz 공역, *Lacan—The Unconscious Reinvented* (London: Karnac, 2014), 71~72쪽. 또 다른 만족이 남근적 주이상스가 주체 쪽에서 반향한 것이므로, 솔레 역시 이 둘이 상응한다고 해석하는 것이다.

136 Slavoj Žižek, "The Real of Sexual Difference," Suzanne Barnard 외 공편, *Reading Seminar XX*, 59~60쪽.

137 Slavoj Žižek, "The Real of Sexual Difference," 59쪽. 그러므로 지젝은 남근적 주이상스를 욕동의 주이상스로, 여성의 주이상스를 대타자의 주이상스로 구분한다.

하다."(*SXX*, 76)[138] 베르니니의 조각상이 묘사하는 장면에 대한 성녀 테레사의 고백은 종교적 환희의 주이상스를 생생히 증언한다.

잔 베르니니(Gian Lorenzo Bernini). 『성녀 테레사의 환희』(*The Ecstasy of St. Teresa*). 1645~1652. 대리석, 실물 크기. 코르나로 경당(Cornaro Chapel), 산타 마리아 델라 비토리아 성당(Church of Santa Maria della Vittoria), 로마

> 내 옆 왼쪽에 신체의 형상을 지닌 한 천사가 나타났습니다. [……] 그의 손에서 나는 커다란 황금 창을 보았고 창끝에는 불이 나타났

138 여성적 주이상스의 경험은 여성에게만 한정되지 않는다. 성별화 공식의 남성 쪽에 생물학적 여성이 위치할 수 있듯이 생물학적 남자도 "비-전체 쪽에 위치할 수 있고," 소위 신비가로 알려진 남자들은 "저 너머에 주이상스가 존재한다는 생각 또는 직감을 가진다."(*SXX*, 76)

습니다. 그는 이것으로 내 심장을 여러 번 찔러 내장을 꿰뚫었습니다. 그가 창을 꺼냈을 때 나는 내장도 같이 꺼냈다고 느꼈고 신의 위대한 사랑에 완전히 사로잡혔습니다. 고통이 너무 심해서 나는 몇 차례 신음했습니다. 이 강렬한 고통이 만든 달콤함이 너무 극심해서 그것이 멈추길 바랄 수 없었고 영혼도 신 이외의 다른 어떤 것에 만족할 수 없었습니다. [……] 내가 말하는 이 고통이 시작할 때 주님은 영혼을 옮겨 환희 속에 던졌습니다.[139]

성녀 테레사의 증언은 고통과 달콤함이 교차하는 주이상스에서 신의 사랑에 압도된 영혼을 묘사한다. 그녀는 "신이 영혼에 상처를 주는 방식이나 영혼에 가하는 큰 고통을 묘사하거나 설명하는 것은 불가능하다"라고 말한다.[140] 이 주이상스는 궁극적으로 발해질 수 없다. 이런 점에서 라캉이 성녀 테레사의 글을 언급하지 않는다는 사실은 매우 시사적이다. 그러나 라캉이 여성적 주이상스를 예시하기 위해 제시하는 베르니니의 성녀 테레사 조각상은 상상계적 이미지는 더더욱 아니다. 라캉은 세미나 VII 『정신분석의 윤리』에서 안티고네의 아름다운 이미지를 텅 빈 실린더의 표면에 나타나 실린더 뒤 실재의 공백을 드러내는 것으로 설명한다. 마찬가지로 성녀 테레사 조각상은 이미지 너머에 있는 실재의 주이상스를 체현한다. 그것은 "어떤 것도 재현하지 않는다. 그러나 그것은 상상계와 상징계 안 그리고 동시에 그것들 너머에서 발생하는 실재와 외존으로서의 존재를 환기하는 주이상스 사건을 현시한다."[141]

---

139 Teresa of Ávila, J. M. Cohen 옮김, *The Life of Saint Teresa of Ávila By Herself* (Harmondsworth: Penguin, 1957), 210~211쪽.

140 Teresa of Ávila, *The Life of Saint Teresa of Ávila By Herself*, 209쪽.

141 Ari Hirvonen, "Between Signifier and Jouissance—Lacan and Teresa," Jens de Vleminck & Eran Dorfman 공편, *Sexuality and Psychoanalysis: Philosophical Criticisms*

베르니니의 조각상에 표현된 성녀 테레사의 환희는 알 수 없다. 지식과 주이상스 사이에는 균열이 존재하고 주이상스를 말하는 것은 금지된다. 그러나 금지(*interdite*)에는 행간에서 말해진다는 의미도 있다. "그 불가능한 지식은 검열되거나 금지된다. 그러나 그것을 적절히 'inter-dit'라고 쓰면 그것은 금지되지 않는다. 그것은 단어 사이 행간에서 말해진다."(*S*XX, 119)[142] 행간에서만 말해지는 주이상스에 대한 불가능한 지식은 지식이라기보다 지식 속의 틈이며 전달될 수 없는 고독한 것이다.

> 주이상스의 목적은 [……] 우리가 생식한다는 사실과 일치하지 않습니다.
>
> "나"는 하나의 존재가 아니라 말하는 것에 부여된 무엇입니다. 말하는 것은, 그것이 쓰일 수 없다고 말하는 것으로만 정의할 수 있는 관계의 양상에 관해서, 고독만을 다룹니다. 지식 속에 있는 틈으로서 그 고독은 쓰일 수 있을 뿐 아니라 쓰일 수 있는 **최상의** 것입니다. 그것은 존재 속 틈의 흔적을 남기는 것이기 때문입니다. (*S*XX, 120)

"지식 속에 있는 틈"으로서의 주이상스는 특히 알 수 없고 말할 수 없는

(Leuven: Leuven UP, 2011), 211쪽. 라캉이 논하는 실린더 장치와 왜상 그리고 안티고네 이미지와 실재의 관계에 대한 상세한 논의는 졸저 『욕망의 윤리』, 596~600쪽을 참조할 것.

142 라캉은 후에 이런 역설을 실재와 상징계, 주이상스와 기표가 혼합된 의미-향락(*joui-sens*, enjoy-meant)으로 개념화하고 이 관점에서 제임스 조이스(James Joyce)의 글을 증환(*sinthome*)으로 해석한다. 이에 대해서는 졸저 『욕망의 윤리』, 216~225쪽을 참고할 것. 아리 히르보넨(Ari Hirvonen)은 라캉이 언급하지 않는 성녀 테레사의 글을 "의미보다 의미-향락에 더 관계된 것으로 보고 그것을 조이스의 글과 연관해 읽을 것"을 제안한다. Ari Hirvonen, "Between Signifier and Jouissance—Lacan and Teresa," 212쪽.

여성적 주이상스와 관계된 것이 아닐까? 이런 관점에서 여성적 주이상스는 고독의 주이상스가 아닐까?

남성은 대상 *a*인 여성 파트너를 부단히 찾고 심지어 만들어낸다. "남성은 창조한다고 믿는다. [……] 그는 여성을 창조하고 창조하고 창조한다. 실제로 그는 여성을 일하게 만들고 일자의 일에 동원한다. 이런 관점에서 대타자는 [……] 내가 전에 일자가 없는 것(the One-missing)으로 특징지었던 것에 기초해 빗금 그어져야 하는 것이다." (*S*XX, 131) 남성은 대타자/여성을 궁극적으로 향유할 수 없지만 대타자를 일자로 환원하기 위해 부단히 여성파트너를 찾고 만든다. 반대로 남근 이외에 S(Ⱥ)와도 관계하는 여성은 "파트너에 훨씬 적게 의존한다. 그녀의 궁극적 파트너는 그녀 욕망의 대상(남자)인 다른 인간존재가 아니라 균열 그 자체이고 그녀의 파트너와의 거리이며 이 거리에 **여성적 주이상스**가 있기 때문이다. [……] 그녀의 궁극적 파트너는 님근을 넘어선 **여성적 주이상스** 장소로서의 고독 자체다."[143]

이 고독의 순간은 여성이 존재의 심연을 경험하는 순간이다. 라캉은 "유성적 존재로서 비-전체"인 여성을 논하면서 존재를 술어 없는 주체로 설명한다.(*S*XX, 10)

> 존재에 대해 말해진 모든 것은 술어를 거부할 수 있다고, 예를 들어 무엇이라고 말하지 않고 '사람은 [……] 이다'라고 말할 수 있다고 가정합니다. 존재의 상태는 술어를 잘라내는 것과 밀접히 관련됩니다. 그래서 막다른 우회로와 논리적 불가능성에 대한 증명들—이들로 인해서 어떤 술어도 충분하지 않습니다—을 통해서가 아니면 그

143 Slavoj Žižek, *Less than Nothing*, 753쪽.

것에 대해 아무 말도 할 수 없습니다. (*S*XX, 11)

술어 없는 존재는 상징적 정체성이 전적으로 거부된 존재다. 그 존재는 기표의 주체가 아니라 상징계 속 균열의 주체이고 "절대적인 것으로 상정되는 존재"다.(*S*XX, 11)

이런 점에서 결여된 대타자 또는 대타자의 균열과 관계하는 여성은 지젝의 주장대로 공백과 균열로서의 주체를 체현한다. 예컨대 여러 정체성의 가면을 쓰는 여성의 가장(假裝, masquerade)은 그 가면들 모두 여성이 아니라는 것을 증명할 뿐이다. "이런 의미에서 여성은 최상의 주체다."[144] 여성은 결여와 무를 감추기 위해 가면을 쓰므로 유사물이다.

> 대문자 여성(Woman)이 존재하지 않는다는 사실은 여성의 자리가 존재하지 않는다는 것이 아니라 이 자리가 본질적으로 비어있다는 것을 의미한다. [……] 그러나 그 안에서 우리는 가면, 무의 가면만을 발견한다. 이는 여성과 유사물의 연관성을 정당화하기에 충분하다.
>
> 유사물은 무를 가리는 기능을 하는 것이다.
>
> [……] 이런 의미에서 우리는 무와 본질적 관계를 지닌 주체들을 '여성들'이라 부른다.[145]

144 Slavoj Žižek, *The Indivisible Remainder*, 160쪽. 공백과 부정성의 주체인 여성에 대해서는 Slavoj Žižek, *Tarrying with the Negative: Kant, Hegel, and the Critique Of Ideology* (Durham: Duke UP, 1993), 58쪽을 볼 것. 지젝은 또한 "여성은 존재하지 않는다"라는 말로 집약되는 오토 바이닝거(Otto Weininger)의 여성론이 여성의 수수께끼 또는 여성 본질의 비밀에 관한 전통과 단절했다는 점에서 의의가 있지만, "이 무에서 주체 개념을 정의하는 부정성 자체를 인식하지" 못했다고 비판한다. Slavoj Žižek, *The Metastases of Enjoyment: Six Essays on Woman and Causality* (London: Verso, 1994), 143쪽.

145 Jacques-Alain Miller, "On Semblances in the Relation Between the Sexes," Renata Salecl 엮음, *Sexuation* (Durham: Duke UP, 2000), 14쪽. 이 글의 국역본은 자크

여성은 대타자의 결여를 가리는 가면을 쓴 존재요 무의 유사물이고, 대타자의 결여에 위치할 뿐 아니라 결여 자체다. 밀레는 여성을 "이 구멍이 되는 것, 다시 말해서 자신을 무와 함께 있는 존재로 만드는 것"으로 정의하고, 남성의 "남근 갖기"와 구분되는 여성의 "남근 되기"는 "대타자의 구멍에 긍정적인 형태를 부여하여 대타자 안의 구멍이 되는 것의 변형"이라고 해석한다.[146] 다시 말해서 여성이 남근이 되는 것은 실은 여성이 구멍/공백인 것의 변형일 뿐이다. 여성은 남근이 아니라 구멍이며 남근은 이 구멍을 메우기 위해 부여된 것에 지나지 않는다.

대타자의 균열에 위치한 여성은 상징계에서 탈주하는 고독한 존재다. 그러나 상징계에서 물러서는 여성의 행위는 "주체를 대상으로부터 분리하는 균열 자체에서 주이상스를 발견하며 자기 자신의 만족을 생산하는 행위—궁극적 형태의 자율성"이다.[147] 솔레가 폴 클로델(Paul Claudel)의 희곡 『정오의 분할』(*Partage de Midi, Break of Noon*)의 여주인공 이제(Ysé)의 사랑을 묘사하는 "심연에 대한 소망과 절대를 위한 현기증"은 여성적 주이상스에 대한 표현으로 적합하다.[148] 여성에게는 상징계의 한계에서 홀로 존재의 심연과 대면하는 향락이 허락된다. 여성성에 대한 탐구의 종점에서 라캉은 여성이 남근/남자와의 관계를 넘어 존재의 심연에서 고독하고 절대적인 주이상스를 경험할 수 있다는 결론을 제시한다

알랭 밀러, 이수연 옮김, 「성별 관계에 있어 모사에 대해」, 레나타 살레츨 엮음, 라깡정신분석연구회 옮김, 『성화』(인간사랑, 2016), 27~50쪽을 참조할 것.

146 Jacques-Alain Miller, "On Semblances in the Relation Between the Sexes," 16~17쪽.

147 Slavoj Žižek, *Less than Nothing*, 752쪽.

148 Collete Soler, *What Lacan Said about Women*, 18쪽.

5장
일자와 대타자*

1. 일자(一者, One)와 존재: 플라톤의 『파르메니데스』

라캉의 세미나 XX 『앙코르』에는 "일자가 있다"(*Il y a d' l'Un!*, There is such a thing as One)라는 명제가 등장한다. 라캉은 *Il y a de l'Un*을 *Y a de l'Un*으로 축약하고 이를 다시 *Yad'lun*으로 줄여 쓰며, 이렇게 한 단어가 된 표현은 '하나'라는점을 강조한다.[1] 이 명제의 의미는 쉽게 파악되지 않는다. 이 세미나를 영어로 옮긴 핑크는 이 명제가 쉽게 이해할 수 없으며 그 의미를 파악하기 위해서는 세미나 XIX 『[……] 또는 더 나쁜』

---

* 이 장의 일부(236~257, 262~275쪽)는 「"일자가 있다"의 해석에 관하여: 라캉의 『파르메니데스』 읽기」의 제목으로 『비평과 이론』 (2019년 24권 2호, 5~34쪽)에 게재된 것을 수정했다.

1 A. R. Price, "Translator's Notes," Jacques Lacan, Jacques-Alais Miller 엮음, A. R. Price 옮김 *The Seminar of Jacques Lacan Book XIX: . . . or Worse 1971-1972* (Cambridge: Polity Press, 2018), 239~240쪽 미주 1번.

을 살펴볼 필요성이 있다고 지적한다.[2] 실제로 라캉은 세미나 XIX에서 이 명제를 처음으로 언급했고 이 명제의 출처 및 의미를 상세히 논한다. 그렇지만 이 세미나에서도 이 명제의 의미는 선명히 드러나지 않는다. 이 명제에 대한 학자들의 의견이 엇갈리는 것은 우연이 아니다. 이 명제가 어떤 문제를 지니며 라캉의 성이론에서 왜 중요한지 알기 위해서는 플라톤의 『파르메니데스』(*Parmenides*)와 집합론에 대한 라캉의 논의를 엄밀히 검토해야 한다.

핑크는 이 명제가 "성적 관계라는 것은 없다"라는 명제와 밀접한 연관성이 있다고 지적한다.[3] 언뜻 보면 일자(하나)가 있다는 명제는 성적 관계가 없다는 명제와 상충하는 것처럼 보인다. 일자는 남녀가 성적 관계를 통해서 하나가 될 수 있다는 의미를 함축하는 것처럼 보이기 때문이다. 그러나 사랑을 다루는 2부에서 상세히 살펴보겠지만 라캉은 프로이트가 『문명과 그 불만』에서 에로스를 하나로 결합하는 힘으로 정의한 것을 비판하며 남녀가 하나가 된다는 생각의 허구성을 지적했다. 따라서 라캉이 말하는 일자/하나는 남녀의 관계가 아닌 고독에 더 가깝다. 라캉은 세미나 XX 『앙코르』에서 "일자가 고독을 대표하기 위해 즉 성적 타자와 닮은 어떤 것과도 무관하다는 사실을 대표하기 위해 거기 있는 한" 근대과학의 일자는 고대의 일자와 다르다고 말한다.(*S*XX, 128) 그러므로 라캉의 일자는 성적 타자와 무관하며 (남녀의) 관계가 아닌 관계의 단절 또는 고독과 관련된다. 라캉의 세미나 XIX의 핵심 주제는 일자와 대타자이고, 이 세미나에서 "일자가 있다"라는 명제는 성

2 Bruce Fink, *S*XX, 5쪽 역주 19번

3 Bruce Fink, *S*XX, 5쪽 역주 19번

차와 성적 관계의 불가능성과 함께 다루어진다. 이 명제의 의미를 밝힐 때 이 명제와 "성적 관계는 없다"라는 명제의 관계도 규명할 수 있다.

라캉은 근대과학의 일자와 고대의 일자를 구별하지만 아이러니하게도 라캉의 일자 논의는 고대 그리스 엘레아 학파의 창시자인 전-소크라테스 철학자 파르메니데스(Parmenides)에서 출발한다. 라캉이 이 세미나에서 파르메니데스의 저서를 직접 다루지 않고 플라톤의 『파르메니데스』에 등장하는 파르메니데스를 다룬다는 점은 의미심장하다. 왜냐하면 이 대화는 플라톤의 관점으로 재조명된 파르메니데스와 소크라테스의 대화를 통해 파르메니데스 철학과 플라톤 철학이 충돌하는 쟁점을 다루기 때문이다. 그 쟁점은 바로 일자와 존재의 관계다. 이 쟁점은 "일자가 있다"라는 명제와 어떤 관계를 지니는 것일까? 이 명제의 의미는 무엇이고 "성적 관계는 없다"라는 명제와 어떻게 관계되는 것일까? 『파르메니데스』에 대한 논의는 이런 질문들에 대해 답하기 위한 출발점이다.

이 대화는 소크라테스와 파르메니데스, 파르메니데스의 제자인 제논(Zeno) 및 아리스토텔레스(Aristoteles)의 대화로 구성된다.[4] 소크라테

4 이 대화집의 머리말은 대화의 배경을 설명한다. 케팔로스(Cephalus)는 플라톤의 형들인 아데이만토스(Adeimantus)와 글라우콘(Glaucon)을 만난다. 케팔로스는 아데이만토스의 이부(異父) 형제인 안티폰(Antiphon)이 파르메니데스의 제자인 제논과 소크라테스 및 파르메니데스의 대화를 들은 제논의 친구 퓌토도로스(Pythodorus)에게서 이 대화에 대해 들었으므로 안티폰에게서 이 대화 내용을 듣고 싶다고 아데이만토스에게 말한다. 그들은 안티폰을 만나 그가 약 50년 전에 들은 (가공의) 대화 내용을 듣는다. 여기에서 아리스토텔레스는 철학자 아리스토텔레스(Aristotle)와 동명이인이다. 앞으로 『파르메니데스』의 인용은 다음의 영역본을 따르고 보편적으로 통용되는 1578년 스테파노스(Henricus Stephanus) 판본의 쪽수(숫자와 알파벳)를 괄호 안 약어 *P* 뒤에 표기한다. Plato, Samuel Scolnicov 옮김, *Plato's Parmenides* (Berkeley: U of California P, 2003) 옮긴이 스콜

스는 만일 다자(多者, many, 여럿)가 존재한다면 그것들은 같기도 하고 같지 않기도 해야 하는데 같지 않은 것은 같을 수 없고 같은 것은 같지 않을 수 없으므로 이는 불가능하다는 제논의 주장이 결국 다자는 존재하지 않는다는 결론을 낳는다고 말한다. 소크라테스는 또한 파르메니데스가 모든 것은 일자(One, 하나)이며 다자는 존재하지 않는다고 주장했으므로 제논과 그의 스승 파르메니데스의 주장은 같다고 말한다. 제논은 이를 인정하며 자신의 주장이 모든 것은 일자라는 파르메니데스의 주장을 옹호한 것이라고 말한다.(*P*, 127a~128e)[5]

이어지는 대화에서 소크라테스는 형상(形像, form)이론과 참여(participation)이론을 펼친다.[6] '같음'과 같은 어떤 "형상 자체"가 있을 수 있고 그와 반대되는 "같지 않음"과 같은 또 다른 형상 자체가 있을 수 있다. 이런 형상에 나와 너 그리고 다자가 참여할 수 있다.(*P*, 128e~129a) 그 결과 나와 너 그리고 다자는 '같음'과 '같지 않음'처럼 상반되는 속성을 취할 수 있다. 예컨대 '나'는 하나이지만 팔, 다리, 몸통 등 여러 다른 신체 부위로 이루어지므로 나는 일자에도 참여하고 다자에도 참여한다. 그래서 나는 일자이며 다자다. 그러나 이 예는 "무엇인가가 다자이고 일자"라는 것을 증명하지만, "일자가 다자이거나 다자가 일자"임을 증명하지는 못한다.(*P*, 129d) 소크라테스는 단수와 복수,

---

니코프(Scolnicov)의 해설을 인용할 경우 각주로 이 영역본의 쪽수를 표기한다. 이 책의 인용은 위 영역본을 필자가 번역한 것이고 필요할 경우 국역본 천병희 옮김, 『플라톤의 다섯 대화 편』(숲, 2016)을 참고했다.

5 천병희는 one을 '하나'로, many를 '여럿'으로 옮긴다. 순수한글로 좋은 번역이나 여기에서는 '대타자'와 보조를 맞추기 위해 '일자'와 '다자'로 옮긴다.

6 천병희의 번역처럼 participation을 '관여'로 옮길 수도 있다.

운동과 정지 같은 이질적인 것들이 서로 혼합하거나 분리될 수 있다면 놀라운 일이라고 말한다.(*P*, 129e) 여기에서 소크라테스는 있는 그 자체인 형상과 (형상에) 참여하는 감각적 사물을 구분한다. 감각적 사물이 형상에 참여해서 여러 속성을 취하는 것은 놀랍지 않지만, 형상 자체가 다른 형상에 참여해서 그 형상의 속성을 취한다는 것은 놀랍다는 것이다. 이는 "형상이 그 자체이면서 서로와 섞이기도 한다"라는 형상이론의 내용이며, "일자—형상은 일자다—가 그와 반대되는 것에 영향을 받을 수 있다는 사실은 형상들이 참여한다는 것의 선조건이다. 그러나 이는 정확히 엘레아 학파가 수용할 수 없는 것—일자가 다자일 수 있다—이다."[7]

이 책의 본론 1부는 모든 것은 일자이고 다자는 없다고 주장한 파르메니데스가 소크라테스의 형상론을 비판하는 내용이다. 파르메니데스에 따르면 소크라테스는 "형상들 자체와 그 형상들에 참여하는 사물들을 구별"했으므로 아름다운 것들과 선한 것들로부터 구별되는 아름다움과 선이라는 형상들이 있고, 인간들과 구별되는 인간의 형상이 있다고 가정한다.(*P*, 130b~c) 그러나 파르메니데스는 "털, 진흙, 먼지 또는 가장 저속하고 낮은 것"에게도 형상이 있느냐고 묻고, 소크라테스는 이에 당황하며 자신이 "난센스의 구덩이"에 빠진다고 말한다.(*P*, 130c~d) 스콜니코프가 지적하듯이 이런 것들은 하나의 통일체가 아니므로 형상이 없다. "털은 동물의 부분이고 부분들은 실제로 통일체가 아니므로 형상을 가질 수 없다. 진흙은 흙과 물을 어떤 비율로든 섞은

7 Samuel Scolnicov, *Plato's Parmenides*, 51~52쪽.

것이고, 임의적인 혼합체는 실제 통일체가 아니다."[8] 따라서 이런 사물들에도 형상이 있는가의 문제는 "일자와 다자의 일반적인 논리적-존재론적 문제"로 귀결된다.[9] 파르메니데스는 형상과 감각적 사물을 구분하는 소크라테스의 논리를 반박하면서 어떻게 일자가 다자가 될 수 있는가를 묻는 것이다.

파르메니데스의 다음 질문은 이 점을 겨냥한다. 만일 사물이 형상에 참여한다면 형상 전부에 참여하거나 형상 일부에 참여하는 방법밖에 없다. 그래서 여러 사물이 하나의 형상 전부에 참여한다면 "일자인 형상이 다자 각각 안에 전부 있"게 되며 그 형상은 "하나로 같은 것이면서 동시에 많은 분리된 사물에 동시에 전부 존재하게 될 것이고 그렇다면 자신에게서 분리될 것이다."(*P*, 131a~b) 즉 일자는 다자에 전부 있으므로 일자일 수 없게 된다. 소크라테스는 "낮이 하나이고 같지만 동시에 여러 곳에" 있듯이 "형상도 모든 것들 속에서 하나이고 같다"라고 반박한다.(*P*, 131b) 소크라테스의 반박은 일자가 일자이면서 다자일 수 있다는 주장이다. 파르메니데스는 돛의 예를 들어 이를 다시 반박한다. 하나의 돛이 여러 사람을 덮고 있다면 돛 전부가 아닌 일부가 그 사람들을 덮고 있는 것처럼 형상이 다른 것에 있다면 그것은 형상 전부가 아니라 일부가 있는 것이다. 그 결과 가분성의 역설 즉 "하나의 형상이 실제로 나누어질 수 있으면서 여전히 하나"라는 아포리아가 발생한다.(*P*, 131c) 이와 같은 아포리아는 형상에 전부가 아니라 일부만 참여한다고 가정할 때에도 발생한다. 파르메니데스는 이런 논리적 모순을

8 Samuel Scolnicov, *Plato's Parmenides*, 55쪽.

9 Samuel Scolnicov, *Plato's Parmenides*, 55쪽.

계속 지적한다.

소위 제3 인간 논변(Third Man Argument)이라 불리는 하나의 예를 더 살펴보자. 우리가 여러 사물을 크다고 생각할 때 '큼'이라는 "어떤 하나의 같은 이데아"를 생각한다.(*P*, 132a) 그런데 이 '큼'이라는 이데아와 '큰 것들'(이라는 사물들)이 크다고 생각할 때 우리는 이 큰 둘에 공통적인 또 다른 큼, 즉 "존재하게 된 큼 자체와 이 큼에 참여하는 것들 이외에 또 다른 큼의 형상이 나타나게" 되며, 그 결과 "하나의 형상이 아닌 무한한 복수"가 있게 된다.(*P*, 132a~b) 파르메니데스의 결론은 "만일 형상이 (현재의 가설에서) 일자라면, 그것은 가분될 수 있을 뿐 아니라 무한한 다자이어야 한다. 그러나 그것은 일자이면서 다자일 수 없다. 그것은 절대적으로 일자이거나 절대적으로 다자이어야 한다"라는 것이다.[10]

일자가 다자일 수 없는 이유, 또는 일자가 다자에 참여할 수 없는 이유는 파르메니데스가 일자인 형상과 다자인 사물들을 엄격히 분리하기 때문이다. 그는 "소크라테스여, 나는 일자의 존재가 그 자체의 어떤 것이라고 가정하는 그대나 다른 어떤 사람은 이것들[일자들]이 우리 안에 없다는 데 동의할 것이라고 믿네"라고 말한다.(*P*, 133c) 그 자체인 형상 또는 이데아는 현상세계에 속한 우리 안에 없다. 즉 이데아는 현상인 우리와 관계를 맺지 않는다. 이데아는 다른 이데아와 관계를 지닐 수는 있으나 현상에 속한 우리와는 무관하다. "서로 관계를 맺는 이데아들은 그들끼리 관계를 맺는 것이지 [……] [그것들에] 참여함으로

10 Samuel Scolnicov, *Plato's Parmenides*, 62쪽.

써 같은 이름으로 불리게 되는 우리와 관계를 맺지는 않는다."(*P*, 133d) 예컨대 사람은 어떤 주인의 노예일 수 있고 역으로 어떤 노예의 주인일 수 있지만, 그 사람은 '주인'이라는 이데아의 노예도 아니고, '노예'라는 이데아의 주인도 아니다. 현상계의 주인과 노예는 '주인'과 '노예'라는 이데아와 같은 이름으로 불리지만 이들은 서로 관계하지 않는다.

형상과 사물이 철저히 분리되므로 형상에 대한 어떤 지식도 가능하지 않다. "우리는 형상들 자체를 갖고 있지 않고 그 형상들도 우리와 함께 존재할 수 없다."(*P*, 134b) 형상들은 스스로에 대한 지식을 가질 수 있지만 "우리가 지식 자체에 참여하지 않으므로 우리는 어떤 형상도 알 수 없다."(*P*, 134b) 그 결과 이제까지의 형상에 관한 대화는 부정되고 철학은 불가능해지는 아포리아에 봉착한다. 그래서 파르메니데스는 소크라테스에게 "사물들의 형상들이 있다고 하지 않고 각 사물의 형상을 구분하지 않는다면, 그리고 존재하는 사물들 각각의 이데아가 항상 같다고 하지 않는다면, 어떻게 생각할지 모르게 되고 대화의 모든 가능성은 완전히 파괴하게 될 것이네. [……] 그렇다면 철학을 어떻게 할 것인가?"라고 묻는다.(*P*, 135b~c) 그러나 사실 이제까지의 대화는 형상을 논했으므로 역설적으로 철학이 가능하다는 것을 입증한다. 그래서 파르메니데스에게 이제 "과제는 그것이 가능한 가설 또는 가설들을 찾는 것이다."[11]

본론 2부는 바로 이런 가설하에 논의를 진행한다. 파르메니데스는 "각 사물이 있다는 가설뿐 아니라 그것이 있지 않다는 가설을 세울 때

11 Samuel Scolnicov, *Plato's Parmenides*, 74쪽.

가설의 결과를 탐구할 것"을 제안한다.(*P*, 136a) 파르메니데스는 하나의 예로 "일자가 있다"와 "일자가 없다"라는 두 가설을 검토하는데 이 두 가설은 각각 네 가지 논증으로 세분된다. "일자가 있다"라는 첫째 가설의 제1 논증은 일자와 일자 자체의 관계를 논하고, 제2 논증은 일자와 타자의 관계를 논하며, 제3 논증은 타자와 일자의 관계를, 제4 논증은 타자와 타자 자체의 관계를 논한다. "일자가 없다"라는 둘째 가설에도 제5 논증부터 제8 논증까지 이에 상응하는 네 가지 논증이 있다.[12] 여기에서 가장 중요한 것은 첫째 가설의 제1 논증과 제2 논증이다. 제1 논증은 일자와 일자 자체의 관계에 관한 것이며 일자와 타자의 관계를 전적으로 부정하는 파르메니데스의 일원론에 입각한 논의다. 제2 논증은 일자와 타자의 관계를 논하므로 소크라테스의 참여이론에 입각한 논의다.

제1 논증에서 그 자체와만 관계하는 일자는 부분도 전체도 없고, 처음, 끝, 중간도 없으며, 형태도 없고, 움직이거나 정지하지도 않는다. 안에 있다는 것은 안을 에워싸는 밖을 가정하는데, 전적으로 하나인 일자는 이런 구분이나 분할이 불가능하므로 다른 것 안에서뿐 아니라 자신 안에도 없다. 일자는 자신 및 다른 것과 같지도 다르지도 않고, 젊거나 늙지도 않으며, 동등하거나 부등(不等)하지도 않고, 작거나 크지도 않다. 이런 비교를 위해서는 일자가 분할되어야 하는데 그럴 수 없기 때문이다. 일자는 '[……]이다'(to be)라는 어떤 술어로도 정의될 수 없다. "그래서 일자는 결코 존재에 참여하지 않는다."(*P*, 141e) 그러므로

12 1~4 논증과 5~8 논증에서 일자와 타자의 관계는 순서가 바뀐다. 예컨대 제1 논증에서 일자는 타자와 무관하고, 제2 논증에서 일자는 타자와 관계한다. 제3 논증은 타자가 일자와 무관한 것이 아니라 타자와 일자가 관계하며 제4 논증에서 타자는 일자와 무관하다.

이 논증의 결과는 "그것[일자]은 심지어 일자도 아니다. 그렇지 않다면 그것은 있으면서(be, [ὂν]) 동시에 존재(being [οὐσία])에 참여할 것이다. 그러나 일자는 일자가 아니고 존재하지 않는다."(*P*, 141e)

일자가 무엇이라는 어떤 술어도 허용하지 않는 파르메니데스적 일자라면 일자는 결국 존재하지 않는다는 역설적 결과가 도출된다. 그러나 스콜니코프가 지적하듯이 이 결론은 엄격히 말해서 "일자가 있다"라는 첫째 가설과 모순되지 않는다. "그것은 두 가지 양태의 존재—비존재(not-being)라는 전적인 배제를 함축하는 존재와 참여로서의 존재—를 주의 깊게 구분할 것을 요구한다."[13] 『파르메니데스』 1부의 결론이 형상에 대해 아무것도 알 수 없다는 아포리아에 도달한 것처럼, 제1 논증도 일자에 대한 "이름도 설명도 어떤 지식이나 지각이나 의견도 없다"라는 결론에 도달한다.(*P*, 142a) 그리고 1부 결론에서 형상에 관한 내화가 있었다는 사실 자체가 그것에 대한 지식이 불가능하다는 것을 부정하듯이, 일자에 대한 이제까지의 대화는 일자에 대한 어떤 지식이나 의견이 불가능하다는 것을 부정한다. 파르메니데스는 "이런 것들[지식이나 의견 등이 불가능하다는 것]이 일자에 대해 진실일 수 있는가?"라고 묻고 응답자 아리스토텔레스는 "저로서는 그렇게 생각하지 않습니다"라고 답한다.(*P*, 142a)

일자에 대한 지식이나 의견이 불가능하지 않으므로 제2 논증이 요청된다. "이제 가설은 일자가 일자라면 어떤 결과가 따르냐가 아니라 일자가 있다(존재한다)면 어떤 결과가 따르냐"는 것이다.(*P*, 142b) 여기

13 Samuel Scolnicov, *Plato's Parmenides*, 92쪽.

에서 "'있다'(is)는 '일자'가 아닌 어떤 것을 의미하고 [……] 일자가 무엇이라고 말하든지 간에 일자는 존재에 참여한다."(*P*, 142c) 따라서 제2 논증은 일자가 무엇이라는 것에 대한 논의다. 예컨대 일자가 존재에 참여하면서 여전히 일자라면—즉 일자이면서 존재라면—일자의 일부가 참여하는 것이므로 일자는 부분들로 구성된 전체이고, 이 부분 역시 일자와 존재로 구성되므로 이 과정은 무한히 진행될 수 있어 결국 일자는 단수가 아닌 복수다. 일자가 존재에 참여하므로 일자 안에는 일자 자체와 존재에 참여하는 일자 사이의 차이가 존재한다. 그러므로 제2 논증에서 수 개념이 등장한다.

> 존재와 차이 또는 차이와 일자를 언급할 때마다 내가 둘 다(암포 ἄμφω, both)를 지시하지 않는가?—그렇죠—'둘 다'라고 불리는 것들은 '둘 다'이면서 '둘'(뒤오 δύο, two)이 아닐 수 있는가?—그럴 수 없죠. [……] 둘인 그들 각자가 일자가 아닐 수 있는가?—그럴 수 없죠.—그러면 그들이 함께 둘이라면 그들 각자는 일자이겠군.—그런 것 같습니다. (*P*, 143c~d)

제1 논증에서 논한 일자는 엄밀한 의미에서 숫자가 아니다. 수 개념은 오로지 제2 논증에서 출현한다. "이제야 비로소—숫자나 양이 아니고 그냥 있는 일자가 아닌—숫자 일이 '함께 있는 둘'로서의 '쌍'에서 유래한다. 숫자 '일'은 '둘'에서 유래해야 한다. [……] 마찬가지로 '둘'은 '둘 다'에서 유래해야 한다. 구조로서의 수가 양으로서의 수에 앞선다."[14] 이후 제2 논증에서는 제1 논증에서 일자에 없다고 여겨진 속성들—

14 Samuel Scolnicov, *Plato's Parmenides*, 105쪽.

처음/중간/끝, 운동/정지, 같음/다름, 동등/부등, 큼/작음, 젊음/늙음 등—이 가능하다는 논의가 이어진다. 따라서 "그것에 대한 지식, 의견, 지각이 가능하고 [……] 이름 붙여질 수 있고 말해질 수 있다"라는 결론이 도출된다.(*P*, 155d)

2. "일자가 있다."

이처럼 『파르메니데스』는 자신 및 타자와 어떤 관계도 허용되지 않는 파르메니데스적 일자와 자신 및 타자와 관계를 맺을 수 있고 존재에 참여할 수 있는 일자라는 두 개념의 일자를 다룬다. 라캉의 *Yad'lun* 논의는 일자에 대한 두 논증의 논의에서 시작한다. 라캉이 지적하듯이 "제1 가설은 **그것은 일자다**(*C'est UN*, It is One)이고 **일자가 있다**(*l'UN est*, One is)는 제2 가설이다. 이들은 구분된다."(*SXIX*, 107)[15] 라캉은 가설과 논증으로 분류하지 않으므로 그가 말하는 제1 가설과 제2 가설은 지금까지 논한 제1 논증과 제2 논증에 해당한다.[16] 따라서 라캉의 제1 가설

15 세미나 XIX 공식 영역본에 없는 프랑스어의 출처는 라캉 세미나 프랑스어 원고 전문이 실린 인터넷 자료다. http://gaogoa.free.fr/Seminaires_HTML/19-OP/OP15031972.htm

16 번역자에 따라 파르메니데스의 두 가설과 각 가설의 네 가지 논증은 가설과 논증 구별 없이 여덟 개의 가설로 구분하기도 하고, 천병희의 국역본처럼 네 가설과 각 가설에 포함된 두 연역으로 정리하기도 한다. 라캉은 세미나 XIX에서 여덟 개의 가설을 언급하므로(*SXIX*, 119) 가설과 논증을 구분하지 않는 분류를 따른다. 라캉의 세미나 XIX를 영어로 번역한 프라이스(A. R. Price)는 라캉이 오귀스트 디에(August Diès)가 프랑스어로 옮긴 1923년 플라톤 전집(*Œuvres complètes*) 8권을 참고했다고 지적한다. A. R. Price, "Translator's Notes," 239쪽 미주 1번. 그러나 라캉은 세미나 II에서는 아홉 개의 가설을 언급한다.(*SII*, 236) 아홉 개

은 일자가 존재를 나타내는 be 동사와 관계하지 않는 즉 어떤 술어로도 정의되지 않는 파르메니데스적인 일자 자체에 관한 것이다. 이와 달리 일자가 '있다'라는 제2 가설에서는 일자가 무엇이라는 정의/술어를 지니며 일자와 존재가 관계를 맺는다. 즉 일자는 존재에 참여한다. 제1 가설의 일자는 존재와 무관한 순수한 자기동일적 일자다. 이와 달리 제2 가설의 일자는 존재라는 이질적인 것과 관계하는 즉 차이를 내포한 일자다.

*Il y a de l'Un*에서 *Il y a* 또는 *y en a*는 불확정의 의미가 포함된다. 라캉이 말하듯 이는 영어로 *there is some* 또는 *there are some*으로 옮길 수 있다.(*S*XIX, 110) 이 명제는 이제까지 살펴본 『파르메니데스』 2부의 일자와 존재 논의와 정확히 어떻게 관계되는 것일까? *Il y a de l'Un*이라는 명제에서 *l'Un* 즉 일자는 어떤 일자인가? 라캉은 일자(*l'Un*)의 출처가 『파르메니데스』의 제1 가설 즉 "에이 헨 에스틴(*εί ἕν ἕστιν, s'il est UN*, if it is one)"이며 "그[플라톤]의 일자는 그것을 둘러싼 것과 무관하다. [……] 이것은 [……] 가장 큰 것, 가장 작은 것, 가장 젊은 것, 가장 늙은 것, 포함하는 것, 포함된 것 같은 쌍(dyad)과 아무런 관계가 없다"라고 말한다.(*S*XIX, 111)[17] 이는 제1 논증에서 논한 존재도 형태도 없는 절대적으

의 가설은 첫째 가설의 제2 논증(가설과 논증으로 분류하지 않을 경우 제2 가설)의 부록을 별도의 가설로 여기는 것이다. 믈라덴 돌라르(Mladen Dolar)가 이런 분류를 따른다. Mladen Dolar, "*In* Parmenidem *Parvi Comentarii*," *Helios*, 31: 1-2 (2004), 97쪽 미주 13번을 볼 것. 앞으로 혼란을 피하기 위해 "일자가 있다"라는 가설을 "첫째" 가설로, "일자가 없다"라는 가설을 "둘째" 가설이라 부르고, "제1"~"제8" 가설은 제1 논증~제8 논증과 같은 의미로 사용한다.

17 라캉이 에이 헨 에스틴(*εί ἕν ἕστιν*)을 번역한 프랑스어 *s'il est UN*는 프라이스의 영역본에 없고 각주 15번에서 밝힌 인터넷 자료에서 확인한 것이다. 프라이스는 이 용어를 "if One is"로 영역하고 라캉이 참고한 디에의 프랑스어 판본에 기초한

로 그 자체인 일자다.

돌라르는 "라캉의 유명한 '*Y a de l'Un*은 이 제2 가설을 표현한 것으로 읽을 수 있다"라고 해석한다.[18] 돌라르에 따르면 프랑스어 표현에 포함된 "*de*라는 부분사는 일자를 정해지지 않은 양으로 취급하므로" 여기에서 일자는 나눌 수 있고 셀 수 있는 제2 논증의 일자에 해당한다.[19] 이런 관점에서 "파르메니데스에서 플라톤으로 나아간 한 걸음"이라는 라캉의 표현은 '일자'(*l'Un*)에서 '일자가 있다'(*Yad'lun*)로의 이동을 묘사한 것이라고 해석할 수 있다.(*S*XIX, 112) 이 행보는 존재에 참여하지 않는 그 자체의 일자에서 존재에 참여하고 술어를 지닌 일자로의 이동 즉 제1 논증에서 제2 논증으로의 이동이다. 이 과정에서 일자는 '존재'하

번역이라고 밝힌다. 필자가 참고한 스콜니코프의 영역본 역시 "if the one is"로 옮긴다. 그러나 라캉이 앞서 제1 가설을 "그것은 일자다(*C'est UN*, It is One)"로, 제2 가설을 "일자가 있다(*l'UN est*, One is)"로 구분한 것을 상기하면 *s'il est UN*을 "그것이 일자라면"(if it is one)으로 번역하는 것이 더 적절해 보인다. 아놀드 허먼(Arnold Hermann)은 이를 "if it is one"으로 옮긴다. Plato, Arnold Hermann (& Sylvana Chrysakopoulou) 옮김, *Parmenides* (Zurich: Parmenides Publishing, 2010), 107쪽. 이 표현에 대한 각주에서 허먼은 일자와 존재가 관계를 맺는 제2 논증은 "if the one is," "if the one exists"로 영역될 수 있지만, 일자와 존재가 서로 무관한 제1 논증에서 동사 에스틴(*ἔστιν*)는 존재의 의미가 아니라 서술적 의미로 이해해야 한다고 강조한다. 코맥 갤러거의 라캉 세미나 비공식 영역본 역시 "if it is One"으로 옮긴다. Jacques Lacan, Cormac Gallagher 옮김, *The Seminar of Jacques Lacan Book XIX*: [……] *or Worse 1971-1972*, www.lacaninireland.com. 1972년 3월 15일 6쪽.

18 Mladen Dolar, "*In* Parmenidem *Parvi Comentarii*," 75쪽. .

19 Mladen Dolar, "*In* Parmenidem *Parvi Comentarii*," 75쪽. 라캉이 "there is some"이라고 표현하는 것도 이런 불확정성을 표현하기 위한 것이다. 그러나 앞으로 보겠지만 *Yad'lun*의 일자는 절대적으로 혼자인 일자이므로 복수형으로 표현하는 것도 적절하지 않다. 핑크의 영어번역 "there is such a thing as One"(*S*XX, 5)이나 라캉이 제시하는 "there is a something"(*S*XIX, 110)도 일자를 복수로 표시하지 않으면서 이런 불확정성을 표현하기 위한 것이다. 이런 함의를 살리기 위해서는 "어떤 일자가 있다"라고 옮기는 방법도 있다.

게 된다. 다시 말해서 아무런 형상도 존재도 없는 일자는 형상을 지닐 수 있는 존재로 바뀐다. 이는 일자의 '존재'가 출현하는 것을 의미한다. "*y en a*는 무형상의 어떤 것을 배경으로 성립한다"라는 라캉의 발언은 형태도 존재도 없던 일자가 존재하게 되는 것 즉 일자의 출현을 묘사한다.(*S*XIX, 110) 이는 실재에서 상징계가 출현하는 것과 일맥상통한다. 그러나 문제는 라캉의 관심이 단순히 (상징계에) 존재하게 되는 일자가 아니라 "실재로서의 일자"라는 점이다.(*S*XIX, 121)

라캉은 파르메니데스와 플라톤을 차례로 검토하면서 실재로서의 일자를 논한다. 그는 파르메니데스에서 실재에 대한 논의가 시작되고 플라톤이 이 논의를 발전시켰다고 평가하고 궁극적으로 플라톤을 근대 수학과 정신분석학의 관점에서 재해석할 것을 주장한다. 『파르메니데스』에서 파르메니데스가 일자를 논할 때 파르메니데스는 일자가 스스로 말하게 하며 이 지점이 실재에 관한 논의가 시작되는 지점이다. "나이든 파르메니데스와 그의 집단이 있었다. 그것에 목소리를 부여하기 위해 무엇인가가 말해지는 것이 필요했다. 정확히 무엇에 목소리를 부여하는가? 일자에게 부여하는 것이다."(*S*XIX, 112)

라캉이 논하는 장면은 『파르메니데스』 1부 마지막에서 형상에 대한 어떤 지식이나 의견도 있을 수 없어 철학이 불가능하다는 아포리아에 도달하지만 형상에 대해 논했다는 사실이 철학이 가능함을 보여주므로 일자에 대한 가설을 토대로 2부의 논의를 시작하려는 부분에 관한 것으로 볼 수 있다. 라캉은 이 부분에 등장하는 그리스어 아돌레스키아(*Ἀδλσχίας*, adoleschia)라는 용어를 언급하며 이를 gabbing 즉 '수다'로 번역한다.[20] 이 부분에서 파르메니데스는 대화자 아리스토텔레스에게 "그대가 아직 젊을 때 많은 사람이 수다라 부르고 무용하다고 생각하는 것을 스스로 더 잘 수련해야 하네. 아니면 진리는 달아날 걸세"라고 말한다.(*P*, 135d) 철학이 불가능하다는 아포리아에 도달한 형국에서 사실 철학이 가능했으며 가설을 토대로 일자에 대한 논의를 시작하려는 문맥에서 볼 때 파르메니데스는 사실상 아리스토텔레스에게 일자에 대한 말이 가능하므로 철학을 수련할 것을 권하는 것이다. 이때 "결국 실재에 포함된 것이 무엇인지 알려는 이 모임에서 파르메니데스는 이미 한 걸음을 내디딘 것이다."(*S*XIX, 112)

그런데 라캉은 플라톤이 파르메니데스와 다른 행보를 취했다고 평가한다.

> 그러나 플라톤의 행보는 다릅니다. 그의 행보는 사물들을 분명한 표현으로 말하려 하자마자 구조의 관점에서 묘사된 것이 곤경을 만들어낸다는 사실을 보여주는 것입니다. [……] 묘사된 것은 곤경을 만들어내고 이 통로를 따라 실재를 찾아야 합니다. 형상(*form*)이라고 부적절하게 번역되는 에이도스(*Eίδος*)는 말한다는 사실에서 입 벌린 구멍을 정확히 지시하기로 이미 약속하는 어떤 것입니다.
>
> 다시 말해서 플라톤은 라캉주의자였습니다. 당연히 그는 이 사실을 알지 못했습니다. (*S*XIX, 113)

파르메니데스가 일자에 대해 말한다면 또는 일자가 말하게 한다면, 플

20 세미나 XIX 영역본은 이 용어의 출처를 『파르메니데스』 135d라고 밝히고 필자가 인용하는 스콜니코프의 영역본을 포함한 몇몇 영역본에서 이 용어가 "idle talk"로 영역된다고 지적한다. A. R. Price, "Translator's Notes," 240쪽 미주 4번을 볼 것. 이 용어의 괄호 속 영어 "adoleschia"와 '수다'는 천병희의 국역본을 따른 것이다. 『플라톤의 다섯 대화 편』, 495, 497쪽.

라톤은 일자에 대해 말할 때 이미 구조의 관점에서 구멍이 입을 벌린다는 사실을 보여주며 이런 점에서 플라톤은 라캉주의자다. 플라톤이 스스로 라캉주의자라는 사실을 몰랐다는 것은 물론 단순히 시간적으로 불가능했다는 의미를 넘어서 플라톤의 논의에 이미 라캉이 일자에 대해 말하려는 요지가 포함되어 있다는 의미다. 이 요지는 무엇이고 정신분석학과 어떤 관계가 있을까? 라캉은 어떻게 플라톤의 일자를 읽고 또 정신분석의 관점에서 발전시키는 것일까? 위의 난해한 인용문에서 "말한다는 사실"은 언어의 구조를, 이것이 지시하는 "구멍"은 근원적 결여를 지시한다. 라캉은 일자라는 형상(에이도스)이 존재에 참여한다는 플라톤의 참여이론에서 실재로서의 일자가 말하는 순간 즉 언어의 상징계에 출현/존재하는 순간 원초적으로 결여/부재한다는 해석을 도출한다. 라캉의 관심은 일자가 출현하는 이 역설적 존재의 양태에 있다.

3. 일자의 출현: 존재와 비존재

플라톤의 일자에 대한 라캉 해석의 핵심은 라캉이 일자를 존재가 아닌 외존(*ex-sistence*)으로 해석한다는 사실에 있다. 이런 해석이 가능한 지점은 파르메니데스가 제2 논증의 부록에서 정지가 운동으로 (또는 그 반대로) 바뀌는 '순간'을 논하는 장면이다.

> 어떤 것이 동시에 움직일 수도 정지할 수도 없는 시간은 없네.—그럴 수 없죠.—그러나 그것은 변하지 않으면서 변할 수는 없네.—그

렇지 않겠죠.—그러면 그것은 언제 변하는가? 그것은 시간 속에서 정지할 때도 움직일 때도 변하지 않네.—아니죠.—그것이 변할 때 그건 이상한 것이겠군? 이건 무엇이겠는가?—순간이네. '순간'은 사물이 두 상태[운동과 정지] 중 하나에서 다른 하나로 변하는 것을 의미하는 것처럼 보이네. [……] 순간은 시간 속에 없으면서 운동과 정지 사이에 삽입된 이상한 성격의 것이네. (*P*, 156c~e)

순간에 대한 묘사는 파르메니데스적인 그 자체의 일자가 아니라 존재에 참여하며 운동과 정지 등의 속성을 지닐 수 있는 일자에 관한 것이다. 그러나 이 순간은 정확히 시간 속에 없으므로 일자가 운동과 정지라는 존재의 속성을 취하는 이 순간은 존재하지 않는다.

라캉이 이 '순간'에 관심을 가지는 이유는 무엇일까? 그는 다음과 같이 말한다.

일자가 어떻게 존재로서 있게 되는지 안나는 것은 『파르메니데스』에서 완벽히 증명됩니다. 정확히 여기에서 역사적으로 존재 함수(function of existence)가 발생합니다. **일자가 없다**고 문제가 없는 것은 아닙니다. [……]

아리스토텔레스는 이 문제를 특칭명제의 차원에서 소심하게 접근합니다. 그는 그것들이 분리되기 위해서는 일부—**전부**(*all*)가 아니라 단지 **일부**(*some*)—가 이것과 같고 저것과 같다고 말하는 것으로 충분하다고 상상합니다. 예컨대 그는 **여기 이 일자들이 그것과 같지 않다면**, 이는 그것들의 존재를 보장하기에 충분하다고 생각합니다. 정확히 이렇게 존재는 이미 처음 출현할 때부터 그것과 상관적인 비존재를 통해서 시작되고 진술됩니다. 비존재를 배경으로 하지 않는 존재는 없습니다. [……]

어디에서 그것[일자]은 발생할까요? 그것은 플라톤이 묘사하는 하나의 **점**에서 발생합니다. 이것을 시간상의 한 점이라고 생각하지 않아야 합니다. 그는 그것을 토 엑사이프네스(*τὸ εξίφνης*)라고 부릅니다. [……] 그것은 **순간, 갑자기**입니다.

[……] 나는 아리스토텔레스에게서 이 엑사이프네스(*εξίφνης*)를 찾아보았고 실제로 『자연학』(*Physics*)에서 **존재한다**(*to exist*)라는 용어가 출현하는 것을 발견했습니다.

[……] 아리스토텔레스는 그것을 정확히 너무 작아서(디아 미크로테타, *διὰ μικρότητ*) 지각할 수 없는(토 엔 안아이스테토, *τὸ ἐν ἀναισθήτῳ*) 시간 속에 있는 어떤 것으로 정의합니다.

[……] **존재를 통하지 않고 존재하는 것**. 이것이 관건입니다. (*S*XIX, 116~117)

『파르메니데스』에서 순간에 대한 논의는 일자가 존재에 참여하는 즉 일자가 존재하게 되는 정확한 시점에 관한 논의다. 라캉은 일자의 출현을 '순간'에서 찾음으로써 일자가 존재하게 되는 정확한 시점을 포착한다. 그런데 이 '순간'은 운동과 정지 어디에도 속하지 않고 시간 속에 없는 비존재의 점이다. "순간(엑사이프네스, *εξίφνης*)은 시간 속의 계기가 아니다. 그것은 시간의 연속체를 나누어서 도달할 수 없다."[21] 라캉은 이 순간의 역설적 상태에 주목한다. 그가 플라톤뿐 아니라 아리스토텔레스에게서 '존재'하게 되는 정확한 시점을 찾으면서 추적하는 '순간'은 "존재를 통하지 않고 존재하는 것" 즉 비존재에서 존재하는 것이다. 이런 순간은 라캉의 용어로 존재라기보다 외존이다. 외존은 상징계에서 실재가 존재하는 방식이다. 실재는 상징계에 있지만 동시에 없는 외존이다. 라캉이 언급하는 "입 벌린 구멍"은 상징계를 관통하는 구멍으로서의 실재와 상통한다. 이런 의미에서 일자는 상징계에서 외존하는 "실

21 Samuel Scolnicov, *Plato's Parmenides*, 138쪽.

재로서의 일자"다. 라캉이『파르메니데스』에서 "일자가 있다"라는 가설뿐 아니라 "일자가 없다"라는 가설에도 관심을 보이는 것은 우연이 아니다.

*Yad'lun*이 존재와 비존재의 불가분한 역설적 관계를 보여준다는 사실은 이 용어의 출처와도 관계된다. 라캉이 일자의 출처를『파르메니데스』의 제1 논증(가설)이라고 말하므로 *Yad'lun*이 파르메니데스의 일자와 밀접한 관계가 있는 것은 분명하지만 그것의 출처가『파르메니데스』라고 단정할 필요는 없다. 파울로 비달(Paulo Vidal)과 안젤리카 바스토스(Angélica Bastos)는 이 용어의 출처를 헤라클레이토스(Heraclitus)의 단편 57에서 찾는다.[22] 바디우는 헤라클레이토스에 대한 마르틴 하이데거(Martin Heidegger)의 논평에서 이 용어가 발달했다고 본다. "라캉은 헤라클레이토스에 대한 하이데거의 논평에서 일자의 주제와 로고스의 주제가 밀접히 연관된다는 개념을 취한다. 이는 라캉에게 핵심적인 논지다. 그것은 후에 구조적 방식으로 공식화된다. '일자가 있다'(*il y a de l'Un*)라는 아포리즘은 상징질서를 구성한다."[23] 바디우는 "파르메니데스는 틀렸고 헤라클레이토스는 옳았다"라는 라캉의 발언을 인용하며,(*SXX*, 114) 사랑의 부조화와 성적 비관계를 강조하는 라캉이 일자와 동일성을 주장한 파르메니데스보다 차이와 변화를 주장한 헤라클레이토스를 선호했다고 평가한다.

라캉의 관심은 파르메니데스적 일자 자체가 아니라 일자와 존재의

22 Paulo Eduardo Viana Vidal & Angélica Bastos, "The Step of Parmenides," *Agora*, 22.1 (2017), 26쪽.

23 Alain Badiou, "Lacan and the Pre-Socratics," *Lacan: The Silent Partners* (London: Verso, 2006), 14쪽.

역동적이고 역설적인 관계에 있다. 라캉이 플라톤의 『파르메니데스』에 등장하는 파르메니데스를 논한다는 사실과 파르메니데스보다 헤라클레이토스를 더 높이 평가한다는 사실은 *Yad'lun*을 역동적 개념으로 이해할 필요성을 제기한다. 라캉은 세미나 XX에서 존재와 비존재를 엄격히 구분하는 파르메니데스를 어리석다고 평가한다. "파르메니데스가 우리에게 해야 할 말을 그나마 가장 덜 어리석은 방식으로 말한 것은 시인이었기 때문이다. 그렇지 않다면 존재가 있고 비존재가 없다는 생각은 [……] 어리석은 것이라고 생각한다."(*SXX*, 22) 사모 톰시치(Samo Tomšič)가 말하듯 "파르메니데스의 구분이 어리석다면 이 구분이 존재를 안정시키려는 노력과 밀접히 연결되기 때문이다. [……] 파르메니데스는 오로지 존재를 비존재와 대립시킴으로써 '존재로서의 존재'를 완전히 구성된 부동의 자기동일적 일자로 여긴다."[24] 톰시치에 따르면 헤라클레이토스를 비롯해 소위 전-소크라테스적 자연 철학자로 불리는 그리스 철학자들이 파르메니데스가 철학에서 성취한 관념적 추상화에 미치지 못했다는 통설과 달리 이들은 "존재의 역동성"을 인식했고, 이와 달리 파르메니데스는 존재를 비존재와 구분함으로써 존재에 포함된 역동성과 부정성을 억압했다.[25] 그러나 앞으로 논하겠지만 라캉이 파르

24 Samo Tomšič, "Toward a Materialist Ontology," *Continental Thought & Theory: A Journal of Intellectual Freedom*, 2.2 (2018), 102쪽.

25 Samo Tomšič, "Toward a Materialist Ontology," 104쪽. 주판치치의 『성이란 무엇인가?』를 다루는 특별 호에 실린 이 글에서 톰시치는 주판치치가 논하는 원초적 부정성 또는 공백에 기초한 라캉의 존재론을 간결하게 설명한다. 그는 존재를 결여되지 않은 것으로 여기는 존재론을 은유적 존재론으로, 결여와 차이에 기초한 존재론을 환유적 존재론으로, 근원적인 공백 또는 부정성에 기초한 존재론을 (라캉의) 유물론적 존재론으로 구분하며. 이들을 각각 상상계, 상징계 그리고 실재(계)에 상응한다고 본다. 이런 관점에서 존재를 (결여된) 비존재와 엄격히 구

메니데스적 일자를 전적으로 부정했다고 볼 수는 없다. "일자가 있다"라는 명제를 역동적으로 해석하는 것은 파르메니데스적 일자를 긍정하면서도 부정하는 역설적 행위다.

4. 일자와 집합론: 0과 1

라캉은 일자의 출현을 논하면서 플라톤에게서 일자에 대한 사유를 빌려오는 동시에 이 존재를 외존으로 해석함으로써 플라톤을 재해석한다. 그래서 라캉은 "플라톤의 변증법을 새롭게 할" 필요성을 역설하는 것이다.(*S*XIX, 116) 라캉이 플라톤의 변증법을 새롭게 해석하는 방법은 근대 수학을 통해서다. 앞선 인용문에서 라캉은 일자의 출현을 논하면서 역사상 최초로 "존재 함수"가 발생한다고 말한다. 4장에서 논한 프레게의 명제함수는 변항 x가 들어갈 공백인 정의역과 논항으로 이루어진다. 명제함수론에서는 존재가 채워지기 전 공백이 선행한다. 라캉이 주목하는 것도 존재와 공백의 문제다. 아리스토텔레스 이후에 "존재라는 용어의 의미는 아주 분명히 변했다. 수학적으로 표현된 함수에서 논항의 자리를 차지할 수 있는 용어의 존재가 관건일 때, 이는 똑같은 존재가 아니다."(*S*XIX, 121) 공백으로서의 존재 개념은 *Yad'lun*의 이해에 필수적이다.

우리가 *Yad'lun*에 대해 플라톤이 이해한 것보다 좀 더 알 수 있게

별하는 파르메니데스의 입장은 은유적 존재론이다.

> 한 것이 무엇인지 알아야 합니다.
>
> [……] 그것[이 대화]을 자세히 살펴보면 집합론의 주제에 기초해서 내가 *Yad'lun*이라고 말할 수 있는 것의 예형(予形, prefiguration)을 발견할 수 있습니다.
>
> **만일 일자라면**이라는 제1 가설로 시작해봅시다. 이 가설의 의미는 **만일 일자가 일자라면**이라는 의미입니다.
>
> [……] 플라톤이 첫 번째로 반대하는 것은 일자가 어딘가에 있다면 그것은 둘러싼 것 속에, 경계에 있을 텐데 이는 일자의 존재와 아주 모순되므로 일자는 어디에도 없다는 것입니다. [……]
>
> 일자는 집합론에 기초한 방식으로 일자의 존재에서 발전할 수 있었습니다. (*S*XIX, 122~123)

『파르메니데스』는 라캉이 집합론을 토대로 제시한 *Yad'lun*을 미리 예견하게 한다. 라캉이 언급하는 플라톤의 반론 "일자는 어디에도 없다"는 제1 논증의 내용이다. 앞서 보았듯이 제1 논증은 "일자가 있다"라는 가설에서 일자가 그 자체와 관계할 경우를 논하므로 이 경우에 일자는 다른 것 안에도 자신 안에도 없다. "[일자]는 어디에도 없다. 그것은 다른 것 안에도 자신 안에도 없을 것이기 때문이다."(*P*, 138a) 일자는 그 자체와만 관계하므로 다른 것 안에 있을 수 없다. 그러나 자신 안에 있다면 안에 있는 자신과 밖에 있는 자신으로 나누어질 것이다. 그렇다면 일자는 "더 이상 하나가 아니라 둘이기" 때문에 자신 안에도 있을 수 없다.(*P*, 138b) 라캉이 일자의 '순간적' 출현을 논할 때처럼 여기에서 제1 논증을 언급할 때에도 그의 관심은 일자의 비존재에 있다.

집합론은 존재와 비존재의 역설을 공집합의 예를 통해 증명한다.

> 집합론의 원동력은 어떻게 집합의—있는(*there is*)—일자가 원소의

일자와 구분되는가에 전적으로 달려있습니다.

집합 개념은 하나의 원소만 가진 집합이 있다는 사실에 의존합니다. [……] 집합은 공집합을 구성 원소로 가질 수 있고, 이런 능력에서 관례적으로 **단집합**(*singleton*)이라 불리는 것과 완전히 동치입니다.[26]

[……] 일자 자체의 토대에 놓여있는 이 모호성에 수반되는 것을 이제 강조하려 합니다. 보기와 달리 모호성은 일자가 같음에 기초할 수 없다는 사실에 정확히 달려있습니다. 반대로 일자는 집합론에 의해 순수하고 단순한 차이에 기초해야 하는 것으로 표시되었습니다. [……] 일자는 하나가 빠진 차원에서 시작합니다.

따라서 공집합은 일자의 탄생을 구성하기 위해 통과해야 하는 문이라는 점에서 엄밀히 합법화됩니다. [……] 일자를 구성하고 정확히 말해서 정당화하는 것은 [……] 그것이 그것의 결여로만 시작한다는 것입니다.(*S*XIX, 124~126)

라캉은 존재가 비존재에 기초한다는 역설을 일자가 공집합을 통해서만 출현할 수 있다는 집합론으로 설명한다. 집합의 일자가 원소의 일자와 다른 점은 원소가 1에서 출발하는 것과 달리 집합은 공집합에서 출발하기 때문이다. 다시 말해서 집합론에서 1은 0을 토대로 출현한다. 1은 이미 처음부터 결여—0—가 새겨진, 즉 무엇인가가 빠진 일자다. 일자의 출현은 1의 동일성이 아니라 0과 1의 차이에 기초한다. 이 차이는 원소들(일자들) 사이의 차이가 아니라 원소를 담을 수 있는 집합을 생성

26 단집합은 하나의 원소만 가진 집합이다. 단집합은 공집합을 원소로 가질 수 있다. 그러므로 원소가 없는 공집합과 하나의 공집합을 원소로 가진 단집합은 다르다. "만일 a가 집합이면, 비순서쌍(unordered pair) {a, a}를 구성할 수 있다. 이 비순서쌍은 {a}로 표시할 수 있고 a 단집합이라 부른다. 그것은 a를 유일한 원소로 가진다고 진술되는 특징을 지닌다. 따라서 예컨대 $\varnothing$와 $\{\varnothing\}$은 매우 다른 집합이다. 전자는 원소가 없고 후자는 $\varnothing$를 유일한 원소로 갖는다. $a \in A$라고 말하는 것은 $\{a\} \subset A$라고 말하는 것과 동치다." Paul R. Halmos, *Naive Set Theory*, 10쪽.

하는 "순수하고 단순한 차이"다. 그것은 『파르메니데스』에서 일자가 시간상 존재하지 않는 '순간'에서 출현하는 것과 같다.

집합의 부분집합을 셀 때 공집합은 항상 포함된다. 공집합은 1로 셈해진다. 즉 0에서 1이 출현한다. 라캉은 α, β, γ, δ, ε라는 원소로 구성된 집합의 부분집합을 예로 제시한다.(*S*XIX, 139)

1 ∅
5 α, β, γ, δ, ε
10 αβ, αγ, αδ, αε, βγ, βδ, βε, γδ, γε, δε
10 αβγ, αβδ, αβε, αγδ, αγε, αδε, βγδ, βγε, βδε, γδε
5 αβγδ, αβγε, αβδε, αγδε, βγδε
1 αβγδε

다섯 개의 원소를 지닌 집합의 부분집합을 셈할 때 원소가 하나인 부분집합이 다섯 개, 둘인 집합이 열개, 셋인 집합이 열개, 넷인 집합이 다섯 개, 그리고 다섯인 집합이 한 개 있다. 그리고 위 도표에서 1열에 있는 공집합 한 개가 추가된다. 1열에 있는 1과 5열에 있는 1은 다르다. 1열의 1은 "공집합에서 나온 일(자)"이기 때문이다.(*S*XIX, 141)

라캉은 공집합에서 나온 일자를 나드(*nad*)라 부르고 그것이 "결여의 반복"이라고 말한다.(*S*XIX, 141) '나드'는 스페인어로 무(無, nothing)를 뜻하는 *na* 또는 *nada*의 의미를 지닐 뿐 아니라 그 무가 반복되는 특징을 지닌다. "문제의 일자는 특히 집합론이 공집합의 반복으로 치환한 것이며, 이를 통해 집합론은 나드의 참된 성격을 보여준다."(*S*XIX, 141) 부분집합으로서의 공집합은 원소의 숫자와 무관하게 반복된다. 라캉은 이처럼 원소가 하나에서 다섯으로 늘어나도 1로 셈해지는 공집합이 반복되는 것을 파스칼의 삼각형 도식으로 제시하고 다음과 같이 설명한다.

1	{1}	{1}	{1}	{1}	{1}
	1	2	3	4	5
		1	3	6	10
			1	4	10
				1	5
					1

> 여기에서 [파스칼의 삼각형]은 집합론에서 집합의 원소가 아닌 **부분집합들**(*parts*)을 보여줍니다. 부분집합들의 차원에서 모나드(monad)로 배열된 집합의 부분집합들은 2열입니다. 모나드는 2열입니다. 1열 즉 공집합으로 구성된 열, 이 열을 가로지르면 일자가 구성되는 이 열을 무엇이라 부를까요? 스페인어가 불러일으키는 공명을 이용해 **나드**라고 부르면 어떨까요? 1열을 가로질러 반복하는 일자에서 관건은 아주 특별하게 **나드**, 즉 결여가 지시하는 입구입니다.
>
> 구멍이 만들어지는 장소 즉 비유적으로 말해서 *Yad'lun*의 토대로 제시할 수 있는 이것과 관계된 것에 기초해서, 구멍 난 가방의 비유에만 일자가 있을 수 있습니다. 이 가방에서 나오지 않거나 이 가방으로 들어가지 않는 일자는 없습니다. 이것이 직관적으로 본 일자의 원초적 토대입니다. (*S*XIX, 127)

집합의 부분집합을 셈할 때 반복적으로 1로 셈해지는 공집합은 나드의 반복적인 성격을 예시한다. 모나드의 차원 즉 하나의 원소로 이루어진 부분집합을 셈하는 차원은—위에서처럼 원소가 하나에서 다섯일 때 각각, 1. 2, 3, 4, 5—은 2열이고 1열은 나드가 반복되는 차원이다. 공집합이 반복되는 즉 결여에서 일자가 출현하는 과정이 반복되는 나드의 차원이 라캉이 "일자가 있다"라는 명제에서 말하려는 일자의 차원이다. 『파르메니데스』에서 비존재인 순간에서 일자의 존재, 더 정확히 말해서 외존이 출현하듯이 집합론에서 공집합의 반복을 통해 0에서 1이 계속 출현한다. 라캉이 말하듯 이 나드의 차원이 *Yad'lun*의 토대를 형성한다.

5. 일자, 주인기표, 대상 *a*

라캉은 담론에서 "일자의 함수를 지니는 것"을 다룰 때 "일자학"(henology)에 관계하는 것이라 말한다.(*S*XIX, 132) 일자학은 철학과 수학뿐 아니라 일자 함수를 지닌 모든 담론의 학문이다. 담론에서 일자의 함수를 지니는 것은 기표다. 집합의 원소들(일자들)은 담론의 기표들이고 대문자로 표기되는 일자 역시 기표다. 그렇다면 "일자가 있다"라는 명제에 있는 대문자 일자(One)는 어떤 기표일까? 라캉은 「세미나 XIX에 관한 보고서」("Report on Seminar XIX")에서 "일자라는 기표는 다른 기표들 가운데 하나의 기표가 아니다"라고 말한다.("Report" 218) 그러므로 이 기표는 기표들(S2)의 차이가 있기 전에 자신 내부에 존재하는 차이에 의해 출현한 최초의 기표(S1)다. 라캉이 "물론 내가 *Yad'lun*에 대해 말할 때 나는 기표에 대해 말하고 있다. [……] 그것은 분명 주인기표다"라고 공언하듯 *Yad'lun*의 일자는 주인기표를 의미한다.(*S*XIX, 131)

여기에서 *Yad'lun*의 의미를 다시 살펴볼 필요가 있다. 앞서 논했듯이 돌라르는 *Yad'lun*을 "일자가 있다"라는 『파르메니데스』의 제2 논증—라캉의 분류로는 제2 가설—에 상응한다고 해석한다.[27] 이렇게 해석하는 것은 돌라르만이 아니다. 비달과 바스토스도 둘째 가설이 "모든 술어들이 부여되는 *Yad'lun*"이라고 즉 존재와 술어가 허용되는 일자라고 주장한다.[28] 앞서 인용했듯이 라캉의 "'일자가 있다'라는 아포리즘은 상징질서를 구성한다"라는 바디우의 발언 역시 *Yad'lun*이 기표들(S2)과의 관계를 통해 의미사슬의 상징질서(S1–S2)를 구성하는 최초의 기표(S1)라고 해석하는 것이다.

주인기표가 없다면 의미사슬 자체가 불가능하다. 이는 『파르메니데스』에서 "일자가 없다"라는 둘째 가설에서 일자와 무관하게 타자들 자체와의 관계에서만 타자들을 다루는 마지막 제8 논증에 해당할 것이다. 이 경우 타자는 다자로든 아니든 존재할 수 없다. "만일 그것들[타자들] 가운데 어떤 것도 일자가 아니라면 모든 것이 아무것도 아니고 따라서 그것들은 다지도 아닐걸세."(*P*, 165e) 제8 논증의 결론은 "만일 일자가 없다면, 아무것도 없다"라는 것이다.(*P*, 166b~c)

그러나 일자가 존재하더라도 타자가 일자와 전혀 관계하지 않는다면 타자는 다자로 존재할 수 없다. 주인기표(S1)와의 관계없이 상징계의 의미사슬(S2)은 구성될 수 없다. 주인기표와 무관한 기표들의 경우는 『파르메니데스』에서 "일자가 있다"라는 첫째 가설에서 일자와 무관하게 타자들 자체와의 관계에서만 타자들을 고려하는 제4 논증에 해당한다.

27 Mladen Dolar, "*In* Parmenidem *Parvi Comentarii*," 75쪽.

28 Paulo Eduardo Viana Vidal & Angélica Bastos, "The Step of Parmenides," 30쪽.

그러면 타자들은 일자에 부분적으로든 전체로든 전혀 참여하지 않겠네.—그렇지 않겠지요.—그러면 타자들은 일자가 아니고 또한 그들 안에 일자를 포함하지 않겠지.—그렇지 않겠지요.—타자들은 다자도 아니겠네. 타자들이 다자라면 타자들 각각은 전체의 한 부분일테지. 그런데 타자들은 어떤 식으로도 일자에 참여하지 않으므로 일자가 아닌 타자들은 일자도 다자도 전체도 부분도 아니네.–맞습니다. (*P*, 159d)

다자는 일자가 여럿 있는 것이다. 그런데 타자가 일자에 참여하지 않는다면 타자는 일자가 아닐 뿐 아니라 일자로 시작하는 셈이 불가능하므로 다자도 아니다. 돌라르가 말하듯 "셈 없이 다자는 없고 일자 없이 셈은 없다."[29]

따라서 의미사슬이 구성되려면 주인기표 S1이 존재해야 하고 이 주인기표와 다른 기표들이 관계를 맺어야 한다. 앞서 언급했듯이 *Yad'lun*에 대한 돌라르의 해석은 이 명제에서 의미사슬을 시작하는 주인기표를 읽는 것이고 이를 『파르메니데스』의 제2 논증에 해당한다고 보는 것이다. 돌라르는 일자가 존재와 무관한 제1 논증과 일자가 존재에 참여하는 제2 논증을 다음과 같은 벤도식으로 표시한다. *Yad'lun*에 대한 돌라르의 설명을 좀 더 자세히 살펴보자.

29 Mladen Dolar, "*In* Parmenidem *Parvi Comentarii*," 82쪽. 여기에서 돌라르는 제2 논증(가설)의 부록을 제3 가설로 여기므로 제4 논증(가설)을 제5 가설로 설명한다.

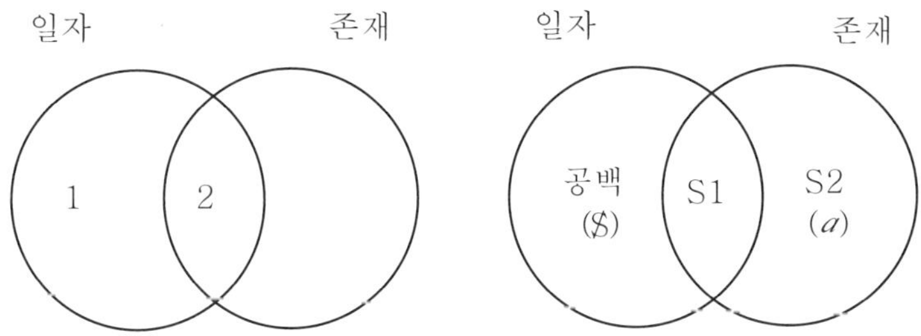

제2 가설의 교집합에서 우리는 모든 의미화 논리의 토대[……]로서의 "단항기표"(unary signifier) 즉 "*Y a de l'Un*" 또는 "일자가 있다"(There is one)를 만난다. 이 기표의 기능은 정확히 "단일특징"(unary trait)의 출현을 통해서 발생한다. 단일특징은 라캉의 대수학에서 S1이라는 상징, "최초의" 기표, 순수 일의 기표, 기의 없는 기표로 고정된다. 그것은 기의가 없으므로 모든 속성이 부여될 수 있다. 즉 어떤 S2도 S2 전부도 그것에 연관될 수 있다. 제2 기표 S2는 따라서 항상 무한히 늘어나는 의미사슬 전부를 압축한다. [……]

도식 왼쪽, 제1 가설의 공간에는 순수형태의 일자의 빈 공간, 적극적 개체(entity)의 차이가 아닌 순수 차이의 공백이 있다. [……] 단항 기표(일자)가 있는 순간, 그 기표에 외적이거나 추가된 것이 아니라 그 기표의 포착하기 어려운 존재를 체현하는 것으로서 그 기표에 속한 공백이 있게 된다. 다시 말해서 이 공백은 기표가 새겨지는 장소 자체를 대표한다. 이 빈 공간은 그 기표와 달라서 말하자면 기표 자체의 결여가 일자의 일부다. 결여는 한 부분(집합)을, 기표는 다른 부분(집합)을 형성한다. 왼쪽에 있는 일자의 원은 단일특징과 결여로 나누어진다. **기표는 자신과 자기 일부인 자신의 부재로 분열된 역설적 존재다.** 빈 공간은 정확히 라캉의 대수학에서 사선 그어진 $이고, 라캉이 주체를 찾는 곳, 주체성이 언어에 들어오는 곳이다.[30]

30 Mladen Dolar, "*In* Parmenidem *Parvi Comentarii*," 84~85쪽.

위의 왼쪽 벤도식에서 일자의 원과 존재의 원이 겹쳐지는 교집합 2는 일자가 존재에 참여하는 『파르메니데스』의 제2 논증(가설) "일자가 있다"(if the One is)를 가시적으로 보여준다. 오른쪽 벤도식에서 교집합은 주인기표 S1으로서의 *Yad'lun*이 있는 곳이다. 이 교집합은 일자와 존재가 겹쳐지는 제2 논증(가설)에 해당한다. 돌라르의 설명에서 단항기표—또는 단일기표—S1은 단일특징이 기표로 고정된 것이다. 라캉은 세미나 VIII에서 단일특징을 (단항)기표와 구분하여 '기호'라고 부르고 기표가 되기 위해서는 의미사슬과 관계를 맺어야 한다고 말한다. "단일특징을 기표라고 말하는 것이 아니다. [……] 그것을 기표라고 말하기 위해서는 무엇인가가 더 요구된다. 그것은 후에 기표군(signifying battery)에서 사용되거나 기표군과 관계를 맺어야 한다."(*S*VIII, 355) 단일특징은 다른 기표들 S2와 관계를 맺어 의미사슬(S1–S2)을 시작하는 기능을 통해서 주인기표 S1이 된다. 이런 점에서 *Yad'lun*은 주인기표이고 일자와 존재가 겹치는 교집합에 위치한다.

주인기표가 발생하는 순간에 그 기표를 체현하는 빈 공간인 공백이 발생한다. 이 공백은 의미사슬이 형성된 후 기표들 사이의 차이가 아닌 주인기표(일자) 내부에 원초적으로 존재하는 차이의 공백이다. 돌라르가 말하는 "순수 차이"는 앞선 인용문에서 라캉이 일자의 모호성과 관련해 일자는 집합론에서 "순수하고 단순한 차이"에 기초한 것이라고 말한 것과 같다. 주인기표(일자)의 출현에는 역설적으로 기표 안에 존재하는 공백과 결여가 동반된다. 엄밀히 말해서 순수 차이가 "단항기표(일자)"에 속한다는 돌라르의 발언은 모호하다. 이는 위의 오른쪽 벤도식에서 일자의 원에서 단일기표인 교집합을 뺀 왼쪽 부분이 공백이므로 공백은 단항기표에 속하는 것이 아니기 때문이다. 그러나 일자의 원은 공백과 단항기표 S1을 포함한다. 요컨대 이 벤도식에서 일자는 단항기표와 완전히 동일하지 않다.

돌라르는 라캉이 *Yad'lun*을 주인기표라고 말한 사실을 언급하지 않지만 *Yad'lun*이 오른쪽 벤도식에서 교집합(S1)이라는 해석은 라캉의 발언에 기초한다고 볼 수 있다. 그러나 앞서 보았듯이 라캉은 *Yad'lun*의 일자가 제1 논증(가설)의 일자 즉 존재와 무관한 절대적으로 자신과 관계하는 일자라고 말하고 제1 가설을 "그것은 일자다(*C'est UN*, It is One)"로 제2 가설을 "일자가 있다(*l'UN est*, One is)"로 구분한다. 그는 또한 "그것이 일자라면"이라는 제1 가설을 영어로 "if there is One"이나 "if there is the One"으로 옮길 수도 있다고 말한다.(*S*XIX, 111) 이 표현은 *Il y a de l'Un*에서 *Il y a*를 영어로 *there is some*으로 옮길 수 있다는 발언과 상통한다. 이런 점들은 *Yad'lun*이 제2 가설이 아니라 제1 가설에 상응하는 것이 아닌지 의문을 불러일으킨다. *Yad'lun*은 존재에 참여하는가 참여하지 않는가? 이런 모호성은 세미나 XIX의 마지막 강연에서도 나타난다.

> 명령하는 일자는 올해 내가 처음에 *Yad'lun*이라는 제목으로 여러분께 제시하려는 것이었습니다. 일자는 명령합니다. 일자는 존재(Being)를 만듭니다. 나는 여러분들이 『파르메니데스』에서 이를 찾아볼 것을 청했습니다. [……] 존재를 만드는 일자는 그 자체로 존재는 아닙니다. 그것은 존재를 **만듭니다**. (*S*XIX, 198)

*Yad'lun*은 명령하는 일자 즉 주인기표다. 일자는 존재를 만들지만 그 자체로 존재가 아니므로 존재와 관계됨과 동시에 분리된다. 라캉은 「세

미나 XIX에 대한 보고서」에서 "모나드는, 전적으로 혼자서 스스로를 아는 일자이고, 실재의 비워진 관계의 영이며 나드는 이 빈 관계가 지속하는 것"이라고 말한다.("Report" 218) 일자와 존재는 "빈 관계"라는 관계를 지닌다.[31]

이제까지의 논의는 *Yad'lun*의 역설을 드러낸다. *Yad'lun*의 일자는 존재와 무관한 제1 가설의 일자이고 "실재로서의 일자"임과 동시에 상징질서의 토대가 되는 주인기표이기 때문이다. 라캉이 분석가의 담론에서 일자를 논할 때도 일자의 모순적 성격이 드러난다.

> 분석이론은 일자가 두 차원에서 고개를 드는 것을 목격합니다. 첫째 차원에서 일자는 반복하는 일자입니다. 그것은 피분석가가 말하는 가운데 주로 발생하는 것의 토대에 있습니다. [……] 반면 내가 분석담론으로 제시한 도식에서 주체가 말하는 주이상스 차원에 있을 때 무엇이 생산되나요? 잉여 주이상스의 층위에서 생산되는 것은 S1입니다. [……]

---

31 켄지 노부토모(Kenji Nobutomo)는 라캉이 프랑스 철학자 에티엔 질송(Étienne Gilson)의 일자학에 빚지고 있다고 주장한다. Kenji Nobutomo, "Žižek and Lacanian Henology—With a 'Silent Partner,'" *International Journal of Zizek Studies*, 12.2 (2018), 특히 1~7쪽을 볼 것. 노부토모는 아래에 인용하는 질송의 주장이 '사랑은 갖고 있지 않은 것을 주는 것'이라는 라캉의 정의와 유사하다고 주장한다.(4쪽) 그러나 이 주장에 나타난 일자와 존재에 대한 질송의 신플라톤주의적 논지는 일자가 존재가 아니라 존재를 만든다는 라캉의 인용문의 내용과 더 유사하다. "그것이 플로티누스가 세계의 기원이라는 문제를 정의한 공식의 정확한 의미다. '일자는 어떻게 스스로 갖지 않은 것을 주는가?' 우리는 이미 답을 안다. '모든 것이 일자에게서 나오는 것은 일자에 아무것도 없기 때문이다. 그래서 존재가 있기 위해서 일자 자체는 존재가 아니라 존재를 낳는 것이라는 점이 필연적이다.'" Étienne Gilson, *Being and Some Philosophers*, 2nd edition (Pontifical Institute of Medieval Studies: Toronto, 1952), 24쪽. 노부토모의 인용에서는 질문과 답이 플로티누스의 『엔네아데스』(*The Enneads*)에서 인용된 것이라는 사실이 정확히 표기되지 않는다.

> 차이의 동일성은 무엇인가요? [……] 주체가 분석에서 생산하는 문제의 일자는 반복에서 문제가 되는 것과 반대로 그 자체의 일자로서의 일자입니다. 어떤 차이가 존재하든, 모든 차이가 동등한 가치가 있는 한, 그것은 일자입니다. 그들 가운데 오직 하나(일자)만 있고 이것이 차이 자체입니다. (*S*XIX, 144~145)

라캉은 분석과정에서 출현하는 일자의 두 차원을 설명한다. 첫째 차원은 피분석가인 주체가 말하는 차원에서 발생하는 "반복하는 일자" 즉 피분석가가 증상으로 반복하는 것과 관계된다. 또 다른 일자는 동일하게 반복되지 않고 "차이의 동일성"을 지니는 일자이며 분석의 결과 "잉여 주이상스의 층위"에서 생산되는 일자 S1이다.

여기에서 잉여 주이상스의 층위는 아래 가운데 도식인 라캉의 기본(주인)담론공식에서 잉여 주이상스 *a*가 있는 생산물의 위치를 뜻한다. 아래 오른쪽 분석가 담론 공식에서는 생산물의 위치에 S1이 발생한다.

$$\frac{\text{행위자}}{\text{진리}} \rightarrow \frac{\text{타자}}{\text{생산물}} \qquad \frac{S_1}{\$} \rightarrow \frac{S_2}{a} \qquad \frac{a}{S_2} \rightarrow \frac{\$}{S_1}$$

라캉에 따르면 새로 발생하는 S1은 "그 자체의 일자로서의 일자"이고 유일무이하고 "차이 자체"를 지니는 일자다. 다시 말해서 이 일자는 이전의 일자와 전혀 다른 차이를 지니는 유일무이한 일자다. 이 일자는 S1이므로 물론 새로 출현하는 주인 담론에서 주인기표 역할을 하게 되고 다른 기표와 관계를 통해 의미사슬(S1–S2)의 토대가 된다. 그러나 이 기표는 다른 기표들과 관계를 맺기 전 "그 자체로서의 일자"의 성격을 유지한다. 이것이 *Yad'lun*의 역설적 성격을 보여준다.

지젝은 *Yad'lun*에 대한 두 가지 상반된 해석을 검토하며 이 개념의 역설과 모호성을 심층적으로 논한다. 앞서 보았듯이 돌라르는 *de*라는 부분사가 불확정적인 수를 나타내므로 분할할 수 있고 셀 수 있는 제2 논중에 해당한다고 해석한다. 그러나 지젝은 "라캉처럼 if it is one을 존재에 대한 완전한 주장이 아니라 비인칭적 *'s'il ya d'l'Un'*으로 즉 'there is [……]'로 읽을" 것을 주장한다.[32] 따라서 그는 일자가 존재한다고 주장하는 제2 논중은 "라캉의 *Y a d'l'un*"과 연결되지 않고, 오히려 "존재하는 일자인 단항기표 S1은 가분성의 특징을 지닌, 따라서 일자들로 구성되지 않은 다자성의 특징을 지닌, 측정 불가능한 'there is (something of the) One과 대립하는 것"이 아닌지 의문을 제기한다.[33] 지젝은 돌라르와 반대로 *Yad'lun*을 "순수한 주이상스 일자 즉 아직 상징계의 대타자에 의해 매개되지 않은 주이상스"로 해석하는 아르만드 잘로시츠(Armand Zaloszyc)의 해석을 주의깊게 검토한다.[34] 이런 관점은 라캉이 *Yad'lun*에서 일자의 출처를 제1 가설이라고 말한 것과도 일맥상통한다.

지젝이 잘로시츠 해석에서 주목하는 것은 "일자가 있다"라는 명제와 "성적 관계는 없다"라는 명제의 연관성이다. 이 연관성에 핵심적인 것은 대상 *a*다. 잘로시츠는 다음과 같이 말한다.

> 일자는 존재로부터 외존한다. 이런 식으로 "일자가 있다"(there is the One)는 존재론과 대립하고 근원적 대타자의 비-전체 개념으로 인도하는 공식을 구성한다. [……] 존재로부터 떨어져 존재하는 일자가 있다. 이 경우에 불가능성의 증명은 이 일자가 "성적 관계는

32 Slavoj Žižek, *Less than Nothing*, 65쪽.

33 Slavoj Žižek, *Less than Nothing*, 54쪽

34 Slavoj Žižek, *Less than Nothing*, 56쪽

없다"라는 형태로 대타자에 남기는 자취를 고려한다. 주이상스 일자에서 아버지의 이름으로의 통과는 비-전제에서 전체로의 통과이지만, 이 통과는 주이상스 일자가 남기는 자취 즉 지양되지 않은 잔존물/잉여를 남긴다.[35]

주이상스 일자에서 주인기표/단일기표(아버지의 이름)로의 통과는 잔존물/잉여를 남긴다. 지젝은 이 잉여가 성적 관계를 불가능하게 만드는 대상 *a*라고 해석하는 것이다. "라캉에게 이 일자가 성적 관계를 존재하지 않게 만드는 '분할할 수 없는 잔존물'인(이기도) 한 *Y a d'l'un*은 엄밀히 말해서 **성적 관계는 없다**와 상관적이고 성적 관계에 장애가 되는 대상이다."[36] 지젝의 *Yad'lun* 해석은 돌라르와 잘로시츠의 해석을 비판적으로 매개하면서 동시에 *Yad'lun*을 대상 *a*로 해석하는 것으로 귀결된다. 지젝이 *de*라는 부분사의 불확정성에 대한 돌라르의 해석을 부정하지 않고 *Yad'lun*의 해석에서 단일성이 아니라 가분성을 보존하려는 것도 *Yad'lun*과 나누어진 잔존물/잉여로서의 대상 *a* 사이에 밀접한 관계를 강조하기 때문이고, 궁극적으로는 이 명제와 성적 관계의 불가능성을 연결하기 때문이다.

---

35 Armand Zaloszyc, "Y a d'l'Un." *Intervention at the Congress of the World Association of Psychoanalysis*. Rome. July 13–16, 2006. Slavoj Žižek, *Less than Nothing*, 57쪽에서 재인용.

36 Slavoj Žižek, *Less than Nothing*, 57쪽. 라캉과 질송의 일자학을 비교하는 노부토모는 "존재의 부산물"이라는 질송의 표현과 라캉의 대상 *a*의 유사성에 주목한다. "일자의 운동은 존재의 순수한 생산일 수 없으며 라캉의 대상 *a*처럼 제거할 수 없는 잔존물을 남긴다." Kenji Nobutomo, "Žižek and Lacanian Henology—With a 'Silent Partner,'" 7쪽. 노부토모는 일자와 대상 *a*의 관계에 대한 지젝의 해석이 이미 질송의 일자학에서 암시된다고 지적한다. 그는 라캉과 지젝 모두 일자가 한편으로 존재를 낳으며 다른 한편으로 부산물(대상 *a*)을 낳는다고 주장한다는 점에서 지젝은 신플라톤주의에 반대하지만 질송의 영향을 받은 라캉의 일자학에 반대하는 것은 아니라고 주장한다. 같은 글 19쪽을 볼 것.

그렇다면 이 역설적인 일자는 대상 *a*와 어떤 관계를 지니는 것일까? 라캉의 「세미나 XIX에 대한 보고서」는 일자의 무의식적이고 역설적인 성격뿐 아니라 일자가 대상 *a* 및 거세와 맺는 관계에 대해 중요한 단서를 제공한다.

> 이 일자는 [……] 외존하는(ex-sisting) 형태로 드러난 무의식이고 관계가 말해지는 바로 그곳에서 절대적으로 혼자인 일자(the One-all-alone)의 지식이다. [……] 이 기표에서 어떤 의미도 얻을 수 없다. 내가 파스칼의 삼각형 수평 열 중 하나의 일자들을 나드들(nads)이라고 부른 것은 이 때문이다. 이 일자는 반복하지만 이 반복을 통해서 총체화되지 않는다. 그것은 꿈, 말실수, 그리고 주체의 재담(quips)에서 인식되는 의미의 무(nothings), 난-센스(non-sense)의 사실에서 포착된다.
>
> [……] 이 지식은 말해진 말들을 통해서 그의 주이상스를 분할하고 그를 잘라 자투리를 만듦으로써 [……] 존재의 신체에 영향을 미친다. 나는 그 자투리로 대상 (a)라고 읽을 (a)를 만든다.
>
> [……] 대타자의 주이상스 존재는 [……] 일자가 단순히 거세될 것을 요구한다. 즉 일자가 무능을 체화하는 상상적 함수 다시 말해서 남근으로 상징화될 것을 요구한다. ("Report" 218~219)

위 인용문은 일자에 관해 네 가지 중요한 점을 말해준다. 첫째, 일자는 관계와 무관계의 역설적 성격을 지닌다. "관계가 말해지는 바로 그곳에서 절대적으로 혼자인 일자"라는 표현은 일자의 역설적 성격을 단적으로 보여준다. 이 일자는 『파르메니데스』에서 존재와 무관한 제1 논증 일자와 존재와 관계를 맺는 제2 논증 일자의 성격을 동시에 지닌 역설적인 일자다. 둘째, 이 일자는 외존하는 무의식의 지식이며 의미가 없는 난센스 즉 무에서 출현한다. 이는 앞서 논한 파스칼의 삼각형에서 원소의 개수에 따른 부분집합을 셈할 때 공집합 즉 0이 1로 반복해서 셈해지는 일자인 나드다. 나드는 가로 제1 열에서 똑같이 반복되지만, 원소의 개수에 따라 다른 부분집합들의 세로 열에 속하는 일자다. 셋째, 무의식적 지식으로서의 일자는 주이상스를 잘라 자투리를 만듦으로써 주체의 신체에 영향을 미친다. 이 절단의 결과 대상 *a*가 발생한다. 넷째, 대타자의 주이상스는 일자가 거세되어 무능을 나타내는 남근으로 상징화될 것을 요구한다. 요컨대 라캉의 논평은 일자의 무의식적이고 역설적 성격을 지적할 뿐 아니라 일자의 출현과 더불어 주이상스가 잘려나가 잉여 주이상스인 대상 *a*가 발생하고 일자가 성적인 무능을 체화하는 남근기표가 되는 과정을 일목요연하게 보여준다.

*Yad'lun*에 관한 라캉의 주장은 일자가 "순간"에서 발생하고, 0에서 1이 나오고, 분석가 담론에서 S1이 생성되며, 일자의 출현과 함께 주이상스가 잘려 대상 *a*가 출현하는 과정에 대한 설명이다. 이런 관점에서 *Yad'lun*의 모호성과 역설은 존재하거나 존재하지 않는 일자의 정태성이 아니라 일자가 출현하는 역동적 과정으로 이해해야 할 필요가 있다. *Yad'lun*의 역설은 일자가 공백과 결여에서, 1이 0에서 출현하는 과정에서 발생한다. 일자는 근본적으로 결여된 일자다. 그러나 일자가 먼저 있고 거기에서 무엇인가가 빠지는 것이 아니다. 빼기는 원초적이다. 그리고 라캉의 셈은 단순한 빼기가 아니다. 이 일자의 출현과 더불어 대상 *a*가 발생하기 때문이다. 즉 이 과정은 빼기의 과정이면서 동시에 대상 *a*가 더해지는 과정이다.

콥젝은 『파르메니데스』가 아니라 중세 실재론과의 관계에서 라캉의 일자를 논하지만, 이 덧셈과 뺄셈의 역설에 대해 통찰력 있는 논평을 가한다. "정신분석의 일자는 역설적이고 전-수적인 것으로서 일(자)보다 많으면서 동시에 일(자)보다 적은 일자다."[37] 이 역설은 일자가 원초적으로 분열된 일자라는 사실에서 발생한다. 일자는 둘로 분할되기 전에 애초에 온전했던 숫자 일이 아니다. 라캉의 일자는 먼저 온전한 일자가 있고 그다음에 무언가 빠지거나 더해지는 것이 아니라 이 뺄셈과 덧셈의 과정에서 출현하는 일자다. "일자는 분열된 것이 아니라 오히려 분열에 의해 형성된 것이다. 그렇게 형성되었기 때문에 일자는 역설적이고, 처음부터 자신의 일부(잉여) 부분에게서 분리된 잘린 일자다. 즉 1 = *a*다."[38] 일자는 처음부터 잘린 또는 빠진 일자이므로 일(자)보다 적고 동시에 잘려나간 *a*가 더해지므로 일(자)보다 많다.

콥젝이 제시한 1=*a*라는 공식은 이 일자가 대상 *a*라는 것을 암시한다. 이런 점에서 콥젝의 발언은 *Yad'lun*을 잔존물/잉여라고 본 지젝의 해석과 같다. 지젝은 최근 저서에서 *Yad'lun*을 대상 *a*라고 더 분명히 밝힌다. 이 명제에 대한 지젝의 해석은 콥젝의 공식을 성적 관계에서 1+1+*a*로 다시 쓴 것으로 볼 수 있다.

> 라캉이 세미나 XX 『앙코르』에서 "일자가 있다"(*y a d' l'un*)라고 거듭 주장할 때, 이 일자는 총체화하는 주인기표의 일자가 아니라 성적 관계의 (불)가능성의 조건으로서 성적 관계를 가능하게 하는 장애물로 기능하는 "보충적" 부분대상(신체 없는 기관)이다. 따라서 **일자가 있다**는 정확히 **성적 관계는 없다**와 상관적이다. [……] **일자가 있다**는 모든 성애적인 커플이 셋의 커플 1+1+*a*이라는 것을 의미한다.

37 Joan Copjec, "The Sexual Compact," 44쪽.

38 Joan Copjec, "The Sexual Compact," 45쪽.

> [……] 요컨대 이 '일자'(one)는 정확히 사랑하는 커플이 결합하여 일자(One)가 되는 것을 막는 것이다.
>
> [……] 커플은 결코 그들끼리 작업하지 않고 욕망의 원인인 장애물을 필요로 한다.[39]

대상 *a*가 남녀관계의 벽으로 작용한다는 지젝의 발언은 라캉의 『세미나 XIX에 대한 보고서』에 기초한 것으로 볼 수 있다. 이 글에서 라캉은 "비관계"의 방식으로 파악되는 "간극"이 하나의(대상 *a*라는) 벽—"*l'* (*a*) *mur*, (*a*) wall"을 만든다고 말하는데,("Report" 217) 여기에서 (*a*)의 이중 의미는 대상 *a*가 남녀관계에 벽으로 작용한다는 점을 보여준다. 지젝의 1+1+*a*라는 공식은 앞 장에서 인용한 "셋이 있지만, 실제로는 둘 더하기 *a*가 있는 것"이라는 라캉의 발언을 다시 쓴 것이다.(*S*XX, 49)

*Yad'lun*의 역설적 의미는 그것의 철학적 출처를 엄밀히 살펴볼 때 드러난다. 라캉이 플라톤의 『파르메니데스』에서 펼쳐시는 일자와 존재의 모순적이고 역설적인 관계를 논하는 과정은 결국 *Yad'lun*에 담긴 이런 역설과 모순을 설명하기 위한 것이다. *Yad'lun*을 『파르메니데스』에 나타나는 정태적이 아니라 역동적인 '순간'에 출현하는 일자로 이해할 때 비로소 그것의 역설적 성격과 (빼기와 동시에 더하기라는) 복합적 셈을 이해할 수 있다. 이런 관점에서만 그것이 주인기표라는 라캉의 발언에 기초한 돌라르의 해석과 그것이 대상 *a*라는 지젝의 해석 사이에서 접점을 찾을 수 있다.

39 Slavoj Žižek, *Incontinence of the Void*, 63쪽.

6. 사라진 파트너: 여성과 대타자

라캉은 세미나 XIX와 XX에서 일자와 더불어 대타자와 성차를 다룬다. 라캉이 논하는 대타자는 어떤 대타자이고, 이 대타자와 일자의 관계는 무엇이며, 이 관계는 성차 및 성적 관계의 불가능성과 어떻게 연결되는 것일까? 이 일련의 문제를 논하기 위해 먼저 앞장에서 논했던 라캉의 대타자 개념에 중요한 변화가 발생한다는 사실에 주목할 필요가 있다. 라캉은 대타자의(또는 다른) 성인 여성을 의미하는 대타자와 상징계의 대타자를 엄밀히 구분한다.

대타자로서의 여성은 상징계의 대타자가 아니다. "그녀가 대타자라고 말하는 것이 아니다. [……] 그녀는 내 그래프에서 빗금 그어진 대타자의 기표, S(Ⱥ)로 새겨진 것과 같다. 더 중요한 것은 내가 대문자 A에 부여한 함수에서 그녀가 **대타자가 아닌 것**으로 새겨진다는 것이다." (*S*XIX, 182) 여성은 "대타자가 아닌" 즉 빗금 그어진 대타자다. 빗금 그어진 대타자인 여성과 일자는 어떤 관계가 있을까? 라캉은 "대타자의 함수"에 대해서 "대타자는 일자에 더해질 수 없다. 대타자는 그것으로부터 구별될 수 있을 뿐이다. [……] 왜냐하면 대타자는 일자가 없는 것(the One-missing)이기 때문이다"라고 말한다.(*S*XX, 129)[40] 즉 "대타자는

---

40 핑크가 역주에서 해설하듯이 불어 *l'un-en-moins*는 One-missing이나 One-less로 영역될 수 있다. Bruce Fink, *SXX*, 129쪽 역주 25번. 키에사는 One이 대문자일 경우에 대문자 여성이 없다는 사실을 강조하기 위해 One-missing으로 영역하는 것이 적합하고, 소문자일 경우에 개별 여성을 하나씩 셀 수 있다는 의미를 강조하기 위해 one-less로 영역되는 것이 더 적합하다고 지적한다. Lorenzo Chiesa, *The Not-Two*, 129쪽, 225쪽 미주 119번을 볼 것.

내가 앞서 일자가 없는 것이라고 말한 것에 기초해서 빗금 그어져야 한다. 이것이 S(Ⱥ)의 의미다."(*S*XX, 131)

빗금 그어진 대타자인 여성에는 일자가 없다. 이는 라캉의 성별화 공식 여성 쪽에 남근함수를 부정하는 예외적 존재가 없음을 의미한다. 남성 쪽 특칭명제($\exists x\ \overline{\Phi x}$)가 표시하는 예외적 존재는 『토템과 터부』에서 모든 여성을 향유할 수 있는 원초적 아버지이고 "Φx의 거부인 이크 x, 이 적어도 하나(인 자), 이 전적으로 혼자인 일자"다.(*S*XIX, 179) 성별화 공식 여성 쪽 특칭명제($\overline{\exists x}\ \overline{\Phi x}$)는 이런 예외적 존재인 일자가 없음을 보여준다. 남성 쪽의 예외적 존재에 상응하는 대문자 여성(~~Woman~~)은 빗금 그어져 있다. 남성 쪽의 예외적 존재, 대문자 아버지(Father)인 일자에 상응할 수 있는 예외적 여성인 "*virgo*는 셀 수 없다. 그 이유는 대문자 아버지 쪽에 있는 일자와 반대로 그녀는 1과 0 사이에 있기 때문이다."(*S*XIX, 181)[41]

라캉은 (대문자) 여성이 존재하지 않는 이유를 거세와의 관계로 설명한다. 여성은 거세될 수 없으므로 거세를 나타내는 남근함수를 부정하는 예외적 존재는 존재할 수 없다. 남근함수와 관계된 이 비존재로서의 여성은 따라서 0이다. 라캉은 남성과 여성의 관계를 1대1의 관계가 아닌 1과 0의 관계로 설명한다.

한쪽에 부정된 Φx를 만족시키는 x가 존재한다고 가정할 수 있다

41 여기에서 virgo는 예외적 여성으로서의 동정녀 마리아와 남성적 활력을 지닌 여성—프랑스어로 *femme virile*—의 이중의미를 지닌 것으로 보인다. *femme virile*은 영어로 mannish woman이라는 의미를 지닌다. A. R, Price, "Translator's Notes," 244쪽 미주 10번을 볼 것.

면, 다른 쪽에는 [그런] x가 없다는 분명한 공식이 있습니다. [……] 이는 이접(離接, disjunction)이 생산될 가능성이 있는 차원에서 한 쪽에는 일(자)—또는 내가 적어도 하나(인 자)라 제시했던 것—이 있고, 다른 한쪽에는 비존재가 있다는 것 다시 말해서 1과 0의 관계가 있다는 것을 의미합니다. (*S*XIX, 88)

0으로 표시되는 여성의 비존재 또는 부재는 남녀관계를 불가능하게 만든다. "$\overline{\exists x}\ \overline{\Phi x}$ 즉 남근함수를 부정하는 것의 비존재에 새겨지는 것은 자신을 부재하게 만든다는 사실이다."(*S*XIX, 182) 예외적 존재의 '비존재'는 여성을 '부재하게' 즉 사라지게 만든다. "대타자의 폐기는 $\overline{\Phi x}$가 새겨지는 차원에서만 생산된다."(*S*XIX, 100) 남근함수를 부정하는 차원($\overline{\Phi x}$)에 대타자 여성은 없다.

남녀관계는 "파트너 중 하나의 사라짐, 사라지는 존재에 기초한다."(*S*XIX, 89) 여기에서 사라지는 파트너는 대타자의 성인 여성이다. 라캉은 여성/대타자가 사라지면서 성적 관계가 불가능해지는 과정을 다음과 같이 설명한다.

성적 주이상스의 부정, 이것이 내가 여러분에게 잠시 생각하기를 청하는 것입니다. S와 괄호, 빗금 그어진 A 즉 S(Ⱥ)는 내가 우리는 대타자에게서 정신적으로 주이상스를 얻는다고 말한 것과 같습니다. 이 대타자는 사라지기 때문에, 존재하지 않기 때문에 이 관계가 쓰이는 장소가 되는, 관계의 항입니다. [……]

정확히 말해서 그 관계가 더 이상 쓰일 수 없는 것은 항들 중 하나가 관계가 쓰이는 장소가 되기 때문이고, 그 항이 함수를 바꾸기 때문이며, 오로지 그 관계가 그 항 대신 쓰이게 되면서 그 관계가 있기 때문입니다. 이 관계가 쓰이는 것을 허락하기 위해서 관계의 항들 중 하나가 비워져야 합니다. (*S*XIX, 96~97)

여기에서 대타자가 함수를 바꿈으로써 대타자의 의미가 변하는 것을 알 수 있다. 남녀관계의 두 항 중에서 근원적 대타자인 여성(기표)이 사라진 결과 남녀관계가 쓰이는 장소인 상징계의 대타자가 출현한다. 상징계(의 대타자)의 출현은 원초적 대타자(의 성)인 여성의 사라짐 또는 근원적 억압을 통해 이루어진다. 그러나 관계의 한 항인 근원적 대타자/여성(기표)이 사라졌기 때문에 성적 관계가 쓰이는 장소로 출현한 상징계에서 정작 성적 관계는 쓰이지 않는다. 남녀관계는 일자와 사라진 대타자의 관계, 1과 0의 관계다. 그래서 남녀의 대립은 "함수 중 하나 즉 대타자의 함수를 폐기하고 비우는 것으로 이루어진 대립"이다.(*S*XIX, 91) 에로스가 하나를 지향하는 힘이라는 프로이트의 주장과 달리 "에로스는 결코 일자를 지향하지 않으며" 따라서 "성들의 대립은 오로지 불화에만 기초한다."(*S*XIX, 91)

0과 1의 관계는 실재의 관계다. 사라진 파트너와의 관계는 상징계에서 둘이라는 수로 나타난다. "영과 일은 분명 둘을 만든다. 그것은 상징적 차원에서 둘을 만든다."(*S*XIX, 89) 그러나 이런 수학적 셈—0+1=2—은 언어를 넘어서는 차원을 표현한다. "그것은 언어가 접근할 수 있지만 0과 1에 고정될 수 있음으로써만 접근할 수 있는 숫자다. 여기에서 실재, 즉 언어 너머의 상징적 불가능성이 표현될 수 있는 유일한 영역인 이 실재가 등장한다."(*S*XIX, 90) 라캉이 "성적 관계가 실패하는 숫자"를 "일자와 비-일자인 영의 숫자"라고 말하듯,(*S*XIX, 108) 1과 0의 관계는 성적 관계의 불가능성을 표현한다. 1과 0 사이에 존재하는 "넓은 간극"은 궁극적으로 메울 수 없다.(*S*XIX, 91) 그래서 성적 관계는 쓰이지 않기를 멈추지 않는다.

근원적 대타자로서의 여성은 상징적 대타자에 의해 억압되기 때문에 여성은 대타자의 결여인 실재를 지시한다. 지젝은 대타자 개념이 변화하면서 주체/대타자의 관계와 남녀관계가 중첩되는 것을 정확히 설명한다.

> 실재로서의 향락은 (대)타자성을 지시한다. 그러나 이 (대)타자성은 그 자체로 접근할 수 없는 실재/불가능이다. 이런 이율배반을 낳는 근본적인 매트릭스는 성적 관계에서 두 성(남성과 여성)의 관계와 주체와 주체의 (비대칭적) 대타자의 관계가 중첩된다는 것이다. 원초적 대타자(어머니)가 체현하는 대타자의 성은 비워지고 주이상스는 제거되며 배제된다. 상징적 장소로서, 상호주체적 관계의 매개체인 사이로서의 대타자를 창조하는 것은 이 '공허'다. 이것이 원억압이고 원초적인 은유적 대체다. (대)타자의/다른 성은 상징적인 대타자에 의해 대체된다.[42]

근친상간의 대상인 어머니는 원초적으로 억압되는 대문자 여성을 대표한다. 원초적으로 억압되는 대타자는 상징적 대타자와 구별되는 "실재로서의 대타자, 불가능한 사물, '비인간적' 파트너, 상징질서에 의해 매개된 대칭적 대화가 불가능한 대타자"다.[43] 실재로서의 대타자/여성이 원초적으로 억압된 결과 상징적 대타자가 출현한다. 성적 관계의 이율배반은 남녀관계가 주체와 원초적으로 억압되어 불가능한 대타자/여성의 관계와 중첩되기 때문에 발생한다.

여성(기표)이 원초적으로 억압되어 사라지므로 성차의 비대칭이 초

42 Slavoj Žižek, *Less than Nothing*, 778쪽.

43 Slavoj Žižek, "The Real of Sexual Difference," 70쪽.

래된다. 남녀대립은 남근의 존재와 부재의 대립 또는 남성을 위한 기표와 여성을 위한 기표의 대립이 아니다. 남근기표가 남성을 대표하듯(앞서 라캉이 virgo로 예시했던) 대문자 여성의 기표가 여성을 대표하는 것이 아니다. 대문자 여성은 존재하지 않고 빗금 그어져 있기(~~Woman~~) 때문이다.[44] 상징계에는 오직 하나의 주인기표인 남근기표만 존재한다. 남근기표는 "성들 사이의 차이가 아니라 일자(the One)와 비-일자(not-one)의 차이"를 만들며, 이 "일자의 기표를 중심으로 회전하기 때문에 상징질서는 또한 회복 불가능하게 비대칭적이다."[45]

그러므로 남녀관계는 남성 보편과 여성 보편의 관계가 될 수 없다. 만약 그렇다면 그것은 "일자(one)와 타자(the other) 또는 타자와 일자 관계의 가능성을 수립하는 것으로만 정의된 두 보편이 될 것이다. 이 관계는 흔히 성적 관계로 불리는 것과 절대적으로 무관하다."(*S*XIX, 83) 남녀관계가 일자와 (개별) 타자의 관계라면 성적 관계는 성립할 수 있다. 남성 보편에 속하는 어떤 개체와 여성 보편에 속하는 어떤 개체의 관계는 라캉이 인용하는 영어 속담—"모든 잭에게는 질이 있다"(Every Jack has his Jill)—이 표현하듯 누구나 자신의 짝을 찾을 수 있는 관계다.

---

44 음양처럼 남성과 여성을 표상하는 두 주인기표의 쌍(S1—S2)이 존재할 수 없으므로 원초적으로 억압되어 부재하는 여성기표의 공백을 메우기 위해 다른 일상적 기표들이 등장한다. Slavoj Žižek, "Four Discourses, Four Subjects," Slavoj Žižek 엮음, *Cogito and the Unconscious* (Durham: Duke UP, 1998), 77쪽을 참조할 것. 성별화 공식의 여성 쪽에서 "S(Ⱥ)가 여성의 파트너 중 하나라는 사실은 어떤 의미에서 부재하는 정의(定議) 또는 본질을 대신하는 기표를 만나거나 취할 수 있다는 것을 암시하기도 한다." 그러나 어떤 경우에도 남성에게 남근이 주인기표가 되는 것처럼, 여성에게 주인기표 역할을 하는 기표는 존재하지 않는다. Bruce Fink, *The Lacanian Subject*, 116쪽.

45 Suzanne Barnard, "Introduction," 10쪽.

그러나 성별화 공식의 여성 편에는 여성을 하나의 보편으로 묶을 수 있는 예외적 존재—적어도 하나(인 자)—가 존재하지 않는다. "예외가 없다는 사실은 여성의 보편을 보장하지 않는다."(*S*XIX, 94)

여성을 하나의 보편—집합—으로 묶을 수 있는 여성 기표가 존재하지 않으므로 남녀관계는 비대칭적이다. 음양(陰陽, Yin and Yang)이론은 이런 대칭적 보편을 설정한다. 라캉에 따르면 음양이론은 남성과 여성의 본질을 가정하며 남성의 보편과 여성의 보편을 대립시킨다. 음양이론에서는 남성이라는 보편에 속한 한(어떤) 남자와 여성이라는 보편에 속한 한(어떤) 여성 사이에 일대일 대응 관계가 성립한다. 두 남녀의 이런 "영혼 대 영혼의 만남"은 "언어가 존재하지 않는다"라는 가정에 기초한, 따라서 "동물적인" 환상에 기초한다.(*S*XIX, 82) 언어 즉 말하는 주체의 차원에서는 이런 일대일 대응 관계가 성립할 수 없다. 지젝이 설명하듯이 "남성을 위한 하나의 기표만 존재한다. (여성을 위한) 이항기표(binary signifier)는 없다. 이 기표는 원초적으로 억압되어 있다. [……] 일자와 '그것의 원초적으로 억압된' 대응물 사이의 이 불균형은 우주론적 쌍(예를 들어 음양)과 대조되는 극단적 차이이다." [46]

그러므로 남녀의 대립은 기표들의 이항대립이 아니다. 상징계의 대타자는 기표의 차이로 이루어지는 중립지대가 아니라 주인기표 S1—일자 또는 남근기표—를 중심으로 구조화된 체계이므로 "남근기표의 일자를 통해서 총체화 효과를 만들려고 노력"하며 결국 "일자와 비—일자의 차이만을 만든다."[47] 여성은 남성의 타자가 아니며 일자로 환원

46 Slavoj Žižek, *Less than Nothing*, 746쪽.

47 Paul Verhaeghe, "Lacan's Answer to the Classical Mind/Body Deadlock," 113쪽.

될 수 없는 근원적인 대타자다. 따라서 일자에 기초한 상징계의 대타자에서 성적 관계는 쓰이지 않는 것을 멈추지 않는다. 라캉이 말하듯 "대타자는 결코 하나의 (대문자) 일자로 여겨질 수 없다."(*S*XX, 49) "일자가 있다"라는 라캉의 명제는 하나의 주인기표(일자)가 상징질서를 구성한다는 사실을 천명한다. 이 일자는 절대적으로 혼자인 기표로서 상징계를 지배하고 명령하며 일자와 대타자, 남과 여의 관계에 근본적인 불균형을 초래한다. 이런 "일자와 대타자 관계의 부적합성" 때문에 남녀는 만나지 못하고 성적 관계는 존재하지 않는다.(*S*XX, 49) 앞서 논했듯이 이 일자는 근원적인 결여(빼기)와 보충(더하기)을 동반하며 출현하는 일자다. 근원적인 결여로 인해 대타자의 성은 사라지고 근원적인 보충을 통해 남녀관계는 대상 *a*의 벽에 부딪힌다. "성적 관계는 없다"라는 명제는 *Yad'lun*의 필연적 결과다.

136쪽 미주 6번.

2부
사랑의 정신분석

6장

리비도는 어디에?: 프로이트의 사랑이론

1. 리비도와 성적 욕동

프로이트가 성적 욕망을 인간의 본질로 파악한 후 정신분석학은 인간을 성적 존재로 여기는 소위 범성욕주의(pan-sexualism)라는 비판을 받아왔다. 그렇다면 정신분석에서 사랑은 에로스의 가면으로 위장한 성적 욕망에 불과한 것일까? 아니면 사랑의 핵심에 성적 욕망이 존재하지만 사랑은 성적 욕망으로 전적으로 환원될 수 없는 것일까? 인간을 생물학적 관점이 아닌 정신적 관점에서 조명하는 프로이트 정신분석에서 사랑은 성과 밀접히 연관되지만 동시에 차별화된 고유의 특성을 지닌다. 사랑에 관한 프로이트의 사유는 성적 욕동에서 출발하지만 궁극적으로 남녀 사랑의 (불)가능성에 대한 탐구로 귀결된다. 사랑은 '나'에서 시작해서 '너'를 향하는 것이기 때문에 남녀는 서로 사랑할 수밖에 없는 존재인가? 아니면 남녀의 사랑은 필연이 아니라 우연이며 처음부터 실패의 씨앗을 내포하고 있는가? 성과 사랑에 대한 프로이트의 탐구는 이런 질문에 답하는 과정이다.

프로이트 이론에서 사랑은 여러 단계에 걸쳐 다양한 방식으로 설명되지만 그 출발은 성적 욕동과 리비도다. 프로이트는 『집단심리학과 자아분석』(*Group Psychology and the Analysis of the Ego*)에서 사랑을 리비도의 관점에서 폭넓게 정의했다. 리비도는 "'사랑'이란 단어 아래 포함되는 모든 것과 관계되는 욕동들의 양적 크기로 여겨지는 에너지"다.(*SE*XVIII: 90) 그 "핵심은 성적 결합을 목적으로 삼는 성애(性愛, sexual love)"지만 "자기애"(self-love) 및 "부모와 자식에 대한 사랑, 우정, 인류 일반에 대한 사랑, 그리고 구체적인 대상들과 추상적 관념들에 대한 헌신"도 포함한다.(*SE*XVIII: 90) 요컨대 프로이트는 사랑의 핵심을 성적 욕동으로 파악하고 과거에 사랑으로 분류된 다양한 감정들을 리비도이론으로 통합한다. 거꾸로 말하면 그는 정신분석 이전에 이미 사랑이 성적 욕동의 관점에서 정의되었다고 주장하면서 자신의 리비도이론을 전통적 사랑개념에 정초하려 한다. 한 예로 그는 플라톤의 "에로스"가 "정신분석의 리비도인 사랑의 힘과 정확히 일치"한다고 주장한다.(*SE*XVIII: 91)[1]

---

1 어빙 싱어(Irving Singer)는 프로이트가 리비도를 플라톤의 형이상학적 개념인 에로스와 비교하는 것이 근거가 없다고 비판한다. 그러나 그는 프로이트가 독일어 *liebe*에 함축된 여러 의미를 하나의 개념으로 통일시키는 데 성공했고 프로이트 이론에 다양하게 나타나는 사랑의 개념에 일관성이 있다고 주장한다. 그는 프로이트의 사랑을 1) 성(sexuality)과 애정(tenderness)의 혼합, 2) 성적 목적을 지니거나 그 목적이 억제된 리비도적 에너지, 3) 개인들을 궁극적으로 인류로 결합하는 생명욕동인 에로스, 4) 에로스와 죽음욕동을 포괄하는 총체적 생명력으로 설명했다고 분류한다. Irving Singer, *The Nature of Love 3: The Modern World* (Cambridge:

프로이트는 리비도를 양적인 에너지와 힘으로 정의하지만 이 에너지와 힘은 생물학적인 것이 아니라 정신적인 것이다. 그는 1894년「초안 E」(Draft E)에서 최초로 이 용어를 사용했다.[2] 이 글에서 프로이트는 불안신경증 환자를 탐구하며 불안의 원인이 "**신체적 성적 긴장의 축적**"이라고 진단한다.(*SE*I: 191) "그것[신체적 성적 긴장]은 어떤 수위에 이르러야 **정신적으로** 활용된다. 즉 일군의 표상들과의 관계에 들어서고, 이 표상들이 특수한 치유를 낳기 시작한다. 그러므로 일정한 가치 이상의 신체적 성적 긴장은 정신적 리비도를 유발하며 이 리비도가 성관계 등을 유발한다."(*SE*I: 192) 그러나 신체적 성적 긴장이 일정한 수위에 도달했는데도 어떤 이유로 정신적으로 연결되지 않아 "정신적 정동"이 발생하지 않으면 "그 신체적 긴장은 정신적으로 구속되지 않기 때문에 불안으로 바뀐다."(*SE*I: 193) 따라서 "불안신경증에는 성적 정동의 결핍, **정신적 리비도**의 결핍이 반드시 확인된다."(*SE*I: 193)

프로이트는 불안신경증에 대한 논문에서 이 이론을 발전시킨다. 신체적 성적 흥분이 일정한 수준으로 축적되면 뇌세포를 자극해 정신적인 자극을 유발한다. 그리고 "정신에 존재하는 일군의 성적 표상들이 에너지를 공급받아 리비도적인 긴장의 정신적 상태가 발생하며 이것이

Cambridge UP, 2009), 99~100쪽. 남녀의 사랑을 다루는 이 장(章)의 논의는 이 중에서 리비도이론 및 성욕과 애정의 관계에 집중한다. 에로스와 생명욕동 역시 리비도이론에서 발전한 것이라 볼 수 있으나 남녀의 사랑보다 문명과 계통발생에 더 밀접히 연관된다.

2 프로이트는 1922년에 쓴「두 백과사전 논문」("Two Encyclopedia Articles") 중 하나인「리비도이론」("The Libido Theory")에서 자신의 리비도이론을 개괄하면서 알베르트 몰(Albert Moll)이 이 용어를 1898년에 처음 사용했다고 말한다.(*SE*XVIII: 255) 그러나 1929년『문명과 그 불만』에서는 자신이 1895년에 자아욕동과 구분되는 대상욕동과 관계해서 이 용어를 도입했다고 밝힌다.(*SE*XXI: 117)

긴장을 제거하려는 충동을 가져온다."(*SE*III: 108) 불안신경증은 이 축적된 신체적 성적 긴장이 정신적으로 처리되지 못하고 정신적 영역에서 굴절되어 나와 비정상적인 방식으로 발산된 것이다.[3] 더 정확히 말하면 불안은 원래 외부에서 발생하는 위험에 대한 반응이다. 그래서 신체 내부에서 발생하는 성적 긴장을 정신적으로 처리하지 못하고 "**외부로 투사하는 것처럼 행동**"하기 때문에 불안이 발생한다.(*SE*III: 112)

여기에서 중요한 것은 불안신경증의 메커니즘이 아니라 프로이트가 리비도를 신체적인 긴장과 구별되는 정신적인 성적 에너지로 규정한다는 점이다. 그는 리비도를 "성적 리비도 또는 **정신적 욕망**" 그리고 "정신적 자극" 등으로 표현한다.(*SE*III: 107, 109) 프로이트는 신경쇠약과 불안신경증을 구분한다. 신경쇠약과 달리 불안은 성적 긴장이 억압되어 성적 결합이 불발한 것에 기인하므로 "**신경증적 불안은 변형된 성적 리비도**"다.(*SE*III: 251) 그가 불안의 원인을 리비도의 억압으로 본다는 사실은 "이미 리비도를 잠재적으로 무의식적인 것으로 보는 견해를 분명히 받아들이고" 있음을 보여준다.[4] 이렇게 리비도는 무의식적이고 정신적인 성적 욕망으로 정의된다.

프로이트는 『성이론에 관한 세 편의 에세이』에서 리비도이론을 더 구체적으로 논한다. 1914년에 추가된 셋째 서문에서 그는 이 연구가

3 프로이트는 「초안 E」에서 "신체적 성적 긴장이 축적되면 불안신경증이 생기고, 정신적 성적 긴장이 축적되면 우울증이 발생한다"라고 구분한다. *SE*I: 192쪽. 그는 「초안 G」(Draft G)에서 우울증의 메커니즘을 설명하면서 신체적 성적 긴장이 정신적 성적 긴장으로 바뀌는 과정을 상세히 설명한다. *SE*I: 200~206쪽을 참조할 것.

4 Editor's Note to "On the Grounds for Detaching a Particular Syndrome from Neurathenia Under the Description 'Anxiety Neurosis,'" *SE*III: 88쪽.

"정신분석학적 연구에 전적으로 기초했을 뿐 아니라 생물학의 발견으로부터 의도적으로 독립된 것"이라고 말하며 성의 정신적 특성을 강조한다.(*SE*VII: 131) 그는 욕동을 "신체 내부에서 지속적으로 나오는 자극의 원천에 대한 정신적 대표자"로 정의한다.(*SE*VII: 168) 리비도의 정신적 특성은 "거세 수술도 리비도의 제한을 가져오는 데 종종 실패한다"는 사실로 증명된다.(*SE*VII: 214) 이런 발언들은 리비도가 생물학적인 것과 구분된다는 것을 단적으로 보여준다.[5]

리비도는 그 자체로 모호한 개념이다. 프로이트는 이 용어에 상응하는 유일한 독일어 *Lust*가 "성적 긴장감"과 "만족감"을 동시에 의미할 수 있다고 지적한다.(*SE*VII: 212) 따라서 영어의 lust와 달리 독일어는 "욕망"과 "쾌락"을 동시에 의미하는 모호성을 지닌다.(*SE*VII: 135) 리비도 자체가 모순적일 뿐 아니라 리비도의 작용도 정상을 벗어나는 성향을 지닌다. 프로이트의 성이론은 리비도의 정상 발달보다 오히려 비정상적 발달에 더 큰 관심을 기울이는 것으로 보인다. 「성이론에 관한 세 편의 에세이」 1부는 성적 욕동이 정상에서 벗어난 성적 이상에 관한 것이다. 남녀의 성적 대상이 이성이 아닌 동성애의 경우가 성 대상 도착(inversion)이고 그 원인은 인간의 양성성이다. 그런데 성적 욕동에서 대상은 중요하지 않다. "성적 욕동은 일차적으로 그 대상에서 독립해 있기" 때문이다.(*SE*VII: 148) 그러므로 성 대상 도착은 "원래의 인간이 반쪽—남자와 여자—으로 분리되었고 이들이 사랑으로 다시 결합하려고 애쓴"다는 "시적 우화"가 허구임을 증명한다.(*SE*VII: 136) 프로이트는

5 욕동의 신체적/정신적 모호성에 대해서는 "Editor's Note to 'Instinct and Their Vicissitudes'," *SE*XIV: 112~113쪽을 참조할 것.

여기에서 이미 남녀 결합의 불가능성을 암시하고 아리스토파네스의 신화를 탈신비화한 라캉을 예기한다.

성적 욕동에서 대상보다 더 중요한 것은 목적이다. 남녀의 성적 결합이라는 목적에서 벗어난 경우가 도착(perversion)이다. 도착증 환자는 성 기관이 아닌 신체의 다른 부분에서 만족을 찾거나 성적 결합 전 단계에서 만족을 찾는다. 그런데 성 기관 이외의 신체 부위에 대한 과대평가는 정신적 영역으로 확장되어 주체는 대상을 과대평가한다. "주체는 말하자면 성적 대상의 정신적 성취와 완벽함에 지적으로 도취되고(즉 그의 판단력이 약해지고) 성적 대상의 판단에 쉽게 굴복한다. 그러므로 쉽게 믿는 사랑의 속성은 가장 근원적인 것은 아니더라도 중요한 권위의 원천이다."(*SE*VII: 150) 사랑하는 대상에 대한 판단이 흐려져 대상의 판단을 쉽게 믿는 경향은 정상적인 성적 결합을 방해한다. "이 성적 과대평가는 성적 목적을 실제 성기의 결합으로 제한하는 것과 쉽게 화해할 수 있고 신체의 다른 부위와 연관된 행위들을 성적 목적으로 바꾸는 데 도움이 된다."(*SE*VII: 150~151) 이성을 과대평가하는 사랑이 도착적인 요소를 지니는 것이다.

성적 대상의 과대평가는 그 대상에 리비도를 과잉 투자한 상태다. 그러므로 정상적인 성적 목적인 성 기관의 결합을 방해하거나 지연시키는 요소들은 리비도에 반대되는 것이다. 프로이트는 성적 대상의 성 기관에 대한 히스테리 환자의 혐오, 관음증과 노출증에 나타나는 수치심, 그리고 사디즘과 마조히즘에서 성적 대상에 가하는 고통을 반리비도적인 힘으로 본다. "고통은 [……] 리비도에 반대되고 저항적인 힘으로서 혐오와 수치심의 대열에 합류한다."(*SE*VII: 159) 리비도가 대상과 목적에서 비정상적으로 작용할 때 성도착이 발생한다. 신경증에서 성도착의 원인은 체질적인 요인도 포함한다. 그러나 주된 원인은 리비도가 마치 주류가 막혔을 때 하천이 지류로 흘러가는 것처럼 "정상적인 성적 목적과 대상에서 강제로 벗어나게 되는 것"이다.(*SE*VII: 170)

그렇다면 정상적인 성 발달단계에서 리비도는 어떻게 투자되는가? 유아의 성 발달단계에서 유아의 성은 유아가 자기 신체 일부를 성 대상으로 삼는 자기성애적인 것이다. 첫째 단계는 입으로 대상을 흡수함으로써 만족을 취하는 구강기(oral phase)다. 둘째 단계는 근육으로 정복하려는 가학적인 능동성과 항문을 통해 성적 쾌감을 느끼는 수동적 만족을 추구하는 가학적-항문기(sadistic-anal phase)다. 마지막 셋째 단계는 각기 다른 신체 부위를 통한 부분욕동의 만족이 성 기관의 만족으로 통합되는 성기기(genital phase)다. 이 단계에서 "쾌락의 추구는 생식기능의 지배하에 놓이게 된다. [……] 부분욕동들은 하나의 성감대의 지배를 받고 외적인 성적 대상에 밀착된 성적 목적을 향한 확고한 조직을 형성한다."(*SE*VII: 197) 사춘기에 이르러서야 성적 욕동은 자기성애의 단계를 벗어나 "성적 대상을 찾는다."(*SE*VII: 207) 성감대가 성기에 종속되고 부분욕동들이 생식을 위한 성기의 결합으로 통일되면서 "성적 욕동은 이제 생식기능에 종속된다. 그것은 말하자면 이타적이 되는 것이다."(*SE*VII: 207)

광의의 의미에서 사랑은 자기성애를 포함하지만 자기성애를 벗어난 사춘기 이후에 주체가 대상을 선택하여 리비도가 대상을 향할 때 비로소 남녀의 사랑이 시작된다. 앞으로 논하겠지만 프로이트는 자기성애에서 나르시시즘이 출현하는 과정을 논하면서 자기성애에 무엇이 보태져야 비로소 자아가 스스로를 사랑하는 나르시시즘이 성립한다고 설명한다. 자기성애 단계에서는 사랑이 아니라 성감대에서 "다형적으로 도착적인" 부분욕동들의 활동만 존재할 뿐이다.(*SE*VII: 191) 그러므로 엄밀한 의미에서 자기성애적인 인간은 사랑하지 못한다. 크리스테바가 말하듯이 "자기성애적 인간은 (자신을 사랑받을만하게 만들 수 없는 것처럼) 자신이 '사랑받도록' 허용할 수 없다. [……] 그는 자신의 성감대에서 돌돌 말린 채 구획된 신체의 조각난 영역들 안에서 구별되지 않은 상태로 존재한다."[6] 사랑은 파편화된 신체의 성감대에서 발생하는 것이 아니라 타자에게 리비도가 투자될 때 비로소 가능하다.

2. 남성의 사랑과 정신적 성불구

그렇다면 정상적인 성 발달과정에서 이성을 대상으로 선택하여 생식을 위해 성 기관을 결합할 때 남녀의 사랑은 완성되는 것일까? 아이러니하게도 프로이트는 성 발달과정에서 남녀의 정상적인 결합보다 이 과정에서 발생하는 문제점에 더 주목하는 듯 보인다. 프로이트가 "신경의 문제에서 정상과 비정상의 경계는 유동적이고 [……] 우리들[정상인]도 모두 다소간 신경증적"이라고 말했다는 사실은 이런 점을 더 부각시킨다.(*SE*VI: 278) 그러므로 프로이트가 묘사하는 남녀의 사랑은 정신적 성불구와 부조화로 점철된다. 남녀의 사랑이 성립하려면 리비도

6 Julia Kristeva, *Tales of Love*, 35쪽.

가 대상에 투자되어야 하지만 리비도의 투자는 처음부터 갈등의 씨앗을 내포한다. 왜냐하면 리비도의 투자와 향방에서 균형을 찾기가 어렵기 때문이다.

제라시모스 산타스(Gerasimos Santas)는 프로이트의 사랑이론이 장기간에 걸쳐 일관성을 지니지만 1914년 논문 「나르시시즘 서론」("On Narcissism: An Introduction")을 기점으로 전-나르시스적 시기와 후-나르시스적 시기로 구분할 수 있다고 주장한다.[7] 프로이트는 이 논문에서 최초로 자아리비도 개념을 통해 리비도가 애초에 대상이 아니라 자아에 투자된다는 점을 밝힌다. 이 점은 사랑이 근본적으로 나르시스적이라는 점을 강력히 시사하며 사랑과 리비도 투자의 관계를 매우 복잡하게 만든다.

자아의 성 기관 및 신체의 다른 부위에서 발생하는 성적 흥분의 표상이 자아리비도다. 그런데 자아리비도는 "성 대상을 카섹트하는 용도에 쓰일 때 즉 대상리비도가 될 때만" 관찰될 수 있다.(*SE*VII: 217) 즉 자아리비도는 그 자체로 관찰될 수 없고 대상에서 리비도가 철수되어 자아로 돌아올 때만 관찰될 수 있다. (대상) 리비도는 대상에 투자되거나 고착되기도 하고 대상을 포기하거나 한 대상에서 다른 대상으로 옮겨가기도 하면서 "주체의 성적 행위를 만족으로 즉 리비도의 부분적이고 일시적인 소멸로 이끈다."(*SE*VII: 217) 대상에서 철회된 리비도는 "긴장의 특수상태에 머물다가 마침내 자아로 돌아와 다시 자아리비도가 된다. 대상리비도와 대조적으로 우리는 자아리비도를 '나르시스적'

7 Gerasimos Santas, *Plato and Freud: Two Theories of Love* (New York: Basil Blackwell, 1988), 119쪽.

리비도라고 부른다."(*SE*VII: 217~218) 요컨대 리비도는 원래 자아에 속한 것이고 대상으로 향했다가 다시 자아로 되돌아온다.[8]

프로이트는 리비도가 대상에 투자되기 전 자아에 투자된 상태를 원초적 나르시시즘으로, 리비도가 대상에서 자아로 회귀하는 것을 2차적 나르시시즘으로 부른다. 그러므로 과대망상증은 새로운 것이 아니라 원초적 나르시시즘 상태에서 원래 존재했던 것이다. "이는 대상 카섹시스의 회수에서 발생하는 나르시시즘을 2차적 나르시시즘으로 보게 만든다. 이 2차적 나르시시즘은 여러 다른 영향들에 의해 은폐된 원초적 나르시시즘에 겹쳐진다."(*SE*XIV: 75) 그러나 콥젝이 강조하듯이 "**대상에 대한 리비도 카섹시스 없이** 리비도—또는 그 문제에 관해서 나르시시즘—의 존재를 간파하는 것은 불가능하다. 나르시스적 리비도는 결코 직접적으로 명증하지 않다. 우리는 대상리비도 또는 대상 카섹시스에 기초해서만 그것을 유추한다."[9]

프로이드에 따르면 리비도가 대상을 향하기 전까지 성적 욕동은 자기보존욕동과 구분되지 않는다. "대상 카섹시스가 있기까지 성적 에너지—리비도—를 자아욕동의 에너지와 구분하는 것은 가능하지 않다."(*SE*XIV: 76) 리비도는 자아를 대상으로 선택할 수 있지만, 이는 온전히 성적 욕동과 동일시할 수 있는 상태가 아니다. "나르시시즘은 [……] 자기보존욕동의 에고이즘에 대한 보완"이라는 발언은 나르시시

8 프로이트는 후에 전의식, 의식, 무의식 대신 자아, 이드, 초자아로 인간의 정신구조를 설명한 『자아와 이드』에서 자아가 아니라 이드가 "리비도의 큰 저장소"라고 수정한다. *SE*XIX: 30쪽 각주 1번을 볼 것.

9 Joan Copjec, *Imagine There's No Woman: Ethics and Sublimation* (Cambridge: MIT P, 2002), 61쪽.

즘이 자기보존욕동에 부차적이라는 인상을 준다.(*SE*XIV: 73~74) 이런 까닭에 자기성애와 나르시시즘은 광의의 의미에서 사랑에 포함되지만 협의의 의미에서는 사랑이 아니다. "대상리비도의 최고 발달단계는 주체가 대상 카섹시스를 위해 자신을 포기하는 것처럼 보이는 사랑에 빠진 상태(being in love)에서 볼 수 있다."(*SE*XIV: 76) 역설적이게도 리비도는 원래 나르시스적이지만 나르시시즘 자체는 대상 사랑에 의해서만 유추된다는 점에서 간접적이고 이차적이다. 이런 의미에서 사랑은 리비도가 대상에게 투자되어 자아리비도가 대상리비도로 바뀌는 것 즉 자아가 대상에 성적으로 매료되는 것을 의미한다.

성적 욕동 이론에서 정상적인 대상선택은 이성의 선택이다. 프로이트의 사랑이론은 남녀 구분을 전제하며 남녀의 대상선택을 구별하여 설명한다. 남아의 경우 처음에는 어머니의 젖이라는 대상에서 영양분을 취할 때 성적 욕동이 발생한다. 그러나 남아는 후에 "만족을 준 기관이 속한 인간의 총체적 표상을 형성할 수 있을 때" 이 대상을 상실한다.(*SE*VII: 222) 이 대상을 상실하면 아이는 자기성애적이 되고—수음이 이를 설명한다—사춘기에 이르러서야 이 대상과의 "원래 관계가 회복된다."(*SE*VII: 222) "그러므로 어머니의 젖을 빠는 아이가 모든 사랑관계의 전형이 된 데에는 충분한 이유가 있다. 대상 발견은 실제로는 대상의 재발견이다."(*SE*VII: 222) 남아에게 대상선택의 모델은 어머니인 것이다. 유아기의 절정에 도래하는 오이디푸스 콤플렉스를 극복하는 과정에서 성적 욕동이 억압되어 근친상간에 대한 혐오감이 생겨나고 남아는 어머니나 기타 혈육이 아닌 이성을 대상으로 찾게 된다. 그래서 "남자는 어머니의 모습을 표상할 수 있는 사람을 찾는다."(*SE*VII: 228)

프로이트는 첫째 "사랑의 심리학을 위한 기고문"인 「남자의 특수한 대상선택 유형」에서 이를 더 상세히 분석한다. 남성 신경증 환자의 대상선택에서 사랑의 필요조건은 1) 다른 남자가 소유하는 여자를 사랑하고, 2) 창녀와 같은 평판이 나쁜 여자를 사랑하며, 3) 그 여자를 유일한 사랑의 대상으로 삼지만 이 대상을 끊임없이 교체하고, 4) 그 여자가 자신을 필요로 하기 때문에 그녀를 도덕적 타락에서 구원해야 한다고 믿는 것이다. 이 네 가지 필요조건에서 여자는 모두 남자가 유년기에 최초로 사랑한 어머니의 대체물이다. 첫째 조건에서 여자를 소유한 제3 자는 어머니를 소유한 아버지다. 창녀 같은 여자라는 점은 성행위를 불결한 것으로 알던 남아가 부모 역시 성행위를 한다는 사실을 깨닫고 자신이 아닌 아버지와 성관계를 맺는 어머니를 창녀 같은 존재로 여기게 되기 때문이다. 남자가 여자를 교체하는 것은 최초의 사랑의 대상인 어머니를 완벽히 대체할 여자가 없기 때문이다. "대체 불가능한 것의 개념은 무의식에서 활동적일 때 흔히 끊임없는 시리즈로 분열되어 나타난다. 그것이 끊임없는 이유는 모든 대체물이 욕망하는 만족을 주는 데 실패하기 때문이다."(*SE*XI: 169) 어머니를 구원하겠다는 생각은 자신에게 생명을 준 어머니에게 자신과 같은 아이를 선물함으로써 보답하려는 욕망을 보여준다. 이 경우 남아는 아버지와 동일시한다. 남자는 궁극적으로 자신이 최초로 사랑했던 어머니를 대상선택의 모델로 삼고 아버지를 때로는 경쟁자로 때로는 동일시해야 할 이상적 인물로 여긴다. 이런 점에서 남성의 사랑에 대한 프로이트의 이론은 오이디푸스 콤플렉스로 수렴된다.

남성 대상선택의 근원이 어머니이고 어머니를 대체할 여자를 찾지 못한다면 남자의 사랑은 실패할 운명을 지니는 것이 아닐까? 둘째 "사랑의 심리학을 위한 기고문"인 「사랑의 영역에서의 보편적인 가치저하 경향에 관하여」("On the Universal Tendency to Debasement in the Sphere of Love")에서 프로이트는 정신적 성불구의 사례를 검토하면서 이 문제를 탐구한다. 여기에서 핵심적인 문제는 사랑과 욕동의 분리다. 프로이트는 『성이론에 관한 세 편의 에세이』에서 자기성애를 설명하면서 최초의 성적 행위가 어머니의 젖을 먹는 섭생 즉 자기보존의 목적과 결합해 있다가 후에 독립한다고 설명한다.(*SE*VII: 181~182) 성적 욕동은 자기보존욕동(자아욕동)에서 파생되어 나온다. 따라서 최초의 성적 욕동의 대상은 영양분을 제공하여 자아욕동을 만족시켰던 어머니나 어머니의 대리인이다. 프로이트는 「나르시시즘 서론」에서 이렇게 설명한다.

> 성적 욕동은 처음에는 자아욕동의 만족에 유착되어 있었다. 나중에서야 그것들은 자아욕동에서 분리되고 분리된 후에도 아이를 먹여주고 돌봐주고 보호해주었던 사람들 다시 말해서 우선적으로 어머니 또는 어머니의 대체물이 아이의 최초의 성적 대상이 된다. 이 사실은 두 욕동이 원초적으로 유착되어 있었음을 보여준다. (*SE*XIV: 87)

그러나 성적 욕동과 자아욕동이 분리된 후에 이 둘의 차이는 남자가 사랑의 대상을 선택하는 데 문제를 유발한다. "정신적 성불구"를 지닌 남자들은 "어머니나 누이에 대한 근친상간적 고착"을 극복하지 못한 것이고 그 근본적인 원인은 "리비도 발달사에 있었던 억제"다.(*SE*XI: 180) 정상적인 사랑에서는 "애정적 성향"(affectionate current)과 "관능적 성향"(sensual current)이 통일된다.

> 애정적 성향이 더 오래된 것이다. 그것은 최초의 유아기에 발생하며 자기보존욕동의 이익을 토대로 형성되고 가족 구성원과 아이를 돌보는 사람들에게 향한다. [……] 그것은 아이의 일차적 대상선택에 상응한다. [……]
>
> 아이의 이런 애정적 고착은 유아기 내내 지속하고 에로티시즘을 계속 동반하다가 그 후 성적 목적에서 이탈한다. 그러다가 사춘기에 그것은 더 이상 목적을 착각하지 않는 강력한 '관능적' 성향과 결합한다. 관능적 성향은 이제 더 강해진 리비도의 양으로 이전의 경로를 따라 일차적 유아기의 대상을 카섹트하는 데 실패하지 않는다. 그러나 여기에서 그것은 그동안 근친상간의 벽이 만들어놓은 장애에 부딪혀 결과적으로 현실에서 적합하지 않은 이 대상들을 지나쳐 가능한 빨리 실제로 성생활을 수행할 수 있는 다른 외적 대상을 찾으려고 노력한다. 이 새로운 대상들은 여전히 유아기 대상의 모델(이마고)에 기초해 선택된다. 그러나 시간이 지나면서 이 대상들은 최초의 대상들에 묶여있던 애정을 자신에게로 끌어당긴다. [……] 이때 애정과 관능성은 통일된다. 관능적 열정의 강도가 최고일 때 대상의 정신적 가치도 최고가 된다. (*SE*XI: 180~181)

애정과 관능성은 각각 자기보존욕동과 성적 욕동에 해당한다. 애정(사랑)과 자기보존욕동은 관능성(욕망)과 성적 욕동에 선행한다. 어머니의 이마고를 가진 대상이 점차 어머니에게 향했던 애정을 자신에게 끌어들이는 과정은 리비도 투자가 어머니에게서 다른 대상으로 전이되는 과정이다. 정상적인 사랑이 가능하기 위해서 남자는 오이디푸스 콤플렉스를 해소해서 근친상간적 대상에게 투자되었던 리비도를 철회하여 다른 여자에게 투자해야 한다. 이때 대상선택은 최초 사랑의 대상인 어머니의 모델에 기초하므로 새로운 대상의 발견은 최초의 대상을 다시 발견하는 과정이다. 새로운 대상은 최초 대상의 "이마고"에 기초한 대

상 다시 말해서 최초의 대상을 닮은 대상이다.[10]

프로이트는 이런 정상적인 리비도 발달을 방해하는 두 가지 요인을 지적한다. 첫째는 "새로운 대상선택에 반대되고 당사자에게 이 대상의 가치를 축소하는 현실에서의 좌절"이다.(*SE*XI: 181) 둘째는 "유아기의 대상"이 행사하는 매력이 여전히 커서 "리비도가 현실에서 등을 돌리고 상상적 행위가 이 리비도를 받아(내향의 과정) 최초 성적 대상의 이미지를 강화해 그 대상에 고착되는 것이다."(*SE*XI: 181~182) 그 결과 심할 경우 "무의식적 근친상간적 환상"에서 원초적 대상에 대한 관능성의 고착이 발생하여 성기능 자체가 약해지고 "완전한 성불구"를 초래할 수 있다.(*SE*XI: 182) 그러나 성기능이 위축되지 않는 "정신적 성불구"의 경우에는 애정과 관능성이 분열된다.

> 활동적으로 남아있는 관능적 성향은 금지된 근친상간적 인물들을 환기하지 않는 대상들만 찾는다. 만일 어느 여성이 높은 정신적 평가를 하게 만드는 인상을 준다면 이 인상은 관능적 자극이 아닌 성애적인 효과가 없는 애정에서만 출구를 발견한다. 이런 사람들에게는 사랑의 전 영역이 예술에서 거룩한 사랑과 세속적인(또는 동물적

10 여기에서 대상선택이 최초 대상의 "모델(이마고)"에 기초한다는 점은 유사성이 외모의 유사성임을 시사한다. 프로이트가 레오나르도 다빈치(Leonardo Da Vinci)를 사로잡은 모나리자—모나 리자 델 죠콘도(Mona Lisa del Giocondo)—의 미소에 대해 "그 신비한 미소—그가 상실했었고 플로렌스 귀부인에게서 다시 발견했을 때 그를 매혹시킨 미소—를 소유했던 것은 그의 어머니"였다고 주장하는 것은 이를 예증한다.(*SE*XI: 111) 그러나 산타스가 지적하듯이 이 유사성은 "얼굴, 목소리, 동작 등과 같은 신체적 특징들"뿐 아니라 부모의 보호적 기능과 같은 "역할의 유사성" 및 오이디푸스적 상황과 같은 "상황적 유사성"일 수도 있다. Gerasimos Santas, *Plato and Freud*, 124쪽. 앞서 살펴본 「남자의 특수한 대상선택 유형」에서 남자가 사랑하는 여자의 여러 특징은 외모보다는 오이디푸스적인 상황에 기인한 것이다.

> 인) 사랑으로 의인화되는 두 가지 방향으로 분열된다. 그들은 사랑할 때 욕망하지 못하고 욕망할 때 사랑하지 못한다. 그들은 사랑하는 대상과 관능성을 분리하기 위해 사랑할 필요가 없는 대상들을 찾는다. [……] 근친상간을 피하려는 목적으로 선택된 대상이 어떤 특징, 흔히 두드러지지 않은 특징으로 인해 금지된 대상을 환기할 때마다 정신적 성불구에서 보이는 이상한 실패가 나타난다.
>
> 이렇게 사랑에서 분열될 때 그들이 이런 장애를 막기 위해 의존하는 주요 보호수단은 그 성적 대상에 대한 정신적인 가치저하다. 성적 대상에 정상적으로 부여되는 과대평가는 근친상간적 대상과 이 대상의 대표자들을 위해 남겨둔다. (*SE*XI: 182~183)

정신적 성불구는 사랑과 욕망의 분리에 기인한다. 남자는 사랑하고 존경하는 여자와 성행위를 자제하고 평가 절하하는 여자하고만 성행위를 즐긴다. "이런 사람들의 성행위는 그 배후에 있는 욕동의 전적인 정신적 추동력을 갖지 않는다는 명확한 징후를 보인다."(*SE*XI: 182) 이런 육체적인 성행위에는 원초적 대상에 부여하는 정신적 사랑이 전적으로 배세되어 있나.[11]

11 『성이론에 관한 세 편의 에세이』와 세 편의 "사랑의 심리학을 위한 기고문"에서 프로이트는 사랑을 자기보존욕동과 연결시키고 (자기보존욕동에서 파생하는) 성적 욕동에 선행하는 것으로 파악한다. 반면에 『집단심리학과 자아분석』에서는 사랑을 성적 욕동이 변형되고 발전한 것으로 본다. 5세쯤 남아가 어머니를 최초 사랑의 대상으로 삼을 때 어머니는 성적 욕동의 대상이기도 하므로 사랑과 욕망은 일치한다. 그 후 성적 욕동이 억압되면 어머니(또는 부모)에 대한 성적 욕동은 "목적이 억제된" 욕동으로 바뀌어 사랑의 대상은 "애정적" 감정이 되고 이전의 관능적 성향은 무의식에서 존속된다. 그리고 사춘기에 성적 목적을 향한 충동이 강화되면 어떤 경우에는 애정적 성향과 관능적 성향이 분리되기도 하지만 대부분 다시 결합하여 "비관능적 천상적 사랑"과 "관능적 세속적 사랑"은 하나의 대상으로 수렴된다. "순수히 관능적인 욕망"과 구분되는 "사랑에 빠진 상태"의 강도는 "목적이 억제된 애정의 욕동이 차지하는 크기"에 좌우된다. 이 설명에 따르면 애정적 성향/사랑은 관능적 성향/성적 욕동이 변형된 것이다. *SE*XVIII: 111~112쪽. 사랑/애정적 성향은 욕망/관능적 성향에서 발생한 것이다. 그러므

남성에게 사랑은 근친상간적인 금지 대상을 향하기 때문에 육체적 욕망의 대상이 되는 여성의 가치는 저하된다. 프로이트는 이런 정신적 성불구가 문명세계에서 상당히 보편화되어 있다고 진단한다. 이 문제는 "사랑에서 애정적 성향과 관능적 성향이 결합하지 못하는 실패"에서 발생한다.(*SE*XI: 186) 따라서 "사랑에서 진정으로 자유롭고 행복하려는 자는 누구든 여성에 대한 존경심을 극복하고 자신의 어머니나 누이와의 근친상간 관념과 타협해야 한다."(*SE*XI: 186) 남성은 원초적인 근친상간적 대상의 대체물인 사랑하는 여성을 성적으로 즐길 수 있어야 한다. 이런 관점에서 오이디푸스 콤플렉스는 역설적인 결과를 낳는다. 남성은 오이디푸스 콤플렉스 즉 근친상간적 욕망을 극복하지 못하면 어머니에게 고착되어 다른 여성을 사랑할 수 없게 된다. 반대로 어머니와의 근친상간적 욕망을 받아들이지 못하면 사랑과 욕망은 분열되어 사랑하는 사람을 성적으로 즐길 수 없다.

그렇다면 사랑과 욕망이 분리되는 정신적 성불구는 정상적인 성 발달에서 이탈한 예외적인 것일까? 문명세계에서 정신적 성불구가 보편화되어 있다는 프로이트의 진단은 그 역을 예증하는 것이 아닐까? 아니면 문명의 억압이라는 외적 요인보다 더 근본적인 원인이 사랑과 욕망의 화해를 방해하는 것은 아닐까? 다음과 같은 프로이트의 발언은

로 프로이트는 "사랑의 상태는 남녀의 성적 관계에서 단지 뒤늦게 나타난 것"이라고 말한다. *SE*VIII: 140쪽. 핑크는 애정적 사랑이 성적 사랑에서 파생된 것이라는 주장이 두 성향이 독립된 것이었다는 이전의 주장과 다르다고 지적한다. Bruce Fink, *Against Understanding: Cases and Commentary in a Lacanian Key, Volume 2* (London: Routledge, 2014), 140쪽을 참조할 것. 그러나 앞서 논했듯이 더 정확히 말하면 프로이트의 초기 이론에서 애정적 성향은 관능적 성향과 독립된 것이라기보다 자기보존욕동이 성적 욕동에 앞선 것처럼 관능적 성향에 선행한다.

이에 대한 매우 중요한 암시를 던진다.

> 완전한 만족의 실현에 불리한 어떤 것이 성적 욕동 자체의 본성에 있을 가능성을 고려해야 한다. 우리가 욕동의 길고 어려운 발달사를 고려한다면 이 어려움의 원인인 두 가지 요인이 즉시 떠오른다. 첫째, 두 단계에 걸친 대상선택의 발생과 근친상간의 장벽이 개입한 결과 성적 욕동의 최종 대상은 최초의 대상이 되지 못하고 그 대체물에 그친다. 정신분석은 소망적 충동의 원래 대상이 억압의 결과 상실되면 그 대상이 빈번하게 일련의 끝없는 대체 대상들에 의해 대표되지만 그것들이 완전한 만족을 가져오지 않는다는 것을 보여주었다. [……]
>
> 둘째, 성적 욕동은 원래 아주 많은 구성요소로 분열되며 [……] 그들 중 일부는 후기 형태의 욕동으로 통합될 수 없고 초기에 억압되거나 다른 용도로 쓰인다. 이들은 무엇보다 우리가 지니는 문화의 미적 기준과 양립하지 못하는 것으로 드러난 호분적(好糞的, coprophilic) 욕동의 구성요소들이다.[12] [……] 배설물은 성적인 것과 너무 밀접히 불가분 연결되어 있다. 성기의 위치는 결정적이고 불변하는 요소다. 여기에서 위대한 나폴레옹의 유명한 말을 바꿔서 '해부학이 운명이다'라고 말할 수 있다. 성기들은 인간 신체가 아름다운 방향으로 발달하는 데 참여하지 않았다. 그것들은 동물적인 것으로 남아있고 따라서 사랑도 본질적으로 과거와 같이 동물적이다. 사랑욕동은 교육하기 어렵다. [……] 문명이 그것에게서 만들어내려는 것은 뚜렷한 쾌락의 상실을 대가로 치르지 않고서는 얻을 수 없다. 사용될 수 없는 충동의 지속은 성행위에서 불만족의 형태로 감지될 수 있다. (*SE* XI: 188~190)

12 "coprophilic"은 배설물이 성적 흥분을 유발한다는 의미를 지니므로 "분애적"으로 옮길 수도 있다. 여기서는 국역본을 따라 "호분적(好奮的)"으로 옮겼다. 지그문트 프로이트, 김정일 옮김, 『성욕에 관한 세 편의 에세이』(열린책들, 1997), 234쪽.

프로이트는 인간의 성적 욕동이 만족될 수 없는 두 가지 이유를 제시한다. 첫째는 대체 대상이 원초적 대상을 대신할 수 없기 때문이다. 이 설명은 성적 욕동이 자아욕동과 분리되는 과정에서 불가피하게 원초적 대상이 상실된다는 프로이트의 주장과 부합한다. 이는 또한 주이상스의 상실과 욕망의 환유에 대한 라캉 이론의 토대가 된다. 핑크가 지적하듯이 그것은 성적 관계는 없다는 라캉의 명제를 예견하게 한다.[13] 이 설명은 육체적인 욕망/관능적 성향보다 정신적인 사랑/애정적 성향을 설명한 것에 가깝다.

둘째는 생물학적으로 인간의 성행위가 문명적이고 미적인 것과 양립할 수 없고 인간의 성적 욕동이 동물적인 것으로 남을 수밖에 없기 때문이다. 프로이트는 성적 욕동 대신 사랑욕동이라는 말을 사용한다. 여기에서 이 용어는 정신적 사랑이 아닌 육체적인 성적 욕동에 가깝다. 그는 『집단심리학과 자아분석』에서 플라톤의 에로스와 신약성서의 사랑을 논하면서 "정신분석학은 이런 사랑욕동에게 [……] 성적 욕동이라는 이름을 부여한다"라고 말한다.(*SE* XVIII: 91) 이 경우에 사랑은 성적 욕동으로 환원되며 문명화에 대립한다. 문명의 교육은 사랑/성적 욕동의 만족이 주는 쾌락을 억압하기 때문에 인간의 성행위는 불만족한 상태로 남는다. 이는 『문명과 그 불만』의 주제가 된다. 이 책에서 프로이트는 "문명인의 성생활"을 논하면서 "문명의 압박뿐 아니라 그 기능 자체의 본성에 존재하는 어떤 것이 우리에게 완전한 만족을 거부하고 우리가 다른 통로를 찾도록 강요할 수 있다"라고 조심스럽게 추정한

13 Bruce Fink, *Against Understanding Volume 2*, 137쪽.

다.(*SE*XXI: 105) 문명의 억압이라는 문화적 요인과 상실한 원초적 대상을 대체할 대상이 없고 근본적으로 만족될 수 없는 성의 "본성"이라는 내적인 원인 때문에 성적 만족은 불가능하다.[14]

3. 여성의 사랑과 불감증

남성의 대상선택은 원초적인 대상을 모델로 삼지만 여성의 대상선택은 그리 간단하지 않다. 사랑에 빠진 남성이 과대평가하던 여성을 성관계 이후 평가절하하게 되는 것과 달리 여성은 남성을 과대평가하지도 평가절하할 필요가 없다. 여성은 문명의 억압으로 발생한 성과 금지의 연결고리를 끊지 못하기 때문이다. "여성은 흔히 관능적 행위와 금지 사이의 연결을 없애지 못하고 그런 행위가 마침내 허락되면 정신적인 성불구 즉 불감증을 갖게 된다."(*SE*XI: 186) 남성이 성행위에 대한 금지를 위반하는 것과 달리 여성은 보통 이 금지를 위반하지 않는다. 따라서 여성에게 성과 금지의 연결은 사랑의 조건이다. 그리고 "여성의 성애적 삶에서 금지의 조건은 [……] 남성이 성적 대상을 평가절하해야 할 필요가 있는 것에 비교될 수 있다."(*SE*XI: 186~187) 남성이 여성을 평가절하하는 것과 여성이 성행위를 금지와 연결하는 것은 모두 "애정적 충동과 관능적 충동을 결합하지 못하는 데에서 유래한 정신적 성불

14 프로이트는 또한 발생학적 관점에서 인간이 직립보행을 하며 생식기로부터 멀어지면서 후각과 항문성애에 대한 경시와 혐오가 발생했을 가능성이 있고 인간이 양성적이므로 하나의 대상이 남성적 욕망과 여성적 욕망을 동시에 만족시킬 수 없다는 점도 성적 만족을 방해하는 요인으로 고려한다.(*SE*XXI: 106)

구를 없애려는 목적을 지닌다."(*SE*XI: 187) 여성의 경우 금지가 사랑의 조건이기 때문에 합법적인 결혼의 배우자는 여성의 사랑을 만족시키지 못한다. 그래서 여성은 합법적인 사랑이라 하더라도 비밀에 부쳐 금지를 만들어내기도 한다. 불감증을 겪던 여성은 "비밀스런 정사에 의해 금지의 조건이 다시 생기자마자 정상적인 육감"을 느낄 수 있다.(*SE*XI: 186)

프로이트는 셋째 "사랑의 심리학을 위한 기고문"인 「처녀성의 터부」("The Taboo of Virginity")에서 여성이 금지된 사랑에서만 만족을 얻는 더 근본적인 이유를 "리비도의 진화"에서 찾는다.(*SE*XI: 203) 여아의 유아적 성적 욕망의 대상은 아버지나 아버지를 대신하는 오빠다. 이 경우 성적 욕망은 성관계를 목적으로 삼지 않는다. 여아는 아버지나 그 대리인을 사랑하며 나중에 아버지를 대신하는 남편은 "거의 항상 대체물이지 사랑하는 바로 그 사람이 결코 되지 못한다. 여성의 사랑에 대한 우선권을 가진 자는 다른 사람—일반적으로 아버지—이고 남편은 기껏해야 차선책이다."(*SE*XI: 203) 남성의 정신적 성불구가 유아기에 어머니에 대한 고착에서 유래하듯이 유아기에 아버지에 대한 고착이 여성 불감증의 원인이다. 그리고 "여성의 성생활에서 정신적 요인이 클수록" 여성은 남편과의 최초 성행위에 대해 거부감이 크며 성적 만족을 얻지 못한다.(*SE*XI: 203) 어머니에게 고착된 남성이 다른 여성을 사랑하지 못하는 것과 마찬가지로 아버지에게 고착된 여성은 다른 남성을 사랑하지 못한다. 프로이트는 이미 『성이론에 관한 세 편의 에세이』에서 오이디푸스 콤플렉스를 극복하고 도덕적 원칙을 내화하며 부모의 권위에서 분리되는 정상적 발달에서 이탈하는 경우를 지적한다.(*SE*VII: 225~227) 이런 경우의 대부분이 여아들에게 발생한다. 그들은 사춘기가 지나서도 부모를 유아적으로 사랑하고 결혼 후에도 남편을 사랑하지 못하며 "차가운 아내가 되어 성적으로 무감각한 채로 남는다."(*SE*VII: 227) 남성과 마찬가지로 여성에게도 오이디푸스 콤플렉스가 사랑과 욕망이 분열되는 원인이다.

처녀성의 터부는 이와 어떻게 관계되는 것일까? 프로이트에 따르면 처녀성을 중요시하는 경향은 현대인뿐 아니라 원시인들에게도 존재했다. 그뿐 아니라 처녀성 파괴는 종교적인 금기가 될 만큼 터부로 여겨졌다. 원시인들에게는 결혼 전에 처녀성을 파괴하는 종교적 예식이 있었다. 여기에는 "최초의 성행위와 분리될 수 없는 어떤 것을 미래의 남편에게 거부하거나 면제시켜주려는 의도"가 존재했다.(*SE*XI: 199~200) 여성의 처녀성을 파괴하는 종교예식의 집행자는 제사장과 같은 "아버지의 대체물"이고 처녀성의 파괴를 맡는 "아버지의 대리인들 속에 신들의 형상"이 포함되었다.(*SE*XI: 204) 이 사실은 여성의 최초 사랑의 대상이 아버지라는 발생학적 관점과 일맥상통한다.

그러나 오이디푸스 콤플렉스보다 더 심층적인 여성 불감증의 원인이 존재한다. 여성이 최초로 성행위를 경험하는 남성은 여성을 낯설고 신비하며 심지어는 위험한 존재로 인식한다. 터부 예식은 "여성을 낯설고 적대적인 존재로서 거부함으로써 사랑에 반대하는 힘의 존재"를 예증한다.(*SE*XI: 199) 처녀성의 터부에서 남성은 어떤 정신적 위험에서 자신을 방어한다. 이 위험은 "거세 콤플렉스와 이 콤플렉스가 여성에 대한 견해에 미치는 영향" 즉 거세된 여성에 대한 폄하와 무관하지 않다.(*SE*XI: 199) 그러나 최초의 성관계에서 남성이 직면하는 위험은 여성에 대한 일반적인 터부보다 더 구체적인 것이다. 프로이트는 사랑하는 남성과의 성행위에서 만족을 얻으며 성행위를 요구하는 여성이 성행위 이후에 그 남자를 학대하고 때리는 역설에서 "여성 불감증의 수수께끼"를 풀어줄 실마리를 찾는다.(*SE*XI: 201) 아버지에 대한 사랑보다 더 근원적인 불감증의 원인은 음경선망이다.

> 남성에 대한 역설적 반응의 주요 원인이면서 여성 불감증에서 그 영향력을 감지할 수 있는 것으로 보이는 더 심층적인 다른 동기가 있다. 최초의 성행위는 여성에게 전술한 충동들뿐 아니라 다른 오래된 충동들을 활성화한다. 이것들은 여성적 역할과 기능에 완전히 반대된다.
>
> 우리는 많은 여성 신경증 환자의 분석에서 초기에 남자 형제가 남성성의 징후를 갖는 것을 시샘하고 그 징후를 결핍했기 때문에(사실은 그 크기가 작기 때문에) 불리하고 굴욕적이라고 느낀다는 것을 배웠다. 우리는 이 '음경선망'을 '거세 콤플렉스'에 포함시킨다. [……] 여성이 성행위 후에 사랑하는 남편에게 통제되지 않는 공격성을 보이는 전술한 사례에서 나는 이 단계가 대상선택의 단계 전에 존재했다는 것을 확인할 수 있었다. 나중에서야 여아의 리비도는 아버지에게 향하고 그때에는 음경을 갖고 싶은 대신 아이를 갖고 싶어 한다.
>
> [……] 이 음경선망이 남성에 대한 여성의 신랄한 적대감을 밝혀준다. 이 적대감은 이성 간의 관계에서 결코 완전히 사라지지 않는다. (*SE*XI: 204~205)

여성이 성행위 후 남성에 대해 공격적이 되고 아버지를 대신하는 남편과 불감증을 겪는 근본 원인은 대상선택 이전에 여아가 느끼는 음경선망 즉 여성의 거세 콤플렉스다. 더군다나 이 음경선망은 "여성적 역할과 기능에 완전히 반대된다." 왜냐하면 그것은 여성성이 아니라 여성이 지닌 남성성의 발현이기 때문이다. 여성 불감증은 여성성이 발현되기 이전 단계에서 음핵에 집중된 "여성의 **미성숙한 성**이 최초로 성행위를 알게 만드는 남성에게 발산되는 것이다."(*SE*XI: 206) 그러므로 처녀성을 파괴하는 종교예식은 최초의 성행위에서 남성에게 발산되는 여성의 공격에서 신랑을 보호하기 위한 일종의 문화적 장치다.

여성 불감증에 대한 탐구는 남녀에게 공통적인 사랑과 욕망의 분열 그리고 그 원인인 오이디푸스 콤플렉스보다 더 근본적인 여성의 성 문제로 이어진다. 프로이트가 여성성을 설명할 때 어려움을 겪는 이유 중 하나는 리비도를 남성적인 것으로 규정하기 때문이다. 그는『성이론에 관한 세 편의 에세이』에서 "리비도는 남자에게 발생하든 여자에게 발생하든 대상이 남자이든 여자이든 간에 항상 필연적으로 남성적이다"라고 말한다.(*SE*VII: 219) 여기에서 '남성적'은 '능동적'과 같은 의미다. 그는 1915년 각주에서 리비도가 남성적이라는 말은 생물학적이거나 사회학적인 남성/여성의 구분에 따른 것이 아니고 능동/수동의 구분을 따른 것이라고 밝힌다. "욕동은 수동적 목적을 가질 때조차도 항상 능동적"이기 때문이다.(*SE*VII: 219)

그러므로 프로이트가 자기성애나 수음과 관련해서 여아의 성이 "전적으로 남성적인 성격"을 지닌다고 말할 때 여성 역시 능동적인 리비도를 지닌다는 것을 의미한다.(*SE*VII: 219) 이는 이 시기에 여아의 성감대가 남성의 음경에 해당하는 음핵이라는 데에서 확인된다. 사춘기에 남아의 리비도가 증가하는 것과 반대로 여아의 "남성적 성"은 억압되고 음핵의 활동은 크게 위축된다. 그리고 음핵이 담당했던 성적 흥분의 역할은 일정한 기간을 거쳐 질구로 이전된다.(*SE*VII: 221) 이 시기에 여성은 성적으로 무감각해지고 이렇게 성에 대해 거부감을 보이는 여성은 리비도가 증가한 남성에게 더 매력적으로 보인다. 요컨대 남성성의 억압과 성감대의 변화가 여성 불감증의 원인이다. 2장에서 논했듯이 프로이트는 여성성을 탐구하면서 여성이 원하는 것이 남근이라는 결론에 도달한다. 아버지와 아기는 모두 음경을 대신할 뿐이며 여성이 사랑하는 대상은 오로지 남근이다. 프로이트 이론의 필연적인 논리적 결과로 여성은 남근을 소유하지 못해서 음경선망에 사로잡히고 불감증을 경험한다.

4. 남녀는 서로 사랑할 수 있는가?

성적 욕동이 근본적으로 만족될 수 없다는 프로이트의 발언과 남성의 정신적 성불구 및 여성 불감증에 대한 프로이트의 분석은 남녀의 결합에 대한 부정적인 전망을 예시한다. 「여성성」의 결론에서 프로이트가 남긴 말—"남자의 사랑과 여자의 사랑은 심리적으로 한 단계 떨어져 있다"(*SE*XXII: 134)—은 "성적 관계는 없다"라는 라캉의 명제를 상기시킨다.[15] 그렇다면 남녀의 사랑은 애초에 불가능한 것일까? 밀레는 사랑의 우연성과 필연성에 대해 이렇게 말한다.

> 사랑에는 우연의 요소가 존재한다. 사랑은 우연한 만남에 의존한

15 Paul Verhaeghe, *Does the Woman Exist?*, 217쪽을 참조할 것.

다. 아리스토텔레스의 용어를 사용하면 사랑에는 투케 즉 "우연한 만남"이 존재한다. 그러나 정신분석은 사랑에서 행운과 반대되는 필연의 요소, 사랑의 오토마톤(*automaton*)을 강조한다. 사랑에 관한 정신분석의 위대한 발견은 이 등록소에서 나온다. 분석은 주체가 자신을 사랑에 빠지게 만드는 또는 욕망하게 만드는 것에 다가가도록 허락한다. 이것이 프로이트가 "사랑의 조건"이라 부른 것이다.[16]

밀레의 발언은 분석상황에서 환자가 분석가에게 자신의 사랑을 자동적으로 전이하는 전이사랑 뿐 아니라 프로이트의 「남자의 특수한 대상선택 유형」에 관한 것이기도 하다. 분석상황에서 피분석가가 분석가와 전이사랑에 빠지듯, 남자는 최초 사랑의 대상인 어머니를 환기하는 여자를 만나게 되면 무조건 사랑에 빠진다. 사랑은 어머니를 환기하는 필연적 조건과 그런 여자의 출현이라는 우연한 만남에 의해 가능하다. 필연과 우연이 교차하는 사랑의 조건은 과연 가능할까?

이 질문과 관련해서 프로이트가 『나르시시즘 서론』에서 논한 리비도의 역학관계를 더 자세히 살펴볼 필요가 있다. 앞서 논했듯이 프로이트는 리비도가 원래 자아에게 집중되어 있었던 원초적 나르시시즘, 리비도가 대상에게 투자되는 대상카섹시스, 대상에게 투자된 리비도가 철회되어 자아에게 돌아오는 2차적 나르시시즘으로 리비도의 경로를 설명한다.(*SE*XIV: 75) 그는 리비도가 자아리비도와 대상리비도로 분화되는 것을 "성적 욕동과 자아욕동을 구분하는 최초 가설의 불가피한 추론"으로 정당화한다.(*SE*XIV: 77) 다시 말해서 리비도가 자아와 대상 사이에서 왕복운동을 하는 것이 인간의 근본적인 욕동의 메커니즘이다.

16 Jacques-Alain Miller, Tom Radigan 옮김, "Love's Labyrinths," *Lacanian Ink*, 8 (1994), 8쪽.

"사랑에 빠진 상태"는 욕동의 필연적인 왕복운동의 일부로서 리비도가 대상에 투자되어 대상리비도가 발생한 상태다.

그렇다면 리비도의 왕복운동의 관점에서 남녀가 파트너에게 대상리비도를 투자하는 상호적인 관계가 정상적인 사랑이 아닐까? 이 문제와 관련해서 먼저 프로이트가 리비도의 분화를 설명하면서 신경증과 정신병을 예로 들고 있다는 점에 주목할 필요가 있다. 프로이트는 현실과 맺는 관계의 차이에서 신경증과 정신병을 구분한다. 히스테리나 강박증 같은 신경증 환자는 현실과의 관계를 포기할 때에도 "사람들과 사물에 대한 성애적 관계를 결코 포기하지 않고" 환상 속에서 유지한다.(*SE*XIV: 74) 이와 달리 정신분열증과 같은 정신병 환자는 "과대망상증 및 외부세계—사람들과 사물들—로부터 관심을 철회하는" 두 가지 특징이 있다.(*SE*XIV: 74) 리비도이론으로 말하면 정신병 환자는 "외부세계의 사람들과 사물들로부터 리비도를 철회하고 환상 속에서 그들을 다른 것으로 대체하지 않는다."(*SE*XIV: 74)[17] 대상 카섹시스를 포기하지 않는 신경증과 달리 대상에서 리비도를 철회하는 정신병 환자들은 자아에 리비도가 과잉 집중된 과대망상에 빠진다. 절대적인 자아리비도의 상태는 병적이다. 질병을 앓는 환자가 외부세계에 대한 관심을

17 프로이트는 「신경증과 정신병」("Neurosis and Psychosis")에서 신경증을 자아와 이드의 갈등으로, 정신병을 자아와 현실의 갈등으로 설명하고, "자아가 외부세계에서 자신을 분리하는" 메커니즘은 "자아에서 나간 카섹시스의 철회"로 설명한다. *SE*XIX: 153쪽. 그는 「신경증과 정신병에서의 현실의 상실」("The Loss of Reality in Neurosis and Psychosis")에서 신경증 역시 현실 도피적임을 인정하면서 "신경증은 현실을 부인(disavow)하는 것이 아니라 무시할 뿐이지만 정신병은 현실을 부인하고 현실을 대체하려" 한다는 점에서 다르다고 주장한다. *SE*XIX: 185쪽. 프로이트의 사례연구 대상이었던 쉬레버(Schreber)같은 정신병 환자는 현실과 동떨어진 자신만의 세계를 구축한다.

끊고 자신의 질병에만 관심을 갖게 되면 외부세계뿐 아니라 대상에서도 리비도를 철회한다. "그는 사랑의 대상에서도 **리비도적** 관심을 철회한다. 그는 아플 때 사랑하기도 멈추는 것이다."(*SE*XIV: 82) 심기증(心氣症, hypochondria)도 리비도가 대상에서 철회되어 자아에 투자되기 때문에 발생한다.

리비도의 이상증세는 정신병뿐 아니라 신경증도 유발한다. 프로이트는 「신경증 발병의 유형들」("Types of Onset of Neurosis")에서 리비도가 정체되는 것을 신경증 발병의 원인으로 지목한다. 그 첫째 유형인 좌절은 사랑하는 대상을 상실하여 그 대상에서 철회된 리비도를 대신 투자할 대상이 없을 때 발생한다. "사랑에 대한 욕구가 외부세계에서 실제 대상에 의해 만족되는 한 주체는 건강하다. 이 대상에서 철회하고 그것을 대신할 대체물이 없으면 그는 신경증 환자가 된다."(*SE*XII: 231) 둘째 유형은 주체가 외부세계의 변화에 의해서가 아니라 현실에서 가능한 만족을 얻으려 노력하다가 현실의 요구에 감당하지 못하는 내적인 성향 때문에 질병에 걸리는 것이다. 환상에서 리비도를 만족시키던 청년이 실제 대상선택을 통해서 만족을 추구할 때 또는 여자가 아버지나 오빠에 대한 애정을 사랑하는 남자에게로 전치해야 할 때 실패하는 경우를 예로 들 수 있다. 이 경우 외적 대상이 없어서가 아니라 리비도를 이전의 대상에서 새로운 대상으로 전치하지 않으려는 내적 경향들 때문에 만족을 얻지 못한다. 이 경우는 현실이 만족을 가져다주지 못한다는 점에서 좌절이지만 좌절의 원인은 외적인 것이 아니라 내적인 것이다. 셋째 유형은 **"발달상 억제"** 즉 "리비도가 유아기의 고착을 결코 떠나지 않았기" 때문에 발병하는 경우다.(*SE*VII: 235) 마지막으로 성장하면서 리비도가 증가하여 발병하는 경우가 있다. 이 경우는 상대적 좌절이라고 볼 수 있다. 외부세계는 여전히 과거에 주체의 리비도를 만족시켰던 만큼 리비도를 만족시킬 수 있지만 증가한 주체의 리비도를 만족시켜줄 수는 없기 때문이다. 이 네 가지 유형은 "자아가 [……] 리비도의 정체라는 하나의 특수한 병인의 집단을 만드는 다른 방법들일 뿐"이다.(*SE*XII: 237)

신경증이 "대상리비도의 정체"에서 발생한다면 정신병은 "자아리비도의 정체"에서 발생한다.(*SE*XIV: 84~85) 리비도의 정체는 긴장을 고조시켜 불쾌를 유발하므로 불쾌를 막기 위해서 리비도는 대상으로 향해야 한다. 여기에서 프로이트는 왜 우리가 애초에 리비도를 대상에 투자해야 하는가라는 근본적인 문제를 제기한다. "이 필연성은 자아리비도 카섹시스가 일정한 양을 넘을 때 발생한다. 강한 에고이즘은 질병에 걸리는 것을 보호하지만 궁극적으로 우리는 병에 걸리지 않기 위해 사랑하기 시작한다. 좌절의 결과 우리가 사랑할 수 없다면 병에 걸린다."(*SE*XIV: 85) 자아에 과잉 투자된 리비도가 불쾌를 일으키고 질병을 유발하기 때문에 리비도를 대상에 투자하는 사랑이 필요하다.

병에 걸리지 않기 위해 리비도를 대상에 투자해야 하는 것이 필연이라면 남녀의 사랑은 필연적이지 않을까? 동성애에 대한 프로이트의 다양한 설명을 논외로 한다면 남녀 간 사랑의 필연성은 당연한 것으로 보인다. 그러나 프로이트의 리비도이론은 이런 예측에서 벗어난다. 리비도는 자아에서 대상으로 적절히 분배되어야 하지만 남녀에게 리비도의 분배는 다르기 때문이다. 프로이트는 대상선택의 유형을 "의존 또는 애착형"(anaclitic or attachment type)과 "나르시스형"으로 구분한다.[18] "완전한 애착형 대상사랑은 남성의 특징이다."(*SE*XIV: 88). 애착형 남성에게서 발생하는 성적 대상에 대한 과대평가는 자신과 어머니를 성적 대상으로 삼았던 원초적 나르시시즘에서 비롯된다. 성적 대상의 과대평가는 원초적 나르시시즘이 성적 대상으로 전이하기 때문에 발생한다. "이런 성적 과대평가는 사랑에 빠진 특수한 상태의 기원이고 [……] 리비도가 사랑의 대상을 선호하여 자아에서 고갈되는 것으로 추적할 수 있다."(*SE*XIV: 88) 남성은 리비도를 대상에게 모두 투자해서 자아리비도의 결핍이 발생한다.

여성의 경우 성기가 발달하는 사춘기에 원초적 나르시시즘이 대상으로 전이되지 않고 "원래 있었던 나르시시즘의 강화"를 가져온다.(*SE*XIV: 88) 특히 대상선택에 대한 사회적 구속이 존재하고 자신의 아름다운 외모에 만족하는 여자는 남자가 그녀를 사랑하는 만큼 자신을 사랑한다. 그들의 욕구는 "사랑하는 방향이 아니라 사랑받는 방향"에 있고 "이 조건을 만족시키는 남자가 그들의 호의를 얻는 자다."(*SE*XIV: 89) 여성은 남성이 아닌 자신을 사랑하고 남성은 이렇게 자신을 사랑하는 나르시스적 여성을 사랑한다. "타자[여성]의 나르시시즘은 자기 자신의 나르시시즘의 일부를 포기하고 대상사랑을 추구하는 자

18 anaclitic type의 독일어는 *Anlehnungstypus*이고 의존형(leaning-on type)을 뜻한다. 여기에서 의존의 의미는 문법적으로 단독으로 쓰이지 않고 다른 단어 끝에 붙여 사용되는 전접어(前接語, enclitic)가 다른 단어에 의존한다는 의미에서 유래한다. '애착형'에서 애착(attachment)은 어머니에 대한 아이의 애착이 아니라 자아욕동에서 파생한 성적 욕동이 자아욕동에 밀착되어 있는 것을 뜻한다. *SE*XIV: 87쪽 각주 2번을 참조할 것. 따라서 나르시시즘과 반대로 대상에 의존한다는 광의의 의미와 성적 욕동이 자아욕동에 의존한다는 협의의 의미는 구분되어야 한다. 어머니의 젖을 먹는 아이의 경우에는 이 둘의 의미가 중첩된다.

[남자]들에게 큰 매력을 지닌다."(*SE*XIV: 89) 그러므로 역설적으로 남녀의 사랑은 상호적이지 않다. 여성에게 "완전한 대상 사랑"을 줄 수 있는 존재는 남성이 아니라 자신이 낳은 아이다.(*SE*XIV: 89) 아이를 사랑하는 것도 근본적으로 나르시스적이다. 임신한 여성에게 아이는 자신의 일부였고 출산 후에 대상이 되었기 때문이다. 이와 달리 여성이 남성처럼 대상선택을 하는 이유는 "남성적 이상 즉 그들 자신이 한때 소유했던 소년적 성격의 본성인 이상에 대한 동경의 능력"을 여전히 간직하고 있기 때문이다.(*SE*XIV: 90) 여성의 대상 사랑은 여성에게 잔존하는 남성성에서 비롯되는 것이다.[19]

리비도 분배의 관점에서 나르시스적 리비도가 클수록 자존심이 커진다. "사랑 관계에서 사랑받지 못하면 자존심의 감정이 저하되고 사랑받으면 이 감정이 커진다."(*SE*XIV: 98) 대상 카섹시스는 주체의 자존심을 감소시킨다. 그러므로 "사랑하는 사람은 겸손하다. 말하자면 사랑하는 사람은 자기 나르시시즘의 일부를 포기했고 이는 사랑받는 것에 의해서만 대체될 수 있다."(*SE*XIV: 98) 나르시스적 여성을 사랑하는 남성의 자존심은 작다. 그가 사랑하는 여성이 그를 사랑하지 않고 자신을 사랑하므로 이 남성은 사랑받지 못하며 포기한 나르시시즘을 회복할 수 없기 때문이다. 나르시스적 여성과 애착형 남성의 결합에서 사랑은 상호적이지 않다. 리비도 분배와 교환에서 이런 어긋남으로 인해 남녀

19 핑크는 라캉 이론의 관점에서 애착형 사랑이 유아기의 어머니나 유모에 기초하기 때문에 상징적 또는 상상적 요소가 가미되어 있다 하더라도 실제 대상으로 향하는 "실재의 만족"을 추구한다고 본다. 반면 나르시스적 사랑은 원초적 나르시시즘의 감소 없이 타자에게서 자신의 이미지를 사랑하기 때문에 "상상적 만족"을 추구하는 것이다. Bruce Fink, *Against Understanding, Volume 2*, 135쪽.

의 사랑은 불가능하다.

> 자존심과 에로티시즘—즉 리비도의 대상카섹시스—의 관계는 다음과 같이 간략히 표현할 수 있다. 성애적 카섹시스가 자아동조적인(ego-syntonic) 것인지 아니면 반대로 억압을 당했는지에 따라 두 경우가 구별되어야 한다. 전자의 경우(리비도 사용이 자아동조적인 경우) 사랑은 자아의 다른 행위와 똑같이 평가된다. 사랑하는 것은 동경과 박탈을 포함하는 한 자존심을 저하시킨다. 반면 사랑받는 것 즉 자신의 사랑이 돌아오는 것은 다시 자존심을 높인다. 리비도가 억압될 때 성애적 카섹시스는 자아의 심각한 고갈로 느껴지고 사랑의 만족은 불가능하다. 자아가 다시 풍요로워지는 것은 대상에서 리비도를 철회하는 것에 의해서만 가능하다. 대상리비도가 자아로 되돌아와 나르시시즘으로 변모되는 것은 말하자면 행복한 사랑을 다시 나타내는 것이다. 다른 한편 정말 행복한 사랑은 대상리비도와 자아리비도가 서로 구분될 수 없는 원초적 조건에 해당한다는 것 역시 진실이다. (*SE*XIV: 99~100)

프로이트는 두 가지 경우를 제시한다. 앞서 논했듯이 자아리비도의 정체는 질병을 유발하기 때문에 질병에 걸리지 않기 위해 대상에 리비도를 투자해서 사랑해야 한다. 이때 대상에 대한 성애적 카섹시스의 투자가 자아동조적인 첫째 경우는 대상에 리비도를 투자하면서도 자아리비도를 고갈시키지 않는다는 뜻이다. 또는 사랑하는 대상에게서 다시 사랑을 받는 리비도의 교환이 이루어진다는 것을 뜻한다. 리비도를 대상에 투자하는 사랑의 행위가 자존심의 상실로 귀결되지 않으려면 사랑하는 대상의 사랑 즉 리비도의 투자를 받아 자존심을 유지해야 한다. 이 경우에 자존심과 에로티시즘은 양립한다. 논리적으로 말해서 나르시스적 여성과 사랑에 빠진 애착형 남성이 자존심을 유지하려면 리비도를 완전히 대상에 투자하지 않고 일정 부분 자아에 남겨두어야 한다. "자기 나르시시즘의 일부"만을 대상에게로 투자해야 하는 것이다.(*SE*XIV: 98)

둘째 경우에는 리비도가 대상에게 모두 투자되어 (자아)리비도가 억압된 결과 자아에서 리비도가 고갈되고 대상이 리비도를 주는 교환이 일어나지 않는다. 이 경우에는 자존심이 훼손될뿐더러 사랑의 만족도 불가능해진다. 그러므로 대상에서 철회한 리비도가 자아로 돌아와 나르시스적 리비도로 변모해야 비로소 다시 "행복한 사랑"이 가능해진다. 이 경우는 남녀의 사랑이 아니라 나르시스적 자기사랑이다. 프로이트는 한 걸음 더 나아가 "정말 행복한 사랑"은 자아리비도와 대상리비도의 구분이 없는 원초적 나르시시즘의 조건에서 가능하다고 말한다. 최고의 사랑이 대상과 무관한 나르시시즘의 상태에서 가능하다면 첫째 경우처럼 리비도의 교환으로 이루어진 남녀의 사랑은 불완전하고 결핍된 사랑일까?

5. 사랑의 경계선

프로이트의 사랑이론은 몇 가지 중요한 문제를 제기한다. 이 문제는 남과 여, 나와 너의 관계가 나르시시즘의 한계를 넘어설 수 있는가의 문제와 관련된다. 첫째, 남녀의 사랑이 의존형과 나르시스형으로 구분된다면 리비도의 투자와 회수에 기초한 프로이트의 사랑이론에서 남녀가 서로를 사랑할 가능성은 희박하다. 프로이트의 결론은 남자는 여자를 사랑하고 여자는 남자가 아닌 아이를 사랑한다는 것 아닌가? 나르시스적 여성과 의존형 남성의 사랑에서 리비도는 교환되지 않고 비대칭적이며 불균형적인 남녀관계를 낳을 뿐이다.

둘째, 사랑이 대상을 향한 것인지 자신을 향한 것인지가 매우 불투명하다. 프로이트가 남성의 사랑을 의존형 사랑으로 여성의 사랑을 나르시스적 사랑으로 구분하더라도 이 구분은 완전하지 않다. 그는 "개인마다 둘 중 하나를 선호하더라도 두 종류의 대상선택이 각 개인에게 열려 있다"라고 말하기 때문이다.(*SE*XIV: 88) 또한 프로이트가 원초적 나르시시즘을 설정하는 한 모든 사랑의 근원에 나르시시즘의 요소가 존재한다는 가정이 성립한다.

프로이트는 여성을 이상화하고 과대평가하는 남성의 사랑도 원래는 나르시스적이었음을 암시한다. 「남자의 특수한 대상선택 유형」에서 남자가 사랑하는 여자를 과대평가하는 이유는 어머니에 대한 원초적 사랑 때문이다. "사랑받는 여자를 과대평가하고 그녀를 유일하고 대체 불가능하다고 여기는 특성은 아이의 경험이라는 문맥과 자연스럽게 일치한다고 볼 수 있다. 누구에게도 어머니는 하나 이상일 수 없고 어머니와의 관계는 의심의 여지가 없고 반복될 수 없기 때문이다."(*SE*XI: 169) 이 발언은 여성을 과대평가하는 이유가 어머니에 대한 사랑이 전이된 것임을 암시한다. 그러나 「나르시시즘 서론」에서 이 문제는 더 복잡해진다.

> 우리는 인간이 원래 자신과 어머니라는 두 성적 대상을 갖는다고 말한다. 그렇게 말함으로써 우리는 누구에게나 존재하는 원초적 나르시시즘을 가정한다. 이 나르시시즘은 어떤 경우에는 남성의 대상

> 선택에서 지배적인 방식으로 드러난다.
>
> [……] 정확히 말해서 애착형 유형의 완전한 대상 사랑이 남성의 특징이다. 그것은 두드러진 성적 과대평가를 보인다. 이는 의심의 여지 없이 아이의 원초적인 나르시시즘에서 유래한다. 이 나르시시즘이 성적 대상에게 전이된 것이다. 이런 성적 과대평가가 사랑에 빠진 특수한 상태의 기원이다. (*SE*XIV: 88)

원초적 나르시시즘에 대한 프로이트의 설명은 문제적이다. 원초적 나르시시즘의 대상이 자신과 어머니 둘이기 때문이다. 따라서 대상을 과대평가할 때 어머니에 대한 사랑이 전치된 것인지 자신에 대한 사랑이 전치된 것인지 불분명하다. 산타스가 주장하듯이 위 인용문은 "최초의 대상 사랑이 어머니가 아니라 유아적 자아 자신이고 모든 사랑은 자기 사랑에서 나온다"라는 의미로 해석할 수 있다.[20]

프로이트가 부모의 자식 사랑을 원초적 나르시시즘의 복원으로 설명할 때 이런 해석은 더 타당해진다.

> 자식에 대한 부모의 애정 어린 태도를 보면 오래전에 포기한 부모의 나르시시즘이 부활하고 재생된 것임을 인식하게 된다. 우리가 대상선택에서 나르시시즘의 흔적으로 인식한 과대평가로 이루어진 믿을만한 신호가 부모의 감정적 태도를 지배한다. 그래서 부모는 자식에게 완벽함을 부여하고 [……] 자식의 단점을 감추고 잊으려는 강박에 사로잡힌다. [……] 감동적이고 또 실제로 어린애 같은 부모의 사랑은 부모의 나르시시즘이 다시 태어난 것이고 이제 대상 사랑으로 탈바꿈하여 의심의 여지 없이 과거의 성격을 드러내는 것이다. (*SE*XIV: 90~91)

20 Gerasimos Santas, *Plato and Freud*, 137쪽.

부모의 자식 사랑은 부모가 사랑한 자신의 모습을 부활시켜 아이에게 투사한 것에 불과하다. 이런 모호성은 앞서 인용한 "정말 행복한 사랑은 대상리비도와 자아리비도가 서로 구분될 수 없는 원초적 조건에 해당한다"라는 발언에도 나타난다. 이 상태가 아이(자아)와 어머니(대상)의 구분이 없는 원초적 나르시시즘의 상태를 의미하는 것일까? 다음 장에서 논하겠지만 이런 해석은 자아가 출현하는 정확한 시점을 원초적 나르시시즘 후로 설정하는 것과 맥락을 같이한다. 대상 사랑을 원초적 나르시시즘의 복원으로 본다면 대상에게 리비도를 투자하는 "사랑에 빠진 상태"가 과연 진정한 사랑인지는 불명확하다.

프로이트가 인간이 성장하면서 사회적 윤리적 이상인 자아이상(Ego Ideal)을 사랑하게 되는 것도 나르시시즘의 변형으로 설명할 때도 이런 문제가 나타난다. 자기성애에서 출발하여 대상선택으로 발달하는 리비도 발달과정에서 사랑은 자아가 자신을 사랑하는 '유아적 나르시시즘'에서 시작한다. 주체는 성장하면서 윤리적 문화적 억압을 통해 이 나르시시즘이 허용되지 않을 때 자신이 아닌 사회적으로 규정된 자아이상을 사랑하게 된다. 그런데 자아이상에 대한 사랑은 결국 이상적 자아였던 자신을 과거에 사랑한 것이 투사된 것이다. "그가 자신 앞에 자신의 이상으로 투사하는 것은 그가 자기 자신의 이상이었던 유년기의 상실된 나르시시즘에 대한 대체물이다."(*SE*XIV: 94) 자아이상은 이상적인 자신의 이미지인 이상자아(ideal ego)가 사회화 과정을 통해 변형된 것이다.

사랑에 빠진 주체는 "성적 대상을 성적 이상으로 고양 시킨다."(*SE*XIV: 101) 이때 "성적 이상은 자아이상과의 흥미로운 보조적 관계에 들어설 수 있다. 그것은 나르시스적 만족이 현실의 장애를 만나는 곳에서 대체 만족을 위해 사용될 수 있다."(*SE*XIV: 101) 예를 들어 대상에 리비도를 과잉 투자한 신경증 환자에게 자아의 고갈이 발생하고 "자신의 자아이상을 만족시킬 능력이 없게 될" 수 있다.(*SE*XIV: 101) 이때 그는 "나르시스적 유형을 따라 자신에게 없는 탁월함을 지닌 성적 대상을 선택하여 과잉 대상카섹시스에서 나르시시즘으로 회귀를 추구한다. 이것이 사랑의 치료다."(*SE*XIV: 101) 프로이트의 논리를 따라가면 자신의 나르시시즘을 만족시킬 수 없어 사회적 이상인 자아이상을 사랑하게 되고, 자아이상을 만족시킬 수 없을 때 "나르시스적 유형의 대상 선택"을 통해 한 때 자신이 가졌으나 현재는 갖고 있지 못한 탁월함을 지닌 성적 대상을 선택하여 사랑하므로, 이는 결국 자신의 나르시시즘을 만족시키기 위한 대체과정에 불과하다.(*SE*XIV: 101) 따라서 성적 대상의 사랑은 궁극적으로 나르시스적 사랑에 봉사한다. 자아리비도의 과잉이 병적인 것처럼 대상리비도의 과잉 역시 병적이다. 프로이트에게 사랑이 대상의 사랑인지 자신의 사랑인지의 문제는 해결되지 않는다.

셋째, 프로이트 이론에서 사랑과 증오는 명확히 구별되지 않는다. 그 이유는 프로이트가 「욕동과 그 변화」에서 설명하듯이 성적 욕동이 자아욕동에서 분리되어 나오기 때문이다. 자기성애에서 나르시시즘을 거쳐 대상선택으로 발전하는 과정에서 자아는 스스로 만족할 수 없을 때 외부 대상에서 쾌락을 추구하게 된다. 외부 대상이 쾌락을 주면 자아는 그 대상을 사랑하고 외부 대상이 불쾌를 주면 증오한다. "대상이 쾌감의 원천이 되면 그 대상을 자아에 가깝게 만들어 자아로 통합하려는 운동적 충동이 생긴다. 우리는 그때 쾌락을 주는 대상이 행사하는 '매력'에

대해 말하고 우리가 그 대상을 '사랑한다'라고 말한다."(*SE*XIV: 137)

그러나 사랑은 개별적인 성적 욕동과 대상의 관계가 아니라 "총체적 자아와 대상의 관계"다.(*SE*XIV: 137) 여기에서 대상은 자기보존을 위한 것이 아니라 "협의의 의미에서 성적 대상들"과 "승화된 성적 욕동의 욕구를 만족시키는 대상들"이다.(*SE*XIV: 137) 부분욕동들이 성기로 통합되어 성적 욕동이 자아와 대상의 성관계를 통한 생식의 목적에 기여하게 되는 성기기에 비로소 사랑은 가능해진다. 반면 증오는 성적 쾌락이나 성적 기능과 무관하게 불쾌를 유발하는 모든 대상에 적용된다. "증오 관계의 원형은 성생활이 아니라 자신을 보존하고 유지하려는 자아의 투쟁에서 비롯된다."(*SE*XIV: 138) 사랑이 성적 욕동에서 나온다면 증오는 자아욕동에서 나온다. 성적 욕동이 자아욕동에서 파생되어 나오므로 "대상과의 관계에서 증오는 사랑보다 오래된 것이다."(*SE*XIV: 139)

전-성기기에서 성적 욕동은 자기보존욕동(자아욕동)과 분리되지 않고 성기기에서야 비로소 독립되어 증오와 대립된다. 구강기에서 대상을 흡수하려는 충동은 "대상의 분리된 존재를 폐기하려는 것"이고, 가학적-항문기에서 대상을 통제하려는 충동은 "그 대상에게 해를 끼치거나 소멸시키는 것"이다.(*SE*XIV: 138~139) 따라서 전-성기기에서 사랑과 증오는 구분되지 않는다. 이런 양가성이 성기기 이후에도 남아 있기 때문에 사랑에는 증오의 요소가 반드시 내재한다. "사랑은 너무 흔히 '양가적인' 것으로 즉 동일한 대상에 대한 증오의 충동이 동반되어 나타난다. [……] 어떤 대상과의 사랑관계가 깨지면 증오는 빈번히 그 자리에서 출현하고 우리는 사랑이 증오로 바뀌는 인상을 받는다."(*SE*XIV: 139) 증오가 사랑보다 오래되고 성적 욕동이 자아욕동에서 파생되어 나온다면 자신과 어머니를 사랑하는 원초적 나르시시즘에서도 증오가 없는 완전한 사랑이 가능한 것일까? “대상리비도와 자아리비도가 서로 구분될 수 없는 원초적 조건”에서 존재하는 “정말 행복한 사랑”은 과연 증오가 없는 상태일까?

리비도 개념에 기초한 프로이트의 사랑이론은 사랑이 나의 사랑인지 너의 사랑인지, 남녀가 서로 사랑하는 것이 가능한지, 증오 없는 사랑이 존재하는지, 정신적 질병을 피하기 위해서는 나를 사랑해야 하는지 남을 사랑해야 하는지 등의 의문들로 점철된다. 이런 문제들에 대해서 리비도의 적절한 분배는 충분한 답이 되지 못한다. 사랑은 나르시시즘을 넘어서 대상으로 향하는 것이지만 결코 나르시시즘에서 자유롭지 않다. 역으로 리비도가 애초에 자아에 투자되어 있는 원초적 나르시시즘은 대상리비도 없이 확인할 수 없다는 점에서 대상사랑에서 유추할 수 있을 뿐이다. 프로이트에게 사랑은 리비도가 투자되거나 회수된 정태적 상태가 아니라 리비도 왕복운동의 과정에서 발생하는 역동적 상태다. 그것은 또한 나와 너, 자아욕동과 성적 욕동의 경계선에 위치하며 증오가 동반되는 역설적인 현상이다.

7장

남근의 추구와 위장: 라캉의 남근과 사랑 이론*

1. 남근의 의미작용

남녀의 사랑과 욕망에 대한 라캉의 이론은 남근을 중심으로 펼쳐진다. 남녀관계는 남근을 기대하거나 찾고 남근이 되거나 남근을 가지려 하고 남근의 결여를 메우거나 은폐하려는 행위들로 구성된다. 라캉 이론에서 남녀의 관계보다 남자와 남근, 여자와 남근의 관계가 더 부각된다. 남근을 매개로 한 남녀관계가 실패로 점철된다는 사실은 "성적 관계는 없다"라는 라캉의 명제를 예기한다. 그렇지만 남근은 남녀관계의 필수 불가결한 요소다. 적어도 라캉이 후기에 성별화 공식을 제시하면서 여성이 상징적 남근이 아닌 결여된 대타자의 기표와 관계하는 여

* 이 장의 일부(325~355쪽)는 「여성과 남근: 여성의 사랑에 대한 라깡이론」의 제목으로 『라깡과 현대정신분석』[2017년 19권 1호, 9~29쪽]에 게재된 것을 수정했다.

성적 주이상스를 본격적으로 논하기 전까지 남근은 남녀관계 거의 전부를 지배한다고 해도 과언이 아니다.

그렇다면 남근은 남녀관계에서 구체적으로 어떤 역할을 하는 것일까? 이에 대한 논의의 출발점은 남근이 기표라는 라캉의 독창적인 정의에서 찾을 수 있다. 프로이트의 계승자로 자처하는 라캉은 프로이트처럼 남녀관계에서 남근의 중요성을 강조한다. 그러나 사실 그는 프로이트 이론에 존재하는—"해부학은 운명이다"라는 말이 대표하는—생물학적 가설의 잔재를 청산한다. 그가 남근을 기표로 정의한 것은 프로이트와 달리 기표의 사슬로 구성된 상징계 개념을 정립했기 때문이다. 라캉 이론에서 여성은 남근(기표)을 우회하지 않고서는 자신의 성 정체성을 가질 수 없다.

남근과 여성에 대한 라캉의 입장은 남근기에 대한 프로이트 이론에서 출발한다. 라캉은 「남근의 의미작용」에서 남근기에 대한 헬렌 도이치(Helen Deutsch)와 호나이의 해석을 비판적으로 논한다. 그러나 그는 특히 아파니시스(aphanisis)와 남녀의 생득적인 차이를 주장한 존스를 비판한다. 존스는 거세 개념에 초점을 맞추는 것이 남성 중심적 문화에서 비롯되었다는 호나이의 주장에 동조하면서 거세를 성 전체의 소멸과 동일시하는 것이 오류라고 주장한다. 그는 「여성의 성의 초기 발달」("Early Development of Female Sexuality")에서 거세는 "성적 향락의(기회를 포함한) 능력의 전적이고 영구적인 소멸"을 뜻하는 아파니시스의 일부일 뿐이라고 주장한다.[1] 생물학적으로 거세된 남자도 성적 욕망

1 Ernest Jones, *Papers on Psychoanalysis*, 440쪽.

을 지닌다는 임상적 사실은 이를 뒷받침한다. 남성과 달리 여성에게 원초적 공포는 거세가 아니다. 그것은 어머니가 여아에게서 아버지를 빼앗거나 아버지가 여아에게 만족을 주지 않는 등 성적 만족에서 분리되는 것에 관한 공포다. "남녀 모두 궁극적으로 정확히 같은 것 즉 아파니시스를 두려워한다."[2] 그러므로 존스에게 남녀의 성은 같지는 않지만 대칭적이다.

존스는 「남근기」("The Phallic Phase")에서 남아에게는 여성의 성기에 대한 무의식적 지식이 처음부터 존재하고 이 성기에 삽입하려는 원초적인 욕망이 존재한다고 주장한다. "남아에게 성차에 대한 직관이 없다는 주장은 논리적 근거로만 보아도 유지하기 어렵다."[3] 여성의 성기에 대한 무의식적 지식이 원초적이고 거세공포는 후차적이다. "여성의 성기 관념이 거세 관념을 선행한다. 삽입할 위험한 구멍이 없다면 거세공포도 없다."[4] 여성의 성기가 위험하고 공포를 불러일으키는 까닭은 오이디푸스적인 근친상간 욕망 때문이다. "거세공포는 [……] 삽입의 위험성을 함축한다."[5] 남아가 음경의 거세를 막기 위해 근친상간적 소망을 포기하는 이유는 "음경의 자연적인 기능인 삽입을 수행할 수 없게 되는 것"을 두려워하기 때문이다.[6] 어머니의 성기를 목격하는 것이 거세공포를 일으키는 이유는 "아버지가 어머니를 거세했다는 생각을 전달해서가 아니라 [……] 억압된 위험한 소망 즉 어머니와 성관계를 갖

2 Ernest Jones, *Papers on Psychoanalysis*, 440쪽.

3 Ernest Jones, *Papers on Psychoanalysis*, 465쪽.

4 Ernest Jones, *Papers on Psychoanalysis*, 458쪽.

5 Ernest Jones, *Papers on Psychoanalysis*, 465~466쪽.

6 Ernest Jones, *Papers on Psychoanalysis*, 466쪽.

고 아버지의 음경을 파괴하려는 소망이 실제로 만족될 수 있는 가능성을 환기하기" 때문이다.[7] 요컨대 여성의 성기가 유발하는 거세공포는 궁극적으로 어머니에 대한 근친상간적 욕망(삽입의 욕망)이 위험하기 때문이다. 따라서 "오이디푸스 콤플렉스가 남근기의 문제에 대한 열쇠를 제공한다."[8]

존스의 이론에서 여아에게도 생물학적 성차에 대한 지식이 선행한다. 임상적으로 여아에게 음핵의 수음행위보다 질의 수음행위가 더 흔하고 자궁, 입, 항문 등의 수용 기관에 대한 환상이 지배적이다. 이 사실에 근거해 존스는 여아에게 남성적인 음핵이 우선한다는 프로이트의 이론을 부인한다. 여아의 음경소망은 자신도 음경을 갖고 싶은 자기성애적 소망이 아니라 음경을 자신의 몸이나 입에 받아들이고 싶은 타인성애적 소망이다. 여아가 오이디푸스 콤플렉스 과정에서 증오의 대상을 어머니에게서 아버지로 바꾸는 것도 아버지의 존재가 불러일으키는 타인성애적 음경 욕망에 대한 좌절 때문이다. 즉 어머니가 아버지의 음경을 차지했다는 좌절이 아버지에게 전이되어 아버지가 자신에게 음경을 주지 않은 것에 대한 좌절로 바뀌기 때문이다. 여아의 근본적인 욕망은 남성(아버지)의 음경에 대한 타인성애적이고 근친상간적인 욕망이다. 이 욕망이 죄의식과 공포를 낳기 때문에 여아는 이 위험한 욕망에서 벗어나기 위해 자신도 음경을 소유하고 싶은 "더 안전한 자기성애적 방향"으로 리비도를 전치한다.[9] 음경선망은 원초적인 것이 아니라 "오

7 Ernest Jones, *Papers on Psychoanalysis*, 465쪽.

8 Ernest Jones, *Papers on Psychoanalysis*, 465쪽.

9 Ernest Jones, *Papers on Psychoanalysis*, 479쪽.

이디푸스 콤플렉스의 위험에 대한 방어"다.[10] 그러므로 "여아에게도 남아처럼 실제로든 환상에서든 오이디푸스적 상황이 일생동안 가장 숙명적인 사건이다."[11] 존스는 "태초에 하느님이 남자와 여자를 창조했다"라는 성서를 인용하며 남녀의 자연적인 성차와 남녀가 서로를 욕망하게 되어있다는 대칭이론을 결론으로 제시한다.[12]

라캉은 「정신병 치료에 선행하는 문제」("On a Question Prior to Any

10 Ernest Jones, *Papers on Psychoanalysis*, 479쪽.

11 Ernest Jones, *Papers on Psychoanalysis*, 484쪽.

12 Ernest Jones, *Papers on Psychoanalysis*, 484쪽. 미셸 몽트르레(Michèle Montrelay)는 리비도가 남성적인 것 한가지라는 프로이트 이론과 남녀가 각기 다른 리비노 소직을 지닌다는 존스의 입장을 화해시키려 시도한다. 몽트르레에 따르면 존스가 주장한—동심성(concentricity)이라는 용어로 지칭되는—질(vagina)에 집중된 비남근적 원초적 여성성과 프로이트가 주장한 음경선망으로 이루어진 남근중심적 여성성은 완전히 배타적인 것이 아니라 여성의 무의식에서 양립할 수 없는 상태로 공존한다. 구상적, 항문적, 질적인 욕동으로 구성된 여성성은 신체적인 것이다. 이는 라캉의 용어로 말하면 실재에 속하는 것이고 남근기표를 중심으로 조직화된 상징계의 기표화에 저항한다. 여성은 기표의 표상체계 즉 남근중심적인 거세의 경제에 종속되지만 동시에 "표상의 경제 밖에" 존재하는 동심원적 여성성을 보존한다. 여성은 실재의 신체에 속한 여성성이 억압되는 것에 불안을 느끼며 이를 상실/구멍/공허에 대한 표현으로 나타낸다. 여성이 공허와 무(無)에 대해 말하는 것은 상징적 거세를 표현하는 것이 아니다. 오히려 상징계에서 결여된/거세된 존재가 되는 것에 대해 방어하고 상징계의 표상체계에서 억압된 원초적 여성성을 방어하기 위한 것이다. 조운 리비에르(Joan Riviere)는 여성이 자신의 남성성을 은폐하고 남근을 결여한 존재인 것으로 꾸미는 가장(masquerade)을 통해 남성을 유혹한다고 설명한다. 그러나 몽트르레에 따르면 여성은 남근을 가진 것을 은폐하기 위해 여성성으로 위장하지 않는다. 여성은 입, 항문, 질 등과 같은 구멍에 관계되는 원초적인 여성성에 대한 상상적 표상을 만들어내어 여성성을 방어하려 한다. Michèle Montrelay, Parveen Adams 옮김, "Inquiry into Femininity," Parveen Adams & Elizabeth Cowie 공편, *The Woman in Question* (Cambridge: MIT P, 1990), 261~269쪽을 볼 것. 파빈 애덤스(Parveen Adams)는 몽트르레가 여성성을 여성적 욕동으로 구성된 신체적인 것으로 정의하지만 이 여성성이 어떻게 상징적 과정에 저항하는지 설명하지 못한다고 비판한다. Parveen Adams, "Representation and Sexuality," Parveen Adams 외 공편, *The Woman in Question*, 246~251쪽.

Possible Treatment of Psychosis")에서 남녀의 생득적이고 대칭적인 차이를 가정하는 존스를 비판한다. "남아는 음경을 여아는 질을 지녔다"라는 존스의 주장은 "프로이트와 정반대되는 입장"이다.(*E*, 463) 라캉은 「남근의 의미작용」에서도 "거세와 욕망이 맺는 관계의 문제"는 "생득권의 평등을 재정립하려는 존스의 호소"를 조롱한다고 지적한다.(*E*, 577)[13] 존스는 이 문제에 접근했지만 결정적인 열쇠가 될 수 있는 '기표'라는 용어를 찾지 못했다. 따라서 존스는 "기관과 상징을 구분하는 데 실패한다."(*FS*, 108)[14] 존스와 반대로 프로이트는 구조언어학 이전에 이미 기표와 기의의 대립 그리고 기표가 의미화과정에서 수행하는 "능동적인 역할"을 발견했다.(*E*, 578) 남근은 이 능동적인 역할을 수행하는 대표적 기표다.

> 남근은 여기에서 그 기능을 토대로 더 잘 이해할 수 있다. 우리가 환상을 상상적 효과로 보는 한 프로이트의 학설에서 남근은 환상이 아니다. 그것은 [……] 대상(부분 대상, 내적 대상, 좋은 대상, 나쁜 대상 등)도 아니다. 그것은 그것이 상징하는 기관—음경이나 음핵—은 더더욱 아니다. [……]
>
> 남근은 기표이기 때문이다. (*E*, 579)

13 「남근의 의미작용」의 국역본은 이수연 옮김,「남근의 의미작용」, 『현대정신분석』, 3.1 (2001), 15~26쪽을 참조할 것. 이 글에 대한 상세한 설명은 피에르 스크리아빈, 임진수 옮김, 「주석: 남근의 의미작용」, 『현대정신분석』, 2.1 (2000), 41~58쪽을 참조할 것.

14 이 부분은 라캉이 1964년에 설립한 정신분석 학파의 일원이 쓴 저자 미상의 글 「남근기와 거세 콤플렉스의 주체적 의미」("The Phallic Phase and the Subjective Import of the Castration Complex")에서 인용한 것이다. 이 글의 저자는 존스가 상상적/실재의 아버지만 고려하고 상징적 아버지를 고려하지 못했다고 지적한다.(*FS*, 114)

남근기표는 세 가지 의미를 지닌다. 첫째, 남근은 "의미효과"(meaning effects) 자체를 나타낸다. 남근기표가 상징계에서 출현하기 위해서는 그것이 상징하는 음경이라는 상상적 남근이 가로선 아래로 억압되어야 한다. 억압은 기표와 기의의 경계를 나타내는 가로선 아래 기의의 위치로 기표가 떨어지는 것을 의미한다. 남근기표가 음경이라는 기의를 대신하는 것은 기표가 기의를 대신(표상)하는 의미효과 과정이다. 남근은 "베일에 가려질 때만 그것의 역할을 수행할 수 있"는데 이는 그것이 억압되면서 역설적으로 "기표의 기능으로 지양되기" 때문이다.[15] "남근은 그것이 사라지면서 시작하는 이 지양 자체를 나타내는 기표다."(*E*, 581)

둘째, 이 과정은 주체가 상징계에 들어서면서 존재를 상실하고 기표로 대치되는 상징적 거세를 나타낸다. "주체는 자신의 존재가 의미하는 모든 것을 금지하는 것을 통해 자신의 존재를 지시한다. [……] 원초적으로 억압된 것 속에서 살아있는 이 존재의 부분은 남근 억압의 표식을 받게 되면서 자신의 기표를 찾는다."(*E*, 581). 남근은 주체의 존재가 가로선 밑으로 억압되고 기표로 대치되는 과정 자체를 나타낸다. "남근은 기표와의 관계로 인해 주체에게 발생하는 존재의 결여를 의미하는 기능을 한다."(*E*, 594~595) 그래서 "남근은 기표가 유발하는 파편화로 인해 주체가 겪는 상실 자체의 기표"다.(*E*, 599) 남근은 주체가 필연적으로 겪는 존재의 상실과 결여의 기표다.

셋째, 이 과정은 성차와 관련된 의미를 지닌다. 남아는 어머니가

---

15 솔레는 남근이 베일에 가려지는 용어라는 점은 욕망의 조건이 항상 무의식적이라는 것을 의미한다고 설명한다. Colette Soler, "What does the Unconscious Know about Women?", 103쪽.

자신처럼 음경을 지녔다고 상상하므로 어머니는 상상적 남근을 지닌 남근적 어머니다. 그러나 어머니가 음경을 소유하지 않았다는 사실을 발견하면 "상상적 차원에서 기관에 가해지는 음수적(陰数的) 표식(욕망하는 [어머니]이미지에 남근적 이미지가 결여된 것)은 욕망의 기표인 남근적 상징이라는 양수적(陽数的) 존재를 갖게 된다."(*FS*, 117) 상상적 남근의 결여(−φ)는 대타자(어머니)의 욕망을 나타내는 남근기표(Φ)의 출현을 가져온다.[16] 그러므로 남근은 결여의 기표이자 욕망의 기표다.

2. 남근과 욕망: 남근 되기와 남근 갖기

남녀가 성행위를 통해 만족을 취하려는 오이디푸스적 욕망을 생득적으로 타고난다는 존스의 주장이 남근이 기표라는 사실과 상충하는 이유는 무엇일까? 그것은 존스가 욕망을 욕구 및 요구와 구분하지 못하고 상상계와 상징계를 구분하지 못하기 때문이다. "[주체]는 대타자 안에서 말한다."(*E*, 579) 주체가 상징계의 기표를 통해 욕구를 표현할 때 그것은 또한 대타자의 사랑에 대한 요구로 표현된다. 예컨대 주체/아이는 어머니가 자신의 생물학적 욕구(젖을 주는 행위 등)를 만족시켜 주길 원할 뿐 아니라 대타자/어머니의 사랑도 원한다. 욕구의 만족이

16 이에 대해서는 3장 「라캉과 히스테리」를 참조할 것. 애덤스는 다음과 같이 설명한다. 남아가 어머니(대타자)의 결여 즉 거세를 목격하면 자신이 거세될 가능성 즉 음경이 '부재'할 가능성을 인식한다. 이 부재 가능성 자체가 바로 그것을 (대타자 결여의) 기표로 '존재'하게 만든다. 기표의 존재는 실제 그것이 지시하는 것의 부재로 인해 가능해진다. Parveen Adams, "Representation and Sexuality," 243쪽.

사랑에 대한 요구로 바뀌는 순간은 주체가 대타자/상징계와 관계를 맺으면서 욕망의 주체로 태어나는 중요한 전환점이다. 아이의 울음소리는 단순히 갈증이나 배고픔 등의 생리적 욕구를 만족시켜달라는 신호일 수 있다. 그러나 찰스 셰퍼드슨(Charles Shepherdson)이 설명하듯 이 울음소리가 단순한 욕구충족의 신호를 넘어설 때 "욕구로 환원될 수 없다. 그것은 만족시킬 **대상**을 요구하는 것이 아니라 오히려 **대타자**에 대한 최초의 호소이자 인정 이외에 아무것도 아닌 무(無, nothing)를 요구하는 말의 출현이다. 이제 이 인정은 전부가 된다. 그것은 어떤 욕구의 대상도 충족시킬 수 없는 비자연적 결여의 차원이다."[17]

이 전환점에서 요구 뿐 아니라 욕망이 출현하는 것은 결여가 도입되기 때문이다. 이 결여는 "비자연적"이다. 그것은 현실에 존재하는 대상—예컨대 음식 등—의 결여가 아니기 때문이다.

> 요구 자체는 그것이 요구하는 만족과 다른 어떤 것에 관계한다. [……] 어머니와의 원초적 관계는 [……] 이를 명백히 드러낸다. 요구는 이미 욕구를 만족시키는 "특권"을 [……] 지닌 대타자를 구성한다. 그러므로 여기에서 대타자의 특권은 대타자가 갖고 있지 않은 것—다시 말해서 사랑이라고 알려진 것—의 선물이라는 과격한 형태의 윤곽을 보여준다. (*E*, 579~580)

욕구의 만족이 언어로 표시되어 사랑에 대한 요구로 바뀔 때 그것은 대

---

17 Charles Shepherdson, "The Gift of Love and the Debt of Desire," *differences: A Journal of Feminist Cultural Studies*, 10.1 (1998), 65쪽. 욕구, 요구, 욕망, 욕동의 관계에 대한 설명으로는 Jöel Dor, *Introduction to the Reading of Lacan: The Unconscious Structured Like a Language* (London: Jason Aronson, 1997), 181~194쪽과 Maire-Hélène Brousse, "The Drive (I)," Richard Feldstein 외 공편, *Reading Seminar* XI, 106~107쪽도 참조할 것.

타자/어머니가 만족시킬 수 있는 욕구의 차원을 넘어선 것에 대한 요구다. 아이는 이미 대타자가 제공할 수 있는 어떤 현실의 대상을 요구하는 것이 아니다. 따라서 대타자는 자신이 갖고 있지 않은 것을 대신하는 사랑으로 이 요구에 응답한다. 사랑은 갖고 있지 않은 것을 주는 것이다.

욕구가 요구로 전환되는 것은—어떤 대상도 만족시킬 수 없기에 '비자연적인'—결여를 도입한다. 동시에 그것은 이 "결여를 종식시켜달라는 대타자에 대한 호소다."[18] 그러나 이 결여는 궁극적으로 메울 수 없는 것이기에 욕구가 요구로 전환되는 시점에서 욕망이 출현한다. 라캉의 표현을 사용하면 욕구의 "특수성"은 사랑의 요구라는 보편적인 "무조건성"에 의해 폐기된다.(*E*, 580) 그러나 동시에 "순수한 상실의 힘이 폐기의 잔재에서 출현"한다.(*E*, 580) 이 "상실의 힘"이 욕망이다.

> 그의 욕구가 요구에 종속되는 한 그것은 소외된 형태로 그에게 돌아온다. 이것은 욕구가 [……] 의미화 형식으로 표현되며 그의 메시지가 대타자의 장소에서 나온다는 사실의 효과다.
>
> 욕구에서 그렇게 소외되는 것은 가설적으로 말해서 요구에서 표현될 수 없기 때문에 원억압을 구성한다. 그런데도 그것은 인간에게서 욕망으로 나타나는 파생적 결과로 출현한다. 분석경험에서 출현하는 현상은 확실히 욕구와 구분되는 욕망의 역설적이고, 일탈적이며, 불규칙하고 괴상한 심지어는 스캔들적인 성격을 증명하는 종류의 현상이다. (*E*, 579)

욕구가 요구로 표현되면서 원초적으로 상실된 것은 욕망의 특이한 형

18 Charles Shepherdson, "The Gift of Love and the Debt of Desire," 66쪽.

태로 나타난다. 라캉은 욕망이 요구에서 욕구를 뺀 것이라는 등식으로 설명한다. 욕구가 충족되어도 만족되지 않고 요구에 남아있는 것이 욕망이기 때문이다.

라캉에게 남녀의 성적 관계는 욕구도 요구도 아닌 욕망의 차원에 존재한다. "우리는 어떻게 성적 관계가 이 욕망의 폐쇄된 영역을 차지하고 그곳에서 운명을 펼치는지 알 수 있다. [……] 이 관계의 파트너인 주체와 대타자가 각각 욕구의 주체와 사랑의 대상이 되는 것은 불충분하다. 그들은 욕망의 원인이라는 위치를 차지해야 한다.(*E*, 580) 파트너는 만족을 주는 존재가 아니라 오히려 욕망의 원인이 되는 즉 욕망을 불러일으키는 존재다. 주체가 기표에 종속된 결과 욕망이 발생한다. 그러므로 "남근은 로고스의 역할이 욕망의 도래와 결합하는 이 표식에 대한 특권화된 기표다."(*E*, 581) 앞서 논했듯이 남근은 결여와 상실에서 발생하는 욕망의 기표이자 주이상스의 기표다. 남녀가 남근을 추구하는 이유는 남근이 욕망 및 주이상스와 관계되기 때문이다. 피에르 스크리아빈(Pierre Scriabine)이 설명하듯이 욕망을 나타내는 남근에서 요구와 주이상스가 만난다.

> 의미화될 수 없는 육체의 한 요소가 육체에서 공제되어 기표로서 기능하는 것이 바로 욕망의 지침인 남근의 원리다. 라캉은 1970년 『라디오포니』(*Radiophonie*)에서 다음과 같이 쓴다. "남근에는 성적인 것이 기표와 특수한 관계를 맺는 신화점(*le point de mythe*)이 요약되어 있다." 욕망을 가리키는 기표인 남근은 요구와 향락(jouissance)의 접합 장소다. 그것은 향락과 관련이 있는 유사물(semblant)이

다.[19]

남근과 욕망의 관계는 아이와 어머니의 관계를 통해서 분명해진다. "어머니의 욕망이 남근을 향한 것이라면 아이는 그녀의 욕망을 만족시키기 위해서 남근이 되고 싶어 한다. [……] 임상작업은 대타자의 욕망으로 구성된 테스트가 결정적이라는 것을 보여준다. 이때 주체는 이 테스트를 통해서 자신이 실재 남근을 가졌는가 아닌가를 배운다는 의미가 아니라 어머니가 남근을 갖고 있지 않다는 것을 배운다."(*E*, 582) 아이는 어머니가 갖고 있지 않은 남근을 욕망한다는 것을 인식하고 남근이 되려 한다. 이는 라캉이 설명하는 오이디푸스 콤플렉스의 첫 단계에 속한다.

라캉은 세미나 V『무의식의 형성』에서 오이디푸스 콤플렉스의 세 단계를 설명한다. 첫째 단계에서 아이는 어머니가 욕망하는 대상인 남근과 상상적 동일시를 하여 남근이 되려 한다. "이 단계에서 제기되는 질문은 남근이 '되느냐 아니냐'의 문제다. 상상계의 차원에서 주체에게 문제는 남근이냐 아니냐의 문제다."(*SV*, 170) 둘째 단계에서 아이는 자신(의 음경)이 어머니를 만족시켜줄 수 없고 어머니의 남근을 박탈한 존재가 아버지라는 것을 알게 된다. 앞에서 인용했듯이 이때 관건은 아이의 거세가 아니라 어머니의 거세(또는 박탈)이다. 셋째 단계에서 아버지는 "근친상간 금지의 법을 선포하여" 어머니에 대한 욕망을 금지한다.(*SV*, 171) 이때 아버지는 실재 아버지가 아니라 기표로서의 아버지

---

19 피에르 스크리아빈, 「주석: 남근의 의미작용」, 52~53쪽. 번역원문의 "기표현"과 "외관"은 각각 "기표"와 "유사물"로 수정했다.

다. "다시 말해서 그는 문화적으로 법의 매개체이자 아버지의 기표가 투자된 존재로서 오이디푸스 콤플렉스에 개입한다."(*SV*, 171)[20] 남아는 남근을 소유한 자로 나타나는 아버지와의 동일시를 통해 오이디푸스 콤플렉스에서 벗어난다. 이때 남아는 아버지와 동일시해서 성적인 힘을 발휘하는 것이 아니라 "그가 나중에 사용할 용도로 주머니에 소유권을 갖는 것"이다.(*SV*, 179) 이 단계에서 남아는 자아이상을 갖고 초자아가 형성되며 오이디푸스 콤플렉스는 해소된다. 라캉은 이 과정을 어머니의 욕망이 아버지의 이름으로 대체되는 부성적 은유로 설명한다.[21]

여아의 오이디푸스 콤플렉스는 더 간단하다. 오이디푸스 콤플렉스의 셋째 단계에서 여아는 아버지와 동일시해서 남근의 소유권을 얻을 필요 없이 남근을 얻을 수 있는 장소가 아버지라는 사실을 인식하기 때문이다.(*SV*, 179) 남아와 여아 모두 어머니의 욕망의 대상인 남근이 되려다가 아버지의 남근을 소유/인식하는 것으로 바뀐다는 점에서

20 라캉은 가정의 아버지(실제 아버지)와 오이디푸스 콤플렉스의 아버지(상징적 아버지)를 구분하면서 프로이트의 꼬마 한스 사례연구에서 한스의 아버지는 상징적 아버지의 역할을 하지 못했다고 지적한다.(*SV*, 152~153) 그는 또한 여성이 남성과의 성교가 아니라 분수나 바위에서 잉태한다고 믿는 원시부족의 예를 들면서 생식능력을 지니는 것으로 간주되는 것은 실재 아버지가 아닌 아버지 이름의 효과라고 말한다.(*E*, 464)

21 이상의 내용에 대해서는 라캉의 세미나 V 중 1958년 1월 15일, 1월 22일, 1월 29일 강연(*SV*, 145~196)을 볼 것. 부성적 은유에 대해서는 졸저 『욕망의 윤리』, 289~295쪽을 볼 것. 아이가 전-오이디푸스 단계에 머물러 오이디푸스 콤플렉스의 정상화가 이루어지지 않으면 도착증과 정신병이 발생한다. 라캉은 도착증과 정신병 모두 전-오이디푸스 단계에서 "상상적 기능의 문제"로 파악한다.(*SV*, 147) 그러나 도착증은 아버지의 기능(상징적 아버지, 아버지의 이름)이 아예 폐제되는 정신병과 다르다. 도착증은 상징적 아버지의 기능을 수행하지 못하는 약한 아버지를 강화하기 위해 아버지의 기능 즉 법으로서의 대타자를 존재하게 만들려고 시도한다. 도착증은 정신병과 신경증의 중간에 위치한다. 이 점에 대해서는 Bruce Fink, *A Clinical Introduction to Lacanian Psychoanalysis*, 165~184쪽을 참조할 것.

부성적 은유는 남아와 여아에게 똑같이 적용될 수 있다. 도미니크 로랑(Dominique Laurent)이 지적하듯이 부성적 은유는 "여아와 남아의 상이한 입장을 설명하지 않는다."[22] 그러므로 남녀의 성차는 남근과 관계하는 방식의 차이에서 찾아야 한다.

「남근의 의미작용」은 '무의식적 거세 콤플렉스'의 기능에 대한 논의로 시작한다. 이는 남근과 거세가 불가분의 관계를 지닌다는 점을 암시한다. 임상적 사실에 따르면 "주체와 남근의 관계는 성의 해부학적 구별과 무관하게 형성되므로 여성의 경우 특히 더 해석을 어렵게 만든다."(*E*, 576) 주체와 남근의 관계는 남녀의 해부학적 차이와 무관하다. 남녀 모두 상징계에서 존재를 상실하는 상징적 거세에 종속되며 남근은 상징적 거세를 나타내는 기표이기 때문이다. 피에르-질 게겡(Pierre-Gilles Guéguen)이 지적하듯이 남녀 모두 기표/언어의 상징계에서 거세되며 남근기표가 남녀에게 똑같이 적용된다고 주장한다는 점에서 라캉은 프로이트와 다르다.[23]

그러나 여성의 경우 남근과의 동일시는 더 복잡하다. 여성이 동일시할 남근은 남성적인 기표이기 때문이다. 주체의 보편적인 상징적 거세를 의미하는 기표로서의 남근과 남성 성기의 이미지에 기초한 상상적 남근의 차이 때문에 여성에게 남근과의 동일시는 남아의 경우와 달리 문제를 낳는다.

남근의 기능을 간단히 언급하면서 성들 사이의 관계를 지배하는 구

22 Dominique Laurent, "What is Called Sex…," 28쪽.

23 Pierre-Gilles Guéguen, Asuncion Alvarez 옮김, "On Woman and the Phallus," *The Symptom*, 11 (2010), http://www.lacan.com/symptom11/?p=508.

조를 지적할 수 있다.

이 관계의 중심은 되기(being)와 갖기(having)다. 되기와 갖기는 기표인 남근을 지시하기 때문에 모순된 효과를 낳는다. [……]

이는 한 경우에 남근을 보호하기 위해서 다른 경우에 남근의 결여를 숨기기(mask) 위해서 갖기를 대치하는 보이기(seeming, *paraître*)의 개입으로 이루어진다.

[……] 여성이 가장(masquerade)을 통해서 여성성의 본질적 부분 즉 여성성의 모든 속성을 거부하는 것은 남근—대타자 욕망의 기표—이 되기 위해서다. 그녀가 사랑받는 것뿐 아니라 욕망되기를 기대하는 것은 그녀가 아닌 것을 위해서다. 그러나 여성은 자신이 사랑을 요구하는 사람의 신체에서 자신의 욕망을 나타내는 기표를 발견한다. 물론 그렇게 해서 이 의미화 기능을 가진 기관이 페티시의 가치를 지니게 된다는 점을 잊지 말아야 한다. 그러나 결과적으로 여성에게는 두 가지가 동일한 대상으로 수렴된다. 하나는 이상적으로 그 대상이 주는 것을 그녀에게서 박탈하는 사랑의 경험이고 다른 하나는 이 대상에서 기표를 발견하는 욕망이다. (*E*, 582~583)

남녀의 성차는 남근 되기와 남근 갖기를 중심으로 구조화된다. 오이디푸스 콤플렉스의 셋째 단계에서 남아는 아버지와 동일시하여 아버지의 남근을 미래에 가질 수 있는 소유권을 획득한다. 그러나 여아는 아버지에게 남근이 있다는 것을 인식할 뿐 남근의 소유권을 획득하지 못한다. 남근은 상징계에서 주체의 필연적인 (존재의) 상실과 결여를 나타내는 기표다. 따라서 애덤스가 말하듯 "남근은 남아 여아 모두에게 결여를 나타낸다. 그러나 음경을 가진 남아는 남근적 상징이 될 수 있는 것을 가졌고 여아는 음경을 갖고 있지 않다. 여아가 결여한 것은 음경 자체가 아니라 결여를 표상할 수 있는 수단이다."[24] 여성이 자신의 결여를 표상할 기표가 없어서 상징적 남근에 의존할 수밖에 없다는 사실이 여성성의 표상에서 모순을 낳는다.

이로 인해 성차와 관련된 두 가지 결과가 초래된다. 첫째, 남아는 미래에 남근을 가질 수 있다고 생각하고 아버지와 동일시해서 남성성을 획득한다. 반대로 여아는 남근을 갖지 못하므로 대타자 욕망의 기표인 남근이 되기를 지속한다. "여성을 정의하는 것은 계속해서 남근이 되는 것이다."[25] 프로이트에게 성차는 남근이 있느냐 없느냐의 문제이고 라캉에게 이 문제는 남근 갖기와 남근 되기의 문제로 바뀐다.[26]

이는 또한 "보이기"(seeming)의 문제로 치환된다. 남자는 자신의 음경을 보호하기 위해 남근을 갖고 있는 것으로 보이려 한다. 이와 달리 여자는 남근의 결여를 은폐하기 위해 남근을 갖고 있다고 위장한다. 라캉은 "욕망의 남근적 표식에 내재한 억압 때문에 여성성이 이 가면에서 도피처를 찾는다는 사실은 이상하게도 인간 존재의 정력적인 과시를 여성적인 것으로 보이게 만든다"라고 말한다.(*E*, 584) 남성이 자신의 음경을 보호하기 위해 남자답게 보이려는 정력의 과시조차 여성적이다. 이는 대타자가 욕망하는 대상(남근)으로 보이려는 모든 시도가 여성적이라는 의미를 함축한다. 여성은 대타자 욕망의 기표인 남근이 되려는

---

24 Parveen Adams, "Representation and Sexuality," 235쪽. 애덤스의 발언이 보여주듯이 여기에서 남근은 주로 기표를 의미한다. 그러나 라캉의 설명에서 여전히 "남근이라는 용어는 기표의 역할과 실재 혹은 상상적 기관의 역할 사이에서 동요하는" 모호성을 지닌다." John Muller & William Richardson, *Lacan and Language*, 337쪽.

25 Parveen Adams, "Representation and Sexuality," 236쪽.

26 이 점에 관해서는 Colette Soler, "What does the Unconscious Know about Women?", 101쪽을 볼 것.

과정에서 자신의 결여를 위장한 결과 여성의 속성을 상실한다. 여성과 남근의 관계는 여성성의 상실을 가져온다.[27] 여성은 결국 남성적인 남근의 탈을 쓴 위장의 존재가 되기 때문이다.

27 버틀러는 여기에서 상실되는 여성성이 정확히 무엇인가라는 문제를 제기한다. "거부되어야 하는 '여성성의 본질적 부분'은 무엇인가? 그것은 거부되었기 때문에 결여로 나타나는 이름 붙일 수 없는 부분인가? 아니면 그녀가 남근 자체로 나타나기 위해서 결여 자체가 거부되어야 하는가?"(62) 버틀러는 여성 동성애자에 대한 라캉의 다음과 같은 발언을 해석하며 이 문제의 해답을 모색한다. "남성 동성애가 [……] 욕망의 축을 따라 구성된다면, 여성 동성애는 사랑에 대한 요구의 축을 강화하는 실망에 의해 방향이 설정된다. 이 발언은, 가면의 기능이 요구의 거절을 해소하는 동일시를 지배하는 한, 가면 기능의 재검토를 통해 세공되어야 한다."(*E*, 583) 여기에서 버틀러가 주목하는 것은 여성 동성애가 실망에 의해 발생하며 그 결과—남성의 경우와 달리 욕망이 아닌—사랑에 대한 요구가 강화된다는 사실과 사랑이 거절되었을 때 이를 해소하는 동일시를 지배하는 것이 가면의 기능이라는 사실이다. 버틀러는 사랑하는 대상을 상실했을 때 상실을 받아들이지 못하고 상실한 대상과 동일시해서 자아로 내입하는 우울증 메커니즘에 대한 프로이트 이론으로 가면의 기능이 동일시를 지배한다는 라캉의 발언을 해석한다. "사랑이 거부된 결과 상실이 발생할 때 가면은 상실한 대상/대타자의 속성을 취하는 우울증의 내입 전략의 일부"이고 거부된 것을 내입하므로 거부 자체를 거부하는 "이중 부정"이다.(62) 이 논리에 따르면 여성의 이성애적 사랑이 거부되면 그 여성은 상실한 이성애적 대상인 남성/남근과 동일시하고 남근의 가면을 써서 이 거부를 해소하며 그 결과 여성을 사랑하는 동성애자가 된다. 이것이 라캉이 의미하는 여성 동성애의 발생과정이다. 그러나 버틀러는 이성애가 애초에 동성애가 좌절되어 발생하는 역의 경우도 가능하다고 주장한다. "모든 거부는 궁극적으로 어떤 다른 유대에 대한 충성"이므로,(63) 이성애의 거부가 동성애를 낳듯이 동성애의 거부가 이성애를 낳는다. 버틀러는 라캉이 동성애의 원인이 되는 사랑의 실망을 목격한다고 말할 때 "레즈비언의 탈성화된 상태" 즉 "욕망의 부재"를 실망의 표시로 여겼겠지만, 남성 이성애자의 관점을 가진 라캉이 레즈비언의 성적 욕망을 욕망의 부재로 오인했을 것으로 추측한다. 버틀러는 또한 라캉이 상징계가 만들어낸 성 정체성의 허구성을 지적하지만 상징계의 헤게모니를 지나치게 강조하기 때문에 성 정체성에 대한 저항의 가능성을 논하기보다 성 정체성의 실패를 낭만화하고 있으며 그 결과 "욕망의 유희에 대한 대안적 상상계를 모색하는 문화정치의 전략"을 약화한다고 비판한다.(72) *Judith Butler, Gender Trouble*, 61~63, 70~73쪽을 볼 것. 버틀러가 상상계를 저항의 발판으로 여기는 것에서도 알 수 있듯이, 버틀러 비판의 문제점은 라캉 이론에서 상징계의 불가피한 실패의 지점이자 저항의 원천으로 작용할 수 있는 실재(계)의 범주를 충분히 고려하지 않는다는 점에 있다.

3. 여성성과 가장

여성이 남근의 가면을 써서 여성성을 상실한다는 라캉의 발언은 가장에 대한 리비에르의 주장과 대조된다. 「가장으로서의 여성성」("Womanliness as a Masquerade")에서 리비에르는 여성이 남근을 소유한 것을 위장하기 위해 여성성의 가면을 쓴다고 해석한다. 리비에르는 공적인 장에서 청중에게 뛰어난 연설을 한 여성이 불안에 떨며 남성에게 여성적인 유혹의 태도를 보이는 예를 제시한다. 이 여성의 행위는 남성(특히 아버지)의 남근을 훔친 것에 대한 보복이 두려워 자신이 소유한 남근(남성성)을 여성적 태도로 은폐하려는 것이다. 여성성은 자신이 남근의 소유자라는 사실을 은폐하기 위해 쓴 가면일 뿐이다. 리비에르 이론의 핵심은 여성성이 가면 뒤에 따로 있는 것이 아니라 가면(쓰기)이 여성의 본질이라는 것이다. 리비에르가 분석하는 여성은 동성애적 여성이지만 가장으로서의 여성성은 정도의 차이만 있을 뿐 모든 여성에게 해당한다.[28]

---

28 Joan Riviere, Athol Hughes 엮음, *The Inner World and Joan Rivier* (London: Karnac, 1991), 90~97쪽과 101쪽을 볼 것. 리비에르의 가장이론은 존스가 「여성의 성의 초기 발달」에서 논한 동성애적 여성을 대상으로 삼는다. 존스는 여성 동성애자를 남성에 대한 관심을 유지하는 유형과 오로지 여성에게만 리비도를 집중하는 유형으로 나눈다. 그러나 그는 이론적으로 구분되는 이 두 유형이 실제로는 아버지와 동일시한다는 점에서 같다고 주장한다. Ernest Jones, *Papers on Psychoanalysis*, 446~447쪽을 볼 것. 리비에르가 관찰한 여성 동성애자는 이 두 유형의 중간적 입장에 있는 여성이다. 버틀러는 남성/여성의 성구분과 동성애/이성애의 구분이 다른데도 리비에르가 이 둘을 혼합한다고 비판한다. 리비에르가 묘사하는 남성성을 소망하는 여성은 남성과 동일시하고 싶다는 의미에서 동성애적일 뿐 성적 지향에서 동성애적이지는 않다. 즉 그녀는 다른 여성에 대한 성적 욕망을 보이지 않고 따라서 비성적(asexual)이다. 리비에르가 논하는 여성 동성애자는 "동성애 없는 동성애자"이고 그녀(그리고 리비에르)가 거부하면서 동시

가장으로서의 여성성은 여성을 본질로 환원하지 않고 여성성을 썼다 벗었다 할 수 있는 가면으로 제시한다는 장점을 지닌다. 가장은 "자신과 자신의 이미지 사이에 일정한 거리의 형태를 통해서 결여를 만드는 것"이다.[29] 따라서 메리 앤 돈(Mary Ann Doane)은 가장으로 정의된 여성성이 여성을 나르시스적 주체로 환원하는 가부장적 문화 헤게모니에 저항할 수 있는 중요한 개념이 될 수 있다고 평가한다.[30] 그러나 리비에르의 여성성은 결국 자신의 남근소유나 음경선망을 은폐하기 위한 방어기제라는 문제점을 지닌다. 가장 개념은 여성성을 "남성성의 소유에 맞서기 위해 고안된 반동형성"이고 "즐겁거나 긍정적인 유희가 아니라 불안에 싸인 보상적 제스처"로 정의되기 때문이다.[31] 이런 점에서 리비에르의 가면을 쓴 여성은 음경선망에서 벗어나지 못하는 프로이트의 여성에 가깝다.

리비에르의 여성이 남근을 소유해서 가장으로서의 여성성을 갖는다면, 라캉의 여성은 자신이 갖고 있지 않은 남근인 척하는 행위를 통해 여성성을 상실한다. 여기에서 중요한 것은 라캉이 여성의 가장을 말할 때 여성의 결여를 강조한다는 점이다. 남근을 소유한 리비에르의 여성과 달리 가면을 쓰는 라캉의 여성은 스스로 갖고 있지 않은 남근이 되어 대타자/남성의 욕망을 불러일으키는 대상 *a*와 동일시한다. 빈센

에 행사하는 것은 남성적 정체성이 아니라 "남성적 이성애적 욕망"이다.(68) 버틀러는 리비에르도 라캉처럼 이성애적 문화의 영향을 받는다고 비판한다. Judith Butler, *Gender Trouble*, 64~69쪽을 볼 것.

29 Mary Ann Doane, *Femmes Fatales: Feminism, Film Theory, Psychoanalysis* (New York: Routledge, 1991), 26쪽.

30 Mary Ann Doane, *Femmes Fatales*, 26쪽.

31 Mary Ann Doane, *Femmes Fatales*, 38쪽.

테 팔로메라(Vincente Palomera)가 지적하듯이 라캉의 여성은 "대타자 안의 결여를 주장하고 대상으로 여겨진 이 결여와 동일시하길 원한다."[32] 여성은 대상으로 여겨진 결여 즉 대상 *a*로 자신을 제시하여 타자/남자를 분열된 욕망의 주체로 만든다.

이런 사실은 라캉이 여성과 남근의 관계를 사랑과 욕망의 이중 관점에서 조명하는 것과 연관된다. 남성이 여성에게 사랑을 요구하면 여성은 자신이 갖고 있지 않은 것을 주는 사랑으로 보답한다. 여성이 갖고 있지 않은 남근을 남성에게 주는 것이 사랑에 대한 남성의 요구를 만족시킨다. "남성이 정말 한 여성과의 관계에서 사랑에 대한 자신의 요구를 만족시킬 수 있다면" 이는 "남근기표가 사랑을 통해 자신이 갖고 있지 않은 것을 주는 존재로 여성을 만들기" 때문이다.(*E*, 583) 그러나 욕망은 요구에 의해 충족되지 않은 결과 발생한다. 남성은 요구에서 만족되지 않고 발생하는 욕망의 대상을 "처녀이건 창녀이건 다양한 방식으로 이 남근을 의미할 수 있는 '다른 여성'"에게서 찾는다.(*E*, 583) 남성의 경우 요구와 욕망의 대상은 일치하지 않는 것이다. 그러나 앞 인용문에서처럼 여성은 사랑하는 남성의 남근이 곧 욕망의 기표이기 때문에 요구와 욕망은 남성에게서 수렴되고 그 결과 여성에게 남근은 페티시가 된다.

솔레가 지적하듯 이 시점에서 라캉은 여성이 남성(대타자)의 욕망의 대상과 증상에 불과하다는 점을 강조했다. 여성이 대타자 욕망의 기표인 남근이 되려 한다면 자신의 욕망을 나타내는 기표를 찾지 못하고 남

32 Vicente Palomera, "On Joan Riviere's 'Womanliness as a Masquerade,'" *Lacanian Ink*, 5 (1991), 50~51쪽.

성의 매개를 거치지 않은 주이상스도 찾지 못한다. 라캉은 「남근의 의미작용」의 결론에서 리비도가 남성적인 것 한 가지밖에 없다는 프로이트의 발언에서 남근기표의 기능에 관한 심오한 "직관"을 발견한다. (*E*, 584) "왜 프로이트는 리비도가 한가지 밖에 없다고 주장하는가? 그의 텍스트는 그가 리비도를 남성적인 것으로 여겼음을 보여준다. 남근기표의 기능은 여기에서 그것의 가장 심오한 관계를 접한다." (*E*, 584) 이 발언은 성차와 무관하게 상징적 거세가 주체의 보편적 운명이므로 주체의 결여와 욕망을 표현할 수 있는 기표는 남근밖에 없다는 것을 의미한다.[33] 그렇다면 남근기표에 종속되는 것이 여성의 운명인가?

4. 사랑과 욕망의 대상: 이중 파트너

남성이 사랑을 요구하는 여성과 남성이 욕망하는 여성은 분리된다. 남성에게는 "당신은 내 아내야"라고 말하는 파트너를 넘어서는 "남

33 애덤스는 리비도가 남성적이라는 프로이트의 발언은 남녀 모두 기표의 상징계에서 자신의 결여를 남근기표로 표상한다는 사실과 남근중심주의를 의미한다고 해석한다. Parveen Adams, "Representation and Sexuality," 243~245쪽을 참조할 것. 멀러와 리처드슨 역시 이 발언이 성차와 무관하게 남근이 남녀 모두의 욕망을 나타내는 기표라는 의미로 해석한다. John Muller & William Richardson, *Lacan and Language*, 339쪽. 리비도의 남성적 성격이 남녀 모두 남근함수에 종속된다는 것을 보여주는 반면 여성적 주이상스를 설명하지는 못한다. 여성은 남근함수에 전적으로 종속되지 않는 비-전체다. 따라서 라캉은 후에 비-전체와 여성적 주이상스를 논하면서 리비도를 남성적이라고 주장한 프로이트를 비판한다. "내가 올해 다루는 것은 프로이트가 특별히 제쳐 놓은 것이다. '여자는 무엇을 원하는가?' 프로이트는 남성적 리비도밖에 없다고 주장한다. 이는 확실히 무시될 수 없는 영역이 무시된다는 사실 이외에 무엇을 의미하겠는가? 이 영역은 여성의 지위를 지닌 모든 존재의 영역이다." (*SXX*, 80)

근-소녀들"이 많다.(*E*, 617) 이는 "주체의 무의식에서 재출현하는 것이 대타자의 욕망, 즉 어머니가 욕망했던 남근[에 대한 욕망]이라는 사실"을 확인해준다.(*E*, 617) 남성의 무의식에는 사랑의 요구를 넘어서 어머니의 욕망을 나타내는 남근에 대한 욕망이 존재하며 이 남근을 가진 여성을 끊임없이 추구한다. 남성은 사랑(의 요구)의 대상인 아내를 넘어서 욕망의 대상인 여성을 찾기 때문에 여성과의 관계에서 항상 "이중성"을 지닌다.(*E*, 617) 라캉은 남성에게 "요구와 욕망의 변증법"은 "사랑의 영역에서 특수한 가치 저하"에 대해 프로이트가 말한 것의 효과를 가져온다고 지적한다.(*E*, 583) 앞서 보았듯이 프로이트 이론에서 사랑의 대상과 욕망의 대상이 분열된 남성은 욕망의 대상을 평가 절하한다. 이런 점에서 남성이 파트너에게 실망하고 다른 여성을 찾는다는 라캉의 설명은 프로이트가 말한 대상의 가치 저하와 같다.[34] 한 여성에게 사랑과 욕망이 수렴되지 못하고 남성이 끊임없이 다른 여성을 추구하는, "사랑의 영역에서 성기적 욕동의 원심적 경향은 [……] 남성이 성불구를 더 견디기 어렵게 만든다."(*E*, 583) 반대로 여성은 사랑의 요구와 욕망의 대상인 남근을 같은 남성에게서 찾을 수 있기 때문에 "성적 욕구 만족의 결여"인 불감증을 더 잘 견딘다.(*E*, 583)

라캉은 「여성의 성에 관한 학술대회를 위한 안내문」("Guiding Remarks for a Convention on Female Sexuality")에서 남녀가 대상과 관계하는 입장을 각각 "페티시즘 형태의 사랑"과 "에로토마니아 형태의 사랑"으로 구분한다.(*E*, 617) 남성의 사랑이 페티시즘적인 이유는 사랑을

34 Geneviève Morel, "Feminine Conditions of Jouissance," Suzanne Barnard 외 공편, *Reading Seminar XX*, 79쪽을 참조할 것.

요구할 대상을 넘어서 남근을 소유했다고 믿는 여성을 추구하기 때문이다. 프로이트는 어머니도 음경을 가졌다고 생각하는 남아가 어머니의 신체에서 음경이 없다는 것을 발견하고 자신이 목격한 현실과 과거의 믿음을 절충한 결과가 페티시즘이라고 설명한다. 페티시즘은 남아가 "여성이 음경을 갖고 있지만 [……] 이 음경은 더 이상 전과 똑같은 것은 아니"라는 타협을 만들어 부재하는 어머니의 음경을 대신하는 사물에 집착하는 것이다.(*SE*XXI: 154) 여기에서 페티시는 부재하는 어머니의 음경을 은폐하는 역할을 한다. 라캉 이론에서 남성이 남근을 소유한 여성을 추구하는 것은 이 여성을 "거세의 견딜 수 없는 속성을 은폐하는 남근직 베일로" 생각하기 때문이다.[35]

라캉은 여성에게 사랑과 욕망의 대상이 남성(의 남근)으로 일치하고 이때 남근이 페티시가 된다고 말한다. 그렇다면 왜 여성의 사랑이 남성과 같이 페티시즘적 사랑이 아닌 에로토마니아적 사랑일까? 두 경우 모두 남근을 페티시로 삼지 않는가? 그 이유는 우선 이중성에서 비롯된 "배신(infidelity)"이 남성에게 한정된 것이 아니며, 남성에게 발견되는 사랑과 욕망의 대상이 일치하지 않는 것과 "똑같은 분열이 여성에게서도 발견된다"라는 라캉의 발언에서 찾을 수 있다.(*E*, 583) 여성도 실제로는 사랑의 대상인 남성과 별개로 욕망의 대상인 음경/남근을 따로 추구하는 것이다. 라캉에 따르면 "여기에서 자연적으로 발생하리라 여겨지는 근친상간적 욕망을 제거하는 결과를 낳지 않더라도, 실재 음경이 그녀의 성적 파트너에 속하기 때문에 여성이 이중성 없는 애착을 갖

35 Geneviève Morel, "Feminine Conditions of Jouissance," 79쪽.

는 운명인지를 밝히는 문제가 생긴다."(*E*, 617) 여성의 이중성이 없다고 단정할 수 없을뿐더러 여성에게 아버지에 대한 근친상간적 욕망은 제거하기 어렵다는 것이다. 근친상간적 욕망을 제거할 수 없으므로 여성은 사랑의 대상과 다른 (근친상간적) 욕망의 대상을 추구한다. 이 이중성은 위장되어 있기 때문에 여성이 불감증을 더 잘 견딘다고 보일 뿐이다. 여성이 이중적이지 않은 것이 아니라 "주체의 이중성이 여성들에게는 위장되어 있는 것이다."(*E*, 618)

이 이중성은 왜 위장되어 있을까? 그 이유는 여성이 남근을 페티시로 삼으면서도 여성의 사랑이 에로토마니아적이라는 역설과 연관된다. 여성은 남근을 페티시로 욕망하지만 자신이 남근(을 지닌 남성)을 욕망하는 것이 아니라 남성이 오히려 자신을 사랑한다고 생각한다는 점에서 에로토마니아적이다.[36] 여성은 남성이 거세되었기 때문에 결여와 욕망의 기표인 남근을 여성인 자신에게서 찾는다고 상상하여 자신이 남근을 욕망한다는 사실을 은폐하려 한다. 다시 말해서 여성은 "상상적 차원에서 사랑받는 자를 사랑하는 자로 대치한다."[37] 남성이 자신을 사랑한다고 생각한다는 점에서 여성은 에로토마니아지만 실제로 여성은

36 여기에서 에로토마니아는 성욕이상이나 색정광의 의미가 아니라 프로이트가 편집증 환자 쉬레버의 사례연구에서 편집증의 메커니즘을 동성애에 대한 방어로 설명하면서 에로토마니아를 그런 방어의 한 형태로 제시했을 때의 의미로 이해해야 한다. 에로토마니아는 "나(남성)는 그를 사랑한다"는 동성애적 명제를 부정해서 "나는 그를 사랑하지 않는다. 나는 그녀를 사랑한다. 왜냐하면 그녀가 나를 사랑하기 때문에"로 바꾸는 것이다. 이처럼 에로토마니아는 자신이 대상을 사랑하는 것이 아니라 대상이 자신을 사랑한다고 생각한다.

37 Rose-Paule Vinciguerra, Richard Klein 옮김, "The Paradoxes of Love," *Psychoanalytical Notebooks*, 3 (1999), http://londonsociety-nls.org.uk/Publications/003/Vinciguerra-Rose-Paule_The-Paradoxes-of-Love.pdf

그 남성을 사랑한다.

여기에서 여성이 사랑하는 남성이 특별하다는 점에 주목할 필요가 있다. “만일 거세가 축성하지 않는 정력(virility)이 없다면, 여성에게 베일을 찬양하라고 부르기 위해 [……] 베일 뒤에 숨은 자는 거세된 연인 또는 죽은 남자(또는 이 둘이 혼합된 자)다.”(*E*, 617)[38] 여성의 이중성은 베일 앞의 남성 파트너와 베일 뒤의 “거세된 연인 또는 죽은 남자”와의 이중 관계에서 나타난다. 라캉은 베일 뒤의 남성을 “이상적 몽마”(ideal incubus)라고 부른다.(*E*, 617) 요컨대 남성이 사랑과 욕망의 대상을 각각 다른 두 여자에게서 찾는 것과 달리, 여성에게는 한 남성이 사랑과 욕망의 대상으로 분열된다. 스크리아빈은 이런 분열을 다음과 같이 설명한다.

> 남자는 사랑하는 여자를 저버리고 욕망하는 여자와 육체적인 관계를 맺는다. 그런데 여자가 짝을 찾을 때, 여자에게는 한 남자가 양분되어, 거세된 그녀가 사랑하는 남자와 그녀가 욕망하는 남근을

38 모렐이 지적하듯이 “거세가 축성하지 않는 정력이 없다”라는 표현은 라캉이 후에 성별화 공식에서 (거세에 종속되지 않은 예외적 존재(∃x Φx)에 의해 가능해진) 남근함수(거세)에 종속된 모든 남자의 집합(∀x Φx)을 예기한다. Geneviève Morel, “Feminine Conditions of Jouissance,” 80쪽. 그러나 베일 뒤에서 부르는 이상적 몽마로서의 “거세된 연인 또는 죽은 남자”를 단순히 남근함수에 종속된 모든 남자와 동일시하는 것은 적절하지 않다. 오히려 여성 사랑의 대상인 이상적 몽마는 베일 앞에 있는 여성 욕망의 대상과 달리 특별한 존재이기 때문이다. 그렇다면 이상적 몽마는 남성집합에 속한 거세된 남자 중 하나가 아니라 특칭명제(∃x Φx)가 나타내는 예외적 존재, 즉 거세를 행하는 자와 관계된다고 볼 수도 있다. 모렐이 “거세된 연인 또는 죽은 남자”를 세미나 XVII에서 라캉이 언급하는 “주이상스의 보호자이자 거세의 원칙인 죽은 아버지”로 해석하는 것도 이점을 의식한 것으로 보인다. Geneviève Morel, “Feminine Conditions of Jouissance,” 81쪽. 그러나 여성에게는 동일한 남성이 욕망의 대상이자 사랑의 대상이므로 “거세된 연인 또는 죽은 남자”를 성별화 공식에 맞춰 해석하기는 어렵다.

가진 남자로 나뉜다. 그래서 모든 여자는 그녀가 사랑하는 남자를 저버리고, [그녀가 욕망하는] 바로 그 남자[사랑하는 남자와 같은 남자]와 육체적인 관계를 맺는다.[39]

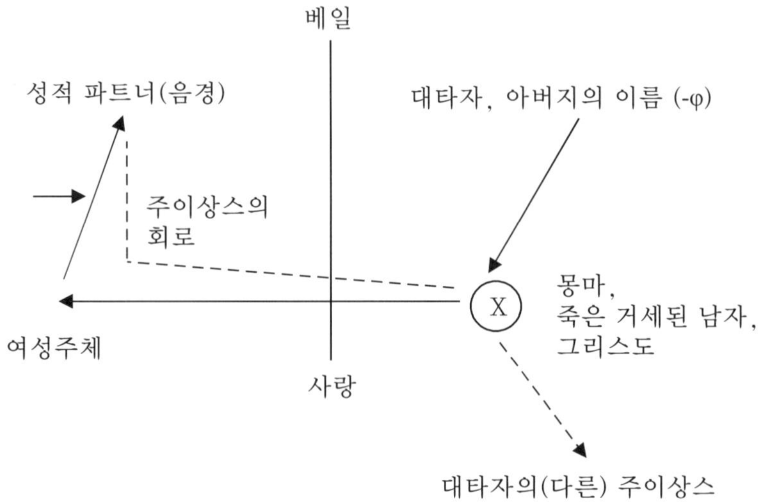

모렐이 제시하는 도표는 여성의 사랑과 욕망의 분열, 이중 파트너, 그리고 욕망과 주이상스의 관계를 일목요연하게 보여준다. 여성은 베일 앞에서는 성적 파트너인 남자를 상대하지만 실제로는 베일 뒤에서 자신을 부르는 이상적 몽마를 사랑한다. "몽마는 한밤중에 악몽 속에서 여자들을 방문하는 악마이고 라틴어 *incubare*의 문자적 의미이며 쾌락원칙 너머의 원하지 않는 주이상스의 차원을 상기시킨다."[40] 무의식적으로는 이상적 몽마가 여성의 "참된 파트너"이므로 "여성은 사실 근

39 피에르 스크리아빈, 「주석: 남근의 의미작용」, 57쪽. 이 부분 설명에서 사랑과 욕망의 대상은 모렐의 도표와 반대다. 모렐의 설명에서 여자가 사랑하는 자는 음경을 지닌 자가 아닌 그 배후의 이상적 몽마다.

40 Geneviève Morel, "Feminine Conditions of Jouissance," 81쪽.

본적으로 자신의 파트너에게 불충실하다."[41] 여성은 자신을 사랑한다고 에로토마니아적으로 상상하는 이상적 몽마가 주는 주이상스에 무의식적으로 이끌린다. 그렇다면 여성이 죽은 아버지 또는 이상적 몽마와의 관계에서 얻는 주이상스는 어떤 주이상스일까?

위 도표에서 여성 욕망의 대상은 중앙의 세로선인 베일 앞에 있는 성적 파트너이고 사랑의 대상은 베일 뒤에 있는 몽마(죽은 아버지 또는 거세된 남자)다. 베일 앞 남성과의 관계가 성적 욕망이라면 베일 뒤 이상적 몽마와의 관계는 실재의 주이상스를 가져오는 사랑이다. 라캉은 세미나 XVII 『정신분석의 이면』에서 원초적 아버지 신화를 논하면서 "죽은 아버지는 **주이상스**를 보호하는 것이고 주이상스의 금지가 시작된 지점"이며, "죽은 아버지가 **주이상스**라는 사실은 불가능 자체의 기호"로 제시된다고 말한다.(*S*XVII, 123) 모든 여성을 향유하는 죽은 아버지는 불가능한 실재에 속한다. 이상적 몽마가 위치한 곳은 "실제로 그녀의 관심을 받지 못하는 거세의 위협이 나오는 곳과 같은 [……] 장소"다.(*E*, 617) 남성과 달리 여성은 이미 거세되었기 때문에 죽은 아버지의 거세위협은 그녀의 관심을 받지 못한다. 도표의 오른쪽 위에 있는 '아버지의 이름'은 여성에게 사실상 거세위협을 가하지 못하는 법의 집행자인 상징적 아버지를 나타낸다. 그러므로 거세위협을 가하는 죽은 아버지는 "이상적인 위치에서 탈현실화된다. 그런 다음 존재하게 되는 것은, 살아 있는 것 너머에 존재하는 이 아버지에게 바쳐진, 파트너의 기관에 영향을 미칠 특별한 형태의 주이상스다."[42]

41 Geneviève Morel, "Feminine Conditions of Jouissance," 82쪽.

42 Éric Laurent, "Womanly Position of Being," 96쪽.

주이상스가 파트너의 기관 즉 음경에 영향을 미친다는 것은 무슨 뜻이고 이것이 어떤 특별한 형태의 주이상스일까? 라캉에 따르면 "포용적 수용성(embrace-like receptivity)이 피복 같은 민감성(sheath-like sensitivity)의 상태에서 음경으로 전치되어야 하는 것은 이 이상적 몽마 때문이다. 이것은 여성이 (욕망에 제공된 대상인 자신의 수준에서) 환상을 지탱하는 남근적 표준과 가질 수 있는 상상적 동일시에 의해 좌절된다."(*E*, 617) 다시 말해서 여성이 남근과 동일시하는 환상 때문에 남근을 넘어선 주이상스는 좌절된다. 로랑이 지적하듯이 "'포용적 수용성'에서 '피복 같은 민감성'으로 실재 전이가 일어나기 위해서는 주체의 위치가 남근적 측정을 넘어선 주이상스의 장소가 되는데 아무런 장애물이 없어야 한다."[43]

"포용적 수용성"이 음경으로 전치된다는 것은 라캉이 여성이 향유하는 주이상스를 "여성의 신체"(즉 질)에서 찾지 않고 이상적 "몽마에서 시작해 페티시화된 음경"에 이르는 주이상스의 회로에서 찾는 것을 의미한다.[44] 앞의 도표에서 오른쪽 베일 뒤에 주이상스의 원천인 몽마에서 왼쪽의 남성 파트너의 음경으로 향하는 점선은 이런 주이상스의 회로를 보여준다. 다시 말해서 여성은 욕망의 대상인 남성 파트너와의 관계에서 실제로 이상적 몽마와의 사랑에서 발생하는 주이상스를 경험할 수 있다는 것이다. 모렐에 따르면 사랑의 대상인 몽마에서 욕망의 대상인 남성 파트너(의 음경)로 향하는 주이상스의 회로는 세미나 X 『불안』에 등장하는 "사랑만이 주이상스가 욕망으로 자신을 낮추는 것을 허용

43 Éric Laurent, "Womanly Position of Being," 96쪽.

44 Geneviève Morel, "Feminine Conditions of Jouissance," 81쪽.

한다"라는 명제를 설명해준다.(*SX*, 179)[45]

그러나 이 관계마저 여전히 남근에 의존하는 것이 아닐까 하는 의구심이 발생한다. 도표는 이상적 몽마에서 대타자의/다른 주이상스로 향하는 또 다른 점선을 보여준다. 대타자의 주이상스는 여성이 욕망/결여의 기표와 맺는 관계다. 로랑은 죽은 아버지와의 관계에 대한 예로 라캉이 세미나 XX『앙코르』에서 언급한 성녀 테레사의 환희를 제시한다.[46] 라캉은「여성의 성에 관한 학술대회를 위한 안내문」에서 그리스도가 "다른 나이든 인물들"을 환기하며 "가장 숨겨진 기표 즉 신비의 베일을 벗기는 것은 여성들을 위해 보존된다"라고 말한다.(*E*, 617) 이는 이상적 몽마/죽은 아버지인 그리스도와 여성적 주이상스의 신비가 연관된다는 점을 암시한다. 그렇다면 베르니니의 성녀 테레사의 몸을 찌르는 주이상스의 화살은 도표에서 이상적 몽마/죽은 아버지의 위치에 있는 그리스도에서 발생하는—대타자의 주이상스로 향하는 점선의 화살표로 표시된—주이상스를 예시한다고 볼 수 있을 것이다. 모렐의 지적대로 라캉이 1950년대 말에 분석한 여성의 이중성 즉 사랑과 욕망의 분열은 세미나 XX에서는 남근기표 Φ와 결여된 대타자의 욕망의 기표 S(Ⱥ)의 분열로 나타난다. "예를 들어 욕망이 Φ 쪽에 위치한다면, 사랑은 Φ와 S(Ⱥ) 사이에서 분배된다."[47] 두 점선은 이런 사랑의 분열을 보여준다.

---

45 Geneviève Morel, "Feminine Conditions of Jouissance," 81쪽. 이 명제에 대한 상세한 논의는 10장「참사랑은 존재하는가?」를 볼 것.

46 Éric Laurent, "Womanly Position of Being," 97쪽.

47 Geneviève Morel, "Feminine Conditions of Jouissance," 82쪽.

5. 남근을 넘어서

그렇다면 여성과 남근의 관계는 여성 불감증에 어떤 영향을 미치는 것일까? 라캉은 불감증이 "신경증을 결정하는 전적인 무의식적 구조를 전제"한다고 말한다.(*E*, 616) 불감증이 구조적인 것이므로 불감증의 치료는 "모든 신체적 치료"에 저항하며 "상징적 거세를 작동시키는" 정신분석으로만 가능하다.(*E*, 616) 거세는 성의 발달과정과 무관하며 "주체의 법의 장소인 대타자의 주체성을 전제한다."(*E*, 616) 모든 주체는 상징계 법의 대리인인 대타자에 의해 상징적 거세를 받으므로 "성차는 이 소외에 의해 변성된다."(*E*, 616) 남녀 모두 상징적 거세를 받아 소외되므로 상징계에서 남녀의 생물학적 자연적 차이는 변성되어 없어지는 것이다. 라캉은 또한 "여기에서 남성이 중개인의 역할을 하여 여성은 남성에게처럼 자신에게도 대타자가 된다"라고 말한다.(*E*, 616) 이 발언은 여성의 주이상스에 대한 중요한 의미를 지닌다. 여성이 대타자와의 관계에서 남성에 의해 중개된다는 것은 남근과의 불가피한 관계를 의미하기 때문이다. 상징계에서 불가피한 남성의 중개적 역할은 여성이 남근과 동일시하거나 남근으로 위장하는 "가장의 차원"을 유발한다.(*E*, 616)

정신분석이 불감증을 치료하는 길은 대타자를 위장하는 베일을 벗기는 것이다. "전이에 포함된 대타자의 베일 벗기기는 상징적으로 명령된 방어를 고칠 수 있다."(*E*, 616) 정신분석에서 전이를 통해 대타자인 남성이 베일로 은폐한 거세를 드러낸다면 여성은 "상징적으로 명령된 방어"인 불감증을 고칠 수 있다. 이 방어의 장막이 거두어지면 불감증은 해소되고 여성은 주이상스를 경험할 수 있다. 불감증은 여성이 상징계에서 불가피하게 남근과 관계를 맺으면서 발생하는 "주이상스에 대한 주체의 방어"이기 때문이다.[48] 주이상스의 경험은 남근을 넘어선 곳에 존재한다. 라캉은 세미나 XX『앙코르』에서 이를 여성적 주이상스의 공식으로 설명한다.

여성이 여성적 주이상스를 경험하려면 남근과의 관계를 넘어서야 한다. 여성의 딜레마는 "남성이 자신을 욕망하게 만들기 위해서는 본성상 남근적인 가장을 해야 하지만, '남근-소녀'가 되기를 지나치게 원해서 가장 속에 소외된다면 그녀의 모든 성적 만족을 상실할 위험을 감수하게 되는 것이다."[49] 남성의 환상 속에서 욕망의 대상이 되는 것은 여성이 불감증을 감수하는 길이다. 남근을 중심으로 한 남녀의 사랑과 욕망에 대한 라캉의 이론은 "성적 관계는 없다"라는 명제를 낳는다. 성별화 공식에서 빗금 그어진 여성과 결여된 대타자의 기표의 관계[~~Woman~~ → S(Ⱥ)]로 표기되는 여성적 주이상스는 남근을 넘어선 곳에서 가능하다.

남근적 주이상스가 성기관에서 만족을 찾는다면 여성적 주이상스는 "대타자 성의 주이상스, 대타자의 성을 상징하는 신체의 주이상스다."(*SXX*, 17). 라캉은 신체를 "즐기는 실체"로 정의한다.(*SXX*, 23) "신체는 스스로를 즐기는 무엇이다. 우리는 대타자의 신체 일부만을 즐길 수 있다. 이는 한 사람이 완전히 둘러싸서 식세포가 먹을 정도까지 대타자의 신체를 완전히 감싸는 것을 본 적이 없다는 단순한 이유 때문이

48 Geneviève Morel, "Feminine Conditions of Jouissance," 83쪽.

49 Geneviève Morel, "Feminine Conditions of Jouissance," 83쪽.

다. [……] 즐긴다는 것은 그것이 궁극적으로 대타자의 신체 일부를 즐기는 어떤 사람의 신체라는 근본적인 속성을 지닌다. 그러나 그 부분 역시 즐긴다."(*SXX*, 23) 라캉은 여기에서 대타자의 신체가 스스로 즐긴다는 사실을 강조한다. 대타자의 "신체의 향락"에서 "의"는 목적격이 아닌 주격이고 소유격이다. 즉 "즐기는 것은 대타자다."(*SXX*, 24). 남성이(대타자) 여성의 신체 일부를 즐길 때 여성의 신체는 스스로를 즐긴다.

그렇다면 남성의 음경이 아닌 스스로의 신체를 즐기는 여성적 주이상스는 남근뿐 아니라 사랑과도 결별하는 것일까? 라캉에게 여성적 주이상스 또는 "대타자의 주이상스는 [……] 사랑의 기호가 아니다."(*SXX*, 4). 그 이유 중 하나는 사랑이 일자(the One)를 지향하는 반면 "주이상스는 아무런 목적에 봉사하지 않기" 때문일 것이다.(*SXX*, 3) 라캉은 "사랑은 하나를 만드는 것인가? 에로스는 하나를 향한 긴장인가?"라는 질문을 던진다.(*SXX*, 5) 이에 대한 대답은 물론 긍정적이다. 하나를 향한 욕망은 대타자의 주이상스에 필수적인 타자성을 제거한다. 라캉에게 사랑은 나르시스적이고 욕망의 원인이 되는 대상 *a*와 관계한다.

> 분석은 사랑이 본질적으로 나르시스적이라는 것을 증명하며 대상 같은 것으로 가정되는 것의 실체가 [……] 사실은 욕망의 잔존물 즉 욕망의 원인을 구성하고, 욕망 만족의 결여 심지어는 불가능성을 통해서 욕망을 지탱한다는 사실을 드러냅니다.
>
> 사랑은 상호적이지만 무능합니다. 그 이유는 사랑이 하나가 되려는 욕망에 불과하다는 것을 알지 못하기 때문입니다. 이로 인해 '그들 둘' 사이의 관계를 만드는 것의 불가능성이 발생합니다. 여기에서 그들 둘은 그들 두 성을 의미합니다. (*SXX*, 6)

사랑은 하나를 지향하며 대타자의 타자성을 제거하는 나르시스적 관계다. 주체에게 대상은 자신 "욕망의 잔존물"인 대상 *a*에 불과하므로 사랑에서 결국 두 성의 관계는 불가능하다.

"'우리는 하나다.' 물론 어느 누구도 둘이 결코 하나가 된 적이 없다는 것을 알지만, 그런데도 '우리는 하나다.' 사랑의 개념은 이것으로 시작한다. 그것은 그것의 기의와 함께 명백히 미끄러지는 용어인 성적 관계를 제공하는 가장 조야한 방식이다."(*SXX*, 47) "성적 관계"라는 용어의 기의는 항상 미끄러지므로 우리는 성적 관계의 의미에 결코 도달할 수 없다. 성적 관계는 존재하지 않기 때문이다. 남녀가 하나가 된다는 믿음에 기초한 사랑은 실제로는 불가능한 성적 관계를 제공하는 방식이다. 남근을 중심으로 전개된 라캉의 사랑과 욕망 이론은 남녀가 파트너에게서 타자를 만나지 않고 자신의 결여를 메워주는 남근을 찾는다는 것을 여실히 보여준다. 이런 의미에서 남녀의 사랑은 남근을 찾고, (자신이 갖고 있지 않은) 남근을 주고, 남근의 결핍을 위장하는 등 남근을 둘러싼 다양한 각본으로 펼쳐진다. 이런 각본들은 남녀가 결코 하나가 될 수 없고 성적 관계가 불가능하다는 진실을 은폐하는 연극에 불과하다. 남근 중심의 사랑과 욕망 이론은 성적 관계의 불가능성이라는 결론에 도달한다.

8장
나르시시즘과 거울모델: 상상계적 · 상징계적 사랑

1. 나르시스적 사랑과 증오

라캉의 사랑개념은 복잡하고 모호하며 오랜 기간에 걸쳐 변화하고 진보한다. 그런 가운데서도 라캉은 사랑의 나르시시즘적 성격을 일관되게 주장한다. 예컨대 세미나 XX에 등장하는 "사랑이 본질적으로 나르시스적"이라는 발언은 세미나 I에서 "사랑에서 사랑하는 것은 자신의 자아"라는 발언의 반복이다.(*SXX*, 6; *SI*, 142) 라캉은 나르시시즘을 벗어난 사랑의 가능성을 끊임없이 탐구했지만, 초기 라캉의 사랑개념을 정리해본다면 라캉이 왜 사랑을 애초에 나르시스적인 것으로 보았고, 사랑이 나르시시즘을 넘어서는 지점이 무엇이며, 그의 후기 사랑이론이 어떻게 전개될지의 윤곽을 짚어볼 수 있다.

라캉의 나르시스적 사랑개념은 사랑과 증오의 대상이 같다는 인식에서 출발한다.[1] 그는 1932년 박사학위 논문에서 정신병 환자 에메를 분석하면서 그녀의 망상 속 박해자들이 실은 그녀 자신이 되고 싶은 여성들이라는 점을 밝혀낸다. 에메의 본명은 마그리트 앙지외(Maguerite Anzieu)—처녀명은 마그리트 팡텐느(Maguerite Pantaine)—이고, 에메는 그녀의 소설 주인공 이름이다. 에메는 1931년 4월 당시 유명한 파리의 연극배우였던 Z부인—위게트 뒤플로(Huguette Duflos)—을 칼로 찌르는 범죄를 저질러 정신병원에 수감된 여성이다. 라캉은 에메를 박해편집증 환자로 진단하고, 그녀가 자신을 괴롭히는 박해자로 지목한 사람들—위게트 뒤플로뿐 아니라 그녀를 배후에서 조종한다고 여긴 작가 피에르 베누와(Pierre Benoît)—은 그녀와 실제로 관계가 없는 사람들로서 어떤 원형의 상징적 변형으로 파악한다. 그리고 이 원형이 직장동료 세드 라 엔느(C de la N)와 언니 엘리즈(Élise)에게서 유래한다는 사실을 찾아낸다.[2] 에메는 언니와 직장동료를 자신보다 우월한 미녀의 소유자로 인식하고 그들에게 사랑과 증오의 양가감정을 지닌다. 그녀는 거울이미지 같은 이상적 존재들에 대해 겸허와 시기심을 느낀다.

이 원형의 감정적 힘은 우리 환자의 실제 삶에서 찾아야 한다.

1 라캉이 『앙코르』에서 '증오'(*haine*, hate)와 '사랑받는'(*énamoré*, enmored)의 합성어 '하이나모라시옹'(*hainamoration*)을 만들고 "증오 없이 사랑에 대해 아무것도 알 수 없다"(*SXX*, 90~91)라고 선언하는 것은 이런 초기 관심의 연장선에 있으며 프로이트적 유산이라고 볼 수 있다. 사랑과 증오에 관한 프로이트의 논의는 6장 「리비도는 어디에?」를 볼 것.

2 이 사례의 내용에 대해서는 Jacques Lacan, "The Case of Aimée, or Self-Punitive Paranoia," 213~219쪽을 볼 것. 에메의 본명과 상세한 전기적 사실 및 라캉과의 관계에 대해서는 Darien Leader, *What is Madness?* (London: Penguin, 2012), 226~235쪽과 Élisabeth Roudinesco, Gregory Elliott 옮김, *Lacan: In Spite of Everything* (London: Verso, 2014), 41~49쪽을 참조할 것.

> 그것은 언니에 대한 감정에서 주로 유래하며 에메는 언니 때문에 도덕적 수치심과 양심에 대한 가책을 겪었다. 이보다 정도는 약하지만 그것은 그녀의 가까운 여성 친구에 대한 시기심에서도 유래했는데 그 친구는 에메 자신이 결여했다고 느낀 사회적 적응력과 우월성을 나타내었다.
>
> 그녀의 박해자들이 지니는 표상적 가치는 자명하다. 작가들, 여배우들 그리고 세속적 여성들이 소유한다고 알려진 자유와 사회적 안락감은 그녀 자신이 갖기를 꿈꾸던 속성이었다. 그들은 그녀의 이상이자 동시에 증오의 대상이었다. 열정에 사로잡힌 자가 증오와 사랑의 유일한 대상에 타격을 가하는 것과 똑같은 방식으로 에메는 그 여배우를 찌르면서 자신의 외화된 이상을 찌른 것이었다. ("Aimée" 225)

핑크는 라캉이 프랑스어로 번역한 프로이트의 논문 「시기심, 편집증 및 동성애의 신경증적 메커니즘」("Some Neurotic Mechanisms in Jealousy, Paranoia and Homosexuality")이 그의 사랑 연구에 큰 영향을 미친 것으로 본다.[3] 프로이트는 이 글에서 사랑의 대상이 증오의 대상으로 바뀌는 경우와 그 역의 경우를 설명한다. 어머니의 관심을 받기 위해 경쟁대상이었던 형제들에 대해 품었던 시기심과 적대적 충동들이 "억압되고 변화되어 초기의 경쟁자들이 최초의 동성애적 사랑의 대상들이 되는" 경우는 "이전에 사랑받았던 사람이 증오받는 박해자가 되는 박해편집증의 발달과 완전히 반대된다. 여기에서 증오받는 경쟁자들은 사랑의 대상들로 바뀐다."(*SE* XVIII: 231) 박해편집증 환자인 에메는 사랑의 대상이었던 언니를 대신하는 여배우를 자신의 박해자로 여겨 공

3 Bruce Fink, *Against Understanding Volume 2*, 142쪽.

격한다. 에메가 칼로 찌르는 여배우는 원래 그녀가 동경하고 동일시하는 그녀의 "외화된 이상"이다.[4] 이와 반대로 라캉이 1933~1934년에 분석한 파팽(Papin) 자매의 사례는 증오가 애정으로 바뀐 경우다. 라캉은 이에 대해 "유아론적 자아에 여전히 매우 가까운 정동적 고착, '나르시스적'이라고 부를만한 그리고 선택된 대상이 주체와 유사한 고착"이 발생했다고 말한다.[5] 이렇게 초기 라캉의 이론적 관심은 자아가 이상적 타자와 맺는 사랑과 증오의 관계에 집중된다.

라캉은 세미나 I 『테크닉에 대한 프로이트의 논문들』(*Freud's Papers on Technique*)에서 이런 관심을 나르시스적 사랑의 구조에 대한 논의로 발전시킨다. 그는 프로이트가 「전이사랑에 대한 고찰」("Observations on Transference-Love")에서 전이사랑이 일반적인 사랑과 같다고 주장한 것에 주목한다. 프로이트는 이 글에서 전이사랑의 특징이 1) 분석상황에서 발생하고 2) 저항에 의해 크게 강화되며 3) 정상적 사랑의 경우보다 결과에 더 무관심하고 사랑받는 사람을 평가할 때 더 맹목적이 되는 것이라고 지적한다. 그러나 그는 "분석치료 과정에서 나타나는 사랑에 빠진 상태가 '진정한' 사랑의 성격을 갖고 있다는 것을 반박할 권리가 없

4 라캉은 마그리트와 언니 엘리즈의 관계에 초점을 맞춘다. 그러나 장 알루슈(Jean Allouch)는 마그리트와 언니의 관계가 마그리트와 어머니의 관계가 전치된 것으로 해석한다. 이 경우 뒤플로에 대한 공격은 언니에 대한 공격일 뿐 아니라 어머니에 대한 증오의 표시다. 마그리트가 어렸을 적에 죽은 언니의 이름이 마그리트였고 그녀는 자신이 죽은 언니를 대신한다는 생각을 견딜 수 없었다. 박해자들이 자신의 아들 디디에(Didier)를 해치려한다는 마그리트의 망상은 언니의 죽음에 대한 책임이 어머니에게 있다는 사실을 폭로하는 항의의 의미를 지닌다. Darien Leader, *What is Madness?*, 238~242쪽을 볼 것.

5 Bruce Fink, *Against Understanding Volume 2*, 142쪽에서 재인용. 파팽 자매에 대한 논의는 같은 책 142~144쪽을 볼 것.

다"라고 말한다.(*SE*XII: 168~169) 라캉의 관심은 전이와 사랑의 구조적 동질성에 있다. 프로이트는 "전이와 일상생활에서 우리가 사랑이라고 부르는 것 사이에 실제로 아무런 본질적 차이가 없다고까지 말한다. 전이라는 이 인위적 현상의 구조와 우리가 사랑, 더 구체적으로 열정적 사랑이라고 부르는 자발적 현상의 구조는 정신의 차원에서 동등하다." (*SI*, 90) 전이와 열정적 사랑이 공유하는 구조적 특징을 규명하는 것이 라캉이 사랑에 접근하는 방식이다.

이 구조는 자아가 이미지와의 관계를 통해 구성되는 상상계의 구조다. 라캉은 제자 로진 르포르(Rosine Lefort)가 분석한 로베르(Robert)의 사례연구에서 자아가 형성되는 과정을 분석한다. 이 사례연구는 "엄격히 감각동작적인 성장과 주체에 의한 상상계적 통제의 기능 사이의 관계"를 보여준다.(*SI*, 105) 이 관계는 라캉이 거울단계 논문에서 자신의 몸을 제대로 가누지 못하고 파편적으로만 경험하는 유아가 거울 속에서 최초로 총체적인 자신의 이미지를 대하는 것에 해당한다. 아이가 총체적인 거울이미지에 매료되는 순간이 자아가 비로소 구성되는 순간이다. 자아는 거울 속 자신의 모습을 사랑한 결과 탄생하므로 근본적으로 나르시스적이다. 자아는 자신의 거울이미지에 나르시스적 리비도가 투자된 결과 탄생한다. 핑크의 지적대로 "라캉은 거울단계에서 응결된 자아가 그것에 밀착된 사랑 또는 리비도의 일정한 양을 가진다고 제시하며, 그것을 나르시스적 리비도라 부른다."[6] 마찬가지로 전이에서 "피분석가와 분석가 관계의 문제"는 "주체의 나르시스적 경제의 차원"에

6 Bruce Fink, *Against Understanding Volume 2*, 141쪽.

서 찾을 수 있고, 전이사랑은 "에로스—주체들을 묶어주는 힘의 보편적 존재—로 위장한 사랑이 아니라 [……] 주체가 구체적으로 사는 열정적 사랑"이다.(*SI*, 112)

라캉이 "주체들을 묶어주는 힘"으로 묘사한 에로스는 프로이트가 『문명과 그 불만』에서 문명의 근원적 동력으로 제시한 생명욕동이다. "문명은 에로스에 봉사하는 과정이다. 에로스의 목적은 개별 인간들을 결합하고 그다음에 가족들 그리고 그다음에는 인종들, 민족들, 국가들을 하나의 커다란 인류라는 통일체로 결합한다."(*SE*XXI: 122) 에로스는 인간을 상호 적대적으로 만드는 (죽음욕동에서 파생된) 공격욕동과 투쟁한다. 라캉은 계통발생적 차원에서 죽음욕동과 반대되는 생명욕동인 에로스를 다루는 것이 아니라, 자기동일적이고 나르시스적인 사랑의 속성을 다룬다. 이 사랑은 열정적 사랑이고 타자를 자신으로 환원하려는 공격성을 포함한다. 에메의 사례처럼 나르시스적 사랑은 증오를 동반한다.

2. 리비도와 상상적 동일시

라캉은 상상계를 설명하면서 프로이트의 「나르시시즘 서론」을 상세히 분석한다. 그는 프로이트가 리비도를 정신적 에너지로 광범위하게 정의한 융과 달리 리비도를 엄격히 성적인 것으로 정의했다는 사실을 강조한다. 사실 리비도를 일반적인 정신적 에너지로 정의하는 가능성은 프로이트의 이론에 내재해있다. 프로이트는 『성이론에 관한 세 편의 에세이』에서 "욕동이 다른 사람들에게 향하지 않고 자신의 신체에서 만족을 얻는" 자기성애를 논하면서 성적 욕동이 생존을 위한 섭생과 관계된 자아욕동에서 분리되는 과정을 설명한다.(*SE*VII: 181) 어머니의 젖을 먹고 행복감에 젖어 잠든 아기의 경우처럼 자아욕동에 밀착해있던 성적 욕동은 섭생의 욕구에서 분리된 이후에도 "성적 만족을 반복할 욕구"를 충족시키기 위해 외부세계가 아니라 입술 같은 자신의 신체에서 만족을 추구한다.(*SE*VII: 182) 프로이트는 리비도가 비성적인 자아욕동을 포함하도록 일반화되는 위험을 알고 있었기 때문에 「나르시시즘 서론」에서 자아리비도와 성적 리비도를 엄격히 구분하려 했다. 라캉은 이 구분의 중요성을 강조한다. "리비도는 성적인 것이 아닌 본능적 기록, 예를 들어 개인의 보존에 공헌하는 한 모든 섭생, 흡수, 배고픔의 영역과 무관하다."(*SI*, 114)

프로이트가 「나르시시즘 서론」에서 발견하는 것은 리비도가 처음부터 대상에 투자되었던 것이 아니라 최초에는 자아에만 투자되어 있었다는 사실 즉 "자아욕동의 에너지인 자아리비도"가 대상리비도에 우선한다는 사실이다.(*SE*XIV: 77) "자아의 원초적인 리비도 카섹시스가 존재하며 후에 그중 일부가 자아로부터 대상들에게 부여된다."(*SE*XIV: 75) 그렇다면 자아에게만 투자되어 있던 상태와 대상으로 투자된 상태에서 리비도는 어떻게 구분될 수 있는가의 문제가 발생한다. "정신적 에너지들의 구분에 관해서 우리는 우선 나르시시즘의 상태에서는 그들이 공존한다는 결론에 도달한다. [……] 대상카섹시스가 있기 전까지 성적인 에너지—리비도—를 자아욕동의 에너지로부터 구별하는 것은 가능하지 않다."(*SE*XIV: 76) 그 결과 두 가지 어려운 문제가 제기된다. 첫째 문제는 "우리가 지금 말하는 나르시시즘과 리비도의 초기 상태로 묘사했던 자기성애의 관계는 무엇인가"다.(*SE*XIV: 76) 둘째는 "만일 우리가 자아에게 리비도의 원초적 카섹시스를 허락한다면 성적 리비도를 자아욕동의 비성적인 에너지와 구분할 필요가 왜 존재하는가"다.(*SE*XIV: 76)

라캉은 프로이트가 이 문제들에 대해 제시하는 답에서 이 문제들이 상호 연관되어 있음을 면밀히 검토하여 사랑이 나르시스적이라는 결론을 도출한다. 첫째 문제에 대해 프로이트는 "자아에 비견할만한 통일성은 처음부터 개인에게 존재할 수 없다. 자아는 발달해야 한다. 그러나 자기성애적 욕동들은 아주 처음부터 존재한다. 그러므로 나르시시즘이 발생하려면 자기성애에 무엇인가—새로운 정신적 활동—가 보태져야 한다"라고 말한다.(*SE*XIV: 77) 라캉은 여기에서 "자아에 비견할만한 통일성"을 주는 "새로운 정신적 활동"을 자신이 거울단계에서 설명한 거울이미시와의 나르시스적 동일시로 해석한다.

> 자아에 비견할만한 통일성인 원형(*Urbild*)은 주체의 역사에서 자아가 기능하기 시작하는 특수한 순간에 구성됩니다. 이는 인간의 자아가 상상적 관계에 기초한다는 것을 의미합니다. 프로이트는 자아의 기능이 "[나르시시즘을] 형성하기 위한 새로운 정신적 활동"[7]을 가져야 한다고 씁니다. 정신의 발달에서 나르시시즘에 형태를 주는 기능을 가진 새로운 무엇인가가 나타나야 합니다. 이것이 자아 기능의 상상적 기원을 지시하는 것이 아닐까요? (*SI*, 115)

7 라캉이 인용하는 독일어 원문 '*eine neue psychische Aktion. . . . zu gestalten*'에서 "형성하다"의 의미인 "*gestalten*"은 영역본에서는 "bring about"으로 영역된다. 독일어 원문은 라캉이 여기에서 강조하는 형태/형성의 의미를 더 명확히 전달한다. .

라캉이 「나르시시즘 서론」에서 발견하는 것은 자아가 (거울이미지와의) 상상적 동일시에서 발생한다는 사실이다. 자기성애가 아니라 상상적 동일시가 작용한 나르시시즘에서 비로소 자아가 탄생한다.[8] 앞서 보았듯이 자아는 거울이미지를 사랑하는 과정에서 탄생한다. 그렇다면 거

8 엄격히 말해서 여기에는 세 단계가 존재한다. 콥젝은 자아 발생에 관한 프로이트 이론이 오독되고 있다고 지적한다. 전통적인 해석은 파편적인 부분욕동들이 다형적이고 도착적인 쾌락을 주는 자기성애와 여기에 "새로운 정신적 활동"이 보태져 자아가 출현하는 두 단계를 설정한다. 그러나 「나르시시즘 서론」에서 "자아의 발달은 원초적 나르시시즘에서 출발하는 것에 있다"라는 프로이트의 발언은 자기성애와 원초적 나르시시즘 그리고 자아 출현의 세 단계를 가정한다.(*SE*XIV: 100) Joan Copjec, *Imagine There's No Woman*, 53~54쪽을 참조할 것. 크리스테바는 거울이미지와의 상상적 동일시를 자아형성의 출발점으로 해석한 라캉을 비판하며 "거울이미지에 대한 매료는 자아의 기원에서 뒤늦게 발생하는 현상"이라고 주장한다.(40) 크리스테바는 나르시시즘이 발생하기 위해서 자기성애에 보태질 "새로운 정신적 활동"이 거울이미지와의 동일시가 아니라 '상상적 아버지'와의 동일시라고 해석한다. Julia Kristeva, *Tales of Love*, 21~45쪽을 볼 것. 이때 발생한 나르시시즘은 이미 아이와 어머니의 2자 관계를 넘어선 "제3 자에 의존하는 상징계 내적인 상태"에 있지만, 그것은 "시간적으로 논리적으로 오이디푸스적 자아보다 앞선" 것이고, 이때 부성적 기능 역시 "이름, 상징계 그리고 '거울단계'보다 앞선다."(22) 크리스테바의 해석은 "개인의 선사(先史)에서" 최초의 동일시가 어떤 대상에 대한 리비도 카섹시스보다 앞서 발생하는—다시 말해서 어떤 대상을 사랑하기 이전에 발생하는—아버지와의 "직접적이고 즉각적인 동일시"라는 프로이트의 발언에 기초한다.(*SE*XIX: 31) 프로이트가 말하듯이 이때 아이에게는 성구분이 없으므로 이 동일시는 "'부모와의' 동일시라 부르는 것이 더 안전하다."(*SE*XIX: 31) 크리스테바에 따르면 이 "원초적 동일시"의 대상인 상상적 아버지는 "나르시스적 자아가 되는 과정에 있는 이전의 기호적(semiotic) 신체가 강력하면서도 이미 정신적으로 전이되게 유발하는 타자"다.(33) 이 과정에서 "(아이의) 아직 존재하지 않는 정체성(not-yet-identity)은—대상으로 리비도 카섹시스를 받지 않고 자아이상으로 남는—대타자의 장소에 전이 또는 전치된다."(41) 그러므로 자아의 기원은 역설적으로 대타자의 장소에서 이루어지는 상상적 아버지와의 동일시다. 그리고 이 동일시를 가능하게 하는 것은 아이가 어머니의 욕망이 아버지를 향하고 있다는 사실을 깨닫는 것 즉 "아버지의 남근에 대한 어머니의 욕망"이다.(40) 상상적 아버지와의 동일시에서 발생하는 나르시시즘은 자아의 공백을 메우려는 시도다. 왜냐하면 아이가 어머니가 누구/무엇을 원하는가의 질문을 던질 때 "이 질문은 나르시스적 공백을 폭로하는 대답 즉 '어쨌든 나는 아니야(not I)' 밖에 없기" 때문이다.(41)

울이미지에 대한 사랑이 성적인 것인가? 즉 자아가 거울이미지에 투자하는 리비도는 자아리비도인가 아니면 성적(대상) 리비도인가? 이 질문은 프로이트가 리비도를 자아욕동의 에너지와 구별하는 둘째 문제와 관련된다.

라캉은 프로이트가 자아리비도와 대상리비도를 구분하면서도 이 구분을 유지하지 못한다고 지적한다. 프로이트의 말대로 자아리비도는 비성적인 자아욕동에 속하고, 대상리비도는 대상에 투자되는 성적인 에너지로 구분할 수 있다. 그러나 라캉은 "이 용어들이 에너지의 관점에서 동등하다는 생각을 유지한다면 그래서 대상에서 리비도 투자가 철회되어 자아로 되돌아간다는 말을 할 수 있다면 어떻게 이 용어들이 명확히 구분될 수 있는가?"라고 묻는다.(*SI*, 115) 라캉은 리비도를 정신적 에너지라는 단일 개념으로 간주한 융과 성적 리비도를 정신적 에너지와 구분한 프로이트의 차이를 상세히 논한다. 융은 1912년 『무의식의 심리학』(*The Psychology of the Unconscious*)에서 "정신적 에너지의 거대한 단일 개념"을 제시했다.(*SI*, 118)[9] 융에 따르면 정신병은 리비도가 외부세계에서 내부세계로 내향화된 결과 외적 현실이 사라지는 것이다. 이런 관점에서 "정신병의 메커니즘은 신경증의 메커니즘과 완전히 연속적이다."(*SI*, 119) 융과 달리 프로이트는 자아리비도와 대상리비도 또는 성적 리비도를 구분했다. 프로이트는 자신이 제기한 둘째 문제에 대해서 자아리비도와 대상리비도의 구분 즉 "리비도가 자아에 고유한 종류

9 원제목은 『리비도의 변형과 상징』(*Wandlungen und Symbole der Libido*)이고 *The Psychology of the Unconscious*로 영역되었다. 개정판 영역본은 영문판 융 전집에서 『변형의 상징들』(*Symbols of Transformation*)로 번역되었다. John Forrester, *SI*, 118쪽 역주 1번을 참고할 것.

와 대상들에 투자된 종류로 구분되는 것은 성적 욕동과 자아욕동을 구분했던 원래 가설의 피할 수 없는 결과"라고 답한다.(*SE*XIV: 77) 자아리비도와 달리 대상리비도는 성적 욕동에서 유래한 성적 리비도다. 프로이트는 두 리비도의 구별이 불가능한 초기 나르시시즘의 상태를 가정하면서도 이 두 리비도의 "구분을 유지하려 애쓰는 이유를 설명한다."(*S*I, 119)

이 두 문제를 검토하면서 라캉은 자아가 상상적이고 나르시스적이라는 점과 자아욕동에서 유래한 자아리비도와 달리 성적 욕동에서 유래한 대상리비도가 성적이라는 두 가지 결론에 도달한다. 이 두 문제의 연관성은 자아가 거울이미지라는 대상과 맺는 나르시스적 관계가 성적인 것인가의 문제에서 드러난다. 라캉은 신경증과 정신병에 대한 프로이트의 구분에서 이 연관성을 밝혀낸다. 융은 신경증과 정신병을 모두 리비도가 외적 세계에서 자아로 내향화되는 것으로 정의한다. 이와 달리 "프로이트에게 중요한 것은 신경증에서 우리가 관찰하는 현실에서의 철수와 정신병에서 관찰하는 현실에서의 철수 사이에 존재하는 구조의 차이를 파악하는 것이다."(*S*1: 116) 라캉은 「나르시시즘 서론」에서 다음 구절을 인용한다.

> 히스테리나 강박신경증을 앓고 있는 환자 역시, 이 질병이 연장되는 한, 현실과의 관계를 포기한다. 그러나 분석은 그가 결코 사람들 및 사물들과의 성애적 관계를 끊어버리지 않았다는 것을 보여준다. 그는 환상 속에서 그 관계를 보존한다. 즉 그는 한편으로는 실제 대상들을 기억에서 유래한 상상적 대상들로 대체했거나 후자를 전자

> 와 혼합했다. [……] 망상분열증 환자는 다르다.[10] 그는 실제로 외부 세계의 사람들과 사물들에서 리비도를 철수했지만 그것들을 환상 속에서 다른 것들로 대체하지 않은 것처럼 보인다.(*SE*XIV: 74)

신경증 환자가 현실을 거부하고 현실의 대상을 환상의 대상으로 대체하는 기능은 "상상적 기록"이다.(*SI*, 116) "여기에서 **상상적**이라는 말은 첫째로는 분석에서 '이미지'라는 용어의 참된 의미인, 주체가 자신의 형성적 동일시와 맺는 관계를 지시하고, 둘째로는 주체가 실재와 맺는 관계를 지시한다. 이 관계의 특징은 착각(illusion)이고 이는 상상계의 가장 두드러진 양상이다."(*SI*, 116) 신경증 환자가 착각에 기초해서 이미지와의 형성적 동일시를 통해 대상과 맺는 관계는 상상계의 특징이다. 이와 반대로 정신병 환자는 현실의 대상에 대한 "상상적 대체물"을 갖지 않는다.(*SI*, 116) 정신병 환자는 현실을 거부하지만 환상으로 대체하지 않기 때문에 "프로이트의 개념에서 상상계의 기능은 비실재(unreal)의 기능이 될 수 없다. 그렇지 않다면 정신병 환자가 상상계에 접근하는 것을 그가 부정할 이유가 없다."(*SI*, 116) 요컨대 상상계의 특징인 이미지와의 형성적 동일시는 신경증에만 해당하며 정신병 환자에게는 적용되지 않는다.

신경증과 정신병의 구별은 리비도 및 사랑과 어떤 관계가 있을까? 왜 라캉은 신경증과 정신병의 구별을 자아리비도와 성적 리비도의 구

---

10 프로이트는 쉬레버의 사례분석에서 정신분열증(dimentia praecox, schizophrenia) 대신 망상분열증(paraphrenia)이라는 용어를 사용하고 이를 편집증(paranoia)과도 구분했지만 후에 망상분열증을 편집증과 정신분열증을 포괄하는 용어로 사용했다. *SE*XII: 76쪽 각주 1번을 참조할 것. 따라서 망상분열증은 정신병과 동등한 의미로 이해할 수 있다.

별과 연결하는 것일까? 위 인용문에서 신경증 환자가 현실의 대상과 관계를 끊지 않고 환상의 대상으로 대체할 때 이 대상과 맺는 관계가 "성애적"인 것이라는 점은 중요하다. 융과 달리 성적(대상) 리비도를 자아리비도와 구별한 프로이트의 발견이 "신경증의 증상들이 성적 만족의 간접적 형태를 드러낸다는 근본적인 깨달음"에 기초한다는 라캉의 지적은 이 점에 주목한 결과다.(*SI*, 118) 상상계적인 이미지와의 동일시는 신경증에서만 발생하고 신경증의 증상은 성적인 만족이다. 그러므로 상상적 동일시는 성적 욕동과 연결된다.

라캉은 종족의 보존을 위해 존재하는 "성적 세포로 이루어진 불멸의 실체"인 생식질(germ-plasm)과 개인적인 차원의 체세포원형질(somatic plasm)을 가정하는 생물학자 아우구스트 바이스만(August Weissmann)의 이론에 기초한 프로이트 이론에서 성적 욕동은 생식질이라는 불멸의 실체에 해당한다고 해석한다. 라캉은 개체를 번식시키는 생식질이 개체가 아닌 유형(type)임을 강조한다. "심리적 관점에서 이 개체가 유명한 성적 욕동에 의해 번식시키는 것은 정확히 무엇인가? [……] 그것은 개체로서 생식하는 것이 아니라 유형으로서 생식하는 것이다."(*SI*, 121) 성적 욕동은 개체를 번식시키지만 그것은 단순한 개체가 아닌 유형으로서의 개체다.

성적 욕동의 작동 메커니즘은 유형에 의존한다. 라캉은 "거대한 성적 메커니즘의 가동을 결정하는 기초적 원동력은 무엇인가?"라고 묻는다.(*SI*, 121) 그리고 "그것은 성적 파트너의 존재, 한 개체의 특수성이 아니라 내가 유형 즉 이미지라고 불렀던 것과 매우 밀접한 관계를 지니는 어떤 것"이라고 답한다.(*SI*, 121) 자아리비도와 성적 리비도의 구별, 신경증과 정신병의 구별에 대한 라캉의 결론은 성적 리비도의 작동 메커니즘의 근원이 이미지와의 관계이고 이런 점에서 상상계적이라는 것이다. "성적 욕동의 기계적인 작동은 본질적으로 이미지들의 관계, [……] 상상적 관계에서 구체화된다. 이것이 우리가 리비도욕동과 자아 욕동을 분명히 구별해야 하는 구도다. 리비도욕동은 상상계의 기능에 집중된다."(*SI*, 122)

이미지/유형과의 상상적 동일시는 자아가 이미지와 일치하는 것이 아니다. 동물의 경우 실제 대상과 자신 내면의 (상상적) 이미지가 일치하며, 그 이미지의 중매역할을 통해 대상에 대한 성적 행위가 유발된다. 반면 "인간에게는 현저한 부실서가 성적 기능의 발현을 특징짓는다. 그 기능 속에서 아무것도 적합하지 않다. 이 이미지는 [……] 일종의 파편화, 파열, 결렬, 적합성 부재, 불일치를 제시한다."(*SI*, 138) 그러므로 "타자, 인간 타자의 기능"은 "상상계과 실재의 불일치"를 보여준다.(*SI*, 139) 라캉은 거울단계를 논하면서 "유기체의 한복판에 존재하는 어떤 열개(裂開, dehiscence), 신생아 시기의 불편과 동작 부조화의 기호들이 드러내는 원초적 불일치" 즉 신체적 미숙으로 인해 유아가 동물과 달리 거울이미지와 완전히 같을 수 없고, 이런 차이가 파편화된 신체의 이미지로 귀환한다고 설명한다.(*E*, 78) 파편적 유아의 현실과 이상적인 거울이미지의 불가피한 차이는 유아의 공격성을 유발한다.

여기에서 라캉이 거울상과의 나르시스적 동일시에 기초한 사랑을 '열정적' 사랑이라고 부른 이유를 찾을 수 있다. 라캉은 「정신분석에서의 공격성」("Aggressiveness in Psychoanalysis")에서 유아와 거울상의 관계에 대해 "인간을 자신에게서 소외시키는 이미지에 그가 고착되는 이 성애적 관계에서 우리는 그가 자신의 자아라고 부를 열정의 유기체가 유래하는 에너지와 형태를 찾을 수 있다"라고 말한다.(*E*, 92) 열정적 사랑의 근원은 거울상에 대한 성애적 관계의 고착이다. 거울상에 대한 자아의 성애적이고 열정적인 사랑은 자신의 신체적 파편화로 인해 증폭된다. 거울이미지가 주는 "특별한 만족"은 "원래의 유기체적 혼돈의 통합에 기초하며 [……] 인간을 구성하는 결정적인 열개의 차원에서 생각해야 한다."(*E*, 94) 유아가 통제하지 못하는 파편적 신체와 대조되기 때문에 "이상적 통일체이고 바람직한 이미지"인 거울상의 "가치는 고조된다."(*E*, 92)

유아가 거울상에 대해 갖는 에너지는 "나르시스적 열정"이지만, 동시에 그것이 자신과 대조되는 것에 대해 갖는 열정이기 때문에 "'부정적'인 리비도"의 결과다.(*E*, 94). 거울상과의 동일시뿐 아니라 근원적인 차이가 상상적 사랑을 열정적으로 만든다. 거울상에 대한 열정적이고 상상적인 사랑에는 거울상과의 차이를 없애고 대상의 독립적 존재를 부정하는 경향이 존재한다. 라캉은 "상상적 열정으로서의 사랑"을 상징적 차원의 선물로서의 사랑과 구분하며, "사랑받기를 욕망하는 사람의 사랑은 본질적으로 타자를 자신 속에 대상으로 포획하려는 시도"라고 정의한다.(*SI*, 276)

3. 상징적 사랑과 거울모델

나르시스적 사랑은 타자의 타자성을 인정하지 않는다. 이런 결과는 이상자아와 자아이상의 혼동에서 유래한다. 라캉은 1차적 나르시시즘을 주체에게 통일성을 부여하고 주체가 자신을 둘러싼 세계에 자신을 투사하는 것을 가능하게 하는 것으로, 2차적 나르시시즘을 동물과 달리 인간에게 존재하는 다른 대상과의 동일시를 가능하게 하는 것으로 설명한다.

> 인간에게 거울 속 반영은 기원적이고 노에시스적인(noetic) 가능성을 지시하고 두 번째 나르시시즘을 도입합니다. 그것의 근본적 패턴은 즉각적으로 타자와의 관계입니다. [……]
>
> 타자, 대체 자아(alter ego)는 삶의 단계에 따라 [……] **자아이상**과 다소간 혼동됩니다. [……] 나르시스적 동일시는 [……] 두 번째 나르시시즘의 동일시이고 타자와의 동일시입니다. 이는 정상적 환경에서 인간이 세계 일반과 상상적이고 리비도적인 관계를 정확히 찾을 수 있게 합니다. 그것은 그가 세계 속에서 자신의 위치를 볼 수 있게 해주고, 자신의 존재를 이 위치와 세계의 기능으로 구조화할 수 있게 해줍니다. 마노니는 **존재론적** [존재라고] 방금 말했습니다. [……] 정확히 말하면 그것은 **리비도적 존재**입니다. 주체는 타자와의 관계에서 비친 반영 속에서 즉 **자아이상**과의 관계에서 자신의 존재를 봅니다. (*SI*, 125~126)

1차적 나르시시즘과 2차적 나르시시즘의 차이는 이상자아와 자아이상의 차이 그리고 상상계와 상징계의 차이에 상응한다. 이는 결정적인 중요성을 지닌다. 라캉은 2차적 나르시시즘에서 자아이상과의 관계를 통해 주체가 세계에서 자신을 "리비도적 존재"로 자리매김할 수 있다고 밝힌다.

그는 이 구분을 명확히 보여주기 위해서 꽃병이 거울에 반사되어 나타나는 실험모델을 소개한다. 「다니엘 라가쉬의 발표문에 대한 논평」(“Remarks on Daniel Lagache's Presentation”)에서 그는 전통적인 거울모델을 수정한다. 전통적인 모델은 기하학적 광학에서 꽃병이 오목거울에 반사되어 상하가 뒤바뀌어 나타나는 실험모델이다. 라캉이 수정한 모델은 여기에 평면거울을 추가한다.(*E*, 564~565) 아래 왼쪽의 전통모델과 오른쪽의 수정된 라캉의 모델을 비교하면 라캉이 새 모델을 통해서 무엇을 규명하려 했는지 알 수 있다.

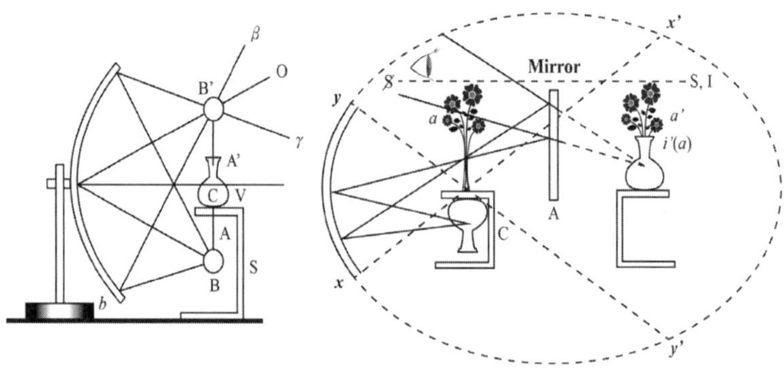

전통모델에서 빈 상자 S 안에는 실재 꽃다발 B가 놓여있고, 왼쪽의 오목거울을 향해 꽃병(V)을 보는 눈에는 꽃병의 목 A' 위에 꽃다발이 오목거울에 비쳐 거꾸로 나타난 모습 B'를 볼 수 있다. 이런 착각은 꽃병을 보는 눈(O)이 반영된 꽃병의 이미지 B'가 오목거울의 원주 안에서 형성하는 원뿔 βB'γ안에 놓일 때 가능하다. 이때 오목거울에 비친 꽃다발과 꽃병의 이미지는 “실재 이미지”다.(*E*, 563)

전통모델과 달리 라캉의 수정된 모델은 “타자와의 관계를 나타내고, 상상계와 상징계의 이중 영향력을 구분하는 것을 가능하게 한”다.(*E*, 564) 이 모델에서 왼쪽 빈 상자 C 안에는 실재 꽃병이 있고 빈 상자 위에 실재 꽃다발 *a*가 놓여있으며 이 꽃다발 근처 또는 오목거울 끝에 분열된 주체 S의 눈이 위치한다. 전통모델과 달리 가운데 평면거울 A가 놓여있다. 그 결과 꽃병과 꽃다발은 오목거울에 반사된 후 다시 평면거울에 반사되어 x'y' 의 가상공간에서 꽃병에 담긴 꽃다발의 실재 이미지 *a*가 다시 반사되어 나타난 "가상 이미지"(virtual image) *a*'와 *i*(*a*)' 가 위치한다. 수정모델이 전통모델과 다른 것은 주체(관찰자)의 눈의 위치와 평면거울의 도입이다. 라캉은 전통모델에서 없었던 평면거울을 추가하고, 시선을 오목거울이 아니라 평면거울을 향하도록 바꿔서 평면거울 없이는 꽃병 속의 꽃다발을 볼 수 없게 만든다. 평면거울은 주체가 가상 이미지를 볼 수 있게 만드는 필수 불가결한 조건이다. 전통모델에서 대상이 오목거울에 비친 실재 이미지와의 관계는 1차적 나르시시즘을 예시한다. 라캉의 모델에서 오목거울에 비친 대상의 이미지가 다시 평면거울에 반사되어 나타난 가상 이미지와 주체의 관계는 2차적 나르시시즘을 보여준다.[11]

여기에서 중요한 것은 평면거울 A가 대타자인 언어와 기표의 영역이며, 주체의 상상계적 이미지는 불가피하게 상징계의 대타자에 의해 중개된다는 점이다. "주체가 타자, 즉 상상적 2자관계의 타자(소문자 *a*)와의 관계에서 성취하는 거리에서 담론의 대타자(대문자 A)가 없을 수 있다고 생각하는 것은 오류"다.(*E*, 568)

평면거울의 경사가 타자의 목소리에 의해 지배된다고 가정해봅시

11 이 점에 대해서는 Jacqueline Rose, *Sexuality in the Field of Vision* (London: Verson, 2006), 179쪽을 참조할 것. 국내 연구로는 강응섭, 「거울도식과 나르시스적 사랑」, 『현대정신분석』, 2010년 12권 2호, 14~18쪽을 참조할 것.

다. 이것은 거울단계의 차원에서 발생하지 않고 후에 타자들과의 전반적 관계-상징적 관계를 통해 발생합니다. [……]

다시 말해서 보는 주체의 입장을 정의하는 것은 상징적 관계입니다. 상상계의 크고 작은 정도의 완벽함, 완전성, 근접성을 결정하는 것은 말 즉 상징적 관계입니다. 이 재현은 **이상자아**와 **자아이상**을 구별하게 해줍니다. 자아이상이 타자와의 모든 관계가 의존하는 관계의 상호작용을 지배합니다. [……]

내 욕망은 무엇입니까? 상상적 구조화에서 내 위치(입장)는 무엇입니까? 이 위치는 상상계를 넘어선 상징적 평면의 차원, 인간들 사이의 말의 교환에서만 체현될 수 있는 법적 교환의 차원에서 안내자를 찾을 수 있는 때만 생각할 수 있습니다. 주체를 지배하는 이 안내자는 자아이상입니다. 이 구분은 절대적으로 중요합니다. (*SI*, 140~141)

라캉의 사랑이론에서 이상자아와 자아이상의 차이는 매우 중요하다. 프로이트는 「나르시시즘 서론」에서 아이가 성장하면서 이상자아가 자아이상으로 대체되는 과정을 설명한다. 성인에게는 유아의 "과대망상"과 "유아적 나르시시즘"이 관찰되지 않는다.(*SE*XIV: 93) 성장 과정에서 "리비도의 본능적 충동들은 주체의 문화적 윤리적 표상들과 충돌"하여 억압되고, 주체는 "이 표상들을 자신의 표준으로 인식하고 그들의 주장에 복종한다."(*SE*XIV: 93) 이 표상들이 자아이상이고 주체에게 삶의 좌표가 된다. "주체의 나르시시즘은 이 새로운 이상자아로 전치되어 나타나고, 이상자아는 유아적 자아처럼 중요한 모든 완벽함을 소유한 것"으로 여겨진다.(*SE*XIV: 94) "그는 자신의 유년기의 나르시스적 완벽함을 포기하려 하지 않고 [……] 그 완벽함을 더 이상 간직하지 못할 때 자아이상의 새로운 형태에서 그것을 회복하려 한다."(*SE*XIV: 94) 자아이상이 애초에 이상으로 여겨지는 이유는 유아기에 가졌던 자신의 완벽하고 이상적인 모습을 상실한 자아가 그것을 회복하기 위해 완벽한 이상자아를 자기 밖의 "문화적 윤리적 표상들"로 투사하기 때문이다. 그러므로 자아는 성장하면서 "새로운 이상자아"인 자아이상에 따라 행동하게 된다.[12]

이상자아에 대한 나르시스적 사랑이 자아이상으로 투영된 결과 상상계와 상징계의 혼동이 발생한다. "**자아이상**은 [……] **이상자아**의 차원 즉 [……] 나르시스적 매료가 발생하는 차원에 있는 대상들의 세계에 위치할 수 있게 된다. 이런 혼동이 발생할 때 그 기구는 더 이상 조절될 수 없다는 것을 확신할 수 있다. 다시 말해서 당신이 사랑에 빠질 때 당신은 미친다."(*SI*, 142) 사랑은 사실 자아이상으로 전치된 완벽한 이상자아의 모습을 사랑하는 것이기 때문에 자아이상의 기능을 훼손한다. "사랑은 상상적 차원에서 발생하는 현상, 상징계의 진정한 차감, 자아이상 기능의 혼란과 일종의 소멸을 자극하는 현상이다. 프로이트가 가감 없이 말하듯 사랑은 완벽함으로의 문을 다시 연다."(*SI*, 142)

그러므로 이상자아와 자아이상은 확실히 구분되어야 한다. "전자는 상상계의 차원에 있고 후자는 상징계의 차원에 있다. 왜냐하면 **자아이상**의 요구는 법의 요구라는 총체성 안에 위치하기 때문이다."(*SI*, 134) 자아이상의 요구는 사회적 법의 명령이다. 상상계의 자아가 타자

12 프로이트는 『자아와 이드』에서 자아이상을 초자아와 동일시한다. 오이디푸스 콤플렉스—어머니에 대한 욕망—를 극복할 힘이 없는 자아는 아버지와 동일시하고 내입해서 형성된 초자아의 힘으로 오이디푸스 콤플렉스를 극복한다. 이렇게 형성된 초자아는 자아에게 이상적인 기준으로 기능하며 자아는 그 기준에 미치지 못할 때 죄의식을 갖게 된다.(*SE*XIX: 29~37)

성을 자기동일성으로 환원하려 한다면, 상징계의 (분열된) 주체는 대타자의 요구에 종속된다. 그런데 거울모델이 보여주듯이 상상계적 이상자아는 이미 상징계의 자아이상에 포함된다. 거울이미지에 매료되는 나르시스적 동일시의 순간에 "거울 앞의 아이는 자신을 안고 있는 사람을 향해 돌아보며 이 증인에게 호소하는 시선을 던진다. 후자는 [……] 그 이미지에 대한 아이의 인식을 확인해준다."(*E*, 568) 아이는 대타자가 자신의 나르시스적 이미지를 승인해줄 것을 바란다. 주체가 사랑하는 자신의 이상자아는 반드시 자아이상의 승인을 필요로 한다. 주체가 사랑하는 자신의 모습은 이미 대타자/자아이상이 원하는 자신의 모습이다.

그러므로 나르시스적 상상계적 자아에 대한 주체의 사랑은 상징계의 대타자에 대한 사랑의 요구와 맞물린다. 주체는 자신을 사랑하기 위해서 대타자가 자신의 이상자아를 사랑해줄 것을 요구한다. 상상계적 사랑이 자기 이미지에 대한 열정적 사랑이라면, 상징계의 사랑은 대타자가 주체에게 주는 선물이다. 이는 분석상황에서 환자가 분석가에게 사랑을 요구하는 전이사랑에 해당한다. 라캉의 거울모델에서 오른쪽 위에 있는 "S는 '완전한' 또는 '빗금 그어지지 않은' 지식의 주체이고 전이에서 알고 있다고 가정된 주체이며 I는 동일시의 지점인 자아이상을 나타낸다."[13] 거울모델 왼쪽의 분열된 주체 $\$$와 자아이상의 위치에 있는 "알고 있다고 여겨진 주체" S 사이의 점선은 전이사랑을 표시한다.

13 James Penney, *The Structures of Love: Art and Politics Beyond the Transference* (Albany: SUNY P, 2012), 39쪽.

4. 거울모델을 넘어서

상상계의 열정적 사랑이 거울이미지와의 나르시스적 동일시이고, 상징계의 사랑이 상징적 동일시의 대상인 대타자에 대한 사랑의 요구이며 전이사랑이라면, 동일시를 넘어선 사랑은 존재하지 않는 것일까? 라캉은 상상계의 사랑과 상징계의 사랑을 구분하며 다음과 같이 말한다.

> 상상적 열정인 사랑과 상징적 차원에서 사랑이 구성하는 능동적 선물을 구분해야 합니다. [……]
>
> 사랑받고 싶은 욕망은 사랑하는 대상이 그 자체로 포획의 대상으로 자신의 절대적 특별성에 예속되기를 욕망하는 것입니다. [……]
>
> 그러나 반대로 [……] 사랑하는 것은 그 또는 그녀가 나타나는 모습을 넘어선 존재를 사랑하는 것입니다. 능동적인 사랑의 선물은 타자의 특수성이 아닌 존재로 향합니다. [……]
>
> 이제 더 이상 열정이 아니라 능동적 사랑으로 여겨지는 사랑은 상상적 포획을 넘어서 항상 사랑받는 주체의 존재, 그의 특별성으로 향합니다.
>
> [……] 주체가 상징적으로 말(speech) 속에서 자신을 실현할 때 [……] 사랑은 타자의 존재를 목표로 삼습니다. 말은 존재를 긍정합니다. 따라서 말이 없다면 남은 것은 사랑에 빠진 상태(*Verliebtheit*, being in love) 즉 상상적 매혹만 있을 뿐 사랑은 없습니다. (*SI*, 276~277)

상상계의 열정적 사랑과 달리 상징계의 능동적 사랑은 사랑받는 "주체의 존재"를 향한다. 상징계의 사랑은 언어적 차원의 사랑이며 사랑의 말이 없다면 상상계적 매혹만 남는다.

그런데 상징계적 말의 차원에 있는 사랑이 어떻게 타자의 존재에 도달할 수 있는 것일까? 어떻게 말이 존재를 긍정하는가? 말과 존재의 관계는 배타적이지 않은가? 라캉은 세미나 XX 『앙코르』에서 사랑과 존재의 관계에 대해 이렇게 말한다. "사랑은 존재, 즉 언어에서 빠져나가는 것을 목표로 삼는다. [……] 이 존재는 아마도 '내가 있음'(*m'être*, to be me, being me)이라는 기표와 가장 가까울 것이고 [……] 여기에 가장 이상한 착각이 놓여있다. 이는 어떤 의미에서 기호가 기표로부터 구별되는지 묻게 하지 않는가?"(*S*XX, 39)[14] 라캉이 언급하는 착각은 기표와 기호를 구별하지 못한 데서 발생하는 착각이다. 앙드레가 말하듯이 "사랑의 말" 즉 언어의 기표를 통해 타자의 존재에 다가가려는 것은 "존재가 있다는 암시가 기표의 속성이라는 사실을 인식하지 못하는 것이다. 이 오인은 (단지 다른 기표를 위해 주체를 대표할 뿐인) 기표를 (무엇의 기호로서, 존재를 지지하는) 기호로 여기는 혼동에 기초한다."[15] 그러므로 사랑의 말은 존재를 향하지만 끊임없이 존재를 놓친다.

그러나 타자의 존재를 영원히 놓치는 "이 실패를 통해서 사물도 존재도 아닌 주체가 드러나고" 사랑은 존재가 아닌 주체의 관계가 된다.[16] 라캉은 기표와 기호를 구분한다. 다른 기표를 무한히 지시할 뿐인 기표와 달리 기호는 무엇을 지시한다. 예컨대 연기는 불의 기호다. 그러나 라캉에게 기호는 무엇보다 주체를 지시한다. 연기는 불의 존재뿐 아

14 핑크가 역주에서 설명하듯이 *m'être*는 주인을 뜻하는 *maître*와 동음이의어이므로 주인기표의 의미도 함축한다.

15 Serge André, *What Does a Woman Want?*, 286쪽.

16 Serge André, *What Does a Woman Want?*, 286~287쪽.

니라 흡연자의 존재를 지시한다. "흡연자의 기호가 아닌 연기는 없다. [……] 그래서 기호는 무엇의 기호가 아니라 한 효과의 기호이며 [……] 그 효과는 다시 말해서 주체다."(*S*XX, 49~50) 앙드레가 말하듯 "그 결과 사랑은 더 이상 존재를 겨냥하는 것이 아니라 주체를 겨냥하는 것으로 재정의"된다.[17]

사랑이 주체를 겨냥할 때 주이상스와의 차이가 드러난다. "사랑에서 목표로 삼는 것은, 표현된 문장에서 주체가 가정되는 한, 주체 자체다. [……] 주체 자체는 주이상스와 큰 관련이 없다. 그러나 다른 한편 주체의 기호는 욕망을 불러일으킬 수 있다. 거기에 사랑의 원천이 있다."(*S*XX, 50) 사랑은 불가능한 주이상스에 대한 보상으로 다른 주체와 맺는 관계다. 앙드레가 말하듯이 "사랑은 관계의 항을 바꾸어 주이상스에서 확인되는 주체와 신체의 불가능한 접합에 보상한다. 사랑이 만드는 주체와 주체의 관계는 타자가 갖고 있다고 여기는 지식, 내가 타자에게 말할 때 내가 누구인지에 대한 지식을 연결부로 갖는다."[18] 주체는 (대타자의) 신체를 완전히 향유할 수 없으므로 주체와 신체의 관계는 불가능한 주이상스의 관계다. 사랑은 주체가 관계하는 항을 신체에서 다른 주체로 바꾸어 다른 주체가 자신에 대해 가진 지식을 연결고리로 삼아 관계를 맺는다. 자신에 대한 지식을 가진 자에 대한 사랑은 전이사랑이다. 말의 사랑은 주이상스가 아닌 지식을 가진 주체(분석가)로 향한다.

주체와 주체의 관계로 이루어진 상징계의 (전이)사랑은 존재를 포착하지 못한다. 분석상황에서 피분석가가 자신의 존재를 지탱하는 실

---

17 Serge André, *What Does a Woman Want?*, 287쪽.

18 Serge André, *What Does a Woman Want?*, 287~288쪽.

재의 대상 *a*와 대면하려면 전이사랑을 벗어나야 한다. 거울모델은 주체의 사랑을 상상계와 상징계의 차원에서 설명할 뿐 실재의 차원에 있는 대상 *a*를 보여주지 못한다. 라캉은 "내 모델이 대상 *a*를 밝혀주지 못한다. 이 모델은 이미지의 유희를 묘사하는 가운데 이 대상이 상징계에서 받는 기능을 묘사하지 못한다"라고 말한다.(*E*, 571) 여기에서 *a*의 이미지는 1차, 2차 나르시시즘에서 발생하는 상상계와 상징계 차원의 가상 이미지에 머무르고 실재의 대상 *a*는 주체의 시야를 벗어난다. 주체의 시선은 평면거울에 고정되어 거울에 반영된 *a*를 볼 뿐 눈 아래 있는 실재 이미지 *a*를 볼 수 없다.

그러나 주체가 평면거울을 바라볼 때 간혹 눈앞에 놓인 실재 꽃다발의 이미지가 시야에 들어올 수도 있다. 제임스 페니(James Penney)가 지적하듯이 "실재 대상(즉 실재 꽃다발)의 한 면이 주체의 시야로 튀어나와 잠재적으로 가상 이미지가 만든 인상을 위태롭게 할 수 있다."[19] 실재 대상 *a*의 개입은 정신분석에서 필연적으로 발생하는 전이사랑과 대립된다. 왜냐하면 "전이는 대상 *a*가 우리의 자아구조 속으로 튀어드는 위협에 대해 우리가 저항하는 것이며, 대상 *a*는 자아가 대타자의 포착할 수 없는 승인을 끊임없이 그리고 종종 도발적으로 요청하는 자아의 고상한 야망에 의해 길들여지지 않은 부분대상"이기 때문이다.[20] 피분석가는 분석가를 '알고 있다고 가정된 주체'로 여기면서 결국 자신이 사랑받을만한 주체임을 확인하고 싶어 하며 대타자의 위치에 있는 분석가의 승인을 요구한다. 라캉이 분석가가 자아이상이 아닌 대상 *a*의 위

19 James Penney, *The Structures of Love*, 39쪽.

20 James Penney, *The Structures of Love*, 40쪽.

치를 점해야 한다고 주장하는 이유는 피분석가가 이런 전이사랑의 회로에서 벗어나 자신의 욕망과 대면하게 해야 하기 때문이다.

페니에 따르면 거울모델에서 대상 *a*의 기능이 완전히 은폐되는 것은 아니다. 하지만 라캉이 말하듯이 거울모델은 대상 *a*의 기능을 충분히 보여주지 못한다. 대상 *a*가 실재에 속한다는 것은 거울모델에서 재현될 수 없다는 것을 의미한다. 돌라르의 표현대로 "'대상 *a*'는 정확히 말해서 거울에서 볼 수 없는 상실의 부분, 거울반영이 없는 비반영적인 주체의 부분이다. 거울은 가장 기본적인 방식으로 이미 상상계와 실재계의 분열을 함축한다. 상상적 현실 즉 그 안에서 자신을 인식할 수 있고 친숙해질 수 있는 세계에 접근할 수 있는 것은 오로지 상실 즉 대상 *a*가 '떨어져 나가는' 조건에서만 가능하다."[21] 거울모델은 상상적 소타자와 분열되지 않은 대타자 A, 알고 있다고 가정된 주체 S를 보여줄 뿐 어떻게 분열된 주체($)가 결여된 대타자(Ⱥ)와의 관계에서 대상 *a*를 추구하는지 그리고 그 결과가 무엇인지를 보여주지 못한다. 주체가 사랑을 요구하는 대타자는 자아이상의 위치를 차지한 결여되지 않고 완전한 지식을 가진 주체다. 사랑이 요구의 차원에 머무는 한 사랑은 욕망과 결여를 은폐한다. 타자의 존재를 향하는 사랑은 요구와 기표를 넘어서 욕망과 결여를 대면한다. "사랑은 갖고 있지 않은 것을 주는 것"이라는 명제는 사랑에 내재한 근원적 결여를 표현한다. 라캉은 세미나

21 Mladen Dolar, "At First Sight," Renata Salecl & Slavoj Žižek 공편, *Gaze and Voice as Love Objects* (Durham: Duke UP, 1996), 138쪽. 이 글의 국역본은 믈라덴 돌라르, 김종주 옮김, 「첫눈에」, 슬라보예 지젝 & 레나타 살레츨 공편, 라깡정신분석연구회 옮김, 『사랑의 대상으로서의 시선과 목소리』(인간사랑, 2010), 211~251쪽을 참조할 것.

VIII 『전이』에서 플라톤의 『향연』의 주제인 에로스를 해석하며 이 명제를 증명한다.

9장

에로스의 두 얼굴: 라캉의 『향연』 읽기*

1. 사랑의 은유

라캉은 세미나 VIII 『전이』에서 "사랑은 갖고 있지 않은 것을 주는 것"으로 정의한다.(*S*VIII, 34) 이 정의는 사랑과 결여의 관계를 정확히 표현한다. 라캉은 이 세미나에서 플라톤의 『향연』 해석을 통해 상징계에서 거세된 주체가 타자를 사랑하는 근본 원인을 탐구한다. 그리스의 비극 시인 아가톤(Agathon)이 희곡 경연대회에서 수상한 것을 기념하기 위해 열린 만찬에 초대된 손님들이 에로스 신을 찬양하는 내용으로 구성된 『향연』은 라캉에게 사랑의 본질을 파헤치는 계기를 제공한다. 물론 라캉이 이 세미나에서 처음으로 사랑을 선물로 정의한 것은 아니다.

* 이 장의 일부(385~418쪽)는 동명의 제목으로 『현대정신분석』[2015년 17권 1호, 378~410쪽]에 게재된 것을 수정했다.

8장에서 논했듯이 그는 이미 세미나 I에서도 "능동적 선물"로 규정되는 상징계의 사랑이 "타자의 존재"를 향한다고 말하고, 세미나 IV 『대상 관계』에서도 "자신이 갖고 있지 않은 것을 주는 것보다 더 큰 사랑의 기호는 없다"라고 선언한다.[1]

그리고 6장에서 논한 바와 같이 라캉은 세미나 IV 『대상 관계』 직후에 쓴 「남근의 의미작용」에서 욕구와 요구 그리고 욕망을 구별하는 과정에서 갖고 있지 않은 것을 주는 선물로서의 사랑을 논한다. 욕구를 충족시켜달라는 아이의 요구—울음소리—가 언어화되어 대타자인 어머니에게 전달될 때 이 신호는 이미 욕구의 대상이 충족시킬 수 없는 결여를 만족시켜달라는 요구다. 이 요구는 대타자가 제공할 수 있는 현실의 대상이 만족시킬 수 없으므로 이 요구에 대해 대타자가 주는 사랑은 자신이 갖고 있지 않은 것을 주는 '무의 선물'이다. 대타자가 줄 수 없어서 궁극적으로 만족시킬 수 없는 차원에서 욕망이 발생한다. 셰퍼드슨은 이를 일목요연하게 설명한다.

> 그래서 "말의 선물"(젖에서 목소리로 이행하는 것)에 의해 어머니는 자신이 갖고 있지 않은 대상 대신 (욕구의 대상은 요구에 대한 응답의 역할을 할 수 없으므로) **무의 선물인** "사랑의 선물"로 대치한다.("그래, 그래, 괜찮아. 걱정하지 마. 다 괜찮을 거야.") 목소리는 이런 **약속**—욕망의 약속—이고, 요구가 욕구의 만족에서 환원 불가능하게 분리되어 태어날 때 나타나는 미래를 여는 "대상"이다.[2]

1 Lorenzo Chiesa, "'Le Ressort de L'amour': Lacan's Theory of Love in His Reading of Plato's *Symposium*," *Angelaki: Journal of the Theoretical Humanities*, 2.3 (2006), 80쪽 미주 86번.

2 Charles Shepherdson, "The Gift of Love and the Debt of Desire," 65쪽.

갖고 있지 않아서 주는 사랑의 역설은 인간의 근원적 결여와 욕망을 증언한다. 라캉은 세미나 VIII 『전이』에서 플라톤의 『향연』을 해석하며 사랑과 결여 그리고 욕망의 관계를 엄밀하게 해부한다.

라캉의 『향연』 해석은 에로스가 사랑과 욕망의 두 얼굴을 지닌다는 점을 규명하는 것으로 요약할 수 있다. 이 세미나의 주제가 전이인 만큼 사랑은 전이의 관점에서 먼저 조명된다. 앞 장에서 보았듯이 라캉은 세미나 I에서 열정적 사랑과 전이의 구조적 동질성을 강조한 바 있다. 라캉은 그리스의 동성애에서 사랑하는 자인 에라스테스(*ἐραστής*, erastés)를 "욕망하는 주체"로, 사랑받는 자인 에로메노스(*ἐρώμενος*, erómenos)를 "무엇을 가진 유일한 자"로 정의한다.(*S*VIII, 34) 사랑의 논의는 이렇게 있음과 없음, 무엇(something)과 무(nothing)의 관계에서 출발한다. 에라스테스가 무를 가진 결여된 주체이고 에로메노스가 무엇을 가진 자라는 점에서 이 둘의 관계는 일견 결여된 피분석가와 "알고 있다고 가정된" 분석가 사이의 전이와 유사한 것으로 보인다.(*S*VIII, 34)

그렇다면 무엇을 가진 에로메노스가 아무것도 갖지 않은 결여/욕망의 주체인 에라스테스에게 그 무엇을 주면 사랑의 관계는 성립하는 것일까? 이것은 "갖고 있지 않은 것을 주는 것"이라는 사랑의 정의와 정면으로 배치된다. "욕망이 부적합한 욕망 대상과 결합하는 데에서 사랑이라고 불리는 의미가 출현한다."(*S*VIII, 34) 욕망과 대상의 관계, 에라스테스와 에로메노스의 관계는 부적합과 불일치의 관계다. 사랑은 무엇을 주어서 결여를 메우는 것이 아니라, 에라스테스의 사랑에 대한 응답으로 에로메노스가 에라스테스로 변모하는 치환과 은유의 관계다. "우리가 은유를 치환으로 이해하게 되었다는 전제하에 기표로서의 사랑은 은유다. [……] 결여의 주체인 에라스테스 또는 사랑하는 자의 기능이 사랑받는 대상인 에로메노스의 기능을 대신할 때 사랑의 의미작용이 생산된다."(*S*VIII, 40)

라캉은 사랑의 은유를 설명하기 위해『향연』의 첫째 연설자인 파이드로스(Phaedrus)가 예찬하는 세 인물을 예로 든다. 첫째 인물인 알케스티스(Alcestis)의 남편인 아드메토스(Admetus)는 죽을 운명이었다. 아폴로는 운명의 여신들을 술에 취하게 한 후 누군가가 그를 대신해 죽으려 한다면 그를 살려주겠다고 약속한다. 그의 부모를 포함해서 아무도 그를 위해 죽으려 하지 않지만 아내인 알케스티스는 남편을 위해 죽는다. 신들은 이에 감동하여 알케스티스를 저승에서 다시 돌려보낸다. 둘째 인물인 오르페우스(Orpheus)는 이와 반대로 저승에 가지만 아내 유리디체(Eurydice)를 데려오지 못한다. 이는 "알케스티스가 그랬던 것처럼 에로스를 위해 죽음을 무릅쓰지 않았고 산 채로 저승에 가려 했기 때문이다. 이런 이유로 그들[신들]은 그를 처벌하여 여자들의 손에 죽게 했다."(*SYM*, 119, 179d)[3]

셋째 인물 아킬레스(Achilles)는 "헥토르(Hector)를 죽이면 자신도 죽겠지만 그렇지 않으면 집에 돌아가 장수할 것이라는 말을 어머니에게 듣는다. 그러나 그를 사랑하는 에라스테스인 파트로클로스(Patroclus)의 복수를 도와주고 그를 대신해서 그리고 죽임을 당한 그를 따라 죽는다."(*SYM*, 119~120, 179e~180a) 아이스킬로스(Aeschylus)는 아킬레스가

3 Plato, R. E. Allen 옮김, *The Symposium: The Dialogues of Plato*, Vol. 2, (New Haven: Yale UP, 1991), 119쪽. 앞으로『향연』의 인용은 이 영역본의 쪽수와 라캉이 사용하고 보편적으로 통용되는 스테파노스(Henricus Stephanus) 판본의 쪽수를 괄호 속에서 약어 *SYM* 뒤에 병기한다.

파트로클로스보다 더 젊었고 아름다웠다는 사실에 근거해 그가 파트로클로스의 에라스테스였다고 주장한다. 파이드로스는 이 주장을 반박한다. 아킬레스는 오히려 파트로클로스의 에로메노스였고 "신들은 [……] 에라스테스가 에로메노스를 아낄 때보다 에로메노스가 에라스테스를 아껴줄 때 더 놀라워하고 감탄하며 더 크게 보상한다. [……] 이 때문에 신들은 아킬레스를 알케스티스보다 더 찬미했다."(*SYM*, 120, 180a~b) 알케스티스가 남편을 대신해서 죽는다는 점에서 치환은 이루어진다. 그러나 아킬레스가 알케시티스보다 더 칭송을 받는 이유는 그가 에로메노스였기 때문이다. "알케스티스는 에라스테스 즉 사랑하는 자의 위치에 있었다. 아킬레스의 희생이 [……] 훨씬 더 칭송받는 이유는 그가 사랑받는 자의 위치에 있었기 때문이다."(*S*VIII, 48) 사랑하는 자로서 사랑한 알케스테스와 달리 아킬레스는 사랑받는 자에서 사랑하는 자로 바뀌는 사랑의 은유를 보여준다. "엄밀히 말해서 그 자체로 기적적인 사건은 사랑받는 자였던 아킬레스가 사랑하는 자가 되는 것이다. 이를 통해『향연』의 변증법에 사랑의 현상이 도입된다."(*S*VIII, 54)

그러나 사랑받는 자가 사랑하는 자로 변모하는 사랑의 은유는 사랑을 2자 관계로 파악하는 문제를 지닌다.『향연』의 클라이맥스를 장식하는 알키비아데스와 소크라테스 사이에서 2자 관계인 사랑의 은유는 성립하지 않는다. "소크라케스가 알키비아데스에게 보여주기를 거부하는 것은 [……] 사랑의 은유다."(*S*VIII, 154) 알키비아데스의 에로메노스였던 소크라테스가 알키비아데스를 사랑하는 자 즉 에라스테스가 되기를 거부하는 이유에 대한 논의가 이 세미나의 핵심이다. 그러나 라캉은 이 둘의 관계를 다루기 전에 에로스에 대한 다른 대화자들의 논의를 검토하면서 사랑을 2자적으로 파악하는 것의 문제점을 비판한다.

2. 아리스토파네스의 신화

2자적 사랑개념을 대표하는 것은 사랑이 둘의 조화라는 생각이다. 의사 에릭시마코스(Eryximachus)는 이런 관점을 잘 보여준다. 그는 이전 대화자 파우사니아스(Pausanias)처럼 에로스를 좋은 에로스와 나쁜 에로스로 구분하고 좋은 에로스를 "신체에서 가장 적대적인 요소들을 친근하고 서로 사랑하게 만드는 것"으로 정의한다.(*SYM*, 127, 186d) 음악도 의학처럼 "에로스와 상호일치를 심으며 이 모든 것들 속에 합의를 가져온다."(*SYM*, 128, 187c) 라캉에 따르면 조화의 개념은 의술뿐 아니라 우주론도 지배했다. 인간과 자연의 상응을 가정했던 당대 세계관에서 우주의 조화는 인간의 조화를 의미했다. 에릭시마코스는 "소우주로서의 인간개념을 승인한다."(*S*VIII, 76) 그러나 "우주론적 인간개념"을 가장 잘 보여주는 인물은 아리스토파네스다.(*S*VIII, 76)

우주론적 인간개념은 희극적 요소와 관련된다. 아리스토파네스가 연설할 차례에 딸꾹질 때문에 에릭스마코스가 먼저 말하게 된 이유는 웃음 때문이다. 라캉은 알렉상드르 코제브(Alexandre Kojève)가 "어쨌든 아리스토파네스가 왜 딸꾹질을 했는가를 모르면 『향연』을 결코 해석할 수 없을 걸세"라고 말한 일화를 소개하며 딸꾹질의 원인인 웃음이 파우사니아스의 사랑에 대한 연설 때문이라고 설명한다.(*S*VIII, 61) 파우사니아스에 따르면 아프로디테(Aphrodite)가 우라누스(Uranus)의 딸인 천상의 아프로디테와 제우스(Zeus)와 디오네(Dione)의 딸인 젊고 저속한 아프로디테 둘인 것처럼 에로스도 좋은 에로스와 나쁜 에로스로 구분된다. 저속한 아프로디테의 에로스가 소년 못지않게 여자를 좋아하고 영혼보다 육체를 사랑하는 것과 달리, 천상 아프로디테의 에로스는 여자가 아니라 더 강하고 더 지적인 소년을 좋아한다. 파우사니아스는 에라스테스가 선하지 않더라도 에로메노스가 지혜와 선을 배우기 위해 에라스테스에게 자발적으로 예속되는 것은 좋은 일이라고 말하며 연설을 맺는다.(*SYM*, 120~125, 180c~185c) 선을 얻기 위해서라면 에로메노스가 에라스테스의 노예가 되어도 좋다는 것이다. 파우사니아스가 승인하고 예찬하는 이 사랑은 "선의 사랑, 최상의 이로운 것들을 얻기 위한 사랑"이며 결국 "가치의 외적인 기호"에 집착한 "부자의 심리학"을 보여준다.(*S*VIII, 59, 58, 56) 사랑에 대한 파우사니아스의 연설은 경멸과 조소를 받을만한 것이다. 다음에 연설할 아리스토파네스가 딸꾹질을 멈추지 못하는 것은 "파우사니아스의 연설 내내 그가 웃음의 발작을 일으키고 있었기 때문이다."(*S*VIII, 62)

아리스토파네스의 연설은 어떨까? "플라톤에게 아리스토파네스는 광대"라는 라캉의 발언은 아리스토파네스가 말하는 사랑의 신화 역시 우스운 것임을 암시한다.(*S*VIII, 85) 아리스토파네스의 연설은 인간 기원의 신화에 관한 것이다. 인간에게는 원래 남성과 여성 이외에 제3의 성인 양성이 존재했고, 인간의 형체는 둥글고 팔다리가 각각 네 개였으며 머리는 하나이고 얼굴, 귀 그리고 성기가 두 개씩이었고 서로 반대쪽을 향해 있었다. 인간이 신들에게 반기를 들자 제우스는 인간을 둘로 쪼갠 뒤 아폴로를 시켜 자신이 잘렸다는 사실을 보게 만들기 위해 얼굴을 잘린 쪽으로 돌리게 하고 나머지 잘린 부분의 상처는 아물게 한다. 그러나 반쪽이 된 인간들이 나머지 반쪽을 만나면 서로 떨어지지 않아 굶어 죽는 것을 불쌍히 여긴 제우스는 바깥을 향해 있던 성기를 얼굴과 같은 안쪽으로 옮겨놓는다. 그래서 남녀가 만나면 생식할 수 있게 하고 동성이 만나면 최소한 만족을 얻을 수 있게 된다. "그렇게 오래전부터 인간들에게는 서로에 대한 에로스가 선천적으로 내재하고 에로스는 그들의 옛 본성을 통일시키고 둘에서 하나를 만들어 인간 본성을 치유하려 한다."(*SYM*, 132, 191d) 아리스토파네스는 만일 대장장이 신 헤파이스토스(Hephaestus)가 인간들을 붙여주겠다고 한다면 인간이 거부하지 않을 것이라고 말한다. "그 원인은 이것이 우리의 옛 본성이었고 우리가 총체였다는 것이다. 그래서 에로스는 총체에 대한 욕망과 추구의 이름이다."(*SYM*, 133, 192e)

라캉은 인간이 다른 반쪽을 찾아서 서로 파멸하는 운명의 사랑을 낭만적인 것으로 보지만 중요한 것은 낭만성이 아니라 희극성이다. 아리스토파네스의 신화에서 우스운 것은 인간이 둥근 구체였다는 사실이다. 라캉은 구체에 대한 생각이 고대 사상에서 자주 발견된다는 점에 주목한다. 예컨대 "고대 사상에 출몰한 구체(Sphairos)는 엠페도클레스(Empedocles) 세계의 중심에서, 그가 자신의 형이상학에서 필리에(*Philie*) 또는 필로테스(*Philótes*) [……] 즉 사랑, 통일시키고 응집하고 흡수하고 접합시키는 사랑이라고 부르는 것의 특징인 통일의 단계가 취하는 형태다."(*S*VIII, 89)

피타고라스(Pytagoras)학파의 천문학자인 필롤라오스(Philolaos)도 세계의 중심에 구체가 있다고 생각했다. 천동설을 극복한 코페르니쿠스

(Copernicus)도 혁명적이지 못했다. 그의 책 제목『천체의 회전에 관하여』(*On the Revolutions of the Heavenly Spheres*)가 보여주듯이 그 역시 중심을 지구에서 태양으로 바꾸었을 뿐 프톨레미(Ptolemy)처럼 천체를 원형으로 파악했기 때문이다. 천체가 원형이라는 생각을 최초로 깬 사람은 "행성의 궤도가 타원형이라는 것"을 간파한 케플러(Kepler)였다.(*S*VIII, 91) 천동설을 넘어선 갈릴레오(Galileo)도 천체를 원형 운동으로 보았다는 점에서 케플러를 무시한 반동적 우주관을 가졌다. 구체에 대한 아리스토파네스의 설명은『티마이오스』(*Timaeus*)에 나타난 플라톤의 우주관 및 영혼관을 희극적으로 보여준 것뿐이다.[4]

라캉에게 구체중심적 사고의 문제점은 인간이 휴식할 때를 제외하고는 인간의 신체가 원형 운동만 한다고 생각한다는 점이다. 아리스토파네스의 신화에서 인간이 반으로 분열되기 전 구체였을 때 가능한 동작은 구르는 것뿐 아닌가? 이런 구체중심적 생각에는 인간이 온전하다는 믿음이 깔려있다. 인간이 둥글다는 생각에는 "거세의 폐제"가 동반된다.(*S*VIII, 93) 즉 구체에 대한 믿음은 인간이 거세된 결여의 존재라

4 『티마이오스』에는 우주 창조에 대한 플라톤의 사상이 담겨있다. 티마이오스가 설명하는 우주론에서 라캉의 논의와 관련된 두 가지 중요한 특징은 우주를 부분이 아닌 하나의 총체로 보았다는 것과 이 총체의 모양이 구체라는 것이다. 티마이오스에 따르면 신은 지성을 갖춘 영혼과 이 영혼을 감싼 신체로 이루어진 "완벽하고 총체적인" 하나의 생물체를 만들었고,(61) 그 모양을 둥근 구체로 만들어 중심에서 변두리까지 모든 지점이 동일하게 만들었다. 이 구체는 외부에 의존할 필요 없이 절대적으로 자족적이기 때문에, 눈, 귀, 손, 발 등이 전혀 필요하지 않아서, 신은 일곱 개의 동작 중 나머지 여섯 동작을 없애고 유일하게 회전하는 동작만을 남겨두었다. 라캉은 티마이오스의 우주론이 부분보다 총체를 차이보다 (자기)동일성을 더 중요시하고, 완벽한 자기충족성을 가정하여 잉여의 여지를 남기지 않는다고 비판한다. 위에 설명된 부분은 Plato, R. G. Bury 옮김, *Timaeus, Critias, Cleitophon, Menexenus, Epistles* (Cambridge: Harvard UP, 1929), 49~65(28a~34a)쪽을 볼 것.

는 사실을 간과한다. 그러나 아리스토파네스의 신화는 인간이 구체였다는 점과 더불어 인간이 반으로 쪼개졌다는 점을 보여준다. 아리스토파네스는 분열된 주체가 하나가 되기 위해 다른 반쪽을 찾는 것이 에로스라고 주장하지만, 이 신화에서 구체만큼이나 절단과 거세가 거론된다는 사실은 중요하다.

거세와 결여 및 욕망의 문제는 소크라테스의 연설에서 본격적으로 제기된다. 소크라테스의 연설은 바로 앞에서 에로스를 예찬하는 아가톤에게 질문하는 형식으로 이루어진다. 아가톤은 에로스의 젊음과 아름다움, 정의, 용기, 지혜와 더불어 절제를 예찬한다. 아가톤에게 "에로스는 쾌락과 욕망을 통제하는" 능력을 지녔다.(*SYM*, 138, 196c) 에로스는 자신뿐 아니라 타자에게도 평화를 가져오고 스스로 가장 아름다운 최상의 존재일 뿐 아니라 타자에게도 아름다움과 선의 원인이 된다. 아카톤은 에로스에 감동해 다음과 같이 에로스가 지은 시를 읊는다.

> 사람들 사이에 평화, 파동 없는 바다의 고요,
> 바람으로부터의 휴식, 우리의 슬픔을 위한 잠 (*SYM*, 139, 197c)

에로스는 평화와 휴식을 가져오는 신이다. 그러나 라캉은 이 시에서 고요한 바다를 뜻하는 그리스어 "πελάγει δέ γαλήνην(페라게이 데 갈레넨, *pelâge de galénen*)"이 "모든 것이 멈추었다. [파도도 바람도 없는] 평편한 바다"를 의미한다고 지적한다.(*S*VIII, 106) 바다 한가운데의 고요함은 배가 정체되는 난감한 상황이므로 "사랑은 당신을 망가지게 하는 것이고 큰 낭패로 이끄는 것이다."(*S*VIII, 106) 바람으로부터의 휴식 즉 바람이 없는 상태는 이런 정체와 난국을 뜻한다. 또한 에로스가 "좋은 것을 좋아하고 나쁜 것에 무관심하며, 노동, 두려움, 갈망, 담론의 안내자이며 방어자"(*SYM*, 139, 197d)라는 아가톤의 말은 "아이러니 심지어는 방향상실을 낳으며 [……] 사랑은 결코 제자리에 없고 항상 적절치 않다"라는 의미다.(SVIII, 108) 아가톤 스스로 자신의 연설이 "어느 정도는 유희였지만 신중한 진지함도 있다"라고 말하듯이,(*SYM*, 139, 197e) 라캉이 보기에 그의 연설은 "농담꾼의 연설"이다.(SVIII, 108) 라캉은 에로스를 조화와 평화의 신으로 예찬하는 대화자들의 연설에서 희극성과 아이러니를 읽어내며 사랑에 내재한 부조화와 결렬을 일관되게 강조한다. 소크라테스의 연설은 이런 결렬의 원인이 욕망임을 보여준다.

3. 아갈마: 사랑과 욕망의 대상

소크라테스의 연설은 사랑이 욕망에서 비롯된다는 것을 보여준다. 아가톤은 사랑의 "덕과 아름다움"을 논한다. 소크라테스는 더 근본적으로 "무엇에 대한 사랑"인지의 문제를 다루며 "사랑에서 욕망으로 [……] 그리고 욕망의 특징으로 이동한다."(SVIII, 63) 『향연』에서 에로스는 한편으로는 사랑을 다른 한편으로는 욕망을 나타낸다. 소크라테스의 연설이 그 분기점이다. 아가톤과 문답식 대화를 하면서 소크라테스는 에로스가 가진 것을 욕망하고 사랑하는지 아니면 갖지 않은 것을 욕망하고 사랑하는지 묻는다. 그리고 "욕망하는 것은 결여한 것을 욕망하고 결여하지 않으면 욕망하지 않는다"라는 결론을 이끌어낸다.(*SYM* 142, 200a~b) 그러므로 에로스가 아름다움을 추구한다면 "에로스는 아름다움을 결여하며 갖고 있지 않다."(*SYM* 143, 201b) 소크라테스의 대화는 "결여의 기능" 또는 "사랑의 욕망하는 기능"을 보여준다.(*S*VIII, 113, 115) 사랑의 근원은 욕망과 결여다.

결여는 분열의 주제와 상통한다. 아리스토파네스는 "우리 각자는 하나에서 둘로 쪼개져 [……] 한 인간의 토큰에 불과하고 각자는 자신과 맞는 토큰을 찾는다"라고 말한다.(*SYM*, 132, 191d) 제우스는 인간을 둘로 쪼갠 후 인간이 신에게 복종하지 않으면 "분열된 주사위"처럼 다시 반으로 자르려 한다.(*SYM*, 134, 193a) 부절(剖折) 즉 다른 반쪽의 토큰으로 사용되는 주사위의 비유는 인간의 분열과 파편화를 부각시킨다. 라캉은 아리스토파네스가 사랑과 관련해서 분열이라는 용어를 도입했다는 사실에 주목한다. 분열과 결여라는 주제는 소크라테스가 들려주는 디오티마(Diotima)의 이야기에서 이어진다. 에로스의 출생에 대한 디오티마의 설명은 사랑의 근원이 결여라는 점을 생생히 예증한다. 메티스(Metis)의 아들인 풍요의 신 포로스를 포함한 신들은 아프로디테의 탄생을 축하하기 위해 연회를 연다. 여기에 구걸하러 온 가난의 여신 페니아는 문가에 서성대다가 포로스가 술에 취해 잠든 틈을 타 그와 동침해 에로스를 잉태한다. 에로스는 어머니의 본성을 물려받아 가난하고 거칠며 밉지만, 아버지의 본성도 물려받아 선과 아름다움을 추구한다.

이질적인 부모에게서 태어난 에로스의 운명은 중간적이다. 그는 "본성상 불멸하지도 사멸하지도 않고 [……] 부유하지도 가난하지도 않으며 [……] 지혜와 무지 사이에 있다."(*SYM*, 147, 203d~204a) 그래서 에로스가 아름다움과 지혜를 추구하는 것도 완전하지 않고 중간적이다. "자신이 궁핍하다고 생각하지 않는 자는 자신이 결핍했다고 생각하지 않는 것을 욕망하지 않는다."(*SYM*, 147, 204a) 에로스가 선과 아름다움 그리고 지혜와 불멸을 추구하는 것은 아버지 포로스 덕분이다. 하지만 그가 이런 것들을 추구하려는 욕망의 동력은 근본적으로 이런 것들을 결핍한 어머니 페니아 덕분이다. 디오티마의 이야기에서 라캉의 관심은—육체의 아름다움과 영혼의 아름다움을 거쳐 "순수하고 오염되거나 혼합되지 않은 아름다움 자체"에 도달하는(*SYM*, 156, 211e)—유명한 사랑의 사닥다리 이론이 아니라 페니아의 가난과 사랑의 관계에 있다. 페니아는 처음부터 에로메노스가 아니라 에라스테스였으므로 포로스와의 관계에서 에로메노스가 에라스테스로 치환되는 사랑의 은유는 발생하지 않는다. 그러나 포로스와 페니아의 관계는 사랑은 갖고 있지 않은 것을 주는 것이라는 라캉의 정의를 예증한다. "가난한 페니아는 [……] 그녀를 구성하는 결여와 아포리아 이외에 아무것도 줄 것이 없기" 때문이다.(*S*VIII, 121)

에로스가 중간적 존재이듯이 담론의 차원에서 억견(*dóxa*)은 과학적 지식인 에피스테메(*epistéme*)와 무지(아마티아, *amathía*) 중간에 있다. "억견은 진리일 수 있지만 에피스테메는 아니다. 플라톤주의의 표준 교리는 억견의 영역을 에피스테메의 영역과 구별하는 것이다. 사랑 자체는 전자의 영역에 속한다. 그것은 아름다움과 추함 사이에 있는 것처럼, 에피스테메와 무지 사이에 있다. 그것은 이것도 저것도 아니다."(*S*VIII, 121~122) 디오티마는 "설명할 능력이 없는 올바른 억견은 지식이 아니다"라고 말한다. 라캉은 "설명할 능력이 없는 올바른 억견"(아뉴 투 에케인 로곤 두나이, *áneu tou échein lógon doúnai*)[5]이 담론의 차원에서 "갖고 있지 않은 것을 주는 것"이라는 사랑의 정의에 해당한다고 말한다. 과학적으로 설명할 지식은 아니지만 여전히 올바른 진리인 억견처럼 사랑은 여전히 갖고 있지 않은 것을 줄 수 있다.

에로스/사랑의 기원은 결여와 욕망이다. 에라스테스와 에로메노스의 관계가 부적합한 이유도 갖고 있지 않은 것을 주어야 하기 때문이다. 포로스와 페니아처럼 알키비아데스와 소크라테스의 관계도 사랑의 은유를 보여주지 못한다. 이들의 관계는 사랑의 원인이 결여와 욕망이라는 점과 더불어 왜 사랑이 2자 관계가 아니라 3자 관계인가를 보여준다. 에라스테스와 에로메노스 사이에 개입하는 제3 자는 부분대상인 대상 *a*이고 알키비아데스가 소크라테스 안에서 찾는 아갈마(*agalma*)다.[6]

5 이 부분은 필자가 인용하는 영역본 『향연』에서 "right opinion without ability to render an account"로 영역되어 있다.(*SYM*, 144, 202a) 핑크는 세미나 VIII 『전이』의 영역본에서 라캉의 해석을 "[one can have a correct opinion or judgment] without having a reason or worthwhile explanation to give for it"으로 영역한다.(*S*VIII, 121)

6 엄밀히 말해서 부분대상인 아갈마는 아직 대상 *a*로 완전히 발전하지 않았다. 핑크는 이 무렵 라캉이 대상 *a* 개념을 완전히 정립하지 않았다고 지적한다. Bruce Fink, *Lacan on Love: An Exploration of Lacan's Seminar VIII*, Transference (Cambridge: Polity Press, 2016), 194쪽. 대상 *a* 개념은 세미나 X 『불안』에서 완성된다. 밀레는 라캉의 대상 개념이 사랑의 차원과 불안의 차원에서 다르다고 지적한다. Jacques-Alain Miller, "Introduction to Reading Jacques Lacan's Seminar on *Anxiety*," 55~62쪽을 볼 것. 세미나 X 이전에 라캉은 어떻게 (젖과 같은) 욕구를 만족시키는 "실재 대상이 상징적이 되는지, 다시 말해서 만족의 대상이 선물-대상이 되는지" 즉 "상징적 만족으로서의 사랑"에 주로 관심을 가진다.(58~59) 사랑의 차원에서 실재 대상이 상징적 대상으로 지양되면서 욕구의 만족은 "환유적 욕망의 무한"으로 바뀐다.(59) 욕망의 환유는 대타자의 장소에서 발생한다. 세미나 VIII 『전이』가 다루는 아갈마는 사랑 차원의 대상이고 이 대상이 대타자의 장소에 존재한다는 사실이 전이를 설명해준다. 반대로 세미나 X 『불안』에서 대상은 상징적인 사랑의 선물-대상이 아닌 "실재로서의 대상"인 대상 *a*다. 여기에서 관건은 욕구의 만족이 아니라 "욕동의 만족 즉 주이상스인 만족"이다.(59) 그러므로 세

라캉은 여기에서 전이를 동일시를 넘어선 대상 *a*의 관점에서 해석한다. 『향연』에서 "사랑의 문제"는 "전이에서 발생하는 것을 이해할 수 있게 해주며," 전이에서 관건은 주체가 "이미 영원히 상실한" 존재를 찾는 것이다.(*S*VIII, 36~37) 이런 의미에서 알키비아데스와 소크라테스의 관계는 거울모델이 보여주지 못하는 대상 *a*의 기능을 보여준다. "당신이 당신 욕망의 길을 따라가면서 결합하려 시도하는 것은 이 존재다." (*S*VIII, 37) 알키비아데스가 소크라테스 안에서 찾는 아갈마는 그리스 시대에 유행했던 작은 조각상 안에 담긴 소중한 대상이다.

> 여기에서 분석가의 마음에 한 가지 질문이 제기됩니다. "우리가 환자의 존재와 맺는 관계는 무엇인가?" [……] 우리가 이 존재에 접근하는 것이 사랑에 의해 허용되는 것인가? 이렇게 접근하는 것이 [……] 사랑의 본성에 대해 우리가 아는 것과 어떤 관계가 있는가? [……] 『향연』에는 이런 점에서 내가 사용하려는 은유가 있습니다. [……] 당시에 실제로 겉은 사티로스(satyr)나 실레노스(Silenus) 모습을 지니고 [……] 무엇인가 안에 들어있는 조각상들이 있었던 것 같습니다. 우리는 실제로 안에 무엇이 있었는지 모르지만 그것은 틀림없이 귀중한 대상이었습니다. 어쨌든 알키비아데스는 소크라테스를 이 작은 대상에 비교합니다. (*S*VIII, 37~38)

『향연』에서 알키비아데스는 "소크라테스는 공예가들이 플루트나 피리를 들고 있는 모습으로 만든 그리고 가운데를 열면 안에 신들의 이미지가 들어있는, 조각상 상점에 앉아있는 실레노스와 정확히 같

미나 VIII과 세미나 X은 "대상의 동일한 차원을 공유하지 않는다."(60) 그러나 앞으로 보겠지만 아갈마는 이미 실재의 대상을 예기한다. 대상 *a* 개념의 변화에 대해서는 졸저 『욕망의 윤리』, 178~182쪽을 참조할 것.

다. 다른 한편 그는 사티로스인 마르시어스(Marsyas)와 같다"라고 말한다.(*SYM*, 160, 215a~b) 알키비아데스가 소크라테스를 실레노스와 마르시어스에 비교하는 것은 단지 들창코와 튀어나온 눈을 가진 소크라테스의 외모가 이들과 닮았다는 것만을 의미하는 것이 아니다.[7] 알키비아데스는 피리를 잘 불어 아폴로와 경쟁했다가 산 채로 껍질이 벗겨지는 처벌을 받은 마르시어스처럼, 소크라테스가 악기가 아닌 말로 사람을 매혹하며 자신이 소크라테스의 매혹에 고통을 겪고 있다고 말한다. 소크라테스가 이 조각상들과 닮은 것은 조각상들처럼 소크라테스의 내부에도 귀중한 것이 담겨 있고 그것이 알키비아데스를 매혹하기 때문이다. 알키비아데스는 "소크라테스가 진지할 때[8] 그리고 열려있을 때 누가 안에 있는 이미지들을 본 적이 있는지 모른다. 그러나 나는 한때 그것들을 봤고 그것들이 너무 신성하고 멋지고 놀랄 만큼 아름답다고 생각해서 소크라테스가 명령하는 것은 다 해야 한다고 생각했다"라고 말한다.(*SYM*, 162~163, 216e~217a) 조각상들 안에 담긴 이미지들이 바로 아갈마($\alpha\gamma\alpha\lambda\mu\alpha$, agalma)다.[9]

라캉은 이 단어의 어원과 쓰임새를 검토하면서 장식(품), 남근, 감탄, 시샘, 광채 등의 여러 의미를 발견하지만, 그가 주목하는 것은 이

---

7 알키비아데스는 이런 외모의 유사성을 지적한다. 소크라테스의 외모에 대해서는 Plato, *The Symposium*, 257쪽 각주를 참조할 것.

8 라캉은 여기에서 소크라테스가 "진지하다"라는 전통적 해석의 오류를 지적하며 알키비아데스가 "[이 점에] 진지하게 관심을 기울여 봅시다"라고 말한다는 의미라고 주장한다.(*S*VIII, 138)

9 위 인용문에서는 아갈마의 복수인 agalmata($\alpha\gamma\alpha\lambda\mu\alpha\tau\alpha$)이다. 그리스원문이 병기된 판본 Plato, W. R. M. Lamb 옮김, *Lysis, Symposium, Gorgias* (Cambridge: Harvard UP, 1967), 225쪽을 볼 것.

단어의 어원이나 용도보다 기능이다. 그리스 텍스트에서 "그것은 신들의 조각상과 관계되는 것처럼 보이지만, 자세히 보면 그것이 다른 어떤 것과 관계된다는 것을 알 수 있다. [……] 이 용어는 항상 대상의 페티시적인 기능을 강조한다."(*S*VIII, 140) 이미지나 아이콘은 모방이나 모사와 관계되지만 페티시는 부적처럼 "대상의 특별한 힘"을 지닌다.(*S*VIII, 140)[10] 페티시처럼 아갈마가 발휘하는 특별한 힘은 주체의 욕망을 불러일으키고 사랑하게 만드는 힘이다. 라캉이 "사랑 행위의 심부에 독특한 갈망의 대상이 도입되고 구성된다"라고 말하듯이,(*S*VIII, 134) 그것은 사랑과 욕망의 대상이다. 더 정확히 말하면 아갈마는 대상 안에 숨겨진 대상 또는 대상 안에서 대상을 넘어선 잉여대상으로서의 대상 *a*다. "이 대상이 당신을 '감동시킨다'면, 그것은 그 안에 욕망의 대상인 아갈마가 숨겨져 있기 때문이다."(*S*VIII, 146)

에라스테스는 "자신이 결여한 것이 무엇인지를 모르고," 에로메노스는 "자신이 무엇을 지니고 있는지, 자신이 지닌 숨겨진 것이 무엇인지, 자신을 매력적으로 만드는 것이 무엇인지" 즉 무엇 때문에 에라스테스가 자신에게 매혹되는지 알지 못한다.(*S*VIII, 39) 에라스테스가 에로메노스 안에서 찾는 아갈마는 에로메노스 자신에게도 숨겨져 있다. 그러므로 사랑하는 자와 사랑받는 자의 관계는 불일치의 관계다. "본질적으로 사랑하는 자와 사랑받는 자를 구성하는 이 두 용어는 결코 일치하지 않는다."(*S*VIII, 39) 이런 불일치는 분열된 인간이 자신의 반쪽과 결합하려 한다는 아리스토파네스의 신화가 허구임을 보여준다. "그

10 이런 점에서 두 영역본이 모두 아갈마의 번역어로 사용하는 "이미지"는 라캉의 해석과 어울리지 않는다.

것[사랑의 차원]은 [……] 조화를 향하지 않는 경향이 있다."(*S*VIII, 133) 결여된 주체는 타자와 하나가 될 수 없다. 주체가 찾는 것은 타자가 아닌 대상 *a*이기 때문이다. 라캉은 대상을 "편평하고 둥근 총체적 대상, [……] 발이나 앞발이 없는 구체 모양의 대상, 우리의 사랑이 그 안에서 불가항력적으로 종점과 완성을 찾는 총체적 인간인 타자"로 만들려는 "총체화의 변증법" 때문에 "인간욕망의 축이고 중심이며 열쇠"인 "대상의 근본적으로 부분적인 성격"을 간과했다고 말한다.(*S*VIII, 143) 라캉에게 사랑은 성기기를 통과해 하나의 총체가 된 두 주체 사이의 관계가 아니라 주체가 상징계에서 태어나면서 잘려나간 부분대상에 대한 욕망에서 비롯된다.

4. 사랑의 삼각관계: 무의 선물

에로메노스가 에라스테스로 치환되는 사랑의 은유는 알키비아데스가 소크라테스의 내부에서 찾는 아갈마를 설명하지 못한다. 아리스토파네스의 신화를 대체하는 라캉의 새로운 신화에서 주체와 타자 사이에는 대상 *a*가 매개체로 작동한다. 앞 장에서 논했듯이 라캉은 상징계의 사랑이 "사랑받는 주체의 존재"를 목표로 삼는다고 말한 바 있다. 라캉은 사랑받는 타자의 존재가 주체가 아니라 대상임을 강조한다. "욕망 안에서 존재로서의 타자는 주체가 아니다. [……] 사랑 안에서 목표가 되는 한, 타자는 사랑받는 대상으로서 목표가 된다."(*S*VIII, 51) 이 대상은 타자 안에 숨겨져 있는 아갈마다. 라캉은 이 대상을 중심으로 사랑의 은유를 다시 쓴다.

> 나는 사랑받는 대상에 대한 욕망을 [……] 무르익은 과일을 따기 위해, 열개한 장미를 잡아당기기 위해, 또는 갑자기 불타기 시작한 통나무의 불을 휘젓기 위해 내민 손에 비교하고자 합니다. [……]
>
> 이렇게 내밀고 잡아당기고 휘젓는 동작에서, 그 손이 대상에게 충분히 멀리 나아가 그 과일, 꽃, 또는 통나무에서 다른 손이 나와서 당신의 손을 향해 내민다면, 그리고 과일의 닫힌 충만함, 꽃의 열린 충만함, 불타오르는 통나무의 폭발 속에서 당신의 손이 얼어붙는다면, 그때 생겨나는 것이 사랑입니다. [……] 당신이 처음에는 사랑받는 대상인 에로메노스였는데 갑자기 에라스테스 즉 욕망하는 자가 될 때 사랑은 그대의 것이라고 말해야 합니다.
>
> 이 신화로 내가 무엇을 강조하려는 것인지 생각해보십시오. 모든 신화는 실재[11]의 설명할 수 없는 성격과 관계됩니다. 무언가가 욕망에 응답한다는 것은 설명할 길이 없습니다.
>
> 문제의 구조는 대칭과 상호성의 구조가 아닙니다. 손이 뻗는 한 그것은 대상을 향한 것이므로 이 대칭은 대칭적이지 않기 때문입니다. (*S*VIII, 51~52)

라캉의 신화에는 두 주체에 과일, 장미, 통나무라는 대상이 추가되며 손을 뻗는 주체가 잡으려는 것은 이 대상이다. 대상을 향한 주체의 몸짓에 대한 응답으로 상대방 주체가 반응하는 것이 사랑의 기적이다. 사랑의 기적이 두 주체 사이에서 발생하는 사랑의 은유와 다른 점은 아갈마/대상 *a*가 개입하기 때문이다. 사랑하는 자가 뻗은 손은 타자 안의 아갈마를 향한 것이며, 사랑받는 타자에게서 손이 나와 내민 손을 잡

11 핑크는 여기에서 불어 *réel*을 현실(reality)로 영역하고 괄호 안에 불어를 표기하지만 문맥상 실재로 옮긴다. 갤러거의 비공식 영역판에는 "the real"로 번역된다.(43) 다음에 인용하는 키에사도 이를 실재(계)로 이해한다.

는 것 역시 사랑하는 주체 안의 아갈마를 향한 것이다. 다시 말해서 사랑받는 자가 사랑의 은유에서 사랑하는 주체로 바뀌는 것은 정확히 말해서 파트너 안의 아갈마를 욕망하는 주체가 되기 때문이다. 그러므로 욕망하는 두 주체의 사랑은 조화의 관계가 아니다. 그들은 타자가 아닌 대상을 욕망하기 때문이다. "사랑받는 자가 자신의 손으로 답례하고 자신을 주체화함으로써 욕망하는 주체가 된다고 해도, 우리가 사랑의 조화에 도달했다는 것을 의미하지 않는다. 사랑받는 자가 이제 사랑하는 자가 되었더라도 그 역시 타자 안에서 그 또는 그녀가 갖고 있지 않은 대상인 아갈마를 찾을 것이기 때문이다."[12]

요컨대 사랑의 기적은 두 주체 사이의 2자적인 사랑의 은유가 아갈마를 포함한 삼각관계의 형태로 재탄생한 것이다. "사랑에는 단지 둘이 아니라 셋이 필요하다."(*S*VIII, 132) 둘이 아니라 셋이 개입하는 사랑은 비대칭적이다. 키에사가 말하듯이 "실재의 사랑관계는 두 결여된 주체와 아갈마/대상 *a*의 삼각관계(*ménage à trois*)다. [……] 두 파트너는 어떻든 그들이 타자에게서 욕망하는 것이 주체가 아니라 주체 안에서 주체를 넘어서는 대상임을 깨닫는다."[13] 소크라테스가 자신을 사랑하는 알키비아데스의 구애에 부정적으로 반응하는 것은 이런 삼각관계를 알고 있기 때문이다. 소크라테스가 알고 있는 삼각관계의 비밀은 정신분석학적 지식이기 때문에 라캉은 그를 분석가의 선구자로 여긴다.

다시 말해서 적어도 셋이 있어야 합니다. 소크라테스는 알키비아

12 Renata Salecl, "Love Between Desire and Drive," *Journal for the Psychoanalysis of Culture and Society*, 1.2 (1996), 90쪽.

13 Lorenzo Chiesa, "'Le Ressort de L'amour,'" 71쪽.

데스에게 응답할 때 이 놀라운 사실을 놓치지 않습니다. 알키비아데스의 놀라운 선언과 공개적 고백 후에 [……] 그[소크라테스]는 "그대는 나를 위해서가 아니라 아가톤을 위해 말한 것이네"라고 응답합니다.

[……] 거기[디오테마의 연설]에서 관건은 2자적 관계였습니다. [……] 우리는 거기에서 최고선과의 동일시를 목표로 삼는 2자 관계를 봅니다. [……] 여기에서 갑자기 최고선의 주체가 다른 어떤 것으로 치환됩니다. 이는 복잡성 또는 3중성이고 내가 정신분석학적 발견에서 본질적인 것으로 여기는 것을 제공합니다. 그것은 주체와 상징계의 관계를 낳는 위상학입니다.

[……] 내가 오늘 아갈마에 대해 이야기하려는 것은 이것을 중심으로 전개됩니다. (*S*VIII, 136~137)

소크라테스, 알키비아데스, 아가톤의 3자 관계가 펼쳐지므로 여기에서 삼각관계를 한 인물을 두고 두 인물이 경쟁하는 관계라고 볼 수도 있다.[14] 그러나 라캉의 설명은 더 복잡하다. 디오테마의 연설이 주체와 최고선의 2자 관계를 보여주는 것과 달리 알키비아데스의 연설은 2자 관계를 3자 관계로 치환하고 여기에는 "주체와 상징계의 관계"가 결부된다. 주체와 상징계의 관계에서 등장하는 것은 주체가 결여한 부분대상인 아갈마다. 왜냐하면 주체는 상징계에서 자신의 일부를 상실하기 때문이다. 사랑의 삼각관계는 세 인물의 관계이지만 더 근본적으로는 주체와 타자 그리고 타자 속의 아갈마의 관계다. 사랑에서 결여된 주체가 향하는 것은 상징계에서 박탈된 실재의 대상 *a*/아갈마다.

라캉은 이 새로운 신화를 박막의 신화로 명명하며 박막을 유성생

14 핑크는 이런 관점에서 삼각관계를 해석한다. Bruce Fink, *Lacan on Love*, 177~179쪽을 참조할 것.

식에 종속된 인간이 상실하는 리비도로, 대상 *a*를 리비도의 대표자로 설명한다.[15] 아리스토파네스의 사랑의 신화는 주체가 대상/타자의 내부에서 찾는 대상 *a*를 추구하는 신화로 대체된다. "아리스토파네스의 신화는 살아있는 존재가 사랑에서 추구하는 것이 타자, 자신의 성적인 다른 반쪽이라고 표현하면서 우리에게 보완의 추구를 감동적이고 잘못된 방식으로 묘사한다. 분석경험은 사랑의 신비에 관한 이 신화적 재현을 주체가 성적인 보완물이 아니라 영원히 상실한 자신의 부분을 추구하는 것으로 대체한다."(*S*XI, 205)

사랑은 타자가 아닌 타자 속의 대상 *a*를 사랑하는 것이다. 그러나 알키비아데스와 소크라테스 사이에는 사랑의 기적이 발생하지 않는다. 알키비아데스는 소크라테스를 잠자리로 유인하여 "그대만이 내 에라스테스가 될 자격이 있다"라고 말하지만 소크라테스는 그를 거절한다.(*SYM*, 164, 218c) 소크라테스의 아갈마에 매혹된 알키비아데스는 자신의 외모로 소크라테스를 유혹할 때 "소크라테스를 만족시킴으로써 나는 그가 아는 모든 것을 배울 수 있다"고 생각했다고 말한다.(*SYM* 163, 217a) 그가 소크라테에스에게서 구하는 것은 단순히 육체적 사랑이 아니다. 그는 자신의 외모와 소크라테스의 지식을 교환하는 일종의 거래를 하려는 것이다. 소크라테스는 알키비아데스의 구애를 거절하며 이런 교환이 성사될 수 없다고 말한다.

> 친애하는 알키비아데스여. [……] 내 안에는 그대를 개선할 수 있는 어떤 힘이 있네. 그렇게 되면 그대는 내 안에서 심지어 그대 자신의

15　4장 「성(차), 성별화, 주이상스」를 볼 것.

> 매우 아름다운 자태를 능가하는 상상할 수 없는 아름다움을 보게 되겠지. 그러나 그것을 보고 그대가 아름다움과 아름다움을 교환하려고 나와 거래하려 한다면 그대는 나를 크게 이용하고자 하는 것이네. 그러나 반대로 그대는 단지 아름답게 보이는 것 대신 진실로 아름다운 것을 소유하려고 하는 거네. 실제로 그대는 동과 금을 교환하려는 거지. 그러나 소중한 친구여, 내가 무(無)라는 것을 간과하지 않으려면 좀 더 생각해보게. (*SYM*, 165, 218d~219a)

알키비아데스가 소크라테스의 내부에서 발견하고 자신의 외모와 교환하려는 아갈마는 알키비아데스가 기대했던 아름다움이나 금처럼 소중한 것이 아니라 아무것도 아닌 무다.

『향연』에서 알키비아데스와 소크라테스의 관계는 앞선 대화자들의 이야기와 다르다. 라캉이 지적하듯이 『향연』에서 알키비아데스가 말하는 순간부터 사랑/에로스에 대한 예찬은 "타자에 대한 칭찬"으로 바뀐다.(*S*VIII, 149) 이전 대화자들과 달리 알키비아데스는 에로스가 아니라 소크라테스를 찬양하기 때문이다. 그러나 소크라테스는 알키비아데스가 찾는 아갈마가 자신에게 없다는 것을 알기 때문에 사랑에 응하지 않는다. 이들 사이에 사랑의 은유가 불발하는 이유는 소크라테스에게 "사랑할만한 것이 없기 때문이다. 그의 본질은 우덴(*οὐδὲν*, *oudén*), 공백 또는 공허, 후에 신플라톤학파나 아우구스투스 사상에서 사용된 용어를 사용하면 케노시스(*κένωσις*, *kénosis*)다."(*S*VIII, 155) 소크라테스는 자신이 결여의 주체임을 알고 있다. 주체가 타자 내부에서 찾는 대상이 없다면 사랑은 결국 갖고 있지 않은 것을 주는 것 즉 무의 선물이다. "주체는, 자신의 사랑 행위에서, 무를 무엇으로 구성한다."[16] 소크라테스는 무를 무엇으로 만들어 선사하는 것을 거부하기 때문에 알키비아데스의 사랑을 받는 에로메노스에서 그를 사랑하는 에라스테스로 변하는 사랑의 은유가 발생하지 않는다. 사랑의 행위를 수행하는 자는 오로지 알키비아데스다.[17]

5. 소크라테스의 욕망

소크라테스의 대답은 알키비아데스의 연설에 포함된 내용이다. 알키비아데스는 아무것도 갖고 있지 않다고 말하는 소크라테스의 응답을 받아들이지 않는다. 그는 계속해서 소크라테스가 자신의 유혹을 물리쳐서 "나는 당황했고 이 남자의 노예가 되어 돌아다녔다"라고 토로하며,(*SYM*, 166, 219e) 소크라테스의 용기와 침착함 그리고 지혜를 칭송한다. 그는 소크라테스가 "사랑하는 자로서 유혹하지만 사랑하는 자 대신 사랑받는 자로 끝난다"라고 아가톤에게 경고하며 연설을 마친다.(*SYM*, 168, 222b) 알키비아데스가 연설을 마친 뒤 소크라테스는 "그대는 내가 그대만을 사랑해야 한다고 생각하고 아가톤은 다른 누구도 아닌

16 Ruth Ronen, "Love of Truth, True Love, and the Truth about Love," Jens de Vleminck 외 공편, *Sexuality and Psychoanalysis*, 91~92쪽.

17 로넨은 사랑의 행위를 '행위로의 이동'으로 설명한다. "사랑은 행위로의 이동을 요구한다. 사랑에서 주체는 이해와 의미를 넘어선 대상 자체를 드러내기 위해서 (아름다움이나 다른 물질적 정신적 매력과 같은) 자신의 모든 자산을 포기해야 하기 때문이다." 이런 점에서 사랑하는 자는 오직 알키비아데스다. Ruth Ronen, "Love of Truth, True Love, and the Truth about Love," 91쪽.

그대에게만 사랑을 받아야 한다고 생각하지"라고 말한다.(*SYM* 169, 222d~223a) 그는 아가톤을 자신과 소크라테스 사이에 앉히라는 알키비아데스의 청을 거절하고, 오른편에 앉은 사람을 순서대로 예찬하는 규칙을 따라 자신 오른편에 앉은 아가톤을 예찬하려 한다. 소크라테스의 발언은 알키비아데스의 욕망뿐 아니라 소크라테스 자신의 욕망도 드러낸다. 이후 취객들이 난입해서 향연이 끝나므로, 이 장면은『향연』의 결론으로 간주할 수 있다.

라캉은 이 장면에서 소크라테스가 알키비아데스의 욕망을 해석한다고 본다. 이 해석에서 알키비아데스는 소크라테스에게 사랑받고 싶고 또 자신이 아가톤을 사랑하는 유일한 자가 되기를 원한다. 페니가 지적하듯이 "소크라테스는 알키비아데스의 자아이상—I—으로, 아가톤은 그의 이상자아—*i*(*a*)—로 설정된다. [……] 결국 알키비아데스의 무의식적 환상 내용은 소크라테스가 욕망하는 아가톤의 모습 안에서 자기 자신을 보는 것이다. 정신분석 관점에서 이것은 저항으로서의 사랑, 실재 즉 욕동의 부분대상과의 만남을 방지하려는 요구적인 사랑의 근본 구조다."[18] 요컨대 알키비아데스는 아가톤과 상상적 동일시를 하고, 소크라테스와 상징적 동일시를 한다. 주체가 상상적 동일시를 통해 사랑하는 자신의 이상적 모습은 이미 항상 그가 상징적으로 동일시한 대타자가 사랑하는 자신의 모습이다.

알키비아데스는 "소크라테스가 자신을 어느 정도 욕망하고 있음을 알지만, 그가 원한 것은 그 욕망에 대한 신호였다."(*S*VIII, 137) 그러나

18 James Penney, *The Structures of Love*, 86쪽.

소크라테스는 알키비아데스에게 이런 신호를 주지 않으며 알키비아데스가 대타자인 소크라테스에게서 자신의 이상자아를 확인받지 못한 결과는 수치심으로 나타난다. 앞서 보았듯이 소크라테스를 유혹해 동침하려다가 실패한 알키비아데스는 소크라테스에게 예속된 채로 방황했다고 고백한다. 그가 겪는 수치심과 방황은 소크라테스의 아갈마를 추구하다가 소크라테스의 에로메노스라는 상징적 정체성을 박탈당한 결과 발생한다. 페니는 다음과 같이 설명한다.

> 알키비아데스가 경험하는 정동—수치심—은 그가 선택한 대타자에게서 자신이 되고 싶은 존재에 대한 확인을 얻어내지 못한 직접적 결과다. [……] 수치심은 따라서 알키비아데스가 소크라테스의 **아갈마타**를 이해하는 데에서 경험한 주이상스의 객관적 상관물(objective correlative)이다. 알키비아데스는 이전에 소크라테스의 사랑받는 자로 서있었던 주춧대에서 그가 정신적으로 가늠할 수 없는 방향상실적 향락의 세속적 차원으로 추락한다.[19]

알키비아데스의 방황과 좌절은 그가 처한 딜레마를 여실히 보여준다. 한편으로 그는 소크라테스/대타자에게서 에로메노스로 인정받지 못하기 때문에 자신의 "고통스런 존재론적 결여, 본질적으로 욕망할만한 가치가 없다는 사실"과 대면하고 수치심을 경험한다.[20] 수치심은 결여와 무를 체현하는 아갈마를 통해 주이상스를 경험할 때 동반되는 감정이다. 그러므로 알키비아데스가 경험하는 수치심은 에로메노스라는 상징적 정체성의 박탈로 인해 자신 존재의 근원적인 결여를 대면한다는 신

19 James Penney, *The Structures of Love*, 82쪽.

20 James Penney, *The Structures of Love*, 86~87쪽.

호다. 그는 사랑에 대한 요구의 차원에서 결여/욕망의 차원으로 이동하지만 이런 이동의 결과를 감당하지 못하고 방향상실을 겪는다.

그러나 알키비아데스가 애초에 에로메노스라는 상징적 정체성뿐 아니라 아갈마를 추구한다는 사실은 이미 그가 욕망의 주체임을 증명한다. "추한 소크라테스의 모습 배후에 숨겨진 아갈마타에 대한 알키비아데스의 본질적으로 주체적인 인식은 라캉의 관점에서 볼 때 부분대상—따라서 그것의 효과인 자아파괴적인 욕망의 실재—가 이미 출현했다는 증거다."[21] 라캉은 알키비아데스가 "내가 어떤 것과도 비교할 수 없는 당신 안에 있는 그것 즉 아갈마를 원하는 것은 나 자신의 선이나 불행을 위한 것"이라고 말하지 않고 "나는 그것이 나의 선을 위한 것이든 아니든 그것을 원하기 때문에 원한다"라고 말하는 것에 주목한다.(*S*VIII, 157) 알키비아데스의 욕망은 상징계의 대타자에 대한 사랑의 요구를 넘어서 욕망의 원인인 아갈마 즉 실재로 향한다. 그러나 다른 한편으로 알키비아데스는 실재의 향락에 동반되는 상징적 정체성의 와해를 감당하지 못하고 소크라테스에 대한 전이(사랑)를 통해서 이런 실재와의 조우에 저항한다. 다시 말해서 전이는 에로메노스라는 상징적 정체성을 부여하는 상징적 동일시에서 이탈하는 것에 "방어하는 무의식적 응답의 신호다."[22]

알키비아데스는 아갈마를 욕망하고 경험하지만 이해하지 못한다. 라캉이 말하듯이 "그것을 아는 것은 소크라테스이지 알키비아데스가 아니다."(*S*VIII, 158) 그러나 라캉은 소크라테스가 아갈마의 기능을 철

---

21 James Penney, *The Structures of Love*, 83쪽.

22 James Penney, *The Structures of Love*, 83쪽.

저히 인식했는가에 대해서도 회의적이다. 왜냐하면 『향연』의 결론에서 소크라테스는 알키비아데스에게 응답한 후 아가톤을 찬양하려 하기 때문이다. 이 장면은 소크라테스의 욕망이 무엇인가에 대한 논쟁을 불러일으킨다. 라캉은 이 장면에 대해 두 가지 의견을 제시한다. 첫째는 "소크라테스가 아가톤을 칭송한다는 사실이 알키비아데스의 요구에 응답하는 것과 같다"라는 것이다.(*S*VIII, 159) 앞서 살펴본 소크라테스의 해석에 따르면 알키비아데스는 소크라테스가 사랑해주기를 원하고 또한 자신만이 아가톤을 사랑하는 자가 되길 원한다. 소크라테스는 아가톤을 칭송하면서 알키비아데스에게 "그대는 내가 칭찬하려는 자를 사랑할 수 있네. 왜냐하면 내가 그를 칭찬함으로써, 사랑하고 있는 그대의 이미지를 전달할 수 있기 때문이지"라고 응답하는 것이다.(*S*VIII, 159)

요컨대 소크라테스는 알키비아데스의 사랑을 아가톤으로 돌리며 자신이 갖고 있지 않은 아갈마를 아가톤이 갖고 있다고 암시해서 아가톤을 사랑하기 원하는 알키비아데스의 요구에 응답한다. 라캉은 이 과정에서 소크라테스가 "목표가 되는 대상인 아갈마의 본질적 기능을 오인하게 될 운명에 처한"다고 말한다.(*S*VIII, 159) 소크라테스는 아가톤을 사랑의 대상으로 여기면서 사랑의 "목표가 되는 대상"이 아가톤이라는 인물이 아니라 그 안의 잉여대상인 아갈마라는 점을 간과하기 때문이다. 욕망을 불러일으키는 것은 소크라테스도 아가톤도 아닌 부분대상인 아갈마다. 이런 점에서 "알고 있는 소크라테스는 사랑의 존재에 대해 잘못 생각할 수 있다. [……] 기만은 상호적이다. 소크라테스는—만일 그것이 기만이고 그가 속는 것이 사실이라면—알키비아데스만큼 기만에 빠져있다."(*S*VIII, 163)

알키비아데스가 소크라테스가 아갈마를 체현한다고 생각하는 것처럼 소크라테스도 아가톤이 아갈마를 체현할 수 있다고 생각하고 아가톤을 예찬하려 한다. 그러나 아갈마는 어떤 인물이 체현할 수 있는 것이 아닌 부분대상이다. 아갈마를 사람으로 오인할 때 아갈마는 이상자아로 환원된다. 페니가 말하듯이 "대화는 소크라테스가 다른 대화자의 칭찬을 노래하려는 순간 즉 아가톤이라는 개인에게서 또 다른 이상자아를 만들려는 순간 끝난다. [……] 소크라테스는 욕망의 대상을 알고 있다고 주장할 때, 한 개인이 이 대상을 완전히 체현하는 데 성공할 수 있다고 [……] 주장할 때, 욕망에 대해 스스로 속는다."[23] 주체는 대상이 아닌 대상 속의 아갈마 즉 욕망을 불러일으키는 대상을 사랑하므로, 알키비아데스는 사실 소크라테스나 아가톤이 아니라 아갈마를 욕망한다. 라캉은 이 점을 강조한다. "알키비아데스는 여전히 동일한 것 [……] 아갈마"를 욕망한다.(SVIII, 159)

이런 점에서 소크라테스는 라캉이 말하는 분석가의 욕망을 온전히 체현하지 못한다고 볼 수 있다. "소크라테스는 알키비아데스에게 자신이 대상 *a*의 입장, 한 남자에서 다음 남자로 환유적으로 미끄러지는 것을 종식시킬 수 있는 원인으로서의 대상이라는 입장을 차지한다는 사실을 간과"하기 때문이다.[24] 라캉에 따르면 분석가의 진료실은 분석가가 피분석가에게 "그가 결여하는 것이 무엇인지 가르쳐 주기 위해" 단둘이 고립되는 "사랑행위의 침실"이다.(*S*VIII, 15) 분석에서 "[주체]가 발견하는 것은 자신이 결여한 것—즉 자신의 욕망—의 형태로 표현된

23 James Penney, *The Structures of Love,* 87쪽.

24 Bruce Fink, *Lacan on Love,* 197쪽.

다."(*S*VIII, 65) 분석가로서 소크라테스는 아갈마가 아가톤에게 있다고 말할 것이 아니라 "그대가 진실로 사랑하는 것은 대상 *a*이고 그것은 항상 다른 곳에 항상 저 너머에 있다"라고 말해주어야 한다.[25]

라캉은 소크라테스가 속는다는 점이 이제껏『향연』해석에서 간과되어왔다고 말한다. 그리고 이 사실이 "알키비아데스와 소크라테스 사이에 발생하는 시나리오에서 사랑의 본성에 대해 플라톤이 우리에게 말하려 했던 것의 최종 발언"이라고 믿는다.(*S*VIII, 168) 그러나 라캉은 "플라톤이 고의로 수수께끼의 여지를 만들었고 다시 말해서 그의 생각이 이 대화에서 전적으로 명백하거나 전달되거나 표명되지 않았다"라고 전제한다.(*S*VIII, 168) "그가 속는 것이 사실이라면"과 같은 표현이 암시하듯이, 라캉은 소크라테스가 아갈마의 기능을 완전히 오해했다고 단정하지 않고 소크라테스가 사랑을 요구하는 주체/환자에게 욕망/결여와 대면할 것을 가르치는 분석가의 욕망을 보여준다고 암시한다.[26]

> 사랑의 문제에 지식을 갖춘 또는 해박한 소크라테스는 알키비아데스에게 그의 욕망이 어디에 있는지를 가리킬 뿐 아니라 단순히 가리키는 것을 넘어섭니다. 어떤 의미에서 그는 이 욕망의 게임을 대신 해주기 때문입니다. 실제로 곧이어 소크라테스는 아가톤을 칭송하려고 준비합니다. 그때 갑자기 카메라가 멈춰서 그는 숨겨지고 더 많은 파티 훼방꾼들의 입장으로 우리는 아무것도 이해하지 못하게 됩니다. [……] 우리는 소크라테스가 자신의 행위에 대해 무엇을

25 James Penney, *The Structures of Love*, 88쪽.

26 페니와 핑크 모두 라캉이 소크라테스가 분석가의 입장과 다르다는 점을 강조하지만 핑크는 라캉이 소크라테스를 분석가로 본다는 해석도 가능하다는 점을 괄호 안에 조심스럽게 지적한다. 앞서 지적했듯이 이런 모호성은 근본적으로 라캉이 이 시점에서 대상 *a* 개념을 완전히 정립하지 못했기 때문이다.

> 알았는지 결코 알 수 없습니다.
>
> [……] 소크라테스의 욕망이 그의 대화자들을 그노씨 세아우톤(*γνωθι σεαυτόν, gnóthi seautón*, 그대 자신을 알라)—이는 [……] 극단적으로는 '그대의 영혼에 관심을 가져라'로 번역됩니다—로 인도한다면 [……] 우리는 이것을 심각히 다루어야 한다고 상상할 수 있습니다. [……] 소크라테스가 자신도 모르게 그렇게 지시하는 것이 주체의 욕망이라면 [……] 우리는 우리가 완전히 이해할 수 있는 위치에 소크라테스가 있는 것을 보며, 동시에 결국 그가 어떻게 알키비아데스를 달아오르게 했는지 이해할 수 있습니다.
>
> 그 뿌리와 본질에서 욕망은 대타자의 욕망이고 이것은 엄밀히 말해서 사랑이 탄생하는 근원이기 때문입니다. [……] 소크라테스가 자신이 욕망하는 것을 모른다는 점에서—그것이 대타자의 욕망이므로—알키비아데스는 무엇에 사로잡힐까요? 그는 사랑에 사로잡힙니다. [……] 소크라테스의 유일한 가치는 이 사랑을 전이사랑이라고 지적하고 그[알키비아데스]를 자신의 참된 욕망으로 되돌리는 것입니다. (*S*VIII, 178~179)

소크라테스의 해석에 따르면 그는 자신에게 사랑을 고백하는 알키비아데스에게 "그대의 욕망은 [……] 또 다른 사람을 향하네. 내가 그 다른 사람을 지시하겠네. 그것은 아가톤이네"라고 말한다.(*S*VIII, 177) 그러므로 소크라테스는 알키비아데스에게 욕망의 소재지를 알려줄 뿐 아니라 아가톤을 칭송하려고 하면서 알키비아데스 대신 욕망의 게임을 대신해준다. 그러나 이 순간 『향연』이 끝나기 때문에 소크라테스가 정확히 자신의 행위에 대해 무엇을 얼마큼 알았는지 알 수 없다. 그러나 라캉은 소크라테스가 전이사랑에 빠진 알키비아데스에게 "그대 자신을 알라" 또는 "그대의 영혼에 관심을 가져라"라고 말하는 것이 그가 알키비아데스의 욕망을 불타오르게 하는 위치에 있다는 것을 보여준다고 말한다. 이 위치는 대상 *a*의 위치이며 욕망의 변증법을 작동시키는 위치다. 욕망은 대타자의 욕망이므로 알키비아데스는 소크라테스의 욕망을 탐구하는 가운데 욕망의 주체로 태어난다. 라캉은 알키비아데스가 소크라테스의 아갈마에 홀려서 그가 명령하는 대로 할 수밖에 없었다고 고백하는 장면을 욕망의 변증법으로 설명한다. "이는 내가 케 보이(*Che vuoi*)에 관해 이미 지적했던 마법을 연상시키지 않는가? 그것은 참으로 이 열쇠, '당신은 무엇을 원합니까?'라는 질문으로 시작되는 주체의 위상학의 본질적인 칼날이다."(*S*VIII, 139)

알키비아데스를 사랑으로 달아오르게 만드는 동력은 욕망이다. 소크라테스가 자신의 행위에 대해 얼마큼 알았는가는 미지수다. 그러나 그는 사랑을 요구하는 알키비아데스를 사랑의 원천인 욕망으로 되돌려 보내는 분석가의 위치를 차지한다. "그대의 영혼에 관심을 가져라"라는 소크라테스의 대답은 결국 자신의 욕망과 대면하라는 뜻이다. "주체가 욕망의 대상과 특이한 관계를 지닌다면, 주체 자체가 애초에 욕망의 대상이었기 때문이다."(*S*VIII, 208) 욕망의 대상은 주체에게서 떨어져 나온 대상이다.

라캉은 포로스와 페니아의 신화를 언어와 욕망의 관계로 해석한다. "욕망의 장소인 말은 자원을 가진 포로스이고, 욕망은 [……] 무엇보다도 자원의 결핍인 아포리아다. 이 절대적 아포리아가 잠든 말에 접근해 대상을 잉태한다. 이는 대상이 이미 있었고 드러나기를 요구한다는 것이 아니라면 무엇을 의미한단 말인가?"(*S*VIII, 208) 페니아(아포리아)가 포로스와 동침해서 에로스를 잉태하는 신화는 욕망이 언어의 장소에서 욕망을 불러일으키는 대상을 잉태하는 이야기다. 이 욕망의 대상은 처음부터 있었고 태어나기를 요구한다. 분석가는 욕망을 불러일으키는 대상을 되살려내야 한다. "소크라테스는 아가톤을 칭송할 때 자신도 모르게 자신이 하고자 원하는 것 즉 그[알키비아데스]가 욕망하는 대상인 이 대상을 소생시켜 알키비아데스를 자신의 영혼으로 되돌아가게 한다."(*S*VIII, 208) 이런 관점에서 보면 소크라테스가 아가톤을 칭송하는 행위는 그[아가톤]를 이상자아로 만들기보다 알키비아데스가 자신의 욕망(을 불러일으키는 대상)과 대면하게 만들어 욕망의 주체로 태어나게 하는 행위다.

라캉은 세미나 VIII을 시작하기 직전에 발표한 「주체의 전복과 프로이트적 무의식에서의 욕망의 변증법」에서 "소크라테스는 정신분석의 선구자로서 [……] 아가톤을 전이 대상으로 지목하는 데 주저하지 않으며 [……] 정신분석 상황에서 사랑-증오의 효과는 이 상황 밖에서 발견된다는 사실을 밝혀준다"라고 말한다.(*E*, 699) 분석가는 자신에게 사랑을 전이하는 피분석가가 실제로는 제3 자를 사랑한다는 것을 알려준다. 마찬가지로 소크라테스는 자신에게 사랑을 고백하는 알키비아데스가 사실은 아가톤을 사랑하고 있다는 것을 알려준다. 그러나 소크라테스가 정신분석의 선구자인 것은 대상 *a*의 위치를 점하여 알키비아데스가 아가톤이 아닌 스스로의 욕망을 대면하게 하기 때문이다. 엘리 래글랜드설리번(Ellie Ragland-Sullivan)이 말하듯이 "소크라테스는 라캉 분석가의 가능한 모델을 나타낼 수 있다. 분석가는 피분석가가 욕망과 작업하도록 자극하기 위해 결여 자체를 모방하는 것을 추구한다."[27]

27 Ellie Ragland-Sullivan, "Plato's Symposium and the Lacanian Theory of Transference: Or, What is Love?" *The South Atlantic Quarterly*, 88.4 (1989), 745쪽.

라캉은 세미나 XI에서 이를 더 명확히 설명한다. 알키비아데스는 "그것이 무엇인지도 모르면서 **아갈마**로 부르는 무엇인가를 요구한다."(*S*XI, 255) 이에 대해 "소크라테스는 젊었을 때 말했던 것, 즉 **그대의 영혼을 보라**가 아니라 이제 혈기가 돌고 강건해진 그에게 더 어울리는 발언 **그대의 욕망을 보라**고 대답한다."(*S*XI, 255) 욕망을 대면하라고 대답하는 소크라테스는 에로메노스에서 에라스테스로 바뀌는 사랑의 은유가 아니라 "실재로 사라지는 환유/욕망을 생산한다."[28] 알키비아데스의

앞서 인용한 페니/핑크와 래글랜드설리번의 차이는 라캉이 소크라테스를 해석하는 관점이 통일되지 않았다는 점에 기인한다. 이는 소크라테스가 욕망하는 히스테리 주체인가 아니면 아갈마(대상 *a*)의 역할을 하는 분석가인가의 문제로 귀결된다. 분석가는 주체(피분석가)가 동일시하는 자아이상(I)의 위치를 넘어선 대상 *a*의 위치를 점해서 주체가 자아이상과 동일시하려 할 때 개입하여 "절대적 차이를 얻으려는 욕망"을 지닌다.(*S*XI, 276) 이런 점에서 "분석가의 욕망은 순수한 욕망이 아니다."(*S*XI, 276) 이점에 관해서는 졸저 『욕망의 윤리』 183~186쪽을 참조할 것. 히스테리 담론에서 히스테리 환자의 진리는 "욕망되기 위해서 대상 *a*가 되어야 한다"라는 것이다.(*S*XVII, 176) 행위자의 위치에서 그녀는 분열된 주체($)로서 주인(S1)에게 자신의 대상 *a*에 대한 해답을 구한다. 반면 분석가 담론에서 분석가는 대상 *a*로서 분열된 주체($)의 욕망을 불러일으킨다. 세르주 코텟(Serge Cotett)은 라캉이 후에 「학회 정신분석가에 관한 1967년 10월 9일 제안」("Proposition of 9 October 1967 on the Psychoanalyst of the School")과 『라디오포니』에서 소크라테스를 분석가보다는 욕망하는 히스테리 주체로 여겼다고 지적한다. 그리고 소크라테스의 아갈마가 알키비아데스의 욕망을 불러일으킨다는 점에서는 대상 *a*의 역할을 하지만, 소크라테스 역시 욕망하는 주체 즉 에라스테스라는 점에서는 대상 *a*가 될 의도가 없다고 주장한다. Serge Cotett, *Freud and the Desire of the Psychoanalyst*, Beatrice Khiara, John Holland & Kate Gilbert 공역 (London: Karnac, 2012), 157~165쪽을 참조할 것.

28 Ellie Ragland-Sullivan, "Plato's *Symposium* and the Lacanian Theory of Transference," 748쪽. 하라리는 이와 달리 분석가가 자아이상에서 대상 *a*로 바뀌면 피분석가가 사랑받을 만한 이상자아에서 분열된 욕망의 주체로 바뀌는 것을 사랑의 은유라 부른다. Roberto Harari, Judith Filc 옮김, *Lacan's Four Fundamental Concepts of Psychoanalysis: An Introduction* (New York: Other Press, 2004), 159~160쪽. 설리번이 환유로 본 것을 하라리는 은유로 설명하는 것이다. 사랑의 은유는 사랑받는 자에서 사랑하는 자로 바뀌는 것을 의미하므로 하라리의 표현은 정확하지 않다. 그러나 분석가/소크라테스가 피분석가/알키비아데스를 욕망의 주체로 만드는 역할을 한다는 주장에서 이 둘은 일치한다.

사랑에 응답하지 않고 욕망을 직시하라고 말하는 소크라테스는 분석상황에서 발생하는 환자의 전이사랑에 대해 응답하지 않고 대상 *a*가 출현하게 하는 분석가와 같다. 후기 라캉이 제시한 증상과의 동일시의 관점에서 본다면 주체는 이제 전이사랑에서 출현한 낯선 실재의 대상 *a*를 사랑해야 한다. 돌라르가 말하듯이 정신분석에는 "'그대 자신처럼 그대의 증상을 사랑하라!'라는 사랑의 최종적 명령이 있을지 모른다. 사랑이 다루어야 하는 그리고 사랑의 패러독스 기저에 놓인 그 낯설고 외밀한 핵이 주체의 가변적이고 포착하기 어려운 유일한 지지물이자 동시에 사랑의 불가능성을 만드는 것이기 때문이다."[29]

6. 소크라테스의 거세

알키비아데스가 모르는 것은 사랑의 근원이 욕망/결여라는 사실이다. 욕망은 물론 거세의 문제와 직결된다. 알키비아데스는 "욕망으로 물든 인간"이지만 "아주 놀라울 정도로 거세공포의 부재를 보여준다." (*S*VIII, 157) 자신이 욕망과 결여의 주체임을 알지 못하는 알키비아데스에게는 "상실—거세/실재 박탈—에 대한 어떤 지식도 없다."[30] 역설적이게도 거세를 모르는 알키비아데스가 소크라테스의 아갈마에 매료되는 것은 근본적으로 소크라테스의 거세 때문이다.

29 Mladen Dolar, "At First Sight," 149~150쪽.

30 Ellie Ragland-Sullivan, "Plato's *Symposium* and the Lacanian Theory of Transference," 747쪽.

대상 *a*에 포함된 것은 **아갈마** 즉 알키비아데스가 소박한 상자로 나타나는 소크라테스의 모습 안에 있다고 선언하는 귀중한 보물이다. 그러나 그것에 음수 기호(−)가 부여된다는 점을 주목하자. 유혹자인 알키비아데스가 소크라테스 안에 있는 **아갈마** 즉 자신의 욕망을 공언하면서 소크라테스가 자신에게 주기를 바라는 그 경이로운 물건을 찬양하는 것은 알키비아데스가 소크라테스의 음경을 보지 못했기 때문이다. (*E*, 699)

아갈마는 남근의 부재 또는 거세로서의 남근을 의미한다. "사랑은 갖고 있지 않은 것을 주는 것"이라는 명제의 근원은 바로 거세다. 거세되어 결여된 존재는 자신이 갖고 있지 않은 남근인 아갈마를 줄 수 없기 때문이다.

거세와 사랑의 관계는 전-성기적 조직과 성기적 조직의 차이와 관련된다. 프로이트는 유아의 성 이론에서 성감대가 신체의 여러 부위에 분포되고 특히 입과 항문에 집중되는 전-성기적 구강기와 항문기, 그리고 성감대가 성기에 집중되는 성기기 사이에 남녀의 성기가 아닌 음경만이 인식되는 남근기를 설정한다. 이 단계에서는 "양성 모두에게 하나의 성기 즉 남성의 성기만이 중요하며," 두 성의 "대립은 **남성 성기**를 가진 것과 **거세된** 것 사이에 있다."(*SE*XIX: 142, 145) 이 단계가 중요한 이유는 거세 콤플렉스가 발생하는 시기이기 때문이다. "**거세 콤플렉스의 중요성은 그것의 기원이 남근 우위의 시기에 있다는 사실이 함께 고려되어야 올바르게 인식될 수 있다.**"(*SE*XIX: 144)

라캉에 따르면 "모든 것이 타자를 위한 것"이라는 강박증 환자의 환상의 뿌리는 항문기이고, "항문기의 특징은 주체가 오로지 타자를 만족시키기 위해서 욕구를 만족시킨다는 사실"이다.(*S*VIII, 203) 이 시기는 주체가 대타자에게 선물을 주어 대타자를 만족시키는 봉헌성(oblativity)의 시기다. 아이는 자신의 배설물을 어머니에 대한 선물로 인식하므로 아이의 배변 행위는 대타자를 만족시키는 행위다. 이 시기에 주체가 대타자인 어머니를 사랑하는 것은 자신이 가진 것을 주는 것이다. "봉헌성이 항문기적 관계의 영역과 연결된다고 말할 수 있는 것은 주체에게 선물이 요구되기 때문이다."(*S*VIII, 203~204) 항문기는 "선물로서의 대상이 탄생하는 지점"이며 "이 은유에서 주체가 줄 수 있는 것은 정확히 그가 보존할 수 있는 것 즉 그의 배설물, 그의 변과 연결된다."(*S*VIII, 216) 항문기에서 주체는 배변과 동일시한다.[31]

아이가 자신이 가진 것을 대타자/어머니에게 선물로 주는 행위는 욕망의 소멸을 의미한다. 라캉은 아이의 배변 행위에 대해 "욕망이 문자 그대로 변기 속으로 떨어진다"라고 표현한다.(*S*VIII, 204) 선물을 주는 행위로 대타자를 만족시키는 것은 욕망의 소멸을 뜻한다. "여기에서 주체는 제거(배설)된 대상 속에서 자신을 지시한다. 그것은 말하자면 욕망의 **아파니시스**의 출발점이다."(*S*VIII, 216) 신경증은 주체의 욕망이 대타자의 요구에 종속되는 것이므로 "신경증 환자의 욕망은 전-성기적인 특징을 지닌다."(*S*VIII, 216)

전-성기기와 달리 성기기에서는 욕망이 다시 출현한다. 이 욕망은 요구의 차원을 넘어선다. 성기기에서 "욕망은 요구되지 않은 것으로서, [주체가] 요구하지 않는 것을 목표로 삼는 것으로 나타나야 한다."

31 강박증 환자는 자신의 가치를 극단적으로 평가 절하하여 "자신의 환상 전체를 자신의 제거에 기초한다." 그의 환상에서 "주체와 작은 배설물 같은 *a*와의 동일시"가 성립한다.(*S*VIII, 206)

(*S*VIII, 217) 욕망이 성기기에서 출현하는 것은 유아의 성기적 조직의 단계인 남근기에서 거세가 발생하기 때문이다. 거세는 주체의 상실과 욕망의 원인이다.

> 나는 오랫동안 "사랑은 갖고 있지 않은 것을 주는 것"이라는 공식으로 갖기(having)의 주제를 선언해왔습니다. 물론 아이가 자신이 가진 것을 줄 때 그것은 전 단계[즉 항문기]입니다. 그가 갖지 않은 것이 무엇이고 어떤 의미에서 그럴까요? [……] 남근적 드라마로 진입할 때 도입되는 새로운 차원은 무엇일까요? 성기적 욕망이 탄생하고 드러날 때 그가 갖고 있지 못한 것은 다름 아닌 (성적) 행위입니다. 그는 약속어음밖에 갖고 있지 못하는 거지요. [……] 나는 나중에 성교할거야, 나는 차용증서 형태로 성교할거야, 나는 욕망할거야. [……]
>
> 욕망에서 분리된 문제의 대상—남근적 대상—은 작은 상상적 *a*의 단순한 특수화, 상응물, 동음이의어가 아닙니다. 그것은 초기에 구강적 대상과 항문적 대상이었던 것이 마침내 특수화되어 드러난 것이 아닙니다. [……] 남근은 대타자의 영역에 있는 특권화된 대상, 대문자 A 대타자의 위상에서 빠진 대상입니다.
>
> 다시 말해서 거세 단계에 있는 성기적 욕망의 차원에서 작은 *a*는 [……] 대타자에서 파이를 뺀 것[a =A − φ]입니다. 이런 의미에서 파이는 대타자가 결여하는 것을 상징하게 됩니다. (*S*VIII, 218~219)

항문기에서 어머니에게 줄 선물을 가졌던 아이는 성기기/남근기에서는 어머니에게 줄 선물이 없다. 이 시기에 아이는 결여/거세된 욕망의 주체로 태어나기 때문이다. 이때 그가 갖고 있지 못한 것은 구강기/항문기의 상상적인 소타자가 아니라 대타자의 영역에 존재하는 남근이다. 그가 "나중에 성교할거야"라고 말하는 것은 자신의 결여/거세를 받아들이기 때문이다. 이는 프로이트 이론에서 거세 콤플렉스로 인해 오이디푸스 콤플렉스가 해소되는 시기에 해당한다.[32] 성행위가 미래의 기획으로만 존재하는 것은 주체의 결여가 시작되었음을 알리는 신호다. 이 시점부터 사랑은 갖고 있지 않은 것을 주는 것이 된다. 특권화된 대상인 남근/아갈마는 대타자에 없는 즉 대타자도 결여한 것이다. 알키비아데스가 대타자인 소크라테스에게서 찾는 아갈마는 소크라테스에게 없으므로 알키비아데스는 소크라테스의 음경을 보지 못한다. 남근의 배후에는 처음부터 거세가 존재한다.

7. 에로스의 거세

라캉은 남근 배후에 거세가 존재하며 사랑이 거세에 기초한다는 사실의 예증으로 르네상스 이탈리아 매너리즘 화가였던 주키의 『푸쉬케가 아모레를 놀라게 하다』를 제시한다. 이 그림에서 아모레는 "다름 아닌 큐피드(에로스)"다.(*S*VIII, 220) 주키의 그림은 로마 시대 철학자 겸 작가였던 아풀레이우스의 저서 『황금 당나귀』에 등장하는 푸쉬케(Psyche)와 에로스(큐피드)의 이야기를 소재로 삼는다. 푸쉬케는 왕의 셋째 딸로서 미모가 출중하여 많은 남성의 흠모와 숭배의 대상이 된다. 이를 시기한 비너스 여신은 사랑의 화살을 쏘아 여러 가정에 문제를 일

32 4장 「성(차), 성별화, 주이상스」에서 논했듯이 라캉은 이를 상상적 남근의 음수화와 결여/주이상스의 기표인 남근기표(상징적 남근)의 양수화의 등식($-\varphi = \Phi$)으로 설명한다.

으킨 아들 큐피드에게 과거의 비행을 용서하는 대가로 푸쉬케가 가장 천하고 못난 남성을 사랑하게 만들라고 명령한다. 푸쉬케가 뭇 남성들의 흠모를 받지만 정작 청혼을 하는 자가 없으므로 왕은 그녀에게 신랑을 달라고 아폴로에게 간청하지만, 아폴로는 그녀를 산꼭대기 바위에 데려다 놓으라고 명하고 그곳에서 무서운 괴물과 결혼할 것이라는 신탁을 내린다. 그러나 바위에 도착한 푸쉬케는 곧 미풍을 타고 화려한 궁전으로 가게 되고 그곳에서 밤에만 나타났다가 새벽에 떠나는 얼굴을 알 수 없는 신랑의 아내가 된다. 신랑은 그녀에게 언니들이 찾아올 것이니 그들에게 말하지도 그들을 보지도 말라고 경고하지만 그녀의 간청으로 언니들을 만나는 것을 허락한다. 동생이 화려한 궁전에 사는 것을 목격한 언니들은 시기심으로 가득 차 푸쉬케에게 신랑이 괴물이라는 신탁을 상기시킨다. 그리고 신랑이 그녀를 살찌운 다음 잡아먹을 것이므로 칼과 램프를 준비해서 그가 잠든 사이에 목을 자르라고 말한다. 신랑의 얼굴을 볼 수 없었던 것을 의심한 푸시케는 언니들의 말에 속아 램프 불빛으로 신랑의 얼굴을 본다. 그러나 신랑이 큐피드인 것을 목격하는 순간 램프의 기름이 큐피드의 어깨에 떨어지고 잠에서 깨어난 큐피드는 푸쉬케를 떠나 하늘로 날아간다. 그녀는 이후 큐피드를 찾아 방랑한다.[33]

주키의 그림은 푸쉬케가 한 손에 램프를 다른 손에 칼을 들고 잠든 큐피드를 내려다보는 순간을 포착한다. 이 그림에서 화가의 의도는 "사랑의 상황에서 거세의 위협을 재현하는 것"이다.(*S*VIII, 222) 그러나 라

---

33 이상의 내용에 대해서는 Lucius Apuleius, P. G. Walsh 옮김, *The Golden Ass* (Oxford: Oxford UP, 1999), 75~99쪽을 볼 것.

야코포 주키(Jacopo Zucchi), 『푸쉬케가 아모레를 놀라게 하다』(*Psiche sorprende Amore*), 1589년, 유화, 173x130cm, 보르게세 미술관(Galería Borghèse), 로마

캉은 푸쉬케가 칼을 들고 큐피드의 남근을 겨냥하고 있으므로 이 그림이 거세 콤플렉스를 예시한다고 주장하는 것이 아니다. 이 그림은 "어떻게 기표의 표식으로 구조화되는 본능적 역동성을 고려해야만 [……] 거세 콤플렉스가 충분히 표현될 수 있는지"를 예시한다.(*S*VIII, 226) 다시 말해서 여기에서 거세는 주체가 기표로 대치되는 "기표의 표식"이라는 세례를 받아 욕망의 주체로 태어나는 상징적 거세를 의미한다. 이 그림에서 큐피드의 성기를 가리고 있는 꽃들은 거세를 은폐한다. 그 꽃들은 "너무 많아서 그것들 뒤에는 아무것도 없다. [……] 거기에는 아주

작은 성기도 있을 여지가 없다. 푸쉬케가 자르려는 것은 이미 사라졌다."(*S*VIII, 229) 큐피드/에로스는 푸쉬케가 거세하기 전에 이미 거세된 상태다.

푸쉬케의 이야기는 "남녀관계에 관한 것이 아니라 [……] 영혼과 욕망의 관계에 관한 것이다."(*S*VIII, 225) 이 이야기는 일반적으로 "어린 푸쉬케가 너무 호기심이 많고 더군다나 불복종적이었기 때문에 에로스가 달아나 사라지는" 것이라고 알려져 있다.(*S*VIII, 225) 그러나 주키는 이런 해석을 넘어서 이 순간의 "참으로 원초적인 성격"을 포착한다.(*S*VIII, 225) 그는 영혼/푸쉬케가 에로스/사랑을 상실하면서 욕망의 주체로 태어나는 순간을 포착한 것이다.

> 이 그림 덕분에 여러분은 거세 콤플렉스가, 그 구조와 본능적 역동성에서, 우리가 영혼이 탄생하는 지점이라고 부를 것과 정확히 일치하도록 중심화되어 있다는 것을 알게 됩니다.
>
> 이 신화가 의미를 지닌다면 그것은 그녀를 만족시킨 욕망이 그녀에게서 빠져나가 날아오르는 순간, 푸쉬케가 진정으로 푸쉬케가 된다는 것, 다시 말해서 [……] 파토스의 주체, 엄밀히 말해서, 영혼의 주체가 된다는 것입니다. 푸쉬케의 여정은 바로 이 순간에 시작됩니다. (*S*VIII, 226)

큐피드의 얼굴을 보려는 푸쉬케의 욕망이 실현되는 순간은 그녀가 큐피드를 상실하는 순간이다. 이때부터 푸쉬케 즉 인간의 영혼은 상실한 대상을 찾아 방랑하는 결여와 욕망의 주체로 살아가기 시작한다. 라캉은 주키의 그림 해석을 통해서 사랑의 근원이 욕망이며 거세라는 점을 분명히 보여준다. 결여/욕망/사랑의 주체가 존재하는 무대는 언어의 상징계다. 라캉은 푸쉬케의 비극이 언니들과의 담소에서 비롯되었음을 지적한다.[34] 주키의 명화는 사랑의 근원인 거세와 욕망을 극적으로 포착하며, 푸쉬케의 이야기는 상실을 메우기 위해 기표의 환유에서 방랑하는 욕망의 주체가 겪는 운명을 예시한다.

34 "푸쉬케는 기표와의 관계에서 행복했던 것이 아니라 큐피드를 사랑하는 현실과의 관계에서 아주 행복했습니다. 그러나 [……] 그녀는 푸쉬케였고 알고 싶어 했습니다. 그녀는 언어가 이미 존재하고 있기 때문에 그리고 사랑만 하면서 생을 보낼 수 없고 언니들과 담소도 나누기 때문에 스스로에게 그렇게 질문했던 것입니다. [……] 일단 언어의 질서에 들어서면 행복을 소유하는 것은 행복을 보일 수 있고 설명할 수 있는 것이며 [……] 그녀가 그들보다 더 좋은 어떤 것을 갖고 있다는 것을 언니들에게 보여주어 언니들과 동등해지는 것입니다. 이 때문에 푸쉬케는 밤에 램프와 작은 칼을 들고 나타났던 것입니다."(*S*VIII, 243)

10장

참사랑은 존재하는가?: 궁정풍 사랑과 욕동 그리고 주이상스

1. 승화와 욕동

라캉은 세미나 VIII 『전이』에서 플라톤의 『향연』과 주키의 명화 「푸쉬케가 아모레를 놀라게 하다」를 해석하며 사랑의 근원이 욕망/결여 그리고 거세임을 규명한다. 라캉이 분석하는 알키비아데스와 소크라테스, 푸시케와 에로스의 사랑은 이루어지지 않는다. 그렇다면 거세와 결여의 주체에게 사랑은 결코 실현될 수 없고 참사랑은 존재하지 않는 것일까? 라캉이 사랑을 상상계적 나르시시즘과 상징계적 욕망의 관점에서 해석한 것은 이런 의구심을 불러일으키기에 충분하다. 자신의 이미지를 타자에게서 발견하려는 나르시스적 사랑은 허구이고, 욕망과 거세에 기초한 사랑은 결국 줄 수 있는 것이 없기 때문이다. 성적 관계는 존재하지 않는다는 라캉의 발언도 사랑은 갖고 있지 않은 것을 주는 것이라는 명제의 연장으로 볼 수 있다. 알키비아데스가 소크라테스에게서 찾는 것을 발견하지 못하듯이 세미나 XX『앙코르』에서 남녀관계도 비대칭과 불일치의 관계로 나타난다.

그러나 성과 사랑에 대한 라캉의 사유에는 참사랑의 가능성에 대한 탐색이 엿보인다. 그는 세미나 XX『앙코르』에서 나르시시즘을 넘어선 (참)사랑의 가능성을 암시한다. "사랑은 [……] 자신을 남겨두고 떠나게 만들지 않는다."(*SXX*, 47) 즉 사랑은 나르시스적이다. 그러나 라캉은 "이것이 프로이트가 나르시스적 사랑의 기능을 도입하며 말한 것의 전부라면, 문제는 어떻게 타자에 대한 사랑이 가능한가"라고 묻는다.(*SXX*, 47) 참사랑에 대한 라캉의 모색은 둘이 하나로 환원되는 상상적 나르시시즘과 주체와 대타자의 결여에 기초한 상징계에서 성적 관계의 불가능성을 넘어서려는 시도다. 이런 사랑이 과연 가능할까? 가능하다면 그것은 실재의 사랑일까? 라캉은 결코 명확한 대답을 제시하지 않는다. 그러나 그가 그것을 "기적"이라 부르는 이유는 불가능해 보이는 것을 가능하게 만들기 때문이 아닐까?

라캉이 세미나 VIII『전이』에서 사랑의 기적을 말하는 것은 단순히 기적의 허구성을 폭로하기 위한 것이 아니다. 예컨대 그는 이 세미나에서 아갈마의 추구 여부로 참사랑을 구분한다.

> [아갈마]를 중심으로 분석의 안과 밖에서 사랑에 대한 두 관점을 구체적으로 구별할 수 있고 해야 합니다.
>
> 하나의 관점은 최고선을 향한 악명 높은 상승 속에서 사랑 경험의 구체적인 모든 것을 익사시키고, 탈선시키며, 은폐하고, 생략하

> 고 승화합니다. 분석에서 우리가 "봉헌성"이란 용어로 이것의 희미한 섬광을, 말하자면 모든 사랑 관계의 토대에 있다고 여겨지는 이런 종류의 신(神)안의 사랑을 여전히 유지할 수 있다는 것은 놀라운 일입니다. 다른 관점에서는, 분석 작업이 증명하듯이, 우리가 진실로 사랑할 때에만 하나의 존재에서 찾는 어떤 것에 의해 어딘가에서 구성되는 특권화되거나 유일한 점을 중심으로 모든 것이 회전합니다. 그것이 무엇인가요? 그것은 우리가 분석 임상에서 분간해낼 수 있었던 대상인 아갈마입니다. (*S*VIII, 147~148)

사랑을 신/대타자에게 자신을 봉헌하는 것으로 보는 관점은 사랑의 경험을 최고선이라는 목표를 향한 완성의 과정으로 환원한다. 라캉이 "최고선과의 동일시를 목표로 삼는 2자 관계"로 파악한 디오테마의 절대적 아름다움을 향한 사랑개념이 이에 속한다.(*S*VIII, 136) 라캉은 정신분석에서 여전히 이런 사랑개념이 존재하는 것에 놀라움을 표시한다. 정신분석이 밝혀주는 참사랑은 대타자에게 자신을 봉헌하는 사랑이 아니라 부분대상인 아갈마를 중심으로 전개된다. 앞장에서 보았듯이 아갈마/대상 *a*를 향해 뻗은 손이 욕망의 불길에서 다른 손과 만날 때 사랑의 기적은 발생한다.

라캉이 세미나 VII 『정신분석의 윤리』에서 논한 궁정풍 사랑은 이런 사랑의 기적에 대한 탐구다. 그는 세미나 XX 『앙코르』에서 궁정풍 사랑을 "우리가 그것에 대한 장애물을 만드는 장본인인 척함으로써 성적 관계의 부재를 보충하는 고도로 세련된 방식"으로 정의한다.(*S*XX, 69) 궁정풍 사랑은 사랑 관계에 있는 당사자들의 결함 때문에 사랑이 이루어지지 않는다고 설정해서 성적 관계의 본질적인 불가능성을 보충하는 것이다. 여기에서 보충한다는 것은 정확히 어떤 의미일까? 궁정풍 사랑은 상상계적 나르시스적 사랑과 상징계적 욕망으로서의 사랑을 넘어선 실재계 차원의 사랑을 의미하는 것일까? 이런 문제들에 접근하기 위해서는 라캉이 궁정풍 사랑과 관련해서 다룬 승화 개념을 살펴볼 필요가 있다.

승화는 "물(*das Ding*)이라는 주제에 대해 스스로를 속이고 상상적 계획으로 물의 영역을 식민화할 수 있는 완화의 공간"이다.(*S*VII, 99) 사회는 실재를 은폐하는 "신기루"를 제공하는 상상적 문화적 산물에서 위안을 얻는다.(*S*VII, 99) 그러므로 승화의 본질은 "환상($\$ \diamond a$)의 상징을 사용하는 상상적 기능에 있다. [……] 역사적으로 사회적으로 특수한 형식 속에서 *a* 요소들, 환상의 상상적 요소들이 물의 지점에서 주체를 압도하고 주체를 속인다."(*S*VII, 99) 궁정풍 사랑은 실재를 은폐하는 신기루로 기능하는 환상의 상상적 기능인 승화의 한 형태다. 궁정풍 사랑이 "근본적으로 나르시스적 성격"이라는 라캉의 발언은 그것이 상상적 기획으로서의 승화라는 점을 암시한다.(*S*VII, 151) 이런 점에서 프랜시스 레스투치아(Frances Restuccia)는 "궁정풍 사랑이 대상 즉 귀부인을 물의 고귀한 차원으로 고양시켜 물을 식민화하려는" 시도이며, 주이상스를 향한 윤리적 행위가 포함하는 "죽음의 포옹에 미치지 못한"다고 비판한다.[1]

그러나 승화는 전적으로 상상적 나르시시즘에 속하지 않는다. 라캉에게 승화는 "금지와 도덕적 양심의 형태로" 나타나는 "윤리적 감정"

---

1 Frances Restuccia, *Amorous Acts: Lacanian Ethics in Modernism, Film, and Queer Theory* (Stanford: Stanford UP, 2006), 98쪽. 키에사는 『향연』에서 디오티마가 설명하는 플라톤적 사랑과 궁정풍 사랑이 모두 근본적으로 나르시스적인 것이라고 주장한다. Lorenzo Chiesa, "'Le Ressort de L'amour,'" 72쪽.

에 대한 프로이트 연구의 이면을 보여준다.(*S*VII, 87) 프로이트가 초자아의 특징으로 지목하듯이 도덕적 양심은 "더 세련될수록 더 요구하고, 더 적게 위반할수록 더 잔인해지는" 역설을 보인다.(*S*VII, 89) 그렇다면 승화가 도덕적 양심의 이면이라는 것은 "도덕적 양심의 만족할 줄 모르는 성격, 그것의 역설적 잔인성"과 반대로 만족될 수 있는 성격을 지닌다는 것을 의미하는 것이 아닐까?(*S*VII, 89) 라캉이 "승화의 문제가 욕동의 영역에 있다"라고 말하며 프로이트의 『정신분석강의』(*Introductory Lectures on Psychoanalysis*)에서 주목하는 것은 욕동의 만족이다.(*S*VII, 91)

> 우리는 욕동들 즉 박동하는 성적 자극들이 비범하게 탄력적이라는 사실을 고려해야 합니다. 그것들은 서로의 자리에 나타날 수 있습니다. 그들 중 하나는 다른 것들의 강도를 축적할 수 있습니다. 하나의 만족이 현실에 의해 거부될 때 다른 것의 만족이 완전한 보상을 제공할 수 있습니다. 그것들은 서로와의 관계에서 마치 네트워크처럼, 물로 가득 찬 수로처럼 행동합니다. (*S*VII, 91)[2]

욕동들은 하나가 만족되지 않으면 다른 것이 그것을 대신해 만족될 수 있는 탄력성을 지닌다. 라캉에 따르면 "완전한 승화는 개인에게 가능하지 않다고 인정하더라도 승화의 문제에 대한 접근은 욕동들의 탄력성에 대한 인식으로 시작해야 한다."(*S*VII, 91)

여기에서 만족되는 것은 엄밀한 의미에서 부분욕동들이다. 프로이트는 리비도가 만족되지 않아 발생한 좌절이 반드시 신경증을 유발하지 않는 이유를 욕동들이 서로를 대신할 수 있는 탄력성으로 설명한다.

2 라캉이 세미나 VII에서 인용한 프로이트 전집 독어판 *Gesammelte Werke*의 영역을 번역했음. 영문판은 *SE*XVI: 345쪽을 볼 것.

성감대가 성기에 집중되는 성기기에서조차 성적 욕동은 통일되지 않고 서로 전치할 수 있는 탄력성을 지니므로 욕동의 만족은 가능하다. "성의 부분욕동들은 [……] 그들이 대상을 바꾸고 다른 것으로 대치할 수 있는 능력을 보여준다. [……] 이 전치성과 대체물을 수용하는 준비성은 좌절의 병리적 결과에 맞서 강력히 작용한다."(*SE*XVI: 345) 이렇게 박탈로 인한 질병에 대한 보호책 중 "특수한 문화적 의미"를 획득한 것이 승화다.(*SE*XVI: 345) 그것은 "성적 성향이 부분 쾌락 또는 생식적 쾌락을 얻으려는 목적을 포기하고, 포기된 목적과 발생학적으로 연관되나 그 자체로 더 이상 성적이지 않고 사회적인 다른 목적을 갖게 되는" 것이다.(*SE*XVI: 345) 여기에서 "목적개념을 대상개념과 혼동하지 않는 것이 중요하다."(*S*VII, 110) 승화는 대상을 바꾸는 것이 아니라 성적 목적을 사회문화적 목적으로 대체하여 성적 (부분)욕동을 만족시킨다.

라캉은 승화가 욕동이 만족되는 형식임을 강조한다. 승화는 원래의 목적에서 벗어난 방식으로 "욕동이 만족되는 잠재적 양식"이다.(*S*VII, 110) 승화는 만족되지 못하고 억압된 욕동이 "의미화 대체의 방식으로" 치환되어 귀환하는 증상과 다르다.(SVII, 110) 그러므로 라캉은 승화가 욕동의 목적이 성적인 것에서 사회문화적인 것으로 전치된 것 또는 "성적 리비도가 탈성화(脫性化)된 것"이라는 프로이트의 결론에 단순히 동의하지 않는다.(*S*VII, 111) 그는 또한 "승화 개념을 어머니의 상처 난 신체와 관련해서 주체가 보상하려는 노력으로 환원하려는" 것으로 보는 클라인도 비판한다.(*S*VII, 106) 클라인은 「예술작품과 창조적 충동에 반영된 유아의 불안 상황」("Infantile Anxiety Situations Reflected in a Work of Art and in the Creative Impulse")에서 모리스 라벨

(Maurice Ravel)의 오페라 『아이와 주문』(*The Child and the Spell*)과 카린 미카엘리스(Karin Michaelis)의 작품 「빈 공간」("The Empty Space")을 분석한다. 클라인에 따르면 라벨의 오페라 전반부에서 아이는 가학성 항문기에서 어머니와 어머니의 신체 내에 있는 아버지(남근)에 대한 적대감을 표시한다. 후반부에서 아이는 성기기에서 "연민과 동정으로 자신의 사디즘을 정복하여" 어머니를 사랑의 대상으로 삼아 어머니에게 가졌던 적대감에 대해 보상하고 어머니와 화해한다.[3] 아이가 말하는 마법의 말 즉 "어머니"라는 주문은 이런 화해의 표시다.

「빈 공간」에서는 행복하게 살던 루스 키야(Ruth Kjär)라는 여성이 갑자기 우울증에 빠져 자살 충동을 경험하며 자신 내부에 빈 공간이 있다고 토로한다. 그녀는 집에 걸려있던 그림이 팔리자 그림이 걸려있던 벽에 직접 그림을 그려 넣는데, 처음에는 세월의 흔적이 역력히 새겨진 늙고 쇠잔한 여성의 그림을, 나중에는 젊고 날씬하고 위엄 있는 어머니의 모습을 그린다. 이 그림으로 그녀 내면의 빈 공간은 마침내 채워진다. 클라인은 이 이야기 역시 여아가 "어머니에게 심리적으로 가한 상처를 보상하려는 욕망"을 보여준다고 해석한다.[4] 어머니를 추하고 늙은 노파로 그린 것은 어머니를 "파괴하려는 원초적이고 가학적인 욕망의 표현"이다.[5] 어머니를 젊고 아름답게 그린 것은 어머니를 "복원하려는 노력"을 통해서 어머니에 대해 품었던 공격성에 대해 보복을 당할 것이

3 Melanie Klein, *The Selected Melanie Klein*, 89쪽.

4 Melanie Klein, *The Selected Melanie Klein*, 93쪽.

5 Melanie Klein, *The Selected Melanie Klein*, 93쪽.

라는 "불안을 달래려는" 것이다.[6]

라캉은 승화를 어머니의 복원으로 파악한 클라인을 비판하지만 클라인의 해석이 "승화현상이 위치한 위상학"을 보여주는 장점을 지닌다고 평가한다.(*S*VII, 117) 클라인의 해석은 "주체가 원초적인 것과 맺는 관계, 근원적이고 가장 오래된 대상에 대한 주체의 애착에 접근하려는 시도"를 보여준다.(*S*VII, 106) 이 원초적 대상은 "물(*das Ding*)의 영역"에 속한다.(*S*VII, 106) 루스 키야가 내면에서 발견한 빈 공간은 물을 의미한다. 클라인은 승화의 위상학을 주체와 물의 관계로 파악하지만 "물의 중심에 어머니의 신화적 몸을 두는" 오류를 범한다.(*S*VII, 106) 라캉 이론에서 어머니는 물의 빈 공간으로 다시 복원될 수 없다. 라캉의 거세 개념에 대한 콥젝의 설명은 이를 명쾌히 설명해준다.

> 거세의 절단은 아이를 어머니에게서 분리하는 것이 아니라 [……] 어머니를 젖에서 분리한다. 어머니와 아이라는 두 대상이 아니라 이제 우리는 어머니, 아이, 그리고 젖이라는 세 대상을 가진다. 젖은 원초적 어머니의 이상한 '대리자'나 '대표자'로 기능한다. 어머니는 어떤 것—젖, 태반 또는 그 밖의 대상—이 그녀에게서 분리되는 바로 그 순간 공백으로 떨어진다.[7]

---

6 Melanie Klein, *The Selected Melanie Klein*, 93쪽. 유아의 자아는 자신에게 만족을 주는 어머니의 젖을 좋은 대상으로, 자신에게 만족을 주지 않을 때 어머니의 젖을 나쁜 대상으로 구별하고 후자에 대해 자신이 갖는 공격성을 투사하여 자신의 박해자로 내사한다. 클라인은 이렇게 내사된 박해자에 대해 공격성을 느끼는 단계를 편집-분열적 입장(paranoid-schizoid position)이라 부르고, 자아가 자신의 공격성에 대한 보복으로 파괴될 것에 대한 불안을 느껴 어머니에게 가했던 상처에 보상하려는 단계는 우울적 입장(depressive position)이라 부른다. Melanie Klein, *The Selected Melanie Klein*, 115~45쪽, 175~200쪽을 참조할 것.

7 Joan Copjec, *Imagine There's No Woman*, 54쪽.

거세된 주체에게 어머니는 공백으로 사라지고 그 자리를 대상 *a*가 차지한다. 어머니는 영원히 실재의 공백으로 사라지기 때문에 루스 키야가 공백에 그려 넣은 대상은 어머니의 복원이 아니라 실재를 은폐하면서 동시에 드러내는 대상 *a*일 뿐이다. 라캉이 클라인 이론에서 추출하는 승화의 진리는 주체와 어머니의 관계가 아니라 주체와 물의 관계다. "욕동에게 욕동의 목적과 다른 만족을 주는 승화는 욕동의 참된 성격을 드러내는 것이다. 이때 욕동은 단순히 본능이 아니며 [……] 대상과 구분되는 물 자체와 관계를 갖는다."(*S*VII, 111)

물에게 접근하는 유일한 방법은 물 주위를 순환하는 것이다. 그 이유는 물이 근본적으로 베일에 가려져 있기 때문이다. "물이 근본적으로 베일에 가려진 것이 아니라면, 우리는 그것을 생각할 수 있기 위해 그것을 둘러싸거나 우회하도록 만드는 그런 종류의 관계를 갖지 않게 될 것이다."(*S*VII, 118) 물은 빈 공백이므로 그 자체로 인식될 수 없다. 물을 둘러싼 순환 운동을 위해서는 물을 표상할 수 있는 대상을 물의 위치에 놓아야 한다. 승화는 물을 메우는 것이 아니라 물 주위를 순환할 수 있도록 대상을 물의 위치에 올려놓고 그 주위를 순환하는 운동을 통해 만족을 얻는 과정이다. "대상은 [……] 물을 피하지 않고 표상할 수 있게 만드는 기능을 충족시킬 수 있다."(*S*VII, 119) 이때 승화는 실재를 식민화하고 물의 지점에서 주체가 스스로를 기만하는 환상이 아니다. 여기에서 대상은 물을 기만하지 않고 표상하는 기능을 담당한다. "대상을 [……] 물의 지위로 고양시키는 것"으로 정의되는 승화는 실재를 표상하고 욕동을 만족시키는 긍정적 함의를 지닌다.(*S*VII, 112)

2. 궁정풍 사랑의 에로틱스와 실재의 거울

궁정풍 사랑은 귀부인이 물의 위치로 고양되는 "여성적 대상의 승화"이고, "가장 순수한 의미에서의 승화작업"이며, "승화의 모범적 형태요 패러다임"이다.(*S*VII, 112, 126, 128) 궁정풍 사랑이 승화의 패러다임을 제시하는 이유는 여성적 대상인 귀부인이 물을 드러내기 때문이다. 이런 점에서 궁정풍 사랑은 왜상과 유사하다. 라캉은 "왜상으로서의 궁정풍 사랑"을 논하면서 예술의 목적이 대상의 재현과 모방이 아니라 물 자체에 있다고 주장한다.(*S*VII, 139) 왜상은 예술가가 현실을 있는 그대로 모사하지 않고 삐딱하게 왜곡해서 보여주면서 실재의 물을 드러내는 예술의 근원적인 목적을 수행하는 형식이다. 현실의 모사가 아닌 물의 표상이 왜상의 기능이다.

물의 위치로 승화된 귀부인은 물을 표상하고 드러내는 대상이다. 이것이 왜 궁정풍 사랑이 성적 관계의 부재를 보완하는 방법인지에 대한 일종의 답이다. 성적 관계를 불가능하게 만드는 실재의 공백은 메울 수 없고, 상징계에 속한 결여의 주체는 '성차의 실재'를 없앨 수 없다. 그것은 애초에 주체가 결핍되고 성별화된 상호 이질적 존재로 상징계에서 태어나게 하는 근원적인 공백이기 때문이다. 그러나 궁정풍 사랑은 실재 즉 물의 위치로 고양된 귀부인과의 관계에서 욕동의 만족을 얻을 수 있게 하여 이 실재의 차이를 보충할 수 있다. 그렇다면 여성을 물의 위치로 격상시키는 승화가 가져오는 욕동의 만족은 구체적으로 어떻게 가능한가? 욕동은 "영원히 상실한 대상을 우회하는" 즉 대상 *a*를 순환하고 귀환하는 운동을 통해서 만족을 취한다.(*S*XI, 180) 욕동이 대상 *a*를 돌아오는 움직임에서 만족을 얻는 것 같이 궁정풍 사랑은 물을 체현하는 귀부인을 얻지 못하지만 귀부인에게 접근했다 돌아오는 또는 끊임없이 접근하는 운동 자체에 의해 만족을 얻는다.

이 과정은 에로틱하다. 왜상으로서의 궁정풍 사랑은 "프로이트적 사유가 정신의 경제에서 우리 관심의 한복판에 놓은 것 즉 에로스와 에로티시즘"을 보여준다.(*S*VII, 142) 이 에로티시즘은 문화적이고 예술적인 훈련을 요구한다. 그것은 욕동의 성급하고 직접적인 만족이 아니라 대상 *a*를 우회하는 일정한 방식을 따르는 기술을 요구하기 때문이다. "그런 사랑은 예술과 기술에 의해—만족을 향한 압력에 거스르는 세부사항에 대한 관심과 훈련에 의해서만—규정될 수 있다."[8] 궁정풍 사랑의 공식은 오비드(Ovid)가 말하듯 "사랑은 예술에 의해 규정되어야 한다"라는 것이다.(*S*VII, 153) 라캉이 궁정풍 사랑을 성관계의 준비단계인 전희(前戱, foreplay)에 비유하는 것도 이 때문이다. "궁정풍 사랑에 관련된 테크닉은 [……] 망설이고 중단하는 아모르 인테룹투스(*amor interruptus*)의 테크닉이다. 궁정풍 사랑이 '자비의 선물'이라 신비롭게 부르는 것 전 단계는 [……] 프로이트가 『성이론에 관한 세 편의 에세이』에서 전희의 영역을 묘사할 때 사용한 용어로 표현된다."(*S*VII, 152) 성적 결합이 아닌 성적 결합을 향한 무한한 준비과정 자체가 만족을 준다.

궁정풍 사랑에 대한 논의가 『향연』 해석에서 도출된 사랑개념과 다른 것은 욕동과 욕망의 차이다. 결여와 거세에 기초한 욕망은 만족될

8 Ellie Ragland, "Psychoanalysis and Courtly Love," *Arthuriana*, 5.1 (1995), 17쪽.

수 없는 결여의 상태인 욕망을 욕망한다. 반면 욕동은 물을 체현하는 대상 *a*를 순환하여 돌아오는 운동에 의해 만족을 취한다. 승화로서의 궁정풍 사랑은 만족될 수 없는 욕망이 아니라 만족될 수 있는 욕동에 기초한다. 이런 점에서 보면 주판치치의 말대로 라캉에게 "사랑은 궁극적으로 욕동이다."[9] 궁정풍 사랑은 실재의 물을 우회하는 과정을 통해 욕동이 만족되는 승화의 형태다. 라캉은 텅 빈 실린더의 거울표면 위에 펼쳐지는 안티고네의 이미지가 실린더 한복판에 있는 실재의 공백을 드러낸다고 말한다. 마찬가지로 물의 위치로 고양된 귀부인을 사랑하는 궁정풍 사랑은 실재를 드러내고 경험하는 것이다. 실재의 공백이 대상에 의해 표상될 수 있다는 사실 자체가 역설적인 현상이다. 그것은 궁극적으로 금지된 것이 허용되는 형태이기 때문이다. 궁정풍 사랑이 라캉의 "유일한 참사랑"이라고 보는 줄리엣 맥캐널(Juliet MacCanell)은 "최고선으로서의 물과 금지된 어머니" 사이에 등식을 설정하는 프로이드와 달리, 궁정풍 사랑이 귀부인을 "여성적 물"로 고양시키는 승화를 통해 "물과 어머니의 비등식화"의 가능성을 실현한다고 주장한다.[10] 궁정풍 사랑은 여성을 물로 고양시켜 접근하면서 근친상간의 불가능을 대리로 가능하게 만든다는 의미에서 실재의 경험이다.

궁정풍 사랑이 실재와 관계하는 승화와 욕동의 차원에 있다면 나르시스적 사랑을 넘어서는 것일까? 라캉에게 "이상화는 주체와 대상의

---

9 Alenka Zupančič, *The Shortest Shadow: Nietzsche's Philosophy of the Two* (Cambridge: MIT P, 2003), 176쪽.

10 Juliet Flower MacCanell, "Love Outside the Limits of the Law," *New Formations,* 23 (1994), 32~33쪽. 멀러도 이와 유사하게 승화에서 근친상간적 어머니 대신 여성이 물을 표상하게 되는 것을 논한다. John Muller, "Lacan's View of Sublimation," *The American Journal of Psychoanalysis*, 47.4 (1987), 317쪽을 참조할 것.

동일시를 포함하는 반면 승화는 아주 다른 것"이다.(*S*VII, 111) "인간의 관심을 끄는 대상은 다소간 그의 이미지, 그의 반영이기 때문에 물이 아니다."(*S*VII, 112) 이상화는 대상과의 동일시이고 승화는 물과 관계된다. 그러나 라캉은 귀부인을 이상화시키는 궁정풍 사랑이 근본적으로 나르시스적이라고도 말한다. 승화로서의 궁정풍 사랑이 실재의 물을 드러내고 표상하면서 동시에 이상화이고 나르시시즘이라는 것은 모순이 아닐까?

래글랜드에 따르면 라캉은 세미나 VII 『정신분석의 윤리』에서 궁정풍 사랑을 나르시스적인 것으로 여겼지만 세미나 XX 『앙코르』에서는 "남녀 사이에 유일하게 참된 사랑의 가능성이 어떤 형태의 궁정풍 사랑에 있다"라고 주장했다.[11] 이런 변화는 그가 "더 이상 대상을 사랑하는 자인 남자나 사랑받는 자인 여자라는 사람과 혼동하지 않았"기 때문이다.[12] 라캉이 세미나 VIII 『전이』에서 사랑의 대상을 아갈마/대상 *a*로 구체화했다는 점을 상기하면 이런 해석은 충분히 타당성이 있다. 그러나 세미나 VII에서 궁정풍 사랑과 실재의 관계는 상상계적 나르시시즘을 넘어선 사랑의 차원을 이미 보여준다. 이런 점에서 라캉이 궁정풍 사랑을 나르시스적인 것이라고 말한 이유를 자세히 살펴볼 필요가 있다.

> 우리 앞에 있는 대상, 우리의 왜상은 채택된 원근법에서 약간 모호하게 남아 있는 어떤 것 즉 나르시스적 기능에 대해 우리가 정확할 수 있도록 해줍니다.
>
> [……] 궁정풍 사랑의 이데올로기에서 명백히 추구되는 이상화

11 Ellie Ragland, "Psychoanalysis and Courtly Love," 16쪽.

12 Ellie Ragland, "Psychoanalysis and Courtly Love," 16쪽.

하는 고양의 요소는 분명히 증명되었습니다. 그것은 근본적으로 나르시스적 성격을 지닙니다. 이 왜상이 우리에게 표상하는 작은 이미지는 이제 어떤 거울 기능이 관련되었는가를 보여줄 수 있게 해 줍니다.

> 문제의 거울을 넘어서 주체의 이상이 투사되는 것은 우연에 불과합니다. 거울은 때때로 나르시시즘의 메커니즘을 함축할 수 있습니다. [……] 그러나 그것은 또 다른 기능인 한계의 기능을 수행합니다. 그것은 가로지를 수 없는 것입니다. (*S*VII, 151)

라캉은 궁정풍 사랑의 "거울기능"에서 나르시시즘을 부차적인 것으로 파악한다. 귀부인이 남성의 거울 역할을 하는 것은 단지 우연에 불과하고 궁정풍 사랑에서 거울의 본질적 기능은 한계의 성격을 지닌다. 귀부인은 어떤 감정이입이나 동일시도 허용하지 않는 즉 어떤 상징화도 거부하는 물로서의 "외상적 대타자"다.[13] 여기에서 "귀부인의 이상화는 [……] 엄밀히 부차적인 현상으로 여겨져야 한다. 이상화는 그녀의 외상적 차원을 보이지 않게 만드는 기능을 지닌 나르시스적 투사다."[14] 라캉이 강조하는 것은 실재를 은폐하는 나르시스적 기능이 아니라 실재의 한계를 드러내는 거울의 기능이다. 어떻게 거울이 실재의 한계를 나타낼 수 있을까? 지젝이 말하듯이 궁정풍 사랑에서 "남자들이 거울에 그들의 나르시스적 이상을 투사하려면 침묵의 거울표면이 이미 존재해야 한다. 이 표면은 현실에 있는 일종의 '블랙홀'로 즉 그것 너머가 접근 불가능한 한계로 기능한다."[15] 궁정풍 사랑에서 물의 위치로 고양된 귀

---

13 Slavoj Žižek, *The Metastases of Enjoyment*, 90쪽.

14 Slavoj Žižek, *The Metastases of Enjoyment*, 90쪽.

15 Slavoj Žižek, *The Metastases of Enjoyment*, 91쪽. 콥젝은 나르시시즘 자체를 거울 반영적 관계가 아닌 욕동과 승화의 관점에서 해석한다. "반영성 또는 자기반영

부인은 상상계적 거울반영의 대상이 아니라 실재의 대상이다. 거울반영적 관계를 넘어선 실재의 대상과의 관계에서 욕동이 만족되는 궁정풍 사랑은 라캉의 참사랑에 근접한다.

3. 욕동과 주이상스

역설적이게도 궁정풍 사랑에서 귀부인은 궁극적으로 획득할 수 없는 대상이다. "여성적 대상은 이상하리만큼 박탈 또는 접근 불가능의 문을 통해 도입된다."(*S*VII, 149) 더 정확히 말하면 귀부인을 사랑하는 "남성이 요구하는 것은 [……] 실재의 어떤 것을 박탈당하는 것이다."(*S*VII, 150) 남성은 귀부인에 의해 철저히 박탈당하고 지배된다. 궁정풍 사랑에 사용되는 라틴어 돔네이(*domnei*)는 "Domna, 귀부인, 다른 말로 하면 때때로 지배하는 그녀와 관계된다."(*S*VII, 150) 지배하고 박탈하는 귀부인은 변덕스럽고 잔인하다. "귀부인은 결코 실재적이고 구체적인 덕이나 지혜, 신중, 심지어 능력의 특징을 지니지 않는다. [……] 반대로 그녀는 자신의 하인에게 부과하는 시험에서 최대한 자의적이다."(*S*VII, 150) 지젝의 표현대로 귀부인은 "냉혹하고 멀리 떨어진 비인간적

의 문제틀이 사랑을 설명하기에 부적절한 것으로 제외된다면—우리는 이제 사랑을 욕동의 문제라고 결론지었는데—,주체를 상상적 동일시의 침전물 가운데에서 즉 인격성의 증거에서 찾기를 더 이상 기대할 수 없다. [……] [나르시시즘]은 주체가 최면적이고 마법적으로 홀리는 대상과 합일하거나 용해되는 것도 아니고, 주체가 자기 바깥 즉 자신이 보는 대상들 속에서 자신의 반영을 발견하는 것도 아니며, 비인격적 욕동과 있는 그대로의 대상 사이의 만남이다." Joan Copjec, *Imagine There's No Woman*, 63~64쪽.

파트너"다.[16] 귀부인은 절대적으로 금지된 대상일 뿐 아니라 자의적이고 냉혹한 시험을 통해서 이 금지를 일련의 수행 불가능한 의례로 만든다.

그렇다면 결코 접근할 수 없는 귀부인을 사랑하는 남성에게 과연 주이상스가 허락되는 것일까? 귀부인을 얻지 못하고 단지 끊임없이 접근하는 과정이 허락하는 전희를 과연 주이상스라 부를 수 있을까? 라캉이 말하듯 욕동이 대상 *a*를 순환하는 운동을 통해 얻는 만족은 "역설적인" 것이다.(*S*XI, 166) 역설적으로 욕동의 만족은 반복적 실패를 통한 고통이 동반되는 쾌락의 향유이기에 주이상스와 같다. "욕동은 [……] 대상 주위를 맴돌면서 그 대상을 반복적으로 놓치는 그 순환운동에서 만족을 찾을 수 있는 역설적 가능성을 나타낸다. [……] 정확히 이런 점에서 욕동은 **주이상스**와 같다. **주이상스**는 가장 기본적인 차원에서 '고통속의 쾌락' 즉 목표를 반복적으로 놓치는 가장 고통스런 경험이 제공하는 도착적인 쾌락이기 때문이다."[17] 욕동이 만족되는 것이 승화이고

16 Slavoj Žižek, *The Metastases of Enjoyment*, 89쪽.

17 Slavoj Žižek, *The Ticklish Subject*, 297쪽. 라캉이 점차 욕망보다 욕동을 강조하게 되었다는 점에 대해서는 대체로 평자들의 의견이 수렴한다. 밀레에 따르면 "일단 [라캉]이 욕동을 욕망으로부터 구분하면서부터 무엇보다도 욕망이 기초하는 '아니야'를 강조함에 따라 욕망의 평가절하가 발생한다. 이와 반대로 주이상스를 생산하는 상실한 대상과 관계된 행위인 욕동이 그리고 부차적으로는 환상이 중요해진다." Jacques-Alain Miller, "Commentary on Lacan's Text," Richard Feldstein 외 공편, *Reading Seminars I and II*, 425쪽. 이런 변화는 주이상스 개념이 불가능한 것에서 가능한 것으로 바뀌는 것과 관련된다. 주판치치에 따르면 주이상스는 결여를 메우는 것도 결여에 보태질 수 있는 것도 아닌 "(수학적 의미에서) 결여에서 자신을 차감하는 것이다. 그러므로 우리는 향락의 상태를 '하나의 결여 빼기'(one-Lack-less)로 공식화할 것을 제안한다. 욕동 개념이 목표로 삼는 것은 바로 이것이다. [……] 욕망은 만족되지 않음으로써 자신을 유지한다. [……] 욕망과 대조적으로 욕동은 그것이 만족된다는 사실 자체로 스스로를 유지한다." Alenka Zupančič, *Ethics of the Real: Kant, Lacan* (London: Verso, 2000), 242쪽. 이

궁정풍 사랑이 승화의 패러다임이라면, 궁정풍 사랑에서 역설적인 주이상스가 경험된다.

라캉이 묘사하는 전희도 쾌락원칙을 넘어서 고통을 동반한다는 점에서 주이상스에 가깝다.

> 쾌락원칙의 관점에서 전희의 효과라 부를 수 있는 것의 역설은 정확히 말해서 그것이 쾌락원칙의 목적에 반대해 지속한다는 것입니다. 우리가 사랑 행위의 예비단계를 성적으로 높이 평가하는 것에 대해 말할 수 있는 것은 욕망하는 쾌락 또는 좀 더 엄밀하게 말해서 불쾌를 경험하는 쾌락이 유지되기 때문입니다.
>
> 그러나 우리는 이 행위 또는 혼합이 신비로운 결합의 문제, 대타자나 그 밖의 다른 어떤 것이 멀리서 인정하는 것이라고 결코 말할 수 없습니다. 많은 경우, 축복이나 인사와 같은 기능은 궁정풍 연인에게 최고의 선물, 대타자 자체의 신호이며 그 이상이 아닙니다. (*S*VII, 152)

전희는 쾌락원칙을 위반하는 즉 "불쾌를 경험하는 쾌락"이라는 점에서 주이상스의 정의에 부합한다. 귀부인이 연인에게 보내는 축복은 신비

런 의미에서 욕망과 욕동의 관계는 대립이 아니라 논리적 귀결의 관계다. "욕망의 한 복판에서 욕동을 향한 가능한 통로가 열린다. 따라서 욕망의 '논리'를 한계까지 따라가면 욕동에 도달한다." Alenka Zupančič, *Ethics of the Real*, 243쪽. 밀레가 라캉 이론에서 발생한 욕망과 욕동의 단절을 강조한 것과 달리, 주판치치가 욕동과 욕동의 관계를 "화해"로 즉 욕동을 욕망의 "보충"으로 파악했다는 비판에 대해서는 Yanis Stavrakakis, "The Lure of Antigone: Aporias of an Ethics of the Political," *UMBR(a)*, (2003), 128쪽을 볼 것. 홍준기도 이 '보충' 개념의 모호성을 지적하면서 주판치치가 욕망을 평가절하하고 욕동과 욕망의 관계를 변증법적으로 파악하지 못한다고 비판한다. 홍준기, 「욕망과 충동, 안티고네와 시뉴에 관한 라깡의 견해—슬로베니아 학파의 라깡 해석에 대한 비판적 고찰」, 『시대와 철학』, 2009년 20권 2호, 76~80쪽. 그러나 욕망에서 욕동의 통로가 생긴다는 주판치치의 주장은 비변증법적으로 보이진 않는다.

로운 결합이 아니라 대타자의 신호에 불과하다. 궁정풍 사랑의 핵심은 궁극적인 성적 또는 신비적 결합을 향한 것으로 보이지만 사실은 불쾌를 동반한 쾌락의 주이상스를 경험하는 과정이다. 이 과정에서 귀부인은 절대적으로 금지된 대상이면서 동시에 향유된다. 궁정풍 사랑은 금지와 향유가 끊임없이 반복적으로 치환되는 과정이다. 라캉은 "우회와 장애"가 존재하는 궁정풍 사랑에서 "욕망의 일정한 위반"이 투사된다고 말한다.(*S*VII, 152) 궁정풍 사랑은 금지된 대상을 욕망하고 향유하는 욕망의 위반을 체현하는 시적 창조물이다. 하이데거의 단지가 빈 공백을 에워싸는 창조적 행위를 통해서 공백을 드러내듯이, 음유시인들의 궁정풍 사랑 이야기는 귀부인을 통해서 금지된 실재의 공백을 존재의 형태로 경험할 수 있게 해준다. 래글랜드의 표현을 빌리면 그것은 "음수적 **주이상스**의 지속적인 제거에 의존하는 양수적 **주이상스**로 핵심 결여를 메우는" 것이고, 궁정풍 사랑의 특성은 "'실재'를 존재하게 만드는 수난을 만들어 욕망에 반대되는 법을 우회했다는 것이다."[18]

불가능한 실재의 주이상스를 가능하게 만들고 욕동을 만족시키는 궁정풍 사랑은 라캉이 세미나 XX『앙코르』에서 말하는 대타자의 (또는 다른) 주이상스와 관련되지 않을까? 핑크는 "다른 주이상스는 욕동의 완전한 만족을 제공하는 사랑을 통한 승화의 형태를 포함한다"라고 주장한다.[19] 그렇다면 욕동을 만족시키는 승화로서의 궁정풍 사랑은 대타자의/다른 주이상스와 연관된다. 라캉에게 "사랑에 대해 말하는 것 자

18 Ellie Ragland, "Psychoanalysis and Courtly Love," 15쪽.

19 Bruce Fink, *The Lacanian Subject*, 120쪽. 여기에서 핑크는 앞으로 상세히 논할 "사랑만이 주이상스가 욕망으로 자신을 낮추는 것을 허용한다"라는 라캉의 발언이 "다른 주이상스는 사랑의 주이상스"라는 의미를 지닌다고 해석한다.

체가 주이상스"이고 대타자의 주이상스는 "또 다른 만족, 말의 만족"과 관계되기도 한다.(*SXX*, 83, 64) 이런 점에서 대타자의/다른 주이상스는 성관계 대신 성에 대해 말하는 것으로 이루어진 궁정풍 사랑과 유사하다.[20]

4. 사랑: 욕망과 주이상스의 매개자

라캉이 세미나 X『불안』에서 "**사랑만이 주이상스가 욕망으로 자신을 낮추는 것을 허용한다**"라고 말한 것은 의미심장하다.(*SX*, 179) 여기에서 사랑이 욕망을 주이상스로 승화시키는 매개체의 역할을 담당한다는 사실과 더불어 욕망, 욕동, 사랑이 서로 복잡하게 얽혀 있다는 사실을 엿볼 수 있기 때문이다. 라캉에 따르면 "불안은 주이상스와 욕망 사이의 중간지대를 형성한다."(*SX*, 178) 그러나 불안은 주이상스와 욕망을 중재하지 않는다. "욕망과 주이상스의 균열. 이것이 불안이 위치하는 곳이기" 때문이다.(*SX*, 175) 하라리가 말하듯이 "**불안은 주이상스와 욕망 사이의 경첩으로 작동한다**. 그것은 그 둘이 서로 가까워지는 것을 방해하는—중재하는 것이라기보다 중간—중간적 기능을 담당한다."[21] 이와 달리 사랑은 욕망을 승화시킨다. "사랑을 다루기 위해서는 [……] 사랑이 욕망의 승화라는 점을 상기해야 한다."(*SX*, 179)

---

20 이 점에 대해서는 Bruce Fink, "Knowledge and Jouissance," 40쪽을 참조할 것. '다른 만족'에 대해서는 4장「성(차), 성별화, 주이상스」 각주 135번을 볼 것.

21 Roberto Harari, *Lacan's Seminar On "Anxiety": An Introduction*, 133~134쪽.

사랑은 어떻게 욕망을 승화시키는 것일까? 여기에서 대상 *a*가 욕동의 대상이면서 동시에 욕망의 대상이라는 점을 상기할 필요가 있다. 욕망은 만족될 수 없고 반대로 욕동은 항상 만족된다. 따라서 레네타 살레츨(Renata Salecl)이 말하듯이 "대상 *a*는 역설적인 대상으로 이해되어야 한다. 그것은 결코 획득할 수 없는 욕망의 대상인 동시에 획득된 욕동의 대상이다."[22] 라캉은 욕동뿐 아니라 욕망도 대상 *a*를 순환한다는 사실을 지적한다. "욕망의 대상은 욕망의 원인이고, 욕망의 원인인 대상은 욕동의 대상 다시 말해서 욕동이 순환하는 대상이다. [……] 욕망이 욕동의 대상에 집착한다는 것이 아니다. 욕망은 욕동 속에서 추동되는 한 그것 둘레를 순환한다."(*S*XI, 243) 물론 이는 단지 금지되었기 때문에 욕망하는 "공허한 욕망이나 광적인 욕망"의 경우가 아니다.(*S*XI, 243) 라캉은 욕동 속에서 추동된 욕망에 대해 "좋은 대상을 다룰 때마다 우리는 그것을 [……] 사랑의 대상으로 지시한다"라고 말한다.(*S*XI, 243) 마리 루티(Mari Ruti)는 "욕동에서 추동된다"라는 말이 (욕동이 욕망보다 물에 가까우므로) 욕동처럼 "물(Thing)에 충실하다"라는 의미이고 물을 환기하는 대상이 욕동과 욕망을 자극하는 대상이라고 해석한다.[23]

라캉이 말하는 좋은 대상이란 프로이트의 쾌락자아(*Lust Ich*)가 내입하고 동일시하는 대상이다. 쾌락원칙의 궁극적 준거점은 물이지만 쾌락원칙은 물과 일정한 거리를 통해 가능하다는 역설이 존재한다. 대상 *a*는 불쾌나 공포를 불러일으키는 물을 대신하거나 물로부터 주체를 보

---

22 Renata Salecl, "Love Between Desire and Drive," 93쪽.

23 Mari Ruti, *The Singularity of Being: Lacan and the Immortal Within* (New York: Fordham UP, 2012), 17~18쪽.

호하는 역할을 한다. 따라서 사랑의 대상으로서 대상 *a*는 실재/물과 관계하면서도 쾌락을 줄 수 있다. 라캉의 발언은 욕동에서 추동된 욕망의 대상이 쾌락을 주는 사랑의 대상이 될 수 있다는 것으로 요약된다. 그렇다면 대상 *a*는 구체적으로 어떻게 욕망과 욕동 및 사랑과 관계하는 것일까? 대상 *a*가 각각의 경우에 작동하는 방식은 다르다. 라캉은 프로이트가 (부분)욕동과 사랑을 엄밀히 구분했다는 점을 강조한다. "자아(*Ich*)의 차원은 욕동의 차원이 아니며, 프로이트가 사랑의 토대를 세우는 것은 그곳" 즉 자아의 차원이다.(*S*XI, 191) 프로이트에게 "사랑은 본질상 오로지 총체적 자아(*gesamt Ich*, total ego)의 성적 열정"이다.(*S*XI, 190) 6장에서 언급했듯이 프로이트는 「욕동과 그 변화」에서 부분욕동이 성기로 통일되는 성기기에서만 사랑이 가능하다고 말한다.

> 사랑과 증오의 태도는 욕동과 욕동의 대상이 맺는 관계를 위해 사용되지 않고 총체적 자아와 대상들의 관계를 위해서 준비된다. [……]
>
> 우리는 성적 욕동이 대상을 사랑한다고 말하지 않고 자아와 성적 대상의 관계를 '사랑'이라는 단어를 사용하는 데 가장 적절한 경우로 간주한다. 이 사실은 성의 모든 부분 욕동이 성기의 지배하에 통합되어 생식기능에 봉사하게 된 후부터 이 관계에 적용되기 시작할 수 있다는 것을 가르쳐준다. (*SE*XIV: 137~138)

그리고 사랑은 쾌락을 주는 대상과 관계한다. "우리는 쾌락을 주는 대상이 행사하는 '매력'에 대해 말하고 우리가 그 대상을 '사랑한다'라고 말한다."(*SE*XIV: 137) 요컨대 사랑은 (부분)욕동과 대상의 관계가 아니

라 쾌락자아와 쾌락을 주는 좋은 대상의 관계에서만 발생한다.[24]

욕동은 항상 부분욕동이며 자아/주체의 차원에서 대상과 관계하지 않는다. 그래서 "욕동의 대상은 [……] 머리 없는 주체화, 주체 없는 주체화의 차원에 위치해야 한다."(*S*XI, 184) 반대로 사랑과 욕망은 주체의 차원에서만 가능하다. 사랑과 욕망은 어떤 관계를 지니는 것일까? "욕망의 대상은 실제로 욕망의 지지물인 환상이거나 [……] 유혹"이므로 관건은 사랑의 대상이 어떻게 욕망의 대상으로 기능하는가이다.

> 실재가 있다는 것에는 의심의 여지가 없습니다. 주체가 오로지 쾌락원칙, 욕동에 의해 강제되지 않은 쾌락원칙의 좁은 한계에서만 이 실재와 건설적 관계를 가진다는 것, 이것이 [……] 사랑의 대상이 출현하는 지점입니다. 이 모든 문제는 이 사랑의 대상이 어떻게 욕망의 대상과 유사한 역할을 하는지를 발견하는 것입니다. (*S*XI, 186)

실재와의 건설적 관계를 갖기 위해서는 쾌락원칙에 따라 쾌락을 주는 사랑의 대상이 환상 속에서 주체를 유혹하는 욕망의 대상인 대상 *a*로 기능해야 한다. 지젝이 설명하듯이 욕망과 사랑은 대상 *a*가 환상 속의 자리를 차지하는 순간 자동적으로 작동하는 메커니즘을 공유한다.[25] 환상 속 대상 *a*를 체현하는 파트너는 자동적으로 주체의 욕망을 불러일으

24 자기성애 단계에서 자아는 자신을 사랑하고 외적 세계에 무관심하므로 자아와 외적 세계는 사랑과 무관심의 대상이다. 자아가 나르시시즘의 단계를 벗어나 대상을 향하게 되면 쾌락을 주는 대상을 자아로 통합하고 나머지 외적 대상을 증오하게 되므로 자아/외적 세계는 사랑/증오의 관계가 된다. 사랑이 갖는 세 가지 양극성—1) 자아와 외적 세계(비-자아)의 실재 대립, 2) 능동/남성적(사랑하다)과 수동/여성적(사랑받다)의 (생물학적) 대립, 3) 쾌락(사랑)과 불쾌(증오)의 대립—에 대한 상세한 설명은 *SE*XIV: 134~140쪽을 볼 것.

25 Slavoj Žižek, *The Plague of Fantasies* (London: Verso, 1997), 39쪽을 참조할 것.

키고 사랑에 빠지게 한다.

라캉의 설명은 욕동, 욕망, 사랑이 대상 *a*를 통해 불가분하게 얽혀 있다는 것을 보여준다. 한편으로 욕동이 만족되는 비주체적 차원이 있고, 다른 한편으로는 환상 속에서 주체를 유혹하는 욕망의 대상 *a*가 사랑의 대상으로 기능하는 주체의 차원이 있다. 키에사는 "욕동이 물로서의 대상을 얻지 못하면서 대상의 무엇을 향유할 수 있는 것은 오로지 동시에 그 사라진 대상이 사랑을 통해 욕망의 대상으로 승화되는 한에서 그렇다"고 주장한다.[26] 그러나 승화의 문제와 관련해서 욕동, 욕망, 사랑은 쉽게 구별되지 않는다. 앞서 논했듯이 라캉에게 승화는 대상 *a*를 물의 위치로 고양시키는 것이고 욕동이 만족되는 형태이며, 승화의 본질은 "환상($\$ \diamond a$)의 상징을 사용하는 상상적 기능"에 있기 때문이다. 환상은 욕망을 지탱할 뿐 아니라 욕동을 만족시키는 승화에 봉사한다.

라캉이 말하듯 욕동이 만족되는 차원은 "머리 없는 주체화, 주체 없는 주체화"의 차원이므로 욕동은 주체와 무관하게 만족을 고집한다. 그러나 "주체가 '[욕동]을 영원히 주체화할 수 없어도 [……] 그것은 여전히 주체의 핵에서 작동한다."[27] 이 때문에 주체의 한복판에서 압박을 가하는 욕동은 주체의 욕망을 추동할 수 있다. 그렇다면 욕동 속에서 추동된 욕망의 대상이 쾌락을 주는 사랑의 대상이 되는 과정은 대상

---

26 Lorenzo Chiesa, *The Not-Two*, 53쪽. 키에사는 이것이 "사랑만이 주이상스가 욕망으로 내려오는 것을 허락한다"라는 문장의 의미라고 해석한다. 이 문장에서 키에사는 "사랑"을 "사랑-승화"로 번역한다.

27 Slavoj Žižek, "Review of *The Lacanian Subject* by Bruce Fink," *Journal for the Psychoanalysis of Culture and Society*, 1 (1996), 161쪽.

*a*가 물의 위치로 고양되는 승화에 의해 욕동이 만족되는 과정이 아닐까? 이것이 "사랑이 욕망의 승화"라는 발언의 의미가 아닐까? 라캉이 말하듯이 욕망도 욕동 속에서 추동되는 한 대상 *a*를 순환한다. 만족될 수 없는 욕망의 대상은 사랑을 통해서 욕동의 대상으로 승화되어 주이상스를 가져온다.

사랑과 승화의 관계를 통해 "사랑만이 주이상스가 욕망으로 자신을 낮추는 것을 허용한다"라는 라캉의 명제가 출현한다. 이 명제에는 승화와 관련된 두 가지 움직임이 묘사된다. 하나는 주이상스가 욕망을 향해 내려오는 것이고, 다른 하나는 욕망이 주이상스로 승화되어 올라가는 것이다. 이는 라캉이 세미나 X『불안』에서 그린 도표에서 이들이 차지하는 상하의 위치와도 관계되겠지만,[28] 대상이 물의 위치로 고양되는 것과도 관계된다. 주판치치는 이런 쌍방향의 수직적 관계를 잘 포착한다. 대상을 물의 위치로 고양시키는 승화 개념과 더불어 "욕동이 '목적과 다른 만족'을 찾는 것을 가능하게 하는 '탈승화'"로서의 승화 개념이 존재한다.[29] 승화로서의 사랑도 이렇게 높이는 승화와 낮추는 탈승화의 작업을 동시에 수행한다. 승화로서의 사랑은 "우리가 보는 것과 우리가 얻는 것 (숭고한 대상과 평범한 대상) 사이의 공간이나 균열"에서 만족을 얻는다.[30]

28 라캉의 도표는 다음과 같다.

A	S	주이상스
a	A̸	불안
S̸		욕망

29 Alenka Zupančič, *The Shortest Shadow*, 179쪽.

30 Alenka Zupančič, *The Shortest Shadow*, 179쪽.

여기에서 발생하는 사랑의 기적은 세 가지 의미를 지닌다. 첫째, "사랑의 기적은 평범한 대상을 숭고한 대상, 접근할 수 없는 존재로 변모시키는 것이 아니다. 이것은 욕망의 기적이다. [……] 사랑의 기적은 우선 두 대상(평범한 대상과 숭고한 대상)을 동일한 차원에서 인식하는 것이다. 이는 그들 중 어느 것도 다른 것에 의해 가려지거나 대치되지 않는 것을 의미한다."[31] 둘째, 사랑의 기적은 이 두 대상이 동일하다는 인식을 의미한다. 셋째, 사랑의 기적은 동일성에도 불구하고 이 두 대상의 최소한 차이 즉 동일성 속의 차이를 견지하는 것으로 이루어진다. 요컨대 "참된 사랑의 기적은 [……] **타자의 접근 가능성 자체에서 초월을 보존하는 것**에 있다."[32] 실재는 불가능한 것이지만, "라캉의 실재개념의 요점은 **불가능한 것이 발생한다**는 것"이고 "사랑은 어떻게든 욕망의 실재를 접근 가능하게 만드는 것이다."[33] 지젝이 "참사랑이 사랑받는 자를 있는 그대로의 그 또는 그녀로 받아들이면서 단지 그/녀를 무조건적 대상인 물의 위치에 놓는 것"이라고 보는 것도 대상을 고양시키는 과정에서 대상의 일상성을 견지하는 승화적 사랑의 특성을 읽어내는 것이다.[34] 승화로서의 사랑은 물과 대상의 차이를 지우지 않으면서 대상을 통해 물에 접근하는 행위다.

이렇게 불가능한 것이 발생하는 사랑의 기적을 경험하는 주체가 느끼는 감정은 놀라움이다. "참사랑은 필연적으로 사랑하는[욕망하는]

---

31 Alenka Zupančič, *The Shortest Shadow*, 175쪽.

32 Alenka Zupančič, *The Shortest Shadow*, 175쪽.

33 Alenka Zupančič, *The Shortest Shadow*, 176, 179쪽.

34 Slavoj Žižek, *The Fragile Absolute or, Why Is the Christian Legacy Worth Fighting For?* (London: Verso, 2000), 128쪽.

대상과 존재하는 대상이 우연히 일치하는 것에 놀란다. 이 놀라움이 사랑 본래의 정동이다."[35] 이때 주체가 느끼는 감정은 동어반복으로 표현된다. "그것은 단순히 '바로 당신이야'가 아니라 '바로 당신이라는 게 얼마나 놀라운지!' 또는 사랑이 작동하는 더 간단한 공식으로 말하자면, 당신이 당신이라는 게 얼마나 놀라운지!다."[36] 여기에서 반복되는 두 '당신' 사이의 시간이 기적의 순간이고 차이가 지워지는 동시에 보존되는 순간이다.

이 놀라움의 감정은 예기치 못하게 도래하기 때문에 놀라운 것이다. 참사랑은 언젠가 찾아올 것이라고 기대하며 영원히 미래로 뒷걸음치는 것이 아니다. "실재의 사랑은 잉여 쾌락 또는 (프로이트의 용어로) 더(앙코르) 올 것을 약속하는 '인센티브 보너스'의 형태인 미래의 예기적 사건"이고 막연히 연기되는 미래가 아니라 "전희로서 우리를 놀라게 하며 엄습하는 사랑의 미래"로 다가온다.[37] 불가능하다고 여겨지는 사랑이 예기치 못한 미래에 현실로 다가오는 경이로운 사건이 사랑의 기적이다.

5. 사랑의 기적과 실재의 응답

나르시스적 사랑을 넘어서려면 자아의 이미지가 되돌아오는 상상

35 Alenka Zupančič, *What is Sex?*, 137쪽.

36 Alenka Zupančič, *What is Sex?*, 135쪽.

37 Joan Copjec, "The Sexual Compact," 45~46쪽.

계적 거울반영의 표면을 넘어선 실재에서 타자가 응답해야 한다. 살레츨은 이런 차이를 정확히 표현한다. "사랑이 대답을 기대하지 않는다는 사실은 그런 사랑의 상상적이고 나르시스적 성격을 증언하는 것으로 이해될 수 있다. 사랑받는 대상에게서 나오는 응답은 이 나르시스적 관계를 훼손하고 주체의 자아가 사랑받는 대상 속에 반영되는 것을 교란한다."[38] 이 사랑은 나르시스적인 자기 메아리가 아니라 실재로부터의 응답이다. 이때 대상은 대타자의 결여를 메우는 낭만적 사랑이 아니라 "그것의 핵을 결코 건드리지 않는, 대상 주위의 회전운동, 즉 승화"로서의 사랑이다.[39]

실재의 응답으로서 사랑은 어떻게 나타나는 것일까? 궁정풍 사랑에서 접근 불가능한 귀부인과의 사랑은 어느 순간에 이루어지는가? 라캉에게 사랑의 기적은 주체가 대상을 향해 내민 손에 타자가 손을 내밀어 응답할 때 가능하다. 지젝이 말하듯 이 기적의 순간은 "'실재의 응답'의 순간"이고 이제까지 사랑의 대상이었던 타자가 사랑의 주체가 되는 순간이다.[40] 궁정풍 사랑에서 이 기적의 순간은 귀부인이 자비를 베풀어 사랑의 기호를 보여주는 순간이다.

> 타자는 내 안에서 무엇인가를 보고 내게서 무엇인가를 원하지만, 나는 내가 갖고 있지 않은 것을 그에게 줄 수 없다. 또는 라캉이 말

---

38 Renata Salecl, "I Can't Love You Unless I Give You Up," Renata Salecl 외 공편, *Gaze and Voice as Love Objects*, 192쪽. 국역본은 레나타 살레츨, 한형구 옮김, 「당신을 포기하지 않고는 당신을 사랑할 수 없어요」, 슬라보예 지젝 외 공편, 『사랑의 대상으로서의 시선과 목소리』, 291~339쪽을 참조할 것.

39 Renata Salecl, "I Can't Love You Unless I Give You Up," 193쪽.

40 Slavoj Žižek, *The Metastases of Enjoyment*, 103쪽.

> 하듯이 사랑받는 자가 소유한 것과 사랑하는 자가 결여한 것 사이에는 아무런 관계가 없다. 사랑받는 자가 이 교착상태를 피하는 유일한 길은 사랑하는 자에게 손을 뻗어 '사랑을 돌려주는 것' 즉 은유적 제스처로서 사랑받는 자의 상태를 사랑하는 자의 상태로 교환하는 것이다. 이 역전은 주체화의 지점을 지시한다. 대상이 사랑의 부름에 대답하는 순간 사랑의 대상은 주체로 바뀐다. 그리고 바로 이 역전에 의해서만 참사랑이 출현한다. 나는 단순히 타자의 아갈마에 매혹될 때가 아니라 사랑의 대상인 타자를 연약하고 상실된 것으로, '그것'을 결여한 것으로 경험할 때, 그런데도 내 사랑이 이 상실을 극복할 때 진정 사랑에 빠진다.
>
> [……] 아마도 궁정풍 사랑에서 귀부인이 하인에게 자비를 베푸는, 오래 기다린 최고성취의 순간은 귀부인이 굴복하고 성행위에 동의하는 것이나 어떤 신비한 입회식이 아니다. 그것은 단순히 귀부인이 보내는 사랑의 기호, 대상이 탄원자를 향해 손을 뻗어 응답하는 그 '기적'일 것이다.[41]

궁정풍 사랑은 실재의 응답으로서 사랑의 기적이 발생하는 하나의 예다. 접근 불가능한 귀부인은 결코 이상화된 여성이 아니라 결핍된 주체다. 그러나 주체가 타자를 있는 그대로 즉 "연약하고 상실된" 존재로 받아들이면서 그 "상실을 극복하고" 사랑에 빠질 때 참사랑이 가능하다.

궁정풍 사랑에서 접근 불가능한 귀부인이 사랑의 기호를 보내어 구애자에게 응답하는 기적의 순간은 그의 결여를 메우고 욕망을 만족시키지 않는다. 욕망의 논리는 어느 대상도 상실한 원초적 대상이 될 수 없다는 부정—"이건 아냐"—에 기초해 주이상스에 도달할 수 없는 것이다. 반대로 욕동의 논리는 "주이상스를 얻을 수 없는 불가능성이

41 Slavoj Žižek, *The Metastases of Enjoyment*, 103~104쪽.

아니라 주이상스를 없앨 수 없는 불가능성"과 관계된다.[42] 욕동은 대상을 얻을 수 없는 불가능성 자체에서 만족을 얻기 때문에 주이상스를 피할 수 없다. 궁정풍 사랑의 구애자는 접근 불가능한 귀부인을 얻는 것이 아니라, 영원히 접근 불가능한 것으로 남는 그녀가 보내는 사랑의 기호를 실재의 응답으로 얻을 뿐이다. "이건 아냐"라는 부정에 기초한 욕망의 끝없는 환유와 달리 이 응답은 "바로 이거야"라는 반응을 낳는다.

욕동이 만족되는 실재의 응답으로서 사랑은 우연히 발생한다. 이때 "주체는 '이게 바로 **그거야!**' 또는 '당신이 바로 **당신이야!**'라고 충분히 말할 수 있다. 여기에서 동어반복은 일상적 대상과 절대적 물 사이에서 발생하는 약한 우연의 일치의 기적을 선언한다."[43] 라캉은 "우리는 무엇이든 가까이 있는 것을 가지고 응답한다"라고 말한다.(*S*VII, 135) 이 말은 승화되는 대상의 일상성과 우연성을 암시한다. 물의 위치로 고양되는 여성은 본질적인 속성 때문이 아니라 우연히 그 위치를 차지한다. 이런 관점에서 궁정풍 사랑은 우연의 사랑이다. 라캉이 말하듯 승화가 "기표가 정신적 실재에 행사하는 영향의 효과"라면,(*S*VII, 134) 승화는 기표의 상징계와 실재계가 우연히 교차하는 한 가지 형태다. 주체가 물과 접하는 우연한 만남인 승화에서 주체는 물의 심연으로 떨어지지 않는다. 마크 드 케젤(Marc de Kesel)이 지적하듯이 주체가 물에 접근하여 사라지는 주이상스와 달리 "승화는 주체를 보존하고 주체에게 '물'은 아니지만 적어도 부재하는 '물'의 빈 공간을 덮는 기표를 준다."[44]

42 Slavoj Žižek, *The Ticklish Subject*, 293쪽.

43 Slavoj Žižek, *Less than Nothing*, 775쪽.

44 Marc de Kesel, Sigi Jöttkandt 옮김, *Eros and Ethics: Reading Jacques Lacan's Seminar*

6. 세 가지 사랑

그러나 우연히 발생하는 사랑은 필연과 운명의 감정을 낳는다. 위대한 사랑의 이야기에서 우리는 항상 이런 운명의 요소를 발견하지 않는가? 성적 관계는 "쓰이지 않는 것을 멈추지 않는 것" 즉 결코 쓸 수 없는 불가능이고, 우연은 "쓰이지 않는 것을 멈추는 것"이며, 필연은 "쓰이는 것을 멈추지 않는 것"이다.(*S*XX, 144) 그리고 "'쓰이지 않기를 멈추는 것'에서 '쓰이는 것을 멈추지 않는 것'으로 부정의 방점이 이동하는 곳 다시 말해서 우연이 필연으로 바뀌는 곳, 그곳에 모든 사랑이 매달리는 지점이 있다."(*S*XX, 145) 성적 관계가 "쓰이지 않기를 멈추는" 우연한 기적으로서의 사랑은 성적 관계가 "쓰이는 것을 멈추지 않는" 사랑의 필연으로 바뀐다. 부정되는 것이 '쓰인다'에서 '멈춘다'로 바뀐 결과 우연히 발생한 사랑은 운명적인 사랑이 된다. 내가 만난 그 연인은 우연이 아니라 처음부터 내가 만날 운명을 지닌 연인이 되는 것이다. 그래서 사랑의 기적은 우연한 만남이자 운명적 만남이다.

이 치환에 의해 "무엇인가가 우리 각자의 운명에서 표현될 뿐 아니라 새겨지며, 이로 인해 잠시 [……] 성적 관계가 말하는 존재 속에서 그 자취와 신기루 같은 통로를 찾는다는 착각"을 일시적으로 갖게 된다.(*S*XX, 145) 사랑의 필연과 운명은 착각에 불과할 뿐 불가능한 성적 관계를 가능하게 하는 것이 아니다. "필연은 실재가 아니다"라는 말이 예증하듯이,(*S*XX, 144) 라캉은 결코 성적 관계의 불가능성을 부정하지

VII (Albany: SUNY P, 2009), 182쪽.

않는다. "쓰이는 것을 멈추지 않는" 필연은 "쓰이지 않는 것을 멈추지 않는" 성적 관계의 불가능성과 엄연히 다르다.

사랑에 대한 라캉의 사유를 검토하는 논의의 종점에서 우리는 거울의 반영관계인 나르시스적 사랑, "갖고 있지 않은 것을 주는 것"으로 정의된 거세와 욕망/결여에 기초한 사랑, 그리고 궁정풍 사랑으로 대표되는 욕동의 만족으로서의 사랑을 만난다. 이 세 가지 사랑은 각각 상상계, 상징계, 그리고 실재계에 상응한다고 정리할 수 있다. 핑크는 이 세 가지 사랑의 특성을 각각 열정, 욕망, 욕동으로 분류하고, 각각의 비유적 양태를 동형적 비교, 환유, 은유로 분류한다.[45] 여기에서 마지막 범주에 속하는 욕동의 만족으로서의 사랑이 라캉이 의미하는 참사랑이라면 이 사랑은 진정 실재에 속하는 것일까? 이 우연적이자 운명적인 (참)사랑을 실재의 주이상스와 동일시할 수 있을까?

이 문제에 대한 평자들의 논쟁은 면밀한 검토를 요구한다. 지젝은 실재의 우연성이 필연성으로 바뀌는 참사랑을 상징화 과정으로 해석한다.

> 한편으로 사랑의 사건은 근원적으로 우연적이어서 그것의 발생을 결코 예측할 수 없다. 그것은 투케(*tyche*)에 대한 최상의 예다. 다른 한편으로 우리가 '참사랑'을 만날 때, 그것은 마치 우리가 일생 동안 기다려온 것처럼 보인다. [……] '사랑'은 실재의 무의미한 외적 우연성이 '내(면)화되고' 상징화되어 의미를 부여받는 [……] 순전히

45 Bruce Fink, *Lacan on Love*, 102쪽. 앙드레 역시 사랑을 상상계 차원의 나르시스적 이미지의 사랑, 주인기표가 지배하는 상징계 차원의 주체의 사랑, 그리고 실재계 차원의 존재의 사랑으로 구분한다. Serge André, *What Does a Woman Want?*, 284~291쪽.

형식적인 개종 행위의 이름들 가운데 하나다.[46]

실재와의 우연한 만남이 상징계의 세례를 받을 때 우연하고 무의미한 만남은 유의미한 필연적 사랑이 된다. 돌라르의 해석도 유사하다. 우연이 필연이 되는 것은 "비의도적으로 순수한 우연에 의해 발생한 것이 그다음 단계에서 자기 내면의 가장 심층적이고 오래된 소망과 욕망"이었던 것으로 사후적으로 인식되는 과정이고 "**투케**가 **오토마톤**으로 바뀌는" 과정이다.[47]

그렇다면 사랑은 결국 실재가 순화되는 상징계적 제스처에 불과한 것일까? 레스투치아는 핑크와 유사하게 사랑을 나르시스적 사랑, 욕망으로서의 사랑, 그리고 "실재와의 조우"인 "무한한 사랑"으로 구분한다.[48] 그러나 여기에서 "무한한 사랑"은 욕동의 만족으로서의 사랑이 아니라 라캉이 세미나 XI의 결론에서 분석가의 욕망을 논하면서 "법의 한계밖에" 있는 것으로 묘사한 "무한한 사랑"이다.(*SXI*, 276) 레스투치아는 지젝과 주판치치가 참사랑으로 여기는 승화로서의 사랑이나 "용

---

46 Slavoj Žižek, *The Indivisible Remainder*, 94쪽. 지젝에 따르면 후기 라캉의 정신분석치료는 피분석가가 시간을 거슬러 올라가 운명적이고 필연적으로 보이는 것을 다시 우연한 것으로 인식하게 만드는 것이다. 같은 책 94~95쪽을 볼 것.

47 Mladen Dolar, "At First Sight," 131쪽.

48 Frances Restuccia, *Amorous Acts*, 5~11쪽. 프릴랜드는 이 무한한 사랑이 희생의 관점에서 조명되어야 한다고 본다. 즉 신을 위해 또는 내재화된 대타자/법을 위해 희생하는 것 자체를 포기/희생하는 것이 무한한 사랑이다. 안티고네가 이런 사랑을 체현한다. "그것은 사랑의 모든 희생을 희생하는 것이다. 그것은 그것의 대상을 포기하고, 포기 자체를 포기하며 [……] **주이상스**와 욕동의 실재에 스스로를 맡긴다는 의미에서 위반적이고 무한한 사랑이다." Charles Freeland, *Antigone, in Her Unbearable Splendor: New Essays on Jacques Lacan's The Ethics of Psychoanalysis* (Albany: SUNY P, 2013), 183쪽.

감한 사랑"이 모두 실재를 순화한 사랑이라고 비판한다.[49] 그들은 불가능한 것을 가능한 것으로 만들면서 결국 불가능을 부인한다. "실재가 가능한 것으로 변하면 실재는 다시 상실되고 새로운 잔존물이 형성된다. 실재를 인간화하는 것은 그것을 부인하는 것이다."[50] 이와 반대로 레스투치아가 말하는 셋째 범주의 사랑은 법 너머의 불가능한 실재의 영역에 들어서서 원초적으로 상실한 대상을 획득하는 불가능한 작업이다. 이렇게 순화되지 않은 실재를 경험하는 과정에서 주체는 자신을 상실하는 광기와 죽음에 노출된다.

레스투치아가 이런 실재의 사랑을 보여주는 모델로 안티고네를 제시하는 것은 우연이 아니다. 안티고네는 욕망을 실현하여 실재의 물과 주이상스에 접근하는 인물이기 때문이다. 레스투치아는 또 다른 예로 라캉이 세미나 VII과 XX에서 언급하는 드니 드 루즈망(Denis de Rougement)의 저서 『서구세계의 사랑』(*Love in the Western World*)에 등장하는 트리스탄과 이졸데의 사랑을 제시한다. "예를 들어 트리스탄의 핵심 신화에서 표현되는 궁정풍 사랑은 자신을 열정에 맡기는 자의 파괴를 함축하고 열정과 죽음의 연결을 노출한다."[51] 루즈망이 묘사하는 연인들의 내면—"연인들에게는 죽음을 위한 욕망이라는 한 가지 욕망만 있었다. [……] 그들 마음속 가장 내밀한 곳에서 그들은 죽음을 향한 소망이라는 치명적 명령을 수행했고, **어둠의 능동적 열정**의 고뇌에 사로

49 Frances Restuccia, *Amorous Acts*, 109쪽.

50 Frances Restuccia, *Amorous Acts*, 111쪽.

51 Frances Restuccia, *Amorous Acts*, 116쪽.

잡혔다"[52]—의 모습은 라캉이 말하는 "죽음을 위한 욕망"과 정확히 일치한다.[53] 레스투치아에게 라캉의 "무한한 사랑"은 주체가 실재의 주이상스와 합일하는 과정에서 파멸을 맞이하는 사랑이며 실재를 순화하는 지젝의 참사랑과 구분된다.

실재의 물을 순화하여 돌아오는 운동의 과정에서 욕동이 만족되는 승화와 귀부인에 대한 무한한 접근의 과정에서 반복되는 실패와 고통을 동반한 궁정풍 사랑이 참사랑일까? 아니면 그것은 실재를 순화한 사랑에 불과하고 실재의 주이상스와 거리를 없애고 합일하는 자기파괴적 행위가 유일한 참사랑일까? 레스투치아의 이분법적 논리에는 사랑과 주이상스의 동일시가 엿보인다. 그러나 라캉에게 사랑은 실재/주이상스와 동의어라기보다 주이상스의 승화로서 실재계와 상징계의 접점에서 발생한다. 앞서 논했듯이 사랑이 욕망과 주이상스를 매개한다는 라캉의 명제는 사랑의 중재적 성격과 주이상스와의 차이를 드러낸다. 지젝은 레스투치아가 논하는 "법을 넘어선 사랑"을 "욕동과 욕동의 주이상스가 지니는 비성적인 승화의 독특한 경우"라고 해석한다.[54] 이 사랑은 상징계의 법 밖에 있으므로 "본질적으로 무의미하고 의미를 넘어서며" 달리 말하자면 여기에서 "의미는 의미-향락으로 바뀐다."[55] 여기에서 의미-향락은 실재의 순화나 왜곡이라기보다 오히려 상징계와 실

52 Denis de Rougemont, Montgomery Belgion 옮김, *Love in the Western World* (Princeton: Princeton UP, 1983), 46쪽.

53 Frances Restuccia, *Amorous Acts*, 116쪽.

54 Slavoj Žižek, "Review of *The Lacanian Subject* by Bruce Fink," 160쪽. 지젝의 논의를 참조하여 다른 (여성적) 주이상스와 진정한 사랑의 관련성을 논한 글로 박선영, 「여자는 어떻게 존재하는가?」, 121~124쪽을 볼 것.

55 Slavoj Žižek, "Review of *The Lacanian Subject* by Bruce Fink," 160쪽.

재의 경계에서 (무)의미와 주이상스가 만나는 사랑의 역설적인 현상을 표현한다. 우연(투케)이 필연(오토마톤)으로 바뀌는 과정은 사후적으로 발생하는 "순전히 형식적인 개종"일 뿐이다.

7. 하나와 둘, 사랑과 증오

사랑의 기적은 둘이 하나가 되는 조화를 지향하는 사랑이 아니라 하나로 환원될 수 없는 둘의 차이를 보존하는 사랑이다. 성차에 종속된 인간은 영원히 하나가 될 수 없다. "하나가 둘을 낳을 때 결코 원상복귀는 없다. 그들은 다시 하나를 만들지 않는다. 그것이 새로운 하나라도 말이다. 지양(*Aufhebung*)은 철학의 작고 예쁜 꿈 중 하나다."(*SXX*, 86) 그래서 아이러니하게 "라캉은 사랑의 일자('일자와의 관계')라는 역설적 성격을 강조하는 바로 그 순간에 (성적 관계는 없다는) 성들 사이의 근본적인 비합일 또는 비조화를 주장한다."[56]

바디우가 사랑을 쌍(couple)과 구별할 때 이런 사랑의 이접적 특성이 잘 나타난다. 쌍은 "제3 자에게 보이는" 것이고 "제3 자가 있는 상황

56 Joan Copjec, *Imagine There's No Woman*, 64쪽. 케네스 레이너드(Kenneth Reinhard)도 이와 유사하게 사랑의 은유를 성적 관계의 불가능성을 은폐하지 않는 치환으로 해석한다. 알케스티스가 남편을 위해 희생하는 것이 삶과 죽음을 교환하여 "성적 관계의 결여에 있는 빈 중심인 죽음을 은폐한다면," 아킬레스가 파트로클로스를 따라 죽는 것은 어떤 교환이나 보상도 없는 "비대칭적 거래"이고 "비경제적 희생"이며 "성적 관계의 불가능성을 위장하지 않는" 사랑이다. Kenneth Reinhard, "Kant with Sade, Lacan with Levinas," *Modern Language Notes*, 110.4 (1995), 788~790쪽. 알케스티스와 아킬레스에 대해서는 9장 「에로스의 두 얼굴」을 볼 것.

에서 셈해진 둘이다. [……] 그것이 셈하는 둘은 무관한 둘, 이접(離接, disjunction)의 둘에 전적으로 외재적인 둘이다. [……] 제3 자의 관점에서 셈해진 둘이 있는 것은 사랑을 위한 것이 아니다."[57] 이와 달리 사랑에서 둘은 "이접의 둘"이고 제3 자의 입장에서 셈해질 수 없는 둘이다. 그래서 "'하나'가 있고 또 '하나'가 있으며 이들은 둘을 만들지 않는다. 각 하나는 이접적이지만 다른 하나와 구별할 수 없기 때문이다."[58] 바디우에게 이접의 둘에 기초한 사랑은 역설이고 신비다. "어떻게 단순한 만남에서 우리가 둘이라는 사실이 드러나는 하나의 세계라는 패러독스로 이동하는가? 그것은 완전한 신비다."[59]

미친가지로 라캉의 참사랑은 콥젝의 표현대로 "사랑에서의 둘의 비대칭, 일자와 대타자 사이의 비대칭"을 견지하고 남녀의 "이접을 폭로하는" 사랑이다.[60] 라캉이 말하는 두 존재의 만남은 역설적이다. 그것

57 Alain Badiou, *Conditions*, 347쪽과 같은 글의 다른 영역본의 국역본, 김인경 옮김, 「사랑이란 무엇인가?」, 레나타 살레츨 엮음, 『성화』, 411쪽을 참조할 것.

58 Alain Badiou, *Conditions*, 187쪽.

59 Alain Badiou, Peter Bush 옮김, *In Praise of Love* (New York: New Press, 2012), 41쪽. 바디우도 이 신비의 과정에서 사랑은 우연에서 필연으로 바뀐다고 설명한다. "만남의 우연한 성격은 시작을 가정하는 것으로 변한다. 종종 여기에서 시작하는 것은 너무 오래 지속되고 세상의 새로움과 경험으로 가득 차서, 뒤돌아보면 그것은 처음에 그랬던 것처럼 전혀 임의적이거나 우연한 것으로 보이지 않고 거의 필연으로 보인다. 그렇게 우연은 억제된다. 내가 알지 못했던 누군가와 만나는 절대적 우연은 마침내 운명의 외양을 띠게 된다." 같은 책, 43쪽.

60 Joan Copjec, *Imagine There's No Woman*, 64~65쪽. 콥젝은 이접적 사랑에 관한 라캉과 바디우의 유사성을 지적하지만, 라캉이 남성에게 보편명제를 부여하고 여성을 비-전체라는 부정어로 정의하므로 여성을 "공동체의 아이러니"로 폄하한 헤겔과 비견될 수 있다는 바디우의 주장을 비판한다. 바디우의 주장은 Alain Badiou, *Conditions*, 198쪽을 볼 것. 게오르크 헤겔(G. W. F. Hegel)은 『정신현상학』(*The Phenomenology of Spirit*)에서 가족과 개별성을 대변하는 여성의 역할이 남성을 시민으로 양육하는 것일 뿐이며, 만일 직접 국가의 영역에 개입할 경우 "공동체의 [삶의] 영원한 아이러니인 여성은 음모를 통해서 정부의 보편적 목적을

은 둘이 만나는 순간 둘의 둘됨을 인식하는 또는 서로를 놓치는 과정에서 가능하기 때문이다.

> 존재와 존재의 관계는 조화의 관계가 아닙니다. [……] 왜냐하면 만남에서 존재 자체에 접근하는 것이 사랑이기 때문입니다.
>
> 서로를 놓친다는 사실에 의해서만 존재가 유지되게 만드는 무엇인가가 출현하는 것은 존재에 대한 사랑의 접근에서 이루어지는 것이 아닌가요? (*S*XX, 145)

타자를 놓치는 과정에서 타자의 존재에 접근하는 역설을 어떻게 이해할 수 있을까? 주체가 타자와의 만남에서 타자를 놓치고 존재에 접근하는 역설은 성적 관계의 불가능성에서 불가피하게 발생하는 것이 아닐까?

바디우는 앞서 인용한 라캉의 발언—"사랑이 성적 관계의 불가능성을 보충하는 방식"—을 해석하며 이 역설을 창조의 관점에서 설명한다.

> 라캉은 사랑이 성적 관계의 위장이라고 말하지 않습니다. 그는 성적 관계가 존재하지 않는다고, 사랑은 그 비-관계를 대신하는 것이라고 말합니다. [……] 이 생각으로 인해 그는 사랑에서 타자는 "타자의 존재"에 접근하려 노력한다고 말하게 됩니다. 사랑에서 개인은 자신을, 나르시스적인 것을 넘어섭니다. 섹스에서 당신은 정말

사적인 목적으로 바꾸고, 그것의 보편적 행위를 어떤 특수한 개인의 일로 바꾸며, 국가의 보편적 재산을 가족의 소유와 장식으로 변질시킨다"라고 주장한다. G. W. F. Hegel, A. V. Miller 옮김, *The Phenomenology of Spirit* (Oxford: Oxford UP, 1977), 288쪽. 서용순은 라캉과 바디우 사이의 연속성을 강조하며 "비-관계라는 라캉의 정신분석적 테제는 바디우의 손에서 비-관계와 비-결정의 둘(le Deux)이라는 철학적 테제로" 발전한다고 본다. 서용순, 「철학과 정신분석」, 『라캉 사유의 모험』(마티, 2010), 115~158쪽을 볼 것.

> 로 타자를 매개로 당신 자신과 관계합니다. 타자는 당신이 쾌락의 현실을 발견하게 해주는 것이지요. 반대로 사랑에서 타자의 매개는 그 자체로 충분합니다. 그런 것이 사랑의 만남이 지니는 성격입니다. 당신은 타자를 떠맡고, 그 또는 그녀가 있는 그대로의 모습으로 당신과 함께 존재하게 만듭니다.
>
> [……] "사랑이 성적 관계의 부재를 메우는 것"이라는 생각은 사실 두 가지로 해석될 수 있습니다. 가장 명백한 첫째 해석은 섹스에 의해 창조된 공허를 메우기 위해 상상력이 사랑을 사용한다는 것입니다.
>
> [……] 그러나 라캉은 또한 반대로 사랑이 존재론적인 것을 향해 접근하는 것이라고 생각합니다. 욕망은 항상 다소간 페티시스트적인 방식으로 타자에, 가슴이나 엉덩이, 음경 등과 같은 특수한 대상에 집중합니다. 반면에 사랑은 타자의 존재 자체에, 존재로 무장한 채 내 삶 속으로 분출해서 내 삶을 방해하고 새롭게 만드는 타자에게 집중합니다.[61]

사랑은 성적 관계의 불가능성을 은폐하기 위해 타자를 자신의 이미지로 만드는 나르시시즘이나 타자를 (부분)대상으로 만드는 페티시즘이 아니다. 오히려 사랑은 주체의 나르시시즘을 방해하는 타자의 타자성에 있는 그대로 접근해서 새로운 삶을 창조하는 것이다. 바디우는 라캉보다 사랑의 지속성과 건설성을 더 강조한다. 사랑은 우연한 만남으로 시작하지만 그 본질은 둘의 차이를 갖고 새로운 세계를 지속적으로 건설하는 것이다. 바디우에게 사랑은 단순히 차이를 경험하는 것이 아니라 "차이에 기초해서 세상을 건설하는 것"이고 "동일한 차이의 역설을 구성하는 것"이며, "더 이상 하나의 관점이 아닌 둘의 관점에서 만들어

61 Alain Badiou, *In Praise of Love*, 18~21쪽.

지는 삶이고 건설이다."[62]

라캉에게 사랑의 역설은 바디우보다 더 모순적이다. 라캉이 『앙코르』의 결말에서 "참사랑은 증오에 굴복"한다고 선언하듯이,(SXX, 146) 이 역설의 극단은 사랑과 증오의 밀접한 관계에 있다. 왜 참사랑은 증오에 굴복하는 것일까? 그 이유는 먼저 사랑과 증오가 불가분하게 얽혀 있기 때문이다. 6장에서 논했듯이 프로이트는 「욕동과 그 변화」에서 "사랑은 너무 흔히 '양가적인' 것으로—즉 동일한 대상에 대한 증오의 충동이 동반되어—나타난다"고 주장한다. 이런 양가감정은 원초적이다. 심지어 대상선택 이전의 동일시 즉 남아가 아버지를 사랑의 대상으로 선택하기 전에 아버지와 맺는 최초의 직접적인 동일시에도 사랑과 증오의 양가감정이 공존한다. 남아가 오이디푸스 콤플렉스 시기에 아버지에 대해 갖는 양가감정은 "애초부터 동일시에 내재한 양가감정이 분명해진 것"이다.(*SE*XIX: 32) 이런 원초적 양가감정은 라캉이 아이와 거울이미지의 관계를 매료와 공격성으로 설명할 때에도 드러난다. 정신분석은 "증오 없이 사랑에 대해 아무것도 알 수 없"다고 증언한다.(SXX, 91) 8장에서 언급했듯이 라캉은 이 둘의 불가분한 관계를 '*haine*'(증오)와 '*énamoré*'(사랑받는)를 결합해 '하이나모라시옹'(*hainamoration*)으로 표현한다.(SXX, 90) 우리말 '애증'은 이를 정확히 표현한다.

또 다른 이유는 사랑과 증오가 모두 존재를 향한다는 점에서 찾을 수 있을 것이다. "존재 자체가 증오를 유발할 수 있다는 것은 배제될

62 Alain Badiou, *In Praise of Love*, 23, 25쪽.

수 없다. [……] 증오, 확고한 증오는 존재로, 반드시 신일 필요가 없는 어떤 자의 존재 자체로 향한다."(*SXX*, 99) 라캉은 심지어 증오가 "내가 '외존'이라 부른 존재에 가장 가까이 접근한다"라고 말한다.(*SXX*, 121) 일자와 조화의 신화를 부단히 탈피하며 타자의 존재를 향하는 라캉의 참사랑은 역설적으로 존재 자체가 유발하는 증오에 굴복할 수 있다. 이런 역설적 상황은 실재 차원의 사랑이 존재를 향할 때 벽에 부딪히는 것을 보여준다. 사랑이 증오로 바뀌는 것은 타자의 존재에 다가갈수록 그 존재가 끊임없이 물러서는 좌절에서 비롯된 것이 아닐까? 5장에서 보았듯이 라캉은 남녀의 비관계와 간극을 하나의(대상 *a*라는) 벽—"*l*' (*a*) *mur*, (*a*) wall"으로 표현한다. 앙드레가 말하듯 사랑은 존재를 향해 갈 때 대상 *a*가 존재 앞에 세운 벽에 부딪힌다.

> 실재의 차원에서 사랑은 부지불식 간에 환상이 대상과의 관계로 환원된다. 더구나 이것이 사랑을 치명적으로 만들고 증오로 바뀌게 만든다. 주체는 (*a*)벽에 부딪힐 때 몇몇 기호와 산여물 이외에 사랑받는 자의 존재를 얻지 못하므로 점점 더 좌절하기 때문이다. [……] 사랑받는 자를 죽이는 것보다 어떻게 더 잘 그 자를 소유할 수 있단 말인가?
>
> [……] 이 실재의 차원에서 사랑은 파트너의 죽음에까지 이른다.[63]

주체가 타자의 존재에 접근할 때 대상 *a*가 이 접근을 가로막는 벽을 세우기 때문에 사랑은 증오로 변한다.

63 Serge André, *What Does a Woman Want?*, 289~290쪽.

8. 증상과 사랑

*a*라는 장벽이 남녀 사이를 가로막는 성적 관계의 불가능성은 사랑을 증오로 바꿀 뿐 아니라 여성을 남성의 증상으로 만든다. 4장에서 논했듯이 라캉은 세미나 XXII 『*R. S. I.*』에서 여성이 남성의 증상인 이유가 남성이 여성/대타자를 향유할 수 없고 남성에게 여성은 오로지 욕망을 불러일으키는 대상 *a*이기 때문이라고 설명한다. 이 세미나에서 라캉은 증상으로서의 여성과 사랑을 논하며 [존재를] 믿는 것(believe in)과 [말을] 믿는 것(believe)을 구별한다. "증상을 구성하는 것은 [……] 그것을 [그것의 존재를] 믿는(believe in) 것"이며, 심지어 프랑스어는 이를 강조하기 위해 "거기를 믿는다"(*croire y*, believe there)라고 표현한다.(*FS*, 168) 라캉은 "믿는다는 것(believe in)? 그것은 존재들이 무엇인가를 말할 수 있는 한에서 그 존재들을 믿는 것이 아니라면 무엇을 의미하겠는가?"라고 묻는다.(*FS*, 169) 어떤 존재에 대한 믿음은 그것이 무엇을 말해줄 것이라는 믿음과 다르지 않다. 이런 믿음은 남녀관계에서도 성립한다. 환자는 분석가가 자신의 증상을 해독해주리라 믿기 때문에 분석가를 찾는다. 마찬가지로 남성은 자신의 증상인 여성이 무엇인가를 말해주리라 믿는다. 다시 말해서 환자가 자신이 가진 증상의 진리를 분석가에게서 찾듯이, 남성은 여성에게서 자기 존재의 진리를 찾는다.

그러나 여성이 무엇인가를 말할 수 있다고 믿는 것을 넘어서 여성(의 말)을 실제로 믿는 것이 사랑이다. 자신의 "증상이 무엇인가를 말할 수 있음을 믿고 그것이 단지 해독을 필요로 한다고 믿는 것"과 달리, "그녀가 실제로 무엇인가를 말하는 것을 믿는 것이 발생할 수 있다.

[……] [그녀의 존재를] 믿기(believe in, *y croire*) 위해 그녀를 믿는(believe her, *la croit*) 것. 그것이 사랑이라 불리는 것이다."(*FS*, 169)[64] 라캉은 증상의 존재를 믿는 것과 그것을 믿는 것의 차이 즉 자신의 존재에 대한 진리를 말할 수 있는 여성의 존재를 믿는 것과 여성 자체를 믿는 것 사이의 차이를 신경증과 정신병의 차이로 구분한다. "정신병에서 주체는 목소리들[의 존재]을 믿을 뿐 아니라 그 목소리들을 믿는다."(*FS*, 170) 환청을 듣는 정신병 환자들이 목소리의 존재뿐 아니라 그 목소리가 하는 말을 믿는 것처럼, 증상으로서의 여성(의 말)을 실제로 믿는 것이 사랑이다. 이 믿음에 대해 로즈폴 뱅시게라(Rose-Paule Vinciguerra)는 다음과 같이 설명한다.

> [남자는] 더 이상 그녀가 진실이나 거짓을 말할 것이라 믿지 않고 그녀가 그의 존재에 직접적으로 관련된 무엇인가를 말하고 있다고 믿는다. 그는 그녀가 말하는 것에 의해 의미화된다. 그것은 '그녀가 뭘 의미하는 거지?'가 아니라 '그게 바로 그녀가 하는 말이야'인 것이다. [……] 말로 표현할 수 없는 그의 존재는, 마치 어떤 목소리가 그의 말로 표현할 수 없는 잉여 주이상스의 장소에서 말하듯, 그녀가 말하여 그에게 전달된다.[65]

이 때문에 라캉은 사랑을 "정신병의 희극"이라 부르고 "사랑은 광기라는 일상적 말" 속에 진리가 담겨 있다고 말한다.(*FS*, 170)

라캉은 "사랑은 거의 이루어지지 않고 잠시만 지속할 뿐이다. 사랑

64 프랑스어 원문은 http://gaogoa.free.fr/Seminaires_HTML/22-RSI/RSI21011975.htm, 66쪽을 볼 것.

65 Rose-Paule Vinciguerra, "The Paradoxes of Love."

은 성적 관계가 없기 때문에 벽에 자신의 머리를 부딪치는 것이 아니고 무엇이겠는가?"라고 말한다.(*FS*, 170) 라캉의 발언은 성적 관계의 불가능이라는 벽에 부딪친 사랑의 광적인 몸부림을 표현한다. 이 광적인 몸부림은 성적 관계의 불가능성을 넘어서는 대문자 여성에 대한 헛된 믿음에 기초한다.

> 사랑의 주요 형식은 우리가 그녀를 믿는다는 사실에 기초합니다.
>
> 우리는 그녀가 절대적으로 진짜가 아니라는 어떤 증거도 없었기 때문에 그녀를 믿습니다. 그러나 우리는 스스로를 눈멀게 합니다. 이렇게 그녀를 믿는 것("*la*" *croire, believing her*)은 [그녀의 존재를] 믿는 것("*y*" *croire, believing in*)—이것은 아주 심각하게 의문의 여지가 있는 것입니다—에 대한 구멍 마개 역할을 합니다. 그것이 일자(One)가 있다고 믿게 만들도록 어디로 인도할지 아무도 모릅니다. 그것은 심지어 그녀(*La*)가 있다고—이것은 거짓된 믿음인데—믿게 만들지도 모릅니다. 아무도 그 요정이라거나 그 물의 요정이라고 말하지 않습니다. [하나의] 물의 요정, [하나의] 요정, [하나의] 정령이 있습니다. 어떤 사람들에게는 정령들이 있습니다. 그러나 그것은 결국 복수(複数, plural)가 됩니다. (*FS*, 170)

여자를 믿는 사랑은 그녀의 존재에 대한 믿음에 내재하는 의문의 여지를 없애고 불확실성의 구멍을 막는 역할을 한다. 다시 말해서 여자를 실제로 믿는 사랑은 그녀가 존재한다는 의문스러운 믿음을 확고한 사실로 바꾼다. 여기에서 남자가 존재한다고 믿는 여자는 "*La*" 즉 대문자 여성(*La femme*, the Woman)이다. 대문자 여성은 존재하지 않기 때문에 이 믿음은 잘못된 믿음이다. 성적 관계의 불가능성 즉 "성적 비관계의 사실"은 이런 대문자 여성의 존재를 "믿는 것의 불확실성"을 의미한다.(*FS*, 169) 요컨대 여자를 믿는 사랑은 대문자 여성이 존재하지 않을지도 모른다는 의문의 구멍을 막는 마개의 역할을 하는 것이다. 성적 관계를 가능하게 할 여성의 존재를 믿기 위해 실제로 여자를 믿는 것이 사랑이다. 그런 점에서 사랑은 광적이고 정신병적이다.

라캉은 대문자 여성의 존재에 대한 믿음을 예시하기 위해 장 지로두(Jean Giraudeux)의 3막 극 『옹딘』(*Ondine*)을 언급한다. 『옹딘』은 오귀스트(Auguste)와 외제니(Eugenie) 어부 부부에 의해 자라난 물의 요정 옹딘과 기사 한스(Hans von Wittenstein zu Wittenstein)의 사랑 이야기다. 1막에서 한스는 자신이 사랑하는 베르타(Bertha)가 자신과 결혼하기 위한 조건으로 한 달간 숲에 다녀오라는 명령을 이행하기 위해 숲으로 와서 배고픔에 시달리다 오귀스트 부부의 집을 찾는다. 이때 들어온 옹딘과 첫눈에 사랑에 빠진 한스는 그녀와 결혼하기 위해 고향으로 돌아간다. 요정의 우두머리 올드 원(The Old One)은 옹딘에게 한스가 그녀를 배신할 것이며 그 결과 죽을 것이라고 경고한다. 왕궁을 배경으로 한 2막에서 한스는 왕에게 옹딘을 신부로 소개하지만 베르타는 한스를 유혹한다. 옹딘은 베르타가 원래 오귀스트와 외제니의 딸이었다는 사실을 밝힌다. 그러나 옹딘은 한스가 베르타와 함께 자신을 속인 대가로 죽게 될 것을 두려워한 나머지 오히려 자신이 시인인 베르트람(Bertram) 백작과 한스를 속이는 척한다. 3막에서 세월이 지나 옹딘은 사라지고 한스는 베르타와 결혼하기로 하며, 결혼식 당일 옹딘은 어부들에게 잡혀 법정에 끌려온다. 법정에서 한스는 자신을 사랑하던 옹딘이 베르트람과 함께 자신을 속였다고 주장한다. 옹딘은 한스를 살리기 위해 자신이 한스를 배신했다고 인정하지만, 그녀의 행동은 그녀가 한스만을 무한히 사랑하고 있음을 드러낸다.

판사의 평결은 옹딘의 완벽한 사랑을 증언한다. "이 법정의 판결은 이 옹딘이 자연의 경계를 위반했다는 것입니다. 그러나 증거는 그녀가 그렇게 하면서 오로지 친절과 사랑만을 가져왔다는 것을 보여줍니다."[66] 한스는 결국 옹딘을 배신한 대가로 죽고, 옹딘은 물의 요정으로 되돌아가 지상에서 경험한 모든 것을 잊게 된다. 그러나 한스의 죽음과 옹딘의 망각 직전에 그들은 서로에 대한 최후의 감동적인 사랑을 토로한다. 옹딘은 "비록 죽음과 무한이 우리를 갈라놓더라도 내 방식대로 나는 항상 그대에게 충실할거예요"라고 말한다.[67] 옹딘의 사랑은 인간적인 한계를 넘어서는 것이다. 법정에서 "그대의 신이 누구인가?"라는 질문에 옹딘이 "한스"라고 대답하는 것을 보고 한스는 판사에게 "그녀는 사랑을 신성모독의 경지까지 몰고 갑니다"라고 말한다.[68] 옹딘이 인간이 아니라 물의 요정이라는 사실이 단적으로 보여주듯이 그녀의 사랑은 인간의 능력을 넘어서는 절대적인 것이다.

옹딘은 2막에서 왕에게 한스가 베르타를 다시 좋아하게 되어 자신을 배신하면 결국 죽을 것이기 때문에, 그를 구하기 위해서는 자신이 베르타를 칭찬해서 오히려 그들이 서로 욕망하지 못하게 만들겠다고 말한다. 이에 대해 왕은 옹딘에게 "참된 사랑의 교훈"을 주어서 감사하다고 말한다.[69] 라캉에 따르면 이 작품에서 "여자는 남자가 자신의 삶에

---

66 Jean Giraudeux, Maurice Valency 옮김, *Four Plays* (New York: Hill and Wang, 1958), 247쪽.

67 Jean Giraudeux, *Four Plays*, 254쪽.

68 Jean Giraudeux, *Four Plays*, 244쪽.

69 Jean Giraudeux, *Four Plays*, 227쪽.

서 [존재한다고] 믿는 어떤 것이다. 그는 [그런 여자가] 하나 때로는 둘이나 셋이 있다고 믿는다. 그러나 흥미로운 것은 그가 단지 하나가 있다고 믿을 수 없어서 요정들이나 물의 요정들 같은 종(種, species)이 있다고 믿는다는 것이다."(*FS*, 168) 옹딘은 불가능한 여성의 존재를 상징한다. 왕은 옹딘에게 한스가 그녀를 배신할 것을 어떻게 아느냐고 묻는다. 이에 대해 옹딘은 "호수는 결코 속임수를 알지 못했어요. 그런 말을 들어본 적도 없지요. 그런데 어느 날 호숫가에 충실한 얼굴과 정직한 목소리를 지닌 멋진 남자가 나타났고, 바로 그 순간 속임수라는 말이 물속에서 진동했어요"라고 말한다.[70] 옹딘의 세계는 인간세계와는 달리 속임수라는 말이 없는 절대적인 진리의 장소이고, 옹딘은 인간이 아닌 물의 요정으로서 완벽한 사랑이 가능한 존재다. 옹딘이 인간세계에서 겪은 경험을 망각하고 돌아가는 호수는 거짓이라는 단어가 존재하지 않는 실재계가 아닐까? 그리고 그녀는 상징계에서 불가능한 대문자 여성이 아닐까? 남자는 바로 옹딘같은 불가능한 여성의 존재를 믿기 위해 자신이 만나는 여자를 믿는 사랑에 빠진다. 그것은 불가능한 것을 믿기에 정신병적이고 광적인 사랑이다.

9. 사랑의 수수께끼: 무의식의 교감

그러나 사랑의 광기에 대한 라캉의 묘사는 여성을 증상으로 삼는

---

70 Jean Giraudeux, *Four Plays*, 225쪽.

사랑에 대한 묘사가 아닌가? 따라서 그것을 참사랑에 대한 라캉의 최후진술로 삼을 수 없지 않은가?[71] 사랑에는 성적 관계의 불가능이라는 벽이 낳는 광기와 증오와 더불어 두 주체의 우연한 만남에서 발생하는 무의식적 상호인식의 순간도 존재한다. 라캉은 1973년 이탈리아 분석가들에게 보낸 편지에서 "문제적인 관계를 넘어서고, 사랑을 잡담의 확산보다 더 가치 있는 것으로 만드는 것"에 대해 언급한다.("Italian" 35) 솔레에 따르면 이 "더 가치 있는 사랑은 파트너(의 존재)를 믿는 것(believe in)도 (그)녀를 믿는 것(believe)도 아닌 사랑이므로 미친 것이 아니다. 실재의 무의식과 그에 동반되는 만남의 우연성을 인식하는 사랑은 의미를 묻지 않는다. 그 사랑은 적어도 그곳에 국한된 의미 밖의 **주이상스**를 조금 포착했기 때문이다."[72]

두 주체의 무의식적 공명은 병적인 믿음이 아니라 의미를 넘어선 주이상스를 동반하는 인식의 사건이다. 사랑은 또한 증오와 다르다. 증오 역시 존재를 향하므로 사랑에서처럼 증오에서도 두 존재의 관계는 성립한다. 그러나 솔레가 지적하듯이 "증오할 때 이 관계는 혐오에 기초한다. 반면 사랑할 때—사랑이 『앙코르』에서 재정의되듯이—그것은 '인식'에 기초한다."[73] 이 인식은 무의식적 인식이며 용기가 동반된다. 앞서 보았듯이 참사랑은 사랑하는 대상의 약점과 결여를 인식하면서도

71 라캉이 묘사하는 정신병적인 사랑의 광기가 여성을 증상으로 삼는 남성의 사랑에 관한 것이고, 대타자 안에서 자신을 소멸시키는 여성의 절대적 사랑은 여성적 주이상스의 결과로서 이와 다르다는 지적에 대해서는 Colette Soler, *What Lacan Said about Women*, 240~244쪽을 참조할 것.

72 Colette Soler, *Lacan—The Unconscious Reinvented*, 171쪽.

73 Colette Soler, Bruce Fink 옮김, *Lacanian Affects: The Function of Affect in Lacan's Work* (London: Routledge, 2015), 88쪽.

그것을 무릅쓰는 용기를 발휘할 때 이루어진다.

세미나 XX 『앙코르』의 결론에서 라캉은 사랑에서 용기와 인식 그리고 무의식의 관계를 이렇게 설명한다.

> 모든 사랑은 두 무의식적 지식 사이의 일정한 관계에 기초합니다. [……] 나는 궁극적으로—항상 수수께끼같이 나타나는 기호를 통해—존재가 무의식적 지식의 주체로서 영향을 받는 방식에 대한 인식에 대해 말했습니다.
>
> 성적 관계 같은 것은 없습니다. [……] 사랑이 시험에 부쳐지는 것은 실재를 정의하는 이 불가능성, 이 교착상태와 대면하는 데 기초해서가 아닐까요? 자신의 파트너에 관해서 사랑은 [……] 내가 용기라고 불렀던 것—이 치명적 운명에 관한 용기—을 실현할 수 있을 뿐입니다. 그러나 여기에서 관건이 용기인가요 아니면 인식의 통로인가요? 그 인식은 다름 아니라 성적 관계가 [……] 쓰이지 않는 것을 멈추는 방식입니다. (*S*XX, 144~145)

사랑은 용기이면서 동시에 인식이다. 이 인식은 "두 무의식적 지식" 즉 두 주체의 무의식이 나누는 교감이다. 솔레의 지적대로 여기에서 "'인식'이란 용어는 이 사랑이 무의식의 존재와 효과를 드러내는 새로운 기능을 가진다는 것을 암시"하며, 사랑은 "두 알려지지 않은, 따라서 비교 불가능한 무의식 사이의 친화성을 등록하는 감수성"이다.[74]

라캉은 세미나 VIII 『전이』에서 사랑의 운명과 무의식의 관계를 논한다. 『향연』에서 디오티마는 에로스를 신이 아니라 인간에게 메시지를

74 Colette Soler, *Lacan—The Unconscious Reinvented*, 166~167쪽. 이와 약간 다르게 루티는 주체와 타자의 닮음에 기초하는 나르시스적 사랑과 달리 실재의 사랑은 타자의 차이 또는 특이성(singularity)에 대한 인식에 기초한다고 주장한다. Mari Ruti, *The Singularity of Being*, 168~188쪽을 볼 것.

전달하는 사신(邪神 demon)으로 간주한다. “사신적인 것, 사신 또는 다이모니온(*δαιμόνιον*, *daimónion*)은 [……] 신들이 인간에게 잠들어 있건 깨어있건 자신들의 메시지를 전달하는 수단이다.”(*S*VIII, 122) 신들이 사신을 통해서 인간에게 전달하는 자신들의 욕망은 “전적으로 표면 밑에 있는 수수께끼를 지닌 완전히 숨겨진 본질의 순수한 현시”인 아갈마다.(*S*VIII, 162) 신들이 사랑/에로스 사신을 통해서 인간에게 전달하는 메시지는 아갈마의 수수께끼로 나타나고 인간은 아갈마에 매료되어 사랑에 빠진다.

그리스 시대에 “그들[신들]은 실재의 영역에 속한다.”(*S*VIII, 122) 그런데 무의식이 발견되면서 신들이 에로스/사랑의 사신을 통해 보내는 실재의 수수께끼 같은 메시지는 무의식적 기표로 드러난다. “무의식의 발견이 본질적인 이유는 우리가 진실한 것으로 입증한 메시지의 영역을 확장하는 것을 허락했기 때문이다. 무의식이 상징계의 영역에 기초하는 한에서 말이다. 다시 말해서 우리가 실재에서 나오는 불투명한 메시지라고 믿는 많은 메시지는 단순히 우리 자신의 메시지다.”(*S*VIII, 122) 신이 보내는 수수께끼 같은 실재의 메시지는 상징계적 무의식의 메시지다. 그러나 라캉이 1976년에 세미나 XI『정신분석의 네 가지 근본개념』 서문에서 쓴 “무의식은 실재”라는 진술을 참조하면,(*S*XI, vii) 사랑의 메시지는 실재를 상징계의 언어로 번역한 것이라기보다 두 실재의 무의식이 서로를 인식하는 것이라고 볼 수 있지 않을까?

사랑은 실재계의 직접적인 경험이 아니고 실재계를 상징계로 순화하는 것도 아니다. 사랑은 실재계와 상징계의 경계에서 성적 관계의 불가능을 일시적으로 가능하게 만드는 무의식적 인식의 사건이다. 라캉은 우연이 필연으로 바뀌는 과정을 "성적 관계의 존재를 위한 통로가 아니라 성적 관계와 다른 무의식의 존재를 위한 통로를 통해 사랑의 드라마와 운명을 구성하는 치환"으로 설명한다.(*SXX*, 145) 라캉이 사랑을 "두 무의식적 지식 사이의 일정한 관계"로 여기는 것도 이런 맥락에서 이해할 수 있다. 이 인식은 물론 두 주체 사이의 투명한 소통이 아니라 성적 관계의 불가능성이라는 실재의 장벽 때문에 라캉의 표현대로 "수수께끼같이 나타나는 기호"를 경유하는 불투명한 과정이다.

성적 관계의 불가능성은 주체의 상호인식을 불투명하게 만든다. 이 불투명한 인식은 라캉이 라랑그(*lalangue*)라 부른 무의식적 실재의 지식과 관련된다.[75] "라랑그는 의사소통의 목적과 완전히 다른 목적에 봉사한다. 무의식이 라랑그로 구성되는 한, 라랑그는 무의식의 경험이 우리에게 보여준 것이다. [……] 무의식은 지식이고 어떻게 라랑그로 작업해야 할지 아는 것이다. 라랑그는 무엇보다도 정동의 효과를 통해서 초래하는 모든 것을 통해 우리에게 영향을 미친다."(*SXX*, 138~139) 그러므로 참사랑의 무의식적 인식은 "불투명하게 이해된 그리고 성적 관계의 장애물을 구성하는 지식인 무의식의 교착상태를 드러낸다. 그것은 상호주체성이 아니라 두 다른 라랑그로 구성된 두 스피치에 의한 '상호-인식'을 가리킨다."[76]

무의식적 교감을 통해 주체가 인식하는 타자는 자신처럼 성적 관계에서 유배된 자다. 라캉이 말하듯이 라랑그는 의미가 아니라 정동의 효과로 작용한다. 우연한 만남을 통해 주체는 타자의 존재에서 성적

75 라랑그에 대해서는 졸저 『욕망의 윤리』, 222~225쪽을 참조할 것.

76 Colette Soler, *Lacanian Affects*, 115쪽.

관계의 불가능성이 만들어낸 증상과 정동을 인식한다. 사랑의 우연한 만남은 "우리 파트너들이 지니는 증상과 정동의 만남, 우리 각자 안에서 [……] 성적 관계에서 유배된 흔적을 표시하는 모든 것과의 만남"이다.(*S*XX, 145) 사랑의 당사자들은 성적 관계에서 유배된 자들이기 때문에 그들의 증상과 정동은 무의식적인 공명을 불러일으키는 것이 아닐까? 성적 관계의 불가능성이라는 벽에 머리를 부딪치는 광적인 사랑과 달리, 성적 관계에서 유배된 남녀가 실재의 우연한 만남에서 무의식적 공명을 일으키는 사랑의 인식은 유배의 흔적을 지닌 채 무의식의 통로를 통해 교감하는 것이다.

사랑에 대한 라캉의 발언들은 종합하기 불가능할 만큼 복잡하고 모순적이며 역설적이다. 마치 라캉은 사랑이 무엇인가를 말하기 위해서 오히려 사랑의 불가능성과 실패 및 허구성과 역설을 폭로하는 아이러니를 드러내는 것처럼 보인다. 그러나 라캉이 적어도 나르시스적 자기도취나 대타자에 대한 요구로서의 사랑 그리고 욕망의 환유적 사랑 및 병적인 광기의 사랑을 넘어서 성적 관계의 부재를 극복하려는 두 주체의 기적적인 만남인 참사랑을 부단히 탐구한 것은 분명하다.

3부

실제비평

11장

보는 것과 아는 것: 알프레드 히치콕의 「현기증」에 나타난 사랑과 환상*

1. 보는 것과 아는 것

보는 것과 아는 것은 인간존재의 근본조건이다. 일찍이 소포클레스의 비극 『오이디푸스 왕』에서 오이디푸스는 부친살해와 근친상간의 죄를 범했다는 사실을 알지 못한 것에 대한 처벌로 스스로 눈을 찔러 실명한다. "그리스인들에게 산다는 것은 본다는 것이고 본다는 것은 안다는 것과 동일한 것"이었다.[1] 아리스토텔레스가 『시학』(*Poetics*)에서 비극적 주인공이 파멸하는 원인으로 제시한 하마르티아(hamartia)는 성격

* 이 장의 일부(480~513쪽)는 「보는 것과 아는 것: 〈현기증〉에 나타난 응시, 환상, 그리고 죽음」의 제목으로 『문학과 영상』[2008년 9권 3호, 694~726쪽]에 게재된 글을 수정했다.

1 임철규, 『그리스 비극: 인간과 역사에 바치는 애도의 노래』(한길사, 2007), 354쪽.

적 결함 이외에도 '무지'를 의미한다. 이런 점에서 오이디푸스의 비극은 보지 못하고 알지 못하는 인간 "존재의 불구성" 또는 "인간존재 자체의 불완전성"에 대한 고통스런 인식을 극화한다.[2] 그가 스스로 실명하는 것은 인간이 보고 아는 것의 한계에 대한 인식을 표현하는 상징적 행위가 아닐까?

정신분석에서도 보는 행위는 매우 중요하다. 라캉의 표현을 빌리면 인간은 누구나 "가시적 세계의 문지방"을 통과해야 하기 때문이다.(*E*, 77) 그런데 인간이 가시적 세계를 통과한다는 사실이 눈뜸을 의미하지는 않는다. 라캉 이론에서 인간이 자신을 보기 시작하는 거울단계는 오히려 오인 즉 제대로 보지 못하는 인식적 오류를 경험하는 것이기 때문이다. 프로이트에 따르면 눈은 남근의 대체물이므로 실명은 거세를 의미한다.(*SE*XVII: 231) 오이디푸스의 실명은 근원적인 결핍을 겪는 상징적 거세라는 존재 조건에 대해 눈먼 인간의 보편적 운명을 말해주는 것일지도 모른다. 그렇다면 인간은 과연 자신의 존재 조건을 제대로 볼 수 있는 눈뜸을 경험할 수 있을까?

왜 어떻게 무엇을 보는가 또는 보지 못하는가는 영화에서도 결정적인 요소가 된다. 보고 아는 것의 철학적 의미는 영화에서도 핵심적인 위치를 차지한다. 주인공 스카티의 시선을 중심으로 전개되는 히치콕의 「현기증」에서 보는 행위는 남녀의 사랑과 환상을 배경으로 전개된

2 임철규, 『그리스 비극: 인간과 역사에 바치는 애도의 노래』, 346쪽. 오이디푸스의 어원은 '부어오른' '발'과 발을 아는 존재를 뜻한다. 발은 신과 달리 땅을 걷는 존재인 인간의 불완전성을 의미하므로, 두 어원의 뜻을 종합하면 인간존재의 근원적인 불구성과 불완전성을 의미한다. 오이디푸스의 어원과 불구성과 관련해 이 비극에 대한 보다 자세한 해석은 임철규, 『눈의 역사 눈의 미학』(한길사, 2004), 358~366쪽을 참조할 것.

다. 정신분석적 관점에서 이 영화는 남녀관계를 통해 인간존재의 근본 조건과 한계를 보고 아는 문제를 탐구하면서 남녀가 서로를 보고 인식하는 사랑의 (불)가능성을 극화한다. 이 영화를 정신분석학의 관점에서 분석하기 전에 먼저 질 들뢰즈(Gilles Deleuze)의 영화이론과 페미니즘이론이 이 영화를 보는 것과 아는 것의 관점에서 어떻게 해석하는지를 간단히 살펴보는 것이 필요하다. 이들의 해석은 히치콕 영화에서 보는 행위가 영화사적으로 어떤 중요성과 문제점을 지니는가를 일목요연하게 보여주고 정신분석학적 해석과의 차이를 부각시켜 보여주기 때문이다.

들뢰즈는 행동하는 것과 보고 해석하는 것의 차이를 전통영화와 현대영화를 구분하는 차이로 보고, 히치콕을 전통영화와 현대영화의 분기점에 위치한 영화감독으로 자리매김한다. 지각 이미지(perception image), 행동 이미지(action image), 감화 이미지(affection image)로 구성된 운동 이미지(movement image)가 지배하는 전통영화는 인물이 주어진 상황에서 지각하고 느낀 것에 대한 반응으로 행동하여 상황의 변화를 초래하는 기본적인 패턴을 지닌다. 히치콕의 혁신적인 면은 "관계들의 사슬"을 의미하는 정신 이미지(mental image) (또는 관계 이미지)를 도입한 데 있다.[3] 이제 누가 무엇을 했느냐가 아니라 그 행동이 어떤 관계 속에 있는가를 누가 보고 아는가가 더 중요해진다. 카메라와 달리 등장인물은 이 관계를 처음부터 알지 못하며 관객이 인물보다 먼저 이 관계를 알게 된다. 관객과 인물 사이에 존재하는 인식의 시간적 차이로 인해 서스펜스가 발생한다. 이런 의미에서 들뢰즈는 히치콕이 처음으로 관

3 Gilles Deleuze, Hugh Tomlinson & Barbara Habberjam 공역, *Cinema 1: The Movement-Image* (Minneapolis: U of Minnesota P, 1986), 200쪽.

객을 영화 속에 도입했다고 말한다.

들뢰즈가 히치콕을 현대영화의 선구자로 평가하는 것은 관객을 영화 속에 참여시킬 뿐 아니라 보는 행위 자체를 행동보다 더 중요하게 만들었기 때문이다. 히치콕 영화에서 가장 현대적 의미를 지니는 것은 주인공의 행동이 아니라 그 행동이 위치한 관계를 보는 행위다. 더 나아가 히치콕의 영화에서는 인물이 곧 관객이 되기도 한다. 들뢰즈는 행동하는 주체가 아니라 (관계를) 보는 주체가 주인공이 되는 대표적인 히치콕 영화로 「이창」("Rear Window")과 「가족 음모」("Family Plot")를 제시한다.[4] 그러나 「현기증」만큼 보는 행위가 문제적인 히치콕 영화도 드물다. 들뢰즈의 관점에서 「현기증」의 의미는 누가 어느 시점에서 관계를 보고 알게 되는가에 달려있다. 영화의 2/3 지점에서 주디(Judy Barton)는 개빈(Gavin Elster)과 공모하여 진짜 매들린(Madeleine Elster)을 죽이고 자신이 죽은 것처럼 스카티(John Scottie Ferguson)를 속인 것을 플래시백을 통해 회상한다. 이 장면에서 관객은 인물들의 관계를 알게 된다. 이후에 스카티는 주디가 매들린이 사용했던 목걸이를 다는 것을 보고 그녀가 매들린이라는 사실을 깨닫는다. 이때 비로소 스카티는 관계를 파악한다. 그러므로 이 두 장면 사이에서 들뢰즈가 말하는 서스펜스가 발생한다.[5]

4 「이창」에서 주인공 제프리스(Jeffries)는 다리를 다쳐 침대에 누워 창문을 통해 맞은편 건물에서 일어나는 사건들을 본다. 「가족 음모」에서 블랜치(Blanche)는 투시가로 위장해서 고객이 찾는 조카의 행방을 보는 것처럼 행동한다.

5 히치콕은 프랑수아 트뤼포(François Truffaut)와의 대화에서 이 영화 원작의 주인공과 독자는 주디의 정체를 작품 결말에서 알게 되어 놀라움을 경험하지만, 자신은 관객이 스카티보다 먼저 주디의 정체를 알게 설정해서 서스펜스를 경험하게 만들었다고 밝힌다. François Truffaut, *Hitchcock* (New York: Simon,

페미니즘에서도 보고 아는 것이 중요하다. 로라 멀비(Laura Melvey)는 전통영화에서 관객은 남자주인공의 시선과 동일시하고 여자는 남자주인공과 관객의 시선에서 성애적 대상이 된다고 비판하며 이런 전통영화의 대표적 예로 「현기증」을 분석한다.[6] 멀비에 따르면 이 영화의 "서사는 스카티가 보거나 보지 못하는 것을 중심으로 엮어져 있다."[7] 법과 상징질서를 대변하는 스카티는 매들린/주디를 가학적이고 관음증적으로 응시하고 페티시적 대상으로 만들며 그녀의 죄를 밝혀 처벌하

1984), 243~244쪽. 데이비드 보드웰과 크리스틴 톰슨(David Bordwell & Kristin Thompson)이 말하듯이, "인물이 예측할 수 없는 사건을 우리[관객]가 예측할 수 있기 때문에 우리의 우월한 지식의 범위는 서스펜스를 만들어낸다." David Bordwell & Kristin Thompson, *Film Art: An Introduction* (New York: McGraw Hill, 2004), 85쪽. 영화이론에서는 초점화이론이 이런 지식의 차이를 설명한다. 서사학(narratology)에서 초점화는 보는 자와 보이는 대상의 관계를 지칭한다. 초점화는 서사 속 인물이 보는 내적 초점화(internal focalization)와 서사 밖 행위자가 보는 외적 초점화(external focalization)로 구분된다. Mieke Bal, "Focalization," Susana Onega & José Angel García Landa 공편, *Narratology: An Introduction* (London: Longman, 1996), 115~128쪽을 참조할 것. 영화에서는 시각적인 요소가 존재하므로 초점화가 더 중요하고 내적 초점화와 외적 초점화의 긴장이 더 크다. 「현기증」에서 스카티의 내적 초점화와 카메라의 외적 초점화가 다르기 때문에 서스펜스가 발생한다. 셀리스티노 델레이토(Celestino Deleyto)는 편집, 카메라이동, 프레이밍, 미장센을 내적 초점화를 만드는 요소로 설명한다. 그리고 「현기증」의 마지막 장면에서 스카티가 계단을 올라가는 트래킹 쇼트와 그가 아래를 내려다보는 줌쇼트 사이의 카메라 이동은 스카티가 느끼는 현기증을 전달하는 내적 초점화를 만들어낸다고 주장한다. Celestino Deleyto, "Focalization in Film Narrative," Susana Onega 외 공편, *Narratology: An Introduction*, 230쪽.

6 Laura Mulvey, "Visual Pleasure and Narrative Cinema," Leo Braudy & Marshall Cohen 공편, *Film Theory and Criticism* (Oxford: Oxford UP, 1999), 833~844쪽. 멀비는 후에 「백주의 결투」("Duel in the Sun")를 분석하면서 여성 관객이 남성 주인공과 동일시하지 않고 사회에서 억압된 여주인공의 남성성과 동일시하여 해방적 행동의 환상을 가질 수 있다고 지적한다. Laura Mulvey, "Afterthoughts on 'Visual Pleasure and Narrative Drama' inspired by *Duel in the Sun*," Ann Kaplan 엮음, *Psychoanalysis and Cinema* (New York: Routledge, 1990), 24~35쪽.

7 Laura Mulvey, "Visual Pleasure and Narrative Cinema," 842쪽.

는 초자아적 인물이다. 멀비의 관점에서 관객과 스카티는 공범이고 매들린/주디를 대상으로만 바라본다. 이 공범 관계에서 스카티나 관객은 매들린/주디의 주체성을 진실로 보거나 알지 못한다.

멀비는 다른 페미니즘 비평가들에게 많은 비판을 받았다. 이들에 따르면 멀비의 주장과 달리 스카티의 시선은 시종일관 가학적이거나 지배적이지 않고 관객도 스카티와 전적으로 동일시하지 않는다. 멀비에 대한 비판의 초점은 주디의 플래시백 장면에 집중된다. 멀비는 이 장면을 스카티의 시점이 지배하지 않는 예외로 지적하면서도 이 장면에 주목하지 않는다. 그러나 타니아 마들스키(Tania Modleski)는 이 플래시백 장면을 통해 관객이 스카티가 아닌 주디와 동일시하고 주디의 내면을 알게 된다고 지적한다.[8] 캐런 홀링어(Karen Hollinger)도 이 장면에서 주디의 내면이 드러나고 여성 관객은 주디와 동일시하게 된다고 지적한다.[9] 메리언 킨(Marian Keane)은 이 장면에서 주디가 카메라를 바라보는 행위가 중요하다고 강조한다. 멀비의 주장과 반대로 이 영화는 "[카메라]와 남성 주인공의 주체성이 하나의 '나'가 되는" 필름누아르의 전통과 결별한다.[10]

---

8 Tania Modleski, *The Women Who Knew Too Much: Hitchcock and Feminist Theory* (New York: Routledge, 2005), 101쪽.

9 Karen Hollinger, "'The Look,' Narrativity, and the Female Spectator in *Vertigo*," *Journal of Film and Video*, 39 (1987), 24쪽.

10 Marian E. Keane, "A Closer Look at Scopophilia: Mulvey, Hitchcock, and *Vertigo*," Marshall Deutelbaum & Leland Poague 공편, *A Hitchcock Reader* (New York: Blackwell, 1986), 243쪽. 킨은 이 영화에서 스카티가 능동적 시선의 주체가 아니라 오히려 고통을 겪는다는 점을 멀비가 간과했다고 지적한다. 234~236쪽. 마들스키는 다른 장면에서 스카티가 매들린과 동일시하며 관객은 매들린과 동일시하는 스카티와 동일시하므로, 이 영화에서 궁극적인 동일시의 지점은 여성이라고 주장한다. Tania Modleski, *The Women Who Knew Too Much*, 100쪽. 데버라

멀비에 대한 비판에도 불구하고 대상이 아닌 주체로서의 여성을 강조한다는 점에서 이들은 멀비와 페미니즘적 인식을 공유한다. 마들스키는 이 영화의 전반부에서 매들린/주디가 "남성의 낭만적 추구에서 오직 반쯤 보인 대상"이라고 주장하며 이와 다른 "독창적"이고 "진짜" 여성인 주디의 존재를 강조한다.[11] 다시 말해서 남성의 낭만적 환상에 의해 주조된 대상이 아니라 주체성을 지닌 여성이 존재하며, 스카티가 여성의 이런 모습을 보지 못한다는 것이다. 킨도 영화 마지막에 스카티가 종탑 위에서 포옹하는 여자는 더 이상 매들린이라는 스카티의 환상 속 대상이 아니라 주디라는 실제 여성이라고 주장한다. 킨에 따르면 주디가 보고 놀라는 수녀의 검은 모습은 스카티의 환상 속 대상인 유령 같은 존재를 의미하기 때문에 주디는 주체성을 찾기 위해 자발적으로 뛰어내린다.[12]

들뢰즈에게 관계를 보고 아는 것이 중요하다면 페미니즘에서는 여

린더맨(Deborah Linderman)은 주디의 회상장면이 주디의 기억을 보여주긴 하지만 그녀의 시점 쇼트가 아니라 전지적 시점 쇼트로 포착되므로 주디의 주체성은 부정된다고 평한다. Deborah Linderman, "The Mise-en-Abîme in Hitchcock's *Vertigo*," *Cinema Journal*, 30.4 (1991), 56쪽.

11 Tania Modleski, *The Women Who Knew Too Much*, 93, 98~99쪽.

12 Marian E. Keane, "A Closer Look at Scopophilia: Mulvey, Hitchcock, and *Vertigo*," 244~245쪽. 한 걸음 더 나아가 마들스키에게 "여성적 의식"은 "가부장적 의식의 '진리'"가 담긴 곳이다. Tania Modleski, *The Women Who Knew Too Much*, 4쪽. 즉 여성은 진리를 아는 주체이며 남성은 이 진리를 보지 못한다. 여성을 아는 주체로 여기는 마들스키의 입장이 본질주의라고 비판하는 견해에 대해서는 Susan White, "*Vertigo* and the Problems of Knowledge in Feminist Film Criticism," Richard Allen & S. Ishii-Gonzalès 공편, *Alfred Hitchcock Centenary Essays* (London: BFI Press, 1999), 283쪽을 볼 것. "진짜 여성"을 가정하고 여성을 텍스트의 "진리"의 장소로 여기는 마들스키와 킨의 입장에 대한 비판은 Susan White, "Allegory and Referentiality: *Vertigo* and Feminist Criticism," *MLN*, 106.5 (1991), 920쪽을 참조할 것.

성의 주체성을 보고 아는 것이 중요하다. 그런데 개빈과 주디의 계략의 전모 즉 인물들의 관계와 주디의 여성 주체성이 스카티가 보는 (또는 보지 못하는) 것의 전부일까? 스카티가 보는 것을 인물들의 관계와 여성의 정체성에 한정시킨다면 이 영화의 핵심 주제인 현기증의 의미를 간과하는 것이 아닐까? 들뢰즈는 이 영화에서 어지러운 것은 여주인공의 마음속에서 그녀가 여러 인물(죽은 카를로타, 남편, 그리고 스카티)과 맺는 다양한 관계를 통해 동일하게 반복되는 것뿐 아니라 주인공의 "낯선 사색의 상태"도 의미한다고 말한다.[13] 이 낯선 사색의 상태가 보는 시각적 행위와 관계가 있는 것은 아닐까? 그리고 "낯선 사색의 상태"는 주인공 스카티에게만 한정된 것일까?

들뢰즈와 페미니즘 비평의 통찰력을 정신분석적 관점에서 좀 더 세공한다면 이 영화에서 보고 인식하는 행위는 인간의 근원적인 "존재의 불구성"과 상징적 거세 및 성적 관계와 사랑의 (불)가능성과 관련된 깊은 의미를 지닌다. 스카티의 시선을 중심으로 전개되는 이 영화는 무엇보다 스카티가 환상 속에서 그리고 환상을 가로질러 무엇을 보고 아는가의 문제에 초점을 맞춘다. 그러나 남성의 시선이 지배하는 이 영화에서 여성이 단순히 대상으로 환원되거나 여성의 시선과 인식이 전적으로 무시되지는 않는다. 성차와 주이상스, 남녀의 사랑과 성적 관계의 불가능성에 관한 라캉 이론의 관점에서 이 영화를 조명한다면 매들린/주디가 스카티와 어떻게 다르게 보고 아는지, 그들이 왜 서로 인식하고 사랑하는 데 실패하는지에 대한 정신분석적 의미를 찾을 수 있다.

13 Gilles Deleuze, *Cinema 1*, 205쪽.

2. 응시와 봉합이론

스카티는 무엇을 어떻게 보기 시작하는가? 이 영화는 건물의 지붕 위에서 도망치는 범인을 정복경찰이 따라가고 사복경찰인 스카티가 뒤를 이어 추격하는 것으로 시작한다. 스카티는 건물 사이를 건너뛰다가 발을 헛디뎌 지붕 끝에 매달린다. 그를 구하러 되돌아온 정복경찰은 그를 구하다 건물 아래로 떨어져 죽고 스카티는 지붕 끝에 매달려 아래를 내려다본다. 이 사건 이후 스카티는 고소공포증을 갖게 되고 현기증에 시달린다. 그러나 스카티가 겪는 현기증의 원인이 이 사건이 유발한 고소공포증이라고 단정할 수 없다. 현기증의 근본 원인은 시선의 대상이 아니라 시선의 내부에서 발생할 수 있다.

이 점을 시사해주는 것은 영화가 시작되기 전 크레딧이 소개되면서 카메라의 초점이 한 여성의 얼굴과 입에서 눈으로 이동하는 장면이다. 먼저 남녀 주연배우인 제임스 스튜어트(James Stuart)와 킴 노박(Kim Novak) 그리고 감독 알프레드 히치콕의 이름이 소개된 후 영화 제목인 Vertigo가 등장한다. 이 이름들이 바깥에서 스크린으로 들어오는 것과 달리 Vertigo는 눈의 한복판에서 나온다. 영화 제목에 이어 나선형의 소용돌이 모양이 눈에서 계속 나온다. 이는 현기증의 의미를 시각화한 이미지로서 관객들이 현기증을 시각적으로 경험하게 해준다. 이 장면에서 여성의 얼굴을 클로즈업하기 전 이 여성의 시선은 카메라 정면을 향하지 않고 옆으로 이동하며 그다음 Vertigo라는 말과 나선형 소용돌이 모양이 눈에서 나온다. 린더맨은 이것이 관객이 “다른 곳”을 바라보게 하는 효과를 낳는다고 해석한다.[14] 그러나 스카티의 현기증이 바로 다음 장면에서 발생한다는 점을 고려하면 이 장면은 관객의 시선보다 스카티의 시선이 다른 곳을 향한다는 것을 암시한다. 그리고 Vertigo라는 글자와 나선형의 소용돌이 모양이 눈에서 나온다는 사실은 스카티가 외부가 아닌 내면의 이미지를 바라보고 있으며 그 이미지가 제대로 보고 알 수 없게 만들어 현기증을 일으키는 심연이라는 것을 의미한다.

스카티가 건물꼭대기에서 아래를 내려다보면서 느끼는 현기증은 이 크레딧 장면에 나타난 눈의 심연에서 발생하는 현기증의 연장선에 있다. 그래서 스카티가 동료경관이 떨어져 죽은 사건 이후에 겪는 고소공포증은 단순한 정신질환이 아니다. 그것은 그가 내면의 심연을 경험하지만 제대로 보고 대면할 수 없는 일종의 눈먼 상태에 있다는 것을 나타내는 징후다. 그는 밋지(Midge Wood)에게 의사의 설명을 반복하며 "나도 알아. 안다고. 내가 고소공포증을 가졌고, 그래서 현기증이 일어나고, 어지러워지는 거지"라고 말하지만 이런 인과관계는 정확하지 않다. 스카티가 곧이어 "내가 이걸(고소공포증)을 가졌다는 것을 지금 알게 되다니"라고 말하는 데서 알 수 있듯이, 그는 이미 고소공포증(의 원인)을 갖고 있었고 그 사실을 이 사건으로 알게 된 것뿐이다. 이런 의미에서 이 공포증 또는 이 공포증의 원인이 나타내는 것은 데이비드 스테릿(David Sterritt)의 지적대로 "원초적"인 것이다.[15]

---

14 Deborah Linderman, "The Mise-en-Abîme in Hitchcock's *Vertigo*," 60쪽.

15 David Sterritt, *The Films of Alfred Hitchcock* (Cambridge: Cambridge UP, 1993), 87쪽. 스태릿은 스카티의 증상을 "치명적 결함"이나 "원죄"에 비유하고 "그의 존재와 그의 본성의 일부"라고 지적한다. 이는 앞서 오이디푸스를 논의하면서 언급한 인간 "존재의 불구성"과 관계가 깊다고 볼 수 있다.

스카티가 이 사건 이후에 경찰직에서 은퇴한다는 것은, 멀비가 주장하는 것과 달리, 그가 법과 상징계의 대리자 역할을 그만두었다는 것을 의미한다. 이제 그는 상징계의 대리자로서 바라보던 것과는 다른 세계를 경험하기 시작한다. 지젝의 책 제목을 빌리면 이제 그는 세상을 "삐딱하게 보기" 시작한 것이다.[16] 이 사건 이후 스카티는 과거 약혼녀 밋지의 아파트에서 실내용 사다리를 오르며 고소공포증을 극복하는 훈련을 하다가 창밖의 건물 아래를 보고 현기증을 일으킨다. 이 영화의 원작소설 『죽은 자들로부터』(*D'entre les morts*)를 각색했던 시나리오 작가 중 한 명인 새뮤얼 테일러(Samuel Taylor)는 인터뷰에서 원작에는 없지만 스카티에게 일상적인 생활을 되찾게 해줄 인물로 밋지를 만들어냈다고 밝힌 바 있다.[17] 브래지어 광고업이라는 직업에서부터 평범한 외모와 실용적인 말투에 이르기까지 그녀는 현실의 일상세계를 대변하는 인물이다. 그녀는 어떤 "깊이의 부재"를 보여주고 그녀의 아파트도 "문화적 환경의 피상성"을 환기시킨다.[18] 스카티는 이런 일상적 현실 세계를 대변하는 밋지의 아파트에서 불과 사다리의 계단 세 칸을 올라가서 심연을 보며 현기증을 일으킨다. 건물꼭대기에 매달렸었던 외상을 겪은 스카티는 이제 현실의 한복판에서도 같은 심연을 본다. 현실은 이렇게 조금 다른 각도에서 삐딱하게 바라보면 그 표면적인 안정성을 상실한다. "이것이 정신분석이 제공하는 일상 현실의 이미지다. 즉 그것은,

16 Slavoj Žižek, *Looking Awry: An Introduction to Jacques Lacan through Popular Culture* (Cambridge: MIT P, 1991). 국역본 슬라보예 지젝, 김소연 옮김, 『삐딱하게 보기』(시각과 언어, 1995)의 제목을 볼 것.

17 Charles Barr, *Vertigo* (London: BFI Classics, 2002), 29쪽.

18 Robin Wood, *Hitchcock's Films Revisited* (New York: Columbia UP, 2002), 111쪽.

아주 임의적이고 예측 불가능한 방식으로 외상이 분출되면, 언제든 파괴될 수 있고 깨지기 쉬운 평형상태다."[19]

이후 스카티는 이렇게 삐딱하게 바라본 세계를 경험한다. 그것은 영화 처음에 나왔던 나선형 소용돌이 모양이 반복해서 등장하는 낯선 곳의 경험이며 현실 세계에서 벗어나 꿈을 꾸는 것 같은 세계다.[20] 스카티는 대학 동창인 개빈에게서 자신의 아내 매들린이 죽은 할머니 카를로타(Carlotta Valdes)의 영혼에 홀려 이상한 행동을 하므로 아내를 몰래 관찰해달라는 부탁을 받는다. 스카티는 개빈에게 처음에는 매들린을 정신과 의사에게 데려가라고 현실적인 대답을 한다. 그러나 그는 어니스 레스토랑(Ernie's)에서 매들린을 처음 보는 순간 현실의 세계에서 낯선 세계로 빠져든다.

레스토랑에서 스카티가 매들린을 처음 보고 매료되는 장면은 많은 주목을 받아왔다. 스카티는 멀리 떨어진 곳에서 개빈과 매들린이 테이블에 앉아있는 것을 엿보고, 이후 스카티의 시점 쇼트가 아닌 카메라의

19 Slavoj Žižek, *Looking Awry*, 17쪽.

20 여러 평자들이 이 영화의 꿈과 같은 분위기를 지적했다. 예를 들어 도널드 스포토(Donald Spoto)는 카를로타의 소용돌이 모양의 머리, 스카티가 샌프란시스코의 거리를 뱅뱅 돌며 매들린을 차로 추적하는 것, 샌 후안 바우티스타(San Juan Bautista) 종탑의 나선형 계단 등이 모두 "영화의 환각적이고 꿈같은 효과"를 만들어낸다고 지적한다. 제임스 맥스필드(James Maxfield)는 이 영화 전체가 스카티가 지붕에 매달려 꾸는 꿈이라고 해석한다. 스탠리 팔롬보(Stanley Palombo)는 이 영화를 스카티의 꿈 세계의 와해과정으로 이해한다. Donald Spoto, *The Art of Alfred Hitchcock: Fifty Years of His Motion Pictures* (New York: Anchor Books, 1992), 275쪽; James F. Maxfield, "A Dreamer and his Dream: Another Way of Looking at Hitchcock's *Vertigo*," *Film Criticism*, 14.3 (1990), 3~13쪽; Stanley R. Palombo, "Hitchcock's *Vertigo*: The Dream Function in Film," Joseph H. Smith & William Kerrigan 공편, *Images in Our Souls: Cavell, Psychoanalysis, and Cinema* (Baltimore: Johns Hopkins UP, 1987), 44~63쪽.

눈이 매들린의 뒤로 접근한다. 그리고 스카티의 시점 쇼트로 본 개빈과 매들린의 모습이 보이고, 개빈과 매들린이 스카티가 앉아있는 곳을 지나가면서 스카티 오른쪽에서 매들린의 오른쪽 옆면이 카메라에 포착된다. 잠시 후 스카티 왼쪽으로 개빈과 매들린이 문을 나서는 모습이 보인다. 다시 말해서 이 장면은 매들린이 스카티의 시선에 어떻게 포착되는가를 자세히 보여준다. 그런데 지젝이 지적하듯이 이때 스카티는 매들린에게 노출되는 것을 피하려고 얼굴을 살짝 왼쪽으로 돌리기 때문에 매들린의 오른쪽 옆모습이 정확히 포착되는 장면은 스카티의 시점 쇼트가 될 수 없다. 그렇다면 어떻게 이 장면이 스카티가 매들린에게 매료되는 것을 보여주는 것일까?

지젝은 카메라가 매들린을 뒤에서 접근하는 쇼트와 매들린의 옆모습을 보는 쇼트 모두가 스카티의 시점쇼트는 아니지만 스카티의 주체성과 관련되어 있고 이를 '신체 없는 기관'인 눈에 포착된 것으로 해석한다. 이 장면은 스카티의 의식을 나타내는 눈이 아니라 "그가 상상하는 것 즉 그의 환각적인 내적 비전"을 나타낸다.[21] "라캉의 용어로 말하면 매들린의 옆모습을 포착한 쇼트는 타자의 장면에 나타나 주체가 접근할 수 없다. 이 장면이 주체의 한복판에 자리 잡고 있기 때문이다."[22] 여기에서 역설은 프로이트가 말하는 무의식의 장소인 이 대타자의(또는 다른) 장면(the Other Scene)이 주체의 내면 한복판에 있기 때문에 오히려 주체가 볼 수 없고 알 수 없다는 점이다. 매들린은 스카티의 의식에 포

21 Slavoj Žižek, *Organs Without Bodies: On Deleuze and Consequences* (New York: Routledge, 2004), 153~154쪽.

22 Slavoj Žižek, "*Vertigo*: The Drama of a Deceived Platonist," *Hitchcock Annual*, 12 (2003), 70쪽.

착되는 것이 아니라 그의 무의식적 환상에 포착된다. 그러므로 이 장면에서 카메라의 눈은 스카티 신체의 일부인 눈이 아니라 신체에서 떨어져 나간 "신체 없는 기관"으로서의 눈이며 라캉의 용어를 빌리면 주체에게서 떨어져 나간 대상 *a*인 "응시"다.[23]

지젝은 로빈 우드(Robin Wood)와 스포토를 비롯한 많은 비평가들이 매들린의 옆모습이 포착되는 장면을 스카티의 시점 쇼트라고 주장해왔다고 지적한다. 그리고 이는 "주체-행위자 없는 주체성"의 잉여 즉 신체 없는 기관으로서의 응시를 봉합 논리(suture-logic)로 길들이고 억압하는 결과를 낳는다고 비판한다.[24] 지젝의 비판은 라캉 정신분석 관점에서 더 상세히 살펴볼 필요가 있다. 영화에서 봉합은 관객의 주체가 영화의 담론으로 꿰매어지는 과정 즉 관객이 영화의 서사에 흡수되는 과정을 의미한다. 봉합에 관한 영화이론은 주로 라캉의 거울단계 이론에 의존하여 주체가 스크린의 이미지나 카메라의 시점에 동화되는

---

23 신체 없는 기관은 들뢰즈의 "기관 없는 신체"를 뒤집은 것이다. 지젝은 들뢰즈의 "잠재성"을 라캉의 "실재"와 동격으로 해석하는 등 이들의 동질성도 읽어낸다. Slavoj Žižek, *Organs Without Bodies*, 3쪽. "기관 없는 신체"에 대해서는 Gilles Deleuze & Féllix Guattari, Robert Hurley, Mark Seem & Helen R. Lane 공역, *Anti-Oedipus: Capitalism and Schizophrenia* (Minneapolis: U of Minnesota P, 1983), 9~16쪽을 볼 것. 들뢰즈와 라캉의 유사성과 차이점에 대해서는 서동욱, 『들뢰즈의 철학-사상과 그 원천』(민음사, 2002), 152~207쪽을 참조할 것.

24 Slavoj Žižek, *Organs Without Bodies*, 154쪽. 우드는 후에 이 시점이 스카티의 시점 쇼트가 아니라고 지적하고 페미니즘과 정신분석학을 빌어 관객이 이 쇼트를 스카티의 "의식의 움직임"과 연결한다고 보지만 스카티의 무의식으로 해석하지 못한다. Robin Wood, *Hitchcock's Films Revisited*, 384쪽. 린더맨도 이 시점이 카메라의 시점이며 매들린의 이미지는 스카티의 "과잉상상"에 의한 것이라고 주장하지만 그것이 무의식의 작용이라는 점을 정확히 밝히지 못한다. Deborah Linderman, "The Mise-en-Abîme in Hitchcock's *Vertigo*," 63쪽.

것을 설명해왔다.[25] 이런 설명은 관객이 영화의 서사에 동화되는 과정을 이데올로기적인 것으로 비판한다. 그러나 이 이데올로기적 과정이 실패할 수 있다는 점 즉 관객의 눈이 전적으로 스크린에 동화되지 않을 수 있다는 점에 관해서는 관심을 기울이지 않는다.[26]

라캉 이론의 관점에서 봉합은 주체가 대타자 담론의 영역에서 자신의 존재를 상실하고 기표로 대치되어 분열된 주체($)로 출현하는 것이다. 주체가 분열된다는 것은 봉합에도 불구하고 여전히 대타자에 종속되지 않는 잉여가 있다는 뜻이다. 주체의 무의식은 기표의 사슬에서 배제된 것, 기표 사슬의 틈을 지향한다. "대타자에 대한 주체의 외재성이 유지되는데 이것이 곧 무의식을 형성한다."[27] 시각적으로 말하면 의식적 주체는 영화에서 재현의 장인 스크린/대타자에 투사된 것을 본다. 반면 무의식적 주체는 스크린에서 빠진 것 즉 스크린 너머의 것을 보고자 한다. 라캉에 따르면 스크린을 보는 것은 눈(eye)이고, 스크린에 없어서 주체가 볼 수 없는 것을 보려는 욕망을 불러일으키는 것은 응시(gaze)다.[28] 주체는 대타자의 영역에 봉합되는 것(눈)뿐 아니라 이 과정

---

25 거울단계이론을 차용한 예로는 Daniel Dayan, "The Tutor-Code of Classical Cinema," Leo Braudy 외 공편, *Film Theory and Criticism*, 118~129쪽과 Jean-Louis Baudry, "Ideological Effects of the Basic Cinematographic Apparatus," Leo Braudy 외 공편, *Film Theory and Criticism*, 345~355쪽을 볼 것.

26 이 점에 대한 예리한 비판은 Joan Copjec, *Read My Desire*, 15~38쪽을 볼 것.

27 Jacques-Alain Miller, "Suture (elements of the logic of the signifier)" *Screen*, 18.4 (1977-78), 33쪽. 스티븐 히스(Stephen Heath)는 봉합이 주체가 기표로 대치되어 상징계/대타자에 종속되는 것과 기표로 완전히 대치되지 않고 상징계/대타자에 의문을 품는 것 사이의 왕복운동이라고 해석한다. Stephen Heath, *Questions of Cinema* (Bloomington: Indiana UP, 1981), 106~107쪽.

28 대타자 속에서 주체가 출현한다는 것 자체가 이 '응시'를 추구한다는 것을 의미한다. 이 점에 관해서는 Joan Copjec, *Read My Desire*, 35~37쪽을 참조할 것. 눈

에서 봉합되지 못하고 남는 잉여(응시)가 있기에 봉합은 완전히 성공할 수 없다. 주체의 눈이 영화 기제의 약호에 의해 영화 서사로 봉합되는 것은 상징적 동일시를 통해 상징계에 이데올로기적으로 종속되는 것이다. 그러나 봉합은 항상 불완전하기 때문에 주체는 봉합되지 않은 잉여와의 관계를 추구하지 않을 수 없다.

3. 환상의 스크린

주체와 잉여의 관계가 환상이다. "환상의 구조"는 "주체가 기표에 종속되면서 겪는 분열과 밀접히 연관된 주체의 사라짐 또는 소멸을 하나의 대상의 조건과 연결시킴으로써" 완성된다.(*E*, 691) 환상 공식($\$ \diamond a$)은 주체가 상실한 대상 *a*를 욕망하는 관계를 표시한다. 이렇게 보면 매들린은 눈의 대상이 아니라 응시의 대상이다. 문제의 상면에서 매들린이 스카티의 시점 쇼트에 포착될 수 없는 것은 스카티가 의식의 눈으로 그녀를 볼 수 없고 그가 알지 못하는 무의식의 환상 속에 응시의 대상으로 자리를 잡기 때문이다. "환상은 가장 근본적인 차원에서 주체에게 접근할 수 없는 것"이며, 상상적 동일시나 상징적 동일시와 달리 주체는 "내 존재의 환상적 핵을 (상징적 통합과 같은 의미에서) 전적으로 취하는 것이 가능하지 않다."[29] "환상은 원초적으로 억압된 나의 '부분'이기" 때문이다.(*E*, 691)

과 응시의 구분에 대한 상세한 논의는 졸저 『욕망의 윤리』, 316~323쪽을 볼 것.

29 Slavoj Žižek, *How to Read Lacan* (New York: Norton, 2006), 54~55쪽.

개빈을 아버지적 인물로 볼 수 있다면,[30] 매들린을 관찰하고 감시하라는 개빈의 청탁은 상징적 명령으로 볼 수 있고 이 청탁을 수락하는 스카티는 상징적 정체성을 받아들이는 것이다.[31] 그러나 매들린을 추적하고 감시하는 스카티가 개빈의 상징적 명령을 충실히 이행한다고 볼 수는 없다. 멀비는 스카티가 상징계의 대리자로서 그녀를 지배적인 시선으로 관찰한다고 주장한다. 그러나 그가 매들린을 추적하는 것은 환상의 스크린에 포착된 그녀가 대상 *a*로 기능하여 그의 욕망을 불러일으키기 때문이다. 라캉의 셋째 욕망의 그래프가 보여주듯이 스카티는 상징적 명령을 수행하면서 동시에 상징적 정체성을 넘어선 환상을 추구한다.[32] 지젝의 말대로 매들린은 그녀의 본질적 속성 때문이 아니라 단지 "환상의 공간 속 위치"를 차지하게 되었기 때문에 숭고한 대상으로 그에게 나타날 뿐이다.[33] 스카티가 샌프란시스코 거리를 뱅뱅 돌면서 꽃집과 묘지 또 샌프란시스코 만으로 매들린을 따라가는 장면은 샌프란시스코라는 현실 세계에서 발생하지만, 사실은 환상의 통로를 따라 숭고한 대상을 찾는 과정으로 보아야 한다. 샌프란시스코의 굽어진 거리 그리고 매들린과 초상화 속 카를로타의 머리 장식에 나타나는 소용

30 Karen Hollinger, "'The Look,' Narrativity, and the Female Spectator in *Vertigo*," 22쪽; James F. Maxfield, "A Dreamer and his Dream," 10쪽.

31 모든 것이 개빈의 음모라는 것을 감안하면 개빈이 상징계의 질서를 대변하는 인물이 아니라 상징계에 혼란을 가져오는 인물이라고 볼 수 있다. 그러나 이 질서의 균열은 이미 상징계가 완전한 질서가 아닌 불안정하고 결여되어 있다는 것을 보여준다. 그가 영화 마지막에 체포되지 않는 것도 이런 상징계의 불안정성을 암시한다.

32 라캉의 욕망의 그래프에 대한 상세한 설명은 졸저 『욕망의 윤리:』 3장 「욕망의 변증법」을 참고할 것.

33 Slavoj Žižek, *Looking Awry*, 84쪽.

돌이 모양은 스카티가 빠져드는 환상세계의 미로를 상징한다.

이를 확인시켜주는 장면은 카를로타의 초상화와 매들린의 옆모습이 중첩되어 나타나는 장면이다. 스카티는 매들린을 따라 리전 오브 아너 궁(Palace of the Legion of Honor) 갤러리에서 카를로타의 초상화 앞에 앉아있는 매들린을 본다. 그리고 밋지의 소개로 서점주인 팝 라이벌(Pop Leibel)을 만나 히스패닉계의 무녀였던 카를로타가 남자와 사랑에 빠져 딸을 낳았지만 결국 딸을 빼앗기고 버림을 받아 딸을 찾으며 길거리를 배회하다 죽었다는 이야기를 듣는다.[34] 스카티와 밋지가 서점에서 나와 차를 타고 밋지의 아파트로 가는 도중에 밋지는 매들린이 카를로타의 혼에 사로잡혔다는 생각을 비현실적인 것으로 치부한다. 그러나 밋지가 차에서 내린 후 스카티는 갤러리에서 받은 카탈로그에서 카를로타의 초상화를 열어보며 매들린을 생각한다. 이때 카를로타의 초상화와 레스토랑에서 포착된 매들린의 옆모습이 오버랩되어 나타난다.

34 페미니즘에서 카를로타가 매들린/주디와 더불어 가부장적 남성사회에 의해 억압된 여성을 대변한다면, 마르크스주의 비평에서 카를로타는 억압된 인종적 계급적 타자를 나타낸다. Virginia Wright Wexman, "The Critic as Consumer: Film Study in the University, *Vertigo*, and the Film Canon," *Film Quarterly*, 39.3 (1986), 32~41쪽을 볼 것. 프레드릭 제임슨(Fredric Jameson)은 마르크스주의 관점에서 히치콕 비평이 영화의 자기반영적 측면에 치중한 나머지 영화의 매체 자체가 자본주의 물화과정의 심화라는 역사적 측면을 고려하지 못했다고 비판한다. Fredric Jameson, *Signatures of the Visible* (New York: Routledge, 1992)의 6장 "Allegorizing Hitchcock"을 볼 것. 수전 화이트(Susan White)는 버지니아 웩스맨(Virginia Wexman)같은 역사비평가는 계급적 인종적 타자에게 특권적 지식이 있다고 가정하는 오류를 범한다고 비판한다. Susan White, "*Vertigo* and the Problems of Knowledge in Feminist Film Criticism"과 "Allegory and Referentiality"를 볼 것.

「현기증」("Vertigo"), 1958년, 알프레드 히치콕 프로덕션(Alfred Hitchcock Productions)

앞서 논했듯이 매들린의 옆모습은 스카티의 의식의 눈이 아니라 무의식적 응시에 포착되는 이미지다. 이 장면은 스카티가 현실의 일상세계를 대변하는 밋지의 세계와 양립할 수 없는 환상의 세계로 빠져드는 것을 보여준다.

스카티가 샌프란시스코 만에서 물에 뛰어든 매들린을 구출한 후 매들린과 세쿼이아 숲에서 대화를 나누며 바닷가에서 포옹하고 키스하는 장면은 모두 현실 세계를 벗어난 환상세계의 경험이다. 숲과 바다라는 배경 자체가 샌프란시스코의 도시환경을 떠난 곳이라는 점에서 스카티의 환상의 배경으로 적합하다. 스카티가 매들린과 사랑에 빠지는 것은 환상 속에서다. 그런데 왜 스카티와 매들린의 사랑이 환상적인 것일 수밖에 없는가? 매들린은 스카티의 환상에서 어떤 존재인가?

개빈이 부성적 인물이라면 개빈의 아내인 매들린은 모성적인 인물이다.[35] 매들린이 스카티에게 모성적 인물이라는 점은 환상의 구도

35 홀링어와 팔롬보를 비롯한 많은 평자들이 밋지의 모성성을 지적한다. 홀링어는

와 관련해서 중요한 의미를 지닌다. 환상은 주체의 욕망을 직접 상연하는 것이 아니라 타자가 자신에게 무엇을 원하는가라는 질문 즉 타자의 욕망의 수수께끼에 대한 대답을 상연하는 시나리오다.[36] 최초의 주체와 타자 관계인 아이와 어머니 관계에서 아이는 어머니의 욕망이 자신에게 향하지 않음을 알고 어머니 욕망의 수수께끼를 대면한다. 어머니의 욕망이 전적으로 자신에게 집중되어 있다고 여겼던 상상계적 합일의 상태가 깨지고 균열이 발생하면 주체는 상징계에서 분열되고 대상 *a*는 주체에게서 떨어져 나간다. "대상 *a*는 우리가 한때 부분이었던 더 큰 총체를 상기시키는 것 또는 그 잔존물이다."[37] 대상 *a*는 어머니와 합일되었던 원초적 주이상스를 상기시키므로 주체는 "대상 *a*와의 복잡한

특히 어머니/아이의 관계를 적용해서 밋지의 아파트가 상상계적 공간이며 스카티가 어머니를 떠나 새로운 이성을 만나는 것을 상징계로 가는 것으로 해석한다. Karen Hollinger, "'The Look,' Narrativity, and the Female Spectator in *Vertigo*," 21쪽; Stanley R. Palombo, "Hitchcock's *Vertigo*," 49쪽; 로버트 새뮤얼즈(Robert Samuels) 역시 밋지를 모성적 인물로 해석하면서 정신적 성불구를 겪는 남성에게 사랑과 욕망이 분열된다는 프로이트의 이론에 비추어볼 때 밋지는 (근친상간 욕망을 환기하고 따라서 욕망의 대상이 될 수 없는) 사랑의 대상이고 매들린은 욕망의 대상이라고 주장한다. Robert Samuels, *Hitchcock's Bi-Textuality: Lacan, Feminisms, and Queer Theory* (Albany: SUNY P, 1998), 79~86쪽을 참조할 것. 그러나 모성적 인물이 주체가 원초적으로 상실한 대상이고 다른 여성들은 어머니의 대체물이라는 관점에서 보면 밋지는 모성적 인물이 아니다. 오히려 독립적이고 비성적(asexual)인 밋지가 스카티의 어머니를 대체할 수 없고 어머니에 대한 근친상간적 욕망을 불러일으키지 않기 때문에 그가 무의식적으로 억압하는 대상인 어머니라고 공공연히 불릴 수 있다는 마크 커즌스(Mark Cousins)의 지적이 더 설득력이 있다. Mark Cousins, "The Insistence of the Image: Hitchcock's *Vertigo*," Parveen Adams 엮음, *Art: Sublimation or Symptom* (London: Karnac, 2003), 9~10쪽.

36 Slavoj Žižek, *How to Read Lacan*, 48~49쪽; Slavoj Žižek, *The Metastases of Enjoyment*, 177쪽을 참조할 것.

37 Maire Jaanus, "The Démontage of the Drive," Richard Feldstein 외 공편, *Reading Seminar XI*, 132쪽.

관계 속에서 전체, 완성, 충만, 행복의 환상적 느낌을 성취한다."[38] 프로이트는 "꿈속에서 물에 빠진 여자를 구원하는 남자는 그 여자를 어머니로 만드는 것"이라고 말한다.(*SE*XI: 174) 이런 점에서 스카티가 물에 빠진 매들린을 구하는 장면은 모성적 인물과 합일하는 환상의 시나리오를 상연한다.[39]

스카티의 환상은 매들린을 자신의 근원적 결여를 메워줄 대상 *a*로 만든다. 4장에서 보았듯이 이런 남녀관계는 남자가 여자를 자신의 영혼으로 삼는 나르시스적 영혼사랑이다. 스카티가 이 환상에 집착하는 것은 궁극적으로 자신의 근원적 결여를 대면할 수 없기 때문이다. 그가 바다에서 매들린과 환상적인 로맨스를 경험하고 밋지의 아파트를 방문했을 때 밋지가 카를로타의 몸에 자신의 얼굴을 그려 넣은 초상화를 보고 부정적인 반응을 보이며 떠나는 것은 그녀가 스카티의 환상세계를 침범했기 때문이다. 밋지가 이 초상화와 함께 포착된 화면은 현실과 현실에 의해 일그러진 환상의 모습을 잘 보여준다. 이 그림에서 캔버스 속의 자연풍경과 아파트 내부의 대조, 밋지의 옷과 카를로타의 옷의 차이, 캔버스의 왼쪽 모서리 선으로 인한 확연한 구분, 그리고 그림에서

---

38 Bruce Fink, *The Lacanian Subject*, 59~60쪽.

39 남자의 대상선택에 대한 프로이트의 논의에 대해서는 *SE*XI: 165~175쪽을, 이에 대한 논의는 6장 「리비도는 어디에?」를 참조할 것. 빅터 버긴(Victor Burgin)은 남성의 구원 환상에 대한 프로이트의 논의와 「현기증」의 유사성에 주목하며 이 영화가 오이디푸스 장면을 전치하여 보여준다고 해석한다. Victor Burgin, "Diderot, Barthes, *Vertigo*," Victor Burgin, James Donald & Cora Kaplan 공편, *Formations of Fantasy* (London: Routledge, 1987), 101~105쪽. 이매뉴얼 버먼(Emanuel Berman)은 이 장면을 오르페우스가 유리디체를 구원하거나 중세 기사가 용을 물리치고 미녀를 구출하는 신화와 연관시켜 설명한다. Emanuel Berman, "Hitchcock's *Vertigo*: The Collapse of a Rescue Fantasy," Glen O Gabbard 엮음, *Psychoanalysis and Film* (London: Karnac, 2001), 29~62쪽.

밋지의 안경 쓴 얼굴과 카를로타의 몸 사이의 부조화는 두 세계가 양립할 수 없음을 분명히 보여준다.

「현기증」(“Vertigo”), 1958년, 알프레드 히치콕 프로덕션(Alfred Hitchcock Productions)

이 시점에서 환상의 이중성을 상기할 필요가 있다. 환상은 상징적 정체성을 넘어 주체가 욕망할 수 있게 해준다. 그러나 다른 한편으로 환상은 대상 *a*를 통해서 원초적인 상실을 메우려는 시나리오다. “환상은 주이상스를 포기하는 과정 즉 법의 출현을 상연하기 때문에 원초적인 상실의 서사다. [……] 환상은 욕동이 순환하는 공백을, 욕망을 구성하는 원초적인 상실로 주체가 (잘못) 인식할 수 있게 해주는 이야기를 들려준다. 다시 말해서 환상은 [……] 우리가 박탈당한 주이상스가 그것을 우리에게서 훔쳐간 대타자에 집적되어있는 장면을 만든다.”[40]

40 Slavoj Žižek, *The Plague of Fantasies*, 32쪽.

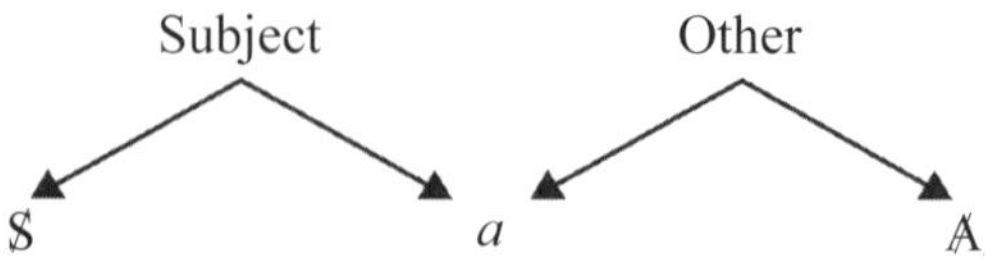

브루스 핑크가 그린 위의 분리 도식은 지젝의 설명을 잘 보여준다.[41] 분열된 주체에게서 떨어져 나간 대상 *a*는 대타자에게도 없다. 대상 *a*는 대타자의 결여와 틈이다. 주체의 결여와 대타자의 결여가 포개진다는 라캉의 발언도 이를 의미한다.(*S*XI, 214~215) 환상공식에서 분열된 주체가 대상 *a*와 맺는 관계를 나타내는 마름모꼴(◇)은 이 둘 사이의 욕망과 거리를 동시에 나타낸다. "대상 *a*를 주체가 대타자의 욕망과 대면하게 하는 외상적 주이상스의 경험으로 이해할 때, 환상공식은 매료와 혐오의 미묘한 균형을 유지하면서 그 위험한 욕망과 적절한 거리를 유지하려고 노력한다는 것을 암시한다."[42] 욕망이 결여라는 점을 상기하면 환상은 상실과 결여의 공백으로부터 거리두기이고 "실재계와 조우하는 것으로부터 주체를 보호하는 것이다."[43]

---

41 Bruce Fink, *The Lacanian Subject*, 61쪽. 집합론으로 보면 대상 *a*는 결여된 주체 $와 결여된 대타자 A (아래의 S1→S2)의 교집합이다. Slavoj Žižek, *The Metastases of Enjoyment*, 178쪽; Slavoj Žižek, *Enjoy Your Symptom! Jacques Lacan in Hollywood and out* (New York: Routledge, 1992), 76쪽을 참조할 것.

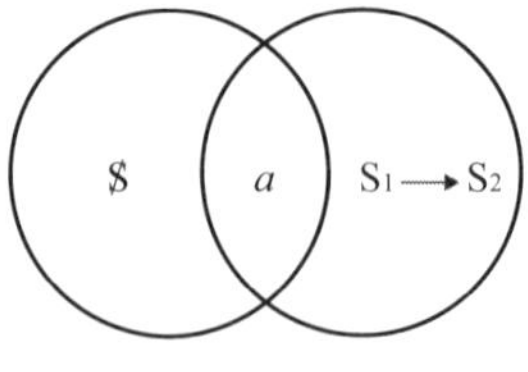

42 Bruce Fink, *The Lacanian Subject*, 174쪽.

43 Roberto Harari, *Lacan's Four Fundamental Concepts of Psychoanalysis,: An Introduction,*

요컨대 환상은 주체가 상실과 결여를 보지 못하게 은폐하는 스크린이다. 지젝이 설명하듯이 "어머니-물(Mother-Thing)과 너무 가까운 대상이 환상의 프레임에 나타날 때 욕망은 근친상간적 폐소공포증 속에서 질식한다. 여기에서 우리는 다시 환상의 역설적인 매개적 역할과 마주친다. 환상은 우리가 모성적 대체물을 찾을 수 있게 해주지만 동시에 모성적 물과 거리를 유지하게 만들어 너무 가까이 가는 것으로부터 방어해주는 스크린이다."[44] 스카티는 꿈에서 매들린/주디의 모습 뒤에서 무덤 속 죽은 카를로타의 이미지를 발견한다. 그가 이 이미지와 동일시하고 경악하는 것은 이런 어머니-물이 불러일으키는 불안을 보여준다.

4. 현기증과 죽음

환상이 스크린이라면 스카티는 환상 속에서 무엇을 보고 무엇을 보지 못하는가? 스카티가 환상에서 보는 것은 물론 매들린의 이미지다. 매들린의 이미지에서 가장 중요한 것은 소용돌이 모양의 머리 장식이다. 이 모양은 일찍이 크레딧 장면에서 출현해 스카티의 현기증과 연관된다. 지붕에 매달린 스카티가 밑을 내려다볼 때 줌인과 트랙백을 통해 나타나는 스카티의 현기증은 떨어지고 싶은 욕망과 떨어질 것에 대

59쪽.

44 Slavoj Žižek, *The Sublime Object of Ideology*, 119~120쪽.

한 두려움의 혼합으로 설명되어왔다.[45] 앞서 보았듯이 이런 욕망과 두려움의 혼합은 환상에서 "대타자의 욕망과 대면하게 하는 외상적 주이상스"에 대한 매료와 혐오의 이중감정으로 이해될 수 있다. 이 장면에서 소용돌이 모양이 현기증 및 환상과 어떤 관계를 지니는지에 대한 단서를 찾을 수 있다.

스카티가 느끼는 현기증은 아래를 제대로 볼 수 없다는 징후다. 스카티가 아래를 내려다보았을 때 정복경찰이 떨어져 죽어있는 모습은 소용돌이 모양이다. 즉 소용돌이 모양은 죽음을 체현하는 이미지다. 이 장면은 스카티의 시점 쇼트로 보이지만 엄밀한 의미에서 스카티의 시점 쇼트가 아니다. 스카티는 지붕이 있는 건물을 향해서 매달려 있으므로 그가 밑을 내려다보면 스카티가 매달린 건물이 위쪽에 있어야 한다. 그런데 경찰이 떨어지는 장면이나 경찰이 떨어진 후의 장면 모두 반대편 건물이 위쪽에 있다. 그러므로 이 장면은 스카티의 시점 쇼트가 아니라 카메라의 시점 쇼트다. 이런 점에서도 스카티는 이 장면을 정면으로 보고 있다고 말할 수 없다. 소용돌이 모양은 죽음을 은폐하고 있고 스카티는 죽음을 정면으로 바라볼 수 없는 것이다.

소용돌이 모양이 죽음을 체현하는 이미지라는 점은 매들린과 카를로타의 소용돌이 머리 모양과도 관련이 있다. 매들린이 카를로타의 옷을 입고 카를로타의 보석을 달고 카를로타의 머리 모양을 모방하며 카를로타의 무덤을 찾는 것은 죽은 카를로타가 매들린의 삶을 지배하고 있다는 것을 보여준다. 스카티와 함께 세쿼이아 숲으로 갔을 때에도 매

45 Robin Wood, *Hitchcock's Films Revisited*, 110쪽; Emanuel Berman, "Hitchcock's *Vertigo*," 34쪽을 참조할 것.

들린은 나무의 나이테에서 자신이 태어나고 죽은 지점을 가리키며 꿈에서 본 복도 끝의 어둠을 이야기하고 자신이 죽을 것에 대해 말한다. 이 영화의 원작의 제목이 『죽은 자로부터』라는 점 역시 현기증의 의미가 죽음과 밀접히 관련되어 있음을 암시한다.

매들린이 떨어져 죽을 때에도 스카티는 현기증을 느끼며 종탑까지 올라가지 못하고 종탑의 중간 틈으로 매들린이 떨어지는 것을 목격한 후 떨어져 죽은 매들린의 시신을 내려다본다. 그러나 이 경우에도 스카티가 죽음을 대면했다고 볼 수 없다. 매들린이 떨어진 후에 스카티가 매들린의 죽음을 확인하지 않고 떠난 것은 사실적이지 않다는 지적을 받았다.[46] 그러나 이는 개연성의 문제라기보다 스카티가 매들린의 상실을 받아들이지 못하고 그녀의 죽음을 대면할 수 없다는 점을 보여준다. 매들린이 죽은 후 열린 재판에서 판사는 정신적인 의식상실을 겪었고 그 이상 알지 못했다는 스카티의 주장을 인용한다. 이는 당시 스카티의 정신상태 즉 현기증뿐 아니라 매들린의 죽음을 직시하지 못하는 일종의 눈먼 상태를 말해준다.

이후 스카티는 심각한 우울증에 빠져 정신병원에서 치료를 받는다. 그는 매들린의 상실을 받아들이지 못하고 끊임없이 그녀의 이미지를 추구하며 환상의 세계에 머무르려 한다. 그가 길에서 우연히 매들린과 닮은 주디를 만나 그녀를 매들린의 이미지로 만들려는 시도는 환상에 대한 그의 집착을 보여준다. 매들린이 주디로 대치될 수 있으므로 스카티가 추구하는 것은 주디도 매들린도 아니고 매들린의 이미지다.

46 Robin Wood, *Hitchcock's Films Revisited*, 109쪽을 참조할 것.

(또한 매들린은 이미 카를로타의 이미지가 아닌가?) 이 이미지는 여전히 그에게 환상의 스크린 역할을 한다.

매들린의 죽음이 자살로 판정되고 풀려난 스카티가 그날 밤 꾸는 악몽은 그가 대면할 수 없는 죽음을 상연한다. 이 악몽에서 스카티와 개빈 사이에는 매들린이 아니라 카를로타가 서 있고, 스카티는 카를로타의 무덤으로 걸어가 열린 무덤의 심연으로 떨어진다. 이는 스카티가 대면할 수 없었던 매들린의 죽음을 악몽의 상태에서 경험하는 것을 보여줄 뿐 아니라 스카티 자신의 죽음도 보여준다. 환상은 분열된 주체가 대상 *a*와 갖는 관계에서 원초적 상실을 은폐하는 스크린이다. 이 악몽은 환상의 스크린이 걷히고 매들린이라는 대상 *a*가 은폐하고 있던 죽음의 이미지가 카를로타의 모습으로 나타나는 것을 보여준다. 이 악몽에서 스카티가 카를로타와 동일시되는 것은 환상의 스크린으로 은폐되었던 스카티의 원초적 상실, 그의 회복 불가능한 상징적 거세 즉 죽음을 보여준다. 한스 홀바인(Hans Holbein)의 그림 「대사들」("The Ambassadors")의 전경에 그려진 유령 같은 왜상을 삐딱하게 보았을 때 나타나는 해골처럼 스카티가 삐딱하게 바라보는 시선은 궁극적으로 상징적 거세와 죽음을 향한다.

그러나 환상의 스크린이 걷히는 것은 악몽 속에서만 가능하며 스카티는 스크린 배후를 여전히 직접 볼 수 없다. 악몽을 꾸다 깨어난 스카티의 시선은 카메라가 아니라 공백을 향하고 있다. 그는 여전히 눈먼 상태인 것이다. 스카티의 환상의 스크린이 걷히는 것은 매들린 대신 스크린 역할을 하게 되는 주디의 죽음 이후에나 가능하다. 그때까지 스카티는 계속해서 환상을 복원하려 애쓴다. 이 노력이 절정에 이르는 것은 스카티의 강요로 주디가 의상을 비롯해 머리 색과 머리 모양까지 매들린과 똑같은 모습으로 호텔의 욕실에서 나와 스카티에게 나타나는 장면이다. 카메라는 둘이 포옹하고 키스하는 장면을 360도 회전하며 팬 쇼트로 포착한다. 이때 호텔방은 매들린이 종탑으로 올라가기 전 매들린과 포옹했던 샌 후안 바우티스타의 마굿간으로 바뀐 후 다시 호텔방으로 되돌아온다. 현재와 과거가 중첩되는 이 장면은 들뢰즈가 말한 크리스탈 이미지로 볼 수 있을 것이다.[47] 이때 시간의 중첩은 매들린과 주디의 포개짐을 의미하고, 스카티는 주디와 만나는 현재에서 매들린과 만난 과거를 다시 경험한다.

스카티는 주디가 목걸이를 거는 것을 도와줄 때 거울에 비친 목걸이가 카를로타의 목걸이와 같다는 것을 발견하고 그녀가 사실 매들린이었고 자신이 속았음을 직감한다. 이는 매들린이 처음부터 존재하지 않았고 그의 환상에서 대상 *a*의 역할을 하던 매들린이 허구였음을 증명한다. 매들린의 죽음은 그녀의 매력을 결코 약화시키지 않는다. 오히려 지젝의 지적대로 그녀가 죽으면서 매들린의 이미지는 스카티의 환상에서 숭고한 대상으로서 더 큰 매력을 얻는다. 그러나 주디가 매들린이었다는 사실은 매들린의 "두 번째 죽음"으로서 이 숭고한 대상 자체가 허구였고 상실한 대상 자체가 애초에 존재하지 않았다는 것을 알려주는 "상실의 상실"이다.[48] 매들린의 두 번째 죽음으로 인해 "[스카티]의 존

47 크리스탈 이미지는 잠재적 과거와 현실적 현재가 동시에 공존하는 시간의 분열이 마치 크리스탈같은 상태로 존재하는 것을 뜻한다. 들뢰즈는 이런 시간 이미지를 경험하게 해주는 영화의 하나로 「현기증」을 거론한다. Gilles Deleuze, Hugh Tomlinson & Barbara Habberjam 공역, *Cinema 2: The Time-Image* (Minneapolis: U of Minnesota P, 1989), 82쪽.

48 Slavoj Žižek, *Looking Awry*, 86쪽.

재에 일관성을 주던 환상의 구조 전체가 와해된다."[49]

그러나 이 시점에서 환상의 스크린이 완전히 붕괴되지는 않는다. 주디의 실체를 직감한 스카티는 샌 후안 바우티스타로 주디를 데려가 강제로 종탑으로 끌고 올라가면서 개빈과의 음모를 비난하며 그녀에게 대답을 종용한다. 그러면서도 그가 주디를 매들린으로 부르는 것은 여전히 숭고한 대상인 매들린에 매료되어있고 환상을 포기하지 않는 것을 증명한다. 종탑 위에서 주디가 그를 진정으로 사랑했다고 밝힌 후에 스카티가 주디에게 키스하는 순간에도 그가 그녀를 매들린과 구별한다고 확신할 수 없다. 마지막 순간까지 스카티에게 주디는 매들린과 연결되어 있고 환상적 속성을 지닌다. 스카티가 환상의 스크린 배후를 보게 되는 것은 주디가 계단에서 올라오는 수녀의 검은 모습을 보고 공포에 젖어 떨어진 후에야 비로소 가능해진다.

환상의 스크린 배후에 무엇이 있는가? 물론 스크린 배후에는 아무것도 없다. "스카티가 마침내 볼 수 있게 된 심연은 환상 대상의 매력적인 존재가 은폐하고 있었던 대타자(상징질서)의 구멍이라는 심연이다."[50] 앞서 논했듯이 환상은 주체가 상실한 대상을 대타자가 가지고 있을 것이라는 즉 대상 *a*가 대타자 A에 있을 것이라는 시나리오다. 그러나 *a*는 사실 결여된 대타자 Ⱥ의 공백을 메우고 있었던 것에 불과하다. 환상의 스크린을 가로질러 가면 원초적인 상실을 회복할 수 있다는 환상은 무너지고 공백의 황량함이 엄습한다. 대상 *a*가 은폐하고 있던 공백에 상징계에서 접근 불가능한 물(*das Ding*)이 갑자기 엄습하는 순간은

49 Slavoj Žižek, *Looking Awry*, 86쪽.

50 Slavoj Žižek, *Looking Awry*, 86쪽.

주체가 상징적 거세의 심연을 경험하는 "언캐니"(*unheimlich*, uncanny)한 순간이다.[51]

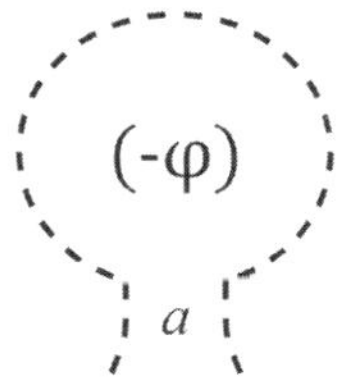

하라리는 결여의 결여(lack lack) 개념을 설명하면서 위와 같은 그림으로 대상 *a*가 거세를 은폐하는 기능을 하고 있음을 보여준다. 대상 *a*는 거세(−φ)의 결여를 은폐하기 위해 구멍을 메우는 역할 즉 결여의 결여 역할을 한다. 그런데 "대상 *a*가 부분적으로 막고 있었던 구멍 주위의 경계선이 갑자기 제거되면 [……] 대상 *a*와 −φ를 심연의 구멍 뒤로 밀어버리고 물(*das Ding*)이 나타난다."[52] 실재와의 조우로부터 주체를 보호히던 환상의 스크린을 통과하면 상징적 거세와 실재의 물과 대면하는 것이다.

환상을 가로지른 주체는 상징적 거세를 직시하며 대상 *a*를 맴돌 뿐 결코 이 대상을 취할 수 없다는 것을 알게 된다. 라캉은 정신분석의 종점에서 환상 가로지르기를 한 후에 남는 것이 욕동이라고 말한다.(*S*XI,

51 프로이트는 「언캐니」("The Uncanny")에서 언캐니의 원인 중 하나를 거세 콤플렉스라고 지목한 바 있다. *SE*XVII: 231~233쪽을 참조할 것. 이 논문의 국역본에서 이 용어는 "두려운 낯설음"으로 번역된다. 지그문트 프로이트, 정장진 옮김, 『예술, 문학, 정신분석』(열린책들, 2003), 399~452쪽. 그밖에 '기괴한' '기이한' 등으로 번역하기도 한다. 임진수는 '섬뜩함'이라는 번역어를 제시한다. 임진수, 『부분 대상에서 대상 *a*로』(파워북, 2011), 263~266쪽.

52 Roberto Harari, *Lacan's Seminar On "Anxiety": An Introduction,* 73쪽.

273) 이는 상실한 대상을 찾아 대상의 끊임없는 환유의 경로를 거치는 욕망의 구조와 달리, 상실한 대상의 대치물인 대상 *a*를 맴도는 욕동의 순환 운동만이 가능하다는 것을 주체가 인식하는 것을 뜻한다.[53] 이런 의미에서 환상의 주체가 욕망의 주체라면 환상을 가로지른 주체는 욕동의 주체다.

흔히 「현기증」의 마지막 장면의 모호성은 스카티가 고소공포증을 극복했다는 점에서 긍정적이지만 매들린/주디를 상실했다는 점에서 비극적이라는 데 있다고 해석된다.[54] 그러나 스카티가 종탑에서 마침내 밑을 내려다볼 수 있는 것은 단순히 고소공포증을 극복했기 때문이 아니라 환상의 스크린이 은폐하고 있던 공백과 상징적 거세 그리고 인간 존재의 사멸성을 볼 수 있게 되었다는 것을 의미한다. 스카티가 더 이상 현기증을 느끼지 않는 것은 이제 이 공백과 죽음을 인간존재의 불가피한 조건으로 대면한다는 것을 암시한다. 오이디푸스가 인간존재의 근원적 불구성을 깨닫듯이 스카티가 아래를 내려다보는 것은 환상의

53 지젝은 이 영화를 처음부터 매들린이 샌프란시스코 만으로 뛰어내리는 장면까지, 그다음부터 매들린이 종탑에서 뛰어내리는 장면까지 그리고 나머지 부분으로 나눈다. 그리고 매들린/주디 역시 각 부분마다 "실재의 장소에 있는 상상적 존재인 파이," "사선 그어진 대타자의 기표," "배설물 같은 비천한 찌꺼기로서의 대상 *a*"로 구분하고 이 세 경우 모두 "스카티를 집어삼키려는 중심적인 심연에 대한 방어"라고 해석한다. Slavoj Žižek, *Organs Without Bodies*, 162쪽; Slavoj Žižek, "Vertigo," 79쪽. 첫째 매들린이 상상적 이미지에 가깝고, 둘째 매들린은 상징계의 공백을 메우는 존재이며, 셋째 매들린/주디는 실재계를 은폐하면서도 드러내는 존재인 대상 *a*다. 지젝의 해석에 따르면 이 영화는 상상계에서 상징계의 공백을 거쳐 실재계로 향하는 구조를 지닌다. 그러나 사실 매들린은 이 과정에서 지속적으로 대상 *a*의 역할을 한다고 볼 수 있다. 지젝은 영화의 둘째 부분에서 매들린이 사선 그어진 대타자의 기표라고 정의하면서 이 기표를 S(Ⱥ)가 아니라 S(*a*)로 잘못 표기한다. 이는 지젝 역시 매들린을 대상 *a*로 줄곧 생각하고 있었던 것의 징후로 볼 수 있다.

54 예를 들어 Robin Wood, *Hitchcock's Films Revisited*, 129쪽을 볼 것.

스크린 배후에 공백과 죽음의 심연만이 존재한다는 것을 보고 알게 되는 것을 의미한다.

이런 점에서 스카티가 도달하는 최종 상태는 라캉의 "주체적 궁핍"(subjective destitution) 개념으로 설명할 수 있다. 라캉은 「학회 정신분석가에 관한 1967년 10월 9일 제안」에서 분석의 종점에서 피분석가와 대타자/분석가의 전이 관계가 끝날 때 피분석가가 주체적 궁핍을 경험한다고 말한다. 이때 피분석가는 "[자신]을 환상으로부터 떨어져 나오게 하고 주체로서 궁핍하게 만드는 잔존물을 [……] 취하길 더 이상 원치 않는다."("Proposition," 8) 주체적 궁핍은 상징질서가 제공하는 정체성에서 벗어나 자신의 근원적 결여와 공백을 받아들이는 것이다.[55]

주체적 궁핍은 주체의 근원적 결여를 받아들이는 것에 국한되지 않는다. 그것은 "대타자 자체도 주체가 결여한 것을 갖고 있지 않으며 어떠한 희생도 이 대타자의 결여를 보상할 수 없다"라는 사실을 대면하고 "주체가 대타자에게서 물러서는 것"이다.[56] 이는 대타자가 대상 *a*를 갖고 있을 것이라는 환상의 시나리오가 와해된 후에 주체가 거칠 수밖에 없는 과정이다. 주체적 궁핍은 상징계의 질서가 주는 안정된 정체성을 상실하는 것이다. 그러나 역설적으로 마지막 장면에서 스카티가 종탑 밑을 볼 수 있다는 사실은 주체적 궁핍의 경험이 정신분석적 치유라

---

55 라캉 정신분석은 "동일시의 수단으로 주체를 완성하는 주체의 재건이 아니라 환자가 근본적인 결여를 받아들이는 형태의 주체적 궁핍을 지향한다." Katrien Libbrecht, "The Original Sin of Psychoanalysis: On the Desire of the Analyst," Dany Nobus 엮음, *Key Concepts of Lacanian Psychoanalysis*, 92쪽. 주체적 궁핍에 대한 상세한 논의는 졸저 『욕망의 윤리』, 189~193쪽을 참조할 것.

56 Slavoj Žižek, *Enjoy Your Symptom!*, 58~59쪽.

는 점을 암시한다.[57]

스카티의 악몽 속에서 그의 얼굴은 신체에서 분리되어 심연으로 떨어진다. 지젝은 이 장면을 주체가 모든 동일시를 넘어서 "주체성을 넘는 주체의 차원으로 들어가는 것" 또는 "불가능한 물의 응시"의 관점에서 바라보는 주체적 궁핍으로 해석한다.[58] 그러나 이 장면에서 스카티는 주체적 궁핍을 완전히 받아들이지 않는다. 그는 악몽을 꾸고 있으며 악몽에서 깨어난 후 허공을 응시할 뿐이다. 스카티가 최후에 종탑에서 서 있는 모습은 그가 악몽에서 무덤의 나락으로 떨어질 때의 자세와 같다는 점은 여러 평자가 지적했다.[59] 이 자세의 일치는 두 장면의 연관성을 시사한다. 그러나 엄밀한 의미에서 악몽의 장면과 마지막 장면은 구분되어야 한다. 두 장면에서 스카티가 보고 아는 것의 확실성이 다르기 때문이다. 마지막 장면에서 스카티는 악몽에서처럼 현기증을 느끼고 허공을 바라보는 것이 아니라 종탑 밑을 현기증 없이 응시한다. 이는 이 시점에서야 비로소 그가 주체적 궁핍을 보고 알게 되었음을 보여준다. 이런 의미에서 스카티의 눈뜸은 오이디푸스의 눈멂과 크게 다르지 않다. 스카티는 마침내 들뢰즈가 암시한 "낯선 사색의 상태"의 결말

---

57 이와 달리 조너선 프리드먼(Jonathan Freedman)은 스카티가 결말에서 광기에 사로잡혀 주디를 따라 뛰어내릴 것 같은 자세를 취하는 것이 죽음욕동과 반복강박을 주장한 후기 프로이트의 입장을 반영하기 때문에 「현기증」이 정신분석치료의 효과를 부정한다고 주장한다. Jonathan Freedman, "From *Spellbound* to *Vertigo*: Alfred Hitchcock and Therapeutic Culture in America," Jonathan Freedman & Richard Millington 공편, *Hitchcock's America* (Oxford: Oxford UP, 1999), 77~98쪽.

58 Slavoj Žižek, "In His Bold Gaze My Ruin Is Writ Large," Slavoj Žižek 엮음, *Everything You Always Wanted To Know About But Were Afraid to Ask Hitchcock* (London: Verso, 1992), 252~255쪽.

59 Donald Spoto, The Art of Alfred Hitchcock, 298쪽; David Sterritt, *The Films of Alfred Hitchcock*, 94쪽.

에 그리고 인간존재의 근원적인 불구성에 대한 인식에 도달하기 때문이다.

5. 실재의 응시와 사랑의 장벽

「현기증」은 스카티의 환상, 환상의 붕괴 그리고 주체적 궁핍의 경험을 통한 치유나 앎의 과정을 보여준다. 그렇다면 그의 환상에서 대상 *a*의 위치를 차지한 매들린/주디의 죽음은 단지 스카티의 치유와 인식의 과정을 위한 시사적 재료에 불과한 것일까? 이 영화는 남자의 정신적 치유가 여자의 희생을 요구하는 것을 극화하는 것일까? 앞서 페미니즘 영화비평을 논하면서 잠시 언급했듯이 이 영화는 남성적 응시의 지배구조를 난순히 재생산하지 않고 그 구조의 균열을 드러낸다. 이 균열을 직시하는 자는 스카티가 아니라 주디다. 개빈의 음모에 동참한 그녀는 들뢰즈가 말하는 "관계들의 사슬"을 스카티와 관객보다 먼저 알고 있다. 역할놀이를 하는 그녀는 자신의 상징적 정체성과 스카티의 환상을 생산한 상징질서의 허구성을 이미 알고 있다.

스카티를 바라보는 매들린/주디의 응시는 그의 욕망을 불러일으키는 대상 *a*의 기능을 수행한다. 4장에서 논했듯이 대타자/여성을 대상 *a*로 만드는 것은 여성의 불안을 유발한다. 그러나 대상 *a*는 실재의 심연을 알리는 신호로 기능하며 주체에게도 불안을 일으킨다. 라캉은 세미나 X 『불안』에서 대상 *a*를 불안의 원인으로 파악한다. "이 대상 *a*가 나타나는 가장 놀라운 경우 즉 그것이 개입한다는 신호는 불안이다.

[……] [불안은] 주체와 대상 *a*의 관계와 연관될 때 발생하는 것과 관계된 신호다."(*SX*, 86) 대상 *a*는 왜 불안을 유발하는 것일까? 그것은 대상 *a*가 주체가 출현하면서 주체에게서 떨어져 나간 잔해이기 때문이다. 대상 *a*의 "본질적 기능은 주체의 잔해, 실재로서의 주체"다.(*SX*, 165) 다시 말해서 대상 *a*는 근원적 결여 즉 실재를 지시하는 기능을 수행하기 때문에 불안을 유발한다. 이런 점에서 대상 *a*로서의 매들린/주디의 응시는 스카티에게 욕망을 불러일으킬 뿐 아니라 불안도 유발할 수 있다. 그러나 앞서 보았듯이 스카티의 환상에서 대상 *a*인 매들린/주디는 실재의 심연을 은폐하는 기능을 수행하며, 그는 환상이 깨진 이후에 실재와 대면한다.

그러나 매들린/주디는 스카티보다 먼저 실재와 대면한다고 볼 수 있다. 이를 암시하는 것은 카메라를 향한 주디의 응시다. 앞서 논했듯이 페미니즘 비평은 영화의 2/3 지점에서 주디가 카메라를 응시하는 장면이 남성 시선의 지배를 전복하고 관객이 여성 인물과 동일시하게 만든다고 주장한다. 남성의 시선이 지배하는 영화에서 여성이 카메라/관객을 응시하는 행위는 남성 관객을 응시의 주체가 아닌 대상으로 만든다. 영화의 시작에 크레딧이 소개되면서 등장하는 여성이 카메라를 응시하는 것 역시 남성지배적 응시 구조의 전복으로 평가할 수 있다.[60] 그러나 주디가 카메라를 바라보는 행위는 단순히 시선의 지배력만을 의미하지 않는다. 카메라를 향한 주디의 시선은 그녀가 스카티와 관객이 모르는 진리를 알고 있음을 보여준다. 그녀의 응시는 스카티의 환상

60 이 장면에 대한 해석은 Robert Samuels, *Hitchcock's Bi-Textuality*, 79쪽을 볼 것.

과 그 환상을 생산한 (개빈이 지배하는) 상징질서의 허구성을 폭로한다. 이런 점에서 카메라를 향한 주디의 응시는 상징계의 근원적 균열 즉 실재와 관계되는 것이 아닐까?

그러나 카메라를 응시하는 것보다 더 중요한 매들린/주디의 시선이 있다. 이 시선은 개빈이 지배하는 상징질서의 허구성을 폭로하는 것보다 더 직접적으로 실재를 향한 응시이며, 스카티가 포착할 수 없는 주디의 또 다른 내면세계를 보여준다. 스탠리 커벨(Stanley Cavell)은 남성이 알 수 없는 여성의 타자성을 다루는 장르를 "알 수 없는 여자(unknown woman)의 드라마"로 부르면서 라캉의 성차이론 및 여성적 주이상스와 죽음의 관계를 분석한다. 예를 들어 남자에게서 눈길을 돌려 허공을 바라보는 그레타 가르보(Greta Garbo)의 시선은 미래와 죽음의 관점에서 현재의 유한성과 일시성을 바라보고 아는 주이상스를 경험하는 것으로 느껴진다. 이런 이미지는 남자/관객이 "그녀를 아는 데 실패한다는 느낌"을 준다.[61]

매들린/주디도 이런 여성의 시선을 보여준다. 윌리엄 로스먼(William Rothman)은 주디가 개빈과 공모하는 죄를 저지르므로 「현기증」은 캐벌의 '알 수 없는 여자'의 드라마 즉 "그녀를 인식하지 못하는 남자와 사랑에 빠진 여자에 대한 멜로드라마"가 될 수 없다고 주장한다.[62] 로스먼에 따르면 커벨이 정의하는 '알 수 없는 여자'의 드라마에서 "카메라는 인간의 의도와 독립적으로 인간 주체를 변모시키므로" 알 수

61 Stanley Cavell, "Psychoanalysis and Cinema: The Melodrama of the Unknown Woman," Joseph H. Smith 외 공편, *Images in our Souls*, 36쪽.

62 William Rothman, "*Vertigo*: The Unknown Woman in Hitchcock," Joseph H. Smith 외 공편, *Images in Our Souls*, 79쪽.

없는 주체인 여성의 출현이 가능하지만, 히치콕은 등장인물들에게 자신의 존재를 각인시켜 그들의 독립성을 훼손하기 때문에 히치콕의 카메라는 "변모가 아닌 박제의 도구"로 기능한다.[63]

그렇지만 로스먼은 「현기증」에서 히치콕이 알 수 없는 여자와 동일시하기도 한다고 지적한다. 커벨이 의미하는 여자 즉 "자신의 세계에서 남자보다 더 깊이 자신의 조건을 이해하고 더 심오한 비전과 지성과 감정의 깊이를 지닌 여자는 이 영화에서 핵심적인 역할을 수행한다."[64] 로스먼이 주목하는 장면은 매들린이 차창 밖으로 시선을 돌려 하늘을 바라보는 오버앵글 쇼트가 차도 양옆에 늘어선 나무들이 빨리 스쳐 지나가는 것을 포착하는 장면이다. 이 장면은 매들린/주디가 바라보는 것을 보여줄 뿐 아니라 인간의 생사에 무관심한 비인간적 무(nothingness)에 대한 그녀의 "사색적 비전"을 표현한다.[65]이와 같은 맥락에서 매들린이 스카티와 세쿼이아 숲에 갔을 때 잘린 거목의 나이테에서 두 시점을 지시하며 자신의 탄생과 죽음을 언급하는 장면도 스카티를 속이기 위해 꾸며낸 연기가 아니라 무한의 관점에서 본 유한성에 대한 사색으로 볼 수 있을 것이다. 이런 장면들이 스카티가 종탑 밑 심연을 응시하는 것보다 들뢰즈가 언급한 "낯선 사색의 상태"를 오히려 더 잘 예시하는 것은 아닐까?

이런 관점에서 매들린/주디는 스카티보다 먼저 주체적 궁핍을 경험한다. 스카티는 마지막 장면에서야 비로소 인간의 근원적 결핍과 사

63 William Rothman, "*Vertigo*: The Unknown Woman in Hitchcock," 79쪽.

64 William Rothman, "*Vertigo*: The Unknown Woman in Hitchcock," 78~79쪽.

65 William Rothman, "*Vertigo*: The Unknown Woman in Hitchcock," 68쪽.

멸성을 대면한다. 그러나 매들린/주디는 마지막 장면에 종탑에서 떨어지기 전에 이미 죽음과 사멸성을 응시한다. 주디가 남성/스카티의 시선에서 그리고 스카티와 자신의 상징적 정체성을 부여하는 상징질서에서 벗어나 허공과 무를 응시하는 장면들은 실재의 응시를 보여준다.[66] 주디는 매들린의 가면을 쓰고 스카티를 유혹하고 매들린이 아닌 주디로서 스카티를 사랑한다. 그러나 허공과 무를 향한 그녀의 실재의 응시는 이 두 차원을 넘어 남자와 관계하지 않는 여성적 주이상스를 보여주는 것이 아닐까?

이 영화에서 주디의 응시는 성별화 공식의 관점에서 세 가지 차원으로 조명할 수 있다. 첫째, 주디가 매들린의 역할을 하며 스카티의 환상 속에서 대상 *a*로 기능하는 것은 성별화 공식의 남성 쪽에 있는 분열된 주체가 여성 쪽의 대상 *a*로 향하는 것($\$ \rightarrow a$)을 예시한다. 이때 주디는 스카티가 차지할 수 없는 지점에서 스카티를 바라보는 대상 *a*인 응시를 체현하며 스카티의 욕망을 불러일으킨다. 둘째, 메들린/주디가 스카티를 사랑의 대상으로 여기며 그를 바라보는 시선은 성별화 공식 여성 쪽에서 남성 쪽으로 향한 화살표의 관계(~~Woman~~ → Φ)를 예시한다. 마지막으로 주디/매들린이 자연, 허공, 또는 무를 바라보며 사색하는 시선은 여성이 결여된 대타자의 기표와 관계하는 방식[~~Woman~~ → S(Ⱥ)]을 예시한다. 첫째와 둘째 관계가 각각 스카티와 매들린/주디의

66 토드 맥가원(Todd McGowan)은 라캉 정신분석의 관점에서 영화 속 응시를 분석하며 주체가 실재의 응시와 대면하면서 상징계에서 해방될 수 있는 차원을 논한다. 그러나 그는 여성이 실재를 직시하는 응시와 여성적 주이상스를 다루지는 않는다. Todd McGowan, *The Real Gaze: Film Theory After Lacan* (Albany: SUNY P, 2007)을 볼 것.

남근적 주이상스를 보여준다면, 셋째 관계는 주디의 여성적 주이상스를 보여준다.

사랑의 차원에서 이 영화는 이루어질 수 없는 사랑과 성적 관계의 불가능성을 보여준다. 스카티와 매들린/주디는 서로를 향유하지 못한다. 스카티의 환상과 영혼사랑을 중심으로 전개되는 이 영화에서 그가 향유하는 남근적 주이상스는 매우 제한적이다. 스카티의 사랑과 욕망은 분명 밋지가 아니라 매들린/주디를 향한다. 그러나 매들린/주디를 대상 *a*로 환원하는 한 그는 결코 그녀(대타자/여성)를 향유할 수 없다. 그가 매들린/주디를 향유하려는 필사적인 시도는 두 여자의 죽음으로 귀결된다.

주디가 스카티/남근과 관계하는 남근적 주이상스 역시 제한적이다. 주디에게 스카티는 여성의 사랑과 욕망의 대상인 남근을 체현하지 못하기 때문이다. 매들린의 가면을 벗은 주디가 스카티를 다시 만났을 때 그녀는 자신이 스카티의 환상을 메우는 존재로만 기능한다는 사실에 거듭 좌절하며 고독한 존재로 남는다. 스카티의 환상 속에서도 그의 환상이 깨어진 후에도, 주디가 매들린이었을 때에도 주디 자신이었을 때에도, 스카티와 주디는 계속해서 서로를 놓치며 마지막 순간까지 이들의 관계에서 어떤 무의식적 교감도 발생하지 않는다. 남녀관계의 관점에서 볼 때 이 영화는 성적 관계를 불가능하게 만드는 사랑의 장벽을 극화한다.

인용문헌

국내 문헌

강응섭, 「거울도식과 나르시스적 사랑」, 『현대정신분석』, 2010년 12권 2호, 7~26 쪽.

그릭, 러셀, 김종주 · 김아영 옮김, 『라깡과 언어와 철학』, 인간사랑, 2010.

돌라르, 물라덴, 김종주 옮김, 「첫눈에」, 슬라보예 지젝 외 공편, 『사랑의 대상으로서의 시선과 목소리』, 211~251쪽.

라캉, 자크, 이수연 옮김, 「남근의 의미작용」, 『현대정신분석』, 2001년 3권 1호, 15~26쪽.

라플랑슈, 장 · 장 베르트랑 퐁탈리스, 임진수 옮김, 『정신분석 사전』, 열린책들, 2005.

밀러, 자크 알랭, 이수연 옮김, 「성별 관계에 있어 모사에 대해」, 레네타 살레츨 엮음, 『성화』, 27~50쪽.

바디우, 알랭, 이종영 옮김, 『조건들』, 새물결, 2006.

박선영, 「여자는 어떻게 존재하는가?: 라깡에서의 다른 향유와 사랑」, 『현대정신분석』, 2008년 10권 1호, 105~128쪽.

버틀러, 주디스, 김윤상 옮김, 『의미를 체현하는 육체』, 인간사랑, 2002.

살레츨, 레나타 엮음, 라깡정신분석연구회 옮김, 『성화』, 인간사랑, 2016.

서덕렬, 「불어의 부정에 관한 통시적 연구: ne와 pas를 중심으로」, 『불어불문학 연구』, 1996년 32권 2호, 691~717쪽.

서동욱, 『들뢰즈의 철학–사상과 그 원천』, 민음사, 2002.

서용순, 「철학과 정신분석」, 홍준기엮음, 『라깡, 사유의 모험』, 마티, 2010, 115~158쪽.

스크리아빈, 피에르, 임진수 옮김, 「주석: 남근의 의미작용」, 『현대정신분석』, 2008년 2권 1호, 41~58쪽.

신명아, 「자끄 라깡의 정신분석적 여성관과 페미니즘의 상관관계를 통한 남근이성 주의적 여성관의 해체」, 『영미문학 페미니즘』, 1996년 3호, 103~140쪽.

양석원, 「라캉과 히스테리: 욕망에서 주이상스로」, 『비평과 이론』, 2014년 9권 1호, 85~116쪽.

_____, 「보는 것과 아는 것: 〈현기증〉에 나타난 응시, 환상, 그리고 죽음」, 『문학과 영상』, 2008년 9권 3호, 694~726쪽.

_____, 「에로스의 두 얼굴: 라캉의 『향연』 읽기」, 『현대정신분석』, 2015년 17권 1호, 76~109쪽.

_____, 「여성과 남근: 여성의 사랑에 관한 라깡 이론」, 『현대정신분석』, 2017년 19권 1호, 9~48쪽.

_____, 『욕망의 윤리: 라캉 정신분석과 예술, 정치, 철학』, 한길사, 2018.

_____, 「"일자가 있다"의 해석에 관하여: 라캉의 『파르메니데스』 읽기」, 『비평과 이론』 2019년 22권 2호, 5~ 34쪽.

에반스, 딜런, 김종주 외 옮김, 『정신분석 사전』, 인간사랑, 1998.

윤조원, 「페미니즘과 퀴어이론, 차이와 공존: 테레사 드로레티스, 이브 세지윅, 주디스 버틀러를 중심으로」, 『영미문학 페미니즘』, 2009년 17권 1호, 131~154쪽.

이수진, 「히스테리자의 여성성의 길에 대한 임상 가능성 탐색: 히스테리 문법 너머 사랑으로」, 『현대정신분석』, 2017년 2권 2호, 9~41쪽.

임정대, 『수학기초론의 이해』, 청문각, 1995.

임진수, 『부분 대상에서 대상 *a*로』, 파워북, 2011.

임철규, 『그리스 비극: 인간과 역사에 바치는 애도의 노래』, 한길사, 2007.

_____, 『눈의 역사 눈의 미학』, 한길사, 2004.

정문영, 「정신분석과 페미니즘: 라캉과 여성의 성욕」, 『인문학 연구』, 1998년 5호, 71~92쪽.

지젝, 슬라보예, 김소연 옮김, 『삐딱하게 보기』, 시각과 언어, 1995.

_____ · 레나타 살레츨 공편, 라깡정신분석연구회 옮김, 『사랑의 대상으로서의 시선과 목소리』, 인간사랑, 2010.

케니, 안토니, 최원배 옮김, 『프레게: 현대 분석철학의 창시자에 대한 소개』, 서광사, 1977.

프로이트, 지그문트, 김정일 옮김, 『성욕에 관한 세 편의 에세이』, 열린책들, 1997.

______, 정장진 옮김,『예술, 문학, 정신분석』, 열린책들, 2003.
______, 김미리혜 옮김, 『히스테리 연구』, 열린책들, 1997.
플라톤, 천병희 옮김, 『플라톤의 다섯 대화 편』, 숲, 2016.
홍준기, 『오이디푸스 콤플렉스, 남자의 성, 여자의 성』, 아난케, 2005.
______, 「욕망과 충동, 안티고네와 시뉴에 관한 라깡의 견해—슬로베니아 학파의 라깡 해석에 대한 비판적 고찰」, 『시대와 철학』, 2009년 20권 2호, 43~91쪽.

외국문헌

Adams, Parveen, "Representation and Sexuality," Parveen Adams 외 공편, *The Woman in Question*, 233~252쪽.
Adams, Parveen & Elizabeth Cowie 공편, *The Woman in Question*, Cambridge: MIT P, 1990.
André, Serge, Susan Fairfield 옮김, *What Does a Woman Want?*, New York: Other Press, 1999.
Appignanesi, Lisa & John Forrester, *Freud's Women*, New York: Other Press, 1992.
Apuleius, Lucius, P. G. Walsh 옮김, *The Golden Ass*, Oxford: Oxford UP, 1999.
Aristotle, H. P. Cooke & Hugh Tredennick 공역, *Categories, On Interpretation, Prior Analytics*, Cambridge: Harvard UP, 1938.
________, Hugh, Lawson-Tancred 옮김, *De Anima*, London: Penguin, 1986.
Bal, Mieke, "Focalization," Susana Onega & José Angel García Landa 공편, *Narratology: An Introduction*, London: Longman, 1996, 115~128쪽.
Badiou, Alain, Alberto Toscano 옮김, *The Century*, Cambridge: Polity Press, 2007.
________, Steven Corcoran 옮김, *Conditions*, London: Continuum International Publishing, 2008.
________, Peter Bush 옮김, *In Praise of Love*, New York: New Press, 2012.
________, "Lacan and the Pre-Socratics," Slavoj Žižek 엮음, *Lacan: The Silent Partners*, London: Verso, 2006, 7~16쪽.

Barnard, Suzanne, "Introduction," Suzanne Barnard 외 공편, *Reading Seminar XX*, 1~20쪽.

_______, "Tongs of Angels: Feminine Structure and Other Jouissance," Suzanne Barnard 외 공편, *Reading Seminar XX*, 171~185쪽.

_______ & Bruce Fink 공편, *Reading Seminar XX: Lacan's Major Work on Love, Knowledge, and Feminine Sexuality*, Albany: SUNY P, 2002.

Barr, Charles, *Vertigo*, London: BFI Classics, 2002.

Baudry, Jean-Louis, "Ideological Effects of the Basic Cinematographic Apparatus," Leo Braudy 외 공편, *Film Theory and Criticism*, 345~355쪽.

Berman, Emanuel, "Hitchcock's *Vertigo*: The Collapse of a Rescue Fantasy," Glen O Gabbard 엮음, *Psychoanalysis and Film*, London: Karnac, 2001, 29~62쪽.

Bernheimer, Charles & Claire Kahane 공편, *In Dora's Case: Freud, Hysteria, Feminism*, New York: Columbia UP, 1985.

Boothby, Richard, *Freud as Philosopher: Metapsychology After Lacan*, New York: Routledge, 2001.

Bordwell, David & Kristin Thompson, *Film Art: An Introduction*, New York: McGraw Hill, 2004.

Braudy, Leo & Marshall Cohen 공편, *Film Theory and Criticism: Introductory Readings*, Oxford: Oxford UP, 1999.

Brennan, Teresa, *The Interpretation of the Flesh: Freud and Femininity*, London: Routledge, 1992.

Brousse, Maire-Hélène, "The Drive (I)," Richard Feldstein 외 공편, *Reading Seminar XI*, 99~107쪽.

_______, "The Drive (II)," Richard Feldstein 외 공편, *Reading Seminar XI*, 109~117쪽.

Burgin, Victor, "Diderot, Barthes, *Vertigo*," Victor Burgin, James Donald & Cora Kaplan 공편, *Formations of Fantasy*, London: Routledge, 1987, 85~108쪽.

Butler, Judith, *Bodies That Matter: On the Discursive Limits of "Sex"*, New York: Routledge, 1993.

________, *Gender Trouble: Feminism and the Subversion of Identity*, New York: Routledge, 1990.

________, *The Psychic Life of Power*, Stanford: Stanford UP, 1997.

________, *Undoing Gender*, New York: Routledge, 2004.

Cavell, Stanley, "Psychoanalysis and Cinema: The Melodrama of the Unknown Woman," Joseph H. Smith 외 공편, *Images in Our Souls*, 11~43쪽.

Chiesa, Lorenzo, "'Le Ressort de L'amour': Lacan's Theory of Love in His Reading of Plato's *Symposium*," *Angelaki: Journal of the Theoretical Humanities*, 2.3 (2006), 61~82쪽.

________, *Subjectivity and Otherness: A Philosophical Reading of Lacan*, Cambridge: MIT P, 2007.

________, *The Not-Two: Logic and God in Lacan*, Cambridge: MIT P, 2016.

Cixous, Hélène & Catherine Clément, Betsy Wing 옮김, *The Newly Born Woman*, Minneapolis: U of Minnesota P, 1986.

Copjec, Joan, *Imagine There's No Woman: Ethics and Sublimation*, Cambridge: MIT P, 2002.

________, *Read My Desire: Lacan Against the Historicism*, Cambridge: MIT P, 1994.

________, "The Sexual Compact," *Angelaki: Journal of the Theoretical Humanties*, 17:2 (2012), 31~48쪽.

Cotett, Serge, Beatrice Khiara, John Holland, & Kate Gilbert 공역, *Freud and the Desire of the Psychoanalyst*, London: Karnac, 2012.

Cousins, Mark, "The Insistence of the Image: Hitchcock's *Vertigo*," Parveen Adams 엮음, *Art: Sublimation or Symptom*, London: Karnac, 2003, 1~26쪽.

Dayan, Daniel, "The Tutor-Code of Classical Cinema," Leo Braudy 외 공편, *Film Theory and Criticism*, 118~129쪽.

Dean, Tim & Christopher Lane 공편, *Homosexuality and Psychoanalysis*, Chicago: U of Chicago P, 2001.

Deleuze, Gilles, Hugh Tomlinson & Barbara Habberjam 공역, *Cinema 1: The Movement-Image*, Minneapolis: U of Minnesota P, 1986.

________, Hugh Tomlinson & Barbara Habberjam 공역, *Cinema 2: The Time-Image*, Minneapolis: U of Minnesota P, 1989.

________ & Féllix Guattari, Mark Seem & Helen R. Lane 공역, *Anti-Oedipus: Capitalism and Schizophrenia*, Robert Hurley, Minneapolis: U of Minnesota P, 1983.

Deleyto, Celestino, "Focalization in Film Narrative," *Narratology: An Introduction*, Susana Onega, 217~233쪽.

Deutsch, Helene, "The Psychology of Woman in Relation to the Functions of Reproduction," Robert Fliess 엮음, *The Psycho-Analytic Reader: An Anthology of Essential Papers with Critical Introductions*, New York: International Universities Press, 1948, 165~179쪽.

Doane, Mary Ann, *Femmes Fatales: Feminism, Film Theory, Psychoanalysis*, New York: Routledge, 1991.

Dolar, Mladen, "At First Sight," Renata Salecl 외 공편, *Gaze and Voice as Love Objects*, 128~153쪽.

________, "*In Parmenidem Parvi Comentarii*," *Helios*, 31: 1−2 (2004), 63~98쪽.

Dor, Joël, *Introduction to the Reading of Lacan: The Unconscious Structured Like a Language*, London: Jason Aronson, 1997.

Evans, Dylan, *An Introductory Dictionary of Lacanian Psychoanalysis*, London: Routledge, 1996.

Feldstein, Richard, Bruce Fink & Marie Jaanus, 공편, *Reading Seminars I and II*, Albany: SUNY P, 1996.

________, *Reading Seminar XI: Lacan's Four Fundamental Concepts of Psychoanalysis*, Albany: SUNY P, 1995.

Fink, Bruce, *Against Understanding: Cases and Commentary in a Lacanian Key, Volume 2*, London: Routledge, 2014.

________, *A Clinical Introduction to Lacanian Psychoanalysis: Theory and Technique*, Cambridge: Harvard UP, 1997.

________, "Knowledge and Jouissance," Suzanne Barnard 외 공편, *Reading Seminar XX*, 21~45쪽.

________, *Lacan on Love: An Exploration of Lacan's Seminar VIII, Transference,*

Cambridge: Polity Press, 2016.

________, *Lacan to the Letter: Reading Écrits Closely,* Minneapolis: U of Minnesota P, 2004.

________, *The Lacanian Subject: Between Language and Jouissance*, Princeton: Princeton UP, 1995.

Freedman, Jonathan, "From *Spellbound* to *Vertigo*: Alfred Hitchcock and Therapeutic Culture in America," Jonathan Freedman & Richard Millington 공편, *Hitchcock's America*, Oxford: Oxford UP, 1999, 77~98쪽.

Freeland, Charles, *Antigone, in Her Unbearable Splendor: New Essays on Jacques Lacan's* The Ethics of Psychoanalysis, Albany: SUNY P, 2013.

Frege, Gottlob, Terrell Ward Bynum 옮김, *Conceptual Notation and Related Articles*, Oxford: Clarendon, 1972.

Gearhart, Suzanne, "The Scene of Psychoanalysis: The Unanswered Questions of Dora," Charles Bernheimer 외 공편, *In Dora's Case*, 105~127쪽.

Gilson, Étienne. *Being and Some Philosophers*, 2nd edition, Toronto: Pontifical Institute of Medieval Studies, 1952.

Giraudeux, Jean, Maurice Valency 옮김, *Four Plays*, New York: Hill and Wang, 1958.

Grigg, Russell, "From the Mechanism of Psychosis to the Universal Condition of the Symptom: On Foreclosure," Dany Nobus 엮음, *Key Concepts of Lacanian Psychoanalysis*, 48~74쪽.

________, *Lacan, Language, and Philosophy*, Albany: SUNY P, 2008.

________, "Semblant, Phallus and Object in Lacan's Teaching," *Umbr(a)*, (2007), 131~137쪽.

Guéguen, Pierre-Gilles, Asuncion Alvarez 옮김, "On Woman and the Phallus," *The Symptom*, 11 (2010), http://www.lacan.com/symptom11/?p=508.

Halley, Janet & Andrew Parker 공편, *After Sex: On Writing Since Queer Theory*, Durham: Duke UP, 2011.

________, "Introduction," Janet Halley & Andrew Parker 공편, *After Sex: On Writing Since Queer Theory*, 1~13쪽.

Halmos, Paul R., *Naive Set Theory*, New York: Springer, 1974.

Harari, Roberto, Judith Filc 옮김, *Lacan's Four Fundamental Concepts of Psychoanalysis: An Introduction*, New York: Other Press, 2004.

________, Jane C. Lamb-Ruiz 옮김, *Lacan's Seminar On "Anxiety": An Introduction*, New York: Other Press, 2001.

Heath, Stephen, *Questions of Cinema*, Bloomington: Indiana UP, 1981.

Hirvonen, Ari. "Between Signifier and Jouissance—Lacan and Teresa," Jens de Vleminck 외 공편, *Sexuality and Psychoanalysis: Philosophical Criticisms*, 199~214쪽.

Hollinger, Karen, "'The Look,' Narrativity, And the Female Spectator in *Vertigo*," *Journal of Film and Video*, 39 (1987), 18~27쪽.

Horney, Karen, Harold Kelman 엮음, *Feminine Psychology*, New York: Norton, 1967.

Jaanus, Maire, "The Démontage of the Drive," Richard Feldstein 외 공편, *Reading Seminar XI*, 119~136쪽.

Jameson, Fredric, *Signatures of the Visible*, New York: Routledge, 1992.

Jones, Ernest, *The Life and Work of Sigmund Freud Vol. 1, The Formative Years and the Great Discoveries 1856-1900*, New York: Basic Books, 1953.

________, *The Life and Work of Sigmund Freud Vol. 2, Years of Maturity 1901-1919*, New York: Basic Books, 1955.

________, *Papers on Psychoanalysis*, Boston: Beacon Press, 1961.

Jung, Carl Gustav, *The Theory of Psychoanlaysis*, New York: The Journal of Nervous and Mental Disease Publishing, 1915.

Kahane, Claire, "Introduction: Part Two," Charles Bernheimer 외 공편, *In Dora's Case*, 19~32쪽.

Keane, Marian E., "A Closer Look at Scopophilia: Mulvey, Hitchcock, and *Vertigo*," Marshall Deutelbaum & Leland Poague 공편, *A Hitchcock Reader*, New York: Blackwell, 1986, 231~248쪽.

Kesel, Marc de., Sigi Jöttkandt 옮김, *Eros and Ethics: Reading Jacques Lacan's Seminar VII*, Albany: SUNY P, 2009.

Klein, Melanie, Juliet Mitchell 엮음, *The Selected Melanie Klein*, New York:

Free Press, 1986.

Kofman, Sarah, Catherine Porter 옮김, *The Enigma of Woman: Woman in Freud's Writings*, Ithca: Cornell UP, 1985.

Kristeva, Julia, Leon S. Roudiez 옮김, *Tales of Love*, New York: Columbia UP, 1987.

Laplanche, Jean & Jean-Betrand Pontalis, Donald Nicholson-Smith 옮김, *The Language of Psycho-Analysis*, Norton: New York, 1973.

Laurent, Dominique, "What is Called Sex...." *Psychoanalytical Notebooks*, 22 (2011), 21~36쪽.

Laurent, Éric, "Womanly Position of Being," *Hurly-Burly*, 3 (2010), 91~101쪽.

Lawson-Tancred, Hugh, "Introduction," Aristotle, Hugh Lawson-Tancred 옮김, *De Anima*, London: Penguin, 1986, 11~116쪽.

Leader, Darien, "The Not-All," *Lacanian Ink*, 8 (1994), 43~49쪽.

________, *What is Madness?*, London: Penguin, 2012.

Libbrecht, Katrien, "The Original Sin of Psychoanalysis: On the Desire of the Analyst," Dany Nobus 엮음, *Key Concepts of Lacanian Psychoanalysis*, 75~100쪽.

Linderman, Deborah, "The Mise-en-Abîme in Hitchcock's *Vertigo*," *Cinema Journal*, 30.4 (1991), 51~74쪽.

MacCanell, Juliet Flower, "Love Outside the Limits of the Law," *New Formations*, 23 (1994), 25~42쪽.

Maxfield, James F., "A Dreamer and his Dream: Another Way of Looking at Hitchcock's *Vertigo*," *Film Criticism*, 14.3 (1990), 3~13쪽.

McGowan, Todd, *The Real Gaze: Film Theory After Lacan*, Albany: SUNY P, 2007.

Miller, Jacques-Alain, "Commentary on Lacan's Text." Richard Feldstein 외 공편, *Reading Seminars I and II*, 422~427쪽.

________, Barbara P. Fulks 옮김, "Introduction to Reading Jacques Lacan's Seminar on *Anxiety*," *Lacanian Ink*, 26 (2005), 8~65쪽.

________, Tom Radigan 옮김, "Love's Labyrinths," *Lacanian Ink*, 8(1994), 7~13쪽.

________, "A Note Threaded Stitch by Stitch," Jacques Lacan, Jacques-Alain

Miller 엮음, A. R. Price 옮김, *The Seminar of Jacques Lacan Book XXIII: The Sinthome* 1975–1976, Cambridge, Polity Press, 2016, 176~221쪽.

________, "On Semblances in the Relation Between the Sexes," Renata Salecl 엮음, *Sexuation*, 13~27쪽.

________, "Paradigms of Jouissance," *Lacanian Ink*, 17 (2000), 10~47쪽.

________, "Suture (elements of the logic of the signifier)" *Screen*, 18.4 (1977–78), 24~34쪽.

Mitchell, Juliet & Jacqueline Rose 공편, Jacqueline Rose 옮김, *Feminine Sexuality: Jacques Lacan and the école freudienne*, New York: Norton, 1985.

Modleski, Tania, *The Women Who Knew Too Much: Hitchcock and Feminist Theory*, New York: Routledge, 2005.

Montrelay, Michèle, "Inquiry into Femininity," Parveen Adams 외 공편, *The Woman in Question*, 253~273쪽.

Morel, Geneviève, "Feminine Conditions of Jouissance," Suzanne Barnard 외 공편, *Reading Seminar XX*, 77~92쪽.

________, Linsay Watson 옮김, *Sexual Ambiguities*, London: Karnac, 2011.

Muller, John, *Lacan and Language: A Reader's Guide to* Écrits, International Universities Publishers, 1994.

________, "Lacan's View of Sublimation," *The American Journal of Psychoanalysis*, 47.4 (1987), 315~323쪽.

Mulvey, Laura, "Afterthoughts on 'Visual Pleasure and Narrative Drama' inspired by *Duel in the Sun*," E. Ann Kaplan 엮음, *Psychoanalysis and Cinema*, New York: Routledge, 1990, 24~35쪽.

________, "Visual Pleasure and Narrative Cinema," Leo Braudy 외 공편, *Film Theory and Criticism*, 833~844쪽.

Nasio, Juan-David, Susan Fairfield 옮김, *Hysteria from Freud to Lacan: The Splendid Child of Psychoanalysis*, New York: Other Press, 1998.

Naveau, Pierre, Philip Dravers 옮김, "The Hysteric's Refusal & The Two Jouissances," *Psychoanalytical Notebooks*, 21 (2010), 45~49쪽.

Nobus, Dany 엮음, *Key Concepts of Lacanian Psychoanalysis*, New York:

Other Press, 1999.

Nobutomo, Kenji, "Žižek and Lacanian Henology—With a 'Silent Partner,'" *International Journal of Zizek Studies*, 12.2 (2018), 1~20쪽.

Nolan, Maeve, "Beauty and the Butcher—The Desire of the Hysteric and Its Interpretation," *The Letter: Irish Journal for Lacanian Psychoanalysis*, 3 (1994), 21~35쪽.

Palombo, Stanley R., "Hitchcock's *Vertigo*: The Dream Function in Film," Joseph H. Smith 외 공편, *Images in Our Souls*, 44~63쪽.

Palomera, Vicente, "On Joan Riviere's 'Womanliness as a Masquerade,'" *Lacanian Ink*, 5 (1991), 43~51쪽.

Penney, James, *The Structures of Love: Art and Politics Beyond the Transference*, Albany: SUNY P, 2012.

Plato, W. R. M. Lamb 옮김, *Lysis, Symposium, Gorgias*, 1925. Cambridge: Harvard UP, 1967.

________, Arnold Hermann (& Sylvana Chrysakopoulou) 옮김, *Parmenides*, Zurich: Parmenides Publishing, 2010.

________, Samuel Scolnicov 옮김, *Plato's* Parmenides, Berkeley: U of California P, 2003.

________, R. E. Allen 옮김, *The Symposium: The Dialogues of Plato*, Vol. 2, New Haven: Yale UP, 1991.

________, R. G. Bury 옮김, *Timaeus, Critias, Cleitophon, Menexenus, Epistles*, Cambridge: Harvard UP, 1929.

Price, A. R. "Translator's Notes," Jacques Lacan, A. R. Price 옮김 *. . . or Worse: The Seminar of Jacques Lacan Book XIX 1971-1972*. Cambridge: Polity Press, 2018, 233~246쪽.

Rabaté, Jean-Michel, "Dora's Gift; Or, Lacan's Homage to Dora," *Psychoanalytic Inquiry*, 25.1 (2008), 84~93.

Ragland, Ellie, "The Hysteric's Truth," Justin Clemens & Russell Grigg 공편, *Jacques Lacan and the Other Side of Psycho-analysis*, Durham: Duke UP, 2006, 69~87쪽.

________, "Lacan and the Hommosexuelle: 'A Love Letter,'" Tim Dean 외 공편, *Homosexuality and Psychoanalysis*, 98~119쪽.

_______, "Psychoanalysis and Courtly Love," *Arthuriana*, 5.1 (1995), 1~20쪽.

Ragland-Sullivan, Ellie, "Plato's *Symposium* and the Lacanian Theory of Transference: Or, What is Love?" *The South Atlantic Quarterly*, 88.4 (1989), 725~755쪽.

Reinhard, Kenneth, "Kant with Sade, Lacan with Levinas," *Modern Language Notes*, 110. 4 (1995), 785~808쪽.

Restuccia, Frances L., *Amorous Acts: Lacanian Ethics in Modernism, Film, and Queer Theory*, Stanford: Stanford UP, 2006.

Riviere, Joan, Athol Hughes 엮음, *The Inner World and Joan Riviere*, London: Karnac, 1991.

Robinson, Paul, "Freud and Homosexuality," Tim Dean 외 공편, *Homosexuality and Psychoanalysis*, 91~97쪽.

Ronen, Ruth, Michael Sapir 옮김, *Lacan with the Philosophers*, Toronto: U of Toronto P, 2018.

_______, "Love of Truth, True Love, and the Truth about Love," Jens de Vleminck 외 공편, *Sexuality and Psychoanalysis: Philosophical Criticisms*, 83~95쪽.

Rose, Jacqueline, "Introduction—II," Juliet Mitchell 외 공편, *Feminine Sexuality*, 27~57쪽.

_______, *Sexuality in the Field of Vision*, London: Verson, 2005.

_______, "*Vertigo*: The Unknown Woman in Hitchcock," Joseph H. Smith 외 공편, *Images in Our Souls*, 64~81쪽.

Roudinesco, Élisabeth, Gregory Elliott 옮김, *Lacan: In Spite of Everything*, London: Verso, 2014.

Rougemont, Denis de., Montgomery Belgion 옮김, *Love in the Western World*, Princeton: Princeton UP, 1983.

Ruti, Mari, *The Singularity of Being: Lacan and the Immortal Within*, New York: Fordham UP, 2012.

Saldanha, Arun, "One, Two, Many: What is Sexual Difference Now?" *Angelaki: Journal of the Theoretical Humanities*, 17.2 (2012), 1~29쪽.

Salecl, Renata, "I Can't Love You Unless I Give You Up," Renata Salecl 외 공편, *Gaze and Voice as Love Objects*, 179~207쪽.

________, "Love Between Desire and Drive," *Journal for the Psychoanalysis of Culture and Society*, 1.2 (1996), 87~94쪽.

________ 엮음, *Sexuation*, Durham: Duke UP, 2000.

________ & Slavoj Žižek 공편, *Gaze and Voice as Love Objects*, Durham: Duke UP, 1996.

Samuels, Robert. *Hitchcock's Bi-Textuality: Lacan, Feminisms, and Queer Theory*, Albany: SUNY P, 1998.

Santas, Gerasimos, *Plato and Freud: Two Theories of Love*, New York: Basil Blackwell, 1988.

Saussure, Ferdinand de., *Course in General Linguistics*, Roy Harris 옮김, Chicago: Open Court, 1983.

Shakespeare, William, Alfred Harbage 엮음, *William Shakespeare: The Complete Works*, New York: Viking Press, 1979.

Shepherdson, Charles, "The Gift of Love and the Debt of Desire," *differences: A Journal of Feminist Cultural Studies*, 10.1 (1998), 30~74쪽.

Silverman, Kaja, *The Subject of Semiotics*, Oxford: Oxford UP, 1983.

Singer, Irving, *The Nature of Love 3: The Modern World*, Cambridge: MIT P, 2009.

Smith, Joseph H. & William Kerrigan 공편, *Images in Our Souls: Cavell Psychoanalysis, and Cinema*, Baltimore: Johns Hopkins UP, 1987.

Soler, Colette, "Hysteria and Obsession," Richard Feldstein 외 공편, *Reading Seminars I and II*, 248~282쪽.

________, Esther Faye & Susan Schwartz 공역, *Lacan—The Unconscious Reinvented*, London: Karnac, 2014.

________, Bruce Fink 옮김, *Lacanian Affects: The Function of Affect in Lacan's Work*, London: Routledge, 2015.

________, "What does the Unconscious Know about Women?" Suzanne Barnard 외 공편, *Reading Seminar XX*, 99~108쪽.

________, John Holland 옮김, *What Lacan Said about Women: A Psychoanalytic Study*, New York: Other Press, 2006.

Spoto, Donald, *The Art of Alfred Hitchcock: Fifty Years of His Motion Pictures*, 1976, New York: Anchor Books, 1992.

Stavrakakis, Yanis, "The Lure of Antigone: Aporias of an Ethics of the Political," *Umbr(a)*, (2003), 117~129쪽.

Sterritt, David, *The Films of Alfred Hitchcock*, Cambridge: Cambridge UP, 1993.

Teresa of Ávila, J. M. Cohen 옮김, *The Life of Saint Teresa of Ávila By Herself*, Harmondsworth: Penguin, 1957.

Tomšič, Samo, "Toward a Materialist Ontology," *Continental Thought & Theory: A Journal of Intellectual Freedom*, 2.2 (2018), 82~117쪽.

Truffaut, François, *Hitchcock*, New York: Simon, 1984.

Verhaeghe, Paul, *Beyond Gender: From Subject to Drive*, New York: Other Press, 2001.

________, Marc du Ry 옮김, *Does the Woman Exist? From Freud's Hysteric to Lacan's Feminine*, New York: Other Press, 1997.

________, "Lacan's Answer to the Classical Mind/Body Deadlock," Suzanne Barnard 외 공편, *Reading Seminar XX*, 109~139쪽.

Vidal, Paulo Eduardo Viana & Angélica Bastos, "The Step of Parmenides," *Agora*, 22.1 (2017), 21~33쪽.

Vinciguerra, Rose-Paule, Richard Klein 옮김, "The Paradoxes of Love," *Psychoanalytical Notebooks*, 3 (1999), http://londonsociety-nls.org.uk/Publications/003/Vinciguerra-Rose-Paule_The-Paradoxes-of-Love.pdf.

Vleminck, Jens de & Eran Dorfman 공편, *Sexuality and Psychoanalysis: Philosophical Criticisms*, Leuven: Leuven UP, 2011.

Voruz, Véronique, "A Lacanian Reading of Dora," Véronique Voruz 외 공편, *The Later Lacan*, 158~179쪽,

________ & Vogdan Wolf 공편, *The Later Lacan An Introduction*, Albany: SUNY P, 2007.

Wexman, Virginia Wright, "The Critic as Consumer: Film Study in the University, *Vertigo*, and the Film Canon," *Film Quarterly*, 39.3 (1986), 32~41 쪽.

White, Susan, "Allegory and Referentiality: *Vertigo* and Feminist Criticism," *MLN* 106.5 (1991), 910~932쪽.

________, "*Vertigo* and the Problems of Knowledge in Feminist Film Criticism,"

Richard Allen & S. Ishii-Gonzalès 공편, *Alfred Hitchcock Centenary Essays*, London: BFI Press, 1999, 279~298쪽.
Wood, Robin, *Hitchcock's Films Revisited*, New York: Columbia UP, 2002.
Wright, Elizabeth, *Lacan and Postfeminism*, Cambridge: Icon, 2000.
Yekani, Eveline Kilan, Elahe Haschemi & Beatrice Michaelis, "Introducing Queer Futures," Eveline Kilan Yekani, Elahe Haschemi & Beatrice Michaelis 공편, *Queer Futures: Reconsidering Ethics, Activism and the Political*, 1~15쪽.
________, 공편, *Queer Futures: Reconsidering Ethics, Activism and the Political*, Burlington, Ashgate, 2013.
Zaloszyc, Armand. "Y a d'l'Un." *Intervention at the Congress of the World Association of Psychoanalysis*. Rome. July 13-16, 2006.
Žižek, Slavoj, 엮음, *Cogito and the Unconscious*, Durham: Duke UP, 1998.
________, *Enjoy Your Symptom! Jacques Lacan in Hollywood and out*, New York: Routledge, 1992.
________, "Four Discourses, Four Subjects," Slavoj Žižek 엮음, *Cogito and the Unconscious*, 74~113쪽.
________, *The Fragile Absolute or, Why Is the Christian Legacy Worth Fighting For?*, London: Verso, 2000.
________, *How to Read Lacan*, New York: Norton, 2006.
________, "In His Bold Gaze My Ruin Is Writ Large," Slavoj Žižek 엮음, *Everything You Always Wanted To Know About But Were Afraid to Ask Hitchcock*, London: Verso, 1992, 211~272쪽.
________, *Incontinence of the Void: Economico-Philosophical Spandrels*, Cambridge: MIT P, 2017.
________, *The Indivisible Remainder: On Schelling and Related Matters*, London: Verso, 1996.
________, *Less than Nothing: Hegel and the Shadow of Dialectical Materialism*, London: Verso, 2012.
________, *Looking Awry: An Introduction to Jacques Lacan through Popular Culture*, Cambridge: MIT P, 1991.
________, *The Metastases of Enjoyment: Six Essays on Woman and Causality*,

London: Verso, 1994.
________, *Organs Without Bodies: On Deleuze and Consequences*, New York: Routledge, 2004.
________, *The Plague of Fantasies*, London: Verso, 1997.
________, "The Real of Sexual Difference," Suzanne Barnard 외 공편, *Reading Seminar XX*, 57~75쪽.
________, "A Reply to My Critics," *The Philosophical Salon* (August 2016), 168~177쪽.
________, "Review of *The Lacanian Subject* by Bruce Fink," *Journal for the Psychoanalysis of Culture and Society*, 1 (1996), 160~161쪽.
________, "The Sexual is Political," *The Philosophical Salon* (August 2016), 158~167쪽.
________, *The Sublime Object of Ideology*, London: Verso, 1989.
________, *Tarrying with the Negative: Kant, Hegel, and the Critique of Ideology*, Durham: Duke UP, 1993.
________, *The Ticklish Subject: The Absent Centre of Political Ontology*, London: Verso, 1999.
________, "*Vertigo*: The Drama of a Deceived Platonist," *Hitchcock Annual*, 12 (2003), 67~82쪽.
Zupančič, Alenka, *Ethics of the Real: Kant, Lacan*, London: Verso, 2000.
________, *The Shortest Shadow: Nietzsche's Philosophy of the Two*, Cambridge, MA: MIT P, 2003.
________, *What Is Sex?*, Cambridge: MIT P, 2017.

찾아보기

용어

ㄱ

ㅊ

ㅋ

ㅌ

ㅍ

인명 · 작품명